Agenda da Reforma da Justiça

Agenda da Reforma da Justiça

UMA REFLEXÃO ABERTA E ALARGADA DO JUDICIÁRIO

Coordenação-geral

Nuno Coelho

Coordenadores temáticos

José Mouraz Lopes

Ana de Azeredo Coelho

José Joaquim Oliveira Martins

António João Latas

Sónia Moura

ALMEDINA

AGENDA DA REFORMA DA JUSTIÇA
UMA REFLEXÃO ABERTA E ALARGADA DO JUDICIÁRIO
COORDENAÇÃO-GERAL
Nuno Coelho
COORDENADORES TEMÁTICOS
José Mouraz Lopes
Ana de Azeredo Coelho
José Joaquim Oliveira Martins
António João Latas
Sónia Moura
EDITOR
EDIÇÕES ALMEDINA, S.A.
Avenida Emídio Navarro, 81, 3D
3000-151 Coimbra
Tel.: 239 851 904 • Fax: 239 851 901
www.almedina.net • editora@almedina.net
DESIGN DE CAPA
FBA
PRÉ-IMPRESSÃO
EDIÇÕES ALMEDINA, S.A.
IMPRESSÃO E ACABAMENTO

Março, 2023

ISBN
978-989-40-1095-1

DEPÓSITO LEGAL

ALMEDINA | GRUPOALMEDINA

LISTA DE ABREVIATURAS E ACRÓNIMOS

AAFDL	Associação Académica da Faculdade de Direito de Lisboa
AR	Assembleia da República
ASJP	Associação Sindical dos Juízes Portugueses
BAR	Brazilian Administration Review
BFDUC	Boletim da Faculdade de Direito da Universidade de Coimbra
BGH	Bundesgerichtshof (Tribunal de Justiça Federal Alemão)
CCJE	Conselho Consultivo dos Juízes Europeus
CDFUE	Carta dos Direitos Fundamentais da União Europeia
CEDH	Convenção Europeia dos Direitos Humanos
CEDIS	Centro de Investigação e Desenvolvimento sobre Direito e Sociedade
CEJ	Centro de Estudos Judiciários
CEPEJ	Comissão Europeia para a Eficiência da Justiça
CITIUS	Sistema Informático de Apoio à Tramitação dos Processos nos Tribunais Judiciais
CNJ	Conselho Nacional de Justiça (Brasil)
COJ	Conselho dos Oficiais de Justiça
CPA	Código do Procedimento Administrativo
CPC	Código de Processo Civil
CPLP	Comunidade dos Países de Língua Portuguesa
CPP	Código de Processo Penal
CPPT	Código de Procedimento e de Processo Tributário
CPT	Comité de Prevenção Contra a Tortura
CPTA	Código de Processo nos Tribunais Administrativos
CRP	Constituição da República Portuguesa
CSM	Conselho Superior da Magistratura

CSMJ	Conselho Superior da Magistratura Judicial (Cabo Verde)
CSTAF	Conselho Superior dos Tribunais Administrativos e Fiscais
DGAJ	Direcção-Geral da Administração da Justiça
DGPJ	Direcção-Geral da Política de Justiça
DLG	Direitos, Liberdades e Garantias
DR	Diário da República
DUE	Direito da União Europeia
EMJ	Estatuto dos Magistrados Judiciais
EMP	Estatuto do Ministério Público
ENCJ	European Network of Councils for the Judiciary/Rede Europeia dos Conselhos Judiciais
EOA	Estatuto da Ordem dos Advogados
ETAF	Estatuto dos Tribunais Administrativos e Fiscais
FMI	Fundo Monetário Internacional
FTE	Full Time Equivalent
GRECO	Grupo de Estados contra a Corrupção
GREVIO	Grupo de Peritos para o Combate à Violência contra as Mulheres
IA	Inteligência artificial
ICSID	International Centre for Settlement of Investment Disputes
IGFEJ	Instituto de Gestão Financeira e Equipamentos da Justiça
LADA	Lei do Acesso aos Documentos Administrativos
LAV	Lei da Arbitragem Voluntária
LGT	Lei Geral Tributária
LOLF	Loi organique relative aux lois de finances (França)
LOSJ	Lei da Organização do Sistema Judiciário
LTC	Lei do Tribunal Constitucional
LTFP	Lei Geral do Trabalho em Funções Públicas
MEDEL	Magistrats Européens por la Démocretie et les Libertés
MJ	Ministério da Justiça
MP	Ministério Público
NATO	North Atlantic Treaty Organization
NRICSM	Novo Regulamento de Inspeções do Conselho Superior da Magistratura
OA	Ordem dos Advogados
OCDE	Organização para a Cooperação e Desenvolvimento Económico
ODS	Objetivos de Desenvolvimento Sustentável

PGA	Procuradores-gerais Adjuntos
PGR	Procuradoria-Geral da República
PIB	Produto Interno Bruto
PIDPC	Pacto Internacional dos Direitos Civis e Políticos das Nações Unidas
PRR	Plano de Recuperação e Resiliência
PUF	Presses Universitaires de France
RAR	Regimento da Assembleia da República
RC	Revisão Constitucional
RDES	Revista de Direito e Estudos Sociais
RGIT	Regime Geral das Infrações Tributárias
RGPD	Regulamento Geral de Proteção de Dados
RICEJ	Regulamento Interno do Centro de Estudos Judiciários
RJAT	Regime Jurídico da Arbitragem Tributária
RJGATS	Regime Jurídico da Gestão Administrativa dos Tribunais Superiores
ROFTJ	Regime aplicável à Organização e Funcionamento dos Tribunais Judiciais.
TEDH	Tribunal Europeu dos Direitos Humanos
SEDES	Associação para o Desenvolvimento Económico e Social
SIEJ	Sistema de Informação das Estatísticas da Justiça
SITAF	Sistema de Informação dos Tribunais Administrativos e Fiscais
STA	Supremo Tribunal Administrativo
STJ	Supremo Tribunal de Justiça
TAD	Tribunal Arbitral do Desporto
TAF	Tribunais Administrativos e Fiscais
TCA	Tribunal Central Administrativo
TC	Tribunal Constitucional
TdC	Tribunal de Contas
TFUE	Tratado sobre o Funcionamento da União Europeia
TJUE	Tribunal da Justiça da União Europeia
TJ	Tribunais Judiciais
TUE	Tratado da União Europeia
UE	União Europeia
UCP	Universidade Católica Portuguesa

APRESENTAÇÃO

Os principais instrumentos normativos estruturantes do sistema de justiça, nos estatutos, nas leis orgânicas, no recrutamento e formação e nos códigos de processo, foram essencialmente concebidos nos anos 80 e 90 do século passado. As mudanças entretanto introduzidas, sobretudo com as novas leis processuais, a autonomia administrativa e financeira dos tribunais superiores e dos conselhos superiores das magistraturas, porém, ainda incompleta, e a alteração do mapa judiciário e da gestão e administração dos tribunais, apesar de significativas e com impacto positivo no sistema, não alteraram o essencial do modelo organizativo e de funcionamento da justiça. É, pois, inevitável pensar a justiça a olhar para o futuro e não para uma realidade social que ficou para trás há quase 50 anos.

Aquilo que estaria certo, fosse o nosso país capaz de se organizar devidamente e de pensar as reformas estruturais com tempo e na base de consensos alargados, especialmente nas áreas fundamentais do sistema político, como é sem dúvida a justiça, seria formar-se uma comissão ou grupo de trabalho, no âmbito da Assembleia da República, que, na base de um compromisso comum, válido para além do horizonte da legislatura do momento, congregasse as principais forças políticas, as profissões jurídicas, as academias e todos os saberes relevantes, fizesse o levantamento dos problemas e apresentasse uma proposta transversal de reforma para implementação a médio prazo. Porém, como sabemos, os sucessivos governos têm um horizonte de interesse que não ultrapassa os 4 anos de cada legislatura e mais facilmente se comprometem com as medidas que valem o apoio imediato, mesmo que não passem de mera cosmética.

Por isso, diante deste impasse, algures no início de 2021, com a consciência dos nossos deveres, decidimos, no seio da entidade que representa os juízes de todas as instâncias e jurisdições, constituir um grupo de trabalho que pudesse, com total autonomia, reflectir e debater a justiça, de forma aberta e alargada, sem tabus ou zonas proibidas. É o resultado desse trabalho que agora se verte neste livro, para conhecimento, avaliação e debate público e científico e também para reflexão dos responsáveis políticos e do próprio universo judiciário. Se, ao menos, puder servir de mote para se abrir uma discussão que temos por fundamental e para influenciar a agenda política, já não será tempo perdido.

Ficam aqui, por fim, os merecidos agradecimentos pela competência e dedicação a todos os coordenadores e colaboradores que fizeram este trabalho. A obra é deles.

MANUEL SOARES
Presidente da ASJP

Introdução

I. Think Tank

A necessidade de introduzir no sistema de justiça reformas estruturais que o pudessem adaptar às circunstâncias da atualidade e que respeitassem os princípios fundamentais previstos na Constituição e no direito internacional a que Portugal se encontra vinculado, levou a Associação Sindical dos Juízes Portugueses (ASJP) a propor a criação de um grupo de reflexão (*Think Tank*) em torno da reforma para a justiça portuguesa.

Pretendia-se um grupo de reflexão que, não obstante ser liderado e coordenado por juízes, pudesse fazer confluir o debate, a reflexão e as conclusões sobre os diversos tópicos em discussão, da forma mais alargada e aprofundada possível. Um grupo de reflexão apto a concretizar uma abordagem plural e aberta às contribuições fora do sistema judicial, que pudesse pensar com ampla autonomia técnica e científica sobre os tópicos de referência da temática geral enunciada.

Como objetivo essencial pretendia-se obter um conjunto de ponderações e conclusões aptas a desempenhar um papel estratégico no desenho das políticas públicas de reforma do sistema judicial, à semelhança do que podemos encontrar na experiência comparada.

Nesse sentido, esse grupo deveria fazer incidir a sua reflexão por diversas áreas de abordagem e concluir com um enunciado de propostas adequadas e concretizáveis.

O resultado apresentado deveria ser mesmo passível de publicação destacada e divulgação em eventos a realizar no domínio público judiciário e extrajudiciário.

II. Resumo justificativo

Com esse propósito em mente, a coordenação geral do Think Tank, constituído nos moldes à frente descritos, consensualizou um conjunto de ideias que, na sua síntese, justificou e delimitou devidamente a sua abordagem.

Esse conjunto de ideias assumiu a formulação que se passa a expor.

"As questões sobre a justiça e os tribunais têm vindo a denotar um crescimento constante em termos de centralidade e acuidade, tanto do ponto de vista nacional como internacional.

Esse questionamento e essa centralidade trazem consigo a necessidade de distinguir aquilo que é primordial e estruturante do que é conjuntural e reformável, tanto na escala histórica como na escala geográfica, na elaboração de uma agenda de reforma da justiça adequada aos tempos atuais.

A qualificação das instituições jurídicas e judiciárias passa, assim, em primeiro lugar, por criar uma cultura de diálogo intergeracional, no exercício ético e solidário com o futuro e a sua sustentabilidade, numa ideia de progresso assente naquilo que faz sentido preservar e no que é necessário modificar.

Essa ética de responsabilidade perpassa pela valorização dos princípios e dos valores essenciais que marcam as democracias do tempo presente, designadamente do Estado de Direito, da garantia das liberdades e dos direitos fundamentais, da inclusão e da igualdade de todas pessoas, além da preservação e salvaguarda das demais espécies vivas e do ambiente.

Assim, os direitos e os deveres de cidadania assentam num princípio básico da sociedade e do relacionamento humano: o respeito que cada pessoa pode esperar das demais, dos poderes públicos e da sociedade em geral, e o respeito que cada um deve ter pelos outros, pelos poderes públicos e pela sociedade em geral.

A medida e o conteúdo desses direitos e desses deveres são-nos dados pelos princípios e pelas regras jurídicas, sobretudo constitucionais, que assentam nos pressupostos básicos da dignidade da pessoa humana, da liberdade, da democracia e da consonante organização política e social. O Estado de Direito permite a vida social segundo os padrões humanos, sociais, políticos, económicos e ambientais que constituem o património de desenvolvimento dos direitos fundamentais da pessoa humana, num contexto político e institucional de pluralidade, interdependência e mútua limitação dos diversos poderes do Estado sujeito àqueles direitos. A reflexão sobre o sistema de justiça tem como critério primeiro a promoção destes valores.

Esta também é uma ponderação de cariz internacional. Os sistemas de justiça e concretamente as organizações e interlocutores que nele convivem encontram-se integrados num modelo de governação global, vinculados a princípios e regras que permitem a sua inserção eco-sistémica. As questões e os debates sociais, políticos e económicos não podem, por isso deixar de vincular toda a organização da justiça e, concretamente quando ela se realiza numa perspetiva transnacional. Nesse sentido, as políticas públicas de justiça estão vinculadas a outros comandos supranacionais que, vinculando todas as instituições públicas, também se refletem necessariamente nas políticas de justiça.

Assim acontece com a relevância da exigência do cumprimento da agenda para o desenvolvimento sustentável das Nações Unidas (agenda 2030), e com especial relevância, com o seu objetivo 16, concretamente identificado como "Paz, Justiça e Instituições Eficazes", mas também, no domínio europeu, com os programas da União Europeia e do Conselho da Europa, refletidos nos princípios-chave que ressaltam das suas decisões políticas mas também da sua jurisprudência, como o Estado de Direito, a separação de poderes, a independência do poder judicial, a sujeição de todos e nomeadamente das autoridades ao direito (lei e procedimentos), a equidade perante a lei, a certeza jurídica, a proibição da arbitrariedade do poder e a efetividade da tutela judicial dos direitos através de tribunais imparciais e independentes.

Certo que o panorama internacional atual, em todos os quadrantes geográficos, suscita uma grande apreensão em torno da necessidade de defender os princípios do Estado de Direito que se confrontam, de uma forma nunca vista, com um movimento de recuo dessas garantias em países e em regiões em que as mesmas se tomavam como certas. Ou seja, a consolidação do Estado de Direito, na sua matriz essencial, é ainda um caminho a ser percorrido.

Também o reconhecimento dos direitos humanos, matricialmente proclamados em 1948, continua a enfrentar graves constrangimentos culturais e religiosos em muitos territórios, o que é suscetível de esvaziar de conteúdo ou mitigar de forma profunda a respetiva declaração adotada pelas Nações

Unidas, como sucede, desde logo, com a afirmação da igualdade de direitos entre homens e mulheres.

Por outro lado, também no plano global, a pandemia da COVID-19, sucedida pelo conflito bélico deflagrado no leste europeu, após a agressiva invasão da Ucrânia, amplificaram e complexificaram o ambiente de incerteza e de insegurança política, social e económica da vida internacional.

Esta convergência de crises tem desembocado em disfunções de pendor sistémico difíceis de resolver, em diversos domínios, ressaltando desde logo os problemas económicos e sociais associados à quebra na produção agrícola e industrial, aos bloqueios nos canais de distribuição e no fornecimento da energia e dos combustíveis, ao fenómeno da inflação, ao notório abrandamento do crescimento das potências económicas e ao risco de pobreza e fome em grande escala. Paralelamente, por força dessa mesma convergência crítica, assistiu-se a uma quebra da qualidade das democracias em mais de uma centena de países, avultando, aqui, a questão do enquadramento constitucional das restrições ao exercício dos direitos fundamentais decretadas para o controlo da pandemia, problemática já objeto de análise, no plano europeu, pela Agência Europeia dos Direitos Fundamentais (FRA) nos seus últimos relatórios.

Um contexto de crise que veio trazer uma ainda maior aceleração às tendências de mudança, intensificando as necessidades de conformação dos atos e procedimentos judiciais ao ambiente digital e aos meios de comunicação à distância.

O mundo atual, a sua forma de organização, a sua economia e política, o desenvolvimento, o ambiente e a indústria, o Estado e a administração pública, todos se condicionam à disrupção tecnológica, nas suas várias dimensões de mudança. Nos seus agentes ou atores, nos seus diversos dispositivos, na inovação tecnológica, na internet das coisas, nas mutações dos modelos de negócios e dos fluxos financeiros, na exploração da informação e dos dados, na inteligência artificial e na robótica.

Esta revolução tecnológica confronta-nos com uma complexa questão filosófica, social e económica, atinente ao papel da espécie humana no mundo, à medida que em diversos campos o trabalho humano vai ter de se adaptar cada vez mais ao digital, ao cibernético e à robótica, suscitando particular interesse o debate sobre as condições ou limites da intervenção da inteligência artificial no processo de decisão judicial. A Carta Europeia de Ética sobre o Uso da Inteligência Artificial em Sistemas Judiciais e seu Ambiente (2018) traduz um esforço de abordagem desta temática, revelando a sua importância e premência.

A justiça criminal e o seu dramatismo político e social, radicado em naturais sentimentos de preocupação do cidadão pode transformar-se facilmente num fator de erosão da confiança nos tribunais e dos juízes, enquanto seus agentes fundamentais e decisivos.

Neste plano não pode deixar de ser ponderada a relação do sistema de justiça com os meios de comunicação em geral, incluindo as redes sociais, num mundo cada vez mais em rede e digital, tendo presente a poderosa influência que exercem na formação da opinião pública e na degradação do espaço público.

Quaisquer que sejam as melhorias no desempenho dos tribunais, face à conjuntura de instabilidade e crise em que vivemos, acrescerão sempre razões para questionar estes do ponto de vista da sua eficiência e eficácia e da capacidade que os mesmos terão em aperfeiçoar-se e a renovar-se em paralelo com as demais organizações sociais e empresariais.

Finalmente, e quando a dimensão ética das organizações começa a emergir como valor essencial das democracias, as situações conhecidas sobre comportamento de juízes que levantam dúvidas sobre a sua integridade profissional, são motivo sério para a adoção de mecanismos de reforço institucional e ético internacionalmente recomendados.

A incerteza e a instabilidade dos tempos em que vivemos suscitam a necessidade de pensar de forma mais sustentada as estruturas primordiais do funcionamento da justiça. Adaptando aquilo que se poderá adaptar, reformando os elementos entendidos como ultrapassados e reforçando o conteúdo essencial e distintivo do sistema judicial naqueles que podem ser assumidos como os seus pilares fundamentais.

Devendo a Constituição assegurar a preservação do Estado de Direito, importa, no que ao sistema de justiça concerne, que as linhas de força dessa revisão fundamental representem a consolidação, o aperfeiçoamento e o reforço das garantias dos cidadãos, numa linha de continuidade com os princípios democráticos.

A convergência de todos estes fatores críticos imprime uma natural vontade de reformar a justiça, habitualmente refletida numa determinada agenda política, na qual se adivinha que a revisão constitucional relativa à organização e funcionamento da justiça assuma especial prioridade e significado.

Temos como certa a capacidade de os juízes refletirem de forma experiente e profunda sobre os assuntos relativos aos tribunais e ao funcionamento da justiça ou as questões derivadas do seu estatuto profissional. Este ponto de vista é tão imprescindível quanto a capacidade de diálogo com as análises externas ao sistema judicial que, pelo seu posicionamento, objetividade e enriquecimento, introduzem às soluções encontradas uma justificação, uma racionalidade e uma legitimidade reforçadas".

III. Estrutura do trabalho

O delineamento do trabalho assumido por este *Think Tank* procurou dar resposta aos objetivos lançados para a sua constituição, fazendo apelo, desde logo, a uma estruturação temática.

O tema genérico inicialmente proposto – "Tribunais, Estado de Direito e Governação da Justiça. Agenda da Reforma da Justiça" – assumiu uma unidade de sentido e uma sistematização que foi preciso preservar através do relacionamento (constante) que podia e devia ser mantido entre os diversos subtemas de desenvolvimento propostos.

Os diversos subtemas foram também apurados em contexto, isto é, foram equacionados em torno das várias controvérsias e distinções conexas com os diversos tópicos destacados. Por exemplo, as questões mais polémicas sobre a justiça criminal, a relevância do género na vida da magistratura, as dúvidas mais prementes sobre o impacto da pandemia na justiça ou mesmo a pertinência da formação e capacitação dos juízes, enquanto tópicos, foram analisados coerentemente pelos diversos subtemas sugeridos e em conformidade com a sua pertinência específica.

Em face da sua densidade específica os diversos subtópicos de reflexão permitiram a necessária autonomia de desenvolvimento, e, por aí, a análise e a formulação das conclusões mais aptas a responder às identificadas necessidades da agenda de reforma da justiça.

Assim, foram propostos os seguintes subgrupos temáticos:

(1) Tribunais e Constituição. Ordem plural de jurisdições e organização do sistema judiciário;
(2) Governação da justiça e Conselhos Judiciais (Conselho Superior da Magistratura e Conselho Superior dos Tribunais Administrativos e Fiscais);
(3) Justiça digital e inteligência artificial nos tribunais;
(4) Estatuto dos juízes, qualidade do sistema de justiça e ética judicial. Recrutamento e capacitação judiciária; e
(5) Independência judicial e administração judiciária (administração e gestão dos tribunais).

Para além da questão da organização do *Think Tank*, que assumiu um evidente papel de coordenação e de sistematização, foram criados subgrupos de reflexão, que se debruçaram especializadamente sobre os subtemas sugeridos. Cada subgrupo, constituído por uma equipa temática, foi coordenado por um elemento que compunha a equipa coordenadora (os seis elementos à frente identificados) e composto de forma plural e mista com elementos provenientes da justiça, do mundo académico ou de especialistas relevantes nestes temas, sempre que possível de cariz internacional. Essas equipas temáticas foram escolhidas de forma paritária e com a preocupação de enriquecer ao máximo os seus diversos componentes.

No seguimento do proposto, foi assim estruturada, no seu todo, a equipa de trabalho:

- Coordenação-geral – Nuno Coelho (Juiz Conselheiro – Tribunal de Contas)
- Coordenação e integrantes dos subgrupos:

  – *(1) Tribunais e Constituição* – coordenação de José Mouraz Lopes (Juiz Conselheiro – Tribunal de Contas)

  Membros do grupo:

  - Marta Nunes Vicente, Professora Universitária
  - Nuno Brandão, Professor Universitário, Advogado
  - Nuno de Lemos Jorge, Juiz de Direito, assessor no Tribunal Constitucional

- Tânia Meireles da Cunha, Juíza Desembargadora no Tribunal Central Administrativo Sul
- Vânia Costa Ramos, Advogada

Consultores:

Marta Cavaleira, Juíza Desembargadora no Tribunal Central Administrativo Sul, Membro do Conselho Consultivo da PGR
Diogo Ravara, Juiz Desembargador no Tribunal da Relação de Lisboa

– (2) *Governação da justiça e Conselhos Judiciais* – coordenação de Ana de Azeredo Coelho (Juíza Desembargadora – Relação de Lisboa)

Membros do grupo – relatores:

- António Mendes de Oliveira, Juiz do Tribunal Tributário de Almada
- Dora Lucas Neto, Desembargadora do Tribunal Central Administrativo Sul
- Filipe Câmara, Juiz de Direito – Presidente da Comarca da Madeira
- Paula Pott, Desembargadora no Tribunal da Relação de Lisboa
- Ruben Oliveira Juvandes, Juiz do Tribunal de Trabalho de Vila Franca de Xira

Membros do grupo – consultores:

- Álvaro Santos Pereira, Diretor do Departamento de Estudos Nacionais do Departamento de Assuntos Económicos da OCDE
- Celsa Pico Lorenzo, Conselheira do Tribunal Supremo de Espanha e Presidente da Comissão de Ética Judicial espanhola
- Flávia Pessoa, Conselheira – Conselho Nacional de Justiça – Brasil
- Margarida Mano, Professora Universitária – Faculdade de Economia da Universidade de Coimbra
- Miguel Poiares Maduro, Professor Universitário – European University Institute
- Paula Abreu, Professora Universitária – Faculdade de Economia da Universidade de Coimbra

- Maria Tereza Uille Gomes, Professora Universitária, ex Conselheira – Conselho Nacional de Justiça – e ex Procuradora-geral do Ministério Público do Paraná – Brasil

Colaboradores:

- Leonor Bénard da Costa, Mestranda de Sociologia – Faculdade de Economia da Universidade de Coimbra
- Raquel Ferreira Morais, Licenciada em Direito pela Faculdade de Direito da Universidade de Lisboa
- Sancho Spínola Pontes, Funcionário Judicial
- David Martins Carvalho, Funcionário Judicial

– *(3) Justiça digital e inteligência artificial nos tribunais* – coordenação de José Joaquim Oliveira Martins (Juiz de Direito – Assessor do Gabinete de Juízes do Tribunal Constitucional)

Membros do grupo:

- Ana Maria Marques Flórido Pinhol, Juíza Desembargadora e Presidente dos Tribunais Administrativos e Fiscais da Zona Sul
- António Joaquim Gomes, Juiz de Direito
- Carlos Caiado Pinho, Procurador da República
- Cláudia Pina de Neves Cunha, Juíza de Direito
- João António Ferreira, Juiz de Direito
- Manuel David Masseno, Professor de Direito

– *(4) Estatuto dos juízes, qualidade do sistema de justiça e ética judicial. Recrutamento e capacitação judiciária* – coordenação de António João Latas (Juiz Conselheiro – Supremo Tribunal de Justiça)

Membros do grupo:

- António Francisco Martins – Juiz Conselheiro e Vice-Presidente – Tribunal de Contas
- Filipe César Marques – Juiz de Direito. Ex-Presidente da Medel
- Filipe Duarte Neves – Juiz de Direito nos TAF e docente do CEJ
- João Rato – Procurador-Geral Adjunto/Procuradoria Geral Regional do Porto/Tribunal da Relação do Porto

- Nuno Lemos Jorge – Juiz de Direito. Assessor do Tribunal Constitucional
- Paulo Dá Mesquita – Juiz Conselheiro – Tribunal de Contas. Professor Universitário

Consultora:

- Mariarosaria Guglielmi – Magistrada italiana. Procuradora Europeia Delegada, Presidente da Medel

– (5) *Independência judicial e administração judiciária* – Coordenação Sónia Moura (Juíza de Direito – Tribunal Central Cível de Almada – Diretora da Revista Julgar)

Membros do grupo:

- Helga Gomes, Juíza de Direito
- Idalina Ribeiro, Juíza de Direito
- Rui Batista, Procurador da República, atualmente a exercer funções como Coordenador dos Juízos Centrais Criminais de Lisboa;
- Sofia David, Juíza Conselheira do Tribunal de Contas;

IV. Execução

O projeto foi concretizado em seis fases essenciais, após a fase preliminar de constituição da equipa de coordenação, de constituição das equipas temáticas e do lançamento do projeto.

Nesta fase preliminar a equipa de coordenação acordou na estruturação da sua própria atividade da equipa e da atividade das equipas temáticas, nos termos dos conteúdos a produzir, na estrutura e no tamanho dos relatórios e da síntese final a produzir, na metodologia de trabalho, na periodicidade das reuniões (equipa de coordenação e equipas temáticas), e, bem assim, no cronograma delineado para as fases seguintes de execução do projeto.

Importante será de referir que embora as equipas tenham trabalhado com assinalável autonomia, os temas e os conteúdos a tratar foram construídos em articulação e coordenação e sempre tendo em vista a elaboração de conclusões integradas e de sínteses consolidadas.

As fases de execução do projeto foram sequenciais, obedecendo a um cronograma, com a ordem seguinte:

1. Fase preliminar de constituição da equipa de coordenação, de constituição das equipas temáticas e do lançamento do projeto.
2. Apresentação e levantamento dos assuntos e temas específicos, da literatura e da documentação.
3. Reuniões das equipas temáticas para esboço de cada um dos relatórios das equipas.
4. Consultas e audições internas e externas ao sistema judicial.
5. Trabalho de escrita dos relatórios de cada uma das equipas.
6. Trabalho seguinte do relatório síntese e das conclusões da responsabilidade da equipa de coordenação.
7. Divulgação e publicitação dos resultados do projeto.

Na fase preliminar, concretizada entre final de Maio e 30 de Setembro de 2021, foram constituídas as equipas e estruturada a atividade da equipa de coordenação e das equipas temáticas, sendo ainda construída a arquitetura de conteúdos do projeto.

Na primeira fase de execução do projeto, que decorreu entre 15 de Julho e 30 de Outubro de 2021, as diversas equipas procederam à apresentação e levantamento dos assuntos e temas específicos, da literatura e da documentação.

Entretanto, a partir de inícios de Julho de 2021, tiveram início as reuniões das equipas temáticas para esboço de cada um dos relatórios das equipas.

De seguida, iniciou-se a quarta fase do projeto, com as consultas e audições internas e externas que foram consideradas necessárias e úteis, utilizando as metodologias entendidas como mais adequadas. Esta fase prolongou-se entre Novembro de 2021 e final de Julho de 2022. Foi nessa fase que tiveram lugar a realização de questionários, entrevistas aprofundadas e seminários de debate e reflexão sobre temas respeitantes aos diversos grupos temáticos.

Foram realizados questionários ou inquéritos a juízes de primeira e segunda instância de ambas as jurisdições, a juízes presidentes de primeira instância e a intervenientes diversos no sistema de justiça, nos termos que constam em anexo. De referir que mediante esses questionários ou inquéritos não se pretendeu retirar conclusões que pudessem ser extrapoladas como representativas do universo dos respondentes, antes se ambicionou a recolha de informações e opiniões que possibilitassem alimentar a discussão e a reflexão conjunta entre os diversos grupos temáticos.

Do mesmo modo, foram concretizadas diversas entrevistas aprofundadas escritas ou orais, a personalidades relevantes do universo judiciário ou que sobre ele intervêm no espaço público (atuais ou no passado; portuguesas ou estrangeiras). Também aqui não se pretendeu obter uma amostra significativa ou representativa do que quer que fosse, mas visou-se, sim, percorrer áreas de diferente sensibilidade política, ideológica ou judiciária, e recolher opiniões relevantes e qualificadas pela experiência e pelo saber adquiridos pelos entrevistados.

Nesse período tiveram também diversos seminários temáticos ("Ciclo de Debates Reforma da Justiça"), abertos ao público interessado, com diversas personalidades portuguesas e estrangeiras que acolheram a sugestão de nos proporcionarem a partilha das suas reflexões e experiências, e que merecem também uma palavra de agradecimento.

Por ordem, foram realizados durante o ano de 2022 (março a junho) os seguintes debates temáticos:

– *Princípios de Ética Judicial, Instituição e Prática da Comissão de Ética: a experiência da Magistratura Espanhola*

Oradora: Celsa Pico Lorenzo, Juíza Conselheira do Tribunal Supremo de Espanha e Presidente da Comissão de Ética Judicial.

Moderação: Ana de Azeredo Coelho, Juíza Desembargadora e Coordenadora do grupo de reflexão sobre Governação da Justiça e Conselhos Superiores.

– Governação da Justiça e Economia: Impactos e análise comparada

Orador: Álvaro Santos Pereira, Diretor do Departamento de Economia da OCDE.
Moderação: Ana de Azeredo Coelho, Juíza Desembargadora e Coordenadora do grupo de reflexão sobre Governação da Justiça e Conselhos Superiores.

– Formação de Juízes

Oradores: Conceição Gomes, Diretora executiva do Observatório Permanente da Justiça, Jorge Martin, Diretor da Escola de Formação de Juízes de Espanha, e Paulo Rangel, Deputado ao Parlamento Europeu.
Moderação: António Latas, Juiz Conselheiro e Coordenador do grupo de reflexão sobre Estatuto dos juízes, capacitação judiciária e ética judicial e José Mouraz Lopes, Juiz Conselheiro do Tribunal de Contas e Coordenador do grupo de reflexão sobre Tribunais e Constituição.

– Justiça digital, inovação e tecnologia

Oradores: Luciana Ortiz, juíza federal brasileira e líder nas áreas de gestão e inovação da justiça, e Pedro Miguel Freitas, professor universitário e especialista em direito e tecnologia.
Moderação: Joaquim Martins, Juiz de Direito e Coordenador do grupo de reflexão sobre Justiça Digital e Inteligência Artificial nos Tribunais.

– Função jurisdicional e independência judicial

Orador: José Santos Cabral, Juiz Conselheiro
Moderação: Sónia Moura, Juíza de Direito e Coordenadora do grupo de reflexão sobre Independência Judicial e administração judiciária.

– *Governação da justiça portuguesa – compete ao poder judicial ser exigente com o poder judicial*

Orador: Nuno Garoupa, Professor universitário
Moderação: Ana de Azeredo Coelho, Juíza Desembargadora e Coordenadora do grupo de reflexão sobre Governação da Justiça e Conselhos Superiores.

Na sequência destas fases teve início a elaboração dos relatórios de cada uma das equipas, com as suas diversas fases de escrita, seguido do relatório síntese e das conclusões da responsabilidade da equipa de coordenação.

Com todos estes conteúdos realizados deu-se início à última fase com a divulgação pública dos resultados e das conclusões do projeto.

Capítulo 1
A agenda da reforma da Justiça. Contexto, condicionalismo e justificação

Equipa de coordenação
NUNO COELHO
JOSÉ MOURAZ LOPES
ANA DE AZEREDO COELHO
JOSÉ JOAQUIM OLIVEIRA MARTINS
ANTÓNIO JOÃO LATAS
SÓNIA MOURA

I. Diálogo intergeracional, ética e democracia

1. Assunção ética para com a história, o presente e o futuro

A justiça e os tribunais têm suscitado recorrentemente a necessidade da sua reforma e um questionamento constante sobre a eficiência e a qualidade da sua atividade, o que impõe a necessidade de distinguir o essencial do acessório, o que deve permanecer e o que pode ou deve mudar, única base sustentável para o desenho das políticas públicas pertinentes.

O pensamento prospetivo que é inerente a uma proposta de reforma da justiça, qualquer que seja a sua origem e fundamento, tem de estar sedimentado na história e nos dados essenciais do presente.

Assim, antes de tudo o mais, a reforma é condicionada pelo seu contexto de maior ou menor amplitude e pela vontade que a justifica, tanto na mudança ambicionada como na ponderação das estabilidades que devem ser eleitas.

Na verdade, um pensamento de reforma sobre a justiça e os tribunais não pode estar divorciado da reflexão em geral sobre a sociedade e o tempo em que vivemos.

As duas décadas deste século têm convivido com uma radicalização acentuada da política, das ideias e das opções; tudo se discute num elevado grau de polarização e sempre motivado pelo interesse ativo da divergência e da polémica.

Se a polémica e o embate de ideias não deixam de ser salutares em sim mesmos, a verdade é que essa forma de compreensão e reação pode facilmente fazer esquecer a racionalidade das opções e, sobretudo, a lição essencial da experiência e da história. É frequentemente partilhado o sentimento que vivemos um tempo que nos tiraniza, baseado num presente estéril, sem memória e sem projeto. Sem a fecundidade recíproca daquilo que Reinhart Koselleck chamou de "campo de experiência" e "horizonte de expectativa"[1].

Sente-se a ausência de um "novo humanismo" ao estilo de Carlo Cattaneo, historiador e filósofo do século XIX, que, depois de esconjurar o totalitarismo utópico, o reacionarismo e o fanatismo irracional baseado na violência (aquilo que apelidava de "aberrações"), formula a seguinte profissão de fé no progresso e no desenvolvimento histórico humanizado:

> "No meio dessas aberrações os mais sagazes sabem conjugar a confiança no progresso com a aceitação paciente das suas lentas e graduais fases, mas também com a crítica proporcionada e perseverante que é necessária para o promover. Eles sabem discernir as instituições transitórias e caducas daquelas sem as quais o humano consórcio não se sustenta. Nutrem a generosa persuasão de que o indivíduo não é sempre cego instrumento do tempo, mas uma força livre e viva, a qual pouco a pouco pode desequilibrar a dúbia balança das coisas humanas. Essa escola prática, que estuda o campo da liberdade humana no seio da necessidade e do tempo, deve erguer-se por entre a lógica violenta

[1] Em *Le futur passé – Contribution à la sémantique des temps historiques*, tradução do original alemão, Paris: Éditions de L'École des Hautes Études en Sciences Sociales", 1990, pp. 307.

das doutrinas passadas e o indolente e servil otimismo das doutrinas que se ergueram sobre a ruína daquelas"[2].

Esta atitude sensata sobre a nossa relação com o tempo presente e com os condicionalismos que marcam a nossa atitude de mudança, vocacionada, nesta dimensão, para a forma e organização como a justiça é realizada, só se pode traduzir numa assunção ética para com a história, o presente e o futuro.

2. Reforma da justiça e diálogo intergeracional

Uma reforma da justiça pensada por juízes em diálogo com a sociedade e mais diretamente com aqueles que de forma mais intensa ou fundamentada se preocupam com ela, é, desde logo, uma reflexão sobre qual a justiça pretendida, tanto pela sociedade que a justifica e a convoca, como por aqueles que constituem a sua face humana.

Seja qual for o significado que a justiça pode assumir numa leitura evolutiva histórica e a sua própria representação social e simbólica, há que concordar que a sua convocação nunca anda divorciada do seu contexto de realização, exigindo a sua máxima compatibilização com o agir do tempo presente e a recusa de uma redução daquela a um mero formalismo decisório e procedimental.

Os atuais modos de governação encontram-se completamente dominados com os assuntos de curto prazo, por diversas razões (distorções cognitivas e heurísticas, ciclos políticos e institucionais, erosão da representatividade política e deficiente cooperação ao nível global) e que se sustentam também nas dinâmicas da urgência e da emergência do tempo presente. Essa cultura da velocidade e do curto prazo passou a dominar os nossos sistemas políticos, financeiros, sociais e culturais, a ponto de se ter gerado uma falta sistemática de preocupação com as gerações futuras e dos riscos que elas enfrentam.

[2] "Su la Scienza Nuova di Vico", *in Scritti filosofici*, organizado por Norberto Bobbio, Florença: Le Monnier, 1960, Vol. I, pp. 99.

Certo que vistas as coisas no longo prazo a humanidade também tem alcançado melhorias na qualidade de vida ao longo do tempo resultantes do avanço do conhecimento científico e tecnológico, do crescimento económico e do fortalecimento institucional, entre outros. Todavia, esse avanço não deixa de ser também disruptivo e conceber fenómenos dramáticos de inadaptabilidade, de regressão democrática e económica e de erosão ambiental.

Perceber o que podem vir a resultar para os tribunais e os juízes os impactos da revolução científica e tecnológica em curso (para muitos qualificável como a 4.ª revolução industrial), das crises ambiental e pandémica ou, mais genericamente, do ambiente crítico intensificado da sociedade do risco e da emergência, não pode ser apenas um exercício de futurologia.

Anselmo Borges, ao referir-se à encíclica papal *Fratelli Tutti*, salienta a importância da evocação do Papa Francisco em torno da fraternidade e da amizade sociais, ao darmo-nos conta, tanto pelas imagens da guerra como nas recordações da pandemia, que estamos "no mesmo barco, todos frágeis e desorientados, mas ao mesmo tempo importantes e necessários"[3].

E, mais à frente, considera:

> "Precisamos de nos construirmos como um «nós» que habita a Casa comum de todos, mas isso «não interessa aos poderes económicos que necessitam de um ganho rápido». Pairam no horizonte ameaças de novas guerras, e a Natureza dá sinais de cansaço e alarme. Aumenta a riqueza, mas nascem novas pobrezas e morre-se de fome aos milhões. «Os direitos humanos não são iguais para todos». O clamor de migrantes e refugiados é ensurdecedor. Cresce a raiva das vítimas de racismo. As mulheres continuam a ver-se sem os seus direitos garantidos, e as condições de escravatura não acabaram. E continuam as guerras, os atentados, as perseguições, os muros..., e a solidão, os medos, as inseguranças. E é visível «a terceira guerra mundial aos pedaços», é visível"[4].

[3] Em Anselmo Borges, *O Mundo e a Igreja. Que Futuro?*, 2021, Lisboa: Gradiva, pp. 329.
[4] Idem, pp. 332.

Por seu turno, Simon Lewis e Mark Maslin, ao tratarem do tempo geológico e da definição do Antropoceno, colocam, a final, a tónica num futuro cada vez mais conjugado da natureza e da humanidade:

> "Tornámo-nos uma nova força da natureza, que dita o que vive e o que é que se extingue. Todavia, num aspeto crucial, somos diferentes de qualquer outra força da natureza: o nosso poder, diferentemente da tectónica de placas ou das erupções vulcânicas, é reflexivo – pode ser usado, modificado ou até largamente retirado. A nossa principal tarefa no início do século XXI consiste em usar este poder assustador para manter a infraestrutura de suporte à vida da Terra. É fundamental que nos empenhemos, agora e nas próximas décadas, em minimizar o sofrimento humano e a perda das espécies, envidando todos os esforços para limitar o caos de uma rápida alteração climática. A tarefa passa primeiro por reconhecer o poder destrutivo que as ações humanas podem ter e depois agir mais rapidamente para transformar os nossos sistemas económicos e energéticos de modo a conter os danos"[5].

Esta é uma mensagem de reconciliação solidária e fraterna da humanidade com os seus valores essenciais e com o seu futuro, sustentada numa renovação económica com pressupostos mais justos e numa política promotora da vida na sua liberdade, igualdade e fraternidade.

Vendo esta lógica de sustentabilidade, há que admitir que as gerações futuras são geralmente negligenciadas na governação e dificilmente conseguem participar da negociação para garantir os seus interesses no contrato social. Enquanto algumas correntes de filósofos morais argumentam que as gerações futuras devem ter um peso semelhante ao que damos ao bem-estar daqueles que vivem hoje, a economia mais clássica tende a dar menos peso às gerações futuras do que às atuais, ao ponderar os custos e benefícios da mudança proposta.

[5] Assim, Simon L. Lewis e Mark A. Meslin, *Antropoceno. Como transformámos o nosso Planeta*, 2022, tradução do original de 2018 *The Human Planet. How we created the Anthropocene*, Porto: Arte e Ciência, pp. 332.

No entanto, uma crescente preocupação com os riscos de longo prazo (mais proeminentemente mudanças climáticas, risco de novas pandemias e alastramento dos conflitos bélicos para o plano atómico) está a forçar a uma crescente consciência pública sobre a importância do pensamento de longo prazo como uma prioridade civilizacional.

Uma preocupação que deve ser partilhada, do mesmo modo, no seio do universo de juízes que no seu exercício profissional também se distinguem em diversas faixas etárias e numa escala geracional. Esta reflexão que aqui se apresenta é demonstrativa, assim, de uma solidariedade intergeracional e de um diálogo que presidiu ao diagnóstico, à formulação de conclusões e ao enunciado de propostas no seio deste grupo de reflexão.

Esta também é uma afirmação de justiça à escala humana e ambiental em que deve ser realizada a própria justiça. A justiça tem de saber incorporar novas dimensões do tempo e de interdependência temática e até geográfica nas suas decisões e na sua própria governação, como se passa com a elucidação dos interesses das gerações vindouras, com os índices preocupantes de desigualdade económica e empobrecimento, com o interesse das comunidades estrangeiras ou migrantes ou com os princípios da precaução climática. O confronto da justiça com estas questões tem de gerar respostas sensatas, adequadas e legalmente sólidas. As decisões da justiça, tanto no plano da sua governação como no plano processual (dos casos apresentados a tribunal) terão de ser argumentadas de forma convincente com base nos fundamentos legais e constitucionais, mas também com a consciência de uma envolvente local, internacional e até global muito relevante e que reivindica um consonante posicionamento estratégico e comunicativo. A linguagem e a comunicação dos tribunais têm de ser as mais adequadas para servir, neste enquadramento, os diversos universos dos seus destinatários (partes, juristas, peritos, políticos e, primacialmente, cidadãos em geral) e dar respostas convincentes relativamente às pretensões que lhe são dirigidas e também às interpelações sobre a sua forma de trabalhar e de atuar (v.g. tempo de duração dos processos, complexidade dos assuntos e natureza dialógica do processo).

A atividade jurisdicional, mas sobretudo a governação, a administração e a gestão dos tribunais que lhe são essenciais, não devem deixar de responder às crescentes exigências de agilidade, de adaptabilidade e de plasticidade do tempo presente e que marcarão também o devir da justiça. A celeridade, a eficácia e a eficiência, que já são valores assumidos pela atividade jurisdicional, caracterizada pela garantia procedimental ínsita ao Estado de Direito, podem e devem ser potenciadas pela excelência de uma oferta de serviço público a que aquela governação, administração e gestão dos tribunais terá de responder de uma forma mais imediata. Esta resposta terá de favorecer a ideia de uma atividade jurisdicional em concordância com uma estrutura de concretização do direito em rápida dinâmica de alteração, desde logo por via da revolução digital e da inteligência artificial.

A realização do direito pela justiça (jurisdição) tem de ser afirmada, assim, numa ética de responsabilidade e em diálogo intergeracional, o qual, sem perda de atualidade e de uma resposta ágil e de adaptação à realidade em franca mutação, terá de valorizar devidamente os pilares essenciais da democracia, designadamente do Estado de Direito, da garantia das liberdades e dos direitos fundamentais, da inclusão e da igualdade de todas pessoas, além da preservação e salvaguarda das demais espécies vivas e do ambiente.

Só assim se poderá reforçar a legitimação e a credibilidade dos tribunais e não o seu contrário, reajustando a justiça com o tempo presente e as exigências do futuro.

3. Sustentabilidade social, económica, cultural e ambiental

A justiça enquanto valor social e enquanto sistema legal e institucional conexionado com a pacificação social, com a afirmação do direito e a resolução de litígios, pelo que se deixou dito nos pontos antecedentes, não deixa, pois, de suscitar um questionamento essencial sobre a sustentabilidade social, económica, cultural e ambiental não só das suas decisões como da sua estrutura organizativa.

A medida e o conteúdo dos direitos e deveres de cidadania são-nos dados pelos princípios e pelas regras jurídicas, sobretudo constitucionais, que assentam nos pressupostos básicos da dignidade da pessoa humana, da liberdade, da democracia e da consonante organização política e social. O Estado de Direito permite a vida social segundo os padrões humanos, sociais, políticos, económicos e ambientais que constituem o património de desenvolvimento dos direitos fundamentais da pessoa humana, num contexto político e institucional de pluralidade, interdependência e mútua limitação dos diversos poderes do Estado sujeito àqueles direitos. A reflexão sobre o sistema de justiça tem como critério primeiro a promoção destes valores.

Esta também é uma ponderação de cariz internacional.

Resulta claro que a dimensão institucional da justiça, isto é, as organizações e interlocutores que se congregam no sistema judicial, encontram-se integrados num modelo de governação global e vinculados a princípios e regras que permitem a sua inserção eco-sistémica. As questões e os debates sociais, políticos e económicos não podem, por isso deixar de vincular toda a organização da justiça e, concretamente quando ela se realiza numa perspetiva transnacional.

Assim acontece com a relevância da exigência do cumprimento da agenda para o desenvolvimento sustentável das Nações Unidas intitulada "Transformar o nosso mundo: Agenda 2030 de Desenvolvimento Sustentável", constituída por 17 objetivos, desdobrados em 169 metas, aprovada pelos líderes mundiais, em 25/9/2015, numa cimeira realizada na sede da ONU, em Nova Iorque.

Trata-se de uma agenda de ação até 2030, que se baseia nos progressos e lições aprendidas com os oito Objetivos de Desenvolvimento do Milénio, entre 2000 e 2015. Esta agenda pretende criar um novo modelo global para acabar com a pobreza, promover a prosperidade e o bem-estar de todos, proteger o meio ambiente e combater as alterações climáticas. O seu conteúdo é, no entanto, muito ambicioso e abrange um conjunto de objetivos cujos reflexos atingem todas as políticas públicas, nomeadamente no âmbito das políticas de justiça com reflexos diretos em áreas que envolvem especificamente a cooperação internacional e a formação de profissionais. Neste domínio assumem particular relevância o objetivo 16, concretamente identificado como "Paz, Justiça e Instituições Eficazes", e o objetivo 10, designado como "Reduzir as desigualdades".

O que se quer salientar é a importância de, nas políticas públicas, envolvendo também todas as políticas de justiça que estejam subjacentes, ser atribuído um papel relevante às instituições judiciárias como protagonistas diretos na concretização dos referidos objetivos. Nomeadamente quando no desempenho das suas competências, nacionais e internacionais, portanto, no exercício das suas funções, tenham que enfrentar problemas que se enquadrem no cumprimento daqueles objetivos.

Deve salientar-se, sobretudo, o objetivo 16 que é sustentado essencialmente no reforço do Estado de Direito e no fortalecimento das instituições nacionais.

Também no domínio europeu, com os programas da União Europeia e do Conselho da Europa, se procuram estabelecer mecanismos de sustentabilidade institucional dos princípios-chave que ressaltam das suas decisões político-institucionais mas também da sua jurisprudência, como o Estado de Direito, a separação de poderes, a independência do poder judicial, a sujeição de todos e nomeadamente das autoridades ao direito (lei e procedimentos), a equidade perante a lei, a certeza jurídica, a proibição da arbitrariedade do poder e a efetividade da tutela judicial dos direitos através de tribunais imparciais e independentes.

4. A globalização, a internacionalização e o direito

Este ambiente internacional globalizado, multinível e em adaptação quase permanente, é influenciado por problemas e temáticas exigentes que passam pela intensificação das deslocações migratórias e económicas, pelo crescimento das relações comerciais e financeiras, pelo desmantelamento e criação de novas fronteiras, pelo reaparecimento de opções ideológicas populistas e nacionalistas, pela sucessão da crise sanitária derivada da pandemia, pelo recrudescimento dos conflitos bélicos, pela disrupção tecnológica e informativa e pelo agudizar das questões ambientais sobretudo em torno das alterações climáticas.

Todos estes assuntos sobrelevam para criar a necessidade de tratar de uma outra forma os fenómenos sociais daí emergentes que não só colocam à justiça desafios a uma escala internacional como também exigem um novo sentido aos mecanismos de governação democrática dos diversos Estados e das instituições internacionais e nacionais.

A concretização das políticas públicas necessárias nestes domínios, de forma a consolidar o Estado de Direito não pode deixar de ser integrada numa lógica de articulação institucional entre as várias instituições nacionais envolvidas, mas também na dimensão de cooperação à escala da comunidade dos diversos países e nos demais domínios internacionais implicados.

Na verdade, o ambiente internacional passou a estar marcado por uma linha de cooperação, de comunicação e de diálogo entre vários interlocutores de diversa natureza e espécie, a vários níveis e dimensões, desde instituições públicas e privadas a atores individuais com expressão internacional.

Tal como se alude no capítulo 2 deste relatório, numa realidade jurídica complexa, em que se cruzam os planos interno, europeu (por via da União Europeia e do Conselho da Europa) e internacional, as jurisdições e os sistemas de justiça interagem frequentemente e influenciam-se mutuamente. A propósito desta coexistência dinâmica e, em particular, quanto à tutela dos direitos fundamentais fala-se, expressivamente, de uma tutela multinível.

No domínio da justiça e do direito é muito expressiva essa troca internacional, que se expressa por vários canais mais ou menos formais, designadamente no campo da formação jurídica e judiciária e também da cooperação.

A existência de instrumentos jurídicos internacionais vinculantes dos Estados ou mesmo a migração de normas e princípios jurídicos entre países, entre organizações internacionais ou mesmo entre espaços jurídicos regionais é algo que podemos constatar nos dias que correm. Fala-se, a este propósito, numa dimensão de cosmopolitismo judicial.

O direito começa a ter a capacidade de se efetivar para além do espaço de soberania nacional onde, em regra, é produzido. E se isto é assim internacionalmente, porque o é, a construção normativa entre espaços mais restritos, como são os espaços regionais (unidos por princípios culturais, económicos ou mesmo financeiros), como é o caso da União Europeia, é já uma realidade em algumas zonas do globo e que tende a expandir-se.

5. A economia e a justiça

A economia traz exigências ao funcionamento do sistema judicial já que este representa, em grande parte, a eficácia do próprio sistema jurídico, isto é, a realização da função sócio-económica do direito. Por outro lado, a economia, com a sua visão organizativa da sociedade e das instituições sociais, determina cada vez mais a estruturação e o modo de funcionamento das organizações que coexistem na justiça, reclamando um maior grau de eficácia, eficiência, produtividade e racionalidade (empírica e utilitária) na sua atividade, na sua gestão e no planeamento das suas estratégias.

A discussão, entre os juristas, sobre os custos e a eficiência da litigância a propósito das regras processuais, tem suscitado uma análise económica direcionada a esta vertente do processo e da litigância. O que pode corresponder a uma análise custos/benefícios relativamente ao recurso às vias jurisdicionais para a composição de um litígio, a resolução de uma causa ou a aplicação de um qualquer tipo de sancionamento, mas também a uma adoção da racionalidade económica ao próprio processo ou ao contencioso judicial segundo parâmetros de desempenho e eficácia.

Defende-se, recorrentemente, ao nível da análise institucional, que a atuação da justiça e o desempenho dos tribunais têm um incontestável impacto no funcionamento das economias, sendo que são vistos também como instrumentos do desenvolvimento económico no seu todo, sendo aqui questionável, por alguns, a sua inserção nas estratégias de política económica e de fomento dos indicadores de comparação dos mercados.

Assim, o sistema jurídico e o sistema judicial participam no propósito de aumento da eficácia da atuação do Estado e das instituições públicas, exigindo-se-lhes um nível acrescido de desempenho, uma maior celeridade na resolução dos casos e um tratamento diferenciado adequado ao novo tipo de demanda jurisdicional (v.g. litigância de massa e litigância complexa).

A atualidade veio acentuar, ainda mais, a premência da atitude de mudança neste domínio da justiça, sendo verdade que a sociedade no seu todo reclama mais e melhor justiça. É indispensável um melhor sistema judicial que possa responder, enquanto tal, a essas enormes exigências sociais, económicas e políticas.

6. O direito e a função dos tribunais. A jurisdição na estrutura da regulação e da realização jurídicas

A jurisdição, isto é, a atividade jurisdicional, como realização do direito concretizada pelos juízes, tem sido definida com recurso às caraterísticas que podem definir a sua natureza, desde logo os seus critérios materiais e substantivos distintivos ou mesmo o seu modo ou forma de exercício, mas também, no que aqui não é de somenos importância, da associação orgânica ao poder jurisdicional (no elenco dos tribunais) enquanto opção do legislador constitucional e a inerente estruturação e complexificação das condições de exercício funcional, mormente a imparcialidade, a independência e as demais garantias procedimentais que caracterizam um processo jurisdicional, incluindo a existência de vias recursivas próprias.

Certo que a realidade do direito, nas suas diversas dimensões e funções, entrecruza-se com a noção de jurisdição e da questão sobre qual o papel e a função dos tribunais no seio do processo de realização do direito, desde a sua criação à aplicação. Numa articulação com uma noção de separação de poderes que é cada vez mais ponderada a partir de uma abordagem plural, complexa e multinível acerca da afirmação do jurídico na sociedade.

A constelação de casos e de matérias que chega a tribunal tem cada vez maior latitude, numa sociedade cada vez mais conflitual. O sistema de justiça é confrontado com exigências crescentes e que se expandem para além do mero papel de composição de litígios, testando e pressionando os seus recursos, a sua eficiência e a sua credibilidade.

O acesso ao direito e à justiça tem de ser ponderado com a pluralidade dos meios alternativos ao dispor do cidadão para dirimir os conflitos de cariz jurídico e segundo o perfil constitucional que fundamenta esse pluralismo de soluções para os correspondentes diferendos jurídicos. Sendo certo que os tribunais e a sua atividade jurisdicional conferem uma forma mais racional e equilibrada de abordagem dos crescentes conflitos sociais a demandar resolução jurídica e judicial.

7. Valorização do Estado de Direito em democracia

7.1. Estado de Direito e democracia

O princípio do Estado de Direito, como estrutura matricial que condiciona em termos constitucionais a atual matriz jurídico-política de grande parte dos países do mundo, pode sintetizar-se, na sua essencialidade, como têm defendido os atinentes índices de referência, a um núcleo tópico que passa pela (i) garantia dos cidadãos a serem governados por um executivo, (ii) através das leis aprovados por um poder legislativo (iii) limitadas por uma norma constitucional superior e por um poder judicial independente, também ele sujeito às garantias estabelecidas em tal norma constitucional, que garanta os direitos fundamentais dos cidadãos.

Ao longo dos tempos, tanto em conjunturas de estabilidade política como em períodos de convulsão ou mesmo de algumas limitações democráticas, a separação de poderes e concretamente a independência dos tribunais e dos juízes, tem assumido uma relevância indiscutível para os cidadãos.

Neste quadro simples, teoricamente, o poder judicial tem, para além da função autónoma de resolução de conflitos, uma função heterónoma de controlo de legalidade, assumindo em momentos de crise, uma dimensão essencial no jogo do exercício de poderes e, sobretudo na perspetiva do cidadão, uma enorme expectativa para o restabelecimento dos equilíbrios exigidos. Mas tem, sobretudo, e cada vez mais, um enorme relevo como poder que garante os direitos fundamentais dos cidadãos perante intervenções de outros poderes ou mesmo de mecanismo de restrição de direitos emergentes da própria necessidade de prevenção ou combate à ilicitude. O valor da independência dos tribunais e o estatuto dos juízes, que o garante, ganham nestes momentos uma importância acrescida para a cidadania e para a democracia.

É possível, assim, encontrar uma relação intrínseca de fundamentação, mas também pragmática, entre a democracia e o Estado de direito.

Os "testes de stress" ao princípio da separação de poderes demonstraram a solidez da independência de uma jurisdição que não cede à conjuntura perante a defesa dos princípios constitucionais ou da razão das leis em clima de exceção generalizada.

O Estado de direito deve assumir, do mesmo modo, uma forte radicação prática e de cultura no sistema judicial, designadamente nos mecanismos de formação e capacitação judiciárias.

O Estado de Direito passa a conter, assim, um conteúdo essencialmente material e teleológico, como garantia da defesa dos valores constitucionalmente consagrados e da legalidade democrática. Sendo que todos os atores da justiça – designadamente os juízes, os magistrados do Ministério Público e os advogados – devem estar comprometidos com esses valores, designadamente com o Estado de Direito democrático, com a dignidade da pessoa humana, com a liberdade, a justiça e a democracia, com a proteção dos direitos humanos e fundamentais, e com a proteção ambiental.

Lembrando a cada passo que o Estado de Direito democrático assenta sempre na democracia, na soberania popular (a administração da justiça é feita em nome do povo), na separação e interdependência de poderes, na independência e autonomia dos tribunais e do sistema judicial e no pluralismo de expressão.

O estabelecimento destes princípios em quadros normativos internacionais vinculantes dos Estados democráticos permitiu a configuração da ideia do que pode hoje designar-se por Estado de Direito e que tem uma forte índole internacional.

Isso demonstra que o conceito de Estado de Direito também comporta uma dimensão internacional própria, não se limitando a garantir a conformidade nacional com o direito internacional. O direito internacional e as instituições (por exemplo, órgãos internacionais de monitoramento de tratados de direitos humanos e tribunais de direitos humanos) respondem às interpelações nacionais e demonstram também deferência (e levam em conta) ao Estado de Direito nacional.

7.2. Direitos humanos e fundamentais

Os direitos humanos, como se sabe, são os direitos consagrados pelos instrumentos internacionais de referência que depois podem ser afirmados ao nível das constituições nacionais na sua dimensão própria fundamental, justamente como direitos fundamentais.

Assim, a valorização do Estado de direito em democracia passa inevitavelmente pela consideração da capacidade política e institucional de um dado Estado na garantia da efetividade dos direitos fundamentais, constitucionalmente consagrados, e na resposta que consegue dar aos padrões e às interpelações, incluindo judiciais, das instituições internacionais de defesa dos direitos humanos.

A governação dos tribunais serve a jurisdição e esta tem como critério a defesa dos direitos humanos que constituem o nosso património jurídico, a garantia de acesso ao direito e ao juiz, nomeadamente dos mais vulneráveis, e o direito a um processo equitativo e justo em que seja proferida decisão em prazo razoável.

7.3. Estado liberal e direitos sociais e económicos

É clássico o contraponto entre uma noção do Estado circunscrito às suas funções essenciais de garantia da legalidade, de articulação da separação de poderes e do funcionamento das instituições políticas que salvaguardam as liberdades individuais (direitos, liberdades e garantias), por um lado, e a defesa de um Estado que atende também a considerações de cariz social e económico e que providencia o exercício e a efetividade das crescentes necessidades sociais, humanas e ambientais.

A concretização de um direito fundamental estará muito mais limitada se esse direito não beneficiar do regime dos direitos, liberdades e garantias. Os direitos económicos, sociais ou culturais (por ex., o direito à proteção da saúde ou o direito à habitação) possuem um grau de proteção mais reduzido e estão dependentes da capacidade económica do Estado para os concretizar. Caso o direito económico, social ou cultural em causa seja suficientemente concreto na sua previsão constitucional, pode pedir-se, em determinadas circunstâncias, que o Estado seja condenado a praticar o ato em falta.

Num contexto de aprofundamento das crises com que estamos confrontados o Estado tem inevitalmente regressado ao seu intervencionismo mais expressivo, colocando-se a tónica não só na introdução de novos mecanismos regulatórios mas, também, no incremento do assistencialismo e protecionismo social e económico para fazer face às enormes debilidades sociais e económicas que se têm vindo a manifestar.

A Constituição portuguesa insere-se num quadro constitucional de consagração de um Estado Social, em que se ambiciona pela efetivação maximizada dos direitos sociais e económicos e em que faz sentido, num aprofundamento das tarefas fundamentais do Estado, promover os novos valores do desenvolvimento sustentável, da justiça intergeracional, da igualdade, e do combate às alterações climáticas, de proteção ambiental e do bem-estar animal, sem prescindir de um roteiro de defesa dos pilares fundamentais do Estado de Direito democrático que são essenciais ao tratar da reforma da justiça.

7.4. O Estado de Direito procedimental

A atividade dos tribunais, na concretização da realização jurisdicional, isto é, do direito realizado ou aplicado pelos tribunais, é estruturada por uma ordem procedimental que a dinamiza e lhe dá concretização.

O processo é definido, neste âmbito, pela sua ponderação básica de uma "sequência de atos destinados à apreciação de uma pretensão formulada por uma parte contra uma outra parte mediante a intervenção de um tribunal", na adequação à função instrumental que o direito assume para a tutela jurisdicional de uma determinada situação subjetiva, mais ou menos individualizada[6].

Esta ordem processual é objeto de tratamento pelas diversas especialidades do direito processual e é corporizada por um conjunto de códigos e diplomas especializados que são naturais num sistema *civil law* como o nosso. Depois, as normas constitucionais, para além estabelecerem a organização da justiça segundo uma determinada estrutura, não deixam de assumir também a sua disciplina em torno de princípios e do direito fundamental a um tribunal independente, imparcial e fundado na lei, enquanto garantia de acesso à justiça e decorrência do direito de acesso ao direito e à tutela jurisdicional.

São reconhecidos os movimentos de sucessiva integração da questão processual nas preocupações da vida política, económica e social, começando pelas modificações na matéria da instrução e prova, passando pela constitucionalização do processo e do acesso à justiça, até aos temas mais recentes da eficácia do sistema judicial, numa ótica do impacto social da resposta jurídica e judicial.

[6] Definição de processo e classificação da tutela jurisdicional em individual, supra individual e coletiva, que se encontram presentes na referência fundamental de João Castro Mendes e Miguel Teixeira de Sousa, *Manual de Processo Civil*, Volume I, 2022, Lisboa: AAFDL Editora, pp. 3-5.

No cômputo geral esta dimensão processual passou a ser, no seu conjunto, orientada por este tipo de preocupações, tanto do ponto de vista das suas repercussões organizativas e sistémicas como das exigências crescentes com a cidadania e com a valorização da administração da justiça na base da sua eficiência.

Será com certeza desnecessário vincar a importância jusfundamental dos direitos ligados à garantia de acesso à justiça e à estruturação da ordem processual pelas normas constitucionais, tudo isto na temática dos direitos processuais fundamentais. Relembrem-se, aqui, as categorias de direitos processuais fundamentais, tais como o direito à decisão num prazo razoável, a garantia de um processo justo e equitativo, do juiz "natural" ou pré-determinado legalmente, e, ainda, da garantia da efetividade da prestação jurisdicional, num quadro da garantia de acesso à justiça e das suas emanações próprias.

Por outro lado, as tendências mais recentes do processo civil, por exemplo, têm valorizado um modelo de maior flexibilidade e amplitude na gestão processual, de maior dinamismo e intervenção do juiz, com um acréscimo de instrumentos processuais à disposição, sobretudo nas situações de litigância de massa ou de litigância complexa, a contrastar com o modelo estático de ação individual que fez tradição no mundo do direito. Nessa definição faz mais sentido a assunção de uma responsabilidade partilhada pelas partes e pelo juiz com vista à resolução justa, eficiente e rápida do processo (o nosso Código de Processo Civil consagra no seu Art.º 7.º esse princípio de cooperação intersubjectiva) mediante uma direcção activa deste último pelo tribunal, como advogam os Princípios do Processo Civil Transnacional adotados pelo *American Law Institute* e pelo *Unidroit.*

Se os objetivos de eficácia e celeridade do processo, transmitidos pelas políticas públicas desenvolvidas pelas mais recentes reformas judiciárias, não deixaram de ser rececionados e enquadrados pelo direito processual, a verdade é que aquelas garantias processuais e a tutela dos direitos processuais fundamentais são, indiscutivelmente, um limite de ordem constitucional, tanto à conceção como também à prática e à execução das medidas de reforma judiciária e processual, incluindo as de cunho estatutário.

A este propósito não podem deixar de ser equacionadas as exigências valorativas de desempenho qualificado do sistema judicial, que têm sido amplamente enfatizadas pelos variados instrumentos internacionais e pelas declarações internacionais de referência, com independência, com equidade, com celeridade [tempo razoável], com eficácia e com qualidade (e mesmo excelência), nas suas conexões inevitáveis com a temática processual.

7.5. A igualdade de tratamento na pluralidade de identidades

A atividade judicial, pela sua própria componente procedimental justa e equitativa, exercida por juízes que se devem assumir, na prática, como imparciais e independentes, implica a aplicação consentânea do princípio da igualdade e radicação deste nos pressupostos que são próprios à aplicação do direito e à essência do princípio da legalidade que possui uma vocação intrínseca para a universalidade das normas criadas pela lei (igualdade na aplicação do direito e igualdade na criação do direito).

Assim, a preocupação pelo tratamento equitativo e imparcial postula que se devam reunir as condições, no sistema de justiça, para reduzir ao máximo as diferenças no acesso de qualquer cidadão à justiça e de lhe garantir a igualdade de tratamento no decurso de um processo judicial, seja qual for a sua ascendência, sexo, raça, língua, território de origem, religião, convicções políticas ou ideológicas, instrução, situação económica, condição social, orientação sexual, identidade ou expressão de género, características sexuais, idade, características genéticas, estado de saúde, deficiência ou incapacidade.

Mas este assegurar da igualdade na aplicação do direito, no desenvolvimento necessário da aceção de que "todos os cidadãos são iguais perante a lei", não pode deixar de ser também um princípio de cariz material, assegurando uma exigência de igualdade material através da lei e do seu aplicador que não pode deixar de seguir critérios de valoração[7]. Trata-se, do mesmo modo, de um princípio que aborda apropriadas questões procedimentais pela emanação que é própria da ordem jurídico-constitucio-

[7] Na lição de Gomes Canotilho, *Direito Constitucional e Teoria da Constituição*, 7.ª edição, 2003, Coimbra: Almedina, pp. 426-432.

nal (Art.º 13.º da CRP), mas que apela, também, a considerações de ética judicial (boas práticas fundadas na equidade).

A atividade dos tribunais e dos juízes não pode deixar de ser marcada por razões substanciais ligadas à sua finalidade essencial: acesso à justiça do cidadão, com procedimentos justos, equitativos e transparentes.

7.6. Novas considerações sociais, técnicas e ambientais

A atualidade veio reforçar a ideia que nenhuma instituição pública pode ser indiferente às alterações significativas a que estamos a assistir, a todos os níveis, e que reivindicam um novo olhar sobre o seu modo de atuação e a sua adaptação ao novo ambiente criado, necessariamente mais complexo, acrescidamente mutável e mais exigente com a qualidade e a sustentabilidade das mais adequadas respostas políticas, económicas e culturais, mas também legislativas, administrativas e jurisdicionais.

Como se irá ainda aprofundar, o presente é fortemente marcado por uma convergência de crises que sinalizam os alarmes das alterações climáticas, os desafios globais da disrupção tecnológica, mas também da saúde pública derivados da pandemia da COVID-19 e de todas as suas repercussões, os fatores de instabilidade geopolítica acentuados por uma guerra em território europeu com sérios riscos atómicos e uma economia que se defronta com uma crónica instabilidade monetária e financeira.

Repete-se, como se fez de início, que a justiça tem de saber incorporar novas dimensões do tempo e de interdependência temática e até geográfica nas suas decisões e na sua governação, como se passa com a elucidação dos interesses das gerações vindouras, com os índices preocupantes de desigualdade económica e empobrecimento, com o problema das comunidades estrangeiras ou migrantes ou com os princípios da precaução climática.

Como também já se teve ocasião de referir, perceber o que pode vir a resultar para os tribunais e os juízes, por exemplo, dos impactos da revolução científica e tecnológica em curso (para muitos qualificável como a 4.ª revolução industrial), das rápidas mutações a que se assiste na sociedade da informação e da comunicação, das crises ambiental e pandémica ou, mais genericamente, do ambiente crítico intensificado da sociedade do risco e da emergência, não pode ser apenas um exercício de futurologia.

Esta reflexão que aqui se apresenta é demonstrativa, assim, da indispensabilidade de uma solidariedade intergeracional e do diálogo que presidiu ao diagnóstico, à formulação de conclusões e ao enunciado de propostas no seio deste grupo de reflexão.

II. Sociedade do risco e da emergência

1. Implicações pandémicas, conflitos bélicos, crises económicas e sociedade do risco e da emergência

Tal como adiantámos, a conjuntura presente é marcada pela constante mudança, perturbação e controvérsia, na tónica da assim denominada "sociedade do risco e da emergência"[8], num avolumar de sucessivas crises: terrorismo, mercados financeiros, pandemia, guerra no leste europeu e economia.

Esta convergência de crises tem desembocado em disfunções de pendor sistémico difíceis de resolver, em diversos domínios, ressaltando, desde logo, os problemas económicos e sociais associados à quebra na produção agrícola e industrial, aos bloqueios nos canais de distribuição e no fornecimento da energia e dos combustíveis, ao fenómeno da inflação, ao notório abrandamento do crescimento das potências económicas e ao risco de pobreza e fome em grande escala. Paralelamente, por força dessa mesma convergência crítica, assistiu-se a uma quebra da qualidade das democracias em mais de uma centena de países, avultando, aqui, a questão do enquadramento constitucional das restrições ao exercício dos direitos fundamentais decretadas para o controlo da pandemia, proble-

[8] Expressão que parte dos conceitos de "sociedade do risco" ou mesmo da "metamorfose", que Ulrich Beck trata nas suas obras de referência *Sociedade de risco mundial*, tradução do original alemão de 2007, Lisboa: Edições 70, e *A metamorfose do mundo: como as alterações climáticas estão a transformar a sociedade*, tradução do original inglês de 2016, Lisboa: Edições 70.

mática já objeto de análise, no plano europeu, pela Agência Europeia dos Direitos Fundamentais (FRA) nos seus últimos relatórios.

Um contexto de crise que veio trazer uma ainda maior aceleração às tendências de mudança, intensificando as necessidades de conformação dos atos e procedimentos judiciais ao ambiente digital e aos meios de comunicação à distância.

2. A dimensão política das crises e o Estado de Direito

Face a esta situação, demonstram-se notórias as dificuldades que a ordem assente na liberdade e na democracia, que pretende preservar os princípios do Estado social e democrático de direito, tem vindo a sentir em várias frentes.

Todo este ambiente vem a condicionar as estruturas de regulação e organização da sociedade e do Estado e ser argumento para novos populismos e para a radicalização das opções ideológicas que marcam o quotidiano político de cada vez mais países onde esses fenómenos se têm manifestado com cada vez maior expressão.

Por outro lado, a transformação acentuada a que se assiste, marcada pela radicalização dos discursos e pela polarização dos posicionamentos políticos, é acompanhada pela erosão das instituições democráticas institucionais assentes nos princípios essenciais do Estado liberal a par de uma acentuação dos mecanismos de condicionamento e de repressão dos regimes de pendor autoritário que têm agora ao dispor tecnologias de vigilância e monitorização em massa *(sharp power)*.

3. A dimensão económica e social das crises

A convergência da crise pandémica com o eclodir da guerra no leste europeu, como já se descreveu, num avolumar de circunstâncias de disfunção que a economia já vinha a sentir nos mercados financeiros, tem produzido uma crise económica de enorme impacto internacional, não obstante as medidas de mitigação entretanto implementadas, tanto à escala nacional como internacional.

Esta crise generalizada, já atrás descrita nas suas implicações sistémicas ao nível económico, traduz-se num agudizar da situação dos grupos mais vulneráveis que fruto da desigualdade virão a ser os mais castigados. Assim, as assimetrias económicas e sociais estão a fazer-se sentir ainda de forma mais aguda, podendo dar azo a diversas crises humanitárias, sobretudo nos países e nas regiões mais pobres e desfavorecidas do mundo.

4. Disrupção tecnológica e tecnologia

A revolução digital abrange todos os sectores da vida, a uma escala global, tendo por corolário essencial a necessidade de adaptar todas as organizações, na sua gestão e nos seus procedimentos, ao ambiente digital e ao funcionamento dos dispositivos que o proporcionam. O funcionamento em rede da sociedade e a utilização das plataformas eletrónicas é uma evidência a que nenhuma sociedade escapa e às quais as instituições judiciárias nacionais e internacionais se têm de adaptar ou mesmo reconfigurar.

Refere Martin Belov que as revoluções tecnológicas implicam, em geral, assimetrias estruturais entre a esfera tecnológica, a ordem jurídica e a realidade das relações sociopolíticas que depois vão sendo assimiladas, numa adaptação mais lenta ou mais rápida, mas sempre com mutações relevantes tanto no mundo do direito como em geral nas relações sociais[9].

O mundo atual, a sua forma de organização, a sua economia e política, o desenvolvimento, o ambiente e a indústria, o Estado e a administração pública, todos se condicionam à disrupção tecnológica, nas suas várias dimensões de mudança. Nos seus agentes ou atores, nos seus diversos dispositivos, na inovação tecnológica, na *internet* das coisas, nas mutações dos modelos de negócios e dos fluxos financeiros, na exploração da informação e dos dados, na inteligência artificial e na robótica, em todos estes domínios, vamos encontrar os quatro ingredientes principais dessa

[9] "Introdution", in Martin Belov (ed.) *The IT Revolution and Constitutionalism and Public Law*, 2021, Oxford/London/New York/New Delhi/Sydney: Hart, pp. 1-2.

transformação (revolução digital): dispositivos, conectividade, desmaterialização e disponibilidade emocional.

Tal como acontece nas diversas organizações públicas e privadas, é um dado assente a utilização, no universo dos tribunais, das ferramentas tecnológicas, bem como a desmaterialização dos processos e a gestão tecnológica das tarefas procedimentais, bem como o fator organizativo e humano mais ou menos disponível para se adaptar à mudança (emoção e vontade).

A questão da inteligência artificial e a sua utilização no domínio público e num setor como a justiça suscita algumas apreensões e tem sido objeto de reflexão em diversos fóruns internacionais.

O tema da reforma da justiça cruza, em todos os domínios, tal como acontece noutras áreas sociais e humanas, com as tecnologias da informação e com a sociedade da informação.

Numa escrita assaz impressiva, José Tolentino Mendonça refere a importância vital dos instrumentos que preenchem a nossa atividade humana:

> "Modificando os instrumentos que operam a nossa prática do mundo, modificamos a nossa relação com as coisas e connosco próprios. O instrumento transforma aqueles que o usam"[10].

5. O espaço público e a comunicação

Neste plano não pode deixar de ser ponderada a relação do sistema de justiça com os meios de comunicação em geral, incluindo as redes sociais, num mundo cada vez mais em rede e digital, tendo presente a poderosa influência que exercem na formação da opinião pública e na degradação do espaço público.

Para que a jurisdição consiga concretizar-se em toda a sua plenitude terá de integrar a dimensão comunicativa que lhe é essencial e assumir relevância no espaço público como fator de credibilidade e de confiança.

[10] Assim, num dos artigos da rubrica "Viajantes" da *Revista do Expresso* n.º 2542, 2021, pp. 90.

As pessoas, as empresas e as demais entidades deverão conhecer os seus tribunais e reconhecer-se na justiça que é por eles administrada. Por tribunais que as pessoas possam aceder, com a intervenção substantiva e humanizada dos juízes, enquanto aplicadores da lei e do direito. Para que isso aconteça, cada uma das pessoas que acede a tribunal ou conheça a sua atividade deverá sentir-se respeitada e livre para exprimir a defesa dos seus direitos, obtendo uma decisão judicial em tempo útil. Uma decisão que a comunidade em questão reconheça como justa à luz do direito aplicável, no processo do qual a mesma resultou e na fundamentação em que é baseada.

6. Crises, direitos fundamentais e Estado de Direito. A exceção e a emergência

No seguimento da pandemia e da declaração da calamidade sanitária à escala global, a maior parte dos países acionou mecanismos jurídicos e constitucionais próprios para situações de exceção e emergência.

A noção de Estado de emergência, de necessidade ou de exceção possibilitou uma via de garantia jurídica para a indispensável regulação e tratamento jurídico destas situações de crise pandémica.

Mas o tema do Estado de exceção ou de emergência arrasta consigo as ambivalências dos tempos de crise que se vão sucedendo, em que a democracia e os pressupostos em que a mesma assenta se pretendem conciliar ao máximo com as necessidades de segurança, de vigilância e de disciplina coletiva que exigem essas mesmas conjunturas críticas.

Na verdade, existe uma tensão latente, muitas vezes perversa, entre os valores democráticos e as respostas a situações de exceção e de emergência. Pois muitas vezes são determinadas medidas autoritárias a coberto das indicadas situações emergenciais, o que resulta na erosão progressiva dos alicerces da democracia e do Estado de Direito, como tem sido constatado, infelizmente, nos últimos índices de referência (*World Justice Project*, *Freedom House* e *Bertelsmann Stiftung*) publicados.

Certo que o panorama internacional atual, em todos os quadrantes geográficos, suscita uma grande apreensão em torno da necessidade de defender os princípios do Estado de Direito que se confrontam, de uma forma nunca vista, com um movimento de recuo dessas garantias em países e em regiões em que as mesmas se tomavam como certas. Ou seja, a consolidação do Estado de Direito, na sua matriz essencial, é ainda um caminho a ser percorrido.

Também o reconhecimento dos direitos humanos, matricialmente proclamados em 1948, continua a enfrentar graves constrangimentos culturais e religiosos em muitos territórios, o que é suscetível de esvaziar de conteúdo ou mitigar de forma profunda a respetiva declaração adotada pelas Nações Unidas, como sucede, desde logo, com a afirmação da igualdade de direitos entre homens e mulheres.

7. Impacto das crises convergentes na governação política e na justiça

Pergunta-se, que impacto tem produzido essa convergência de crises na governação política e na justiça?

As mutações acima descritas no ambiente político, económico e social são acompanhadas também de alterações nos padrões organizativos e nas formas e nos meios de desempenho das atividades, tanto no exercício de funções públicas como no desempenho profissional.

Mas, no seu todo, na verdade, não se pode deixar de ter uma leitura difusa de um cenário demasiado complexo para ter tantas certezas.

Sociedade digital, disrupção tecnológica, modificações das relações económicas, de mercado e de trabalho, mas também políticas e culturais; hipercomunicação e aceleração histórica, com fenómenos implicativos e também paradoxais. Assim, por exemplo, a globalização económica também levou ao entrincheiramento, onde as fronteiras físicas voltam a querer fazer sentido, forçando o fenómeno das migrações exponenciais e críticas.

Todos estes fenómenos são argumento de novos populismos e de radicalização das opções ideológicas que marcam a nossa atualidade internacional. Os fenómenos de integração política e económica são sucedidos pelos de desintegração e de saída (por exemplo no Brexit).

As definições de evolução e de revolução já não são suficientes. Fala-se, por isso mesmo, de metamorfose.

A complexidade da realidade passa também a influenciar o jurídico, em espaços vários, onde os institutos jurídicos tradicionais e as clássicas distinções disciplinares são definitivamente colocados à prova. Assim, chegam aos tribunais casos cuja apreciação determina a indispensabilidade de um inevitável cruzamento disciplinar e de saberes entre, por um lado, as ciências, as práticas científicas e tecnológicas, e, pelo outro, o saber prático e prudencial do direito. Aqui o jurista privatista, o jurista publicista, o jurista criminalista ou o jurista civilista; o jurista cultor do direito administrativo ou do direito constitucional, ou o jurista que cuida mais das matérias especializadas do sector especializado em causa, tem de colocar à prova a sua capacidade de estabelecer conexões conceptuais, estabelecer pontes sistémicas, apelar a princípios fundamentais e aos direitos fundamentais, integrar preocupações éticas e deontológicas, tornar-se permeável à tradução dos dados empíricos e científicos, apelar à compreensão da realidade social, cultural, científica, económica e humana.

A complexidade ético-social e técnico-científica de que se falava tem incidência na atividade judicial segundo dois primas:

- substancial, no aspeto das matérias e dos assuntos a tratar (regulação normativo-jurídica das várias áreas envolvidas e apuramento dos factos ou da verdade judiciária [a prova, as perícias, a causalidade]); e
- institucional, na vertente das condições, da organização e dos procedimentos (formas e processos).

Obviamente que esta complexidade contende com a capacidade e a qualificação dos tribunais e dos seus atores fundamentais em lidar com estes assuntos e em tratar dos problemas suscitados, tanto ao nível da decisão jurisdicional final como no decurso dos vários procedimentos e atividades até a ela se chegar.

III. Justiça, Estado de Direito e futuro. A agenda da reforma da justiça

1. Adaptabilidade, pragmatismo institucional e sustentabilidade

Saber lidar com a complexidade deste cenário traçado nos pontos antecedentes, num contexto fortemente institucional como a justiça, é saber conjugar os parâmetros que têm sido defendidos para o tratamento dessa mesma complexidade, em geral, no seio do sector público, através do pensamento sistémico:

> "(...) não basta falar sobre quais os tipos de mudanças sistémicas que são necessárias nos diferentes campos da política sem as contrapor com a capacidade que as instituições possuem para implementar as mudanças desejadas. Como tal, as abordagens sistémicas não podem ser introduzidas no setor público apenas de forma teórica ou genérica, antes necessitam de ser apreendidas na prática e a sua implementação deve ser contínua e integrada, não deixada ao critério de cada setor ou departamento (*ad hoc*). Não obstante isso, o pensamento sistémico é indispensável para lidar com os problemas complexos com que os poderes públicos se confrontam, possibilitando os compromissos em torno de objetivos complexos para o setor público (como acontece com a implementação de missões) e permitindo evitar ou lidar com as inerentes consequências inesperadas e indesejadas. Nessa medida, o pensamento sistémico é uma prática, não uma teoria; portanto, os atores públicos e as parcerias do setor público devem aprender a aplicá-lo aos exemplos da realidade"[11].

Podemos enunciar algumas preocupações[12] que podem servir de suporte a um instrumental adequado a trabalhar com este cenário de grande complexidade:

[11] Assim, numa reflexão no seio da OCDE para o desenho das políticas públicas e do recurso ao pensamento sistémico, Piret Tõnurist, Elena Rovenskaya, Reinhard Mechler, Fabian Wagner e J. Linnerooth-Bayer, "Introducing Systems Thinking into Public Sector Institutions: Learning by Doing?" in W. Hynes, M. Lees and J. Müller (eds.), *Systemic Thinking for Policy Making: The Potential of Systems Analysis for Addressing Global Policy Challenges in the 21st Century, New Approaches to Economic Challenges,* 2020, Paris: OECD Publishing, pp. 125-132, disponível em https://doi.org/10.1787/879c4f7a-en.

[12] Cunha Rodrigues apontava um conjunto de exigências da justiça para este milénio, como a leveza, a visibilidade e a comunicabilidade, para além da rapidez, exatidão, multiplicidade e consistência, que para ele seriam inerentes ao exercício da função da justiça, enquanto estruturação de atribuições e de formas de ação, numa ponderação também das lições americanas de Italo Calvino "Seis propostas para o próximo milénio",

i. *Bom senso*

Encarar o direito como um saber assente na experiência (saber e saber fazer), que implique o retorno ao império da razoabilidade, do bom senso e dos princípios; em que a justiça se possa definir ainda e sobretudo como o predomínio, no "espaço público", da prudência segundo o direito, enquanto afirmação da ordem dos valores constitucionais, do princípio da legalidade e da defesa dos direitos fundamentais. Isto porque o espaço público passa a estar cada vez mais necessitado de referências de bom senso e de retorno à norma na referência a princípios básicos de vivência social e comunitária.

ii. *Pragmatismo*

Os práticos do direito e da justiça não podem descurar o carácter performativo e criativo da prática jurídica (poesis). A norma jurídica permite ser aplicada enquanto estabilidade criativa. O direito tem de sair da sua zona desencantada. O direito tem de ser implicado na realidade densa que é a vida. A palavra dita no espaço judiciário tem de ser preparada, testada, adequada, satisfatória, consensualizada, numa palavra, bem fundamentada. A vida não é só razão e por isso, para que a racionalidade do direito prevalecer terá de ser também tudo o demais: sentimento, paixão, entrega, devoção.

Assim, é necessário constatar a importância da adaptabilidade e do pragmatismo institucional, consonantes com os tempos de instabilidade, incerteza e liquidez em que vivemos. Isto ao mesmo tempo que se reforçam as bases para um revigoramento dos pressupostos do Estado de direito e dos princípios em que ele assenta. Para que isso aconteça ter-se-á que incrementar, numa nova base, a formação e a capacitação dos juízes e dos demais atores da justiça. Privilegiando a reflexão em espaços cada vez mais internacionais e multinível, em ambiente de cooperação jurídica com vista à troca de experiências e ao cosmopolitismo vivencial.

iii. *Design*

As soluções organizativas e procedimentais têm de ser concebidas como um instrumental adaptável e moldado na medida do possível (os

em "Sobre a Justiça no próximo milénio", em *Lugares do Direito*, 1999, Coimbra: Coimbra Editora, pp. 257-259.

limites serão sempre as garantias do Estado de direito democrático) às exigências dos destinatários do serviço de justiça prestado. A racionalidade económica e gestionária estimula o valor e a avaliação das características do produto e dos resultados. A abordagem do *design thinking* permite integrar o esforço de adaptação dos modelos ao contexto e às caraterísticas do utilizador, na adaptabilidade, na intuitividade e na ergonomia. E, daí, a simplicidade, a clareza, a acessibilidade, a comunicabilidade e a ligação em rede. Mas também a necessidade de testagem, experiência e adaptabilidade, numa pilotagem dos resultados. Muitas vezes a forma molda o conhecimento. O resultado terá de permitir conciliar identidade e tradição com inovação, nestes domínios do jurídico e da justiça[13].

iv. *Sustentabilidade*

Como já se defendeu inicialmente, a justiça tem de saber incorporar novas dimensões do tempo e de interdependência temática e até geográfica nas suas decisões e na sua própria governação, como se passa com a elucidação dos interesses das gerações vindouras, com os índices preocupantes de desigualdade económica e empobrecimento, com o interesse das comunidades estrangeiras ou migrantes ou com os princípios da precaução climática. O confronto da justiça com estas questões tem de gerar respostas sensatas, adequadas e legalmente sólidas, sem perda da indispensável imparcialidade e neutralidade que é essencial à prática jurisdicional. As decisões da justiça, tanto no plano da sua governação como no plano processual (dos casos apresentados a tribunal), terão de ser argumentadas de forma convincente com base nos fundamentos legais e constitucionais, mas também com a consciência de uma envolvente local, internacional e até global muito relevante e que reivindica um consonante posicionamento estratégico e comunicativo.

[13] Recolha-se, neste ponto, a experiência do laboratório de ideias da Faculdade de Direito de Stanford, *Legal Design Lab*, o qual, no desenvolvimento de projetos direcionados para a inovação judicial, para o aperfeiçoamento da internet jurídica, para a operacionalização dos sistemas jurídicos virtuais e para o desenho de ferramentas inteligentes ao nível jurídico e comunicativo, assenta em metodologias multi e interdisciplinares – assim, em https://www.legaltechdesign.com.

2. Atores da reforma e cultura judiciária

Qualquer reforma depende da sua capacidade de convencimento dos seus destinatários que, nessa medida, passam a ser agentes fundamentais da mudança. Na justiça, sabe-se que qualquer decisor político dessa reforma, entendido como principal, terá de se confrontar com graus acrescidos, notáveis e essenciais de autonomia e independência dos agentes que terão de edificar e executar os projetos inerentes às reformas.

Para que a reforma venha a suceder é necessário proceder à escolha dos mais qualificados e das lideranças inerentes, em consonância com uma visão integrada do sistema e numa ética de responsabilidade e de competência.

As vontades políticas e partidárias devem estar firmemente empenhadas em credibilizar a justiça criando o ambiente institucional mais propício à restauração da confiança dos cidadãos no sistema judicial.

Neste ponto é fundamental o conhecimento da realidade judiciária, da cultura aí dominante e também da dinâmica e das redes em que se entrecruzam os seus atores, alguns deles catapultados para os papéis principais desta cena mediática que faz o quotidiano social e político de um país.

Deve seguir-se aqui na área da justiça (como aliás em todas as áreas públicas da governação) uma política rigorosa de exigência e de competência no estabelecimento das regras e nas práticas de escolha e de nomeação dos cargos dirigentes e dos responsáveis pelas várias áreas e instituições de relevo para a justiça, promovendo-se o prestígio, credibilização e capacidade de atuação e afirmação da justiça e dos tribunais no seu todo.

3. Sistema de justiça, consolidação do Estado de Direito e sua garantia

A ideia de reforma da justiça implica, como se defendeu de início, uma ponderação dos vários tempos que a condicionam (história, presente e devir), sendo que na sua destinação a uma sociedade em franca adaptação e complexidade apenas faz sentido partir de uma adequada abordagem sistémica.

Na verdade, a justiça assume-se como um sistema complexo que engloba um conjunto de instituições constitucionalmente diferenciadas e independentes entre si, cuja finalidade é a administração da justiça. Para o cidadão comum, envolve a atividade do Estado dedicada tanto ao direito como à resolução dos litígios.

O sistema de justiça, no seu sentido amplo, comporta a existência de várias categorias de tribunais, de órgãos de justiça como o Ministério Público, de órgãos constitucionais de gestão das magistraturas independentes dos governos, como os conselhos judiciários e de órgãos dependentes diretamente do membro do Governo com responsabilidades na área da justiça, ainda que funcionalmente ligados aos restantes órgãos e instituições e também de órgãos ou entidades de natureza privada, como os advogados, notários ou solicitadores.

Como se explicita mais adiante no capítulo 2, a função judicial, enquanto uma das funções estabelecidas nas constituições, tem, por regra, uma dimensão estruturalmente densificada e, em muitos diplomas fundamentais, absolutamente «blindada» à possibilidade ou tentativa de intervenção legislativa que altere o equilíbrio da divisão de poderes, por um lado e, por outro lado que assegure de forma inequívoca o acesso ao direito e aos tribunais e se afirme como um mecanismo eficaz contra alguma erosão do Estado de Direito.

A importância de um enunciado constitucional de todo o quadro orgânico do poder judicial com alguma dimensão, ainda que não maximalista, comporta um conjunto de consequências que deve sublinhar-se.

Numa dimensão interna, para quem exerce funções judiciais, deve impedir-se a oscilação conjuntural de alterações legislativas que possam condicionar a independência dos tribunais face aos restantes órgãos de soberania.

Numa dimensão externa, podemos identificar o âmbito do acesso aos tribunais, por um lado, e, por outro lado, o sistema de controlos mútuos entre os vários poderes de modo a salvaguardar as garantias dos cidadãos no exercício de cada um deles. Em ambos, o enunciado constitucional deveria comportar algumas alterações, que densifiquem a sua razão de ser.

Por outro lado, ainda que o cerne da função judicial assente no exercício de um poder independente, livre, sujeito à lei, finalisticamente competente para a resolução de litígios nas várias áreas da sociedade e julgar e decidir as ações nas diversas jurisdições, o certo é que quer o quadro normativo em que Portugal se insere se alterou significativamente, nomeadamente com a integração na União Europeia e num consequente espaço judiciário europeu, como as condições organizatórias e técnicas em que a mesma função é executada se alteraram também significativamente. Por outro lado, quer a "concorrência" de outras formas de resolução de litígios quer a alteração de algumas áreas específicas da jurisdição evidenciam a necessidade de repensar ou pelo menos discutir a validade do modelo.

Como também se desenvolve no capítulo 2, a propósito do acesso ao direito e à justiça, um Estado de direito robusto, cujas garantias fundamentais têm efetiva realização prática, não pode prescindir da consagração de garantias legais, regulamentares e práticas que tornem o acesso à justiça prático e efetivo e não o deixem ser meramente teórico e ilusório, para emprestar a expressão cunhada pelo TEDH.

O exercício da justiça, mais precisamente da administração da justiça, faz-se sempre em nome da comunidade e, segundo os parâmetros da democracia constitucional, numa legitimação que se funda e atua em conformidade com a lei e com o direito. São estes alguns dos pressupostos da ideia de Estado de direito que tem de ser revigorada nas suas características essenciais. Pretende-se, na verdade, que a atividade social no seu todo e o exercício da ação pública em particular venham a assentar, ambos, nas regras essenciais da supremacia da lei e do direito, da certeza jurídica, da proibição da arbitrariedade, do acesso à justiça perante tribunais independentes e imparciais, do respeito pelos direitos humanos, da não discriminação e da equidade perante a lei e o direito.

Este consenso em torno da ideia de Estado de direito tem-se vindo a esbater face ao ambiente de crise e de quase caos que se instalou. Mas estas enormes dificuldades que os tempos que atravessamos nos levantam serão também desafios para aqueles que as pretendem honestamente superar.

4. As reformas constitucionais, organizativas e processuais da justiça. Política, legística e administração

A agenda da reforma da justiça só pode ser pensada numa articulação sistémica e programática, pressupondo, do mesmo modo, a sua pluridimensionalidade e a adoção de metodologias e procedimentos que são próprios das políticas públicas, do saber legístico que tem de ser acionado e também das componentes processuais, de organização, de administração e de gestão que lhe é inerente e que é preciso conhecer.

Nessa medida, a reforma de justiça depende de uma ponderação em vários planos e em que a articulação dos vários planos de grandeza (macro, meso e micro), da dinâmica dos tempos da reforma (curto, médio e longo prazo) e da utilização estratégica dos diversos instrumentos de reforma (legais, processuais, organizativos e gestionários) se tem de concretizar de uma forma mais ou menos planificada e global (enquanto instrumento governativo)[14].

Essa reforma, depende, assim, da estrutura de governação, dos instrumentos de governação e dos limites materiais e estruturais de governação, designadamente aqueles conexionados com a garantia constitucional do Estado de Direito e dos demais valores essenciais da democracia. Por outro lado, há que assinalar que as medidas mais significativas a tomar neste campo assentam numa visão de continuidade ou de longo prazo para a qual o calendário de uma legislatura não pode dar resposta. Necessitam, tais medidas, de consensos políticos e pactos de regime que se presumem naturais numa matéria constitucional que se encontra no âmago da democracia e na consonância devida entre a separação e a interdependência dos poderes.

Como assinalam João Caupers, Marta Tavares de Almeida e Pierre Guibentif, justamente a propósito das políticas públicas de regulação em geral,

> "os governos, mais pressionados por aspetos políticos, nomeadamente os ciclos eleitorais, tendem a negligenciar, em algumas situações, a adoção de uma *regulatory policy* baseada em princípios de racionalidade e desenvolvida por instrumentos adequados, privilegiando a adoção de medidas avulsas que deem ou pareçam dar uma resposta aos problemas"[15].

[14] Assim, Nuno Coelho, José Mouraz Lopes, Luís Azevedo Mendes, e José Igreja Matos, *Manual de Gestão Judicial*, 2015, Coimbra: Almedina, pp. 133-142.

[15] Assim, João Caupers, Marta Tavares de Almeida; e Pierre Guibentif, *Feitura das Leis: Portugal e a Europa*, 2014, Lisboa: Fundação Francisco Manuel dos Santos, pp. 65.

Certo e sabido que uma reforma legislativa, sem que a mesma seja acompanhada ou mesmo precedida, quando é esse o caso, da capacitação dos atores para a mudança e de alterações nos mecanismos organizativos, administrativos e de gestão, se demonstra como uma via completamente desadequada pela sua falta de consistência e sustentabilidade. É reconhecido o insucesso das reformas da justiça (ou mesmo do direito) apenas assentes na mera alteração do tecido normativo-legal, a fazer lembrar a necessidade de uma conexão essencial entre o direito e a justiça com a realidade da vida, com todas os seus atributos e condicionantes.

É ao nível da estratégia do governo da justiça e das políticas da sua reforma que se demonstram as maiores dificuldades, isto é, na implementação de alterações estruturais e de maior impacto nos sistemas envolvidos. O que tem consequências na abordagem ao ambiente da atividade do sistema judicial e dos demais sistemas de resolução de litígios, mas também na conformação da administração e gestão dos tribunais e, por último, na gestão e organização da própria realização jurisdicional.

Falamos atrás na necessidade de conjugar o direcionamento pragmático do pensamento sistémico que trata de um sistema institucional complexo como a justiça que se depara, tal como as restantes instituições públicas, com um cenário futuro crítico e de grande incerteza.

As capacidades institucionais da justiça, em sinonímia com outras organizações e sobretudo com aquelas de cariz público, devem sempre ser olhadas no tríplice nível da governação, dos serviços prestados e do ambiente externo que influencia e condiciona o seu desempenho e a sua capacidade[16]. Esses níveis dependem, depois, na planificação estratégica, de um desenho alinhado com os parâmetros da liderança, das pessoas, do público e dos processos e com os critérios da orientação para o utilizador (ou cidadão)[17], para a responsabilidade social e para o desempenho.

[16] E complementada com a perspetiva destes mesmos parâmetros à luz da análise SWOT, acrónimo para as palavras inglesas *strengh, weakeness, opportunities and treahts* – assim, em Charles Lusthaus, Marie-Helene Adrien, Gary Anderson, Fred Carden e George Plinio Montalvan, *Organizational assessment: a framework for improving performance*, 2002, Ottawa: International Development Research Centre e Resource Centre CAF, *Improving Public Organisations through Self-Assessment-CAF 2013*, 2013, EIPA Maastricht.

[17] De realçar, de novo, a importância das ferramentas do *design thinking* e da inovação institucionalizada que elas permitem – cfr. Jeanne Liedtka, "Why Design Thinking Works.

Outra ponderação essencial nesta política pública de reforma é a da avaliação que terá de ser assumida como uma prioridade, tanto no momento *ex ante*, como fase inicial do procedimento da reforma, seja ela acompanhada ou não por uma alteração legal, no momento da sua execução através de mecanismos de monitorização e pilotagem, como na fase *ex post*, num inventário avaliativo dos efeitos das medidas de reforma utilizadas[18].

Tais avaliações deverão ser objeto de divulgação e de participação, de forma a que a transparência e a abertura aos contributos dos interessados e dos especialistas permitam aferir do respeito pelos princípios da proporcionalidade, da igualdade, da proteção da confiança, da precisão e da determinabilidade das medidas de reforma adotadas.

Será esta avaliação, do mesmo modo, que permitirá introduzir os fatores de correção e de adaptação que se demonstrem necessários à resposta que, com a devida agilidade, se tem de dar às exigências de adaptabilidade e de pragmaticidade a que demos enfase nos pontos antecedentes.

6. Confiança na justiça e a *accountability*. A ética judicial

As práticas terão de ser refletidas e geridas em conformidade com um modelo de governação judiciária que tem de fazer respeitar, ao mesmo tempo, a independência jurisdicional e a *accountability* do sistema. O que não é nada fácil num ambiente de efetiva complexidade e em que as garantias processuais não podem ser prejudicadas em favor da eficácia ou, por exemplo, do mero desejo punitivo das massas. Eficácia e eficiência mas sem detrimento de garantias.

Por outro lado, a justiça deve refletir sobre os seus padrões deontológicos.

A ética judiciária tem várias implicações, que vão desde a integridade no exercício profissional, no repúdio veemente da corrupção no judiciário e do abuso de autoridade até à vinculação a um modelo de juiz conforme com a justiça e o direito, desde logo com a qualidade das suas

It addresses the biases and behaviors that hamper innovation", in *Harvard Business Review*, September – October 2018, pp. 2-9.

[18] Deste modo, de novo, João Caupers, Marta Tavares de Almeida; e Pierre Guibentif, ob. cit., pp. 201-205, e Carlos Blanco de Morais, *Manual de Legística – Critérios Científicos e Técnicos para Legislar Melhor*, 2007, Lisboa: Editorial Verbo, pp. 343-473.

decisões, na conformidade com o princípio da verdade dos factos, com as garantias de um processo equitativo e leal.

5. Padrões de qualidade, de eficiência e de excelência

O Estado de Direito e a justiça que o assegura, do ponto de vista funcional, também respondem perante as exigências do sistema social e económico.

Como se referiu, a economia, com a sua visão organizativa da sociedade e das instituições sociais, determina cada vez mais a estruturação e o modo de funcionamento das organizações que coexistem na justiça, reclamando um maior grau de eficácia, eficiência, produtividade e racionalidade (empírica e utilitária) na sua atividade, na sua gestão e no planeamento das suas estratégias. Mais do que eficiência e eficácia ou tão só qualidade, fala-se agora de excelência, noção que pretende compatibilizar os níveis de desempenho e de qualidade dessas mesmas organizações.

Por excelência nos tribunais deve ser entendida a justiça eficaz com desempenho eficiente e de qualidade.

As questões relativas à organização do sistema judiciário, à qualidade do seu funcionamento e à sua eficácia ou ineficácia, têm vindo a ganhar cada vez maior centralidade no debate sobre as políticas públicas do Estado e sobre a cidadania, mais precisamente no confronto das exigências do cidadão com a realidade judiciária.

Esse debate tem sido marcado pela desconcentração do domínio puro das relações entre o sistema judiciário e o sistema político, e pela sua confluência para aspetos conexionados com a economia da administração da justiça, com os problemas político-administrativos suscitados pela gestão e administração do sistema judicial, com o fenómeno da internacionalização ou globalização e com a assunção da responsabilidade por parte das instituições judiciárias – e também dos seus membros – sobre os desígnios da cidadania.

Multiplicam-se à escala global as iniciativas de reforma da justiça, moldando os mecanismos de governação e administração dos sistemas de justiça aos parâmetros mais exigentes de independência, de desempenho, isto é, de eficiência e eficácia, mas também de qualidade do poder judicial e, do mesmo modo, à diversificação e otimização da resposta dos meios de composição e resolução alternativas dos litígios.

Nesse quadro, o desempenho e a qualidade da atividade dos tribunais (portanto a sua excelência) têm de ser aferidos aos valores que ditam a gestão judicial na sua globalidade. Por sua via, tanto essas finalidades como os valores subjacentes terão de influenciar as diversas áreas em que se podem destacar a atividade e o desempenho dos tribunais, numa dinâmica que envolve diretrizes, sistemas, operadores e resultados.

6. Governação da justiça, administração judiciária e jurisdição

Os desenvolvimentos precedentes podem ser analisados em três ideias-síntese que refletem as dimensões correspondentes: governação da justiça, administração judiciária e jurisdição.

A justiça terá de conformar-se da forma mais adequada e consistente com a necessidade de gerar respostas sensatas, adequadas e legalmente sólidas às exigências do presente e das gerações futuras.

Como se referiu de início, as decisões da justiça, tanto no plano da sua governação como no plano processual (dos casos apresentados a tribunal) terão de ser argumentadas de forma convincente com base nos fundamentos legais e constitucionais, mas também com a consciência de uma envolvente local, internacional e até global muito relevante e que reivindica um consonante posicionamento estratégico e comunicativo. A linguagem e a comunicação dos tribunais têm de ser as mais adequadas para servir, neste enquadramento, os diversos universos dos seus destinatários (partes, juristas, peritos, políticos e, primacialmente, cidadãos em geral) e dar respostas convincentes relativamente às pretensões que lhe são dirigidas e também às interpelações sobre a sua forma de trabalhar e de atuar (v.g. tempo de duração dos processos, complexidade dos assuntos e natureza dialógica do processo).

A atividade jurisdicional, mas sobretudo a governação, a administração e a gestão dos tribunais que lhe são essenciais, não devem deixar de responder às crescentes exigências de agilidade, de adaptabilidade e de plasticidade do tempo presente e que marcarão também o devir da justiça. A celeridade, a eficácia e a eficiência, que já são valores assumidos pela atividade jurisdicional, caracterizada pela garantia procedimental ínsita ao Estado de Direito, podem e devem ser potenciadas pela excelência de uma oferta de serviço público a que aquela governação, administração e gestão dos tribunais terá de responder de uma forma mais imediata. Esta resposta terá de favorecer a ideia de uma atividade jurisdicional em concordância com uma estrutura de concretização do direito em rápida dinâmica de alteração, desde logo por via da revolução digital e da inteligência artificial.

7. As cinco dimensões eleitas (para uma agenda de reforma da justiça)

A reflexão sobre a reforma da justiça e a sua agenda, que aqui se pretende justificar e contextualizar, assenta numa estruturação temática que lhe pretende dar alcance e lógica de tratamento.

O tema genérico inicialmente proposto – *Tribunais, Estado de Direito e Governação da Justiça. Agenda da Reforma da Justiça* – assumiu uma unidade de sentido e uma sistematização que foi preciso preservar através do relacionamento (constante) que podia e devia ser mantido entre os diversos subtemas de desenvolvimento propostos.

Os diversos subtemas foram também apurados em contexto, isto é, foram equacionados em torno das várias controvérsias e distinções que podem ser integradas nos diversos tópicos destacados. Em face da sua densidade específica os diversos subtópicos de reflexão permitiram a necessária autonomia de desenvolvimento, e, por aí, a análise e a formulação das conclusões mais aptas a responder às identificadas necessidades da agenda de reforma da justiça.

O sistema judicial assenta numa organização jurídica e constitucional que também se confronta com a necessidade da sua ponderação, reforma e densificação, daí a importância do primeiro tema lançado (1) *Tribunais e Constituição. Ordem plural de jurisdições e organização do sistema judiciário.*

Como em qualquer setor público ou área social, mas aqui com especiais cuidados em face da separação e interdependência de poderes político-constitucionais, a justiça tem de ser governada e gerida. O que convoca, desde logo, princípios fundamentais de organização e de atuação (como a independência judicial e a *accountability*), bem como a definição de órgãos partilhados de gestão dos juízes e de administração e gestão dos tribunais. Assim, o porquê do segundo tema apresentado (2) *Governação da justiça e Conselhos Judiciais (Conselho Superior da Magistratura e Conselho Superior dos Tribunais Administrativos e Fiscais).*

A atividade judicial, em todas estas dimensões, tem de acompanhar e moldar-se, na sua forma de atuar e nos seus procedimentos, à revolução tecnológica em curso, fazendo operar devidamente a sua transição digital e incorporando da melhor forma os mecanismos de inteligência artificial, para além de ter de fazer um esforço assinalável de formação e capacitação dos seus quadros a este ambiente disruptivo. Daí a grande pertinência do tema (3) *Justiça digital e inteligência artificial nos tribunais.*

Os juízes são atores fundamentais do sistema judicial e a definição do seu estatuto profissional supera o mero desenho de atividade laboral ou até de uma carreira pública. Esse estatuto fundamenta-se num perfil político-constitucional e social no qual é indispensável ponderar não só a qualidade do sistema judicial como também os contornos essenciais da ética judicial. Nessa certeza, a conveniência de uma renovada reflexão sobre o tema (4) *Estatuto dos juízes e Ética Judicial. Recrutamento e capacitação judiciária.*

Finalmente, as questões tratadas da governação e da administração dos tribunais devem estar teleologicamente adstritas ao exercício da atividade jurisdicional, isto é, pela prática judicativa de todos e cada um dos juízes. A concretização da análise do sistema judicial nos seus diversos parâmetros (macro, meso e micro), não pode nunca descurar, assim, a salvaguarda do princípio da independência judicial ao nível da concretização prática e atomística da função jurisdicional. A escolha do tema (5) *Independência judicial e administração judiciária (administração e gestão dos tribunais)* demonstrou-se, dessa forma, como fundamental.

Em conjunto com esta estrutura temática que pretende concretizar o melhor desenho e conteúdo da reforma da justiça, andam também conexos os assuntos do Estado de Direito, dos direitos fundamentais, da transparência no exercício das funções públicas, da cooperação internacional e do direito internacional, da justiça, da economia e da regulação, das reformas processuais e da justiça arbitral, da mediação e da conciliação, os quais constituem categorias que servirão para fundamentar e classificar as propostas e conclusões deste trabalho alargado de reflexão.

Capítulo 2
Tribunais e Constituição. Ordem plural de jurisdições e organização do sistema judiciário

Grupo 1
Coordenação
JOSÉ MOURAZ LOPES

Membros
MARTA NUNES VICENTE
NUNO BRANDÃO
NUNO DE LEMOS JORGE
TÂNIA MEIRELES DA CUNHA
VÂNIA COSTA RAMOS

Consultores
MARTA CAVALEIRA
DIOGO RAVARA

I. Densificação do Estado de Direito no quadro multinível de normas e princípios

1. Diálogo entre jurisdições e sistemas de justiça

Numa realidade jurídica complexa, em que se cruzam os planos interno, europeu (por via da União Europeia e do Conselho da Europa) e internacional, as jurisdições e os sistemas de justiça interagem frequentemente e influenciam-se mutuamente. A propósito desta coexistência dinâmica e, em particular, quanto à tutela dos direitos fundamentais fala-se de *tutela multinível.*

A Constituição da República Portuguesa (CRP) é aberta à proteção dos direitos fundamentais para lá do sistema nacional (cfr., designadamente, os seus artigos 7.º, 8.º e 16.º).

O ordenamento nacional interage, *principalmente*, com outros dois: o sistema que decorre do Direito da União Europeia (DUE); e o sistema internacional europeu, principalmente o emergente da Convenção Europeia dos Direitos Humanos (CEDH).

Existem, no entanto, outras vinculações jurídicas, sustentadas quer em regimes convencionais a que Portugal aderiu, nomeadamente da comunidade de países de países de língua oficial portuguesa e iberoamericana, quer em auto vinculações do próprio Estado, que relevam na efetivação de normas e sobretudo na sua aplicação prática, com enorme relevância na efetivação do Estado de Direito.

1.1. O Direito da União Europeia

Nos termos do artigo 8.º, n.º 4, da CRP, as disposições dos tratados que regem a União Europeia e as normas emanadas das suas instituições, no exercício das respetivas competências, são aplicáveis na ordem interna, nos termos definidos pelo direito da União, com respeito pelos princípios fundamentais do Estado de direito democrático.

Este preceito tem, necessariamente, de ser entendido à luz de princípios há muito consolidados do DUE, principalmente por via da jurisprudência do Tribunal de Justiça da União Europeia (TJUE). Por referência à matéria daquela norma constitucional relevam, a este propósito, o princípio do efeito direto e o princípio do primado do DUE sobre o Direito dos Estados-membros.

O efeito direto (aplicação do DUE no plano interno, ainda que não mediado por disposições de direito nacional[1]) construiu-se a partir do Acórdão *Van Gend en Loos* (05/02/1963, processo n.º 26/62) e o primado a partir do Acórdão *Costa c. ENEL* (15/07/1964, processo n.º 6/64).

[1] Deixando de lado destas notas as questões atinentes às limitações do efeito direto no caso de diretivas.

Pelo primado do DUE exprime-se a ideia de a primazia sobre o direito nacional, seja de normas dos Tratados (Acórdão *Costa c. ENEL*), seja de normas de direito derivado ou originário com caráter vinculativo [p. ex., Acórdãos *Internationale Handelsgesellschaft* (17/12/1970, processo n.º 11/70), e *Albako Margarinefabrik*, (21/05/1987, processo n.º 249/85)]. O primado continua a não estar expressamente previsto nos Tratados[2], mas nem por isso é menos vigente, constituindo uma pedra angular do DUE ancorada na jurisprudência do TJUE.

Como é evidente, o primado obrigou o direito – e as jurisdições – dos Estados-Membros a enfrentar a questão da compatibilização das suas próprias ordens jurídicas nacionais com o DUE. A articulação que envolve maior dificuldade é a do DUE com as ordens jurídico-constitucionais nacionais (v., por exemplo, os acórdãos *Solange I* e *Solange II*, *Bananas*, *Maastricht* e *Lisboa* do Tribunal Constitucional Federal alemão).

A nível nacional, a questão só foi expressamente definida pelo Tribunal Constitucional, em Plenário e por unanimidade, no Acórdão n.º 422/2020, no qual se decidiu que "*nos termos do artigo 8.º, n.º 4, da CRP, o Tribunal Constitucional só pode apreciar e recusar aplicação a uma norma de DUE, caso a mesma seja incompatível com um princípio fundamental do Estado de direito democrático que, no âmbito próprio do DUE – incluindo, portanto, a jurisprudência do TJUE –, não goze de valor paramétrico materialmente equivalente ao que lhe é reconhecido na Constituição, já que um tal princípio se impõe necessariamente à própria convenção do "[...] exercício, em comum, em cooperação ou pelas instituições da União, dos poderes necessários à construção e aprofundamento da União Europeia". Ao invés, sempre que esteja em causa a apreciação de uma norma de DUE à luz de um princípio (fundamental) do Estado de direito*

[2] O "Tratado que estabelece uma Constituição para a Europa", ou Tratado Constitucional, previa no seu artigo I-6.º a primazia da Constituição Europeia e do direito adotado pelas instituições da União "[...] sobre o direito dos Estados-membros", mas, como se sabe, este tratado não chegou a ser aprovado, e o Tratado de Lisboa – mais moderado nos seus objetivos – continuou a ser omisso quanto ao primado. Sublinhe-se, todavia, o teor da Declaração n.º 17 Anexada ao TFUE/Tratado de Lisboa, intitulada "Declaração sobre o primado do direito comunitário": "A Conferência lembra que, em conformidade com a jurisprudência constante do Tribunal de Justiça da União Europeia, os Tratados e o direito adotado pela União com base nos Tratados primam sobre o direito dos Estados-Membros, nas condições estabelecidas pela referida jurisprudência".

democrático que, no âmbito do DUE, goze de um valor paramétrico materialmente equivalente ao que lhe é reconhecido na Constituição portuguesa, funcionalmente assegurado pelo TJUE (segundo os meios contenciosos previstos no DUE), o Tribunal Constitucional abstém-se de apreciar a compatibilidade daquela norma com a Constituição".

A obrigação de interpretar o direito nacional em conformidade com o DUE apresenta-se, naturalmente, como corolário do primado, assente no princípio da cooperação leal – através de uma interpretação do direito nacional conforme ao DUE (até onde o processo interpretativo o permita) evita-se o puro e simples afastamento do direito nacional por efeito do primado. Por essa razão, o diálogo entre as jurisdições – que, à partida, se encontrarão axiologicamente alinhadas – há de conseguir-se mais vezes por via da interpretação conforme do que por via do afastamento do direito interno por incompatibilidade com o DUE.

O DUE vincula os Estados-Membros, incluindo direitos fundamentais e princípios gerais. Assim, a conjugação do primado (com os seus corolários de interpretação conforme e, no seu reverso, a obrigação de não aplicar o direito nacional incompatível com o DUE) com o efeito direto permite que o DUE, moldado pela exigente, e cada vez mais relevante, jurisprudência do TJUE, **tenha um papel especialmente relevante na defesa do Estado de direito** – sirvam de exemplos *recentes*, entre muitos outros que se poderiam citar, os acórdãos *Euro Box Promotion* (21/12/2021, processo n.º C-357/19), *Hungria contra Parlamento Europeu e Conselho da União Europeia* (16/02/2022, processo n.º C-156/21) e *República da Polónia contra Parlamento Europeu e Conselho da União Europeia* (16/02/2022, processo n.º C-157/21).

Podemos afirmar que: ***i)*** o primado do DUE se encontra definitivamente assente na ordem jurídica e é pacificamente aceite pelos órgãos jurisdicionais nacionais, apesar de não ter consagração expressa nos tratados; ***ii)*** embora a sua consagração expressa nos tratados seja algo desejável, desde logo pela sua enorme importância prática e teórica, a omissão dessa previsão expressa não tem limitado a sua aplicação e a sua progressiva densificação jurisprudencial, bem como a expansão dos seus efeitos jurídicos e práticos; ***iii)*** assim, o primado do DUE tem permitido que esta ordem jurídica atue efetivamente como importante instrumento de tutela dos direitos fundamentais nos Estados-Membros; ***iv)*** a relativização ou atenuação da ideia de primado poderá ter como consequência uma diminuição da potencialidade do sistema complexo de proteção de direitos fundamentais, que integra uma dimensão nacional constitucional e uma dimensão europeia, perfeitamente integradas.

Todavia, se, no plano *teórico*, a situação é a descrita, não deixará de se reconhecer que, no plano da *realização prática* no quotidiano dos tribunais, o DUE nem sempre está presente ou, pelo menos, não está integrado no horizonte normativo geral desde o primeiro momento.

É importante que a discussão da causa no plano do DUE, quando este seja convocável, se desenhe logo na primeira instância. Não só porque o reenvio prejudicial é um mecanismo que pode ser usado pelos tribunais de primeira instância, mas também porque, independentemente da necessidade de reenvio, é esse o momento de *mais ampla discussão*, em todas as suas vertentes.

Se assim não acontece, ou não acontece com a frequência desejada, é algo que se poderá imputar a uma prática centrada, por hábito, quase exclusivamente no direito nacional. Embora também este fenómeno tenha vindo a evoluir, algumas alterações legislativas poderiam acelerar essa evolução, trazendo para o processo momentos específicos de ponderação da relevância do DUE. Trata-se, em suma, de *processualizar* a relevância potencial das respetivas normas, com uma dupla vantagem: regular minimamente as incidências processuais do DUE e recordar aos sujeitos processuais que devem equacionar essa relevância[3]. Tais alterações podem consistir, designadamente, em:

i) regular expressamente a suspensão do processo penal para suscitação de uma questão prejudicial ao Tribunal de Justiça da União Europeia, alterando o artigo 7.º do Código de Processo Penal;

ii) introduzir alterações com a mesma finalidade no Código de Processo Civil (CPC, cfr. artigos 92.º e 272.º) e prever, como finalidade eventual da audiência prévia, a discussão da causa no plano do DUE e/ou a oportunidade de reenvio prejudicial (artigo 591.º), com o benefício adicional da sua aplicação a todos os processos que subsidiariamente observem o disposto no CPC (v., por exem-

[3] Nesta linha, veja-se, por exemplo, o artigo 87.º do Regulamento do Tribunal de Contas.

plo, artigos 62.º, n.º 2, e 160.º, n.º 1, do Código de Processo do Trabalho);

iii) não obstante a aplicação subsidiária do CPC aos processos regulados pelo Código de Processo nos Tribunais Administrativos (CPTA, artigo 88.º, n.º 5), uma vez que este contém preceito próprio sobre a audiência prévia (artigo 87.º-A), introduzir alterações semelhantes no referido código (artigos 15.º e 87.º-A; v., a propósito, artigo 93.º);

iv) regular expressamente a possibilidade de suspensão do processo tributário para reenvio prejudicial, imediatamente antes do conhecimento do pedido nos termos do artigo 113.º do Código de Procedimento e de Processo Tributário, se for caso disso, ou antes da sentença final a proferir nos termos do 122.º do mesmo diploma;

v) regular expressamente o contraditório sobre as questões relevantes de DUE, na fase de recurso, podendo por hipótese referir-se a possibilidade de realização de audiência oral para discussão das referidas questões, ou, em alternativa, o exercício do contraditório anteriormente à prolação de Acórdão, em que o Juiz Relator notificaria os sujeitos ou partes processuais para se pronunciarem em detalhe sobre as questões prejudiciais e o preenchimento dos pressupostos para submissão das mesmas ao TJUE.

Para além das alterações às regras de processo, seria útil a sistematização de listas temáticas, por jurisdição (civil, laboral, penal, fiscal, etc.), de pedidos de reenvio prejudicial e respetivas decisões pelo TJUE[4]. A atualização regular e a divulgação destas listas – tarefas para as quais o Centro de Estudos Judiciários e os conselhos superiores poderiam contribuir ativamente – teriam a dupla vantagem de disponibilizar aos tribunais um guião da jurisprudência europeia e recordar-lhes a sua relevância, ajudando a consolidá-la na *praxis*.

Finalmente, seria pertinente uma maior atenção do legislador à necessidade de transposição expressa do DUE em matéria de direitos

[4] À semelhança da relação de pedidos de reenvio prejudicial apresentados pelos tribunais portugueses desde 2010 publicada na Revista JULGAR n.º 35, incluindo as respetivas decisões e os pedidos e decisões mais relevantes de outros Estados-Membros.

fundamentais. Transposição essa que serve uma função essencial de tornar clara a vigência da norma no ordenamento jurídico interno, dispensando os Tribunais de, caso a caso, terem de fazer o exercício para verificação dos pressupostos do efeito direto das normas de direito europeu que consagram direitos fundamentais. Um exemplo claro é o da falta de transposição das diretivas dos direitos dos suspeitos e acusados em processo penal que deu já lugar à abertura de processos de infração contra Portugal[5], bem como, recentemente, ao reconhecimento pelo TJUE de que o direito interno em matéria de direito à tradução de documentos essenciais e de direito à informação sobre o direito à tradução e interpretação, é violador do DUE[6].

1.2. A Convenção Europeia dos Direitos Humanos

A CEDH data dos anos 50 e vigora em Portugal desde 1978. A sua vigência e efetividade é especialmente assegurada pelo Tribunal Europeu dos Direitos Humanos (TEDH).

O TEDH aprecia questões relativas à interpretação e à aplicação da CEDH e dos respetivos protocolos, seja por impulso de um Estado parte da Convenção, seja por queixa de pessoas singulares, grupos de cidadãos ou "organizações não governamentais" (acrescem competências consultivas a pedido do Comité de Ministros). Integra 46 juízes, sendo um por cada Estado parte. Os juízes do Tribunal exercem funções a título individual, isto é, não representam o Estado em nome do qual são eleitos e

[5] Tanto quanto resulta da informação disponibilizada no website da Comissão Europeia, não existe ainda decisão proferida em nenhum dos dois processos (INFR(2021)2104 e INFR(2021)2101). No entanto, no que respeita à Diretiva 2012/13/UE, a Comissão considerou que a resposta à notificação formal apelando à adoção de medidas para corrigir as deficiências identificadas referentes ao direito à informação sobre determinados direitos, bem como à Carta de Direitos e à Carta de Direitos nos Processos de Execução do Mandado de Detenção Europeu, é insuficiente. Desta forma, enviou, em 29.09.2022, um parecer fundamentado. Portugal tem agora 2 meses para responder e caso não dê resposta satisfatória a Comissão pode decidir instaurar uma ação no TJUE.

[6] Acórdão do TJUE de 01/08/2022, processo C-242/22 PPU.

são totalmente independentes, estando impedidos de exercer qualquer atividade que comprometa a sua independência ou imparcialidade.

A sua intervenção obedece ao princípio da subsidiariedade (quando o ordenamento jurídico do Estado não foi capaz de dar resposta adequada e reparar a violação de um direito previsto na CEDH).

Se o TEDH declarar uma violação da Convenção ou dos seus protocolos e se o direito interno do Estado Parte não obstar por completo às consequências da violação, o TEDH atribui uma compensação ao lesado. O TEDH deve ser claro na interpretação devida, para não correr o risco de ser mal interpretado (o Tribunal pode ter tendência para usar formulações ambíguas no sentido de alcançar o consenso do coletivo de juízes, desse modo dificultando a posterior execução do acórdão).

A importância do TEDH no sistema de proteção de direitos fundamentais, incluindo a defesa do Estado de direito, é muito grande entre nós, seja diretamente pelo papel que desempenha na interpretação e aplicação da CEDH, seja pelo diálogo que se estabelece com a jurisdição constitucional portuguesa (assim contribuindo para a formação da jurisprudência constitucional), seja pelo diálogo com os restantes tribunais e a força persuasiva da sua jurisprudência junto destes. A jurisprudência do TEDH constitui uma referência inescapável na ponderação de direitos fundamentais.

O Estado português deve assegurar a alocação de meios humanos suficientes à tramitação de processos do TEDH em que Portugal é Estado demandado, o que permitirá, além de uma melhoria geral das condições de resposta, que, para lá do plano estritamente jurídico (no caso de haver queixa por incumprimento do acórdão), possa existir um acompanhamento informal, oficioso, administrativo e interno da execução dos acórdãos, designadamente pedindo informações a entidades nacionais, através do Comité dos Ministros.

A sensibilidade dos tribunais nacionais para a jurisprudência do TEDH e o seu conhecimento são, em geral, elevados e têm vindo a aumentar. É importante manter viva a ligação com os tribunais nacionais, designadamente, através de informações de jurisprudência, reuniões e ações de formação, todas com caráter periódico, entre outros.

Valem igualmente aqui, genericamente, as considerações do ponto anterior, quanto ao DUE, no sentido da conveniência de reforçar a proximidade da jurisprudência do TEDH na prática judiciária, embora, neste caso, o caminho feito seja já mais frutuoso do que no caso do DUE.

Menos pertinentes serão as propostas de alteração legislativa do ponto precedente, pois pressupõem a suspensão dos processos judiciais. Importa notar, a este propósito, que Portugal não assinou e, consequentemente, não ratificou o Protocolo n.º 16 à CEDH[7]. Prevê-se, neste Protocolo, a possibilidade de órgãos jurisdicionais nacionais[8] dirigirem ao TEDH pedidos de parecer. A assinatura e ratificação do Protocolo n.º 16 permitiria aprofundar a implementação da CEDH em Portugal e constituiria um interessante instrumento suplementar de diálogo entre as jurisdições.

De todo o modo, outras alterações legislativas seriam relevantes, designadamente, nas leis de processo, no sentido de consagrar meios processuais simples e claros para implementação das medidas cautelares previstas no artigo 39.º do Regulamento do TEDH.

Mais, seria pertinente uma maior atenção do legislador à jurisprudência do TEDH de forma a dar corpo, através de alterações legislativas, aos direitos fundamentais estabelecidos na Convenção, conforme interpretados por aquele Tribunal. Por exemplo, até hoje, apesar da decisão de 22.11.2009 no caso *Panasenko c. Portugal* (queixa n.º 10418/03, §§48-54), continua a não se prever a obrigatoriedade de tradução das decisões dos tribunais superiores para língua que o arguido compreenda (note-se que esta exigência decorre também do DUE, mais concretamente do artigo 3.º, n.º 2, da Diretiva 2010/64/UE).

[7] Na mesma situação encontram-se os seguintes Estados: Alemanha, Áustria, Bulgária, Chipre, Croácia, Dinamarca, Espanha, Hungria, Irlanda, Islândia, Liechtenstein, Letónia, Malta, Mónaco, Polónia, República Checa, Sérvia, Suécia, Suíça e Reino Unido. Assinaram o Protocolo n.º 16 à CEDH: Azerbaijão, Bélgica, Itália, Montenegro, Macedónia do Norte, Moldávia, Noruega, Roménia e Turquia. Assinaram e ratificaram o Protocolo n.º 16 à CEDH: Albânia, Andorra, Arménia, Bósnia e Herzegovina, Eslováquia, Eslovénia, Estónia, Finlândia, França, Geórgia, Grécia, Holanda, Lituânia, Luxemburgo, San Marino e Ucrânia. A Federação Russa é signatária da CEDH desde 1996, tendo ratificado a Convenção em 1998, e não assinou o Protocolo n.º 16. De todo o modo, nos termos da Resolução CM/Res(2022)3 do Comité de Ministros de 23/03/2022, a Federação Russa deixou de ser parte na CEDH a partir de 16/09/2022.

[8] "Highest courts and tribunals" – cfr. artigo 1.º, n.º 1, do Protocolo n.º 16.

Por fim, seria da maior importância reforçar a disponibilidade de traduções de decisões do TEDH em língua portuguesa, pelo menos das decisões de referência.

1.3. Outras fontes de direito internacional

Não obstante as limitações assinaladas nos pontos anteriores, é relativamente densa a rede normativa oriunda do DUE e da CEDH.

Todavia, o Estado Português encontra-se vinculado por inúmeros tratados internacionais, que preveem diferentes meios de tutela das suas disposições, com diferentes graus de vinculação.

Pense-se, por exemplo, na Organização Internacional do Trabalho[9], nos Comités de peritos independentes da ONU, em Recomendações de órgãos autónomos do Conselho da Europa, como o GRECO (Grupo de Estados contra a Corrupção), o Comité de Prevenção Contra a Tortura (CPT) ou, ainda, vinculações de outra natureza, como as que decorrem da Organização para a Cooperação e Desenvolvimento Económico (OCDE), do Banco Mundial, do Fundo Monetário Internacional (FMI), do Grupo de Peritos para o Combate à Violência contra as Mulheres (GREVIO, que monitoriza a aplicação da Convenção de Istambul, sobre combate à violência doméstica e de género) e do Comité Europeu dos Direitos Sociais (que monitoriza a aplicação da Carta Social Europeia e que, para além de um sistema de relatórios regulares, dispõe também de um sistema de queixas que o aproxima bastante das funções de um verdadeiro tribunal). Nem sempre a forma de transposição de todas as decisões e recomendações destas e de outras organizações internacionais é clara.

Neste enquadramento seria de integrar, igualmente, instrumentos tão relevantes como a Convenção de Extradição dos Estados membros da CPLP (Comunidade dos Países de Língua Portuguesa), a Convenção sobre Transferência de Pessoas Condenadas entre Estados da CPLP, a Convenção de Auxílio Judiciário em Matéria Penal entre os Estados da

[9] Cfr., por exemplo, os artigos 19.º, 28.º, 32.º e 33.º da Constituição da Organização Internacional do Trabalho.

CPLP, bem como o Acordo de Cooperação Judiciária entre os países africanos de língua oficial portuguesa.

Neste domínio, seria oportuno criar uma lei ou conjuntos de leis setoriais que instituísse(m), de um modo simples e inequívoco, os procedimentos necessários à efetivação do direito internacional na ordem jurídica interna, adaptando-o ao direito interno, estabelecendo prazos, competências e meios procedimentais adequados para o efeito.

De outra forma, apesar de o Estado Português assumir internacionalmente o compromisso de respeito dos direitos humanos estabelecidos naqueles instrumentos, não proporciona as condições necessárias à sua realização prática.

Podemos dar como exemplo o Pacto Internacional dos Direitos Civis e Políticos das Nações Unidas (PIDPC). Não só este instrumento não se encontra transposto para o direito interno, como as decisões do Comité responsável pela sua interpretação e decisão sobre as queixas individuais apresentadas carecem de efeitos na ordem jurídica interna. Atente-se no descrito no Acórdão do Supremo Tribunal de Justiça (STJ) de 30.10.2019 (processo n.º 455/13.3GBCNT.C2.S1), sobre o artigo 14.º, n.º 5, do PIDCP: "embora o Pacto vigore na ordem interna, por via da ratificação (artigo 8.º, n.º 2, da CRP, que contém uma regra de receção geral plena do direito internacional), impondo a obrigação de respeitar e garantir os direitos nele reconhecidos (artigo 2.º, n.º 1), o artigo 14.º, n.º 5, requer expressamente a adoção de medidas legislativas de regulamentação do direito ao recurso, em conformidade com a obrigação resultante do n.º 2 do artigo 2.º, segundo o qual «cada Estado-Signatário» se «compromete» a «adotar, de acordo com os seus procedimentos constitucionais e as disposições do presente Pacto, as medidas oportunas para implementar as disposições legislativas ou de outro género que sejam necessárias para tornar efetivos os direitos reconhecidos no presente Pacto e que não estejam ainda garantidos por disposições legislativas ou de outro género». Donde decorre que, não se impondo que seja diretamente aplicável pelos tribunais, havendo inconsistências entre a lei interna e as disposições do Pacto, estas devam ser resolvidas por via das medidas legislativas necessárias para garantir o direito ao recurso tal como é garantido pelo artigo 14.º, n.º 5. Nesta conformidade, se deve, assim, concluir que, apesar da desconformidade que se verifica entre a al. e) do n.º 1 do artigo 400.º do Código de Processo Penal (CPP) com o artigo 14.º, n.º 5, do Pacto, por não admitir o direito ao recurso da decisão condenatória da Relação proferida em recurso de decisão de absolvição da 1.ª instância, não se encontra base legal nesta disposição de direito internacional para admissão do presente recurso para o Supremo Tribunal de Justiça.".

2. A "Constituição judiciária"

A função judicial, enquanto uma das funções estabelecidas nas constituições, tem, por regra, uma dimensão estruturalmente densificada e, em muitos diplomas fundamentais, absolutamente «blindada» à possibilidade ou tentativa de intervenção legislativa que altere o equilíbrio da divisão de poderes, por um lado e, por outro lado que assegure de forma inequívoca o acesso ao direito e aos Tribunais e se afirme como um mecanismo eficaz contra alguma erosão do Estado de Direito.

A CRP de 1976 comporta um pendor descritivo da função judicial com algum significado.

Assim, os Títulos V e VI referentes aos "Tribunais" e ao "Tribunal Constitucional" englobam 23 artigos, dos 296 artigos que constituem a CRP. Deve salientar-se, ainda, o Título I da parte IV da CRP, referente à "fiscalização da constitucionalidade" cujas normas (artigos 277.º a 283.º) conformam o enquadramento em que se processa a intervenção do Tribunal Constitucional (TC) como órgão jurisdicional integrado no poder judicial.

Para além disto há um conjunto de artigos, quer nos "Princípios Fundamentais", quer nos "Direitos e Deveres Fundamentais", onde a função judicial se encontra direta ou indiretamente tratada. Veja-se o artigo 7.º, n.º 7, e a sua referência ao Tribunal Penal Internacional, o artigo 8.º referente ao Direito Internacional e o artigo 9.º, que estabelece como tarefas fundamentais do Estado a garantia "dos direitos e liberdades fundamentais e o respeito pelos princípios do Estado de direito democrático", tarefas que naturalmente são da competência do poder judicial. No âmbito dos "Direitos e deveres fundamentais", saliente-se o artigo 20.º que conforma o princípio do "Acesso ao direito e tutela jurisdicional efetiva".

Quanto aos "Direitos, Liberdades e Garantias", o catálogo extenso no Capítulo referente aos "Direitos, liberdades e garantias pessoais", onde se encontra de alguma forma a "Constituição Penal", é sintomático da relevância atribuída à função judicial no modelo processual penal que, em regra, assenta na limitação e restrição de direitos e, por isso mesmo, só podem ser sustentados pela intervenção de um juiz.

Mas também no âmbito dos "Direitos, Liberdades e Garantias de participação política", onde se estabelece, no artigo 52.º, n.º 3, o "Direito de ação popular", que atribui legitimidade popular para peticionar junto dos tribunais a defesa de interesses coletivos e difusos.

O legislador constituinte enuncia o conteúdo da função jurisdicional no artigo 202.º, cujo n.º 2 estabelece que "na administração da justiça incumbe aos tribunais assegurar a defesa dos direitos e interesses legalmente protegidos dos cidadãos, reprimir a violação da legalidade democrática e dirimir os conflitos de interesses públicos e privados."

A legitimação dos juízes e dos Tribunais decorre diretamente da Constituição. A função judicial é, assim, inequivocamente, «uma expressão de soberania popular tal como acontece com outras funções exercidas por outros órgãos de soberania»[10].

A importância de um enunciado constitucional de todo o quadro orgânico do poder judicial com alguma dimensão, ainda que não maximalista, comporta um conjunto de consequências que deve sublinhar-se.

Numa dimensão interna, para quem exerce funções judiciais, deve impedir-se a oscilação conjuntural de alterações legislativas que possam condicionar a independência dos Tribunais face aos restantes órgãos de soberania.

Numa dimensão externa, podemos identificar o âmbito do acesso aos tribunais, por um lado, e, por outro lado, o sistema de controlos mútuos entre os vários poderes de modo a salvaguardar as garantias dos cidadãos no exercício de cada um deles. Em ambos, o enunciado constitucional deveria comportar algumas correções, que densifiquem a sua razão de ser.

[10] Assim inequivocamente Gomes Canotilho, Vital Moreira, *Constituição da República Portuguesa Anotada*, II Volume, Coimbra Editora, 2010, p. 508.

Assim no primeiro será importante expressamente incluir a celeridade como uma das respostas exigidas ao sistema de justiça nomeadamente no âmbito do artigo 20.º da CRP (ou seja, como característica geral do sistema e não apenas como exigência especial da tutela urgente, como se encontra atualmente no n.º 5 do artigo 20.º, e, simultaneamente, como algo mais do que o "prazo razoável" do n.º 4).

No segundo, são necessárias «precauções auxiliares»[11], nomeadamente que assegurem a independência dos vários órgãos constitucionais entre si e, concretamente que não deixem dúvidas à exigência e consagração da independência dos tribunais e dos juízes..

Nessa medida e sobre esta última questão, tanto a qualificação dos juízes (de todos os Tribunais), a forma como são escolhidos e nomeados, a duração do mandato, as garantias de inamovibilidade ou mesmo a independência financeira que devem ter, como componente inequívoca dessa independência, exigem um quadro constitucional maioritariamente qualificado, estável e dotado de mecanismos que impeçam a sua alteração ao sabor de maiorias políticas legislativas conjunturais.

Assim a escolha dos presidentes dos Tribunais Superiores deveria ser em todos os Tribunais por eleição dos seus membros e não por nomeação, como é o caso do Presidente do Tribunal de Contas.

No que respeita ao Tribunal Constitucional, a Constituição da República, no seu artigo 221.º, n.º 5, estabelece que os respetivos juízes gozam das garantias de independência, inamovibilidade, imparcialidade e irresponsabilidade e estão sujeitos às incompatibilidades dos juízes dos restantes tribunais comuns. Por isso, a dimensão normativa da independência de quem exercer funções de «guardião» da Constituição não pode ser questionada e fragilizada, porquanto os juízes do TC «são verdadeiros membros da função jurisdicional», conforme sublinham Gomes Canotilho e Vital Moreira[12].

O sistema de nomeação dos treze juízes é atualmente partilhado pela designação por parte da Assembleia da República de dez dos juízes e pela cooptação dos restantes três pelos dez juízes designados. No entanto,

[11] Cf. James Madison, *O Federalista*, Fundação Calouste Gulbenkian, Lisboa, 2011, p. 467.

[12] *Constituição da República Portuguesa Anotada*, II Volume, cit. p. 619.

seis de entre os juízes designados pela Assembleia são obrigatoriamente escolhidos de entre os juízes dos restantes tribunais e os demais de entre juristas. O mandato tem a duração de nove anos.

O sistema de designação adotado não foi, na sua origem, um sistema totalmente consensualizado ainda que sustentado no princípio da participação dos eleitos pelo povo na designação das personalidades que iriam julgar o seu trabalho.

No caminho de um reforço da independência e mesmo legitimação deste Tribunal, seria importante ponderar uma revisão do sistema de modo a permitir que a legitimação democrática dos juízes não possa ser posta em causa pelo próprio procedimento da sua nomeação que pode, só por isso, fragilizar a independência e imparcialidade dos juízes. Assim, uma intervenção dos restantes órgãos de soberania no processo de nomeação, quer por via da indicação ou, eventualmente, nomeação de alguns juízes pelo Presidente da República[13], quer pelos próprios Conselho Superior da Magistratura e Conselho Superior dos Tribunais Administrativos e Fiscais, constituiria uma forma de reforçar a independência do Tribunal, assegurando-se um procedimento transparente, em que poderiam estar envolvidas entidades ligadas à justiça.

Uma outra dimensão tem a ver com o estatuto dos juízes que, em termos constitucionais, se refere ao núcleo dos juízes dos tribunais judiciais (entendidos como "magistrados judiciais"), mas convive com a consagração de outras ordens de tribunais (assim, desde logo, o artigo 212.º da CRP) que também possuem juízes em exercício da função jurisdicional, mas com estatutos aparentemente diferenciados.

Isso levanta o problema da unidade de estatuto e da consagração de um estatuto unificado ou mesmo a integração de ambos os estatutos num único estatuto legal.

Assim, o artigo 215.º da CRP refere-se apenas à magistratura dos tribunais judiciais e não também à dos tribunais administrativos e fiscais. Aqueles têm de formar um corpo único e reger-se por um só estatuto, restando saber se estes últimos também se integrarão nesse mesmo corpo. O "corpo único" poderá ter consequências não apenas no plano

[13] Neste sentido, cf. Jorge Miranda, *Aperfeiçoar a Constituição*, Almedina, Coimbra, 2021, p. 101.

das garantias e deveres estatutários, mas também no plano da orgânica, pois o princípio da unidade da magistratura judicial começa por implicar a unidade estatutária dos tribunais judiciais. No entanto, cumpre sublinhar que o Estatuto dos Tribunais Administrativos e Fiscais consagra, no seu artigo 57.º, que "[o]s juízes da jurisdição administrativa e fiscal formam um corpo único", o que evidencia o entendimento de que cada uma das jurisdições tem o seu corpo único de juízes.

Apesar do princípio da independência ser inequívoco na dimensão constitucional (ele encontra-se referido, por exemplo, a propósito dos juízes do TC no n.º 5 do artigo 222.º da CRP) e no seu desenvolvimento legislativo (desde logo no artigo 4.º do Estatuto dos Magistrados Judiciais e nas diversas leis orgânicas dos tribunais judiciais), impõe-se uma consagração constitucional onde ficassem nítidas as diversas dimensões da independência judicial: liberdade de julgamento e de decisão; liberdade contra injunções ou instruções; liberdade de ação; liberdade de responsabilidade; garantias de tipo estrutural ou organizativo, enquanto conjunto de salvaguardas formais e condições estruturais aptas a proteger os juízes e todo o judiciário de qualquer tipo de intervenção ou controlo (internos ou externos), incluindo assim a independência organizacional e estatutária (*v.g.*, conselhos judiciários), a independência financeira e/ou económica e outros corolários resultantes da independência dos tribunais.

Numa outra dimensão será de questionar se, do ponto de vista constitucional, os pressupostos da organização do poder judicial e da função jurisdicional que ditam uma clarificação e um reforço das garantias fundamentais do estatuto dos juízes não devem passar pela competência legislativa clara e exclusiva da Assembleia da República neste domínio, conferindo dignidade e estabilidade à matéria em causa – reserva absoluta, na consagração do artigo 164.º, alínea *m)*, da CRP (em detrimento do artigo 165.º, n.º 1, alínea *p)*, da CRP) e a uma forma qualificada do estatuto normativo-constitucional, com reforço da maioria das deliberações político-legislativas e das votações, seja pela atribuição da qualidade de "lei orgânica" a estas matérias, com destaque no estatuto dos juízes na alínea *m)* do artigo 164.º da CRP, para a sua previsão no n.º 2 do artigo 166.º da mesma CRP, resultando daí a necessidade de uma maioria absoluta dos deputados em efetividade de funções (artigo 168.º, n.º 5, da CRP), seja pela consagração da matéria no n.º 6 do artigo 168.º da CRP, através da necessidade da maioria de dois terços dos deputados presentes, desde que superior à maioria absoluta dos deputados em efetividade de funções.

II. Análise e discussão sobre questões historicamente menos consensuais, a nível da pluralidade de jurisdições e sua estrutura

1. Unidade ou pluralidade de ordens de jurisdição

Como decorre da nossa Lei Fundamental, Portugal adotou um sistema em que, para além do Tribunal Constitucional, se distinguem três categorias de tribunais: **(a)** Supremo Tribunal de Justiça e os tribunais judiciais de primeira e de segunda instância; **(b)** o Supremo Tribunal Administrativo (STA) e os demais tribunais administrativos e fiscais (TAF); **(c)** o Tribunal de Contas.

O modelo pluralista adotado não representa nenhuma particular especificidade do nosso ordenamento, como resulta da uma análise, mesmo que perfunctória, dos demais ordenamentos europeus[14]. Ainda assim constitui, de tempos a tempos, mote de alguma discussão em Portugal, designadamente centrada, de um lado, na existência de um TC e, de outro, na existência de uma jurisdição administrativa e fiscal separada da jurisdição comum.

Atentando nesta última discussão, num passado relativamente recente, a mesma remonta ao momento da aprovação da CRP[15], estando

[14] Cfr., a esse propósito, a análise comparada, constante do sítio da Internet da Association of the Councils of State and Supreme Administrative Jurisdictions of the European Union (ACA-Europe), disponível em https://www.aca-europe.eu/index.php/en/tour-d-europe-en.

[15] Como sublinham Gomes Canotilho e Vital Moreira (*Constituição da República Portuguesa Anotada*, Vol. II, cit. p. 564): "A ideia – que tinha forte apoio no momento de formação da Constituição – de extinguir a autonomia orgânica da justiça administrativa, integrando os tribunais administrativos, como tribunais especializados, dentro da categoria de tribunais judiciais, embora baseada em algumas considerações dignas de ponderação (tendencial governamentalização do STA durante a Constituição de 1933), relevava também de um forte preconceito unicitário da função judicial em favor do monopólio dos

o debate espelhado nas discussões ocorridas na Assembleia Constituinte e centrado na defesa da unidade dos tribunais judiciais[16].

Em 1984, foi aprovado o Estatuto dos Tribunais Administrativos e Fiscais (ETAF/84)[17]. O artigo 1.º do ETAF/84 referia, desde logo, que "[a] jurisdição administrativa e fiscal é exercida por tribunais administrativos e fiscais, órgãos de soberania com competência para administrar justiça em nome do povo", optando o legislador, pois, por um modelo similar ao já existente em França, na Itália ou na Alemanha.

Até à revisão constitucional de 1989, a existência de Tribunais Administrativos e Fiscais (TAF) estava constitucionalmente consagrada como uma possibilidade[18]. A este respeito, Gomes Canotilho e Vital Moreira referiam: "Não deixa de causar alguma perplexidade, ver considerada como facultativa e dependente da lei a existência de uma categoria de tribunais que goza de uma posição solidamente sedimentada no atual sistema Judicial. A explicação deve-se seguramente à ideia (que tinha forte apoio no momento da formação da Constituição) de extinguir a autonomia orgânica da justiça administrativa, integrando os tribunais administrativos, como tribunais especializados, dentro da categoria dos tribunais Judiciais"[19].

Com a revisão constitucional de 1989, ficou claramente consagrado, na nossa lei fundamental, o modelo atualmente vigente. Assim, o então artigo 211.º[20] da CRP passou a dispor que:

tribunais comuns e acabava por revelar uma razoável incompreensão da especificidade organizatória e funcional da jurisdição administrativa".

[16] Cfr. *Diário da Assembleia Constituinte*, n.º 97, p. 3136.

[17] Através do DL n.º 129/84, de 27 de abril, na sequência da autorização legislativa constante da Lei n.º 29/83, de 8 de setembro.

[18] Cfr. o n.º 3 do artigo 212.º da CRP na sua versão inicial ("Poderá haver tribunais administrativos e fiscais") e o n.º 2 do mesmo artigo 212.º, na redação que resultou da revisão constitucional de 1982 ("Podem existir tribunais administrativos e fiscais, tribunais marítimos e tribunais arbitrais").

[19] Gomes Canotilho e Vital Moreira, *Constituição da República Portuguesa Anotada*, Vol. II, 2.ª edição revista, Coimbra Editora, Coimbra, 1985, p. 324.

[20] Correspondente ao atual artigo 209.º.

"1. Além do Tribunal Constitucional, existem as seguintes categorias de tribunais:

a) O Supremo Tribunal de Justiça e os tribunais judiciais de primeira e de segunda instância;

b) O Supremo Tribunal Administrativo e os demais tribunais administrativos e fiscais;

c) O Tribunal de Contas;

d) Tribunais militares".

Por seu turno, o, à época, artigo 214.º[21] da CRP prescrevia que:

"1. O Supremo Tribunal Administrativo é o órgão superior da hierarquia dos tribunais administrativos e fiscais, sem prejuízo da competência própria do Tribunal Constitucional.

2. O Presidente do Supremo Tribunal Administrativo é eleito de entre e pelos respetivos juízes.

3. Compete aos tribunais administrativos e fiscais o julgamento das ações e recursos contenciosos que tenham por objeto dirimir os litígios emergentes das relações jurídicas administrativas e fiscais".

Portanto, temos que a jurisdição administrativa e fiscal se configura como jurisdição comum de direito administrativo e fiscal – o que, aliás, se reflete na especialização implementada nestes tribunais a partir de 2020.

Não obstante esta clara opção do legislador de revisão constitucional e as subsequentes alterações, que houve, entretanto, em termos de legislação ordinária[22] e em termos de sedimentação dos TAF, de tempos a tempos, como referimos, é chamada à colação a questão da manutenção da dualidade de jurisdições comum e administrativa e fiscal ou a da sua unificação – ainda que resultem pouco densificadas as motivações inerentes a tal discussão, como veremos, num contexto, designadamente ao nível europeu, em que se verifica que os modelos dualistas se têm mantido

[21] Correspondente ao atual artigo 212.º.

[22] De onde destacamos o ETAF aprovado pela Lei n.º 13/2002, de 19 de fevereiro – ETAF/2002.

como tal, sendo mais frequente a discussão em torno das (des)vantagens da manutenção de modelos monistas.

Podemos sistematizar como argumentos em prol da mencionada unificação os seguintes:

A) O argumento da **unidade judiciária**;
B) O argumento da **diluição da excecionalidade da jurisdição administrativa**, decorrente, de um lado, de estar ultrapassada uma certa imagem de subalternização existente durante o Estado Novo[23]. É, ainda, mencionada a diluição das diferenças entre os litígios discutidos na jurisdição comum e na jurisdição administrativa e fiscal (sobretudo a partir da reforma de 2002-2004), em virtude de alguma identidade, em certos casos, dos litígios a dirimir, distintos apenas em função dos sujeitos envolvidos, aproximação essa exclusivamente na área administrativa;
C) O argumento de uma **melhor gestão de recursos e maior racionalização do sistema**.

Em relação ao argumento referido em c), não logramos obter informação que explane e densifique em que termos essa unificação traz ou não ganhos para o destinatário último – o cidadão – considerando, designadamente, que ambas as jurisdições, apesar de em diferentes escalas, manifestam debater-se com uma mesma dificuldade em termos de ges-

[23] Como referem Vital Moreira e Catarina Sarmento e Castro (*A justiça administrativa em Portugal (1974-1999) – Relatório de um projecto de investigação*, Observatório Permanente da Justiça Portuguesa, Centro de Estudos Sociais, Coimbra, 2001, pp. 18 e 19) "Apesar de considerados órgãos jurisdicionais, os tribunais administrativos eram considerados pela doutrina mais influente como "órgãos administrativos" e, logo, como parte integrante da Administração. Embora órgãos relativamente independentes, estavam organicamente inseridos na órbita da Presidência do Conselho de Ministros (e não do Ministério da Justiça, como sucedia com os tribunais judiciais). Do mesmo modo, o processo administrativo contencioso (como era legalmente e doutrinariamente designado o processo junto dos tribunais administrativos) era considerado como uma continuação do "processo administrativo gracioso", ou seja, o procedimento administrativo que rege os órgãos administrativos. Os meios contenciosos não eram senão uma continuação dos meios graciosos".

tão, também ao nível dos Conselhos Superiores, consubstanciada, designadamente, na insuficiência dos recursos humanos.

Já ao nível dos argumentos a favor da manutenção do sistema dualista vigente, os mesmos têm sido abordados de forma mais sistemática, podendo sintetizar-se nos seguintes termos:

A) O argumento de que se trata da **melhor solução para a resposta aos litígios a dirimir**, dado que:

i. A jurisdição abrange ramos do direito fortemente distintos dos demais, abarcando um vasto e complexo leque de relações jurídicas, com lógicas distintas em termos de relações jurídicas em causa, sem paralelo, configurando-se a dualidade de jurisdições como um "desenvolvimento em grau superlativo da ideia de especialização", reflexo da necessidade de uma justiça ultra-especializada. A importância desta ultra-especialização torna-se ainda mais evidente, considerando que, nas últimas décadas, as matérias administrativas e fiscais têm comportado uma crescente complexificação;

ii. O caminho passa sempre por uma maior especialização dentro da jurisdição administrativa e fiscal, e não por caminhos de sinal contrário, sendo que os TAF têm tido um contributo determinante na afirmação do Estado de Direito, no seu reforço da proteção jurisdicional dos direitos dos administrados e a correspondente efetiva subordinação da Administração Pública à Constituição e à lei;

iii. A aproximação entre o direito privado e o direito administrativo ocorre em áreas delimitadas e circunscritas, que não abrangem todo o universo dos litígios administrativos e não se verificam no universo dos litígios tributários;

B) O argumento de que o atual sistema assegura a **especialização de todos os juízes e em todas as instâncias**, desde a sua formação inicial e inclusivamente ao nível das promoções aos tribunais superiores, com ganhos qualitativos na administração da justiça;

C) O argumento de que o atual sistema é o que **melhor se adapta às grandes proporções que a litigância administrativa e fiscal**

assume no nosso país, cenário bastante distinto do dos países onde o sistema monista está implementado com sucesso;

D) O argumento de que **se trata de um falso problema**, dado que os constrangimentos da jurisdição administrativa e fiscal radicam, sobretudo, em limitações de investimento, que a solução monista não resolve:

i. As dificuldades com que a jurisdição administrativa e fiscal se depara devem-se exclusivamente à falta de investimento público na mesma (sobretudo ao nível dos meios humanos), ocorrida durante largos anos e há muito diagnosticada, e não à sua autonomia enquanto jurisdição. É essencialmente essa circunstância, a par de um exacerbado *animus litigandi* por parte do próprio Estado, que conduziu ao congestionamento dos tribunais dessa jurisdição;

ii. Os custos com recursos humanos sempre existirão em termos similares, seja o modelo monista ou dualista, não resultando daí evidente qualquer poupança para o Estado;

iii. Ambas as jurisdições, ainda que em diferentes escalas, debatem-se com insuficiência de meios humanos, pelo que a unificação não responderia, *per se*, a esse problema;

E) O argumento de que **a mudança de paradigma representaria um retrocesso**, quer face a todas as reformas que têm vindo a ser implementadas, quer face às reformas em curso;

F) O argumento atinente às **experiências de direito comparado**. Trata-se de modelo sedimentado em diversos ordenamentos muito próximos do português (*v.g.* França, Bélgica, Itália, Suíça, Áustria, Alemanha, Finlândia) e com resultados positivos[24]; os países com um sistema dualista são os que conseguem ser mais eficazes no controlo da Administração e na proteção dos direitos dos particu-

[24] Sendo também relevante sublinhar a conformidade com a Convenção Europeia dos Direitos Humanos. A este propósito, veja-se o Acórdão do Tribunal Europeu dos Direitos Humanos, de 28.09.1995, Procola c. Luxembourg, que esteve na origem de alterações do sistema luxemburguês, por forma a ser assegurado o respeito pelo artigo 6.º da CEDH.

lares, sendo que um sistema monista é tendencialmente mais propício à existência de limitações à atuação dos tribunais em matéria administrativa. Aliás, alguns sistemas monistas têm abandonado o seu paradigma *puro* e caminhado para a adoção de mecanismos que permitam uma especialização nas matérias em causa;

G) O argumento de que **a unificação criaria dificuldades adicionais às existentes:**

   i. A unificação implicaria, designadamente pela falta de recrutamento específico e pela falta de formação inicial específica em direito substantivo e processual administrativo e fiscal dos juízes dos tribunais judiciais, a impossibilidade de se garantir definitivamente a especialização dos juízes, em todas as instâncias, para a resolução dos litígios administrativos e fiscais, representando um fator indutor de ineficiências e de consequente menor qualidade na administração da justiça;

   ii. Risco de desjurisdicionalização dos litígios;

H) O argumento de que **a solução monista depende de revisão constitucional**;

I) O argumento de que **eventuais interesses "próprios/utilitaristas/socioprofissionais" de alguns não se podem sobrepor ao superior interesse do cidadão, em nome do qual é a justiça administrada.**

É ainda de sublinhar que, olhando apenas para o passado mais recente, recomendações quer internas[25], quer da União Europeia[26], quer interna-

[25] Cfr., v.g., o relatório feito pelo Observatório Permanente da Justiça do Centro de Estudos Sociais da Universidade de Coimbra, em fevereiro de 2017, *Justiça e eficiência – O caso dos Tribunais Administrativos e Fiscais.*

[26] Cfr., v.g., o Painel de Avaliação da Justiça na UE de 2021 [Comunicação da Comissão ao Parlamento Europeu, ao Conselho, ao Banco Central Europeu, ao Comité Económico e Social Europeu e ao Comité das Regiões – COM(2021) 389 final], disponível para consulta em https://ec.europa.eu/info/law/better-regulation/have-your-say/initiatives/12903-Painel-de-Avaliacao-da-Justica-na-UE-de-2021_pt.

cionais (*v.g.* ao nível da OCDE[27]), feitas a Portugal, em torno das necessidades de melhoramento da jurisdição administrativa e fiscal, têm posto o acento tónico não no paradigma adotado, mas sim na ultrapassagem dos constrangimentos já diagnosticados à jurisdição.

Como tal, entendemos que o atual modelo se afigura adequado num ordenamento com as caraterísticas do nosso, sendo, sim, imprescindível manter e acentuar um caminho de ultrapassagem das dificuldades já diagnosticadas, mormente através do adequado investimento em recursos, *maxime* recursos humanos.

2. Organização/especialização dos tribunais de primeira instância

A especialização nos tribunais é hoje um dado adquirido na organização judiciária.

Como refere alguma doutrina, esta especialização «reflete o princípio de especialização crescente da vida social contemporânea, em que as tarefas e as competências assumidas pelos profissionais especialistas propendem a tratar e reduzir a complexidade crescente daquela»[28]. Sublinhe-se que em concreto está também em causa uma melhor resposta aos destinatários do sistema de justiça nomeadamente por via da divisão de tarefas, da delegação de competências e da criação de âmbitos específicos de conhecimento e qualificações.

As alterações legislativas decorrentes da Lei n.º 62/2013, de 26 de agosto, bem como algumas alterações subsequentes, pontuais, àquele diploma, conformaram, na justiça comum, um modelo com um grau de consenso inequívoco que, desde então, ainda que com algumas exigências de modelação em determinadas áreas, alterou positivamente o sistema até então vigente.

[27] OCDE, Justice Transformation in Portugal: Building on Successes and Challenges, disponível para consulta em https://www.oecd-ilibrary.org/sites/184acf59-en/index.html?itemId=/content/publication/184acf59-en .

[28] Cf. desenvolvidamente, José Mouraz Lopes, José Igreja Matos, Luís Azevedo Mendes, Nuno Coelho, *Manual de Gestão Judicial*, Almedina, Coimbra, 2015, p 148.

No tocante à especialização no âmbito da jurisdição administrativa e fiscal, sendo a mesma, nos termos já referidos supra, uma jurisdição tida como ultra-especializada, a sua concretização ia sendo identificada como de grande relevância em termos de implementação. Esta necessidade veio a acentuar-se, quer por força da tendência crescente da litigância, *a se*, quer por força da, também ela crescente, complexificação das matérias envolvidas.

A especialização no âmbito dos TAF, na verdade, já resultava do ETAF de 2002, para a área administrativa, desde a sua versão inicial (ainda que de forma programática) e, para a área tributária, desde o aditamento do artigo 9.º-A, pelo DL n.º 166/2009, de 31 de julho, onde se previa a criação de juízos de pequena, média ou grande instância (o que nunca veio a ser efetivado).

No entanto, apenas recentemente houve uma efetiva implementação de juízos especializados, na 1.ª instância. A mesma concretizou-se no último quadrimestre de 2020[29], na sequência da alteração do ETAF, pela Lei n.º 114/2019, de 12 de setembro, e na subsequente criação, pelo DL n.º 174/2019, de 13 de dezembro, dos juízos especializados nos Tribunal Administrativo de Círculo de Lisboa, Tribunal Tributário de Lisboa, TAF de Almada, TAF de Aveiro, TAF de Braga, TAF de Leiria, TAF do Porto e TAF de Sintra.

Na área administrativa, ficou consagrada a possibilidade de criação dos seguintes juízos de competência especializada (artigo 9.º, n.º 5, do ETAF):

a) Juízo administrativo comum;
b) Juízo administrativo social;
c) Juízo de contratos públicos;
d) Juízo de urbanismo, ambiente e ordenamento do território.

Na área tributária, por seu turno, o artigo 9.º-A do ETAF passou a consagrar a possibilidade de criação dos seguintes juízos de competência especializada:

[29] Portaria n.º 121/2020, de 22 de maio.

a) Juízo tributário comum;
b) Juízo de execução fiscal e de recursos contraordenacionais.

Em termos práticos, cumpre sublinhar que, até ao momento, não foi implementado qualquer juízo de urbanismo, ambiente e ordenamento do território.

Dada esta recente implementação, ainda não existem dados suficientes para se conseguir aferir sobre os respetivos resultados[30]. No entanto, poder-se-á afirmar, *prima facie*, que o primeiro passo, há muito esperado, foi dado e que os ajustamentos que se possam vir a fazer, quando haja dados passíveis de sustentar conclusões, serão cirúrgicos e adequados.

Já ao nível da 2.ª instância, o ETAF/2002 também admitia essa possibilidade de especialização, em termos programáticos, para a área administrativa, desde a redação inicial, e para a área tributária, desde o aditamento do artigo 9.º-A, pelo DL n.º 166/2009, de 31 de julho. No entanto, com a alteração do artigo 9.º, pelo DL n.º 214-G/2015, de 02 de outubro, deixou de constar no ETAF a expressa referência à possibilidade de criação de secções especializadas nos tribunais superiores, para a área administrativa, e, com a alteração do artigo 9.º-A, pela Lei n.º 114/2019, de 12 de setembro, deixou de constar no ETAF a expressa referência à possibilidade de criação de secções especializadas nos tribunais superiores, para a área tributária.

Não obstante esta circunstância, cumpre sublinhar que o Grupo de Trabalho para a Justiça Administrativa e Fiscal[31], no seu 2.º relatório intercalar (de fevereiro de 2022), reputou a especialização na 2.ª instância como medida essencial, face ao crescente nível de complexificação dos litígios, tendo sistematizado, como medida a aplicar, a de "aditar uma nova norma (n.º 3) ao artigo 32.º do ETAF que estatua que, por deliberação do Conselho Superior dos Tribunais Administrativos e Fiscais,

[30] Cfr. o Relatório de 2020 do Conselho Superior dos Tribunais Administrativo e Fiscais, disponível para consulta em http://www.cstaf.pt/documentos/Relatorio%20CSTAF%202020.pdf.

[31] Constituído com o objetivo de avaliar o impacto de reformas introduzidas e de analisar o atual modelo de funcionamento dos tribunais administrativos e fiscais, pelo Despacho n.º 3019/2021, do Secretário de Estado Adjunto e da Justiça.

podem ser criadas nos TCA (Tribunais Centrais Administrativos) subsecções especializadas em função da matéria". Em sentido idêntico veio a ser apresentado, na presente legislatura, pelo partido Pessoas, Animais, Natureza (PAN), o Projeto de Lei n.º 87/XV/1.

Sublinhe-se que a proposta, desta feita, está configurada em razão da matéria para ambas as áreas, e não apenas para a área administrativa, como sucede na 1.ª instância.

É ainda equacionada possibilidade de implementação de secções administrativas e/ou tributárias especializadas, com competência territorial alargada a todo o território nacional, medida particularmente relevante, se se considerar a assimetria geográfica em termos de competência em razão do território.

Neste contexto, e ainda que seja medida paralela, é de referir que, no mesmo relatório, o referido grupo de trabalho estruturou proposta, no sentido de "que se reequacione a rede dos TCA, incluindo a possibilidade de criação de outros tribunais", sendo certo que, ulteriormente, e já na presente legislatura, foi apresentado na Assembleia da República, pelo Partido Social Democrata, o Projeto de Lei n.º 53/XV/1, com vista à criação de um terceiro TCA (o TCA Centro).

Refira-se que tanto este projeto de lei como aqueloutro já mencionado, apresentado pelo PAN, em junho de 2022, baixaram à Comissão de Assuntos Constitucionais, Direitos, Liberdades e Garantias, sem votação.

Na situação atual, sem prejuízo de serem equacionadas medidas relacionadas com a especialização dos TCA e/ou criação de um terceiro tribunal central, sublinhamos ser necessário ter em consideração que, a montante, essas medidas só terão um impacto efetivo se aqueles tribunais estiverem dotados de um quadro de juízes em efetividade de funções adequado às suas reais necessidades, o que aos dias de hoje não ocorre, sendo de sublinhar, a este propósito, que inexiste medida gestionária legalmente prevista que permita fazer face a situações em que juízes desembargadores não estão em exercício efetivo de funções, por estarem a desempenhar outras funções em comissão de serviço (*v.g.* presidentes dos tribunais administrativos e fiscais de 1.ª instância). Nestes casos, a vaga permanece preenchida, o que implica que um quadro máximo de 18 ou 20 juízes, ainda que formalmente preenchido, dificilmente corresponda a esse número efetivo de juízes a desempenhar funções no tribunal central respetivo.

Ademais, cumpre sublinhar que tais medidas, a serem implementadas, exigem uma prévia análise, caraterização e mensuração detalhada da litigância nesses tribunais superiores, para que as soluções a determinar sejam dotadas de eficácia.

3. A inserção dos Tribunais arbitrais nos modelos de jurisdição

Existem, no ordenamento português, diversos regimes de arbitragem, voluntária ou necessária,[32] de direito privado ou de direito público, institucionalizada ou não institucionalizada. Mesmo dentro das arbitragens que têm por objeto um litígio de direito público, ligado ao exercício de poderes de autoridade pelos poderes públicos ou por entidades privadas que exercem a função administrativa (*e.g.* federações desportivas, no caso da arbitragem do desporto), detetam-se regras distintas no que respeita aos *standards* de imparcialidade e independência dos árbitros, à publicação das decisões arbitrais, ao recurso para os tribunais estaduais, ao recurso de constitucionalidade e à anulação da decisão arbitral.[33]

Algumas das dificuldades de inserção dos tribunais arbitrais têm a sua origem em opções constitucionais e legislativas adotadas em matéria de arbitragem. Referimo-nos, com efeito, ao facto de os tribunais arbitrais terem consagração constitucional desde a revisão de 1982 e à convicção, exteriorizada pela jurisprudência constitucional, de que o tribunal arbitral é um *verdadeiro tribunal para efeitos constitucionais*, opondo-se-lhe as

[32] Sublinhe-se que, apesar de a arbitragem tributária não ser uma arbitragem necessária (aquelas em que a lei retira às partes de um litígio a possibilidade de submeterem a sua resolução a outro meio de resolução de litígios que não seja a arbitragem), os tribunais arbitrais tributários são considerados "órgãos jurisdicionais nacionais" para efeitos de reenvio prejudicial ao TJUE.

[33] Comparem-se, por exemplo, os fundamentos de anulação da decisão arbitral previstos no artigo 46.º da LAV, e que valem, ex vi da remissão efetuada no artigo 181.º, n.º 1 do CPTA, para arbitragem administrativa, e os fundamentos de anulação da decisão arbitral previstos nos artigos 27.º e 28.º do Regime Jurídico da Arbitragem Tributária.

exigências de imparcialidade objetiva e subjetiva decorrentes do princípio do processo equitativo.[34]

Mas referimo-nos, também, à opção de "amizade" para com a arbitragem de direito público, plasmada na extensão dos litígios arbitráveis. No que respeita, desde logo, à arbitragem administrativa, e sem prejuízo das reformas de que foi objeto o CPTA em 2015 e depois em 2019, permanece "vivo" o debate entre aqueles que na doutrina consideram adequada a aplicação subsidiária da Lei de Arbitragem Voluntária a que se refere o artigo 181.º, n.º 1 do CPTA ("*O tribunal arbitral é constituído e funciona nos termos da lei sobre arbitragem voluntária, com as devidas adaptações*"), e aqueles que reputam necessária a criação de soluções legislativas específicas e mais exigentes, que tomem na devida conta o facto de a arbitragem administrativa se traduzir, inevitavelmente, no controlo do modo como a Administração pública exerceu os seus poderes de autoridade.[35]

A articulação entre os vários regimes de arbitragem e o recurso de constitucionalidade também não é pacífica. Os recursos de constitucionalidade são, em boa medida, matéria de *reserva de Constituição*. Cumpre não obnubilar que o Ministério Público, nas hipóteses em que seja obrigado a recorrer, atua no exercício de poderes-deveres funcionais de tutela da legalidade democrática. A parte prejudicada pela decisão do tribunal *a quo* recorre para o TC no exercício de um direito de natureza análoga a um direito, liberdade e garantia (artigo 17.º da CRP) – o direito a uma tutela jurisdicional efetiva em matéria constitucional (artigo 20.º, em conjugação com o artigo 280.º da CRP) – não podendo o ordenamento constitucional deixar de levantar limites à renúncia, pelo particular, a uma tal posição subjetiva (artigo 73.º da LTC, Lei do Tribunal Constitucional). A Lei do Tribunal Constitucional, por seu turno, assume a forma de lei orgânica (artigo 164.º, al. c), em conjugação com o artigo 166.º, n.º 2 da CRP) e como tal está sujeita a reserva total de normação, havendo de

[34] Conclusões extraídas, pelo Tribunal Constitucional, nos acórdãos n.ºs 230/86, 32/87, 52/92 e 262/98.

[35] Cf., por exemplo, a proposta apresentada por Ana Celeste Carvalho, António Pinto Monteiro, David Pratas Brito, Marco Caldeira, Ricardo Pedro e Tiago Serrão, *Arbitragem administrativa: uma proposta*, Coimbra, Almedina, 2019.

regular de forma exaustiva todos os aspetos relacionados com o processo no Tribunal Constitucional.[36]

Neste cenário, emergem problemas complexos seja nas situações em que o regime arbitral prevê expressamente o recurso para o TC (como sucede na arbitragem administrativa, na arbitragem tributária e na arbitragem do desporto), disciplinando matéria que não é "sua", seja nas situações em que o regime arbitral nada diz sobre o recurso de constitucionalidade (como sucede na Lei da Arbitragem Voluntária, LAV), abstendo-se de regular o modo de tramitação dos recursos obrigatoriamente interpostos pelo Ministério Público.[37]

A lista que se segue limita-se a enunciar alguns dos problemas espoletados pela arbitragem no quadro das várias jurisdições, sempre que possível avançando algumas soluções para a sua resolução.

Publicação das decisões do Tribunal Arbitral do Desporto (TAD).[38] Constitui um princípio fundamental da arbitragem desportiva, tal como determinado no artigo 34.º, al. f) da Lei n.º 74/2013, de 06 de setembro (na redação atual), que "as decisões são publicadas, nos termos previstos na

[36] Com as consequências já enunciadas pelo Tribunal Constitucional, no acórdão n.º 262/2015, a propósito, precisamente, do facto de o artigo 25.º, n.ºs 1 e 4 do RJAT prever que o recurso de constitucionalidade é interposto mediante requerimento no tribunal competente para conhecer do recurso, em contravenção ao disposto no artigo 76.º da LTC, que atribui ao tribunal a quo competência para apreciar a admissão do recurso.

[37] Problemas que têm sido resolvidos com bom senso pela jurisprudência constitucional, como revelaram os acórdãos 202/2014 (a propósito da data a partir da qual começa a correr o prazo de dez dias previsto no artigo 75.º da LTC, quando esteja em causa recurso obrigatório do Ministério Público e este não tenha tido intervenção no processo arbitral) e 491/2015.

[38] Assumimos, por razões de praticabilidade, que o TAD continuará a existir no futuro, não desconhecendo, naturalmente, algumas propostas avançadas pelas entidades que regulam o desporto profissional para a sua transformação ou mesmo supressão. À luz da jurisprudência constitucional mencionada no texto, que enfatiza as consequências do caráter necessário daquela arbitragem, temos algumas dúvidas de que seja constitucionalmente admissível introduzir um modelo de recursos semelhante àquele que vale para a arbitragem administrativa e tributária, isto é, um modelo que afaste o recurso para o Tribunal Central Administrativo e restrinja o recurso para o STA às situações de uniformização de jurisprudência e recurso de revista. Tal não significa que o modelo atual, o qual se cifra num entupimento do TCA-Sul com questões desportivas e em processos de caráter urgente, seja o modelo adequado.

presente lei". Porém, o artigo 50.º, n.º 2 do mesmo diploma dispõe que "o TAD publica na sua página na internet a decisão arbitral, um sumário da mesma e ou um comunicado de imprensa a descrever os resultados do processo, *salvo se qualquer das partes a isso se opuser*" (o itálico é nosso). Ora, é conveniente lembrar que a arbitragem desportiva, na parte em que conhece, em recurso, de atos praticados pelas federações desportivas e pelos seus órgãos no exercício de poderes de regulamentação e de disciplina da atividade desportiva, é certamente uma arbitragem que tem por objeto questões de direito público, como resulta abertamente dos acórdãos do TC n.ºs 230/2013 e 781/2013. Nessa medida, valem para ela as exigências de publicidade assacáveis à arbitragem administrativa e tributária. Deveria, portanto, o artigo 50.º da Lei do TAD ser alterado nos seguintes termos: "Quando a arbitragem tenha por objeto a validade de atos praticados pelas federações desportivas e pelos seus órgãos no exercício dos seus poderes de regulamentação ou de disciplina da atividade desportiva, a decisão arbitral deve ser publicada, na íntegra, na página de internet do TAD".

Revisão das taxas de arbitragem do TAD. As taxas de arbitragem do TAD são reguladas pela Portaria n.º 301/2015, de 22 de setembro (alterada pela Portaria n.º 314/2017, de 24 de outubro). O sistema fixado pela Portaria indexa a taxa de arbitragem ao valor da causa, à qual se juntam os encargos do processo arbitral, concretamente os honorários dos árbitros e os encargos administrativos. O TC já foi por diversas vezes chamado a apreciar a constitucionalidade de normas desta Portaria, em conjugação com o primeiro escalão tributário da tabela constante do Anexo I (causas até 30 000€), na parte em que daí resulta um montante de custas idêntico para todas as causas cujo valor não ultrapasse esse limiar.[39]

Nesses recursos, muito embora admitindo que da aplicação daqueles segmentos normativos possam emergir resultados inconstitucionais, quando haja uma desproporção manifesta entre o valor da causa e o montante de custas, o TC não rejeitou o "critério normativo" em que assenta o respetivo cálculo, nem considerou decisiva a circunstância de dele poder resultar um montante de custas várias vezes superior ao que seria

[39] Cf., concretamente, os acórdãos n.ºs 543/2019, 782/2019, 301/2019, 178/2021 e 721/2021.

devido nos tribunais (administrativos) estaduais. Alicerçou o seu juízo, entre outras razões, na natureza privada do TAD, no presumível nível médio de rendimentos das entidades desportivas envolvidas nos litígios e na importância do autofinanciamento para assegurar a imparcialidade e independência do TAD e, bem assim, a celeridade e qualidade das suas decisões. A Portaria mereceria, no entanto, uma revisão, não só por estar em causa uma taxa, ou seja, um tributo caraterizado por uma bilateralidade rigorosa (por oposição a uma bilateralidade difusa ou presumida), mas fundamentalmente porque a arbitragem necessária servirá, as mais da vezes, para contestar a validade de sanções disciplinares com reflexo no exercício da atividade profissional dos atletas (pessoas singulares), podendo incidir sobre pessoas coletivas com capacidade financeira muito diversa, a disputar competições profissionais ou não profissionais.

Articulação com o recurso de constitucionalidade. Na arbitragem comercial, superada a questão de saber se há recurso para o TC de uma decisão positiva ou negativa de inconstitucionalidade prolatada por um tribunal arbitral voluntário, subsistem aspetos potencialmente merecedores de uma intervenção legislativa, designadamente a notificação da decisão ao Ministério Público nos casos em que este seja obrigado a recorrer, e a conservação do poder jurisdicional dos árbitros até à decisão a proferir pelo TC em sede de recurso, para efeitos do disposto no artigo 80.º da LTC.[40] O problema da notificação da decisão ao Ministério Público, no caso das arbitragens administrativa e tributária, ficou parcialmente solucionado através da aprovação da Portaria n.º 165/2020, de 07 de julho, onde se regula o depósito de decisões arbitrais pelo Presidente do tribunal arbitral ou árbitro singular.[41]

Por outra banda, nas arbitragens administrativas e tributárias, a doutrina critica o afunilamento das modalidades de recurso de constitucionalidade previstas no artigo 185.º-A, n.º 2 do CPTA e no artigo 25.º, n.º 1 do Regime Jurídico da Arbitragem Tributária (RJAT) quando compa-

[40] Reconhece-se, contudo, que o artigo 252.º do CPC já resolve parcialmente o problema, ao dispor que são sempre oficiosamente notificadas ao Ministério Público quaisquer decisões, ainda que interlocutórias, que possam suscitar a interposição de recursos obrigatórios por força da lei.

[41] Cf., igualmente, o artigo 51.º da Lei do TAD.

radas com aquelas que resultam da Constituição e da LTC (artigo 280.º da CRP, conjugado com o artigo 70.º, n.º 1 da LTC).[42] Depois, embora a litigância quanto este aspeto esteja estabilizada, seria conveniente alterar o artigo 25.º, n.º 4 do RJAT, no sentido de esclarecer que o mesmo não se aplica aos recursos de constitucionalidade, uma vez que estes, por imposição da LTC, são interpostos junto do tribunal que tiver proferido a decisão recorrida e não junto do tribunal *ad quem*.[43] Uma vez mais, estes são problemas que emergem de tentativas de regulação do recurso de constitucionalidade à margem ou paralelamente à LTC, de cuja bondade se pode, com boas razões, duvidar.

Anonimização de todas as decisões arbitrais administrativas e tributárias. Como se referiu *supra*, por imperativo constitucional e legal, as decisões arbitrais administrativas e tributárias são objeto de publicação, "devidamente expurgadas de quaisquer elementos suscetíveis de identificar a pessoa ou pessoas a que dizem respeito". Segundo a "jurisprudência" da Comissão de Acesso aos Documentos Administrativos, as decisões arbitrais que versem sobre litígios envolvendo a Administração Pública (formal ou funcionalmente compreendida) convolam-se, uma vez notificados à entidade administrativa demandada, em "documentos administrativos" na aceção da Lei n.º 26/2016, de 22 de agosto (Lei do Acesso aos Documentos Administrativos, LADA). Estão, por conseguinte, abrangidos pelo princípio do arquivo aberto a que se refere o n.º 2 do artigo 268.º da CRP. Só o acesso a documentos nominativos, isto é, a documentos que contenham dados pessoais das pessoas singulares, fica sujeito, nos termos do artigo 1.º, n.º 4 da LADA, a requisitos mais exigentes.

A crítica de alguma doutrina é a de que a exigência de anonimização de decisões arbitrais administrativas e tributárias, se compreendida como requerendo a anonimização de dados de pessoas coletivas (quando estas

[42] Convém lembrar que estes normativos preveem recurso de constitucionalidade de decisão arbitral que recuse a aplicação de qualquer norma com fundamento na sua inconstitucionalidade ou que aplique norma cuja inconstitucionalidade tenha sido suscitada.

[43] Bastaria, com efeito, fazer a seguinte alteração: "O recurso previsto nos n.ºs 2 e 3 é apresentado por meio de requerimento acompanhado de cópia do processo arbitral, no tribunal competente para conhecer do recurso".

sejam partes do processo), constitui uma restrição desproporcional ao direito ao arquivo aberto, porquanto vai além do que é necessário para salvaguardar os direitos e interesses de autodeterminação informativa das pessoas singulares, obstando a um verdadeiro controlo público das decisões arbitrais.

Arbitragem internacional. A LAV define a arbitragem internacional como "a que põe em jogo interesses do comércio internacional" (artigos 49.º a 54.º da LAV). Trata-se de um preceito obscuro, cuja interpretação é objeto de inúmeras divergências na doutrina e que beneficiaria de alguma clarificação legislativa. Há dúvidas quanto ao âmbito objetivo do conceito, designadamente sobre se a arbitragem internacional engloba a arbitragem internacional do investimento estrangeiro (seja ela fundada em contratos de investimento ou em tratados internacionais de investimento), inclusivamente a arbitragem do *International Centre for Settlement of Investment Disputes* (ICSID), onde não há *lex arbitrii*. E há dúvidas sobre se a arbitragem internacional pode ser, na verdade, uma arbitragem estrangeira (uma arbitragem cuja *lex arbitrii* é um ordenamento diferente do português), ou se terá de ser uma arbitragem nacional (uma arbitragem cuja *lex arbitrii* é o ordenamento jurídico português), em que uma das partes pode ser um Estado, mesmo que não seja o Estado português.

4. Estrutura e sentido dos modelos de formação

A dimensão constitucional da estrutura orgânica e estatutária da jurisdição, nomeadamente a nível do quadro jurídico exigido para um estatuto de juízes inequivocamente independentes, não pode omitir tanto o processo de nomeação como o processo de formação especifica para o exercício de funções. Desde logo para o desempenho desse exercício em primeira instância.

É absolutamente essencial ao exercício da função judicial o estabelecimento e o desenvolvimento de um sistema de formação de juízes, quer para ingressar na carreira, quer para o desempenho e exercício permanente da mesma. As «qualificações especiais»[44] exigidas para o exercí-

[44] No sentido dado por Madison, in *O Federalista*, cit. p. 468.

cio da magistratura, devem refletir-se na conformação da dupla dimensão da formação, nomeadamente inicial inicial e formação contínua ou permanente.

O sistema atualmente vigente, enquadrado na Lei n.º 2/2008, de 14 de janeiro, na Portaria n.º 965/2008, de 29 de agosto, e no Regulamento n.º 339/2009, de 5 de agosto, tendo como núcleo estrutural o Centro de Estudos Judiciários, decorre da profundíssima reforma estrutural levada a termo no final dos anos setenta do século passado que, à época, revolucionou o sistema então vigente estruturado um modelo burocrático que vinha sendo replicado sem quase nenhuma inovação ou mesmo adaptação, nomeadamente às alterações estruturais decorrentes da CRP de 1976. O sistema tem-se mantido, sem grandes alterações significativas, com exceção da criação, a nível do sistema de formação inicial, de um duplo modelo de acesso, nomeadamente para os juízes dos tribunais administrativos e fiscais, através da referida lei.

Quase quarenta anos decorridos, o sistema vigente não pode deixar de ser objeto de uma análise crítica, assente quer nos resultados do modelo quer nas inúmeras e relevantíssimas alterações estruturais ao desempenho, expectativas e desafios que o exercício da magistratura hoje comporta.

Ainda que o cerne da função judicial assente no exercício de um poder independente, livre, sujeito à lei, finalisticamente competente para a resolução de litígios nas várias áreas da sociedade e julgar e decidir as ações penais, o certo é que quer o quadro normativo em que Portugal se insere se alterou significativamente, nomeadamente com a integração na UE (União Europeia) e num consequente espaço judiciário europeu, como as condições organizatórias e técnicas em que a mesma função é executada se alteraram também significativamente. Por outro lado, quer a «concorrência» de outras formas de resolução de litígios quer a alteração de algumas áreas específicas da jurisdição evidenciam a necessidade de repensar ou pelo menos discutir a validade do modelo.

É exemplo disso a exigência de uma necessidade de atualização permanente e consequente formação de todos os juízes em áreas como o DUE, ou o quadro jurídico da europa no domínio dos direitos humanos. De igual modo a atenção permanente ao evoluir do direito constitucional em todas as áreas da jurisdição não pode ser omitida.

De igual forma não pode também deixar de se atentar na atualidade do regime comum de acesso (formação inicial) para magistrados do Ministério Público e juízes. As funções e exigências de autonomia do Ministério Público, por um lado, e a clara assunção de uma maior densificação da imparcialidade no exercício das duas magistraturas, por outro, podem beliscar o modelo vigente. As exigências de uma clara separação das magistraturas, nomeadamente no domínio da ação penal e quem no âmbito do CPP exerce funções de autoridade judiciária, são um bom exemplo.

Do ponto de vista da estrutura sistémica atual, importa sobretudo rever três dimensões: a) o sistema concursal; b) o esquema da formação inicial; c) a formação contínua ou permanente. Previamente, no entanto, há uma condição essencial absolutamente inevitável sobre a qual não pode deixar de se atentar. Trata-se da «revolução digital» que em todas as áreas tem hoje uma dimensão absolutamente estratégica. Se na formação inicial se devem assegurar todas as condições para o desempenho futuro não omitir isso, na formação permanente é essencial efetuar programas intensivos que levem em conta essa dimensão.

No primeiro tópico (sistema concursal) será importante a adequação do mesmo às insuficiências da formação académica na perspetiva da realização prática de uma profissão, sem, no entanto, deixar fugir os melhores alunos das faculdades de direito para opções profissionais mais atrativas, nomeadamente a curto prazo.

No segundo tópico (esquema da formação inicial) será de rever a estrutura vigente da modulação fechada hoje existente (assente, no caso formação inicial de magistrados para os tribunais judiciais, nas áreas cível/penal, laboral/família e menores e, no caso da formação inicial de magistrados para os tribunais administrativos e fiscais, nas áreas administrativa/tributária), por um lado, adaptando a mesma às exigências que um juiz tem na sua aplicação, ou seja, integradas num processo e sobretudo não estanques entre si. Igualmente deverão integradas com áreas tão relevantes para o exercício da função de julgar como a argumentação, a valoração da prova, a metodologia, a gestão de equipas, a expressão, a ética, de forma não esparsa. Ainda quanto à formação, a metodologia tem efetivamente de se adaptar os tempos. Passar de um sistema de assimilação pura e simples para um sistema de assimilação/simulação, a decorrer nomeadamente em espaços virtuais. Deverá também ponderar-se a inserção dos juízes formadores, nomeadamente os que intervêm na terceira fase, num sistema integrado de capacitação de juízes formadores. Por outro lado, a inserção dos formandos em espaços reais onde, no futuro, têm de desempenhar funções é absolutamente essencial. É o caso, *v.g.*, das prisões, das polícias, da segurança social, das autarquias, da administração tributária, mesmo de escritórios de advogados. E aqui será sempre uma imersão não «turística», mas real, com responsabilização sobre o modo como se devem no futuro adaptar quando confrontados com questões complexas que envolvem esses sistemas.

No terceiro tópico (formação contínua ou permanente) a exigência da formação contínua ou permanente, sendo um princípio essencial, não é, ao contrário, um sistema fácil de executar, tendo em conta a diversidade das instâncias e dos juízes que aí desempenham funções. Não pode, em primeiro lugar, deixar de passar pela formação dos juízes em todas as instâncias, nomeadamente em quem exerce funções nos Tribunais superiores. Em segundo lugar haverá porventura que ensaiar um sistema diferenciado para cada uma das instâncias, nomeadamente entre juízes da primeira instância e Tribunais Superiores, levando em consideração o grau de experiência prática de cada um deles e também as situações em que se encontram.

Quando ao modo e técnicas há hoje noutras áreas exemplos que podem ser utilizados, como dinâmicas de trabalho em coletivo, *coaching* ou técnicas de deliberação em coletivo, formas de escrita e linguagem jurídica.

III. A garantia do acesso amplo à justiça pelos cidadãos e a sua refração na legitimação democrática do sistema judicial e na confiança na justiça

1. O acesso à justiça

Ubi jus ibi remedium – onde há um direito, há um remédio. Este é um dos princípios básicos do Estado de Direito. A razão é óbvia: não faz sentido ter um direito se, uma vez infringido esse direito, não houver consequências. Portanto, quem faz valer uma violação dos seus direitos deve ter direito à decisão da sua pretensão por um tribunal (independente e imparcial), mediante a um processo justo. Processo esse que possa conduzir a um *remédio* apropriado em caso de verificação da violação alegada. O direito de acesso ao direito e à tutela jurisdicional efetiva encontra-se consagrado na nossa CRP, no artigo 20.º. Ademais, é um princípio geral do DUE, pertencente às tradições constitucionais dos Estados Membros, e atualmente consagrado no artigo 47.º da Carta dos Direitos Fundamentais da União Europeia (CDFUE, bem como nos artigos 6.º, n.º 1, e 13.º da CEDH).

Portugal avançou muito em matéria de acesso ao direito. No entanto, continua a padecer de várias lacunas que afetam de forma significativa o acesso dos cidadãos ao direito e aos tribunais. Sem pretender sermos exaustivos, enunciamos os seguintes problemas:

a) Inexistência de publicação das decisões judiciais de primeira instância, o que significa que uma parte significativa da jurisprudência nacional é totalmente desconhecida;
b) Inexistência de publicação integral das decisões judiciais dos tribunais superiores, o que significa novamente que uma parte significativa da jurisprudência nacional é totalmente desconhecida e que aquela que é conhecida não é selecionada de acordo com critérios transparentes e sujeitos ao escrutínio público;
c) Limitação do acesso ao Supremo Tribunal de Justiça em processo penal (único processo onde não é admissível um mecanismo de válvula de segurança como a revista excecional, ao contrário do que sucede no processo civil e administrativo e tributário);
d) Existência de áreas onde o acesso à assistência gratuita por Advogado não está garantida (por exemplo, em processos disciplinares contra reclusos, em fase administrativa, ou para apresentação de uma queixa ao TEDH, antes da comunicação da mesma) ou é manifestamente insuficiente (litígios transfronteiriços ou perante órgãos transnacionais ou supranacionais)
e) Sistema de acesso ao direito onde inexistem garantias de qualidade (desde logo por falta de exigência de experiência relevante, inexistência de obrigação de formação contínua para Advogados inscri-

tos na Ordem dos Advogados portugueses) e totalmente subtraído às regras da concorrência, uma vez que não é permitido ao cidadão escolher o seu próprio patrono ou defensor;

f) Sistema de acesso ao direito onde a compensação económica do trabalho do patrono ou defensor é num significativo número de casos remunerado de forma flagrantemente insuficiente, o que não permite a garantia de patrocínio efetivo;

g) Elevadas custas processuais;

Acresce ainda que a independência e as garantias do exercício do patrocínio forense, nas quais se incluem também a autorregulação da profissão e a independência da Ordem dos Advogados – organismo essencial à defesa do Estado de direito e dos direitos humanos – têm de ser robustecidas[45].

Um Estado de direito robusto, cujas garantias fundamentais têm efetiva realização prática, não pode prescindir da consagração de garantias legais, regulamentares e práticas que tornem o acesso à justiça *prático e efetivo* e não o deixem ser meramente *teórico e ilusório*, para emprestar a expressão cunhada pelo TEDH.

2. O acesso à justiça constitucional

O problema do acesso à justiça constitucional colocou-se logo aquando do início da vigência da Constituição de 1976 e da adoção de um modelo dito "misto" de fiscalização concreta da constitucionalidade. O exercício, pelos particulares, do seu direito fundamental à justiça constitucional (artigo 20.º da CRP), depende, em primeira linha, do modo como o legislador constituinte e o legislador ordinário configuram o modelo de fiscalização concreta. A fiscalização concreta não esgota, todavia, o problema do acesso à justiça constitucional, havendo que ter em conta outros aspetos, tais como a previsão de uma ação direta de constitucionalidade, o alargamento da legitimidade processual ativa em sede

[45] Cf. Relatório de 2022 sobre o Estado de Direito Capítulo relativo a Portugal, de 13.7.2022 (SWD(2022) 522 final).

de fiscalização abstrata sucessiva, ou até o modo de designação dos juízes do TC na perspetiva do direito de acesso a um Tribunal (Constitucional) independente e imparcial.[46]

É desnecessário, para efeitos do presente estudo, adentrar nos condicionamentos políticos que explicam a "originalidade" do modelo português de fiscalização concreta da constitucionalidade. Tratou-se indiscutivelmente de um texto de compromisso, resultando a sua "singularidade" mais da necessidade de se obter um acordo político do que de uma convicção enraizada quanto ao seu mérito. Certo é que o sistema existe, oscilando o debate entre aqueles que o percecionam como uma singularidade que funciona bem, e aqueles que argumentam que essa singularidade nada acrescenta, antes torna o sistema disfuncional.

2.1. O modelo português entre os modelos alternativos

O modelo diz-se "misto" porque, como é sabido, combina traços do modelo americano de *judicial review* e do modelo "europeu" de controlo concentrado. Do primeiro retira o controlo difuso da constitucionalidade, ou seja, a circunstância de entre nós todos os juízes em todos os tribunais serem competentes para ajuizar da constitucionalidade das normas que são chamados a aplicar. Do segundo deflui a existência de um TC a quem compete *especificamente* administrar a justiça em matéria constitucional (artigo 221.° da CRP).

Se o nosso TC não dispõe, ao contrário do que sucede no modelo de controlo concentrado, do *monopólio de decisão* de questões de constitucionalidade, ele tem, através da figura do recurso de constitucionalidade, e ainda que com efeitos restritos ao caso concreto (artigo 80.° da LTC), a

[46] O modo de designação dos juízes do TC foi discutido em 1982, aquando da introdução do TC. A discussão foi retomada em 1989 e em 2011. A evolução da Constituição de 1976 ficou marcada por outras tentativas de reforma indiretamente ligadas ao acesso dos cidadãos à justiça constitucional. É o caso da eliminação da fiscalização preventiva, da eliminação da fiscalização da inconstitucionalidade por omissão, da eliminação da confirmação pela AR de leis objeto de pronúncia em fiscalização preventiva e da fiscalização preventiva obrigatória de normas constantes de convenção internacional (e consequente eliminação da fiscalização abstrata sucessiva).

última e decisiva palavra sobre aquelas questões (artigo 280.º da CRP). O modelo português acha-se, portanto, afastado da generalidade dos seus congéneres europeus, onde vigora um modelo de controlo concentrado com reenvio prejudicial ou suspensão da instância. Vale por dizer que em França,[47] Itália, Alemanha e Espanha, o tribunal do caso não decide questões de constitucionalidade, pelo que, confrontado com uma lei inconstitucional, deve suspender a instância e devolver a questão ao Tribunal Constitucional, que decidirá com efeitos *erga omnes*.

Não obstante se falar a este propósito de um modelo "comum", o acesso à justiça constitucional *para tutela de direitos fundamentais* não se faz da mesma forma em todos aqueles ordenamentos jurídicos: é que Espanha e Alemanha aliam ao modelo de controlo concentrado com suspensão da instância a figura do recurso de amparo e da queixa constitucional (respetivamente).

Este é um aspeto da maior relevância chegado o momento de analisar as críticas que recorrentemente são assacadas ao modelo "misto" português e, por isso, é conveniente repisá-lo. Num modelo concentrado com suspensão da instância, TC controla, pela via incidental, por decisão do juiz da causa, a constitucionalidade de *atos com força de lei* e *só destes*. Num modelo em que se preveja a figura do recurso de amparo/queixa constitucional, o TC é *adicionalmente* chamado a controlar, a requerimento dos particulares, *atos dos poderes públicos* que estes reputem inconstitucionais e para os quais não obtiveram ou não puderam obter reparação eficaz através das vias judiciais ordinárias.[48]

A localização do modelo português no espectro comparado pode sintetizar-se da seguinte forma:

[47] Onde, desde a revisão constitucional de 2008, existe um controlo concreto sucessivo da constitucionalidade, através da "questão prioritária de constitucionalidade", ainda que com algumas particularidades relativamente ao modelo comum de suspensão da instância, desde logo porque, em França, o juiz de reenvio é necessariamente um tribunal superior – a Cour de Cassation ou o Conseil d'État – e estes não dispõem do poder de oficiosamente colocar questões ao Conseil Constitutionnel, só o podendo fazer a requerimento das partes do processo.

[48] No caso espanhol, o recurso de amparo não pode ter por objeto atos com valor de lei (artigo 42.º a contrario da LOTC).

(i) O modelo português de fiscalização concreta não contempla a figura do recurso de amparo/queixa constitucional, muito embora não tenham faltado oportunidades para a sua introdução;[49]

(ii) Estando em causa o recurso de decisões que apliquem norma cuja inconstitucionalidade haja sido suscitada durante o processo (artigo 280.º, n.º 1, al. b) da CRP), que são os mais frequentes, quem decide da sua interposição é *a parte prejudicada pela decisão recorrida* (artigo 72.º da LTC),[50] em face daquilo que considere ser a gestão processual mais adequada dos seus interesses, uma vez que nem a Constituição nem a LTC sujeitam a admissibilidade do recurso a critérios objetivos (*e.g.* tipo de inconstitucionalidade, gravidade, especial transcendência da questão).

(iii) O TC controla atos legislativos (com ou sem conteúdo normativo)[51] e, bem assim, *todas normas jurídicas reconduzíveis ao conceito funcional de norma*. Assim, aquilo que o TC controla em sede de recurso de constitucionalidade não é a norma enquanto preceito, mas sim a norma enquanto "interpretação normativa", ou seja, o sentido normativo que, por mediação do processo hermenêutico impulsionado pelo tribunal *a quo*, resulta de um determinado preceito. Sem cuidar de saber se com isto o recurso de constitucionalidade português se converte numa "quase-queixa constitucional", parece certo que, através desta construção juris-

[49] Foram apresentados projetos para introdução de recurso de amparo (ou ação constitucional de defesa) aquando das revisões constitucionais de 1982, 1989, 1997 e 2004. Esses projetos foram apresentados por Deputados do PSD, do PS, do PCP e do Bloco de Esquerda. Mais recentemente, no processo de revisão constitucional iniciado em 2011, mas que não culminou na aprovação de qualquer lei constitucional, houve novo projeto de Deputados do PSD com vista à introdução do recurso de amparo.

[50] Ao contrário do que sucede num modelo de suspensão da instância, em que incumbe ao tribunal de reenvio decidir se coloca, ou não, uma questão de constitucionalidade ao Tribunal Constitucional, de acordo com critérios mais ou menos exigentes. Diga-se, em todo o caso, que no nosso modelo compete ao tribunal que tiver proferido a decisão recorrida admitir o recurso de constitucionalidade (artigo 76.º da LTC), podendo desta decisão ser apresentada reclamação para a conferência (artigo 77.º, n.º 1 da LTC)

[51] Os atos administrativos sob a forma de lei também podem ser impugnados nos tribunais administrativos (artigo 268.º, n.º 4 da CRP). Sobre este ponto, cf. acórdão (TC) n.º 26/85.

prudencial, o juiz constitucional se aproxima de um *juiz de casos,* ou mais corretamente, de um juiz que aprecia a constitucionalidade de normas *sem se alhear do modo como uma dada interpretação normativa se projeta no caso sob juízo* – o que pode fazer toda a diferença.

2.2. Diagnóstico

As caraterísticas enunciadas nos incisos do subponto anterior são, um tanto caricatamente, objeto das apreciações mais díspares. Essa discussão está bem documentada e não teria sentido retomá-la integralmente através do presente estudo.

Algumas das críticas veiculadas pela doutrina, designadamente o facto de o nosso recurso de constitucionalidade, por ser um verdadeiro "recurso", estimular a conflituosidade entre os tribunais superiores e o Tribunal Constitucional, ou a circunstância de o TC consumir boa parte do seu tempo a prolatar decisões sumárias,[52] também podem ser assacadas a um modelo que contemple a figura do recurso de amparo/queixa constitucional. Também aqui não está garantida a "pacificação" das relações entre a jurisdição constitucional e a jurisdição comum. E também aqui parte não desprezável da atividade do TC consiste em prolatar decisões de não admissão de recurso de amparo/queixa constitucional.

[52] Basta consultar as estatísticas à disposição no site do TC, que, com referência ao ano de 2021, mostram que o TC proferiu 769 decisões sumárias e 102 decisões de mérito. A decisão sumária é a decisão pela qual o Juiz Conselheiro Relator a quem o processo foi distribuído entende não ser possível conhecer-se do objeto do recurso, normalmente por não estarem verificados os requisitos de admissibilidade dos recursos do artigo 280.º, n.º 1, al. b) da CRP (artigo 78.º-A, n.º 1 da LTC). Desta decisão pode haver reclamação para a conferência de três Juízes Conselheiros, entre eles o Relator (artigo 78.º-A, n.º 2 da LTC). Segundo a jurisprudência do TEDH, se a queixa individual tiver por objeto uma alegada violação do artigo 6.º da CEDH por parte das regras que condicionam o acesso ao TC, só há esgotamento das vias de recurso internas, para efeitos do artigo 35.º, n.º 1 da CEDH, se o particular reclamar para a conferência da decisão sumária que não admitiu o recurso (Dos Santos Calado e outros c. Portugal, requête n.º 55997/14 et 3 outros , Terceira secção , Ac. de 31.03.2020, §90).

O que importa perceber, em nosso entender, é o seguinte: em que medida é que modelo misto português *afeta o acesso dos cidadãos à justiça constitucional*? Adotando este ângulo de ataque ao problema, são essencialmente três as críticas que importa analisar.

A primeira crítica é esta: ao admitir sindicar a constitucionalidade de interpretações normativas, o TC fez assentar a admissibilidade do recurso numa distinção *não intersubjetivamente comprovável,* que torna o sistema *incerto e imprevisível* e o coloca à disposição dos advogados mais hábeis, isto é, dos advogados que, com aptidão retórica, conseguem reconstruir um ataque a uma decisão judicial sob a forma de uma questão de constitucionalidade normativa.

É possível contra-argumentar, todavia, serem relativamente raras as situações em que aquela indissociação se manifesta. Na esmagadora maioria dos casos, a distinção entre norma/interpretação normativa e decisão avulta intuitivamente e não depende de "cosmética constitucional". Ou seja, um advogado pode, claro está, "maquilhar" um ataque à decisão sob a forma de um ataque à norma/interpretação normativa, mas isso não converte a questão de constitucionalidade numa questão de constitucionalidade normativa nem muito menos numa questão de constitucionalidade normativa idêntica àquela que esteve subjacente à decisão do tribunal *a quo*.[53]

Critica-se, em segundo lugar, o facto de o TC – tribunal a quem incumbe, repise-se, administrar *especificamente* a justiça em matérias de natureza jurídico-constitucional – ficar alheado, por força do objeto de controlo, de numerosas questões de constitucionalidade em matéria de direitos fundamentais. É assim com atos administrativos lesivos de direi-

[53] O TEDH, ao apreciar a conformidade dos requisitos de acesso aos tribunais superiores com o direito a um processo equitativo (artigo 6.º da CEDH), exige que esses requisitos sejam previsíveis e que não redundem num formalismo excessivo, isto é, numa interpretação excessivamente rigorosa de regras procedimentais que possa afetar a substância do direito do particular. Neste contexto, o TEDH não considera que o critério adotado por Portugal para segregar o acesso ao TC – o critério de que o TC só conhece normas/interpretações normativas – seja imprevisível aos olhos do particular e, para efeitos de saber se o recurso de constitucionalidade seria uma via de recurso efetiva à luz do disposto no artigo 35.º, n.º 1 da CEDH, tem recorrentemente analisado o caráter normativo ou não normativo das queixas individuais apresentadas.

tos fundamentais e com violações processuais ou interferências restritivas nos direitos fundamentais protagonizadas pelos tribunais superiores (ou por tribunais que decidem sem hipótese de recurso).[54]

Na medida em que todos estes atos lesivos de direitos fundamentais podem ser objeto de uma queixa individual junto do TEDH, a conclusão só pode ser a de que o sistema de fiscalização da constitucionalidade coloca o TC *à margem* de questões envolvendo direitos fundamentais e que podem implicar a responsabilidade internacional do Estado Português. Tudo isto é particularmente desnecessário, porquanto é sabido que o TC, nas questões normativas em que é chamado a intervir, mantém um "forte diálogo" com o TEDH (usamos a formulação de Paulo Pinto de Albuquerque), mobilizando a sua jurisprudência como critério coadjuvante na determinação do sentido e do alcance das normas constitucionais.[55]

Dir-se-ia, adicionalmente, que mesmo nas questões normativas não é líquido que a última palavra pertença ao TC. Por exemplo, no contexto da pandemia da COVID 19, foi o STA chamado a decidir vários processos de intimação para a proteção de Direitos, Liberdades e Garantias (DLG, artigo 109.º e ss. do CPTA), nos quais estaria em causa a inconstitucionalidade orgânica, formal e material de resoluções do Conselho de Ministros

[54] Os últimos anos têm sido particularmente férteis em exemplos, alguns deles com forte impacto mediático. Referimo-nos, no plano dos atos administrativos, à Deliberação do Banco de Portugal de 03.08.2014, que aplicou medida de resolução traduzida na transferência da atividade do BES (instituição de crédito) para um banco de transição (Novo Banco). Consistindo a deliberação do Banco de Portugal um ato administrativo, a questão da constitucionalidade da medida de resolução à luz do direito de propriedade (artigo 62.º da CRP) não chegou ao conhecimento do TC, nem por via do controlo concreto nem por via do controlo abstrato. O mesmo para um acórdão do STA de 09.10.2014, processo n.º 0279/14 (Relator: Conselheiro Costa Reis), onde o coletivo de juízes decidiu reduzir a indemnização por danos não patrimoniais devida a uma mulher vítima de ato de negligência médica que a deixou impotente e incontinente, porque "a Autora na data da operação já tinha 50 anos e dois filhos, isto é, uma idade em que a sexualidade não tem a importância que assume em idades mais jovens, importância essa que vai diminuindo à medida que a idade avança". Sobre esta decisão recaiu uma queixa individual junto do TEDH, na sequência da qual o Estado Português foi condenado por violação do artigo 8.º em conjugação com o artigo 14.º da CEDH (Carvalho Pinto de Sousa Morais v. Portugal, application no. 17484/15, Quarta secção sentença de 25.07.2017).

[55] Cf., a título de exemplo, os acórdãos (TC) n.ºs 328/18, 242/18, 464/19, 60/20.

que interferiram restritivamente nos DLG dos cidadãos. Das decisões de não inconstitucionalidade proferidas pelo STA não houve recurso para o TC, uma vez que, em face da natureza urgente do processo, a decisão que este viesse a emitir sobre a questão de constitucionalidade não lograria repercutir-se sobre a decisão do tribunal *a quo*. Poucos meses depois, contudo, várias normas daquelas resoluções seriam julgadas orgânica e formalmente inconstitucionais pelo TC.[56]

2.3. Propostas de reforma

Em face das críticas que vêm de ser descritas, as propostas de reforma podem ser arrumadas em três grupos: reformas sistémicas, reformas incrementais e reformas pontuais. Com limitadas exceções, que procuraremos identificar, todas elas implicariam uma revisão constitucional.

2.3.1. Reformas sistémicas

Os proponentes das reformas sistémicas partem do pressuposto que a originalidade do modelo português é a causa de todos os males. Não é possível corrigir o modelo misto português sem destruir a sua originalidade. Reformar sistemicamente o sistema importa, portanto, *suprimir o recurso de constitucionalidade e transitar para o modelo "europeu" de suspensão da instância,* cumulando-o (ou não) com a figura do recurso de amparo ou da queixa constitucional. Recurso de amparo e recurso de constitucionalidade são dois meios processuais redundantes: ou se opta por um, ou se opta por outro.

2.3.2. Reformas incrementais

A configuração atual do modelo misto português, assente na figura do recurso de constitucionalidade, consolidou-se com a Revisão Cons-

[56] Cf. acórdão (TC) n.º 352/2022. Por esta razão, uma das pessoas entrevistadas na elaboração deste Relatório sugere a introdução de um processo de intimação para a proteção de DLG junto do Tribunal Constitucional.

titucional (RC) 1982, embora já aí com fortes reservas dos Deputados, que receavam que o recurso de partes fosse mobilizado como expediente dilatório, "entupindo" o TC com litigância inútil.[57] Ainda assim, nos procedimentos de revisão que se seguiram, os vários projetos apresentados deixaram sensivelmente intocado o recurso de constitucionalidade, procurando "acrescentar" - seja ao artigo 280.º, seja aos artigos 20.º e ss. da CRP - um novo meio processual sob a designação de recurso de amparo, de ação constitucional de defesa ou de recurso constitucional. Nisto consistem, em síntese, as reformas ditas "incrementais": *manter o recurso de constitucionalidade, acrescentando-lhe o recurso de amparo*, embora com configuração variável:

(i) Algumas das propostas debatidas em revisão constitucional previam um recurso de amparo *hoc sensu*, isto é, um meio processual de reação contra *todos* os atos dos poderes públicos lesivos de DLG. Foi o caso do projeto de revisão constitucional apresentado por Deputados do PSD em 1997.

(ii) Outra proposta seria "alargar" o âmbito do recurso para o TC a apenas alguns tipos de atos: atos processuais dos quais resulte violação de direitos, liberdade e garantias e/ou atos e omissões de entidades públicas dos quais decorra lesão direta de DLG, insuscetíveis de impugnação junto dos tribunais (*e.g.* atos políticos).[58]

[57] Diário da República I Série - número 128, em particular as intervenções dos Deputados Jorge Miranda e Margarida Salema nos debates parlamentares que precederam a aprovação da RC 1982.

[58] Foi o caso do projeto de revisão constitucional apresentado por Deputados do PS e do PCP em 1997. A proposta do PCP passava por acrescentar o artigo 20.º-A à CRP, com a seguinte redação: "1 - Há ação constitucional de defesa junto do TC contra quaisquer atos ou omissões dos poderes públicos que lesem diretamente DLG, quando eles não sejam suscetíveis de impugnação junto dos demais tribunais; 2 - Há também recurso constitucional para o TC dos atos ou omissões dos tribunais de natureza processual que, de forma autónoma, violem DLG desde que tenham sido esgotados os recursos ordinário competentes". A proposta do Deputado Cláudio Monteiro (PS) passava por acrescentar o n.º 6 ao artigo 280.º da CRP, com o seguinte teor: "6 - Cabe também recurso para o TC após esgotamento dos recursos ordinários de quaisquer atos ou omissões de natureza processual que, de forma autónoma, violem direitos, liberdades e garantias".

Contra estas propostas, tem-se invocado quase sempre o mesmo argumento: a introdução do recurso de amparo ou da ação constitucional de defesa liquidaria o TC, convertendo-o numa organização "elefantíaca" e "secando" toda a sua atividade, à imagem do que sucede em Espanha e na Alemanha. Nada disto é, todavia, uma inevitabilidade. A subordinação da admissão do amparo a um requisito de "especial transcendência constitucional", introduzido pela reforma da Lei de Organização do Tribunal Constitucional espanhola de 2007, reduziu significativamente o número de amparos interpostos e o número de amparos admitidos. Um fenómeno que a doutrina qualifica de "objetivação" do recurso de amparo.[59]

2.3.3. Reformas pontuais

Objetivar e flexibilizar o recurso de partes (recurso de decisões que apliquem norma cuja inconstitucionalidade tenha sido suscitada durante o processo). A regulação do recurso de partes é paradoxal. Por um lado, nem a Constituição nem a LTC sujeitam a admissibilidade do recurso a critérios objetivos (*e.g.* tipo de inconstitucionalidade, gravidade, especial transcendência da questão). Por outro, o recurso de partes está sujeito a inúmeros requisitos de admissibilidade (artigo 280.º, n.º 4 da CRP, artigos 70.º, n.º 2 e 72.º, n.º 2 da CRP), que o TC interpreta e aplica (por vezes) com excessivo formalismo,[60] e que tornam o sistema pouco "amigo do utilizador".

A solução poderia passar por erguer barreiras objetivas à admissão deste tipo de recursos, exigindo que esteja em causa a violação de certos

[59] Esta objetivação não mereceu a censura do TEDH, que no acórdão Arribas Antón c. Espanha, requête n.º 16563/11, Terceira secção Acórdão de 20.01.2015, considerou que o TC espanhol, no acórdão STC 155/2009, enunciou de forma clara (ainda que não exaustiva) as situações que revelam "especial transcendência constitucional", conferindo previsibilidade ao critério constante da lei orgânica, e que motivações subjacentes à introdução de um filtro objetivo de acesso ao TC não violavam o artigo 6.º da CEDH.

[60] Exemplo disso pode ser visto no acórdão Dos Santos Calado ete outros c. Portugal, requête n.º 55997/14 e 3 outros , Terceira Secção , Acordão de 31.03.2020, §123, em que o TEDH considerou que a aplicação do artigo 75.º-A da LTC pelo TC foi excessivamente formalista, concluindo pela violação do artigo 6.º da CEDH.

direitos fundamentais (como fazem os franceses), subordinando a admissão do recurso ao preenchimento de um conceito indeterminado relacionado com a importância da questão de constitucionalidade normativa a decidir, ou aplicando de modo mais efetivo as possibilidades oferecidas pelo artigo 78.º-A, n.º 1 da LTC (questão "manifestamente mal fundada"). Cumulativamente, poderia cogitar-se uma flexibilização do ónus de suscitação processual tempestiva e adequada, bastando apenas que a questão de constitucionalidade normativa enunciada no requerimento de recurso para o TC tenha sido *ratio decidendi* da decisão recorrida, o que salvaguardaria a utilidade do recurso. Estas alterações reclamariam uma revisão constitucional, a incidir sobre artigo 280.º, n.º 4 da CRP.

Alterar o artigo 70.º, n.º 1, al. i) da LTC no sentido de esclarecer se ele se aplica ao direito da União Europeia e em que medida.[61] O aditamento deste preceito à LTC pretendeu resolver um conflito antigo entre duas secções do TC, clarificando que a desconformidade entre uma lei e uma convenção internacional não é uma questão de constitucionalidade (mas de "inconvencionalidade").[62] Esta modalidade de recurso levanta, porém, uma série de questões.[63]

A primeira, e mais evidente, é a de saber se tal recurso é mobilizável em situações em que a desconformidade tem como referente uma norma do TUE/TFUE (Tratado da União Europeia/Tratado sobre o Funcionamento da União Europeia), atenta a autoproclamada "originalidade" do DUE relativamente ao direito internacional.

[61] Tem a seguinte redação: 1- Cabe recurso para o Tribunal Constitucional, em secção, das decisões dos tribunais: (...) i) Que recusem a aplicação de norma constante de ato legislativo com fundamento na sua contrariedade com uma convenção internacional, ou a apliquem em desconformidade com o anteriormente decidido sobre a questão pelo TC.

[62] Houve uma tentativa de "constitucionalizar" o artigo 70.º, n.º 1, al. i) da LTC por parte de Deputados do PS (RC 1997), estendendo o recurso às situações de desconformidade entre qualquer norma (e não apenas de norma constante de ato legislativo) e normas de direito internacional e de direito da União Europeia.

[63] É conveniente sublinhar que foi no quadro de um recurso deste tipo que o TC procedeu ao seu primeiro pedido de reenvio prejudicial. Cf. acórdão (TC) n.º 711/2020 e o Despacho do Presidente do Tribunal de Justiça de 26.10.2021, prolatado no âmbito do processo C-136/21.

A segunda prende-se com a utilidade do recurso quando aplicado ao direito da UE. Uma vez que o Tribunal de Justiça tem competência exclusiva sobre questões relacionadas com a interpretação e aplicação do DUE, o propósito de uma figura com este recorte *só pode ser o de dar a possibilidade ao TC de efetuar reenvio prejudicial quando os tribunais ordinários*, por qualquer razão (ato claro, ato clarificado), *bem ou mal, o não tenham feito*. A intervenção do TC surge, assim, como solução de último recurso para obstar a uma eventual ação de responsabilidade civil do Estado por violação do direito da União (por ato da função jurisdicional) ou até a uma violação do direito a um processo equitativo (artigo 6.º da CEDH).

A terceira questão prende-se com a extensão do parâmetro de controlo. Porquê limitar o recurso às situações de desconformidade com normas do TUE/TFUE e não a qualquer desconformidade com o direito da União, originário e derivado, atento o princípio do primado?

Reconfigurar o controlo misto ou atribuir efeitos erga omnes às decisões do TC em sede de recurso. Outra alteração veiculada pela doutrina passaria por atribuir efeitos *erga omnes* às decisões do TC em sede de fiscalização concreta, o que retiraria efeito útil ao artigo 281.º, n.º 3 da CRP (a eliminar através de revisão constitucional) e reclamaria uma alteração do artigo 80.º da LTC. Outra forma (porventura menos radical) de obviar à insegurança jurídica gerada pelos efeitos *inter partes* da decisão proferida em fiscalização concreta seria a de promover mais regularmente o julgamento em plenário previsto no artigo 79.º-A da LTC e, ao mesmo tempo, conferir efeitos *erga omnes* à decisão proferida em plenário.[64]

Ratificar o Protocolo Adicional n.º 16 à CEDH (cfr. ponto 1.1.3., *supra*). Trata-se de um protocolo que prevê a possibilidade de os tribunais superiores dos Estados partes solicitarem ao Tribunal Pleno (*Grand Chamber*) um parecer consultivo (não vinculativo) sobre questões de princípio relativas à interpretação e aplicação ou aplicação dos direitos consagra-

[64] Proposta já debatida aquando da revisão constitucional de 1997, na sequência de um projeto apresentado por Deputados do PCP, onde se destaca a intervenção do Deputado Vital Moreira sobre as virtudes da fiscalização concreta ("já agora, adianto que penso que a fiscalização concreta, mesmo quando feita em pleno, é sempre concreta").

dos na Convenção e nos seus protocolos.[65] Essa solicitação só é possível por ocasião de um processo pendente no tribunal superior. Trata-se, no fundo, de um mecanismo de reenvio prejudicial não obrigatório e não vinculativo, que visa garantir a uniformidade na interpretação da CEDH. Ora, num sistema como o nosso, em que uma fatia não negligenciável de questões associadas aos direitos fundamentais não pode ser conhecida pelo órgão de cúpula da jurisdição constitucional, a possibilidade de obter do TEDH uma opinião sobre se a resolução judicial de uma colisão de direitos respeita a CEDH poderia funcionar como um paliativo, ainda que ténue, para aquela ausência.

Acomodar a LTC ao regime da responsabilidade civil do Estado. No artigo 15.º, n.º 2, [*Responsabilidade no exercício da função legislativa*], o regime da responsabilidade civil do Estado e demais entidades públicas equipara a decisão sobre a "ilicitude" da norma legal (que o tribunal proferir aquando da análise do preenchimento dos requisitos da responsabilidade civil) a uma decisão positiva ou negativa de inconstitucionalidade para efeitos do disposto nas alíneas a) e b) do n.º 1 do artigo 280.º da CRP. Existem pertinentes dúvidas na doutrina sobre a constitucionalidade do artigo 15.º, n.º 2 daquele Regime, porquanto a matéria das competências do TC, na parte em que não está sujeita a reserva de constituição, é matéria de lei orgânica (artigos 164.º, al. c) e 166.º, n.º 2 CRP) e está, como tal, sujeita a uma "reserva total de normação".

Alargamento da legitimidade processual ativa em fiscalização abstrata preventiva. Aquando da RC 1997, Deputados do PS e PCP apresentaram propostas no sentido da previsão de uma ação popular/direta de constitucionalidade (a requerimento, respetivamente, de 5000 e 10 000 cidadãos eleitores). Durante aquele procedimento, foram ainda apreciadas e rejeitadas propostas onde se previa o alargamento da legitimidade processual ativa (em fiscalização abstrata sucessiva) a qualquer Deputado e ao Bastonário da Ordem dos Advogados. Uma das pessoas entrevistadas para a elaboração deste Relatório sugeriu a criação de um direito de petição reforçado, prevendo que as petições que envolvam um número significa-

[65] O Protocolo n.º 16, em vigor desde 2018, ainda não foi ratificado por Portugal, por razões que podem ter que ver com a interação deste mecanismo com o recurso de constitucionalidade e com o reenvio prejudicial para o Tribunal de Justiça.

tivo de cidadãos devam obrigar o órgão/entidade a quem foram dirigidas a colocar a questão de inconstitucionalidade ao TC ou mesmo que possam ser dirigidas diretamente ao TC.

3. As garantias processuais nas jurisdições financeira e administrativa e fiscal

Tanto a jurisdição financeira, inserida constitucionalmente no âmbito da competência exclusiva do Tribunal de Contas, como a jurisdição administrativa e fiscal, por razões diversas, têm sido confrontadas com exigências de densificação normativa dos seus quadros jurídicos, tendo em conta o quadro constitucional vigente. A primeira por via do incremento da sua relevância pública e dos interesses em causa em toda a dimensão que abrange, máxime na conformação de um sistema de finanças públicos exigente, nomeadamente do ponto de vista jurídico conformado, nos termos processuais à CEDH. A segunda, por via quer do aumento exponencial da sua área de intervenção quer pelas dificuldades de resposta em tempo côngruo que esse aumento tem implicado. Estas condicionantes impõem, por isso, um tratamento específico das garantias processuais nestas duas jurisdições, sem prejuízo do tratamento de matérias semelhantes em áreas como o sistema penal ou civil, abordados noutros capítulos ou relatórios.

3.1. Na jurisdição financeira

O sistema de controlo público das contas públicas, que tem no seu «topo» o Tribunal de Contas como órgão superior de controlo, comporta a competência constitucional exclusiva de apuramento de responsabilidades financeiras a que se seguirá, se necessário, o julgamento e sancionamento adequado por via de um sistema próprio.

O modelo jurisdicional de controlo e fiscalização de contas públicas, cumulativo de auditoria e efetivação de responsabilidades financeiras, assume especial relevância, no quadro de países de matriz jurisdicional similar na «Grande Europa», como a França, Itália, Espanha, Grécia,

Lituânia, Turquia e Portugal[66] mas também em outras zonas do globo, nomeadamente na América latina e em África. Ainda que com quadros jurídicos diferentes, é aos Tribunais de Contas que compete, em determinados domínios, efetivar responsabilidades financeiras decorrente de mau uso de dinheiro público e, sobretudo, proteger os recursos financeiros da comunidade.

Ainda que a dimensão de auditoria não seja exclusiva do Tribunal de Contas, competindo, igualmente aos órgãos de controlo interno da administração, tal tipo de controlo poderá levar à intervenção posterior do Tribunal, se detetadas infrações financeiras nas referidas auditorias.

A responsabilidade financeira é uma responsabilidade delitual, de natureza reintegratória ou sancionatória, decorrente da má ou deficiente gestão e utilização de dinheiro público.

Na responsabilidade financeira está em causa a gestão e a utilização «patológica» de dinheiros públicos sobre aqueles que, pelas suas funções, devem e têm obrigação legal de os utilizar e gerir devidamente, sendo, por isso, uma responsabilidade individual, assentando os seus pressupostos em fundamentos próprios, diversos pela natureza e tipicidade das outras formas de responsabilidade, tanto externa como interna.

A gestão e utilização de dinheiro público consubstancia a *ratio* específica que suporta a existência de um conjunto normativo próprio de natureza substantiva, mas também com especificidades próprias no domínio adjetivo.

A efetivação da responsabilidade financeira pressupõe a prática de uma infração de natureza financeira tipificada na lei como tal e exige, pelo menos, a culpa do agente. Concretamente trata-se de infrações financeiras tipificadas na Lei de Organização e Processo do Tribunal de Contas, [Lei n.º 98/97, de 26 de agosto, alterada pelas Leis n.º 87-B/98, de 31 de dezembro, 1/2001, de 4 de janeiro, 55-B/2004, de 30 de dezembro, 48/2006, de 29 de agosto, 35/2007, de 13 de agosto, 3-B/2010, de 28 de abril, 61/2011, de 7 de dezembro, 2/2012, de 6 de janeiro, 20/2015, de 9

[66] Uma comparação, sintética, entre os sistemas francês, português e italiano, é efetuada por Emma Chenillat, "Le modele juridictionnel de responsabilité financière: de la différenciation des regimes juridiques en France, au Portugal et en Italie, à l'appréhension d'énjeuux comuns", *Revue Françaises des Finances Publiques*, n.º 139, Setembre, 2017.

de março (LOPTC)], ainda que por vezes especificadas em leis e regimes financeiros públicos avulsos, sempre decorrentes da indevida gestão e utilização de dinheiros públicos.

A responsabilidade financeira tem subjacente uma dimensão garantística sustentada em regras pré-definidas, quer quanto à tipicidade e âmbito da infração, quer mesmo de um ponto de vista procedimental, sendo que as competências sancionatórias atribuídas ao TdC impõem por isso a sua vinculação ao quadro normativo da CEDH, máxime ao seu artigo 6.º (cf. a jurisprudência do TEDH sobre esta matéria – caso *Guisset c. França,* n.º 33933/96 §59 e o caso *Grande Stevens e outros c. Italia,* , de 4.3.204, §101).

Gerir fundos públicos comporta sempre fazê-lo de acordo com os princípios da legalidade e da boa gestão financeira, nomeadamente cumprindo os princípios da eficácia, eficiência e economia. Trata-se, não apenas de conceptualizações com dimensão económica, mas com uma repercussão jurídica, nomeadamente por via das consequências que podem ter pelo não respeito por tais critérios.

É nesta perspetiva que se impõe um *enforcement* no regime jurídico da responsabilidade.

Os trabalhos doutrinários, nacionais e internacionais, insistem hoje na necessidade de uma revisitação, mais efetiva da responsabilidade financeira. O caso francês, onde recentemente foi aprovada uma nova estratégia para uma reformulação do sistema, agilizando-o e tornando-o mais eficaz (curiosamente com alguma similitude, intencional, com o sistema português) levam a sustentar para tal, uma dupla vertente.

Por um lado, a continuação do caminho de autonomização do instituto da responsabilidade financeira, através do aprofundamento do regime substantivo e processual próprio, sustentado nos quadros normativos do processo equitativo que não colida com direitos fundamentais.

Por outro lado, uma revisão do regime substantivo de forma a torná-lo mais eficaz.

Neste sentido destacar-se-ão os seguintes tópicos: (i) adoção de um modelo unitário de responsabilidade financeira; (ii) institucionalização da responsabilidade financeira das pessoas coletivas que sejam beneficiárias a qualquer título de dinheiros ou outros valores públicos; (iii) concretização do princípio da igualdade, de modo a que todos os que no exercício das funções no âmbito de qualquer entidade sujeita à jurisdição financeira, pratiquem por ação ou omissão uma infração financeira, serão responsáveis; (iv) restrição das consequências da responsabilidade em função de um princípio da diferenciação; (v) estabelecimento claro e especifico da dimensão da culpa no âmbito da responsabilidade financeira e das suas causas de exclusão, nomeadamente para quem atuar em conformidade com pareceres prévios obrigatórios; (vi) o princípio da reposição ou reparação com base no dano ou prejuízo patrimonial, quando o responsável atue com dolo ou culpa.

Um último tópico para salientar o papel que a jurisdição de contas, a nível europeu, de que Portugal e França constituem exemplos, poderá contribuir para superar as identificadas insuficiências na abordagem das respostas de gestão de risco anti-fraude na União Europeia, através de quadros normativos mais harmonizados nesta matéria.

3.2. Na jurisdição administrativa e fiscal

No que respeita à jurisdição administrativa e fiscal, cumpre distinguir ambas as áreas.

Assim, no caso da área administrativa, a tramitação processual está, globalmente, prevista no CPTA, que, após a sua redação inicial, de 2002, já foi alvo de várias alterações, sendo de destacar a de 2015, operada pelo DL n.º 214-G/2015, de 02 de outubro, e a de 2019, constante da Lei n.º 118/2019, de 17 de setembro.

No caso da área tributária, as regras processuais próprias estão, essencialmente, previstas no Código de Procedimento e de Processo Tributário (CPPT), ainda que haja normas dispersas de cariz processual, designadamente na Lei Geral Tributária (LGT).

Em termos processuais, na área do contencioso administrativo, é subsidiariamente aplicável a disciplina do CPC e, na do contencioso tributário, a do CPTA e também a do CPC.

Recentemente, foram sugeridas alterações processuais, sendo de destacar, a este respeito, o 2.º Relatório Intercalar do Grupo de Trabalho para a Justiça Administrativa e Fiscal, de fevereiro de 2022, e o Relatório do Grupo de Trabalho constituído junto da ASJP, de março de 2022, *Justiça Administrativa e Fiscal – Qualidade e Celeridade: Impasses e Soluções.*

Sistematizando, de tais documentos resultam as seguintes propostas, com impacto processual:

1. No 2.º Relatório Intercalar do Grupo de Trabalho para a Justiça Administrativa e Fiscal:
   a. Clarificação da competência material dos juízos de competência especializada administrativa dos tribunais administrativos de círculo;
   b. Criação de um regime processual simplificado aplicável a processos, administrativos ou tributários, de valor que não exceda os 5.000,00 Eur.;
   c. Uniformização dos prazos legais para a prática de atos pelo Ministério Público em processo tributário;
2. No Relatório do Grupo de Trabalho constituído junto da ASJP:
   a. No âmbito do contencioso tributário:
      i. Eliminação da ação administrativa em sede de contencioso tributário e a consagração da impugnação judicial como forma processual comum a todos os atos em matéria tributária não abrangidos por outras formas processuais;
      ii. Simplificação da fase instrutória, introduzindo a possibilidade de apresentação pelas partes de um projeto instrutório conjunto;
      iii. Limitação do número de testemunhas a inquirir nos processos cujo valor não exceda a alçada do tribunal tributário de 1.ª instância;
      iv. Introdução da possibilidade de produção de alegações orais finda a produção de prova testemunhal;
      v. Introdução de normas com vista à efetiva simplificação da elaboração da sentença, traduzindo a remissão, a sumariedade e a essencialidade como suas características em casos concretos;
      vi. Ampliação dos casos de apensação de processos e de processos com andamento prioritário;

vii. Tramitação processual simplificada para os processos de oposição com valor considerado reduzido, valor esse delimitado pela alçada dos Tribunais de 1ª Instância, ou seja 5.000,00 Eur.;
viii. Alteração do Regime Geral das Infrações Tributárias (RGIT), por forma ao mesmo contemplar a regulação dos casos de decisão por mero despacho, por um lado, e introduzindo mecanismos de simplificação da tomada de decisão, por outro, permitindo a indicação sumária dos factos provados e não provados, que pode ser feita por mera remissão para os articulados, quando o processo o permita;

b. No âmbito do contencioso administrativo:
   i. Clarificação dos critérios relativos à competência dos juízos especializados;
   ii. Adoção de uma norma idêntica à que se encontra prevista no art.º 595.º, n.º 3 do CPC, em substituição da primeira parte da norma contida no art.º 88.º, n.º 2 do CPTA;
   iii. Uniformização dos prazos de decisão nos processos urgentes.

Assim, verifica-se que as propostas são, apesar de tudo, cirúrgicas, o que bem se compreende, sobretudo na área do contencioso administrativo, face às alterações profundas dos últimos anos, e mesmo na área do contencioso tributário, na qual o processo, de cariz, tendencialmente, mais simplificado do que o processo administrativo ou o processo civil, tem, em regra, dado resposta às necessidades.

Não obstante, uma questão que se coloca tem a ver com a suficiência das normas processuais. Com efeito, como já referimos, em ambas as áreas, o CPC apresenta-se sempre como diploma a aplicar subsidiariamente e, no caso do contencioso tributário, a aplicação subsidiária estende-se ao CPC e ao CPTA. Em alguns casos esta aplicação subsidiária está expressamente consagrada, noutros decorre simplesmente da ausência de regulação.

A suficiência do CPTA e do CPPT revela-se como um objetivo que se deveria tentar alcançar, de forma a serem residuais os casos de necessidade de recurso a normas subsidiárias, o que não é a situação atual. Ademais, muitas das normas subsidiárias, designadamente as do CPC, estão previstas considerando uma determinada tipologia de litígios, com caraterísticas muito distintas dos litígios dirimidos na jurisdição administrativa e fiscal. A título exemplificativo, no âmbito do contencioso tributário, se estivermos perante uma ação de impugnação judicial, onde está em causa a apreciação de um determinado ato tributário, é legislação subsidiariamente aplicável, em primeiro lugar, o CPTA. Assim, num caso em que ocorra caducidade do direito de ação, nos termos do artigo 89.°, n.° 4, al. k), do CPTA, trata-se de exceção dilatória – o que bem se compreende, dado que um determinado ato pode vir a ser posto em causa com fundamento em nulidade, arguível a todo o tempo. Já no caso de uma oposição à execução fiscal, sendo aplicável, em primeiro lugar, a título subsidiário, o CPC, a caducidade do direito de ação configura-se como uma exceção perentória. Ora, neste caso é evidente a desadequação da aplicação do CPC, em virtude de o mesmo estar construído e delineado para litígios com caraterísticas distintas dos litígios administrativos e tributários.

Por outro lado, a aplicação sucessiva de diversos diplomas, a título subsidiário, torna muito mais hermético o regime processual aplicável, com as necessárias consequências em termos de dificuldades com que se debatem todos os agentes judiciários.

Partindo de um exemplo bastante linear, a técnica legislativa utilizada para densificação dos processos tributários nos quais é obrigatória a constituição de mandatário é, logo de raiz, de sucessiva remissão. Assim, o artigo 6.°, n.° 1, do CPPT, remete para a disciplina da lei processual administrativa. Esta, por seu turno, no n.° 1 do artigo 11.° do CPTA remete para os termos previstos no CPC. Assim, para uma questão tão linear quanto esta é necessária a consulta de três diplomas legais, fruto das sucessivas remissões.

Os exemplos poderiam continuar a ser identificados, mas a conclusão é apenas uma: a da necessidade de cada uma das áreas ter uma legislação processual o mais suficiente possível, por forma a evitar, o mais possível, a aplicação de legislação subsidiária, muitas vezes intrinsecamente desadequada para a tipologia de litígios em causa.

No caso do CPTA, essa tarefa é de menor dimensão do que no caso do CPPT, uma vez que aquele diploma já contém uma parte considerável da tramitação expressamente consagrada para todas as espécies processuais. Já no caso do CPPT, a própria tramitação processual de alguns dos seus meios é parca e pouco clara (*v.g.* a impugnação de apreensão). Ademais, como já referimos, algumas das normas processuais estão contidas na LGT (veja-se, por exemplo, o caso das situações subsumíveis ao disposto no artigo 89.º-A da LGT), o que se revela uma técnica legislativa pouco adequada.

Neste seguimento, traria vantagens à jurisdição uma consagração, em ambos os códigos de processo, exaustiva tanto quanto o possível, de todos os aspetos relevantes, desde os princípios gerais aos aspetos mais particulares, de forma a ser efetivamente residual a aplicação de normas processuais a título subsidiário.

4. A justiça criminal e a confiança no sistema

A área da justiça criminal é aquela que no âmbito do sistema de justiça recebe, por norma, mais atenção da comunicação social e (também por via disso) da própria comunidade em geral. Essa cobertura tende a acontecer nos processos que envolvem figuras públicas da política, da economia, do desporto ou até mesmo do próprio aparelho judiciário. Os chamados processos que contam. Fruto disso, questões pontuais em processos criminais são frequentemente objeto de uma atenção mediática desmesurada, levando a que aspetos, as mais das vezes episódicos, que marcam esses casos sejam (equivocadamente) percecionados pelo público em geral como traços característicos do próprio sistema de justiça.

Esta circunstância aconselharia um particular cuidado às autoridades judiciárias, aos órgãos de polícia criminal e aos advogados envolvidos em tais processos quanto ao modo como neles intervêm e às "mensagens" que neles passam ou fazem implicitamente passar para a opinião pública. Justamente, para evitar um efeito de contágio na forma que como ela encara os demais casos (anónimos) que compõem a massa dos nossos processos criminais. Não é isso que, todavia, vem sucedendo. Este tipo de casos tem sido campo fértil para práticas, digamos assim, patológicas que o sistema de justiça deveria evitar e combater. Pensamos, por exemplo, nas divulgações públicas de dados processuais sigilosos formalmente cobertos pelo segredo de justiça, nas detenções espetáculo por vários dias de pessoas que não oferecem perigo de fuga, nos comentários públicos sobre esses processos que advogados neles interveniente fazem em violação do seu dever de reserva, na instrumentalização por jornalistas – frequentemente com a conivência dos seus advogados – da intervenção popular como assistente (art. 68.º, n.º 1, al. *e)*, do CPP) para transformar o próprio processo (apesar de ainda secreto) numa fonte de notícias, *etc.*

Estes diversos problemas que afetam a justiça criminal há muito e reclamam medidas corretivas. Haverá medidas que terão de passar pelo legislador, mas muito pode ser feito pelo próprio sistema de justiça, através dos Conselhos Superiores da máquina judiciária e da Ordem dos Advogados. Justifica-se que também estes órgãos tomem em mãos estes problemas e impulsionem internamente aquilo que, estando concretamente ao seu alcance, contribua para a correção destas várias linhas de rumo que vêm afetando negativamente a nossa justiça criminal, com prejuízo para os direitos fundamentais das pessoas por ele visadas e para a imagem que dela é feita pela sociedade em geral.

4.1. Estrutura e funções dos sujeitos processuais (juiz, Ministério Público e advogados)

A compreensão sobre a posição e as funções dos diversos sujeitos do processo penal reúne largos espaços de consenso tanto na doutrina como na jurisprudência. Num processo de estrutura acusatória como é o nosso, é ao Ministério Público que cabe, com autonomia e de forma objetiva, exercer a ação penal, impulsionando a marcha do processo. O Tribunal, desprovido de funções de promoção processual, deve decidir as causas penais e aplicar penas e medidas de segurança criminais. Compete-lhe ainda, nas fases preliminares do processo – *maxime* no inquérito, a fase de investigação criminal cuja direção é confiada ao Ministério Público – intervir nos atos que se prendam diretamente com os direitos fundamentais. Aos advogados, por seu turno, cumpre, de forma também ela autónoma e na qualidade de órgãos de administração da justiça penal, além do mais, exercer a defesa de arguidos e suspeitos e assegurar o patrocínio judiciário dos assistentes.

Esta repartição de funções entre os diversos profissionais do foro que assim se delineou a traço muito grosso vem beneficiando, como se disse, de uma concordância generalizada. Todavia, não são raros os casos, sobretudo no âmbito do inquérito, em que tanto do lado do legislador como da jurisprudência se vem assistindo a desvios ao paradigma originário da intervenção do juiz de instrução no inquérito, traduzidos numa crescente atribuição de poderes decisórios ao Ministério Público, com recuo do papel do juiz, em matérias que não são indiferentes para direitos fundamentais. É o que sucede, por exemplo, com a detenção fora de flagrante delito, o levantamento do sigilo bancário, a apreensão de bens para confisco, a apreensão de dados informáticos e até mesmo, para certas correntes jurisprudenciais, a apreensão de correspondência eletrónica.

A reconformação da divisão de funções entre Ministério Público e juiz de instrução vem ocorrendo sem que frequentemente haja uma clara consciência dela, inclusivamente entre os operadores judiciários. Isto vem levando ao surgimento de frequentes e intermináveis querelas jurisprudenciais logo acerca de um aspeto sobre o qual deveria haver a máxima clareza: que autoridade judiciária tem, durante o inquérito, competência para fazer o quê? A persistência de dúvidas e controvérsias sobre tão importante questão é fonte de sucessivos recursos e anulações que a comunidade encara com espanto e incompreensão, dada a imagem de desorganização e de disfuncionalidade que assim se projeta sobre o sistema de justiça penal.

Também aqui se fazem sentir necessidades de clarificação. Tardando o legislador a instituí-la, cumprirá ao próprio sistema judiciário lançar mão dos meios que tem ao dispor para o efeito. Pensamos, nomeadamente, nos recursos para fixação de jurisprudência, que têm de ser dinamizados. Desde maio de 2020 que não é publicado um novo acórdão para fixação de jurisprudência em matéria penal. Isto, apesar de serem numerosas as questões normativas controvertidas carecidas de uma ação uniformizadora do Supremo Tribunal de Justiça. A superação das dúvidas sobre as competências do juiz de instrução, como de tantas outras em outros domínios substantivos e processuais, passa também por uma revitalização da função nomofilática do Supremo. Para tanto, será necessário que o Ministério Público cumpra o dever legal de interpor recurso para fixação de jurisprudência quando se depare com contradições de julgados como as que se preveem nos n.ºs 1 e 2 do art. 437.º do CPP (cf. art. 437.º, n.º

5) e que o próprio Supremo diminua o rigor com que vem apreciando a admissibilidade deste tipo de recursos.

Neste contexto relativo aos sujeitos processuais justifica-se uma breve reflexão adicional acerca da necessidade de meios efetivos de escrutínio das decisões tomadas pelos tribunais.

A legitimação das decisões judiciais conta como elementos fundamentais a subjetivação e a fundamentação. Sobretudo quando estejam em causa decisões que afetam direitos fundamentais das pessoas, exige-se ao juiz um exercício judicativo próprio, revelador de que a decisão é efetivamente sua e não uma mera adesão a uma posição ou promoção avançada por outro sujeito processual. Neste domínio, deverão repudiar-se as decisões por mera remissão, cabendo aos tribunais superiores um determinante papel "disciplinador" da forma de decidir em matérias com relevo jusfundamental. Uma deferência excessiva dos tribunais superiores para com métodos decisórios dos tribunais recorridos que não cumprem os mínimos de subjetivação e de fundamentação contribui para a disseminação de tais práticas decisórias e para a difusão de um sentimento de que não estão sujeitas a um verdadeiro escrutínio, com tudo o que de negativo daí poderá advir.

A séria dificuldade de escrutínio efetivo e completo é um dado estrutural que nos parece poder apontar-se à justiça penal de segunda instância, merecedor de particular atenção. Tanto o legislador como a jurisprudência do STJ vêm trilhando nas últimas duas décadas um persistente rumo de substancial limitação do acesso ao Supremo Tribunal de Justiça. Ao contrário do que sucedia na versão originária, de 1987, do CPP, em que todos os recursos de decisões finais dos tribunais coletivos e do júri seriam da competência do STJ, de há muito tempo a esta parte que já não é assim. Via de regra, não se poderá recorrer diretamente da 1.ª Instância para o Supremo e, além disso, o segundo grau de recurso encontra-se fortemente limitado, na sua amplitude e no seu âmbito de cognição. Tudo o que redundou num descentramento do próprio STJ: surpreendentemente, o nosso Supremo mostra-se sistematicamente afastado das decisões finais dos grandes casos da nossa justiça criminal. O papel de relevo vem antes cabendo aos Tribunais da Relação, que, as mais das vezes, mesmo nos mais importantes processos da criminalidade económico-financeira e contra o Estado (por exemplo, em sede de corrupção), decide em última instância.

A isto somam-se os já descritos obstáculos de acesso à jurisdição constitucional e a ausência de meios que permitam aferir de forma sistematizada aspetos qualitativos das decisões, através de parâmetros objetivos. De tudo isto resulta um largo domínio funcional atribuído aos juízes dos tribunais superiores em que se encontram imunes a mecanismos regulares de reapreciação e de controlo de qualidade das suas decisões para fins classificativos. Intensifica-se, nessa medida, o risco de decisões não (devidamente) fundamentadas e arbitrárias. Risco que se afigura também ele merecedor de uma reflexão que proponha medidas adequadas a diminuí-lo.

Finalmente, no que se refere ao papel dos Advogados, urge relembrar permanentemente, quer a opinião pública, quer as próprias profissões forenses que a advocacia é essencial à administração da justiça sendo a essencialidade da função do Advogado reconhecida constitucionalmente (artigo 208.º da CRP).

A tensão dialética que a intervenção do Advogado gera num processo – seja como defensor, seja como patrono de vítimas ou lesados ou responsáveis civis – é natural e desejável num sistema judicial *justo e equitativo*, não podendo ser vista como um "obstáculo à eficiência da máquina da justiça".

Na UE tem sido evidente a importância deste papel da Advocacia na própria defesa do Estado de direito e da independência dos Tribunais – por exemplo, na Polónia, onde vários Advogados se dedicaram à defesa dos Juízes "disciplinados" pelos Tribunais na sua nova composição, violadora das garantias de imparcialidade do direito europeu (e constitucional polaco).

A qualidade das decisões judiciais depende também em muito da qualidade da advocacia que possa trazer perante os tribunais as questões pertinentes e inovadoras, tendo para isso a necessária qualidade, mas também a oportunidade processual para o fazer.

É assim fundamental que a essencialidade e importância da advocacia seja reconhecida e reiterada, nomeadamente através (i) da sua densificação constitucional (ancorando-se constitucionalmente as imunidades e privilégios essenciais); (ii) do reforço das imunidades necessárias ao exercício do mandato, em particular no processo penal; (iii) da criação de condições para uma garantia efetiva do direito da defesa em processo penal, inclusivamente para aqueles que não possuam meios económicos, reforçando as exigências de qualidade e de formação dos Advogados, os níveis de remuneração no sistema de acesso ao direito até patamares aceitáveis que permitam o investimento de recursos e tempo necessário para o exercício dos direitos de defesa, e instituindo a livre escolha de Advogado neste domínio; e (iv) a intervenção pública responsável e pedagógica das mais altas figuras da Advocacia, do Estado e das Magistraturas, observando os seus deveres estatutários de reserva, que são condição para o exercício independente das respetivas funções.

IV. Conclusões

A dimensão constitucional do sistema de justiça afigura-se como estruturalmente essencial num qualquer processo de reforma da justiça, na medida em que é nela que assenta toda a carga genética do sistema. Nesse sentido e sem prejuízo de situações pontuais passíveis de modificações legais e constitucionais, já desenvolvidas no texto, apresentam-se as seguintes recomendações, em jeito de conclusão:

- ***a)*** regular expressamente nos vários Códigos de processo de todas as jurisdições a suspensão do processo para suscitação de uma questão prejudicial ao TJUE [v., ainda, ponto "***r)*-g.**", *infra*];
- ***b)*** prever, como finalidade eventual da audiência prévia, nos processos que a admitam, a discussão da causa no plano do DUE e/ou a oportunidade de reenvio;
- ***c)*** sistematizar listas temáticas, por jurisdição (civil, laboral, penal, fiscal, etc.), de pedidos de reenvio prejudicial e respetivas decisões pelo TJUE;
- ***d)*** recomendar ao legislador maior atenção à necessidade de transposição expressa do DUE em matéria de direitos fundamentais;
- ***e)*** ratificar o Protocolo n.º 16 à CEDH;
- ***f)*** alterar leis de processo, no sentido de consagrar meios processuais simples e claros para implementação das medidas cautelares previstas no artigo 39.º do Regulamento do TEDH;

g) assegurar a alocação de meios humanos suficientes à tramitação de processos do TEDH em que Portugal é Estado demandado;
h) criar uma lei ou conjuntos de leis setoriais que institua(m), de um modo simples e inequívoco, os procedimentos necessários à efetivação do direito internacional na ordem jurídica interna, adaptando-o ao direito interno, estabelecendo prazos, competências e meios procedimentais adequados para o efeito;
i) estabelecer que a escolha dos presidentes dos Tribunais Superiores seja em todos os Tribunais por eleição dos seus membros;
j) ponderar uma intervenção de todos os órgãos de soberania no processo de nomeação dos juízes do Tribunal Constitucional, quer por via da indicação ou, eventualmente, nomeação de alguns juízes, nomeadamente pelo Presidente da República e pelos próprios Conselho Superior da Magistratura e Conselho Superior dos Tribunais Administrativos e Fiscais;
k) consagrar na Constituição as diversas dimensões da independência judicial, nomeadamente: (i) liberdade de julgamento e de decisão; (ii) liberdade contra injunções ou instruções; (iii) liberdade de ação; (iv) liberdade de responsabilidade; (v) garantias de tipo estrutural ou organizativo;
l) qualificar como “lei orgânica” o estatuto dos juízes;
m) acentuar um adequado investimento em recursos, *maxime* recursos humanos, à jurisdição administrativa e fiscal;
n) assegurar que o quadro de juízes desembargadores dos TCA em efetividade de funções seja adequado às suas reais necessidades;
o) aperfeiçoar o sistema de justiça arbitral, designadamente:
   a. estabelecer requisitos legais objetivos e inequívocos que garantam *standards* de imparcialidade e independência dos árbitros em todos os sistemas de arbitragem;
   b. publicar as decisões dos Tribunais arbitrais, incluindo as decisões do Tribunal Arbitral do Desporto;
   c. rever as taxas de arbitragem do Tribunal Arbitral do Desporto;
   d. articular os sistemas recursivos da arbitragem com o recurso de constitucionalidade;
   e. ponderar a anonimização todas as decisões arbitrais administrativas;

f. concretizar a definição de Arbitragem internacional;

p) concretizar alterações ao regime de acesso à justiça constitucional, designadamente:

a. ponderar a supressão do recurso de constitucionalidade e trânsito para o modelo "europeu" de suspensão da instância, cumulando-o (ou não) com a figura do recurso de amparo ou da queixa constitucional;

b. objetivar e flexibilizar o recurso de partes para o Tribunal Constitucional;

c. alterar o artigo 70.º, n.º 1, al. i) da LTC no sentido de esclarecer se ele se aplica ao direito da União Europeia e em que medida;

d. reconfigurar o controlo misto ou atribuir efeitos *erga omnes* às decisões do TC em sede de recurso;

e. acomodar a LTC ao regime da responsabilidade civil do Estado;

f. ponderar o alargamento da legitimidade processual ativa em fiscalização abstrata preventiva, considerando, nomeadamente, as propostas que, a esse propósito, foram apresentadas aquando da revisão constitucional de 1997;

q) concretizar alterações ao regime processual da responsabilidade financeira, designadamente:

a. adotar um modelo unitário de responsabilidade financeira;

b. institucionalizar a responsabilidade financeira das pessoas coletivas que sejam beneficiárias a qualquer título de dinheiros ou outros valores públicos;

c. concretizar o princípio da igualdade, de modo que todos os que no exercício das funções no âmbito de qualquer entidade sujeita à jurisdição financeira pratiquem por ação ou omissão uma infração financeira, sejam responsáveis;

d. restringir as consequências da responsabilidade em função de um princípio da diferenciação;

e. estabelecer clara e especificadamente a dimensão da culpa no âmbito da responsabilidade financeira e das suas causas de exclusão, nomeadamente para quem atuar em conformidade com pareceres prévios obrigatórios;

f. estabelecer o princípio da reposição ou reparação com base no dano ou prejuízo patrimonial, quando o responsável atue com dolo ou culpa;

r) promover alterações na dimensão processual da justiça administrativa e fiscal, designadamente as já propostas noutras instâncias, a saber:

a. clarificar a competência material dos juízos de competência especializada administrativa dos tribunais administrativos de círculo;

b. criar um regime processual simplificado aplicável a processos, administrativos ou tributários, de valor que não exceda os 5.000,00EUR;

c. uniformizar os prazos legais para a prática de atos pelo Ministério Público em processo tributário;

d. eliminar a ação administrativa em sede de contencioso tributário e consagrar a impugnação judicial como forma processual comum a todos os atos em matéria tributária não abrangidos por outras formas processuais

e. simplificar a fase instrutória, introduzindo a possibilidade de apresentação pelas partes de um projeto instrutório conjunto;

f. limitar o número de testemunhas a inquirir nos processos cujo valor não exceda a alçada do tribunal tributária de 1.ª instância;

g. introduzir a possibilidade de produção de alegações orais finda a produção de prova testemunhal;

h. introduzir normas com vista à efetiva simplificação da elaboração da sentença, traduzindo a remissão, a sumariedade e a essencialidade como suas características em casos concretos;

i. ampliar os casos de apensação de processos e de processos com andamento prioritário

j. introduzir a tramitação processual simplificada para os processos de oposição com valor considerado reduzido, valor esse delimitado pela alçada dos Tribunais de 1.ª Instância, ou seja 5.000,00EUR;

k. alterar o RGIT, por forma ao mesmo contemplar a regulação dos casos de decisão por mero despacho e introduzindo mecanismos de simplificação da tomada de decisão;

l. clarificar os critérios relativos à competência dos juízos especializados;

m. adotar uma norma idêntica à que se encontra prevista no artigo 595.º, n.º 3 do CPC, em substituição da primeira parte da norma contida no artigo 88.º, n.º 2, do CPTA;

n. uniformizar os prazos de decisão nos processos urgentes;

s) consagrar no CPTA e no CPPT normas próprias relativas quer aos princípios gerais, quer a aspetos mais particulares, de forma a ser residual a aplicação de normas processuais a título subsidiário;

t) concretizar alterações no sistema processual penal, designadamente:

a. regular expressamente a suspensão do processo penal para suscitação de uma questão prejudicial ao Tribunal de Justiça da União Europeia, alterando o artigo 7.º do Código de Processo Penal;

b. dinamizar os recursos para fixação de jurisprudência;

c. implementar meios efetivos de escrutínio das decisões tomadas pelos tribunais;

d. repensar o regime de recursos para o Supremo Tribunal de Justiça;

e. reforçar as imunidades necessárias ao exercício do mandato;

f. criar condições para uma garantia efetiva do direito da defesa, inclusivamente para aqueles que não possuam meios económicos;

g. regular expressamente o contraditório sobre as questões relevantes de DUE, na fase de recurso (por exemplo, instituindo audiência oral ou abrindo contraditório antes da prolação de Acórdão, em que o Juiz Relator notificaria os sujeitos ou partes processuais para se pronunciarem em detalhe sobre as questões prejudiciais e o preenchimento dos pressupostos para submissão);

e

u. recomendar que a intervenção pública das mais altas figuras da Advocacia e das Magistraturas observe sempre os respetivos deveres estatutários de reserva.

Capítulo 3
Governação da Justiça e Conselhos Judiciais (Conselho Superior da Magistratura e Conselho Superior dos Tribunais Administrativos e Fiscais)

Relatores

ANA DE AZEREDO COELHO *(coord)*
ANTÓNIO MENDES DE OLIVEIRA
DORA LUCAS NETO
FILIPE CÂMARA
PAULA POTT
RUBEN OLIVEIRA JUVANDES

Consultores

ÁLVARO SANTOS PEREIRA
CELSA PICO LORENZO
FLÁVIA PESSOA
MARGARIDA MANO
MIGUEL POIARES MADURO
PAULA ABREU
TEREZA UILLE

Tratamento de questionários

PAULA ABREU
LEONOR BÉNARD DA COSTA

Grafismo de Cartazes

RAQUEL FERREIRA MORAIS

Tratamento de gráficos

SANCHO SPÍNOLA PONTES
DAVID MARTINS CARVALHO

Nota

Na preparação do relatório quisemos privilegiar o diálogo com juízes e não juízes. O tempo disponível levou-nos a optar por realizar:

- *Entrevistas, escritas ou orais, a personalidades do sistema de justiça ou que sobre ele intervêm no espaço público; optámos por não divulgar nominalmente o teor dessas entrevistas possibilitando maior liberdade da expressão; não era nossa pretensão obter uma amostra significativa ou representativa do que quer que fosse, mas tentámos percorrer áreas de diferente sensibilidade política, ideológica ou judiciária. Visámos possibilitar a interpelação da nossa reflexão a partir do exterior informado. A Todos agradecemos a enorme valia das suas respostas e a gentileza e disponibilidade.*
- *Inquéritos por questionário a juízes de primeira e segunda instância de ambas as jurisdições, juízes presidentes de primeira instância e intervenientes diversos no sistema de justiça, nos termos que constam em anexo; também neste caso não pretendíamos retirar conclusões que pudessem ser extrapoladas como representativas do universo dos respondentes, visando apenas possibilitar a sua expressão e o diálogo da nossa reflexão com as opiniões de Todos os que se disponibilizaram a responder, a quem muito agradecemos.*
- *Debates com diversas personalidades que acolheram a sugestão de nos proporcionarem a partilha das suas reflexões e experiências; agradecemos, pela ordem de realização dos debates, a Celsa Pico Lorenzo, Álvaro Santos Pereira, Anabela Russo, Conceição Gomes, Jorge Martin, Paulo Rangel, Luciana Ortiz, Pedro Miguel Freitas, José Santos Cabral e Nuno Garoupa.*

Nos diversos grupos de trabalho foi indispensável a participação dos nossos Consultores. A cada um agradecemos a disponibilidade, a profundidade da reflexão, o apoio nas diversas áreas de conhecimento que tão bem representam. Uma palavra de apreço para a Paula Abreu no apoio à elaboração dos questionários e no empenho na orientação e tratamento das respostas e à Leonor Bénard da Costa o trabalho cuidadoso nesse tratamento, para a Margarida Mano pela forma paciente como nos ajudou nas questões da avaliação da qualidade do sistema judicial, para o Miguel Poiares Maduro pelos detalhes que sugeriu em matéria de governação e para o Álvaro Santos Pereira pela intervenção nas questões relacionadas com o impacto do funcionamento dos tribunais na economia. À Maria João Costa um especial agradecimento pela informação detalhada, com o profissionalismo de sempre, sobre o sistema de indicadores de gestão instituído pela DGPJ com o contributo do CSM e PGR..

Fica também o nosso agradecimento muito fraterno aos magistrados e membros da administração da justiça estrangeiros, em particular o Bernardino Delgado, de Cabo

Verde, a Celsa Pico Lorenzo, de Espanha, a Tereza Uille e a Flávia Pessoa, do Brasil, o Simon Picken e a Amy Shaw, do Reino Unido, o Roland de Moor, o Martin Vaessen e a Liedeweijde Voetelink, da Holanda, por terem partilhado connosco boas práticas e dificuldades sentidas na resolução de idênticos problemas.

No que possa ter de bom, o trabalho final beneficia do saber de todos. As opiniões e os erros são apenas nossos. Naturalmente, as opções e posições tomadas só vinculam os relatores.

I. Introdução

PAZ, JUSTIÇA E INSTITUIÇÕES EFICAZES é o décimo sexto objectivo de desenvolvimento sustentável da agenda 2030 das Nações Unidas.

Em torno dele giram as propostas feitas neste texto.

Implica:

Promover o Estado de Direito, ao nível nacional e internacional, e garantir a igualdade de acesso à justiça para todos.

Desenvolver instituições eficazes, responsáveis e transparentes, a todos os níveis.

Repercute-se no governo do poder judicial, na relação dos tribunais com a sociedade, na gestão dos tribunais e na avaliação, disciplina e ética dos juízes.

A. JUSTIÇA

Cambiar el mundo amigo Sancho, que no es locura ni utopía, sino justicia.
***Miguel de Cervantes**, El ingenioso hidalgo don Quijote de la Mancha*

(...) as pessoas mobilizam-se (...) para que se chegue à eliminação de algumas combinações injustas e ultrajantes (...).
***Amartya Sen** (justiça e injustiça)*

Ocupa-nos a governação da justiça. Para não perder a floresta pela árvore, antes de estrutura, organização, análise ou eficácia, cabe perguntar pelo sentido de todas essas coisas[1]. Estado de Direito, governo do

[1] Como aconselha Castanheira Neves, Entre o «legislador», a «sociedade» e o «juiz» ou entre «sistema», «função» e problema» – os modelos actualmente alternativos da realização jurisdicional do direito, *BFDUC*, 1998, Vol. LXXIV., em proposta que inspira a nossa reflexão.

poder judicial, lugar político-constitucional do judicial impõem a interrogação do sentido[2] [3] da governação, objecto do nosso percurso.

Tratando-se do poder judicial, saber do sentido é saber da jurisdição. Na economia deste capítulo não cabe desenvolver as suas diversas concretizações/conceitos. Manda a honestidade intelectual que indiquemos qual nos norteia: a jurisdição enquanto *realização jurisdicional do direito*[4]: que tem o direito como um *continuum constituendo*, o indivíduo como sujeito ético e pessoa em sociedade, a norma como valor, não mera *voluntas*, em que *o direito ao direito* se proclama como (...) *o verdadeiro, o último e decisivo direito do homem*[5].

Para se assumir e realizar esse direito, (...) é indispensável o juiz. Por isso mesmo é eminente a sua tarefa e nobre o papel que dele se espera. E a sua uma responsabilidade ética de projecção comunitária. Negar-se-á nesse seu sentido se for mero funcionário, funcionalmente enquadrado e nisso comprazido, servidor passivo de qualquer legislador, simples burocrata legitimante da coacção. Só o será verdadeiramente assumindo uma dimensão espiritual, e responsabilizando-se por ela, aquela mesma dimensão espiritual que radicalmente constitui o direito como a expressão da humana coexistência, da humana convivência comunitária[6].

A escolha de pressuposto não é arbitrária ou determinada por simpatias filosóficas, que as haja, antes resulta de ser esse o pressuposto do nosso sistema constitucional, supra-constitucional, legal, enfim, jurídico[7]. O sistema de justiça em que se exerce tal jurisdição tem como horizonte

[2] Nuno Garoupa, *Politização da Justiça e o Poder Judicial*: (...) as questões substantivas devem sobrepor-se a questões organizativas, importantes, mas não fundamentais. Por exemplo, a existência ou não de um conselho único (deve-se ou não fundir a magistratura judiciária com a magistratura do Ministério Público) só tem sentido num contexto amplo de revisão de competências e composição.

[3] Castanheira Neves, op. cit., p. 2-3.

[4] Castanheira Neves, idem.

[5] Castanheira Neves, ibidem

[6] Castanheira Neves, op. cit., maxime p. 43-44.

[7] Sobre jurisdictio e gubernaculum, Dimitry Kochenov e Barbara Grabowska-Moroz, *Constitutional Populism versus EU Law: A Much More Complex Story than You Imagined*, Working Paper No. 16 – July 2021, acedido em https://reconnect-europe.eu/wp-content/uploads/2021/07/WOP16_July2021.pdf, p. 10.

de serviço a pessoa sujeito ético, em si, nas suas empresas e comunidades, na vida em sociedade.

II. Estado de Direito

1. Organização dos poderes do Estado

O princípio constitucional da separação/interdependência de poderes é exigência da realização dos direitos fundamentais e da aplicabilidade direta dos preceitos constitucionais relativos aos direitos, liberdades e garantias[8], dependente do funcionamento de um sistema jurisdicional independente.

Um Estado de Direito Democrático de matriz ocidental exige independência de governo do Judiciário, não se compadecendo com um governo do Judiciário pelo Executivo[9] ou por qualquer outro poder ou interesse. Este património adquirido tem o autogoverno como garantia do Estado de Direito na vertente da independência dos juízes e dos tribunais[10], cujas decisões dos casos concretos se sobrepõem às de qualquer outra autoridade[11].

A independência judicial é a garantia de cada pessoa da defesa dos seus direitos e interesses legalmente protegidos no exercício da função dos

[8] Art. 18.º da CRP.

[9] Sobre o Estado de Direito e as funções do Estado, Afonso Queiró, A função administrativa, *RDES*, Ano XXIV, Jan-Set, n.ºs 1-2-3.

[10] David Kosař, Beyond Judicial Councils: Forms, Rationales and Impact of Judicial Self-Governance in Europe, *German Law Journal*, Volume 19 , Issue 7: Special issue – Judicial Self-Government in Europe, 1 December 2018 , p. 1570: Why is it important to analyse this development so thoroughly? If anything, the recent judicial reforms in Hungary, Poland, and Turkey show that authoritarian and populist political leaders care about the control of judicial self-governance bodies. Therefore, we should care as well. If we want to prevent (or at least slow down) the capture of the judiciary by authoritarian leaders and limit the damage caused by populist regimes, we need to know how judicial self-governance bodies work, why they were established, what effects they have brought about, why they are challenged, and where the potential channels of politicization of the judiciary via these bodies lie.

[11] Art. 216.º CRP

tribunais de regulação das relações do Estado com as pessoas, definindo e delimitando as condições da intervenção do Estado na esfera da/vida privada ou a medida em que os direitos, liberdades e garantias individuais podem ser reduzidos ou limitados; de regulação da vida em sociedade, da ação dos cidadãos, dos agentes económicos e dos agentes públicos, protegendo a legalidade e a legitimidade das suas ações e comportamentos, a liberdade, o património, as escolhas individuais e a integridade física e moral dos cidadãos nas relações recíprocas e com o Estado.

2. Poder judicial

A função judicial de adjudicação de pretensões das pessoas implica a apreciação dos factos da vida que carecem de regulação jurídica, definindo os que se têm por verificados[12], indicando o direito aplicável, interpretando-o e afirmando o juízo que resolve a controvérsia[13].

Administrar a justiça é realizar o direito em concretas situações de conflito, tal como ele se revela no conjunto do sistema jurídico, nos seus diversos níveis normativos nacionais ou da União, e inclui a avaliação da conformidade constitucional das leis positivas, a revelação do sentido das normas no sistema jurídico multipolar que caracteriza as sociedades democráticas ou a avaliação da conformidade da actuação concreta da Administração[14]. É uma função de soberania do Estado[15].

[12] Contrariamente a outros sistemas jurídicos, cabe ao juiz português a apreciação dos factos da vida e a decisão sobre aqueles que se têm como ocorridos efectivamente e que são objecto do juízo concretizador do direito.
[13] Castanheira Neves, op. cit., maxime, p. 40-41.
[14] Sobre administração da justiça/jurisdição e administração da justiça/governo, Laurent Berthier e Hélène Pauliat, *Administration et gestion des systèmes judiciaires en Europe*, CEPEJ, consultado em https://rm.coe.int/commission-europeenne-pour-l-efficacite-de-la-justice-cepej-administra/16807882e7.
[15] Dimitry Kochenov e Barbara Grabowska-Moroz, Constitutional Populism versus EU Law: a much more complex story than you imagined, p. 8, consultado em https://reconnect-europe.eu/wp-content/uploads/2021/07/WOP16_July2021.pdf: the role of courts in this picture is of particular relevance. In the majority of modern constitutional systems they are tasked with checking the decisions of public authorities, especially when those decisions affect rights and freedoms.

O critério é unicamente o da realização do direito[16], sem interferência de outros interesses não jurídicos, sejam eles o interesse do Estado ou um qualquer interesse particular, v.g. de uma das partes em confronto. O judicial é um poder da sociedade, não do Estado.

3. Imparcialidade e independência

A imparcialidade é o afastamento do juiz das partes, com as quais não deve ter ligação, e do objeto do processo, em relação ao qual não deve ter qualquer interesse. A imparcialidade também opera internamente com respeito ao próprio juiz, obrigado a, antes de decidir um caso, ser capaz de superar qualquer preconceito ou predisposição que possa comprometer o sentido da decisão. Ao tomar decisões, o juiz deve evitar chegar a conclusões antes do momento processual adequado e deve afastar qualquer favoritismo ou tratamento preferencial de uma das partes; a imparcialidade impõe ao juiz um especial cuidado na observância do princípio da igualdade de tratamento das partes.

A exigência de imparcialidade dos juízes, garantia de cada pessoa e da sociedade, impõe a sua independência, em relação aos particulares e aos poderes do Estado, aos interesses de uns e outro, que o mesmo é dizer, impõe que os juízes não estejam sujeitos a outros poderes no exercício da jurisdição, que a sua única subordinação seja à realização do direito.

A imparcialidade do juiz que decide exige a sua independência externa, face aos outros poderes do Estado, nomeadamente face ao Executivo, interna, face aos outros juízes e tribunais fora do âmbito de obediência às decisões proferidas em recurso no processo, e interior, face aos modelos axiológico-normativos próprios.

No plano organizativo que é o âmbito deste texto, a independência dos outros poderes do Estado implica a necessidade de administração[17]

[16] Afonso Queiró, A função administrativa, *RDES*, Ano XXIV, Janeiro-Setembro, n.º 1-2-3, p. 31; o quid specificum do acto jurisdicional reside em que ele não apenas pressupõe mas é necessariamente praticado para resolver «uma questão de direito».

[17] Sobre a diferença entre governo e administração, Gomes Canotilho. A questão do autogoverno das magistraturas como questão politicamente incorrecta, Ab uno ad omnes, Nos 75 anos da Coimbra Editora, p. 247 e ss.

própria. O Autogoverno, com o sentido que se explicitará, é, por isso, pré-requisito dessa independência e autonomia e garantia de plena proteção dos direitos fundamentais das pessoas; não se exprime num único modelo, antes experimenta diversas concretizações históricas: órgãos únicos, predominantes ou conjugados – Conselhos Judiciais, Comissões Judiciais de competência específica, serviços administrativos e de apoio, Supremos Tribunais ou Colégios de juízes seniores ou de presidentes de tribunais[18].

4. Modelos de governação

Os modelos de governação do poder judicial nos Estados de Direito visam garantir a independência dos tribunais e dos juízes e a qualidade do serviço de justiça prestado pelos tribunais, exigindo órgãos integrando na sua constituição juízes eleitos pelos seus pares, em maioria nalgumas situações particularmente sensíveis, mas integrando outros com diferentes composição e legitimidades, sem cristalizar em modelos únicos; institui-se em diversas formas[19], de acordo com o momento histórico e a cultura judiciária em que surge e com as necessidades a que pretende responder. Ponto é que assegure a imparcialidade e independência dos juízes e a qualidade da justiça. Nesta medida, Autogoverno não é autarcia do poder judicial, mas equilíbrio de legitimidades na sua *governance*.

O que seja qualidade da justiça diz-nos o artigo 6.º da Convenção Europeia dos Direitos Humanos (CEDH): a satisfação do direito de qualquer a pessoa a obter uma decisão atempada sobre os seus direitos ou interesses com dimensão jurídica, proferida por um juiz imparcial,

[18] Pablo Castillo-Ortiz, The politics of implementation of the judicial council model in Europe, publicado online por Cambridge University Press em 6 de Dezembro de 2019, consultado em https://www.cambridge.org/core/journals/european-political-science-review/article/politics-of-implementation-of-the- judicial-council-model-in-europe/9A3C7962F2F61F23F6E8D5EB1B469C85.

[19] Wim Voermans. Councils for the Judiciary in Europe: trends and models, consultado em file:///C:/Users/mj01366/Downloads/1887_3708-360_327.pdf, p. 2139.

no termo de um processo justo e equitativo em que os interessados que desejaram exprimir-se o puderam fazer.

Primeira dimensão do auto-governo é a *auto-administração* para garantia da independência colectiva[20] dos juízes em tudo o que pode condicionar ou interferir com a independência do juiz decisor, nomeadamente nas questões relativas à sua nomeação, transferência, promoção, sanções disciplinares ou autorização para exercer função diversa da jurisdicional[21]. Este o núcleo sensível de questões a salvaguardar por se repercutirem na independência no momento da decisão.

Dimensão fundamental a que se acrescenta uma outra, a da administração do próprio sistema de justiça e dos tribunais enquanto organizações, com o mesmo racional de impossibilitar a interferência na independência colectiva. Nesse sentido mais amplo se empregará a expressão auto-governo envolvendo áreas de reserva exclusiva e outras de partilha de competências.

Consideraremos, por isso, instituições de auto-governo[22] [23] as que atribuem o governo do sistema judicial, em parte ou no todo, a órgãos independentes do Executivo e do Legislativo, integrando na sua composição juízes, eleitos pelos seus pares, com estrutura orgânica que possibilite a sua influência no exercício das competências do órgão, qualquer que seja a sua concretização prática. Razões da opção: o conceito é adequado à abordagem que nos orienta quanto à jurisdição e à qualidade da justiça e mantém sentido em diversas formas de governo do judicial que cumprem o papel de garantia da imparcialidade e independência[24].

[20] Gomes Canotilho, A questão ..., p. 251: a independência colectiva visa recortar uma autonomia da judicatura como ordem ou corporação, em lugar da figura do juiz individual sujeito às decisões do órgão de governo.

[21] Art. 217.º da CRP.

[22] Assim, David Kosař, op. cit., p. 1571, 1584 e ss.

[23] Afastando-nos do conceito de autogoverno como autarcia plena ou como atribuição do estatuto de poder autónomo do Estado aos magistrados a caminho do indirizzo politico da justiça (a respeito Gomes Canotilho, A questão.... P. 258-259).

[24] Cf. quanto ao sistema alemão Fabian Wittreck, German Judicial Self-Government – Institutions and Constraints, German Law Journal, consultado em https://www.cambridge.org/core/journals/german-law-journal/article/german-judicial-selfgovernment-institutions-and-constraints/6C0EDAD79794CC792C5E7D34DFA14CD1.

III. Modelo de Conselhos Superiores

1. Modelo Europeu

1.1. Razões da opção: no pós-IIGM, no renascimento das democracias da Península Ibérica e no alargamento da União Europeia a Leste

O governo por Conselhos Judiciais, na configuração de matriz europeia[25], tributo do pensamento de exercício separado da jurisdição face aos demais poderes, desenvolveu-se após a II Guerra Mundial, visando proteger a independência dos tribunais vítimas/algozes nas ditaduras (em França, que experimentara o regime de Vichy, e na Itália, saída do fascismo[26]).

As revoluções democráticas nos países da península ocidental recorreram à instituição do modelo com idênticos propósitos, em momento histórico ulterior. As democracias do Norte utilizaram-no/adaptaram-no rapidamente às necessidades gestionárias sentidas nos anos finais do século XX. No dealbar do século XXI, a construção das democracias nos países do Leste Europeu viu nos Conselhos, e foi aconselhado a ver, a garantia do Estado de Direito na dimensão da independência e eficácia do sistema de justiça e da eficiência na sua gestão, o que, por via da cooperação na construção de Estados de Direito robustos, foi acontecendo em muitos países no caminho para a democracia. Na América Latina, diferentemente, a ineficiência da gestão do sistema de justiça pelos tribunais convocou em muitos casos a adesão ao modelo[27], com o objectivo de ultrapassar essas deficiências.

Esta multiplicidade de fins e de configurações[28] corre o perigo de descaracterizar a natureza dos Conselhos, podendo a palavra significar

[25] Linn Hammergren, 'Do Judicial Councils Further Judicial Reform? Lessons from Latin America', Rule of Law Series, 2002, no. 28, Carnegie Endowment for International Peace, Washington, D.C.

[26] C-585/18, C-624/18 and C-625/18.

[27] Linn Hammergren, op. cit.

[28] David Kosař, op. cit.

tudo ou nada[29]. Pressionada pelo caminho do Leste para a democracia, a União Europeia construiu um corpo sólido de princípios e características do modelo de governo judicial com preferência para o modelo de Conselhos Judiciais[30], com uma maioria de membros juízes eleitos pelos seus pares[31] [32] [33].

1.2. Adoção do modelo de Conselhos Superiores como *soft law* da União: o standard de governo judicial na União Europeia[34]

Na linha da importância conferida ao autogoverno dos Tribunais, o Tribunal de Justiça da União Europeia tem vindo a pronunciar-se sobre as questões ligadas ao governo dos Tribunais nos Estados-Membro, sempre que estas possam afectar a independência e imparcialidade dos juízes[35], e sobre a sua própria competência para delas conhecer, face ao princípio do juiz nacional como juiz comunitário.

O equilíbrio das diversas notas de composição e funcionamento dos Conselhos que integram o *standard* surge como adequado a cumprir os fins para que foi criado: garantir a existência de um judiciário independente, responsável e que administra uma justiça de qualidade[36].

Na sua aplicação importa uma avaliação crítica que não descure as tradições próprias e a inserção no meio político-constitucional e na cultura

[29] Com o apanágio da Rainha Vermelha de Carrol, nas palavras de Linn Hammergren, op. cit.

[30] CF. Council of Europe standards on judicial independence, que contém enunciado das decisões pertinentes do TJUE, consultado em https://www.europarl.europa.eu/RegData/etudes/BRIE/2021/690623/EPRS_BRI(2021)690623_EN.pdf, e Recommendation CM/Rec(2010)12 of the Committee of Ministers to member states on judges: independence, efficiency and responsibilities, consultado em https://rm.coe.int/cmrec-2010-12-on-independence-efficiency-responsibilites-of-judges/16809f007d.

[31] Cf. Recomendação 10 do Conselho Consultivo dos Juízes Europeus ponto 4.

[32] David Kosař, op. cit.

[33] Cf. também a Declaração de Palermo, MEDEL.

[34] Seguiremos aqui, de perto, as recomendações do ENCJ «Compendium on Councils for the Judiciary», de 29.10.2021, Vilnius.

[35] C- 64/16; C-216/18 PPU; C-619/18.

[36] ENCJ «Compendium on Councils for the Judiciary», op. cit.

judiciária de cada País[37]. O modelo de Conselhos não é uma panaceia[38] que serve por si só os propósitos da sua instituição, o que é bem evidenciado por regimes de indubitável independência judicial e ausência de Conselhos Judiciais e vice-versa, bem como de sistemas em que o autogoverno por Conselhos foi o instrumento de captura do judiciário ou de manutenção de controle político e/ou por elementos da magistratura.

Os factores de inserção do modelo de governação – políticos, judiciários, históricos – devem ser objecto de análise e ponderação. Os Conselhos que surgem em países de tradição política autoritária e de vida judiciária marcada pela profunda dependência do poder executivo correm determinados perigos, aqueles que visam ultrapassar a ineficiência de um sistema de governo pelo Executivo colocam problemas diversos daqueles que se contrapõem a um sistema de autogoverno ineficiente centrado em Tribunais Supremos.

2. Modelo Português: instituição

2.1. Concretização histórica

Referimos como Conselhos Judiciais Portugueses o CSM e o CSTAF, ou seja, os órgãos de gestão das magistraturas judiciais portuguesas, para nos situarmos no propósito deste trabalho, sem ignorar a idêntica relevância do Conselho Superior do Ministério Público e da Procuradoria-Geral da República, também como órgãos de autogoverno do judiciário.

Os limites de extensão da nossa reflexão desaconselham incursões históricas pelos regimes portugueses, anotando-se apenas que o governo do judiciário foi sendo consagrado com atribuição de competências diversas a corpos orgânicos com composição, autonomia e funções que foram variando, com uma separação formal – com núcleo restrito mais perene

[37] Bianca Selejan-Gutan, Romania – Perils of a Perfetc Euro-Model of Judicial Council, consultado em https://www.cambridge.org/core/journals/german-law-journal/article/romania-perils-of-a-perfect-euromodel-of-judicial-council/D910A4D3BF0BAF0E5A26C75965C0B31D.

[38] David Kosař, op. cit., p. 1571.

da competência disciplinar e de escolha, nomeação e promoção dos juízes – cuja repercussão na composição, selecção dos membros e independência de funcionamento, foi, por vezes, fraca ou nenhuma[39].

A preocupação com a independência dos juízes e do poder judicial face ao Executivo, que a história impunha em 1976, marcou a opção pelo modelo de Conselhos Judiciais[40], a forte protecção constitucional[41] [42], a delimitação às questões centrais da protecção do juiz de influências indevidas e uma natureza *sui generis*: os Conselhos não se integram nem se reconduzem à categoria de órgãos de soberania, como os tribunais, mas,

[39] Um resumo pode ser encontrado em Henriques Gaspar, INTERVENÇÃO NA CONFERÊNCIA "O CONSELHO SUPERIOR DA MAGISTRATURA E O CONSELHO NACIONAL DE JUSTIÇA: AS EXPERIÊNCIAS COMPARADAS DE PORTUGAL E BRASIL NA ORGANIZAÇÃO DAS MAGISTRATURAS, 4 de Janeiro de 2918, consultada em https://www.stj.pt/?p=4900. Relativamente ao Supremo Tribunal Administrativo e Conselho Superior dos Tribunais Administrativos e Fiscais, Maria da Glória P. D. Garcia, "DO CONSELHO DE ESTADO AO ACTUAL SUPREMO TRIBUNAL ADMINISTRATIVO", editado em 1998 e reeditado em 2005, obra de referência para o conhecimento da história do tribunal cimeiro da jurisdição administrativa e fiscal, disponível aqui: https://www.stadministrativo.pt/historia/

[40] O Conselho Superior de Magistratura (CSM) surgiu após a queda do regime autoritário instituído pela Constituição da República Portuguesa (CRP) de 1933, numa altura em que se procurava uma forma de independência do poder judicial face ao poder político em reacção aos abusos do regime anterior e congruente com a opção por um regime democrático. O Conselho Superior dos Tribunais Administrativos e Fiscais (CSTAF) foi criado em 1984 pelo Estatuto dos Tribunais Administrativos e Fiscais, aprovado pelo Decreto-Lei n.º 129/84, de 27 de abril. Em 1989, com a revisão constitucional decorrente da Lei n.º 1/89, 8 de julho, o artigo 219.º da Constituição da República Portuguesa passou a mencionar, no seu novo n.º 2, que a nomeação, a colocação, a transferência e a promoção dos juízes dos tribunais administrativos e fiscais, bem como o exercício da ação disciplinar, competem ao respetivo conselho superior, nos termos da lei., como órgão de governo da jurisdição administrativa e fiscal, ordem jurisdicional distinta da dos tribunais judiciais.

[41] Nuno Garoupa e Tom Ginsburg, The Economics of Judicial Councils, 2007 disponível aqui: https://escholarship.org/content/qt4264z9r8/qt4264z9r8_noSplash_24558f2d6969e42d991da4a7b8a36ab8.pdf?t=krnm5c.

[42] Desde 1976 quanto ao CSM e desde 1989 quanto ao CSTAF. Desde 1982 a composição do CSM tem também consagração constitucional, enquanto a do CSTAF se situa no patamar da lei.

ao invés, na categoria da administração pública direta independente, pertencentes à estrutura do Estado, enquanto órgãos administrativos.

O modelo constitucional é um modelo de Conselhos Judiciais garantes da imparcialidade e independência dos tribunais e dos juízes, com atribuição exclusiva de competência em matérias que as podem afectar directamente. Ambos os Conselhos surgem filiados no modelo[43] do sul da Europa, que tem por base a tradição francesa do *Conseil Superieur de la Magistrature*, criado em 1946.

Em contraponto, o modelo do norte da Europa incorpora desde o início uma preocupação directa com a gestão dos tribunais, com exemplos diversos, desde o *Domstolsverket*, instituído na Suécia em 1975, criado como um ente administrativo independente encabeçado por um diretor geral, ao recente *Raad voor de rechtspraak*, dos Países Baixos, de Janeiro de 2002, que se anuncia como constituindo a ligação entre o Ministro da Justiça e os tribunais.

2.2. Competências: evolução

A Constituição de 1976 seguiu a tradicional governação das magistraturas num modelo de *vigilância independente*, de competência exclusiva para a nomeação, colocação, transferência e promoção dos juízes e o exercício da ação disciplinar[44], que caracterizou tempos de organização essencialmente burocrática, rígida, de reforço da independência do governo das magistraturas face aos outros poderes[45].

O exercício da competência disciplinar e da avaliação classificativa dos juízes procurava assegurar o bom funcionamento de um serviço ou a boa ordem institucional[46]. Mas, as décadas finais do séc. XX coloca-

[43] Wim Voermans, op. cit.

[44] Art. 217.º da CRP

[45] Luís Azevedo Mendes, Reforma Judiciária: linhas de força, modelos de governação e de gestão, IX Encontro Anual do CSM, Figueira da Foz, Setembro de 2014.

[46] Paulo Castro Rangel, Repensar o Poder Judicial – Fundamentos e Fragmentos, Publicações Universidade Católica, Porto, 2001, p. 220.

ram desafios novos aos judiciários – aumento da procura judicial, alteração qualitativa dessa procura, multipolaridade jurídica, amadurecimento das democracias – e determinaram a busca de soluções ao nível das leis de processo e da alteração da organização e da especialização dos tribunais.

O alargamento de competências dos Conselhos, nomeadamente por via das leis de organização judiciária, buscou na intervenção dos Conselhos a eficiência que escapava à organização judiciária e a partilha de responsabilidade, num sistema que pretende subtrair ao Executivo a intervenção em domínios essenciais a fim de proteger a independência dos juízes e dos tribunais.

O modelo é hoje, na sua evolução legislativa, compreendido numa dimensão integrada de governo do poder judicial suscitando uma maior intervenção dos Conselhos na administração e gestão dos tribunais[47] [48] [49]. Face a ele, é evidente a necessidade de os Conselhos Judiciais se vocacionarem (não abdicando dos seus poderes genéticos de órgão de gestão e de disciplina[50]) para a macrogestão do poder judicial, do seu governo, visando garantir a independência dos juízes e dos tribunais[51], abrindo caminho para uma responsabilidade, partilhada com o poder legislativo e executivo, pela (in)eficiência ou (in)eficácia do sistema[52] [53], e a novas áreas de intervenção, como a conformação funcional do papel dos fun-

[47] Designadamente, desde 2008, através das sucessivas leis de organização do sistema judiciário, para CSM e desde 2004, com o novo ETAF, para o CSTAF.

[48] Luís Azevedo Mendes, op.cit.

[49] Inseridas num novo movimento gestionário da Administração Pública e que, inevitavelmente, haveria de ter também o seu campo de aplicação, ainda que com as necessárias adaptações, aos tribunais, o new public management, associada também a uma lógica e desconcentração, do que as novas presidências dos tribunais de 1.ª instância, segundo o modelo que foi instituído em 2004 para os TAF, foi percursor.

[50] Paulo Castro Rangel, op. cit., p. 217. Indo um pouco mais longe, poderá até dizer-se que o "estatuto dos juízes" é até matéria de "reserva de constituição" (Manuel Afonso Vaz. Lei e reserva de lei, Porto, 1992), pelo que a "liberdade de conformação" do legislador está aí muito circunscrita – Paulo Castro Rangel, op. cit., pg. 218.

[51] Sobre o que define um tribunal e as aparências de tribunais (wich court is a 'court'), Dimitry Kochenov e Barbara Grabowska-Moroz, op. cit.

[52] Luís Azevedo Mendes, op. cit.

[53] Nuno Garoupa & Tom Ginsburg, Guarding the Guardians: Judicial Councils and Judi-

cionários de justiça, a organização geral e particular do trabalho nos tribunais ou a administração dos recursos[54].

No plano legislativo da União, para assegurar a independência dos Tribunais, está prevista a necessidade de intervenção de organismos específicos do poder judicial na tomada de decisões que se situam neste âmbito mais vasto, como a gestão do sistema informático dos Tribunais, as opções tecnológicas, as condições de acesso aos dados por entidades dentro e fora do sistema judicial e as soluções encontradas para a segurança do tratamento dos dados nos processos judiciais[55].

Os novos desafios que se colocam aos Conselhos no governo dos sistemas de justiça, consistem em reforçar e manter o Estado de Direito, garantindo a independência dos tribunais e a sua responsabilização, e assegurando a manutenção de um sistema de justiça aberto e transparente[56].

Em conclusão, o sistema português caracteriza-se pelo(a) *(i)* existência de dois Conselhos Judiciais, um para os tribunais judiciais e outro para os tribunais administrativos e fiscais; *(ii)* consagração constitucional da competência exclusiva de cada Conselho Judicial quanto à colocação, transferência e promoção, bem como para o exercício da acção disciplinar, e quanto à autorização da nomeação de juízes para comissões de serviço estranhas à actividade judicial; *(iii)* composição mista de juízes e não juízes, sem exigência constitucional de maioria de juízes, mesmo que por inerência ou nomeação; *(iv)* estatuto de garantias dos juízes aplicável a todos os membros dos Conselhos; *(v)* alargamento das competências dos Conselhos ao nível legislativo quanto à gestão dos tribunais e a algumas áreas do sistema de justiça.

cial Independence. John M. Olin Program in Law and Economics Working Paper No. 444, 2008.

[54] Luís Azevedo Mendes, op. cit.

[55] Cf. proposta de Regulamento E-Codex e considerando (20) do Regulamento (EU) 2016/679 ou Regulamento Geral da Protecção de Dados.

[56] ENCJ «Compendium on Councils for the Judiciary», op. cit.

3. Modelo Português: funcionamento

3.1. Funcionamento interno

Os desafios que as novas competências constituem implicam directamente a consideração do modo de funcionamento dos Conselhos que assim se analisará neste momento, previamente à sua composição a considerar numa perspectiva institucional mais do que funcional.

A evolução a nível legislativo convoca a interrogação quanto à conveniência de inclusão do leque de novas competências dos Conselhos na Constituição. A multiplicidade dos órgãos de autogoverno judicial, nos termos em que os consideramos, aconselha a que a fixidez típica de uma Constituição não seja aplicada ao vasto conjunto de competências, com níveis de importância e naturezas diversos. Consideramos adequada a garantia constitucional actual que, levando em conta a independência dos tribunais[57] e não apenas a dos juízes, permite acomodar a evolução das necessidades históricas de reserva de competência para os Conselhos para além do núcleo central relativo ao estatuto e carreira dos juízes.

Essas novas competências carecem de devido enquadramento ao nível dos recursos humanos dos Conselhos Superiores. A sua consagração não pode constituir numa mera enunciação legislativa de conteúdo genérico, sem alteração orgânica congruente, atribuindo responsabilidades sem os meios de as executar, criando expectativas cuja frustração quase necessária desacredita o autogoverno judicial e cria o ambiente propício a que seja colocado em causa[58]. O modelo orgânico mantém-se num estádio anterior (com pequenas diferenças quanto ao CSM e sem alteração que se veja quanto ao CSTAF), sendo inadequado às novas competências que

[57] Art. 203.º da CRP.

[58] Tim Bunjevac, The Rise of Judicial Self-Governance in the New Millenium, Melbourne University Law Review, p. 4: the institutional self-governance of the judiciary is not necessarily a 'one-way path and an unquestionable good'; it can be 'reduced and even abused',10 especially if judges fail to develop the necessary administrative capacity to manage the court system in a more challenging institutional and political environment.

demandam um exercício executivo intenso e exigem uma administração ágil e célere[59].

É necessário instituir um órgão executivo eficaz, eficiente e ágil, no que respeita à gestão dos Tribunais, ao acompanhamento e à resposta às solicitações dos cidadãos e à informação geral a transmitir ao público sobre o judiciário nas suas decisões e organização, reservando para os Conselhos Plenário e Permanente as decisões de estratégia, planeamento e análise de risco, sempre que necessário em conjugação com o Ministério da Justiça[60], e tudo o relativo à selecção, formação, nomeação, colocação, promoção, disciplina ou outras dimensões da carreira dos juízes.

3.2. Eleição dos Membros Juízes

O sistema de eleição directa e universal do Vice-Presidente tem virtualidades de resposta àquelas necessidades de gestão ágil, através da consagração de um conjunto de competências próprias, que permita uma resposta atempada, incompatível com funcionamento mensal de um Plenário, com agenda sobrecarregada e vocação diversa, com reclamação para os Conselhos Plenário ou Permanente, estabelecendo idêntica orgânica para o CSTAF.

[59] Nas palavras de um dos nossos entrevistados: A competência do CSTAF pode ser pontualmente revista, mas o problema fundamental reside no funcionamento do órgão.Este problema de funcionamento é duplo: a) Inexistência de uma comissão permanente, que decida as questões correntes e prepare as reuniões do plenário, habilitando-o a exercer cabalmente a competência do Conselho quanto às matérias mais relevantes. Na falta desta comissão permanente, o plenário decide sobre demasiadas coisas e com menor reflexão e/ou ratifica as decisões que tiveram entretanto de ser tomadas pelo presidente. b) Insuficiência dos meios humanos e materiais de apoio ao exercício da competência do Conselho, insuficiência que começa na falta de inspetores e termina na necessidade de recurso aos meios do STA para garantir o funcionamento corrente. Apesar da lei existente, o Conselho carece de facto de qualquer autonomia de funcionamento em relação ao STA, o que constitui uma situação insustentável, quer do ponto de vista da eficácia do órgão, quer da sua independência em face dos órgãos jurisdicionais.

[60] Veja-se o que adiante se dirá quanto à fixação de objectivos e à posição tomada pelo CSM a esse respeito.

3.3. Leis Orgânicas

A lei orgânica do CSM, e bem assim a do CSTAF (que carece de ser aprovada), deve dar resposta a estas necessidades, prevendo uma orgânica de apoio e suporte similar à de um ministério, com um gabinete com características de gabinete ministerial (e não de órgão de uma secretaria que a prática já foi alterando) e as adequadas capacitações (para acompanhamento das deliberações do CSM por especialistas v.g. em Direito Administrativo), direcções-gerais da informatização dos tribunais e protecção de dados e de acompanhamento dos tribunais, com adequados recursos humanos e técnicos, nomeadamente para apoio à implementação de auditorias e observatórios que permitam monitorizar a qualidade do serviço de justiça prestado (desde o âmbito de uma jurisdição – p.e., avaliar num dado período de tempo quais os aspectos positivos da actuação dos tribunais na área da protecção de crianças e jovens – ao de uma comarca ou conjunto de comarcas).

O actual enquadramento orgânico do CSM não se encontra adequado às novas competências, o do CSTAF é deficitário mesmo no contexto do mero exercício das funções mais tradicionais (ou legais como a de cumprimento do regime de obrigações declarativas dos juízes), sendo urgente a aprovação da respetiva lei de organização e funcionamento[61] e a previsão no CSTAF da vice-presidência com eleição directa e universal pelos juízes.

Também a promoção de canais abertos de comunicação entre os dois Conselhos (CSM e CSTAF) é necessária, útil, natural e desejável, atentas as similares competências e a similitude de estatuto das magistraturas.

3.4. Governação pelos Conselhos: análise, redundâncias, lacunas e sentido de evolução

Entendendo fundamental a abertura dos Conselhos a saberes e experiências exteriores e a possibilidade de beneficiarem de aconselhamento

[61] Rule of Law Report, de 13.07.2022, consultado em https://ec.europa.eu/info/policies/justice-and-fundamental-rights/upholding-rule-law/rule-law/rule-law-mechanism/2022-rule-law-report_en.

técnico, sugere-se que integrem no seu modelo de gestão comissões formadas *ad-hoc*, pelos próprios Conselhos, com objecto específico, funcionamento delimitado no tempo e códigos de conduta elaborados pelos Conselhos, constituídas por juízes e por especialistas das áreas objecto da actividade que os Conselhos lhes atribuírem, com o objectivo de analisarem com independência e competência técnica áreas específicas da gestão do poder judicial a fim de apresentarem conclusões quanto ao objecto de análise e propostas de melhoria. Indicam-se em capítulo próprio, como objecto possível ou desejável, as áreas da actividade dos Conselhos na avaliação classificativa dos juízes ou nas questões de disciplina ou do funcionamento e gestão dos tribunais superiores.

Estas comissões devem integrar pessoas com perfis cruzados, incluindo juízes e pessoas especializadas na qualidade do objecto de análise, definir o âmbito e a forma da recolha de informação, da análise a efectuar e do parecer a emitir.

3.5. Membros dos Conselhos

Desde 1982 a composição do CSM tem consagração constitucional[62], enquanto a do CSTAF se situa no patamar da lei[63]. Embora não ofereça dúvidas a garantia constitucional do CSTAF como órgão de governo dos tribunais administrativos e fiscais[64], convém igualar a situação, uma vez que são iguais as necessidades de garantia das jurisdições.

A relação dos Conselhos com outros poderes de soberania exprime-se pela partilha e coordenação de competências executivas com o Governo e pela integração na sua composição de membros nomeados pelo Presidente da República e pela Assembleia da República.

62 Art. 218.º da CRP.

63 Art. 75.º da CRP.

64 Em outro aspecto, mas transponível, o acórdão 472/95 do TC, publicado no DR I-Série, de 6 de Setembro de 1995.

3.5.1. Membros indicados pela AR

A adequação desta indicação por parte de órgãos de soberania eleitos directamente, fonte de legitimação, reforça-se, quanto à indicação pela Assembleia, através da exigência de maioria qualificada para evitar a partidarização. Pode ser útil a consensualização interna do perfil dos candidatos elegíveis, consentâneo com senioridade, carreira significativa quanto ao mérito, nomeadamente, no que concerne à defesa das instituições jurídicas e judiciárias, protecção de direitos humanos, diversidade de género, sociológica e outras, e áreas de relevo para os tribunais, mantendo audição final perante a 1.ª Comissão[65], eventualmente com publicidade.

3.5.2. Incompatibilidades e impedimentos

Enquanto garantia da independência dos juízes, os Conselhos Judiciais Portugueses foram instituídos como salvaguarda da independência dos juízes e dos tribunais, também na dimensão de escudo entre os juízes e as influências externas que poderiam ser exercidas quer por outros poderes do Estado, quer por grupos de interesses visando a independência judicial. São um órgão de administração que se pretende neutro quanto a opções partidárias e de protecção contra a influência destas na apreciação de decisões judiciais: "protegem" os juízes de consequências adversas decorrentes das suas decisões para assegurar que estes possam decidir com independência e livres de pressões.

O equilíbrio deste sistema de garantias exige um sistema de incompatibilidades e impedimentos dos membros não juízes[66] que previna conflitos de interesses, e a definição de um perfil profissional de reconhecido mérito, que estabeleça a sua independência de interesses e autonomia pessoal. Esse estatuto deve igualar o dos juízes conselheiros, tanto a nível de incompatibilidades como de remuneração. Esse era, aliás, o regime da Constituição de 1976 até à IIª revisão (Lei 1/89, de 8 de Julho), regime

[65] Art. 257.º, alínea d), do Regimento da Assembleia da República (RAR).
[66] Wim Voermans, op. cit., p. 2142

mantido ao nível da lei no artigo 148.º do EMJ, mesmo após a revisão, norma de que o Tribunal Constitucional retirou consequências inteiramente congruentes com a razão de ser dos Conselhos Superiores[67] [68]. O Tribunal afirmou ainda a possibilidade de a lei ordinária estabelecer incompatibilidades dos membros dos Conselhos, inexistindo a respeito *reserva de constituição*. Contudo, o artigo 148.º foi alterado exactamente um mês depois da prolação do acórdão, pela Lei 81/98, de 3 de Dezembro, que, do regime legal aplicável, manteve apenas as garantias, não os impedimentos.

De notar, que o artigo 148.º, n.º 1, do EMJ sofreu alteração em 2019[69], entrada em vigor em 2020, estabelecendo actualmente que *aos vogais do Conselho Superior da Magistratura que não sejam magistrados judiciais é aplicável, com as devidas adaptações, o regime de deveres, direitos e garantias dos magistrados judiciais* (nosso sublinhado), no que parece ser uma equiparação ao estatuto dos juízes e uma rejeição da anterior restrição da equiparação às garantias.

Importa, p.e., obstar a situações de conflitos de interesses em que advogados membros dos Conselhos podem ser vistos num dia na comunicação social a dar opinião sobre processos ou em tribunal a defender clientes e no seguinte a votar decisões com implicações na carreira ou na situação disciplinar dos juízes titulares desses processos. Tanto mais quanto a pertença de advogados e de membros de outras profissões é essencial e factor de qualidade de funcionamento, sendo determinante, quanto aos primeiros, o seu profundo conhecimento do sistema, das suas forças e das suas fraquezas.

[67] Acórdão de 3 de Novembro de 1998, 627/98. Quanto à razão de ser dos Conselhos releva a pronúncia do Tribunal Constitucional no acórdão 279/98.

[68] Gomes Canotilho e Vital Moreira, Constituição da República Portuguesa Anotada, volume II, Coimbra Editora, 4.ª edição revista, 2010, p. 598: No texto anterior [o regime primitivo da Constituição de 1976] estabelecia-se que estes membros estavam também sujeitos às incompatibilidades dos juízes, o que impedia que pudessem exercer outra função pública ou privada. Era uma solução excessiva, que por isso não vingou (cf. Lei 21/85, art. 148.º-1), não obstante a defesa intransigente por alguns sectores doutrinais da «observância integral do estatuto do juiz».

[69] Lei 67/2019, de 27 de Agosto.

A defesa da independência e da imparcialidade e isenção dos Conselhos deve ser intransigente, ao que é inadequado o regime que vigorou entre 1998 e 2020 de mera equiparação das garantias e inexistência de incompatibilidades.

3.5.3. Membros Juízes: por inerência e eleitos pelos seus pares

À independência externa dos juízes alia-se a indispensável independência interna, entendida como independência de cada juiz no exercício da função de julgar perante a sua estrutura, *maxime*, o seu Conselho, e os seus pares, nomeadamente, no sentido de não estar sujeito a ordens ou instruções na direção da marcha do processo e na gestão dos processos que lhe forem aleatoriamente atribuídos, devendo unicamente obediência ao Direito[70]. Dito de outro modo, a garantia da independência dos juízes tem também uma dimensão interna que deve ser assegurada pelos Conselhos e face aos Conselhos.

Determinante a este respeito é a composição dos Conselhos quanto aos seus membros juízes, tanto eleitos pelos pares como *ex officio*. No sistema Português, a única inerência de funções é a dos Presidentes dos Supremos, os quais são juízes eleitos pelos seus pares, na medida em que o são pelos juízes de cada um dos Supremos. Esta dimensão carece de ser sublinhada no contexto da *compliance* com o *standard* europeu.

A adequação da inerência dos Presidentes dos Supremos tem sido discutida. Quanto a ambos os Conselhos, numa perspectiva de representatividade diminuída, dado o universo eleitoral activo, e, quanto ao CSM, no confronto com um Vice-Presidente eleito por todos os juízes e sem competências próprias.

O sistema tem-se mostrado ajustado e, na prática[71], sem atritos de relevo. A dualidade de fundamentos da existência de Conselhos e dos Supremos Tribunais, como órgãos máximos de garantia da qualidade das

[70] Art. 4.º, n.º2, do EMJ.

[71] Sobre a importância do governo judicial de facto, Nino Tsereteli e Hubert Smekal, The Judicial Self-Government at the international level – a new research agenda, consultado em https://www.cambridge.org/core/journals/german-law- journal/article/judi

decisões judiciais decorrente do sistema de recursos, nomeadamente do sistema de revista excepcional, de revista ampliada e de uniformização de jurisprudência, tornam equilibrada e útil a inerência dos presidentes dos Supremos.

Na dimensão da eleição dos juízes[72] [73], o sistema de apresentação de listas globais surge como de mais fácil captura associativa, corporativa ou partidária, não facilita a identificação entre eleitores e eleitos, potencia o alheamento dos juízes do processo eleitoral e a diversidade de origem das candidaturas. É certo que este sistema é mitigado pela eleição individual de entre as listas concorrentes, embora mesmo aí o método de Hondt introduza desvios à representatividade: por exemplo, os eleitores de Lisboa e Regiões Autónomas sabem que a melhor maneira de elegerem o candidato que preferem é votarem na lista que rejeitam.

Um sistema misto de círculo nacional de eleição do vice-presidente e de círculos regionais de eleição dos juízes de primeira e segunda instância de entre listas apresentadas por círculos eleitorais a recortar por critérios de diferenciação/agregação ou por apresentação por grupos de juízes organizados com esse específico objectivo[74], pode potenciar a

cial-selfgovernment-at-the-international-level-a-new-research-agenda /20A4FCE713F 10FD10031F71B638C6BD9

[72] A respeito da capacidade eleitoral activa dos juízes em comissão de serviço não judicial, o Tribunal Constitucional (acórdão de 10 de Março, n.º 279/98), tirado por maioria) teve oportunidade de se pronunciar sobre a especifica razão de ser dos Conselhos, e, entre a representatividade dos juízes e a garantia da independência, deu primazia a esta: a verdadeira razão de ser da existência do CSM, com o desenho constitucional que se lhe traçou, não radica na intenção de assegurar uma qualificada protecção de raiz corporativa aos magistrados judiciais na defesa dos respectivos interesses profissionais, mas antes no apontado objectivo de assim se contribuir para o reforço da independência dos tribunais. E o cumprimento deste objectivo, ao invés do que aconteceria se estivesse primacialmente em causa a defesa de interesses corporativos, determina que se tenha por constitucionalmente inadmissível o entendimento que confere, nos termos do preceituado no artigo 140.º, n.º 3, do EMJ, capacidade eleitoral activa aos magistrados judiciais em comissão de serviço não judicial.

[73] Cf. Recomendação 10 do CCJE, pontos 25-31.

[74] A previsão neste sentido constante do artigo 141.º do EMJ (proposta de lista por 20 eleitores) é de difícil execução em listas globais por parte de eleitores não organizados previamente.

capacidade de resistência aos indicados perigos de captura e possibilitar uma maior relação/identificação com o eleitorado.

3.5.4. Mandato: duração e renovação

O mandato de todos os membros dos Conselhos deve ser suficientemente longo para possibilitar um exercício eficiente, sem possibilidade de renovação, para obstar à dependência no exercício do cargo, na perspectiva da sua renovação. O regime de exercício de funções deve ser em dedicação exclusiva, sendo desde já incentivada essa opção, potenciando uma participação cada vez mais efectiva no funcionamento do órgão.

A representatividade plúrima do modelo Português e a conveniência de multiplicidade de perspectivas, que acompanha a sociedade civil, leva a considerar conveniente a integração de membros não juristas[75], o que possibilita, pela diversidade das qualificações, um contributo para a melhoria do exercício das competências de gestão nas suas múltiplas facetas de organização e de gestão de recursos[76].

3.5.5. Conflitos de interesses

Para além do regime de incompatibilidades, entendemos, com uma das nossas entrevistadas, que existe necessidade de serem *clarificadas as situações de eventuais conflitos de interesses dos membros do CSM no exercício das suas funções*, tanto juízes como não juízes. O STJ já se pronunciou sobre tal quanto aos membros juízes do CSM, jurisprudência que deve ser tida em atenção[77].

[75] Cf. Recomendação 10 do CCJE, ponto 40.

[76] Sofia Amaral Garcia e Nuno Garoupa, Algumas Notas Sobre a Governança Judiciária, JULGAR, 2007, N.º 2.

[77] Acórdão do Supremo Tribunal de Justiça de 9 de Julho de 2015, proferido no processo 51/14.8YFLSB, sobre conflitos de interesses de vogais juízes.

3.5.6. Membros não juristas

A participação, nos Conselhos Judiciários, de canais abertos aos centros de decisão e/ou membros provenientes de outras áreas científicas, que não o Direito, afigura-se ser uma boa via de capacitação destes órgãos de governo para o desenvolvimento de atividades e tarefas que raramente são levadas a cabo, em matérias de reflexão, estudo e apresentação de propostas, no sentido do aperfeiçoamento do sistema judicial, procurando uma justificação e fundamentação não só jurídica, mas também social, política, económica e cultural, que espelhe a diversidade sociológica em que os Tribunais actuam.

Das respostas que obtivemos do inquérito feito aos juízes, a questão não é sentida como relevante. Foram os seguintes os resultados:

Veria alguma vantagem em que parte dos membros não juízes dos Conselhos Superiores fosse oriunda de profissões não jurídicas?					
		Na 1.ª instância		Na 2.ª instância	
		Contagem	%	Contagem	%
	Não	160	66,4%	51	55,4%
	Sim	81	33,6%	41	44,6%
	Total	241	100%	92	100%

4. Modelo Português: organização da pluralidade de jurisdições

4.1. Sistema plural de governo

O regime português consagra um sistema plural de governo das magistraturas, umbilicalmente ligado à separação entre as jurisdições[78] comum e administrativa e fiscal, com reflexos na composição e funcionamento

[78] Arts. 209.º, n.º 1, alíneas a) e b) da CRP.

dos respectivos[79] Conselhos Superiores[80]. Resultando, assim, dos n.ºs 1 e 2 do artigo 217.º da CRP[81], ao prever a existência dos dois Conselhos, o reforço da independência e da autonomia das magistraturas judicial e administrativa e fiscal.

Nos actuais ordenamentos jurídicos constitucionais, a tradicional lógica de *checks and balances* projecta-se também no interior dos vários poderes do Estado[82]. A distribuição de poder por vários centros no interior do Executivo, Legislativo e Judicial, evita que qualquer um deles possa assumir uma posição excessivamente preeminente no quadro maior da forma do governo, perturbando o próprio balanço e controlo recíprocos[83].

A opção constitucional por um modelo de pluralidade de jurisdições autónomas e independentes, cada qual possuindo os seus órgãos de governo próprios, tem razões e fundamentos que não se reconduzem apenas ao próprio direito administrativo – à sua história, à especificidade das suas matérias, à particularidade dos procedimentos da sua aplicação – mas também a razões e fundamentos próprios do "direito judiciário"[84], à luz da exigência organizatória do chamado princípio do pluralismo[85].

As jurisdições comum e administrativa e fiscal, colocadas uma em relação à outra numa posição paralela, tornam mais difícil quer uma eventual captura do poder judicial, quer uma deslocação de peso funcional deste poder, por forma a que possa assumir uma posição de desmesurada pree-

[79] De notar que o n.º 2 do artigo 217.º da CRP refere, a propósito da nomeação, colocação, transferência, promoção e exercício da acção disciplinar sobre os juízes dos tribunais administrativos e fiscais, a competência do "respectivo conselho superior", por contraponto com igual competência do CSM relativamente aos juízes dos tribunais judiciais, referida no n.º 1 deste mesmo artigo 217.º

[80] Arts 215.º, n.º1, 216.º, n.º4, 217.º, n.ºs 1 e 2, da CRP.

[81] Gomes Canotilho e Vital Moreira, Constituição ..., p. 286.

[82] Gomes Canotilho, Direito Constitucional, 5.ª edição, Coimbra, 2002, p. 553.

[83] Pedro Velez, O fundamento da jurisdição administrativa portuguesa. (1 ed.) (pp. 1-51). (CEDIS Working Paper Direito e Justiça; N.º. 1). CEDIS. http://cedis.fd.unl.pt/wp-content/uploads/2018/07/CEDIS-working-paper_Direito-e-Justi%C3%A7a_O-fundamento-da-jurisdi%C3%A7%C3%A3o-administrativa.pdf

[84] Paulo Castro Rangel, Repensar ..., p. 196 e 200.

[85] António Cândido de Oliveira, A reforma da organização dos tribunais administrativos e tributários, in Cadernos de Justiça Administrativa, n.º 22, Jul-Ago, 2000.

minência no quadro maior do sistema de governo[86]. O legislador constituinte, ao organizar uma pluralidade de ordens jurisdicionais – e com isso precludir a possibilidade de o poder judicial aparecer como uma unidade política coesa – quis constituir o poder encarregado da função jurisdicional como um poder medularmente difuso, cujos "governo" e "administração" não estão confiados a um "corpo único"[87].

4.2. Jurisdição comum e jurisdição administrativa e fiscal

Não se vislumbram motivos válidos para propor a alteração do *status quo*[88], pois que as invocadas vantagens de um Conselho Judicial comum às duas ordens de jurisdição[89] – percepção alargada das disfunções e das soluções organizativas; melhor articulação geral na distribuição e racionalização dos recursos – carecem de demonstração[90], de índole factual ou pragmática, que, empiricamente, apontaríamos no sentido contrário: a unificação no âmbito do sistema judiciário não apresenta vantagens ou melhorias evidentes no que concerne à eficiência do sistema, podendo, ao invés, criar novos estrangulamentos, designadamente, o agravamento das pendências[91], e outros não perspectivados[92], além de potenciar a entropia e um certo "gigantismo" do sistema.

[86] Paulo Castro Rangel, Repensar..., op. Cit., pg. 201; J. E. Gonçalves Lopes, Escritos de Direito Público, Braga, 2002, p. 133.

[87] Paulo Castro Rangel, Repensar..., op. Cit., pg. 201; J. E. Gonçalves Lopes, Escritos de Direito Público, Braga, 2002, pg 133.

[88] Paulo Castro Rangel, Repensar ..., op. Cit., pg. 201.

[89] Neste mesmo sentido, Gomes Canotilho, A Questão ..., p. 264, aduz, cristalinamente, e concluindo, que «Por nossa parte, confessamos que não vemos qualquer argumento sério para mudar o actual esquema que corresponde à estrutura plural das magistraturas. É possível que se imponha uma reforma global dos tribunais e nessa reforma sejam inevitáveis alterações nos modelos de autoadministração dos juízes. Até lá desconfiaremos da nostalgia do poder unicitário.»

[90] Luís Azevedo Mendes, Conselhos Judiciários ... ; Relatório SEDES 2022.

[91] Sobre o perigo de ineficiência de um Conselho Judicial Único, v. G. Ferrari, «Il Consiglio Superiore delia Magistratura», in Enc. Giur. Treccani, citado por Gomes Canotilho, A Questão..., op.cit., p. 260-261.

No contexto actual, que aqui evidenciamos, atentas as dificuldades sentidas por cada uma das jurisdições, será de concluir que uma qualquer tentativa de unificação redundaria no agravamento daquelas e num agravamento das pendências nos tribunais administrativos e fiscais, com gravíssima lesão da Justiça, da tutela jurisdicional efectiva dos cidadãos e das empresas, e da prossecução do interesse público[93].

Destarte, o caminho da necessária estabilização e da melhoria de funcionamento de cada um dos Conselhos Judiciais afigura-se como sendo o preferível[94], para o interesse dos cidadãos e das empresas e da própria Justiça, sem prejuízo de um desejável diálogo, e consequentes convergências de actuações e posições de ambos os Conselhos, quando tal se mostre adequado, conveniente e relevante para o sistema de Justiça nacional.

Em termos europeus, a pluralidade de jurisdições, acompanhada da existência de distintos órgãos de governo, é tida também como um aspecto de maior eficácia e eficiência dos sistemas judiciais, e de garantia das respectivas independências judiciais[95].

Richard Zorza, Some First Thoughts On Court Simplification: The Key To Civil Access And Justice Transformation, Drake Law Review, volume 61, n.º 3, p. 845, disponível em: https://drakelawreview.org/volume-61-no-3-spring-2013/

[92] Cf. William E. Raftery, Judicial Unification And Its Impact On Efficiency, Williamsburg, 2016, Institute for Court Management, National Center for State Courts, consultado em: https://www.ncsc.org/__data/assets/pdf_file/0032/18878/judicial-unification-and-its-impacts-on-efficiency.pdf

[93] Como refere a esmagadora maioria dos professores e advogados da área administrativa e fiscal: vejam-se os vários depoimentos in EM DEFESA DA AUTONOMIA DA JURISDIÇÃO ADMINISTRATIVA E FISCAL, 2018, Coimbra: Cedipre, consultado em https://www.fd.uc.pt/cedipre/wp-content/uploads/2018/11/Book_Depoimentos.pdf ; e Tiago Serrão e Marco Caldeira, coord, A Justiça Administrativa em Portugal: Diagnóstico Presente e Perspectivas Futuras, Lisboa, AAFDL, 2022.

[94] Tendo presente que a unificação implicaria, designadamente, uma revisão do EMJ, integrando nele toda a matéria do estatuto dos juízes integrante do ETAF, prever uma nova composição deste novo Conselho Judiciário e uma distinta orgânica, conforme preconiza também Luís Azevedo Mendes, op. cit.

[95] Cananea, Giacinto, Judicial Review of Administrative Action in Europe: Common Trends and Requirements (30-10-2018), consultado em SSRN: https://ssrn.com/abstract=3309587 or http://dx.doi.org/10.2139/ssrn.3309587; Kosař, D., Beyond..., e Urbániková, M., & Šipulová, K., Failed Expectations: Does the Establishment of Judicial Councils Enhance Confidence in Courts?, in German Law Journal , Volume 19 , Issue

4.3. Coordenação: mudança de cultura judiciária

O sistema plural de jurisdições e de governo institui o desafio da coordenação, nomeadamente entre o Conselho Superior da Magistratura e o Conselho Superior dos Tribunais Administrativos e Fiscais.

Uma abordagem centrada em boas práticas institucionais entre os dois Conselhos, não obsta, antes pressupõe, que estes se articulem entre si e que, com o Ministério da Justiça, se instituam mecanismos de coordenação indispensáveis à congruência do sistema de governação, tanto no que respeita à articulação das intervenções, em assuntos de interesse comum ou que convocam/aconselham a intervenção de mais de uma entidade, à partilha de soluções, à tomada de posições conjuntas, como aconteceu quanto à protecção de dados do sistema de justiça, ou à instituição de consulta recíprocas periódicas de carácter informal.

5. Modelo Português: (Des)Conformidade com o standard europeu

No padrão europeu, a questão da composição dos Conselhos, nascida da preocupação de assegurar modelos de governação garantes da independência dos juízes, é, também, sublinhada na perspectiva da luta contra a corrupção: os juízes eleitos pelos seus pares não devem ser em número inferior a metade dos membros do Conselho Superior (Recomendação CM/Rec(2010)12 do Comité de Ministros do Conselho da Europa[96] e Recomendação *vi* do GRECO).

5.1. Maioria de juízes eleitos pelos seus pares

A recomendação de maioria de juízes eleitos pelos seus pares não foi acolhida no nosso regime[97]. Não é expectável que em Portugal seja con-

7: Special issue – Judicial Self-Government in Europe , 01 December 2018 , pp. 1567 – 1612, disponível em: https://doi.org/10.1017/S2071832200023178, e pp. 2105-2136, consultado em: https://doi.org/10.1017/S2071832200023348.

[96] Fourth Evaluation Round, consultado em https://www.coe.int/en/web/greco/evaluations/round-4.

[97] Relatório da Comissão Europeia sobre o Estado de Direito, 2022, e Fourth Evaluation Round do GRECO.

siderado conveniente proceder a uma alteração constitucional nesse sentido. Um regime claro de incompatibilidades e conflito de interesses dos membros dos Conselhos Judiciais nomeadamente quanto deliberações sobre avaliação dos juízes e sobre questões disciplinares constitui salvaguarda relevante dos objectivos pretendidos pelo GRECO.

A Comissão de Veneza e as deliberações da Rede Europeia de Conselhos de Justiça, criada no âmbito da União, salientam que a avaliação da conformidade deve seguir uma perspectiva de análise global dos sistemas nacionais e não de cega verificação de cada elemento do *standard*[98]. No sistema português, a participação dos juízes eleitos pelos seus pares não se tem mostrado enfraquecida pela ausência de maioria. Contrariamente, o sistema de exercício de funções em dedicação exclusiva dos membros juízes e o maior conhecimento do judiciário e da sua cultura têm contrabalançado a ausência de maioria.

Nos inquéritos por nós conduzidos a maioria dos juízes exprimiu-se no sentido da aceitação do *standard* da maioria de juízes eleitos pelos seus pares, atribuindo igual relevância à existência de membros não juízes.

5.2. Equilíbrio de legitimidades

Na ponderação de valores, a consideração do funcionamento prático e da premência em assegurar a independência por meio da legitimação do poder judicial como um verdadeiro poder de soberania do Estado reconhecido pelos cidadãos em termos de confiança no sistema, é argumento forte de defesa da manutenção do equilíbrio conseguido quanto à composição dos Conselhos, pese embora a parcial desconformidade com o *standard* europeu[99]. Alterar as configurações actuais para cumprimento

[98] Wim Voermans, op. cit., p. 2138: Councils for the Judiciary are the product of various political and cultural developments within a legal system, that in turn is deeply rooted in the historical, cultural and social development of the country envolved. Because of that, every Council for the Judiciary is unique and we can not see or compare these institutions out of their context.

[99] Sobre o equilíbrio a obter, Conclusões Gerais da Mesa Redonda Internacional, no âmbito da Comissão de Veneza, sobre Shaping Judicial Councils to Meet Contemporary Challenges, que teve lugar em Estrasburgo em 23 de Março de 2022, consultadas

desse *standard* desconsidera o equilíbrio de legitimidades conseguido e potencia o perigo de deslegitimação e perda de confiança por suspeita de corporativismo[100].

No momento actual, esta consideração é determinante para concluirmos pela manutenção da composição, tanto mais que em relação aos aspectos sensíveis das inspecções e disciplina, o conselho permanente do CSM funciona com uma composição de maioria de juízes desde a alteração de 2019 ao Estatuto dos Magistrados Judiciais[101] [102] (alteração que se não vê tenha sido considerada no recente relatório do GRECO[103]).

Na análise de vantagens e inconvenientes sopesa-se como determinante o funcionamento equilibrado que tem sido conseguido e a nomeação dos membros não juízes pelo Presidente da República e pela Assembleia da República, órgãos de soberania eleitos por sufrágio universal e directo, e, quanto ao Parlamento, por maioria reforçada.

em https://www.coe.int/en/web/human-rights-rule-of-law/home/-/asset_publisher/muMClwXKSY53/content/venice-commission-s-international-round-table-shaping-judicial-councils-to-meet-contemporary-challenges-?_101_INSTANCE_muMClwXKSY53_viewMode=view/.

[100] Nas palavras de um dos nossos entrevistados: Quanto à composição, vejo como correta a opção constitucional (legal, no caso do CSTAF) de atribuir a maioria a personalidades designadas pelo PR e pela AR. Embora esse modelo possa conhecer alguns obstáculos determinados por uma conceção independentista da magistratura judicial (conceção com afloramentos na jurisprudência do Tribunal Europeu dos Direitos do Homem), parece-me que a presença de não-juízes na gestão das magistraturas é um elemento positivo do sistema português. Neste plano, talvez se justifique alguma regulação fixadora de critérios e requisitos sobre quem pode ser designado para os Conselhos.

[101] Art. 150.º, n.º 5, da Lei 67/2019, de 27/08.

[102] Esta alteração constitui elemento de relevo a indicar em sede das avaliações do GRECO que, ainda recentemente, se pronunciou desfavoravelmente quanto ao cumprimento da recomendação vi, consultado em GrecoRC4(2022)20-Final-Portugues-2 relatorio de conformidade-Portugal-PUBLIC .docx.pdf.

[103] GRECO, apreciação da conformidade quanto à recomendação vi, QUARTO CICLO DE AVALIAÇÃO – SEGUNDO RELATÓRIO DE CONFORMIDADE, Junho 2022, consultado em file:///E:/1%20AAAAA%202021%2006%2008%20BU%20documentos%20PC/AAA%20Docs%202019/REFORMA%20DA%20JUSTI%C3%87A%20-%202021_2022/BIBLIOGRAFIA/RELAT%C3%93RIOS/INTERNACIONAIS/GrecoRC4(2022)20-Final-Portugues-2%20relatorio%20de%20conformidade-Portugal-PUBLIC%20.docx.pdf.

5.3. Os casos sensíveis: disciplina, classificação, promoção

Não escamoteamos a dificuldade de determinadas decisões, com potencial perigo de interferência na independência dos juízes, serem tomadas por uma maioria de membros não juízes, nomeadamente as que respeitam a sanções disciplinares, a classificações de serviço ou a promoções. O sistema jurídico tem, todavia, encontrado caminhos de superação de que é exemplo o acórdão do Tribunal Constitucional 627/98 e a mencionada alteração à composição do Conselho Permanente quanto a assuntos inspectivos e disciplinares.

Outros caminhos devem ser ensaiados, nomeadamente na senda de formações com maioria de juízes para deliberação sobre as questões de promoção[104]. Entendemos que assim se garante a um tempo a legitimação dos Conselhos e do poder judicial, se afasta o corporativismo (ou o seu receio) e se mantém o padrão de imparcialidade e independência pela maioria de juízes que é exigência da União e do GRECO.

Se *não existe uma fórmula certa para a questão da organização do poder judicial*[105], o modelo de Conselhos Judiciais provou ser adequado à garantia da independência dos tribunais e dos juízes que determinou a sua instituição e tem conseguido, com deficiências embora, adaptar-se às necessidades dos novos tempos ou, onde o não conseguiu, a questão não é de modelo, mas de cultura judiciária. É, por isso, um modelo a manter, aprofundar e melhorar[106].

B. PAZ

"Olhe, meu caro general, eu encarrego-me do arroz e das costeletas, a guerra é com o senhor..."
***Leão Tolstoi**, Guerra e Paz*

[104] Recomendação vii do GRECO.
[105] Nuno Garoupa, Politização da Justiça e o Poder Judicial, consultado em https://www.stj.pt/wp-content/uploads/2007/04/jspp_nunogaroupa.pdf.
[106] Não acompanhamos a dicotomia de órgãos de governação, com os Supremos na garantia da independência e os Conselhos na gestão, exposta por Nuno Garoupa, Politização....

IV. Direitos humanos

1. Liberdades e direitos sociais

Os direitos humanos, radicados nas liberdades civis clássicas e na relação entre as pessoas e com o Estado em que esta se organiza, enfrentam novos desafios nos sistemas jurídicos multipolares e multiculturais e nos ambientes sociais de antagonismo – mais do que de diversidade – e de maniqueísmo, mais do que de diferenças de quadros valorativos – propícios a cercear liberdades.

O abalo que experimenta o Estado Social de Direito, que venceu na segunda metade do séc. XX europeu, implica que os direitos humanos de natureza social, embora constitucionalmente consagrados, se esvaziem muitas vezes de conteúdo[107].

2. Globalização. Crises (financeira, migratória...). Paz

A volatilidade económica evidenciada pelas recentes crises financeira e sanitária, a globalização da economia, a diversidade étnica acrescida na Europa, resultante da crise migratória, o declínio dos Estados Unidos, aquilo a que os historiadores chamam a movimentação nas placas tectónicas dos impérios contemporâneos e a sua colisão em certas zonas de falha, são factores que põem em risco a paz[108].

A paz coloca desafios aos Tribunais como os que poderão resultar da aplicação do recente memorando de entendimento celebrado entre a Turquia, a Suécia e a Finlândia, de acordo com o qual a Turquia dá o

[107] Bem podemos dizer atualmente que, embora exista um número maior da população que tem acesso a bens essenciais, a desigualdade entre pobres e ricos aumentou. Merecem particular preocupação os dados relativos à pobreza em Portugal (18% da população abaixo do limiar de pobreza), nomeadamente à pobreza das pessoas que trabalham, particularmente quando cruzados com outras vulnerabilidades sociais como a dos idosos, dos imigrantes, das mulheres ou dos jovens que, sintomática e infelizmente, quase se podem incluir nas categorias vulneráveis numa sociedade de avançada idade em que as escolhas (v.g. eleitorais) são sobretudo feitas pelos mais velhos e mais protegidos.

[108] Niall Ferguson, The war of the world, Penguin Books.

seu acordo à entrada da Suécia e da Finlândia na NATO (Organização do Tratado do Atlântico Norte), o que seguramente colocará desafios relevantes aos Tribunais Suecos e Finlandeses na decisão dos processos de extradição[109]. A resposta dos Tribunais, num Estado de Direito democrático, só pode ser a de deixar a guerra aos generais e recorrer ao conceito de dignidade humana e à primazia dos direitos humanos.

Os Tribunais têm, cada vez mais, de enfrentar os desafios colocados pelos direitos humanos a cuja violação se pede que ponham termo. Perante experiências de famílias e crianças que vivem condições sociais e habitacionais degradantes, marginalização dos jovens oriundos dos subúrbios, expulsão e tratamento brutal dos imigrantes, discriminação racial e religiosa dos estrangeiros, utilização abusiva de dados pessoais pelas plataformas digitais, infracções a regras de comportamento empresarial que causam danos à economia e ao ambiente, pedidos de asilo em casos de guerra e disrupção, pedidos de extradição por motivos políticos, os Tribunais têm, cada vez mais, de enfrentar os desafios colocados pelos direitos humanos.

3. Direitos fundamentais e acesso aos Supremos Tribunais

A colisão entre direitos é cada vez mais frequente e exige a intervenção dos Tribunais para apreciar o chamado efeito horizontal dos direitos constitucionais, em casos de complexidade acrescida[110].

Mal se compreende que o acesso aos Supremos Tribunais não eleja a violação dos direitos humanos como critério, estabelecendo a admissibilidade de recurso quanto a um catálogo de direitos de maior relevância, com apreciação prévia da admissibilidade nos Supremos, por critérios de relevância jurídica e social, similares ao da revista excepcional, sem restrição à dupla conforme como razão de inadmissibilidade e com vinculação da conferência.

A sociedade de risco global em que vivemos, o modo de vida contemporâneo, depara-se com sinais de alerta realmente assustadores, que

[109] L'Espresso, n.º 27, anno LXVIII, 10 Julho 2022, Unione sotto scacco.

[110] Jürgen Habermas, The Crisis of the European Union, p. 77 a 81.

vão desde a dramática evolução da Pegada Ecológica Humana e a perda da biodiversidade, até ao endividamento excessivo dos Estados soberanos, das empresas e das famílias, e às dificuldades de financiamento dos sistemas de prestações sociais, como a saúde, a educação, a segurança social, entre outros aspetos. A necessidade de moderação e contenção do presente, que se tem vindo, timidamente, a consolidar desde as últimas décadas do século passado, convoca a existência atual de "direitos fundamentais das gerações futuras"[111], que os tribunais não podem ignorar. Tudo a interpelar a *realização jurisdicional do direito.*

4. Desafio aos Conselhos Judiciais: dados relevantes e coordenação

É neste contexto que o discurso dos Tribunais portugueses, cuja linguagem é dificilmente percetível para os cidadãos, aliado à morosidade dos processos e à insegurança jurídica causada pela complexidade e falta de transparência da legislação, contribuem para a insatisfação da comunidade com o seu desempenho. Coloca-se então a questão de saber se os Conselhos Judiciais podem desempenhar algum papel no reforço da confiança dos cidadãos e das empresas nos Tribunais. A resposta pode estar em modelos já adoptados pelos Conselhos Judiciais de outros países.

Com base nessa experiência comparada, é possível aos Conselhos Judiciais portugueses melhorar, por exemplo, a comunicação dos Tribunais com a comunidade e enquadrar a actividade destes, sem nela intervir, adoptando certas medidas uniformes para que os Tribunais se centrem na promoção da dignidade humana. É necessária a obtenção de dados que permitam a análise e a comunicação, também na perpsectiva da defesa e promoção dos direitos humanos, para o que é adequado instituir a classificação dos processos pelo critério dos direitos humanos, como acontece no Brasil.

[111] Sofia Isabel Pires Chaves, O dever estadual de protecção dos direitos fundamentais das gerações futuras, 2016, disponível no repositório UCP em: https://repositorio.ucp.pt/bitstream/10400.14/20323/1/O%20dever%20estadual%20de%20protec%C3%A7%C3%A3o%20dos%20direitos%20fundamentais%20das%20gera%C3%A7%C3%B5es%20futuras.pdf

O direito de asilo, o direito à protecção internacional e o tratamento dos estrangeiros que entram ilegalmente em Portugal, em número cada vez maior, devido à crise migratória, merecem a atenção conjugada dos dois Conselhos Judiciais. O quadro legal aplicável é complexo, pois coexistem convenções internacionais das Nações Unidas, regulamentos da União Europeia directamente aplicáveis, directivas transpostas para o direito nacional em diplomas dispersos, e existe intervenção tanto dos Tribunais Administrativos e Fiscais como dos Tribunais Comuns, através dos Juízos de Família e Menores e dos Juízos Criminais, que impõe o diálogo jurisdicional.

5. Tutela jurisdicional efectiva

5.1. Desafio aos Tribunais

Na resposta aos desafios que lhes são colocados atualmente pela defesa dos direitos humanos, os Tribunais têm no valor da dignidade humana o critério para assegurar a proporcionalidade e a indivisibilidade de todas as categorias de direitos humanos, sejam eles os direitos civis clássicos, que visam proteger os cidadãos da ingerência do Estado, os direitos de participação na vida democrática, os direitos económicos e sociais, os direitos culturais, o direito ao ambiente, o direito à desindexação nos motores de pesquisa da internet, a protecção conferida a bens jurídicos colectivos, pelo direito penal ou pelas grandes contraordenações modernas.

Como referido por um dos nossos entrevistados: *Para que os tribunais consigam alcançar estes objetivos, é necessário que haja um processo de requalificação transversal, que começa no momento da formação inicial das magistraturas no Centro de Estudos Judiciários, passando pela melhoria da gestão e organização do sistema judicial até chegar à própria avaliação do desempenho dos tribunais e dos seus profissionais, com os meios necessários para implementar processos de reforma. Não basta clamar por mais recursos humanos, quando a pendência processual até está a baixar. É necessário avançar para um novo paradigma focado na qualidade da justiça. E isso não se faz sem vontade política e sem a atribuição dos meios necessários, num quadro de definição de prioridades políticas no Orçamento de Estado.*

Em suma, não basta pugnar pela existência do Estado de Direito. É necessário que os tribunais sejam proativos quando os seus princípios são violados, dado que a sua correção contribui para que haja mudança social, consciencialização política e formação cívica sobre o que está em jogo quando falamos de Estado de Direito e Direitos Humanos.

5.2. Observatórios de direitos humanos

O Conselho Superior da Magistratura português criou um observatório da violência doméstica com o propósito de actuar nesta área, mas é necessário dinamizar, intensificar, diversificar e acompanhar este esforço.

Os Conselhos devem criar, na sua dependência, observatórios em áreas diversas, que funcionem como sismógrafos da violação de certos direitos humanos. Consoante os casos, os observatórios devem contar com a participação de juízes e não juízes, de outras instituições, de membros da sociedade civil, do meio empresarial e de académicos, para analisar as decisões, propor políticas públicas, reforçar a formação dos juízes, recolher, tratar e disponibilizar informação correcta, atempada e transparente à comunidade. Isso facilita o justo equilíbrio entre o dever de reserva dos juízes, o respeito pelo segredo de justiça e pela confidencialidade de certos actos processuais e o direito à informação por parte dos cidadãos.

Um observatório do direito de asilo e do direito à protecção internacional deve até ser criado conjuntamente pelos dois Conselhos Judiciais (o Conselho Superior da Magistratura e o Conselho Superior dos Tribunais Administrativos e Fiscais), devido à teia complexa de legislação existente que implica a intervenção das duas categorias de Tribunais e a necessidade de partilharem informação quando estão pendentes processos, com vista à protecção da mesma pessoa, nos Tribunais judiciais e nos Tribunais administrativos e fiscais.

Como um dos peritos que ouvimos, entendemos essencial *considerar as seguintes principais fragilidades: a) ausência de especial sensibilidade à "urgência" de determinações situações de violação de direitos, como é o caso da violência doméstica, das violências contra as crianças ou dos acidentados do trabalho (essa sensibilidade exige que se assuma a eficiência e a celeridade, como condições estruturantes de efetivação de direitos; b) pouca atenção diferenciada à comunicação, ao atendimento, à audição e ao acolhimento das vítimas nos tribunais (por exemplo, muitas das vítimas continuam a ser ouvidas em fase de inquérito em espaços sem condições de privacidade, por pessoas que não têm especial formação para compreender os seus silêncios, as suas necessidades de tempo para depor, as suas dificuldades de clareza discursivas, etc. Este problema de audição das vítimas também ocorre na fase de julgamento); c) compreensão e visão alargada do problema que está no lastro dos processos e do papel que o tribunal pode ter na procura de uma resposta alargada.*

Os Conselhos Judiciais detêm um vasto conjunto de competências cujo exercício aprofundado e orientado no sentido da promoção dos direitos das pessoas é imperioso. De notar que essa é a sua função constitucional pois mesmo as competências de mera organização são cometidas em vista da Justiça e dos seus frutos: Paz e Confiança.

C. INSTITUIÇÕES EFICAZES

> *"For me, people come first."*
> *Afirmou a pintora **Alice Neel** (Estados Unidos 1900-1984) em 1950.*
>
> *"Qualquer pessoa tem direito a que a sua causa seja examinada, equitativa e publicamente, num prazo razoável por um tribunal independente e imparcial, estabelecido pela lei, o qual decidirá, quer sobre a determinação dos seus direitos e obrigações de carácter civil, quer sobre o fundamento de qualquer acusação em matéria penal dirigida contra ela."*
> *Do artigo 6.º da **Convenção Europeia dos Direitos Humanos***

V. Portugal – administração do sistema judicial

1. Governação mista

O nosso modelo de Conselhos Judiciais coexiste com a gestão dos Tribunais por parte do Ministério da Justiça[112], num modelo misto[113] a um tempo de reserva e de partilha de competências.

[112] E com a autonomia do Ministério Público (com estrutura de governação e gestão

No final do século XX subsistia o sistema de gestão dos tribunais a cargo do Executivo, com exceção dos recursos humanos quanto aos magistrados (confiada aos Conselhos Superiores). Estava ausente uma visão global da organização, da tramitação processual de cada tribunal ou do conjunto dos tribunais, e eram quase inexistentes os indicadores, excepto os utilizados pelas inspeções judiciais e dos funcionários, insuficientemente debatidos e conhecidos, assentes no quase único critério dos processos findos.

As leis de reforma do século XXI[114] apresentaram-se como visando pôr fim a esta situação, reformando o modelo de gestão mediante reforço das competências dos Conselhos, com a descentralização de competências da administração central (Executivo e CSM) e a concentração nos órgãos de gestão dos tribunais de primeira instância.

Este modelo chama uma série de actores à gestão do sistema tornando imperioso o diálogo permanente entre os Conselhos e o Executivo, a construção de uma sólida cultura de cooperação institucional, tendo como pano de fundo o princípio da independência judicial e a correspondente *accountability* externa dos órgãos de governo, cuja legitimidade democrática importa, por essa via, assegurar.

2. Diálogo e cooperação institucional

O modelo misto tem um problema específico que só o diálogo e cooperação institucional permitem superar: na gestão dos Tribunais, existe um desalinhamento entre autoridade e responsabilidade. Aqueles que são responsáveis pelo desempenho dos Tribunais, em última análise os

separada dos Conselhos Judiciais e partilhada com a do Ministério da Justiça) de que não é aqui caso.

[113] Modelo concorrencial segundo Laurent Berthier e Hélène Pauliat, Administration et gestion des systèmes judiciaires en Europe, CEPEJ, consultado em https://rm.coe.int/commission-europeenne-pour-l-efficacite-de-la-justice-cepej-administra/16807882e7.

[114] Leis 52/2008 e 62/2013, para os TJ, e novo Estatuto dos Tribunais Administrativos e Fiscais, para os TAF.

juízes, enquanto titulares do cargo no órgão de soberania Tribunal, não têm autoridade sobre o número de funcionários recrutados e colocados em cada Tribunal, sobre o número de magistrados ou pessoal recrutado em cada ano, sobre o valor da remuneração para conseguir atrair profissionais qualificados, sobre a aquisição dos meios informáticos, em suma, sobre a escolha e alocação dos recursos humanos, materiais, financeiros ou informáticos necessários ao funcionamento dos Tribunais. A escolha e atribuição desses recursos cabem ao poder executivo, normalmente através do Ministério da Justiça. Por sua vez, dentro do Ministério da Justiça, o orçamento destinado aos Tribunais é incluído e dilui-se no orçamento de direcções gerais e institutos públicos diferentes, que apoiam também outros serviços da justiça além dos Tribunais (eg. conservatórias de registo, estabelecimentos prisionais, centros educativos, etc.).

Ora, as falhas no governo dos Tribunais, por parte das várias entidades que nele intervêm, repercutem-se negativamente na legitimidade do poder judicial aos olhos da população, porque existe uma relação estreita entre o governo e desempenho dos Tribunais e a legitimidade do poder judicial[115].

A maioria dos profissionais que respondeu aos nossos inquéritos está a favor da gestão dos Tribunais enquadrada pelo Ministério da Justiça nos moldes actuais, embora os oficiais de justiça inquiridos (em exercício de funções no Conselho dos Oficiais de Justiça) apontem a necessidade de concentrar essas competências numa única entidade do Ministério da Justiça. Para a maioria dos juízes respondentes, os Conselhos Judiciais devem ter mais poderes no enquadramento da gestão dos Tribunais. Quase todos os juízes presidentes que responderam aos inquéritos ou participaram nos debates apontam dificuldades resultantes da falta de interlocutores no Ministério da Justiça, para resolver os problemas diários dos Tribunais.

[115] Tomás Aquino Guimarães, Edson Ronaldo Guarido Filho, Bruno Batista de Carvalho Luz, Courts as Organizations: Governance and Legitimacy, BAR, vol. 17, n.º 4, 2020, consultado em https://bar.anpad.org.br/index.php/bar/article/view/507/429.

10. Na sua opinião, o enquadramento da gestão e administração dos Tribunais deve ser atribuído (selecione apenas uma opção):
338 respostas

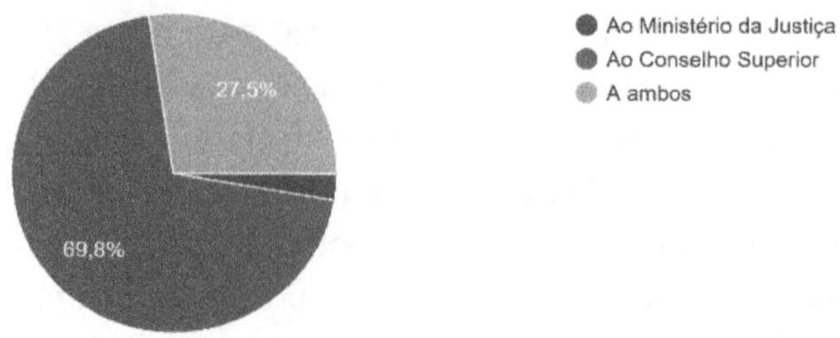

Fonte: inquéritos aos juízes portugueses de primeira e segunda instância feitos por este grupo de trabalho.

4. Veria vantagem em centralizar competências de gestão dos Tribunais num único serviço?
18 respostas

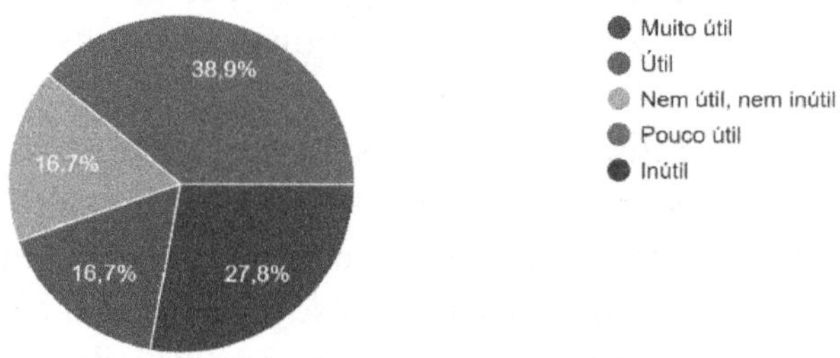

Fonte: inquéritos aos oficiais de justiça membros do COJ feitos por este grupo de trabalho.

Das entrevistas que fizemos, resulta que a indefinição quanto às responsabilidades de cada entidade no funcionamento diário dos Tribunais e a dificuldade de coordenação entre os vários actores envolvidos são um obstáculo a uma gestão eficaz.

Importa sobretudo uma clara definição de competências e o desatar dos nós das competências cruzadas que muitas vezes nem aos próprios permitem saber quem decide ou é responsável pelo quê, reforçando uma cultura de serviço público.

Importa ainda que as diversas entidades, aos diversos níveis decisórios, instituam uma prática de colaboração e consulta recíproca, com estratégias consensualizadas e objectivos comuns. Implica que de tudo sejam prestadas contas com transparência com o único objectivo de informar dos elementos relevantes para que as pessoas, o povo em nome de quem justiça é administrada, possam avaliar o sistema e perceber os seus pontos fortes e as suas falhas, porque a qualidade da democracia, *governo pela discussão*[116] exige que a todos seja prestada a devida informação.

VI. Tribunais e sociedade

1. Confiança da população. Percepções

O nível de confiança da população nos Tribunais portugueses resulta de alguns relatórios e inquéritos conhecidos. Mais de 70% da população vê a justiça civil como livre da influência do poder político. Pouco mais de 50% confia na execução efectiva da justiça civil. Quase 70% considera que a justiça civil é relativamente acessível e disponível. A duração da justiça criminal em Portugal fica abaixo da média dos países da Organização para a Cooperação e Desenvolvimento (OCDE)[117].

Dos representantes da sociedade civil que participam nos órgãos de gestão dos Tribunais de primeira instância, que responderam aos nossos inquéritos, 74,4% já interveio num processo judicial como parte, testemunha ou perito, e 92,2% conhece alguém que interveio. Responderam como se segue.

Dessa experiência, direta ou indireta, referiram o impacto na vida familiar, profissional e na saúde dos intervenientes, encontrando-se a sua opinião representada no gráfico infra:

[116] Amartya Sen, A Ideia de Justiça, Almedina, 2012, p. 16.

[117] OCDE, Covernment at a glance, 2020.

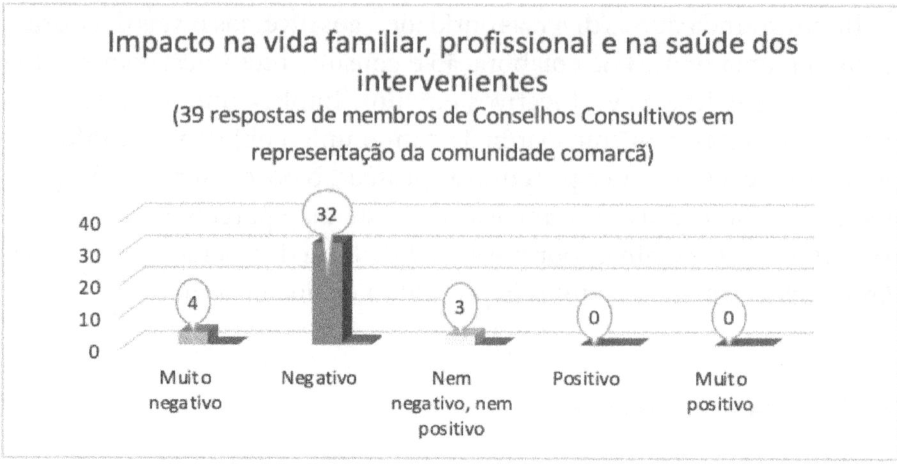

Os aspectos mais negativos indicados foram:

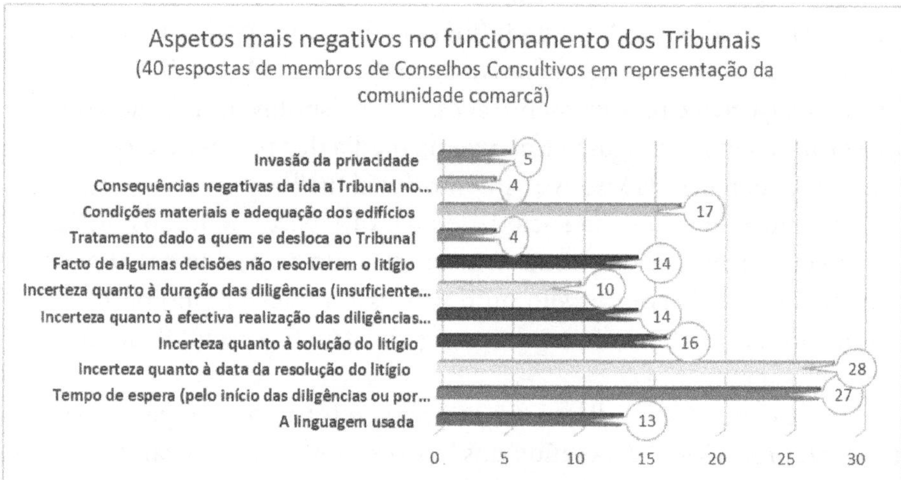

Os dados que constam dos dois gráficos acima são limitados à opinião dos representantes da sociedade civil nos órgãos de gestão dos Tribunais de primeira instância. Entre eles, muitos têm formação em direito, mas outros provêm de áreas como a indústria ou o ensino.

Gostaríamos de ter feito um inquérito à sociedade civil sobre o impacto dos processos judiciais na vida dos cidadãos, em certas áreas como o direito do trabalho, da família, da insolvência, e do fiscal e administrativo, mas os meios e recursos não o aconselhavam. Estamos convictos de que é necessário que os Conselhos Judiciais levem a cabo regularmente este tipo de inquéritos aos cidadãos[118], sendo-lhes atribuídos os necessários meios financeiros e/ou humanos.

2. Empresas e economia

As empresas consideram o sistema judicial o principal entrave à sua expansão em Portugal[119]. Com efeito, 62% das empresas considera que a principal razão para a má qualidade das decisões judiciais são as regras processuais[120] e que a legislação é pouco transparente e demasiado complexa[121].

A tomada em consideração, na gestão dos Tribunais portugueses, do impacto que a morosidade da justiça tem na economia, foi um tema introduzido no debate organizado ao longo deste trabalho sobre o funcionamento dos Tribunais. Factores como a especialização dos Tribunais, a necessidade de reduzir o tempo de resolução das insolvências e das execuções por dívidas, assim como dos processos de contencioso tributário, motivaram as recentes reformas da justiça em Portugal, por se pensar que têm influência na criação de postos de trabalho por parte de novas empresas, sem que seja afectada a oferta de trabalho por empresas pré-existentes. Os Conselhos devem instituir mecanismos que lhes permitam ouvir os operadores económicos e avaliar seriamente estes impactos.

É defendido que a redução da morosidade processual contribui para o aumento líquido de postos de trabalho. Este efeito não pode ser interpretado literalmente pois baseia-se nalgumas premissas que podem não

[118] Relatório anual 2021, The Hague Institute for Innovation of Law.

[119] INE, Inquérito sobre os Custos de Contexto, 2022, consultado em https://www.ine.pt/xportal/xmain?xpid=INE&xpgid=ine_destaques&DESTAQUESdest_boui=540896991&DESTAQUESmodo=2

[120] Mariana França Gouveia, Nuno Garoupa, Pedro Magalhães, Justiça económica em Portugal, 2012.

[121] Indicators of Regulatory Policy and Governance (iREG): Portugal, 2021, OECD.

se verificar [122], mas é um indicador do impacto negativo da lentidão da justiça na criação de emprego e na dinamização da economia que os Conselhos Judiciais e o Ministério da Justiça devem levar em conta. No que diz respeito aos atrasos na cobrança de dívidas, importa também ter em conta que eles afectam não só as empresas, mas também as camadas mais vulneráveis da população, nomeadamente as crianças, credoras de alimentos. A incerteza alimentar e a pobreza das crianças, que aumenta em situações de crise, são factores muito negativos para o desenvolvimento económico do país.

3. Pendências processuais, morosidade e investimento

Na segunda metade do século XX o número de processos nos Tribunais aumentou exponencialmente em vários países, incluindo Portugal. A falta de investimento, de recursos financeiros e tecnológicos necessários para que os Tribunais pudessem fazer face ao aumento do número de processos tem causado, desde então, situações por vezes alarmantes de atrasos processuais. Para fazer face a esta situação, o legislador português introduziu reformas judiciárias, previu maior especialização de juízos[123] – Família e Menores, Trabalho, Crime, Cível, Comércio etc. – como meios de aumentar a produtividade e a qualidade. Tanto o Ministério da Justiça como os Conselhos passaram a monitorizar as estatísticas e a produtividade de cada Tribunal.

Apesar destas medidas, e do aumento da despesa do Ministério da Justiça em 2022, persiste a falta de investimento em recursos humanos e materiais suficientes para fazer face ao actual volume, à complexidade crescente do trabalho nos Tribunais[124] e à necessária evolução tecnológica. A par disso, a necessidade de intervenção de vários poderes do Estado na

[122] Flavio Calvino, Chiara Criscuolo, Carlo Menon, No Country for young firms? OECD Science, Tecchnology and Industry Policy Papers, n.º 29.

[123] Idêntico caminho foi feito nos TAF, em 2019, com a criação de juízos especializados nos tribunais administrativos e fiscais de 1.ª instância.

[124] Comissão 2022 Rule of Law Report Country Chapter on the rule of law situation in Portugal, p. 7.

gestão dos Tribunais gera falta de flexibilidade para reagir rapidamente a alterações no tipo, volume e complexidade dos processos. Tudo isto acarreta um risco sério de diminuição da qualidade da justiça[125].

O que ocorre em Portugal é que os Tribunais, considerados em geral, tiveram uma situação de atraso crónico que, sendo debelado em algumas jurisdições, persiste de enorme gravidade noutras, com relevo para os grandes tribunais de comércio e de execução, para os tribunais administrativos e fiscais e para os "mega-processos" de natureza criminal. Há cerca de uma década que se intensificam esforços para o combater que tendo tido êxito na generalidade dos tribunais da jurisdição comum, com as identificadas excepções, são ainda sem resultados práticos palpáveis para a percepção da população.

Os Tribunais Administrativos e Fiscais estão numa situação alarmante em que apenas conseguem lutar contra os atrasos: com uma taxa de resolução de 111% terminaram num ano mais casos do que os entrados nesse ano, mas baixaram a pendencia em apenas 5%. A demora na resolução é de 928 dias, demasiado elevada em comparação com a média europeia de 323 dias e com a mediana (o valor posicionado no centro do conjunto dos países observados) de 241 dias, quanto à justiça administrativa. O esforço de recuperação de pendências que tem vindo a ser feito em primeira instância deve ser continuado nos tribunais superiores, sem o que é sem consequências para as pessoas[126]. A situação dos tribunais administrativos e fiscais, amplamente debatida em estudos recentes, exige medidas urgentes designadamente de reforço de meios[127].

[125] Gar Yein Ng, A discipline of Judicial Governance, Utrecht Law Review.

[126] Relatório de avaliação de 2020 (dados de 2018), da CEPEJ (Comissão para a Eficiência nos Tribunais).

[127] Nas palavras de um dos nossos entrevistados: (...) o maior desafio que se coloca nos próximos anos à justiça portuguesa reside na valorização da justiça administrativa e fiscal, designadamente quanto ao seu funcionamento, a novos métodos de gestão e organização do trabalho, à simplificação de procedimentos e ao desenvolvimento da informatização – tudo instrumentos de combate à excessiva morosidade.
Para reforçar a confiança no sistema de justiça administrativa e fiscal é fundamental ir mais longe e adotar soluções inovadoras, tendo em vista alcançar níveis de desempenho alinhados com os melhores da Europa. As recentes propostas constantes dos relatórios do Grupo de Trabalho dos Tribunais Administrativos e Fiscais (2022) caminham nesse

Podemos dizer que este é um estado de crise que impõe uma terapia de crise, que permita superar a curto prazo os atrasos processuais nas áreas em que se verificam. Isso implica identificar os problemas concretos que geram os atrasos e o mau funcionamento dos Tribunais, isolá-los e deixar de lado tudo o resto que correu bem e que não precisa de ser alterado. Tal como nas crises individuais, também nas crises institucionais podemos: reconhecer que a crise existe, que é o primeiro passo para a resolver, ou negá-la; aceitar que somos responsáveis, enquanto comunidade, por resolvê-la, ou lamentar a situação e culpar os outros; levar a cabo mudanças selectivas no que funciona mal e preservar os aspectos que funcionam bem; procurar obter ajuda material e financeira de outras instituições ou poderes, para superar a crise; copiar modelos adoptados por outros países ou por outras instituições, que funcionaram em situações semelhantes; tentar obter o consenso dos que são afectados pela crise dos Tribunais para a necessidade de fazer algumas mudanças; ser realista e flexível nas soluções propostas[128].

É necessário querer que os tribunais ultrapassem a crise. Contudo, querer o fim implica querer os meios de o atingir: organização dos recursos onde existem e recursos adicionais onde escasseiam.

VII. Actuação institucional dos Conselhos

Estabelecido o enquadramento dos Conselhos de Justiça e a manutenção do modelo de governação que temos, alguns tópicos evidenciam-se por concitarem maior necessidade de actuação dos Conselhos ou de alteração da actuação até agora seguida. É o que seguidamente nos ocupa.

sentido, oferecendo uma estratégia adequada a superar os estrangulamentos do funcionamento do sistema de justiça administrativa e fiscal. Sem embargo, estas e outras medidas carecem, a meu ver, de enquadramento num amplo compromisso entre o Governo e a Assembleia da República, com o horizonte de uma legislatura e afetação de recursos financeiros próprios. Esta solução permitiria otimizar o ímpeto reformista, conferindo--lhe um alcance mais vasto, em lugar de medidas ad hoc.

[128] Jarred Diamond, Upheaval: How nations cope with crisis and change, Penguin Books.

1. Selecção, recrutamento e formação dos juízes

O recrutamento e a formação dos juízes exigiriam uma análise complexa que ultrapassa o âmbito deste capítulo e que foi tratado especificamente por outro grupo de trabalho, tratando-se de questões fulcrais para uma magistratura psicologicamente independente, conhecedora da sociedade de onde emerge e na qual exerce a sua missão e com claro sentido da função de realização jurisdicional do direito na organização da sociedade em Estado de Direito democrático.

1.1. Selecção e recrutamento

A selecção e recrutamento devem visar captar os melhores para o exercício da função de juiz, e a formação deve permitir-lhes ganhar as competências específicas que a função demanda, sendo inútil (ou mesmo prejudicial) a reprodução do contexto universitário.

Ao Centro de Estudos Judiciários cabe a execução destas tarefas, sob tutela do Ministro da Justiça[129], mas com particular e intensa intersecção com os Conselhos Superiores[130] que detêm competências fundamentais. Embora o CEJ funcione sob tutela do Ministro da Justiça, a dependência de decisões e pareceres vinculativos dos Conselhos[131] e a intervenção destes em órgãos do CEJ, permite considerá-lo como um órgão de governo

[129] Art.s 90.º e ss., da Lei n.º 2/2008, de 14/01 (Lei do CEJ).

[130] Os Conselhos indicam as necessidades de juízes, nomeiam os juízes que compõem os júris de seleção, aprovam as listas dos tribunais de formação, homologam o plano individual de formação, decidem da necessidade de prorrogar os estágios ou dão parecer sobre o seu encurtamento, recolhem elementos sobre a idoneidade, o mérito e o desempenho do magistrado em regime de estágio, recebendo informações do CEJ, podem recusar a nomeação dos estagiários como juízes, por falta de adequação para a função, nomeiam os coordenadores regionais de formação e os formadores nos tribunais. Acresce que o Conselho Geral do CEJ é presidido pelo Presidente do STJ nele tendo assento o Presidente do STA, e o Conselho de Disciplina integra membros designados pelos Conselhos.

[131] Sobre a intervenção dos Conselhos na formação cf. Recomendação 10 do CCJE, pontos 65-67.

com intervenção forte de juízes, no sentido que usamos para instituições de autogoverno judicial.

O sistema existente permite uma intervenção judicial no governo do judiciário sobre este aspecto essencial, cabendo aos Conselhos explorar as possibilidades de intervenção e a ocupação do espaço de influência. Desde já, essa proactividade pode tornar evidentes eventuais necessidades de mudança legal. Sem ela, continuamos, como em muito mais, a esperar da mudança da lei soluções para problemas que podem não resultar unicamente da lei.

Os Conselhos devem exercer uma efetiva intervenção nestas tarefas especialmente para que o recrutamento se concretize não só de uma maneira competitiva e justa, mas que seja, essencialmente, apto a selecionar o tipo de juiz que o sistema jurídico quer e de que precisa.

Entendemos determinante: a participação efectiva e determinante dos Conselhos na definição do perfil de candidato a juiz; a proactividade no estabelecimento dos planos individuais de formação; a definição estratégica dos critérios de nomeação de formadores; a condução de um processo de avaliação dos mesmos na condução dos estágios; a decisiva inflexão do CEJ para escola das magistraturas e não duplicação da formação universitária (com particular ênfase quanto à decisão de facto, de essencial relevância em sistemas de direito como o Português); e, bem assim, a promoção de sistemas modernos de selecção inicial, com preocupação de diversidade de género, de origem social ou geográfica, marcados pela avaliação de factores de personalidade, da capacidade de resolução de problemas, de resiliência em situações de tensão ou de exposição pública, bem como características de empatia pessoal.

Uma selecção baseada na avaliação de competências, com parametrização das indispensáveis ao exercício da função e observadores múltiplos da realização de tarefas é a mais adequada (num desenho típico de *assement center*).

Na senda das necessidades acima indicadas quanto à promoção dos direitos humanos, concordamos e subscrevemos a opinião que nos foi expressa de que *os tribunais têm também que melhor compreender a relevância, para a própria decisão judicial, do concurso de outras disciplinas e saber dialogar e valorizar esses saberes, e da articulação com outras organizações do Estado e da comunidade na resposta ao problema. Esse olhar holístico tem que ser trabalhado no sistema judicial no plano organizacional, mas, sobretudo, no plano da formação, inicial e contínua, dos atores judiciais. A mudança da política de formação no campo dos direitos fundamentais é, (...), crucial, quer no que respeita aos conteúdos formativos, ao seu peso nos programas de formação, às metodologias, quer aos formadores.*

Estes são desafios particulares a abraçar pelos Conselhos no exercício da sua actuação no recrutamento e formação inicial e contínua. Para o que são aptas as competências que detêm. Necessário é que as exerçam.

1.2. Formação

A formação contínua dos magistrados, aliás de quase todos os profissionais, é uma exigência da sociedade de mudança e risco em que vivemos. Está prevista essa necessidade e regulamentada[132]. Pode também dizer-se que não é satisfeita em termos que sejam relevantes para o exercício da jurisdição. Desajustada da realidade dos juízes, formal, sem qualidade de excelência, repetitiva, afastada das técnicas e modos actuais de formação de profissionais, de inadequado pendor escolar e sem preocupação prática, a formação contínua devia ser uma preocupação intensa dos Conselhos na promoção da qualidade da justiça e do apoio aos juízes, que, em articulação com o CEJ, não deverá ser abandonada a outras entidades.

[132] Conforme preâmbulo do Regulamento das Atividades de Formação Complementar, o exercício da judicatura com qualidade e excelência demandam um constante aperfeiçoamento técnico dos juízes, mas também a assunção de uma cultura de valorização pessoal e profissional que incide sobre todas as condicionantes jurídicas imanentes a uma decisão judicial, a qual transcende a estrita juridicidade de apreciação e exige um vasto conhecimento da generalidade das vicissitudes e idiossincrasias da realidade atual, com apelo a várias áreas do saber. É hoje um dado adquirido que a formação permanente dos Juízes passou a ter uma relevância distinta daquela que anteriormente assumia, quer se pondere a perspetiva da pessoal valorização de cada juiz, quer se atenda à sua importância para o conjunto da judicatura e do bom desempenho desta. A formação complementar, que deve ter um cunho tendencialmente permanente, deve fornecer ao magistrado judicial as "ferramentas" essenciais para um bom e adequado desempenho da função de julgar.

A articulação com os juízes presidentes dos tribunais de 1.ª e de 2.ª instância revela-se essencial e necessária por conhecedores institucionais das necessidades dos tribunais e dos juízes. Sendo o plano de formação contínua elaborado a nível nacional, em face das necessidades de desempenho verificadas no âmbito das atividades nos tribunais, poderá aquele não se adaptar à realidade de cada Tribunal, na medida em que descura as especificidades de litigância (planos de formação *tailor made* – formação à medida das necessidades de cada tribunal).

Na definição dos programas de formação inicial e contínua os Conselhos devem antecipar as necessidades de formação dos juízes dos anos a vir, integrando na formação a aprendizagem da natureza dos instrumentos de gestão de informação disponíveis, de inteligência artificial, de metodologia jurídica nos novos tempos e procurar o concurso de metodologias instrumentais para o Direito como o são as ciências do comportamento, a análise económica do Direito, o uso e análise de dados, visando a especificidade do jurídico e não o ecletismo que cria a aparência de conhecimento inútil.

A remuneração dos auditores de justiça pode constituir um perigo de afastamento de candidatos de valor, devendo ser fixada numa percentagem não inferior a 75% do índice 100 ou ponderada a atribuição de parte dela em termos fiscais idênticos ao subsídio de compensação, tendo nomeadamente em conta as dificuldades de suportar o forçoso alojamento em Lisboa.

Para íntegro reflexo da ordem judiciária nacional, deveria o CEJ integrar, na sua direção, um terceiro diretor adjunto oriundo da jurisdição administrativa e fiscal, além dos dois que são atualmente nomeados de entre magistrados judiciais e do Ministério Público.

2. Gestão das carreiras dos juízes

2.1. Colocação dos juízes: gestão de recursos

Aos Conselhos cabe a colocação de juízes nos tribunais. Podem ainda tomar medidas gestionárias, quanto à primeira instância, e diversas medidas de gestão de recursos humanos no que aos juízes respeita. O amplo leque de medidas tem sido utilizado pelos Conselhos, com maior ou menor intensidade, e encontra-se bem sedimentado. Na gestão de recursos humanos o principal desafio, a seguir à escassez, é a necessária articulação com a PGR, quanto aos magistrados do Ministério Público, e com o Ministério da Justiça, quanto aos funcionários. Colocar uns sem os outros constitui desperdício que muitas vezes se verifica. É urgente estabelecer protocolos de actuação e desenvolver uma cultura de articulação institucional.

2.2. Acesso aos tribunais superiores

Aos Conselhos cabe a abertura e tramitação dos concursos curriculares de acesso aos tribunais superiores e a nomeação dos membros dos júris de acesso. O GRECO recomenda que estes júris sejam constituídos por uma maioria de juízes. Apenas cumprem o requisito os júris dos concursos para as Relações, não o cumprindo quanto aos Tribunais Centrais Administrativos e aos Supremos Tribunais[133], ao que importa pôr cobro.

Na magistratura judicial[134] constitui preocupação séria o acesso dos juízes aos tribunais superiores em idades avançadas com a consequente saturação psicológica, menor motivação de permanência ou de capacidade para assegurar a decisão atempada dos processos. As situações frequentes de baixas por doença ou de necessidade de redução da distribuição de processos nos Tribunais de Relação são disso indício.

2.2.1. Supremo Tribunal de Justiça

A rotação de juízes do Supremo Tribunal de Justiça, com alguns a tomarem posse e a apresentarem simultaneamente o pedido de jubila-

[133] GRECO, apreciação da conformidade quanto à recomendação vi, QUARTO CICLO DE AVALIAÇÃO – SEGUNDO RELATÓRIO DE CONFORMIDADE, Junho 2022, consultado em file:///E:/1%20AAAAA%202021%2006%2008%20BU%20documentos%20PC/AAA%20Docs%202019/REFORMA%20DA%20JUSTI%C3%87A%20-%202021_2022/BIBLIOGRAFIA/RELAT%C3%93RIOS/INTERNACIONAIS/GrecoRC4(2022)20-Final-Portugues-2%20relatorio%20de%20conformidade-Portugal-PUBLIC%20.docx.pdf.

[134] A situação não se coloca na magistratura administrativa e fiscal.

ção, e o escasso tempo de permanência dos juízes oriundos da carreira judicial, não permitem a estabilização de jurisprudência num tribunal que tem como principal função essa mesma estabilização, penhor da certeza e segurança jurídica.

Nas palavras de um dos nossos entrevistados, *há necessidade de tomar medidas de natureza legal (ou outra) no sentido de assegurar que cada conselheiro exerce funções durante um número mínimo de anos (talvez 5 anos). Não é possível cumprir-se o objectivo de estabilização da jurisprudência sem estabilização da composição das diversas secções do Tribunal.*

A solução passa por perceber a causa do problema, sabendo-se que os conselhos têm *espaços de folga valorativa* para definir directivas relativamente à promoção e inspecção de magistrados[135]. O sistema instituído favorece a estagnação ao estabelecer, quanto às Relações, o regime de concorrentes necessários (os desembargadores integram o número de concorrentes mesmo que não estejam interessados em concorrer), o acesso ao concurso apenas dos desembargadores no primeiro quarto de antiguidade, deixando de fora os ¾ de desembargadores menos antigos. Neste sistema, a integração na *pool* concorrente verifica-se sem manifestação de vontade nesse sentido (sendo que numerosos dos desembargadores mais antigos não pretendem integrar o concurso, mas preenchem o número dos que podem aceder impedindo que outros sejam chamados a concurso), e o limitado regime de compensação de uma "segunda chamada"[136], apesar de tudo melhoria instituída em 2019, nem sempre cumpre o objectivo de chamar apenas os que desejam concorrer.

O sistema de validade temporal do concurso para os Supremos, contrariamente ao que acontece com as Relações, estabelece aleatoriedade na relação com as jubilações e incapacidade de resposta se estas porventura tiverem uma expressão muito significativa. A abolição do regime de concorrentes necessários, e o alargamento da base de recrutamento a todos os desembargadores, nomeadamente estabelecendo uma antiguidade mínima nas Relações (em congruência com o regime da magistratura administrativa e fiscal) permitiria a captação de juízes com idade menos próxima da jubilação. Esta solução pode ser combinada com um

[135] Gomes Canotilho, Ab Uno..., pp. 253.

[136] Artigo 51.º, n.º 7, do EMJ.

sistema de previsão de necessidades e inspecção obrigatória dos concorrentes, previamente ao início da fase de selecção, para dar resposta adequada às necessidades identificadas.

O acesso de juristas de mérito, de valia para um Supremo Tribunal, deve densificar os critérios de admissão ao concurso, nomeadamente as qualificações de referência.

2.2.2. Tribunais de Relação

De igual modo deveria ser revisto o concurso para os Tribunais de Relação possibilitando o acesso a todos os juízes com uma determinada antiguidade, colocados em tribunais de instância central ou equiparados por um período a estabelecer, e com classificação de mérito.

2.3. Exercício de funções fora da judicatura

A autorização de exercício de outras funções ou de participação noutras atividades constitui igualmente reserva de competência dos Conselhos superiores. A delicadeza da questão vem do potencial de dano que se verifica no exercício de atividades fora da judicatura para a aparência de imparcialidade indispensável aos juízes.

O CSM criou, recentemente, um grupo de trabalho para propor alterações ao Estatuto dos Magistrados Judiciais (EMJ) que limitem a circulação de juízes entre a justiça e a política e, bem assim, para repensar o regime legal em vigor referente a impedimentos, incompatibilidades e comissões de serviço (judiciais e não judiciais) dos magistrados judiciais.

A definição de critérios conhecidos e com motivação explicitada do (in)deferimento das autorizações é urgente, afastando a arbitrariedade da decisão e a aparência, ao menos, de contaminação por interesses alheios à judicatura[137]. As mudanças impõem prévia análise criteriosa das situações em que existe manifesta valia do exercício, evitando cair em intervenções

[137] Gomes Canotilho, ob, cit., pp. 253.

provocadas por emoções não racionalizadas ou com racionais mal definidos. A ausência de restrições no regresso à judicatura aconselha a que a autorização deve excluir todas as situações que criem a mera aparência de subordinação externa.

3. Avaliação, disciplina e ética dos juízes

3.1. Avaliação

3.1.1. Inspecção classificativa

A inspecção classificativa aos juízes é um dos primeiros factores para a avaliação da qualidade da justiça de que já dispomos. Numa carreira qualificada, como a dos juízes, a avaliação pelos pares é muito importante e, segundo os peritos que consultámos, deve abranger todas as instâncias, incluindo o Supremo Tribunal de Justiça, de formas adequadas especificamente a cada uma delas.

Os Conselhos Judiciais em Portugal têm uma experiência consolidada de avaliação em primeira instância, com um corpo de inspectores composto por juízes mais experientes do que os avaliados, e regulamentos de inspecção adoptados com vista à uniformização dos parâmetros de avaliação. Nas perguntas sobre a harmonização entre a inspecção e a independência do juiz, obtivemos as seguintes respostas:

O atual sistema de avaliação dos juízes contende com a independência do juiz* Experiência

		GrupoAnosExp							
		1 a 10 anos de experiência		11 a 21 anos de experiência		22 a 32 anos de experiência		33 a 43 anos de experiência	
		Contagem	%	Contagem	%	Contagem	%	Contagem	%
O atual sistema de avaliação dos juízes contende com a independência do juiz	Sim	16	30,2%	23	18,3%	20	17,4%	7	22,6%
	Não	21	39,6%	73	57,9%	57	49,6%	17	54,8%
	Talvez	13	24,5%	29	23,0%	33	28,7%	6	19,4%
	Não sei	3	5,7%	1	0,8%	5	4,3%	1	3,2%
	Total	53	100%	126	100%	115	100%	31	100%

Fonte: inquéritos aos juízes portugueses de primeira e segunda instância feitos por este grupo de trabalho.

3.1.2. Periodicidade

Existe uma cultura judicial enraizada de inspecções periódicas ao trabalho dos juízes na primeira instância. São frequentes os casos de juízes que requerem a inspecção para poderem ser promovidos à segunda instância, ou movimentados para outro Tribunal com requisitos mais exigentes. Das respostas que obtivemos resulta, contudo, algum cepticismo quanto à sua utilidade na vertente da progressão da carreira:

O atual sistema de avaliação dos juízes permite uma progressão adequada na carreira?									
		GrupoAnosExp							
		1 a 10 anos de experiência		11 a 21 anos de experiência		22 a 32 anos de experiência		33 a 43 anos de experiência	
		Contagem	%	Contagem	%	Contagem	%	Contagem	%
O atual sistema de avaliação dos juízes permite uma progressão adequada na carreira?	Sim	3	5,7%	11	8,7%	8	6,9%	6	18,8%
	Não	34	64,2%	87	69,0%	75	64,7%	13	40,6%
	Talvez	12	22,6%	26	20,6%	29	25,0%	11	34,4%
	Não sei	4	7,5%	2	1,6%	4	3,4%	2	6,3%
	Total	53	100%	126	100%	116	100%	32	100%

Fonte: inquéritos aos juízes portugueses de primeira e segunda instância feitos por este grupo de trabalho.

As classificações dos juízes, a partir do meio da carreira em primeira instância, corroboram esta percepção, dando nota de que o sistema classificativo não diferencia, nivela.

Para fazer face à dificuldade de preenchimento dos lugares de inspector tem sido defendida a diminuição na frequência das inspecções, aliás consagrada no EMJ de 2019 quanto aos juízes que atinjam determinado patamar classificativo. O modelo português das inspecções aos juízes é uma experiência positiva, que contribui nalguma medida para aumentar a qualidade da justiça e que deve, por isso, ser aperfeiçoado e não abandonado. Consagrar a existência de inspecções nos primeiros anos de exercício, acompanhando a adaptação às funções, e nos momentos de alteração significativa, como os de acesso às instâncias centrais, tribunais especializados, tribunais de competência territorial alargada ou tribunais superiores é um caminho profícuo.

3.1.3. Percepções e critérios

Como se vê no gráfico seguinte, mais de 50% dos juízes que responderam aos nossos inquéritos consideram que o segundo efeito mais positivo dos Conselhos Judiciais no sistema de justiça, a seguir à garantia da independência dos Tribunais, é a inspecção dos juízes com base na qualidade e na competência para o cargo.

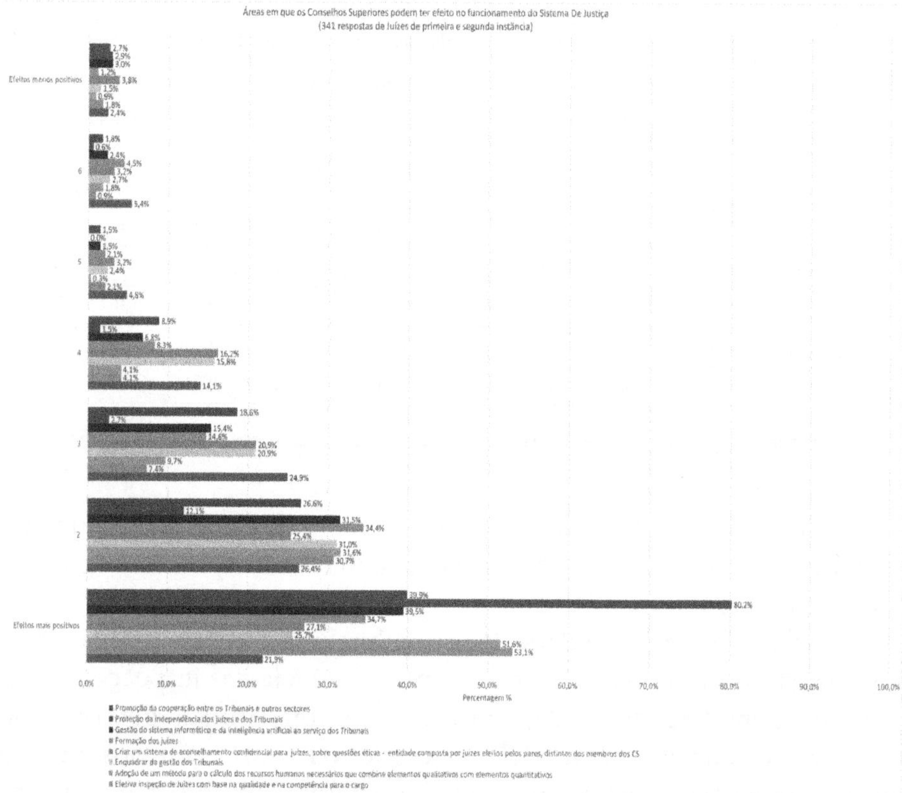

Fonte: inquéritos aos juízes portugueses de primeira e segunda instância feitos por este grupo de trabalho.

É desafiante acertar os critérios de avaliação dos juízes, num contexto em que a avaliação não pode interferir nas decisões, por razões de ordem pública que se prendem com a salvaguarda do direito dos cidadãos a um

Tribunal independente e imparcial, mas do gráfico que antecede resulta que mais de 50% dos inquiridos estão de acordo quanto à avaliação dos juízes com base em critérios de qualidade. Estes critérios foram objecto de revisão regulamentar recente no sentido da sua uniformização e adequação aos princípios da reforma judiciária[138].

O cumprimento das regras processuais, dos prazos para a decisão e, em geral, a produtividade, são os critérios de mais fácil aplicação. Esses critérios objectivos estão bem testados na avaliação dos juízes e têm contribuído, a par de uma intervenção próxima do CSM, para a recuperação de pendências e a sinalização de situações críticas. Demonstram-se ainda eficazes critérios como o número de adiamentos ou a prática de despachos dilatórios que prolongam escusadamente a duração do processo.

Outros critérios, de carácter mais subjectivo, como o relacionamento com os pares e com os profissionais forenses, a conduta adequada à dignidade da função, a urbanidade no trato com advogados, partes e testemunhas, a empatia e o modo como são conduzidas as audiências, a fundamentação das decisões, cujo sentido, porém, não pode ser sindicado, também já foram testados e integram os padrões das inspeções de forma consolidada.

3.1.4. Avaliação pelos pares

É possível experimentar modelos de outros países de avaliação pelos pares que fazem auditoria sem inspeccionar. Este modelo pode servir

[138] Nos termos do art. 34.º do Estatuto dos Magistrados Judiciais (EMJ), aplicável à jurisdição administrativa e fiscal ex vi art. 57.º do ETAF, a classificação de serviço deve atender ao modo como os juízes de direito desempenham a função, ao volume, dificuldade e gestão do serviço a seu cargo, à capacidade de simplificação dos atos processuais, às condições de trabalho prestado, à sua preparação técnica, categoria intelectual, exercício de funções enquanto formador dos auditores de justiça, trabalhos jurídicos publicados e idoneidade. As inspeções dos juízes incidem sobre as suas capacidades humanas para o exercício da profissão, a sua adaptação ao tribunal ou serviço a inspecionar e a sua preparação técnica . No tocante à capacidade humana para o exercício da função, a inspeção leva globalmente em linha de conta os seguintes fatores, entre outros, a idoneidade cívica, a independência, isenção e dignidade da conduta, o relacionamento com sujeitos e intervenientes processuais, o prestígio profissional e pessoal de que goza enquanto juiz e na decorrência do exercício da função, a serenidade e reserva com que exerce a função, entre outros.

para testar novos critérios de avaliação da qualidade antes de os aplicar em situação classificativa, criando paulatinamente o hábito da "avaliação amigável" ao jeito da *peer review*[139], de reuniões de juízes de uma mesma jurisdição/comarca/juízo. Proporcionam ainda uma cultura de troca de experiências e de *benchmarking* hoje indispensável em profissões de grande exigência.

O modelo dos *amigos críticos*, em que vários juízes do mesmo Tribunal observam, à vez, e dão uma opinião sobre o desempenho de outro colega, podia ser testado nos Tribunais superiores, mas antevê-se dificuldade na aceitação. De igual modo seria da maior relevância a instituição de um sistema de auto-avaliação, fazendo do juiz o sujeito da sua própria avaliação e dos propósitos e indicadores de melhoria.

A cultura profissional portuguesa, em geral, e a judiciária, em particular, está pouco habituada à avaliação amigável, já que a avaliação dos juízes é tradicionalmente feita por outros juízes com maior antiguidade e experiência. O excesso de trabalho, que provoca saturação e desinteresse pela profissão nos Tribunais superiores, também não facilita a introdução de um sistema similar. Atualmente, tal como sucede no Tribunal de Justiça da União Europeia, a circulação por todos os juízes, do número de processos distribuídos, pendentes e terminados por cada um, está em prática nos Tribunais superiores e funciona como um incentivo.

3.2. A classificação e a progressão na carreira

A avaliação do juiz constitui um dos fatores de graduação nos concursos de acesso aos tribunais superiores. A quase uniformidade das classificações no final da carreira em primeira instância dificilmente permite que esse seja um factor diferenciador na graduação dos candidatos. Por esse motivo, é remetida a diferenciação para factores marginais, não porque sejam mais valorizados, mas porque os de avaliação de carreira não diferenciam.

[139] Geralmente um colega, que analisará o trabalho de outro colega, fazendo perguntas assertivas, críticas e úteis sobre aspetos que, no seu entender, sejam menos conseguidos.

A multiplicação dos graus de avaliação, passando dos cinco actuais a dez ou mais, permitiria, em abstracto, diferenciar. Excepto se as classificações de final de carreira em primeira instância passassem para os dois graus superiores dessa lista mais extensa. Antecipamos que sem uma mudança da cultura de avaliação (característica portuguesa, cremos, não específica dos juízes) não haverá grande diferença. Entendemos mais útil colocar a questão no patamar da avaliação do sistema de avaliação.

A indiferenciação pode constituir uma das causas da situação de estagnação da carreira nos tribunais superiores e de acesso tardio ao Supremo Tribunal de Justiça, situações que, a par dos juízes, afecta a qualidade da resposta do sistema de justiça. Não foi possível no contexto deste grupo fazer o trabalho de campo necessário a testar a hipótese, mas seria importante fazê-lo. Nomeadamente testar um sistema de avaliação assente não em quotas explicitas, mas numa curva da qual resultem quotas implícitas baseadas na média de notas máximas e médias atribuídas pelos inspectores/avaliadores no ano anterior.

3.3. Avaliação do serviço de justiça prestado

Das recomendações do GRECO resulta, por exemplo, a necessidade de garantir que as inspeções periódicas de juízes dos tribunais de primeira instância e as inspeções/avaliação dos juízes da segunda instância verifiquem, de uma forma justa, objetiva e oportuna, a sua integridade e cumprimento das normas de conduta.

A avaliação na segunda instância actualmente não existe, exceptuadas situações excecionalíssimas. Instituí-la é importante na dimensão da avaliação da qualidade da resposta do tribunal, mais do que em avaliação individual que a senioridade dos juízes não impõe.

O sistema de inspecções classificativas dos Conselhos constitui uma actividade consolidada com inegável repercussão na qualidade do sistema de justiça que beneficiará de ser ela própria objecto de avaliação. Os Conselhos deveriam promover essa avaliação periódica por comissões independentes, constituídas *ad hoc* por juízes e não juízes, com diversidade de habilitações e intervenção de personalidades de reconhecida independência e mérito nas respectivas áreas, que possibilitem aos Conselhos a avaliação da actividade que desenvolvem mediante a obtenção de relatórios especializados e circunstanciados. Esta avaliação, inteiramente alheia à inspecção aos juízes, deve ser pautada por critérios de estrita anonimização e ofuscação dos dados de identificação.

3.4. Função disciplinar

3.4.1. Garantia da independência

Aos Conselhos cabe exercer a ação disciplinar sobre os juízes. Os sistemas de conselhos judiciais oferecem garantias destinadas a assegurar o equilíbrio entre a preservação da independência do juiz e a resposta adequada a actuações, ainda que meramente culposas, em violação dos princípios e deveres consagrados no EMJ ou que, pela sua natureza e repercussão, se mostrem incompatíveis com os requisitos de independência, imparcialidade e dignidade indispensáveis ao exercício das suas funções.

Casos como os da Polónia[140] [141] e da Eslováquia[142] [143] ilustram bem a interligação entre o regime disciplinar, a independência do poder judicial e o Estado de Direito: em ambos, é a matéria disciplinar utilizada para atingir fins de saneamento de alguns, com evidente perigo de instrumentalização ou politização do judiciário[144], com origem externa – por via legislativa – ou interna – por abuso de poder.

[140] Ver também C-585/18, C-624/18 e C-625/18.

[141] Dimitry Kochenov e Barbara Grabowska-Moroz, Constitutional Populism ...

[142] Cf. Samuel Spáč, Katarína Šipulová e Marína Urbániková, Capturing the Judiciary from Inside: The Story of Judicial Self-Governance in Slovakia, German Law Journal, consultado em https://www.cambridge.org/core/journals/german-law-journal/article/capturing-the-judiciary-from-inside-the-story-of-judicial-selfgovernance-in- slovakia/.

[143] CF. David Kosař, op. cit., p. 1580.

[144] Gomes Canotilho, A questão..., p. 247-248 enuncia como indicadores da politização dos juízes os seguintes: a) acumulação de cargos políticos ou institucionais por parte dos magistrados; b) participação dos magistrados nas campanhas eleitorais; c) tomadas públicas de posição pelos magistrados ou pelos órgãos de autogoverno a favor ou contra um partido político; d) empenhamento pessoal temporário de um magistrado numa campanha eleitoral nas listas de uma formação partidária e posterior reingresso no exercício de funções em caso de derrota.

3.4.2. Processo equitativo

Em Portugal, os processos disciplinares garantem o direito dos juízes a um processo equitativo[145] e as sanções disciplinares são aplicadas, exclusivamente, pelos respetivos Conselhos, cabendo delas recurso para os Supremos Tribunais.

Na Alemanha, em que não vigora um sistema de conselho judiciário[146], os juízes estão sujeitos a um poder de supervisão[147], também em matéria disciplinar, exercida pelo presidente do tribunal a que pertence o juiz[148] e no âmbito do qual pode ser imposta, no limite, uma pena de advertência. O juiz visado, se considerar que tal procedimento conflitua com a sua independência, pode interpor recurso para o Tribunal de Justiça Federal[149]; igualmente, o presidente do tribunal, se considerar que deve ser

[145] TJUE, Processo C-64/16, Associação Sindical dos Juízes Portugueses (EU:C:2018:117), ponto 16, no qual estabelece garantias de que os processos disciplinares devem incluir, a fim de respeitar o princípio da independência: procedimento conduzido perante um órgão independente que respeita os direitos da defesa e o direito de recurso, bem como a formalização de regras que definem delitos disciplinares e sanções. As sanções devem ser devidamente motivadas e ser respeitadas as salvaguardas em matéria de julgamento justo, especialmente as de um tribunal imparcial e independente.

[146] Sobre os diversos órgãos de autogoverno judicial no sistema alemão, cf. CF. David Kosař, op. cit., p. 1581.

[147] Os poderes de supervisão incluem, por exemplo, medidas destinadas a assegurar a tramitação ordenada do processo, como também a oportunidade do agendamento de uma audiência. Sobre este assunto, v. Seibert-Fohr, «Constitutional Guarantees of the Independence of the German Judicial», SSRN (2020), disponível em http://ssrn.com/abstract=1706565

[148] Cfr. Lei dos Juízes Alemães (Deutsches Richtergesetz, DRiG).

[149] O BHG – https://www.bundesgerichtshof.de/DE/Home/home_node.html – a 27.10.2020, no processo Az. RiZ R 4/20, negou provimento a um recurso interposto por um juiz, que havia sido alvo de repreensão por parte do juiz presidente do seu tribunal, que condenou o facto de aquele ter expressado uma opinião política em julgamento. O BHG esclareceu que o que pertence à sentença é protegido pela independência judicial, mas que declarações políticas excessivas não beneficiam da mesma proteção. O BHG, negou assim provimento ao recurso, aduzindo que «a opinião política pessoal de um juiz, que é irrelevante para a constatação real da lei, não tem lugar nos fundamentos de uma sentença.» O pano de fundo é um processo criminal por incitamento ao ódio, através de comentários expressos no Facebook, sendo que o juiz absolveu os arguidos fazendo cons-

aplicada uma pena mais severa, deverá remeter também a questão para o tribunal competente.

Nenhum sistema é imune a um potencial enfraquecimento do necessário equilíbrio entre responsabilidade judicial e a independência dos juízes, o que reforça a necessidade de desenvolver garantias e boas práticas comuns em matéria de ética judicial e de processos disciplinares.

O sistema disciplinar dos Conselhos oferece garantias necessárias, sendo como tudo passível de melhorias, devendo ser dado especial enfoque à efectividade do direito à prova procedimental em sede de recurso jurisdicional da decisão disciplinar, por erro nos pressupostos de facto, e para a articulação com eventuais processos de natureza criminal e respectivos prazos de prescrição.

3.4.3. *Accountability* e comunicação

O sistema disciplinar carece de características de prestação de contas externa. Para tal, deve instituir-se a publicação das decisões, embora com a indispensável anonimização, possibilitando à sociedade conhecer a actividade disciplinar (de sanção ou de arquivamento), que atribuiu em exclusividade aos Conselhos, e aos juízes saber o sentido tomado pela disciplina dos Conselhos[150].

tar, na decisão, que «neste contexto, de acordo com o tribunal, a decisão do Chanceler de deixar um número anteriormente desconhecido de refugiados no país descontrolado é muito mais suscetível de perturbar a paz pública do que os réus.». – v. Markus Sehl, Legal Tribune Online (2020), disponível aqui: https://www.lto.de/recht/justiz/j/bgh-riz-r-4--20-richter-rge-politische-meinung-im-urteil-richterliche-unabhaengigkeit/.

[150] Cf. GRECO, apreciação da conformidade quanto à recomendação vi, QUARTO CICLO DE AVALIAÇÃO – SEGUNDO RELATÓRIO DE CONFORMIDADE, Junho 2022, consultado em file:///E:/1%20AAAAA%202021%2006%2008%20BU%20documentos%20PC/AAA%20Docs%202019/REFORMA%20DA%20JUSTI%C3%87A%20-%202021_2022/BIBLIOGRAFIA/RELAT%C3%93RIOS/INTERNACIONAIS/GrecoRC4(2022)20-Final-Portugues-2%20relatorio%20de%20conformidade-Portugal-PUBLIC%20.docx.pdf.

De modo similar ao das inspecções classificativas, a área disciplinar deve ser objecto de avaliação periódica com prévia emissão de pareceres por comissões independentes instituídas pelos Conselhos.

A publicação pela Rede Europeia de Conselhos de Justiça do recente relatório sobre a independência dos juízes indica uma percepção dos juízes portugueses sobre a corrupção judicial cujos factores importa estudar. Eventualmente marcada por acontecimentos recentes e públicos, impõe-se que o CSM, Conselho que integra a Rede, avalie a situação. Impunha-se a criação de uma comissão dedicada, com intervenção de personalidades independentes e com currículos adequados, que em prazo breve recolhesse informações e depoimentos a fim de investigar o alcance e razões da percepção, dando nota pública do que concluísse.

3.5. Ética

3.5.1. Ética e disciplina

Os juízes portugueses regem-se por um estatuto que contém regras de comportamento cuja violação acarreta sanções disciplinares. Essas regras assentam em princípios como a independência, a imparcialidade, a urbanidade etc., dos quais emanam não apenas deveres cuja violação é punida com sanções disciplinares, mas também princípios éticos, cuja observância garante a imparcialidade do juiz em substância e na sua aparência perante a sociedade, os quais, se revestem de características de *soft law*. A (in)observância dos princípios éticos, distinta da infracção disciplinar, não se reveste de menor relevância no que se refere à confiança pública no sistema de justiça.

3.5.2. Códigos de conduta

No plano internacional, o Conselho da Europa assinalou a necessidade de adoptar códigos de conduta ou de ética e de criar um aconselhamento confidencial para os juízes, que não deve ser feito por aqueles que intervêm nas decisões disciplinares[151], para o que a Rede Europeia de Conselhos publicou um conjunto de princípios gerais[152].

Em Portugal, a lei comete aos Conselhos a responsabilidade de aprovarem Códigos de Conduta.

O Oitavo Congresso dos Juízes Portugueses aprovou em 2009, após um tempo longo de consulta e elaboração, um conjunto de princípios éticos com o qual os juízes se comprometeram[153].

O caminho seguido em Espanha pelo *Consejo General del Poder Judicial*, aliado à experiência da elaboração do Compromisso Ético de 2009, fornece pistas de elaboração adequada do Código de Conduta dos Juízes. A lei atribui competência neste campo aos Conselhos, solução discutível por confundir competência disciplinar e ética. A consulta generalizada e atempada dos juízes e a procura de soluções consensualizadas parece ser o modo adequado de cumprimento da injunção legal que, embora desajeitada na indistinção entre disciplina e ética, permite o ajuste que importa fazer.

3.5.3. Comissões de ética

Devem ser criadas comissões de ética para aconselhar os juízes em situações fronteira ou "casos difíceis". Em Espanha, a Comissão de Ética foi criada, por promoção do Conselho, que a apoia logisticamente, mas com inteira independência do Conselho quanto ao modo de eleição ou quanto à sua actuação. A criação das comissões com inteira separação dos Conselhos – v.g., com o apoio logístico de associações de juízes, embora delas independentes de modo a garantir plena liberdade de acção –, tem a vantagem de instituir a separação radical entre o órgão de aconselha-

[151] Cf. Relatório sobre Portugal, Quarta avaliação Prevenção da corrupção de membros do Parlamento, juízes e procuradores, GRECO – Grupo de Estados contra a Corrupção do Conselho da Europa.

[152] Judicial Ethics Report 2009-2010 https://www.encj.eu/images/stories/pdf/ethics/judicialethicsdeontologiefinal.pdf.

[153] Compromisso Ético dos Juízes Portugueses – Princípios para a Qualidade e Responsabilidade, ASJP, consultado em http://www.asjp.pt/2010/04/28/compromisso-etico-dos-juizes-portugueses/.

mento ético e o órgão competente em sede de disciplina e de, assim, ser mais facilmente apreendida como independente[154], mormente pelos juízes que recorram a aconselhamento.

A rigorosa delimitação da legitimidade para consultar a Comissão de Ética pode ser com vantagem recolhida da experiência espanhola[155].

A divulgação das recomendações da comissão de ética anonimizadas, como sucede no modelo espanhol, contribui para criar uma ética profissional comum a todos os juízes que beneficia a percepção interna e externa da integridade magistratura.

Algumas áreas de problematização mais recente surgem como situações típicas de intervenção de uma Comissão de Ética. Disso é exemplo a presença nas redes sociais que faz parte da dimensão social das pessoas e por isso dos juízes. Esta presença carece de um discernimento ético e estatutário que não é legítimo pretender que cada juiz faça isoladamente.

Noutros casos, o juiz dedica tempo desproporcional a outras tarefas, ainda que autorizadas pelos Conselhos Judiciais, como o ensino, a publicação de livros, o que em si mesmo pode ter repercussões positivas no

[154] Sobre a separação entre ética e disciplina cf. Recomendação 10 do CCJE, ponto 57.

[155] Da intervenção da Conselheira Celsa Pico Lorenzo, membro desde a instituição da Comissão de Ética de Espanha e sua actual presidente, em debate promovido por este grupo de trabalho: La adopcion de un texto de etica judicial en nuestro pais tiene como antecedentes resefiables la aprobacion de los Principios de Bangalore (20Q1), en el marco de Naciones Unidas, continuado con el Dictamen del Consejo Consultivo de los Jueces Europeos del Consejo de Europa sobre la etlca y la responsabilidad de los jueces (2002), el Codigo Modelo Iberoamericano de etica judicial (2006), adoptado por la Cumbre Judicial Iberoamericana, al que se adhirio el Consejo General del Poder Judicial por acuerdo del Pleno de 25 de febrero de 2016, y la Declaracion de Londres sobre la deontologia de los jueces (2010), promovida por la Red Europea de Consejos de Justicia. Finalmente, la Recomendacion R(2010)12, de 17 de noviembre, del Cornite de Ministros del Consejo de Europa.
En este contexto, el Consejo General del Poder Judicial puso en marcha un proceso tendente a la elaboracion de unos "Principios de Etica Judicial" que han sido redactados por una comision compuesta por representantes de las asociaciones judiciales, miembros no asociados de la judicatura y algunos expertas, con la valiosa participacion de personas delegadas de cada Tribunal Superior de Justicia designadas par las respectivas Salas de Gobierno, siempre con la finalidad de que quedase reflejada la pluralidad de opiniones existente en la Carrera Judicial.

aumento de qualificações e experiência para julgar, mas que, se for desproporcional, pode representar um prejuízo para o tempo que deve dedicar às decisões judiciais.

Noutros casos ainda, o matrimónio ou união entre por exemplo um/a juiz/a e um/a advogado/a pode criar dúvidas relativamente a certos comportamentos que ponham em causa a aparência de imparcialidade do/a juiz/a ou, gerar dúvidas sobre a existência de conflitos de interesse em determinadas circunstâncias; também nos casos fronteira ou casos difíceis, nomeadamente pela sua novidade, importa que o juiz possa colocar questões individualmente e solicitar aconselhamento confidencial a uma Comissão de Ética.

Estas são situações típicas de intervenção de uma Comissão de Ética, cuja acção pode contribuir para elevar os padrões de comportamento e aconselhar os juízes que, na prática, e na ausência dela, recorrem aos Conselhos pedindo parecer sobre tais situações afinal ao órgão que as avalia disciplinarmente[156]. Urge por cobro a esta situação, aliás por imperativo legal, mas importa fazê-lo de forma ponderada, amplamente debatida e consensualizada.

4. Gestão dos Tribunais

4.1. Contexto e modelo organizativo

4.1.1. Gestão do tribunal e gestão dos processos

Nas últimas décadas, a independência dos tribunais tem vindo a ganhar uma dimensão global ou estrutural (também denominada de supra-individual ou inter-processual), com referência à organização e administração dos tribunais, englobando a totalidade dos recursos humanos e dos processos, no fundo, a gestão da estrutura do tribunal no seu todo (denominado de *court management*), deixando esta de estar subjetivada no próprio juiz, pensando *de per si*, ou no processo individual.

[156] Cf. Amartya Sem, A ideia de Justiça, Almedina, 2012, p. 44, sobre os comportamentos acertados.

Tornou-se imperioso gerir os processos num sentido mais amplo, não na direção de um específico processo, para a decisão mediante o cumprimento de prazos por parte de funcionários e juízes, mas na gestão de todos esses processos, na sua globalidade, com vista a resolver problemas estruturais, o que passa por detetar problemas ou obstáculos no percurso/andamento dos processos e fixar prioridades e objetivos, na procura de soluções consensuais e objetivas, afastando, desde logo, a importação de qualquer modelo gestionário desligado das especificidades concretas do tribunal e da região onde este se insere.

4.1.2. Administração e gestão

A necessidade de os tribunais se adaptarem às novas, complexas e heterogéneas transformações eepara económicas e sociais, e evitar demoras e ineficiências processuais, implica a adoção de um modelo organizativo diverso, acrescido de maior desempenho e celeridade na resolução dos casos e de um tratamento adequado às demandas jurisdicionais, por forma a tornar as estruturas judiciárias mais funcionais, estáveis, eficientes, previsíveis e eficazes, objetivo que determinou a adoção de uma nova conceção da administração judicial e correspondentes estruturas, com a importação e adaptação de critérios de gestão empresarial, nomeadamente de autonomia de gestão e responsabilidade e responsabilização de serviços e pessoas, com inerente controlo e monitorização transversal do trabalho a efetuar e realizado.[157]

Este novo modelo recorre a mecanismos de gestão importados do sector privado, que passam pela fixação de objetivos processuais, gestão de recursos humanos e orçamentais, estatísticas, qualidade e inovação, avaliação e planeamento, monotorização da atividade e avaliação sectorial (e

[157] Segundo Luís Azevedo Mendes, Uma linha de vida: organização judiciária e gestão processual nos tribunais judiciais, in "Rev. Julgar", n.º10, pág. 108, «A organização judiciária de um país é a primeira envolvente procedimental que há-de servir a legitimação da jurisdictio, pela captação como antena política das melhores soluções para os anseios da comunidade. Terá de ser próxima, atualizada, apreensível, amigável, eficiente e eficaz».

não individual) dos resultados,[158] embora mitigados, como não poderia deixar de ser, dado o papel sócio político dos tribunais e as especificidades/singularidades da estrutura e funcionamento destes, por forma a obter, numa pré-definição estratégica, a eficiência e a eficácia da justiça, devendo estas serem tidas como compromissos não mensuráveis para a obtenção de uma justiça de qualidade[159] centrada no cidadão e na cidadania e «*consideradas apenas como meios para realizar as missões da justiça*»,[160] mas sempre com salvaguarda dos valores da independência e imparcialidade.

Na verdade, *a aceleração do tempo judicial não é uma simples invasão da ciência jurídica pela lógica omnipresente da racionalidade económica, mas antes corresponde a uma exigência – ela própria com assento constitucional, através do princípio da tutela jurisdicional efetiva – de reais oportunidades de acesso aos tribunais por parte de todos os cidadãos*[161], na vertente de um direito a uma *decisão em prazo razoável*, previsto no n.º4, do art. 20.º da CRP. A credibilização e a legitimação da justiça, dos tribunais e dos juízes implica a adoção de soluções de organização dos tribunais que tenham o seu foco na eficácia e eficiência destas estruturas, eficiência e eficácia vistas em termos qualitativos e quantitativos.

No contencioso tributário é de salientar o reforço das garantias do contribuinte, na simplificação processual, na reformulação da organização judiciária tributária, no novo regime geral para as infrações tributárias[162]. Por seu turno, o novo Estatuto dos Tribunais Administra-

[158] Denominado de New public management, segundo Ana de Azeredo Coelho, "Os objetivos da justiça. A justiça como objetivo", in "Rev. Julgar", n.º20, pág. 53, e Nuno Coelho, "Gestão dos Tribunais e gestão processual", in "Coleção Direção das Comarcas", pág. 62.

[159] Nas palavras de Ana de Azeredo Coelho, na obra citada "Os objetivos da justiça. A justiça como objetivo", in "Rev. Julgar", n.º20, págs. 59 a 61, «em lugar de alhearmos de qualquer perspetiva de eficácia sempre ligada a aspetos quantitativos, conseguimos definir um conceito de eficácia que tenha em atenção as especificidades da Justiça e para ela importe necessárias dimensões quantitativas apenas enquanto expressão da qualidade da Justiça que também e sobretudo noutras dimensões se tem de exprimir».

[160] Cfr. Henriques Gaspar, "Reorganização Judicial 2014", in "Rev. Julgar", n.º27, pág. 23.

[161] Cfr. Miguel Nogueira de Brito, "Princípio do Juiz Natural e a Nova Organização Judiciária", in "Rev. Julgar", n.º20, pág. 20.

[162] Lei n.º15/2002, de 5 de junho, Regime Geral das Infrações Tributárias

tivos e Fiscais[163] aumentou e densificou as competências dos tribunais administrativos e fiscais, enquanto o Código de Processo nos Tribunais Administrativos ampliou o âmbito tradicional da jurisdição administrativa e fiscal[164] e reforçou o acesso por parte dos cidadãos, designadamente com a aproximação ao princípio de um processo de partes e com a criação de novas formas processuais, conferindo ao juiz poderes mais amplos, designadamente, poderes declarativos, constitutivos, condenatórios, intimativos, preventivos ou executivos preventivos ou executivo.

4.1.3. Adequação das leis de organização e reforço de recursos

Estas alterações de substância não foram acompanhadas das alterações gestionárias necessárias ou do reforço dos órgãos de apoio do Conselho ou dos Tribunais, nem das leis de organização indispensáveis. O esforço de gerir com estas deficiências orgânicas é exponenciado pela absoluta carência de meios para a gestão das pendências acumuladas.

Os juízes, nunca é demais relembrá-lo, fazem parte de uma burocracia profissional que necessita de receber formação aprofundada e que, para poder sedimentar os conhecimentos adquiridos e exercê-los com competência, necessita de estabilidade. O que explica porque é que, em geral, os juízes em exercício de jurisdição são avessos a tarefas de gestão dos Tribunais que impliquem execução orçamental. Com excepção da gestão da equipa da secretaria que dá apoio a cada juiz e que deve seguir a orientação que lhe é dada por cada magistrado, as demais tarefas de gestão administrativa e de execução orçamental devem estar confiadas ao juiz presidente e a órgãos de gestão que se dediquem exclusivamente a elas.

O sistema gestionário, essencial para que o juiz do processo possa exercer de forma cabal a sua tarefa, porque liberto de questões não jurisdicionais, mas para as quais deverá colaborar na procura da respetiva res-

[163] Lei n.º13/2002, de 19 de fevereiro

[164] Cf. Almeida, M. A. de. (2004) O Novo regime do processo nos Tribunais Administrativos. Coimbra. Almedina.

posta, terá sempre de preservar garantias organizativas e procedimentais essenciais e com assento constitucional, a saber a afirmação do direito fundamental a um tribunal independente, imparcial e fundado na lei; a pré-determinação legal do tribunal e do juiz (juiz natural); a inamovibilidade dos juízes; a objetividade, transparência, isenção e equidade nos mecanismos de atribuição ou distribuição de processos; a proibição do desaforamento e dos tribunais de exceção; a autonomia na nomeação, colocação e promoção dos juízes; e a regulamentação e gestão autónoma dos mecanismos de substituição de juízes e de acumulação de funções.[165]

Certo também é que este novo paradigma de gestão das organizações dos tribunais que se procura implementar está sujeito igualmente a uma multiplicidade de alterações, nomeadamente, a renovação dos recursos humanos e materiais; o redimensionamento das estruturas dos serviços e dos métodos de trabalho; a implementação de novos procedimentos jurisdicionais e a introdução de gestão e de ferramentas de avaliação;[166] e, aditamos nós, uma alteração de vontade e de mentalidade transversal a todos os intervenientes processuais.

4.2. Primeira instância[167]

4.2.1. Competências de gestão dos Conselhos e juízes presidentes

As competências dos Conselhos e dos Juízes presidentes na gestão do tribunal e dos processos são um bom exemplo do novo enquadramento mais próximo do modelo de governo do Norte da Europa, devendo ser executadas equilibradamente, pois também são as que mais justificam a figura do presidente de primeira instância, tal como a mesma se encontra desenhada no nosso sistema.

[165] Cf. Nuno Coelho, "Gestão dos Tribunais e gestão processual", in "Coleção Direção das Comarcas", págs. 98 e 144.

[166] Cf. Nuno Coelho, "Gestão dos Tribunais e gestão processual", in "Coleção Direção das Comarcas", pág. 101.

[167] Cf. Dora Lucas Neto, Sobre o modelo e o modo de exercício das presidências dos TAF de 1.ª instância. Ensaio, Lisboa: Centro de Estudos Judiciários, 2022, disponível em https://cej.justica.gov.pt/LinkClick.aspx?fileticket=ttrgZIvgv7E%3d&portalid=30

Aceitando que todo o sistema judicial carece de ser gerido e que, por outro lado, é evidente que *não se gere o que não se consegue medir*, é essencial a implementação de novos mecanismos e a otimização dos já existentes mecanismos de "medição" da qualidade da justiça.

A qualidade do serviço de justiça prestado aos cidadãos é o objetivo último de qualquer modelo de gestão dos tribunais. A busca de uma contínua e consistente prestação de um bom serviço público de justiça, comum, administrativa e fiscal em Portugal exige mudanças.

Algumas há que podem e devem ser concretizadas internamente, através de uma estreita articulação entre os Conselhos e os juízes presidentes dos tribunais, bem como entre estes e os juízes, envolvendo os funcionários judiciais, cuja participação e mobilização é insubstituível. Os presidentes dos tribunais de 1.ª instância podem e devem fazer parte dessa mudança, sendo elemento essencial dela[168].

4.2.2. Procedimento de selecção, nomeação e formação dos juízes presidentes[169]

Aos Conselhos cabe a nomeação e cessação da comissão de serviço dos juízes presidentes[170] [171], contrariamente aos tribunais superiores, cujos

[168] CF. David Kosař, op. cit., p. 1582: court presidents are a missing piece in judicial governance.

[169] Agradecemos a partilha de reflexão com a juiz de Direito Idalina Ribeiro que há longos anos estuda as matérias relacionadas com a gestão dos tribunais de primeira instância, com particular relevo para as competências dos juízes presidentes e a definição do perfil adequado e avaliação da capacitação para a função.

[170] Nomeados, para um mandato de três anos, de entre juízes desembargadores e juízes de direito com mais de 15 anos de antiguidade e classificação não inferior a Muito Bom (art.92.º, n.º 2, da LOSJ) nos tribunais judiciais; nos TAF, são nomeados para igual mandato, em comissão de serviço, que não dá lugar à abertura de vaga, de entre juízes que: a) Exerçam funções efetivas como juízes desembargadores e possuam classificação não inferior a Bom com distinção; ou b) Exerçam funções efetivas como juízes de Direito e possuam 10 anos de serviço efetivo nos tribunais administrativos e classificação não inferior a Bom com distinção (cfr. Artigos 43.º e 48.º do ETAF).

[171] Atualmente 23 tribunais de comarca e 15 tribunais administrativos e fiscais de 1.ª instância que funcionam agregados, aos quais acresce o tribunal administrativo de círculo e

juízes elegem os respectivos presidentes. A conveniência da sua eleição pelos pares tem sido defendida. O sistema actual em ambos os Conselhos é um misto de indicação pelos pares e de escolha pelos Conselhos, cabendo um momento de consulta aos juízes dos tribunais.

4.2.3. Procedimento para a nomeação

No atual modelo, a escolha dos Presidentes realiza-se no âmbito do poder-dever de avaliação administrativa dos Conselhos, não sendo vinculada nem sujeita a critérios legais rígidos. Os únicos requisitos legais de nomeação são que os juízes candidatos tenham classificação de muito bom, sejam Desembargadores ou Juízes de Direito com mais de quinze anos de antiguidade para que possam exercer tais funções nos Tribunais Judiciais. Nos Tribunais Administrativos e Fiscais os requisitos legais de nomeação são semelhantes, embora não sejam iguais, a saber: o exercício de funções efetivas como juízes desembargadores e possuam classificação não inferior a bom com distinção; ou o exercício de funções efetivas como juízes de direito e possuam 10 anos de serviço efetivo nos tribunais administrativos e classificação não inferior a bom com distinção.

Na falta de outros definidos, o critério que preside à escolha é norteada pela prossecução do interesse público de procura dos candidatos mais ajustados à função de gestão, de entre um conjunto de candidatos que se auto propõe. Esta escolha é realizada no âmbito de uma avaliação discricionária, assente naquilo que se consideram ser as qualidades necessárias para o lugar de juiz presidente, sem que o perfil se mostre, no procedimento, concretamente definido. Depois, é feito um juízo de prognose sobre a aptidão para o exercício de funções de gestão por um conjunto de candidatos que poderão nunca as ter exercido. E, este tem por base os elementos do perfil conhecido do candidato e com único e

o tribunal tributário de Lisboa, que funcionam desagregados, num total de 17 tribunais. A presidência dos TAF está atribuída a um presidente por cada uma das quatro zonas geográficas – cf. Artigos 39.º e 45.º do ETAF.

exclusivo propósito de prossecução do interesse público de assegurar a boa gestão das comarcas.

O necessário conhecimento da realidade e cultura do tribunal a que presidem aconselha que o juiz presidente tenha com ele alguma relação, ou por ser juiz desse tribunal ou, sendo desembargador, por o ter sido em tempo não distante. A natureza das competências do juiz presidente de primeira instância não são legalmente competências de representação dos juízes, antes de gestão do tribunal no enquadramento de gestão macro que os Conselhos integram, enquanto órgãos constitucionais garantes da independência dos juízes e dos tribunais.

Por isso, é adequado o processo de escolha pelos Conselhos com procedimentos de consulta aos juízes do tribunal que permita definir uma *pool* de candidatos por eles aceites.

A relação da nomeação com a prévia frequência de um curso específico organizado pelo CEJ carece totalmente de sentido, como carece de sentido a escolha das pessoas a admitir ao curso com base em critérios de antiguidade e de classificação de serviço relativos a exercício em nada relacionado com as funções a desempenhar. O curso habilitante deve ser condição de exercício, não de nomeação, devendo ser frequentado após a nomeação, segundo um plano individual estabelecido para cada juiz/tribunal, não necessariamente organizado pelo CEJ[172].

O processo de escolha deve permitir conhecer o candidato, a sua perspectiva das funções a que se candidata e as suas competências para o seu exercício, envolvendo a apresentação de uma carta de motivação e de um programa de gestão a discutir em entrevista pública. Os critérios de nomeação devem ser publicitados previamente e evidenciados nas decisões.

Os Conselhos devem ter em consideração a enorme importância da escolha dos presidentes e levar em conta o conhecimento científico existente sobre selecção de chefias intermédias, definição de capacidades a valorar e avaliar, de modo a conseguirem a selecção dos mais aptos à tarefa que se diferencia do exercício jurisdicional.

[172] Cf. Dora Lucas Neto, op. cit., p. 186.

4.2.4. Avaliação e recondução

A avaliação dos juízes presidentes deve ser preparada por uma comissão que integre especialistas na área da gestão pública e juízes do tribunal presidido, a qual deve emitir um parecer a submeter a decisão dos Conselhos. A avaliação positiva que englobe a ponderação destes pareceres deve ser condição de recondução como legalmente previsto.

As funções dos juízes presidentes preenchem de algum modo o fosso entre o indicado alheamento dos juízes da gestão, e a necessidade de trazer a esta o sentido da missão constitucional dos tribunais. Cabe, pois, aos juízes presidentes de primeira instância, em termos gerais, materializar a atividade gestionária do tribunal, numa perspetiva dinâmica, no sentido de definir os seus objetivos, processuais e pessoais, tendo em conta as especificidades do local e do tribunal em causa, delineando nesses termos um projeto singular.

Importa que este projeto seja executado de forma consensual e partilhada, para evitar resistências de magistrados e funcionários, que antes deverão adoptá-lo como seu, sempre com respeito pela independência e imparcialidade dos juízes individuais, mediante a definição concreta do conteúdo da função e da área de ação de cada um dos intervenientes, alicerçada na ideia de que a gestão não é um fim em si mesma, mas um meio ao serviço da função jurisdicional, da justiça, que tem como "cliente" o cidadão comum.

Também sobre o presidente recai a tarefa de "monitorizar" o trabalho do tribunal enquanto estrutura, por forma a verificar e determinar os obstáculos ou dificuldades da sua atividade e, nessa sequência, promover e implementar as respetivas soluções.

4.2.5. Descentralização de competências

Em contraste com este papel fundamental que lhe está assinalado, o juiz presidente de primeira instância, quanto às questões relevantes, tem apenas competência para promover a sua resolução pelos Conselhos, sem efectiva capacidade decisória. O mesmo, aliás, acontece com os seus congéneres, administrador judiciário e magistrado do Ministério Público coordenador. Podemos dizer que a lei consagra ao nível da gestão dos tribunais de primeira instância o modelo tripartido macro, o que se revela ineficiente. Qualquer decisão implica a intervenção de órgãos de gestão pesados, que não estão para ela vocacionados, e que não têm o conhecimento específico da realidade que constitui a mais-valia da instituição de uma gestão ao nível da primeira instância.

As vantagens do modelo misto de gestão apenas se situam ao nível macro, não ao nível de cada tribunal em que ele apenas apresenta desvantagens. Com salvaguarda da autonomia do Ministério Público, a gestão de cada tribunal de primeira instância deve ser integrada e concentrada no juiz presidente, ao invés de reproduzir a gestão macro do sistema[173], transformando os órgãos locais em meros executores ou correias de transmissão.

Nas palavras de uma das nossas entrevistadas, *deve ser aberto um debate consequente sobre o aprofundamento das competências e da autonomia gestionárias dos órgãos da gestão das comarcas, devendo, quer os Conselhos, quer o Ministério da Justiça abrir mão de algumas das atuais competências.* O Regulamento do Gabinete de Apoio aos Magistrados Judiciais de Comarca publicado pelo CSM em 2 de Novembro de 2022, constitui em algumas das suas normas um bom exemplo de competências de cariz meramente administrativo que se justificava serem centradas nos juízes presidentes.

No que se refere a competências dos Conselhos, referimo-nos àquelas que são usuais nas delegações de competências nos juízes presidentes e que têm carácter administrativo, as que se referem, por exemplo, aos gabinetes de apoio aos juízes (excluindo, p. e., as que se referem a medidas de acumulação de serviço ou de exercício de funções em mais de um tribunal ou juízo).

4.2.6. Orçamento próprio

O Tribunal de primeira instância deve ter um verdadeiro orçamento, a gerir pelos seus órgãos, ao invés de integrar o orçamento da DGAJ limitando-se a consignar despesas.

[173] Reservando-se aos Conselhos funções de apoio (cf. Tim Bunjevac, op. cit. p. 32).

Noutra dimensão, os Conselhos devem promover a informatização da gestão dos tribunais, mediante plataformas de gestão documental adequadas às funções dos presidentes, trabalho iniciado pelo CSM, mas ainda não implementado que importa concretizar.

O apelo a uma gestão que permita o envolvimento da comunidade foi procurado através dos Conselhos Consultivos, afigurando-se que esta é uma área que carece de aprofundamento e que ganharia (como as demais) com uma apreciação crítica e reflexiva sobre o funcionamento destes órgãos já com algum tempo de existência, avaliação que não foi feita quanto ao regime piloto antes da sua extensão.

O actual Conselho de Gestão (nos tribunais de primeira instância de ambas as jurisdições) prescindiu da representação dos advogados, prevista em 2008 para o Conselho Permanente, sem que a diferença de competências o imponha (os Conselhos de Gestão não têm competências de decisão próprias), ignorando-se as razões que motivaram a alteração, exceptuada a aparência de um órgão colegial de gestão do tribunal, que não tem substância enquanto tal, a atenuar a centralidade do juiz presidente, quanto ao tribunal, e do magistrado do Ministério Público coordenador, quanto aos serviços do Ministério Público.

4.3. Segunda instância

4.3.1. Autonomia administrativa: ausência de regulamentação

No ano 2000 foi legalmente[174] estabelecido o regime de gestão dos tribunais superiores, atribuindo-lhes autonomia administrativa; todavia, embora o preâmbulo refira a atribuição de autonomia administrativa e financeira, apenas a primeira é consagrada no articulado, havendo pronúncia do Tribunal de Contas[175], no sentido de que o regime dos Tribunais Superiores apenas lhes atribui autonomia administrativa – incluindo

174 Decreto-Lei 177/2000, de 9 de Agosto (RJGATS).

175 Cf. Relatório 28/2011, 2.ª Secção, consultado em https://www.tcontas.pt/pt-pt/ProdutosTC/Relatorios/RelatoriosAuditoria/Documents/2011/rel028-2011-2s.pdf.

Supremo Tribunal de Justiça, Supremo Tribunal Administrativo e Tribunal Constitucional.

Em 9 de Agosto de 2000 foi fixado o prazo de 120 dias para a publicação do diploma legal de adaptação dos respetivos serviços de apoio ao regime de autonomia criado. Este diploma legal nunca foi publicado quanto aos Tribunais de Relação, ou aos Tribunais Centrais Administrativos. Em consequência, o regime de autonomia foi e é aplicado com a estrutura pré-existente, com ligeiras adaptações dos serviços de apoio e com as inerentes dificuldades.

4.3.2. Autonomia administrativa: proposta dos Tribunais

Em Fevereiro de 2017, os Presidentes dos Tribunais de Relação enviaram uma exposição à Ministra da Justiça, motivada pela cessação da equiparação dos funcionários e pugnando pela publicação do diploma de adaptação.

É essencial que seja cumprida esta obrigação de legislar. A título de exemplo das consequentes dificuldades, diga-se que, apesar da autonomia, os tribunais de segunda instância não têm órgãos de gestão essenciais, como o conselho administrativo e a direcção financeira, repousando unicamente sobre a estrutura de exercício de competências pelo Presidente apoiado por um Vice-Presidente.

Não são conhecidos instrumentos de gestão tais como planos de actividades, relatórios de actividades, etc ....[176].

A ausência de regulamentação gera ineficácia e paralisia, não promove a mudança essencial da gestão na segunda instância, estando bem patentes os seus perigos e ineficácias no relatório do Tribunal de Contas citado, e o esforço acrescido necessário aos Presidentes sem retorno adequado. Este aspecto foi sublinhado por todos os Presidentes dos Tribunais de segunda instância no debate promovido por este grupo de trabalho.

[176] JUST/2015/JACC/AG/QUAL/8517, projeto gerido pelo CSM, com o tema "Velhos problemas e novas soluções de gestão processual e de pendências", no âmbito do cofinanciamento aprovado pela Direcção-Geral para a Justiça e Consumo da Comissão Europeia, em execução do programa de 2015 da Comissão Europeia para a Justiça.

Das entrevistas por nós realizadas decorre que está em fase de conclusão uma proposta relativa a esta questão, obtendo o concurso e consenso de toda a segunda instância (Relações e Tribunais Centrais Administrativos). Importa tomar a iniciativa legislativa.

Nos tribunais superiores, a eleição de presidentes e vice-presidentes em eleições separadas universais e directas não tem qualquer sentido, atenta a necessária convergência de gestão efectiva pretendida, devendo ser substituído pelo de eleição simultânea em listas conjuntas.

4.4. Gestão processual

4.4.1. Competências dos Conselhos

No modelo do sul da Europa[177], a existência dos conselhos judiciários, constitucionalmente prevista, surge acoplada à atribuição de funções básicas de salvaguarda da independência do poder judicial, viradas para dento do sistema de justiça e nas quais se incluem, tipicamente, a nomeação e a promoção dos juízes, a formação dos juízes e o exercício do poder disciplinar.

Os conselhos judiciários do modelo do norte da Europa[178] possuem competências mais focadas na garantia de uma efetiva e eficiente gestão da organização judicial, com atribuições ao nível, designadamente, da gestão de acervos processuais e das pendências por juízes e dos fluxos de processos, planeamento estratégico, uniformização de procedimentos e da qualidade das decisões, além dos poderes de gestão das instalações, informatização dos tribunais e do recrutamento e formação dos juízes.

Sendo que o vértice identitário e diferenciador entre um e outro modelo resulta de, no modelo do sul da Europa, a contribuição dos conselhos judiciários para o aprofundamento da qualidade do sistema de administração da justiça ocorrer através de um sistema de responsabilidade centrado na pessoa do juiz e na gestão da sua carreira (promo-

[177] Cf. Wim Voermans, op.cit.

[178] Idem.

ções, disciplina, etc.) enquanto no modelo do norte da Europa, a promoção e monitorização da qualidade da administração da justiça se foca na procura de resposta às necessidades da organização judiciária, sem a influência ou ingerência do governo, atuando como intervenientes ativos na qualidade do sistema de administração da justiça, através de medidas de gestão.

Esta distinção, porém, não é estanque, podendo ocorrer um esbatimento deste traço diferenciador, em resultado de fatores diversos, como a maior ou menor concentração/desconcentração da gestão dos recursos humanos e materiais dos tribunais, as caraterísticas da cultura judicial dominante e a interpretação constitucional prevalecente dos princípios do juiz natural e da independência do juiz[179].

Esta interpretação, mais ou menos restritiva, tem impacto, quer, a nível central, na distribuição de competências de administração e gestão da justiça entre o poder judicial e o poder executivo, quer a nível local, na gestão processual, condicionando as medidas a tomar.

Uma interpretação mais maximalista[180] do princípio da independência dos juízes e do juiz natural levará a que se defenda que o órgão de gestão e disciplina dos juízes assume (e deve assumir) uma postura de intervenção mínima na gestão dos acervos processuais, cabendo essa gestão a cada juiz, pela qual responderá em sede de inspeção judicial, em sede de avaliação ao seu serviço ou no âmbito disciplinar, e com impacto no desenvolvimento da sua carreira.

Uma interpretação mais consentânea[181] com os novos poderes de gestão que estão atribuídos aos conselhos judiciários, devidamente articulados com aqueles princípios e com o princípio da tutela jurisdicional efetiva[182], exige que – à luz do princípio da proporcionalidade, enquanto

[179] Para maiores desenvolvimentos, v. relatório Justiça e Eficiência, o caso dos Tribunais Administrativos e Fiscais, Observatório Permanente da Justiça do Centro de Estudos Sociais, coord. Conceição Gomes, Fevereiro de 2017, pgs. 65 e ss., assim como a doutrina ali citada, disponível aqui: https://estudogeral.sib.uc.pt/handle/10316/87266?mode=full

[180] Cf. Dora Lucas Neto, op. cit., p. 181.

[181] Idem.

[182] Sobre este aspeto, Miguel Nogueira de Brito salienta que, tal como sucede com a garantia do juiz natural, também o princípio da tutela jurisdicional efetiva se apresenta como uma determinação do "princípio do Estado de direito" no domínio da administra-

critério aferidor da legitimidade constitucional daqueles poderes – se encontre um meio-termo que permita uma gestão macro do judiciário por parte dos conselhos, designadamente, através da definição de objetivos estratégicos, que serão depois concretizados em objetivos processuais, para cada tribunal ou juiz.

Estas competências têm já enquadramento legal, designadamente, por via do necessário e devido acompanhamento do desempenho dos tribunais judiciais, e de adoção das medidas de gestão adequadas, da emissão de parecer sobre diplomas legais relativos à organização judiciária e à matéria estatutária e, em geral, sobre matérias relativas à administração da justiça e de estudo e proposta, ao membro do Governo responsável pela área da justiça, de providências legislativas e normativas com vista à eficiência e ao aperfeiçoamento das instituições judiciárias.

4.4.2. Independência do juiz, gestão processual e complementaridade de competências

A gestão processual[183] que cabe ao juiz em exercício jurisdicional não é apenas a gestão de cada processo, mas também a gestão do conjunto dos processos que lhe estão distribuídos. Cada processo convive com os outros e os direitos das partes de um processo convivem com os direitos das partes em cada um dos demais. Dizendo de outro modo, entre os processos de um mesmo juiz, de um mesmo Juízo ou de uma mesma comarca, verifica-se uma concorrência e interdependência de recursos afetos que influenciam a sua gestão.

O que apela para a complementaridade das competências pois a gestão processual é cometida ao juiz em exercício de funções jurisdicionais – o titular do processo –, mas também aos juízes em exercício de funções de gestão – o juiz presidente e o juiz coordenador.

ção da justiça (in O princípio do juiz natural e a nova organização judiciária, in Revista JULGAR, n.º 20, Coimbra editora, 2013, pg. 20.)

[183] Cf. Ana de Azeredo Coelho, "O Juiz Presidente e a Gestão Processual", in "Coleção Direção das Comarcas", CEJ, novembro de 2014.

A gestão processual macro pressupõe a ligação entre as tarefas a realizar e os recursos a alocar, o conhecimento da capacidade de trabalho de cada unidade face ao volume existente, o equilíbrio das unidades orgânicas dentro da comarca e a definição de prioridades e objetivos à luz de concretas dimensões de qualidade do judiciário: independência, imparcialidade, igualdade de tratamento, *accountability* (nas dimensões de informação sobre os critérios e opções e de prestação de contas das consequências dessas opções).

Mas as competências de gestão processual macro têm a sua fonte nos critérios que enformam a gestão do processo a que antes nos referimos, o que determina a centralidade das competências dos juízes em exercício de funções jurisdicionais. Todavia, a intervenção do juiz presidente tem o seu campo próprio e justifica-se, ainda, pela concorrência dos recursos de dispõe cada um dos juízes em jurisdição face à gestão dos Colegas com quem os partilha.

A gestão processual, área por excelência de intervenção, é, assim equacionada ou perspetivada em duas dimensões que se não excluem: uma dimensão externa, onde se coloca o juiz presidente, e uma dimensão interna, onde está o juiz do processo.

A primeira relacionada com a atividade do tribunal como um todo, onde a preocupação é, essencialmente, a legitimação dessa atividade, com respostas eficazes e eficientes, e processos equitativos, leais e justos; a segunda, referente à gestão de cada um dos processos (*case management*) e na sua dinâmica, própria ou condicionada (*case flow management*), centrada na tramitação de cada um dos processos ou no conjunto de determinados processo, onde a preocupação reside na independência e autonomia judiciárias[184].

[184] Cf. José Igreja Matos, a gestão redefine-se, conceptualmente, no caso português, a partir da referida reforma organizacional do judiciário, deixa de ser entendida, enquanto "case management", como a direção ativa e dinâmica do processo tendo em vista a rápida e justa resolução do litígio e irrompe, decidida, para uma vertente de "court management", enquanto instrumento para uma melhor organização do trabalho do tribunal, visando uma reforçada produtividade. , "A gestão processual: Um radical regresso às Raízes", in "Rev. Julgar", n.º10, pág. 71.

Assim, podemos caraterizar a gestão do Juiz Presidente como macro e heterogénea relativamente aos processos, externa aos processos individuais, diversa da gestão do juiz do processo, esta individual e endógena, mas que exige da parte de ambos, dada a dificuldade de definir as fronteiras do campo de ação de cada um deles, uma complementaridade de funções, das competências concretas. A tarefa do segundo pressupõe encadeamento dos atos processuais, o trabalho do primeiro exige a ligação entre as tarefas a realizar e os recursos a alocar, que pressupõe «o conhecimento da capacidade de trabalho de cada unidade face ao volume existente, o equilíbrio das unidades orgânicas dentro da comarca e a definição de prioridades e objetivos à luz de concretas dimensões de qualidade do judiciário».[185]

Refira-se, no entanto, que, sem prejuízo da autonomia e independência reconhecidas aos juízes do processo, a atividade destes não pode deixar de ser enquadrada, com a sua própria participação, na chamada administração/gestão partilhada, pois, só assim todo o sistema jurisdicional poderá reforçar a sua legitimação ético-social.

Impõe-se, dessa forma, salvaguardar a independência e imparcialidade dos juízes e legitimar a estrutura de gestão do tribunal, com a consciência da instrumentalidade das funções administrativas de gestão face à função jurisdicional.

Os Conselhos já tomavam anteriormente medidas de gestão de recursos humanos, nomeadamente com a colocação de juízes auxiliares para juízos com pendências altas; com a criação de bolsas de juízes (quadro complementar de juízes) para situações estruturais; com a implementação do regime de acumulação de serviço; e com a elaboração de tabelas de priorização de processos. No entanto, a gestão processual da responsabilidade do juiz presidente é diversa e casuística, no sentido de ser dirigida a um tribunal, jurisdição ou juízo, e implica a adoção de medidas concretas e pensadas para uma realidade única e singular, englobada na alteração de paradigma de que temos vindo a falar.

Cabe ao juiz em funções jurisdicionais emitir ordens de serviço ou provimentos relativamente aos processos que lhe estão distribuídos, sem

[185] Cf. Ana de Azeredo Coelho, "O Juiz Presidente e a Gestão Processual...op. cit.

sujeição a qualquer entidade, os mecanismos de simplificação e agilização processual de cada processo[186].

Ao Juiz Presidente cabem as ordens de serviço ou provimentos de natureza administrativa de organização dessas unidades e implementação de métodos de trabalho ou de práticas processuais genéricas de condução e direção de todos os processos ou de espécies determinadas (em questões não jurisdicionais), nomeadamente para fazer face a delongas/morosidade ou multiplicidade de atos processuais desnecessários/inúteis, que posteriormente devem ser comunicadas ao Conselho[187], a ter em conta pelos juízes em jurisdição.

Apesar do papel mais direto na gestão dos processos por parte do CSTAF, a realidade nos tribunais administrativos e fiscais não tem sido diferente quanto à delimitação das competências gestionárias do Juiz Presidente[188], com constrangimentos no modo de execução das deliberações do CSTAF quanto às prioridades a atribuir a determinados processos, no teor das orientações dadas pelo Juiz Presidente às unidades orgânicas, com a fixação de prioridades na execução das tarefas, e quanto a procedimentos adotados com impacto na gestão do volume processual,

[186] Cf. artigo 6.º, n.º 1, do CPC.

[187] Por forma a esclarecer e delimitar o campo de atuação do JPComarca e do juiz do processo, relativamente à questão dos provimentos, com enfoque no seu emissor e objeto, o CSM deliberou, na sessão plenária de 14 de julho de 2015, o seguinte: "1) O JPComarca pode emitir provimentos ou ordens de serviço, no âmbito das suas competências, nomeadamente dirigidos à implementação administrativa de métodos de trabalho para cada unidade orgânica que não assumam relevância no âmbito do "case management" (dever de gestão processual característico do exercício das funções jurisdicionais), circunscritos ao "court management" (de cunho administrativista), ouvindo previamente os juízes que exercem funções nas secções em que se encontram as unidades orgânicas visadas; 2) Os restantes Juízes têm legitimidade para emitir provimentos ou ordens de serviço no exercício do seu poder de direção funcional, devendo previamente concertá-los com o JPComarca, no que concerne aos impactos que dos mesmos decorrerão para a atividade administrativa das unidades orgânicas; 3) Nas secções onde exerçam funções mais do que um Juiz, os Juízes podem adotar provimentos nos termos referidos em 2), os quais devem, sempre que possível, ser consensualizados entre todos; 4) Os provimentos referidos nos números anteriores devem ser remetidos ao CSM pelo JPComarca que emitirá parecer quanto aos provimentos emitidos ao abrigo dos pontos 2) e 3)."

[188] Artigos 43.º-A e 49.º-A, do ETAF.

o que poderia ser resolvido através de orientações ou regulamentos por parte do CSTAF que densificassem os conceitos genéricos/abertos utilizados pelo legislador, à semelhança do que se tem passado com o CSM.

A verdade é que, em qualquer das jurisdições, mais do que o quadro legislativo ao dispor dos Juiz Presidente e dos juízes, o que é relevante e essencial para o funcionamento dos tribunais é a forma como as competências legalmente fixadas são exercidas, sendo primordial privilegiar o contacto pessoal e o diálogo, no sentido de obter consensos, que facilitem a implementação de qualquer medida de gestão.

5. Apoio à decisão

Em cada tribunal a actividade jurisdicional é apoiada por uma estrutura administrativa que deveria distinguir três níveis: *(i)* apoio à preparação e elaboração da decisão; *(ii)* apoio à tramitação do processo[189] e *(iii)* apoio administrativo. Nos tribunais portugueses de primeira e de segunda instância não existe o primeiro nível de apoio, estando o segundo e terceiro níveis cometidos às secretarias judiciais, muitas vezes de forma indistinta, do que resulta que pessoas diferenciadas como os oficiais de justiça se limitem, por vezes, a praticar actos que não exigem especial qualificação.

5.1. Gabinete do juiz

O apoio à decisão do juiz é essencial à qualidade da justiça e das decisões, à gestão racional dos recursos e à obtenção de decisão em prazo razoável no sentido indicado pela CEDH. Esse apoio exprime-se na adequada concretização de um gabinete do juiz, de um sistema digital processual específico de apoio à decisão (não apenas ao processamento burocrático dos actos do processo, sem gestão de informação adequada à decisão).

[189] Estas tarefas consistem no apoio à actividade jurisdicional mediante a realização de toda a tramitação burocrática ou administrativa do processo e na ligação da mesma com o público, mediante o atendimento, a realização de diligências, a prática de actos externos e o tratamento das comunicações

O gabinete do juiz deve prever apoio de secretariado e de assessoria, integrando técnicos com formação jurídica ao nível, pelo menos, de licenciatura, exercendo funções junto de um ou de um pequeno número de juízes em exercício em jurisdições idênticas, em dependência desses juízes. Esta evidente conclusão não se centra no "conforto" profissional dos juízes, o que já seria adequado; acresce-lhe a consideração racional de que é anti-económico e ineficiente colocar pessoas altamente qualificadas a executar actos de secretariado ou de recolha de informação necessária à decisão de entre, por vezes, vários milhares de folhas de papel ou de vários milhares de ficheiros PDF sem tratamento de informação. É urgente instituir um modelo de assessoria em ambas as instâncias e alterar o existente nos Supremos.

5.2. Gabinetes de apoio ao tribunal e assessoria

Em 2008 foi prevista a criação de gabinetes de apoio na primeira instância[190], no regime piloto da reforma judiciária, sem que tenham sido instalados, previsão que se manteve em 2013, na extensão da reforma a todo o país. O CSM iniciou o procedimento em 2015, para articulação com o Ministério Público e previsão orçamental pelo Ministério da Justiça/IGFEJ, o que foi viabilizado em 2020, estando instalados os gabinetes de apoio em todas as comarcas, desde Setembro de 2021, integrando 23 assessores com formação académica de nível não inferior a licenciatura e experiência adequada nas áreas de ciências jurídicas; economia; gestão; contabilidade e finanças; e outras consideradas relevantes.

O aproveitamento do trabalho dos assessores tem ficado aquém do esperado, em especial dos assessores para a área das ciências-jurídicas, dada a sua reduzida solicitação por parte dos magistrados, a que não deve ser alheio o objeto das funções que foi indicado no procedimento concursal[191]. Sugere-se a revisão ao nível legislativo, no sentido de replicar

[190] Foi publicado pelo CSM em 2 de Novembro de 2022 o Regulamento do Gabinete de Apoio aos Magistrados Judiciais de Comarca.

[191] A) Proceder à pesquisa da legislação, jurisprudência e doutrina necessárias à reparação das decisões e das promoções nos processos; B) Elaboração de sumário das decisões,

as tarefas atribuídas aos assessores do STJ, nomeadamente proferir despachos de mero expediente, preparar a agenda dos serviços a efetuar e elaborar projetos de peças processuais. Ao nível dos tribunais administrativos e fiscais os gabinetes, apesar de legalmente previstos[192], ainda não foram criados.

Em segunda instância, nunca foi concretizada a previsão legal de assessoria nos termos definidos pela lei que inexiste. Urge fazê-lo, mal se compreendendo a situação em que trabalham os juízes desembargadores.

Com uma entrevistada, entendemos que *deve ser revisto o sistema de assessoria aos Juízes Conselheiros* equiparando-o ao do Tribunal Constitucional e *prevista assessoria especializada em determinados domínios do direito. Por exemplo: Direito Internacional Privado; Direito da União Europeia; Direito da Concorrência; etc.*

5.3. Secretarias judiciais

O funcionamento destas unidades depende do trabalho dos oficiais de justiça, cabendo aos responsáveis pelas áreas das finanças e da justiça a fixação dos mapas de pessoal.

O diretor-geral da Administração da Justiça coloca os oficiais de justiça e restantes trabalhadores que o administrador judiciário distribui pelas unidades orgânicas do tribunal de acordo com os critérios objetivos definidos por portaria do membro do Governo responsável pela área da justiça, prosseguindo as orientações genéricas estabelecidas pelo juiz presidente e pelo magistrado do Ministério Público coordenador.

Embora a gestão dos funcionários das unidades de processos recaia, em primeira linha, sobre o administrador judiciário, estes funcionários estão funcionalmente dependentes do juiz titular dos processos.

da legislação, da jurisprudência e da doutrina de maior interesse científico, com a respetiva integração em ficheiros ou em base de dados; C) Colaboração na organização e atualização da biblioteca do tribunal, bem como na atualização da informação contida na página "web" das Comarcas. (...)"

[192] Artigo 56.º-A do ETAF

Sem prejuízo das especificidades dos grandes centros urbanos, ou das jurisdições com carga processual pesada ou especificidades próprias, a estrutura organizacional das unidades de processos continua ajustada à realidade da generalidade dos tribunais.

A enorme carência de funcionários, transversal a todos os tribunais,[193] decorrente da falta de admissão à carreira de oficial de justiça e da ausência de concursos para promoção na carreira, tem levado os órgãos de gestão dos tribunais de 1.º instância a recorrer a outros métodos de funcionamento das unidades de processos, que passam pela chefia por um único escrivão para mais do que um lugar de juiz dentro do mesmo juízo, pela mobilidade interna de funcionários para acudir a fluxos de trabalho ou incapacidades temporárias de funcionários ou a ajuda entre unidades de processos, pela organização de unidades orgânicas virtuais ou com critérios decorrentes da similitude da tarefa.

A persistência em manter o modelo de organização e funcionamento das secretarias judiciais assente em procedimentos burocráticos, categorias profissionais rígidas e funcionalmente desajustadas das necessidades e estrutura organizativa uniformizada, não é adequada aos objectivos de reforma da gestão dos tribunais. Diversas medidas foram propostas pelos juízes presidentes, desde 2004, nos TAF, e desde 2009, nos tribunais judiciais, algumas das quais homologadas pelo CSTAF e pelo CSM. Neles se enquadram as medidas de especialização do trabalho de forma a minorar a situação de constante prescrição de multas criminais aplicadas, instituição de secções de processos de apoio transversal especializado a diversas unidades orgânicas, atribuição da tramitação processual entre unidades orgânicas equilibrando a carga de trabalho, etc. Ao nível informático foram conseguidas funcionalidades relevantes, com o apoio do Ministério da Justiça, como o são a gestão de actividades ou a possibilidade de criação de unidades virtuais, mas urge fazer mais.

Deve ser construído um sistema de apoio à decisão ágil e um contexto organizativo que permita uma multifacetada gestão e agregação das tarefas, uma fácil modificação estrutural de adequação às circunstân-

[193] O último concurso para recrutamento/acesso à carreira de oficial de justiça aberta pela DGAJ data de fevereiro de 2019, e o último concurso para progressão na carreira foi a 18.11.2014.

cias, assente na ponderação das características de distinção, homogeneidade ou interdependência das tarefas, com a organização do trabalho das secretarias assente nas competências de cada um ao invés de moldada por definições rígidas de categorias, acompanhada de tecnologia adequada e que inclua sistemas de avaliação e recompensas assentes nos objectivos e finalidades definidos.

Deve ser equacionada a prolação de despachos de mero expediente por oficiais de justiça providos em lugares de chefia, libertando os juízes para as tarefas especificamente jurisdicionais. Naturalmente, com resolução das enormes dificuldades de escassez de oficiais de justiça.

A flexibilização da organização e a redefinição funcional das carreiras necessitam de ser equacionadas de modo sistemático e reflectidas no Estatuto dos Oficiais de Justiça, que tarda de mais de uma década, e no desenvolvimento do sistema informático de apoio.

5.4. Sistema informático e pessoal de apoio

5.4.1. Tramitação electrónica dos processos

A informática é utilizada para o tratamento de dados relativos à gestão dos tribunais judiciais, à tramitação processual e ao arquivo, estando os termos da tramitação eletrónica dos processos definidos por portaria do membro do Governo responsável pela área da justiça, devendo as disposições processuais relativas a actos dos magistrados e das secretarias ser objeto das adaptações práticas que se revelem necessárias[194].

De igual modo, a tramitação dos processos nos tribunais da jurisdição administrativa e fiscal é efetuada informaticamente[195], sendo a apresen-

[194] Cf. Portaria n.º 280/2013, de 26 de agosto, com a retificação n.º44/2013, de 25 de outubro, com as alterações introduzidas pela Portaria n.º170/2017, de 25 de maio, com a retificação n.º 16/2017, de 6 de junho, e Portaria n.º267/2018, de 20 de setembro. Os mapas de pessoal das secretarias dos tribunais administrativos e fiscais foram aprovados pela Portaria n.º 84/2018, de 27 de março.

[195] (cf. artigos 4.º do Decreto-Lei n.º 325/2003, de 29 de dezembro, e 1.º da Portaria n.º 380/2017, de 19 de dezembro).

tação de peças processuais, documentos e processo feito por transmissão eletrónica de dados por mandatários e representantes em juízo[196].

5.4.2. Formação e carreira específica

De um modo geral os funcionários que prestam apoio informático aos tribunais são oficiais de justiça sem formação específica. Por outro lado, são em número muito escasso, havendo tribunais que não têm um funcionário em dedicação exclusiva e dependem hierarquicamente do IGFEJ e não da hierarquia do próprio tribunal, sendo numerosas as situações em que as ordens recebidas centralmente mal se coadunam com a necessidade dos tribunais em que prestam serviço.

O funcionamento dos tribunais depende do funcionamento das plataformas informáticas de tramitação e gestão dos processos, sendo a tramitação electrónica a regra, aliás obrigatória em primeira instância; deve ser criada uma carreira informática específica inserida no corpo dos funcionários de justiça, distinta da dos oficiais de justiça, com requisitos de habilitação próprios e estatuto remuneratório adequado.

A utilização de tecnologias de tratamento de informação processual é quase inexistente e constitui uma área de intervenção de relevância indiscutível, como o são também todos os mecanismos de inteligência artificial.

6. Fixação de objectivos

6.1. Procedimento

A intervenção na definição dos objectivos estratégicos para os tribunais que cabe aos Conselhos convoca uma visão global das competências cruzadas dos diversos órgãos e impõe a inclusão da afectação de recursos nessa definição estratégica.

[196] Cf. artigo 3.º, n.º 1, da Portaria n.º 380/2017, de 19 de dezembro, que regula a tramitação eletrónica dos processos da jurisdição administrativa e fiscal.

Decorre da lei[197] que o CSM e a PGR, em articulação com o membro do Governo responsável pela área da justiça (Ministério da Justiça), estabelecerão, no âmbito das respetivas competências, objetivos estratégicos para o desempenho dos tribunais judiciais para um conjunto de três anos, que deverão depois ser articulados anualmente na ponderação dos meios afetos, dos valores de referência estabelecidos e dos resultados registados em cada um dos tribunais.

6.2. Âmbito: a globalidade do sistema de justiça

O CSM pronunciou-se em Março de 2015 sobre a matéria, sublinhando que a fixação de objectivos estratégicos deve abranger *(i)* a gestão macro do sistema de justiça e de afetação de recursos (tanto a consideração dos recursos afectos quanto dos indispensáveis e do faseamento da sua obtenção), *(ii)* englobando as áreas de responsabilidade do Ministério da Justiça e seus serviços e institutos, e *(iii)* a atividade global dos tribunais judiciais e não apenas a actividade jurisdicional ou processual.

A participação tripartida dos Conselhos, da Procuradoria e do Ministério da Justiça é assim uma participação na definição dos planos estratégicos e a afectação dos recursos, pela definição de um mínimo de serviço e de eventuais insuficiências susceptíveis de comprometer o serviço de justiça prestado aos cidadãos, bem como implica a participação na definição efectiva do orçamento de funcionamento. Não se trata de uma mera definição de objectivos dos tribunais desgarrada do sistema que os suporta.

A prática ainda não assumiu esta realidade que impõe que um planeamento estratégico global de definição de prioridades, de meios a afectar e de acções a desenvolver, de modo a que, no termo de um dado período de exercício seja dada nota pública dos recursos utilizados e dos resultados obtidos. Adequadamente, perante o Presidente da República ou perante o Parlamento (quanto aos Tribunais através dos Conselhos).

[197] Art. 90.º, n.º 1, da LOSJ.

Na ausência destes elementos, a acção dos Conselhos restringe-se às questões relativas ao estatuto, carreira e disciplina dos juízes. A atribuição formal de competências de administração e gestão gera na comunidade expectativas de acção que não podem ser satisfeitas por ausência de meios, desadequação orgânica ou deficiente assunção de responsabilidade, contribuindo para a sua irrelevância efectiva com a consequente percepção de inoperância e para a quebra de confiança.

Na concretização desses planos trienais, o Juiz Presidente e o Magistrado do Ministério Público Coordenador, ouvido o Administrador Judiciário, e tendo em conta os resultados obtidos no ano anterior e os objetivos formulados para o ano subsequente, articulam, para o ano subsequente, propostas de objetivos de natureza processual, de gestão ou administrativa, para a comarca, para os tribunais de competência territorial alargada, bem como para as Procuradorias e departamentos do Ministério Público ali sediados [198] [199].

6.3. Tribunais administrativos e fiscais

Diferentemente dos tribunais comuns, nos tribunais administrativos e fiscais de 1ª instância, no que concerne à fixação dos objetivos, cabe ao CSTAF a competência para "*fixar anualmente, com o apoio do departamento do Ministério da Justiça com competência no domínio da auditoria e modernização, o número máximo de processos a distribuir a cada magistrado e o prazo máximo admissível para os respetivos atos processuais cujo prazo não esteja estabelecido na lei*"[200].

Paralelamente, atribui ao Juiz Presidente a competência, ao nível da gestão processual, para "*implementar métodos de trabalho e objetivos mensuráveis para cada unidade orgânica, sem prejuízo das competências e atribuições nessa matéria por parte do CSTAF, designadamente na fixação dos indicadores do*

[198] As propostas a que se refere o número anterior são apresentadas, até 15 de outubro de cada ano, respetivamente ao CSM e ao PGR, para homologação até 22 de dezembro (cf. artigo 91.°, n.° 2, da LOSJ).

[199] Cf. artigo 91.°, n.° 1, da LOSJ.

[200] Cf. artigo 74.°, n.°2, al. m), do ETAF.

volume processual adequado"[201] e "*acompanhar a realização dos objetivos fixados para os serviços dos tribunais situados na zona geográfica da respetiva presidência por parte dos funcionários*"[202]. A gestão por objectivos encontra-se, assim, consagrada na jurisdição administrativa, embora sem vinculação a procedimento idêntico.

A esta solução, com duplicidade de competências, são apontadas algumas críticas: *(i)* indefinição legal quanto a quem fixa os objetivos; *(ii)* inexistência de uma previsão legal expressa quanto à definição de objetivos para o tribunal no seu todo, mas apenas para o trabalho a desenvolver pela secretaria; *(iii)* a fixação de objetivos para o trabalho da secretaria pode ter impacto reduzido na eficiência do tribunal, sendo ausente uma interligação entre os intervenientes, juiz e funcionários.

Impõe-se, por isso, uma intervenção legislativa para a concretização das competências do presidente em geral e sobre quem e quais os critérios que devem presidir à fixação dos objetivos para cada tribunal e o papel do juiz presidente nessa matéria.[203]

6.4. Estatísticas

Só se mede o que se valoriza[204]. A atividade judiciária é monitorizada e mensurada por várias entidades, desde logo pelo MJ, pelo CSM e pelos próprios tribunais, cujos resultados e conclusões são plasmados periodicamente, semestral ou anualmente, sem prejuízo de puderem ser consultados ao longo do ano.

Integrada no MJ, a DGPJ tem por missão prestar apoio técnico, acompanhar e monitorizar políticas, organizar e fomentar o recurso aos tribunais arbitrais, aos julgados de paz e a outros meios extrajudiciais de

[201] Cf. artigo 43.º-A, n.º4, al. a), do ETAF.

[202] Cf. artigo 43.º-A, n.º2, al. b), do ETAF.

[203] Cf. Conceição Gomes e Paula Fernando, in Justiça e eficiência, Caso dos Tribunais Administrativos e Fiscais, pág. 82, Centro de Estudos Sociais da Universidade de Coimbra.

[204] Tim Bunjevac, op. cit., p. 27, chama a atenção para o interesse predominante na quantidade e celeridade, em lugar da avaliação da qualidade da justiça.

resolução de conflitos, assegurando o planeamento estratégico das relações externas e de cooperação, e é responsável pela informação estática e quantitativa da área da justiça.

O carácter técnico da actividade estatística tem obstado a que os Conselhos o desenvolvam autonomamente, existindo, todavia, experiências profícuas de colaboração com a DGPJ, nomeadamente na criação de um sistema de informação para a gestão (SIG).

A importância da determinação do que se mede e dos dados de contexto exige que os Conselhos tenham uma actuação proactiva neste domínio que não pode prescindir da experiência de mensuração de dados dos sistemas judiciais que outros países utilizam[205]. Os Conselhos não podem estar alheados do que se mede no sistema de justiça, devem promover a profundidade da análise dos dados recolhidos e a ponderação do seu contexto, porque as estatísticas são instrumento de análise para a acção e de prestação de contas.

Nas palavras de um dos nossos entrevistados: *As estatísticas da justiça representaram um avanço importante na qualidade do tratamento de dados. Mas são agora usadas frequentemente como indicadores de desempenho (que não são) e como fotografia da realidade (quando excluem informação quantitativa sobre qualidade e complexidade). Compreende-se que não podem os conselhos assumir o papel de suprir essas falhas sem recursos disponíveis para isso (ao contrário de outros países como Espanha ou Itália). Mas compete aos conselhos, em colaboração com os tribunais, persistir nessa agenda.*

[205] O CourTools, sistema desenvolvido nos Estados Unidos da América, resume cinco razões pelas quais a medição de desempenho é importante: «(1) A perceção do desempenho dos tribunais, vista por quem neles trabalha, tende a ser imprecisa. A disponibilidade de dados empíricos ajuda a manter um debate mais objetivo; (2) A multiplicidade de indicadores definidos com atores externos permite que os tribunais levem em consideração as preocupações de vários interessados/intervenientes/destinatários, designadamente, as partes, advogados, testemunhas, o público e as autoridades de financiamento; (3) A clareza sobre as metas de cumprimento, seja sobre a conclusão dos processos, seja sobre a calendarização e realização de diligências, pode incentivar a que sejam efetivamente alcançadas; (4) Os dados empíricos são essenciais para a preparação, justificação e apresentação de um orçamento; (5) Se os tribunais não medem seu desempenho ou não apresentam seus objetivos, isso mina a legitimidade do judiciário em conduzir seus próprios assuntos.» Mais informação disponível aqui: http://www.courtools.org/trial-court-performance-measures

6.5. Monitorização

No âmbito exclusivo do acompanhamento da actividade dos tribunais, os Conselhos monitorizam quadrimestralmente (de janeiro a abril, de maio a agosto e de setembro a dezembro) o funcionamento dos tribunais de 1.ª primeira instância, recolhendo dados dados relativos, designadamente, *(i)* aos processos a aguardar ato do juiz (há mais de 30, 60 e 90 dias), *(ii)* aos agendamentos de diligências, respetivo prazo de marcação e diligências realizadas e/ou adiadas, *(iii)* aos processos findos, quer por decisão de mérito quer por outro motivo, *(iv)* a processos entrados e findos, e *(v)* à pendência oficial e de secretaria[206].

Com impacto na determinação do número de juízes e fixação do quadro de cada uma das comarcas de 1ª instância, os Conselhos têm vindo a contabilizar, o número de processos entrados e findos, por unidade orgânica (juízo), na categorização por unidade (atenta a competência material que lhe é cometida), com vista à determinação de um válor médio, denominado de Valor Estatístico Apurado (que corresponde à mediana de processos findos, por unidade, na categorização, nas espécies processuais relevantes), que servirá para fixar o número de juízes necessários para uma taxa de resolução de 100%.

Cada uma das comarcas, através do respetivo Juiz Presidente e do gabinete de apoio, quando existe, procede, designadamente, à monotorização dos diversos juízos, também por lugar de juiz, "contabilizando" os agendamentos de diligências, respetivo prazo de marcação e diligências realizadas e/ou adiadas, os processos findos, quer por decisão de mérito quer por outro motivo, os processos entrados e findos, e a pendência oficial e de secretaria.

[206] A recolha de dados do SITAF (Sistema de Informação dos Tribunais Administrativos e Fiscais) foi sendo aperfeiçoada e corrigida por indicação do CSTAF, através de Deliberações deste órgão, designadamente, a deliberação n.º 1313/2004, de 26 de janeiro; n.º 825/2005, de 30 de maio; n.º2078/2013, de 15 de outubro; n.º1422/2015, de 24 de novembro; e n.º1456/2016, de 14 de setembro.

6.6. Tribunais de segunda instância

Também quanto às Relações e Tribunais Centrais Administrativos são recolhidos e enviados aos Conselhos dados estatísticos relativos, designadamente, aos processos pendentes há mais de três meses, aos processos que aguardam decisão, às baixas e reduções de serviço para monitorização da carga processual, usando o CSM o sistema FTE (*full time equivalent*). O CSM recolhe ainda dados qualitativos relativos aos recursos de impugnação da decisão de facto, a fim de avaliar a sua repercussão na qualidade do sistema, dado o peso excessivo que tem na carga processual dos desembargadores.

Os Conselhos acompanham e monitorizam os dados relativos aos tribunais de 2ª instância comunicados mensalmente, que podem ser vertidos num "mapa resumo dos recursos", o total dos recursos apresentados, com indicação daqueles em que é apresentada impugnação da matéria de facto, divididos pelas diversas jurisdições, onde consta o total de recursos decididos, incluindo os dados do resultado da votação e o resultado final.

6.7. Análise de resultados e constrangimentos

A análise dos resultados das monitorizações acima referidas, em especial as levadas a cabo pelos Conselhos Superiores e pelas comarcas, permite identificar constrangimentos que podem determinar a tomada de medidas de gestão por do CSM e do CSTAF, juntamente com os Juízes Presidentes dos tribunais, em eventual articulação com a DGAJ[207].

[207] Em Fevereiro de 2017, o CSM e a DGAJ implementaram um grupo de trabalho para intervenção conjunta na área dos Tribunais de Execução e Comércio, com a finalidade de analisar todos os aspetos relevantes para a compreensão da específica situação de cada um dos juízos a intervencionar, designadamente em termos de carga processual e estrutura de pendências, de afetação de recursos humanos, de organização da secção e de utilização das funcionalidades informáticas disponíveis, em articulação com os respetivos órgãos de gestão, magistrados e funcionários. Os resultados constam cos relatórios do CSM de 2018 e 2019.

Numa visão interna, os tribunais judiciais têm vindo a mostrar progressos positivos, refletido na diminuição da duração média dos processos,[208] nas pendências oficiais[209] e na diminuição dilação de marcação das diligências, embora a falta de investimento ao nível dos recursos humanos, magistrados e funcionários judiciais, possa determinar o abrandamento dessa progressão e, inclusive, o retrocesso desse trajeto.

Por sua vez, os tribunais administrativos e fiscais apresentam alguma recuperação nas pendências, em especial na jurisdição fiscal,[210] embora se mantenham elevadas, fruto da falta de investimento durante décadas em matéria de recursos humanos (juízes e funcionários) que gerou pendências que se foram acumulando, minimizadas com a constituição e reforço de equipas de recuperação de processos, em especial para os processos anteriores a 2012, ficando ainda, por resolver os demais processos, cuja

[208] Segundo dados do SIEJ, em regra, a duração média dos processos tem vindo a reduzir ao longo dos últimos 6 anos, as ações cíveis passaram de 16 meses em 2016 para 11 meses em 2021, as insolvências passaram de 3 meses em 2016 para 1 mês em 2021, as execuções laborais passaram de 70 meses em 2016 para 52 meses em 2021, os processos de revitalização passaram de 5 meses em 2016 para 7 meses em 2021, embora entretanto tenham atingido o prazo de 7 meses em 2018, o processo especial para pagamento passou de 4 meses em 2016, embora entretanto tenham atingido o prazo de 6 meses em 2020, os processos laborais passaram de 10 meses em 2016 para 9 meses em 2021, os processo de execução laboral passaram de 70 meses em 2016 para 52 meses em 2021, os processos crime com julgamento duram em média 8 a 9 meses desde 2016 a 2021. Contra esta corrente, regista-se o aumento do prazo de duração média dos processos de execução que passou de 45 meses em 2016 para 60 meses em 2021, embora o número de execuções entrado tenha diminuído no período homólogo, de 145.352 em 2016 para 89.163 em 2021, devendo este aumento ao congestionamento processual em algumas comarcas, em especial dos grandes centros urbanos, ou a dificuldades na venda dos bens penhorados.

[209] Segundo a DGPJ, o número de processos pendentes nos tribunais judiciais de 1.ª instância em 2021 diminuiu 8,9%, face a 2020, fixando-se, a 31 de dezembro de 2021, 626.844, não considerando os dados dos tribunais de execução de penas. Estes resultados decorrem da melhoria da taxa de resolução processual pelo nono ano consecutivo, que se situou em 115,5%, apesar do aumento do número de processo entrados.

[210] Segundo a DGPJ, o número de processos pendentes nos tribunais administrativos e fiscais, apesar do número de entradas, tem diminuído, sendo que na jurisdição fiscal passou de 21.722 em 2015 para 20.296 em 2021 e na jurisdição administrativa passou de 53.221 em 2015 para 28.555 em 2021.

resolução passa também, e necessariamente, pelo investimento ao nível dos recursos humanos, magistrados e funcionários.

Para além dos problemas conjunturais atrás referidos, a situação dos tribunais administrativos e fiscais também se deve ao próprio Estado, cujos diversos organismos e serviços, por vezes, persistem na litigância judicial, mesmo face a decisões judiciais constantes no mesmo sentido, e, aditando a este problema, à ausência de mecanismos administrativos, para além dos meios graciosos existentes, que possam resolver os conflitos entre os Estado e os cidadãos antes da sua entrada no sistema judicial. Do mesmo modo, quanto à litigância nos tribunais de trabalho, mormente por parte de empresas públicas.

7. Avaliação da qualidade da resposta[211]

7.1. Avaliação do sistema de justiça

Da avaliação dos juízes mediante a actividade inspectiva dos Conselhos se distingue a avaliação do sistema de justiça e da qualidade da resposta às pessoas e entidades[212]. Enquanto a primeira deve ser reservada para os juízes e Conselhos, pelo potencial de interferência da independência no exercício da jurisdição, a avaliação da qualidade da resposta do sistema como um todo deve ser promovida pelos Conselhos com recurso a especialistas, nomeadamente mediante o recurso a Auditorias independentes ou a Comissões com autonomia. É adequado que os Conselhos ajam a este nível em coordenação, por exemplo, quanto à nomeação de Comissões, ao objecto da sua actividade ou à definição e promoção do modelo de autonomia e do código de conduta dos seus membros.

[211] Cf. Nuno Garoupa & Tom Ginsburg, "Guarding the Guardians: Judicial Councils and Judicial Independence" (John M. Olin Program in Law and Economics Working Paper No. 444, 2008): While judicial independence is widely studied, accountability has been the subject of much less inquiry. It requires that the judiciary as a whole maintain some level of responsiveness to society, as well as a high level of professionalism and quality on the part of its members. This section discusses judicial councils as devices to ensure both independence and accountability.

[212] Laurent Berthier e Hélène Pauliat, op. cit., p. 19.

Na verdade, o objectivo mais ambicioso na avaliação do trabalho dos juízes é analisar o impacto de certos processos na vida dos cidadãos, das empresas e das pessoas coletivas públicas neles envolvidas. É uma análise difícil, mas permite avaliar a qualidade da justiça para os destinatários. Por exemplo, por amostragem, selecionando dois ou três casos, sem individualizar magistrados, partes, advogados ou situações, de forma regular e ao cuidado de especialistas na área, que tem vindo a ganhar paulatino interesse.

A intervenção dos Conselhos Judiciais é percepcionada como bastante formal e até inoperante para fazer face às preocupações e às queixas dos cidadãos e das empresas e instituições sobre o mau funcionamento dos Tribunais, os atrasos processuais ou a injustiça de certas decisões judiciais. Embora a sua capacidade de intervenção esteja naturalmente limitada pelo valor da independência, os poderes/deveres de avaliação da actividade dos Tribunais e do desempenho dos juízes podem ser exercidos no sentido de criarem incentivos fortes para a justiça e qualidade das decisões.

7.2. Indicadores de gestão

No que diz respeito à avaliação da actividade dos Tribunais, existe um sistema de indicadores de gestão, com base no qual os Conselhos Judiciais monitorizam o funcionamento dos Tribunais. Os peritos que consultámos chamaram, porém, a atenção para as seguintes desvantagens que importa levar em conta: o excesso de informação estatística sobre a actividade dos Tribunais, recolhida pelo Ministério da Justiça, retira-lhe a facilidade de leitura; os dados estatísticos têm de ser cruzados com dados relativos ao contexto e ao padrão.

Em primeiro lugar é preciso criar camadas de leitura para fazer o tratamento qualitativo da informação estatística e contextualizá-la. A contextualização não deve ter por base o quadro estatístico recolhido, mas dados recolhidos de forma alternativa, que possam ser cruzados com os dados estatísticos.

Em segundo lugar, volvidos alguns anos de experiência na recolha de dados estatísticos dos Tribunais, já é possível obter leituras padrão. Mas também aqui, há dados de contexto, que não são fornecidos pelo quadro estatístico, mas são fundamentais para ler o padrão.

7.3. Percepção externa

Adicionalmente, o concurso externo na análise do funcionamento dos Tribunais constitui uma mais valia[213] e devem ser implementadas e experimentadas no que concerne à avaliação da qualidade da resposta. A auditoria deve abranger todo o sistema judicial, mas ser segmentada, feita por partes, por exemplo, por comarca, por jurisdição – de família e menores, criminal, da concorrência e regulação, comercial, do trabalho e administrativa e fiscal – ou por instâncias – tribunais de primeira instância, de segunda instância e Supremos Tribunais.

A distribuição interna de funções e a transparência dos procedimentos, assim como a sua oportuna e adequada publicitação, são aspetos fundamentais. A Rede Europeia de Conselhos de Justiça (ENCJ)[214] recomenda vivamente aos Conselhos Judiciais e/ou aos tribunais a realização de inquéritos aos utilizadores, não só sobre as condições físicas, os tempos de tratamento dos processos e a prestação de serviços, etc., mas também sobre questões importantes sobre a experiência dos utilizadores dos tribunais em matéria de independência efetiva.

Área fundamental de avaliação, a da colegialidade de funcionamento. Devem ser regulamentadas as competências e funcionamento do Plenário das Relações, modo de funcionamento que, cremos, foi utilizado apenas uma vez, e promovido em segunda instância um funcionamento em secção que favoreça o debate jurídico, o conhecimento das posições dos juízes que a integram e a discussão das questões que suscitem controvérsia.

[213] Laurent Berthier e Hélène Pauliat, op. cit., p. 20: L'administration de la justice et l'évaluation de sa performance ne peuvent donc pas toujours relever de l'autorité judiciaire elle-même.

[214] ENCJ, Relatório 2020-2021, Independence, Accountability and Quality of the Judiciary Improving indicators and surveys.

7.4. Publicação das decisões

A publicação das decisões tem merecido destacado e justificadíssimo interesse[215]. A publicação da jurisprudência de primeira instância, em que o CSM se empenhou na definição do conteúdo dos sites das comarcas, carece de meios humanos e de robusto apoio, em ambas as ordens jurisdicionais.

Nos tribunais superiores, a publicação universal é a única que se justifica. Enquanto não for possível, (o que dada a importância da questão para as pessoas, as empresas, instituições e a comunidade jurídica é estranho que aconteça), deve seguir critérios publicamente indicados e escrutináveis determinados pelo interesse das pessoas, entidades e sociedade em geral. Importa continuar o desenvolvimento do *European Case Law Identifier* em que o CSM se empenhou e que se encontra inoperacional desde Novembro de 2021.

É indubitável o papel que os tribunais assumem na estabilidade, governação e regulação das democracias atuais e que a "representação" desse papel tem de passar necessariamente por uma prática jurisdicional responsável (pela aplicação da lei e do direito, pela prolação de decisões imparciais, fundamentadas, objetivas, transparentes, proferidas em prazo razoável). Prática centrada nas pessoas, nos operadores económicos e na finalidade dos processos com responsabilidade ético-social do poder judicial, disponibilização de meios pelo poder executivo e de leis de qualidade pelo poder legislativo. Parafraseando outros, diremos justiça não pode apenas ser feita, tem de se ver que é feita.

A publicitação de todas as decisões judiciais deve ser assegurada por uma equipa de assessores que as anonimizem segundo regras uniformes e, sempre que se justifique, publiquem comunicados contendo uma explicação resumida da decisão, para permitir a comunicação transparente e compreensível do que é decidido pelos Tribunais.

[215] Cf. Higina Castelo, O direito de conhecer a jurisprudência, Revista do Ministério Público 163, Julho-Setembro 2020, p. 103-131.

8. Comunicação[216]

8.1. Dever de reserva

Os juízes, por força do dever de reserva consagrado no respectivo estatuto, não podem pronunciar-se sobre processos em curso, o que torna extremamente difícil e delicada a tarefa de comunicação com a sociedade, levando a que os Tribunais deixem, muitas vezes, que seja a imprensa a ter a iniciativa e quase o monopólio dessa comunicação.

Alguns dos peritos que connosco colaboraram chamaram a atenção para o facto de a comunicação com a sociedade, sobre o andamento dos processos judiciais, não dever ser única e exclusivamente delegada nos *media*.

8.2. Informação sobre os tribunais

A imagem negativa que a população em geral tem da "Justiça" deve-se a vários fatores, tais como, o atraso dos processos nos tribunais administrativos e fiscais ou em algumas jurisdições dos tribunais comuns e os "mega" processos na jurisdição criminal. As estratégias de investigação, por vezes desajustadas do direito a observar no julgamento, prolixas e sem limitação de objecto, dificilmente podem ser geridas, sobretudo num sistema que carece totalmente de gestão da informação processual e se baseia num esforço de trabalho material absolutamente desnecessário no actual estádio da tecnologia de informação e desadequado à própria tecnologia do crime.

[216] Sobre a relevância da sociedade civil na defesa da independência dos tribunais no caso da Polónia, Łukasz Bojarski, Civil Society Organizations for and with the Courts and Judges–Struggle for the Rule of Law and Judicial Independence: The Case of Poland 1976–2020, consultado em https://www.cambridge.org/core/journals/german-law-journal/article/civil-society-organizations-for-and-with-the-courts-and-judgesstruggle-for-the-rule-of-law-and-judicial-independence-the-case-of-poland-19762020/78B99D55550E5668F9363F2A9FA827EB.

Com menos representatividade, mas não com menor dano, o sentimento de justiça das pessoas é ferido por decisões que não compreendem e julgam injustas.

Estas situações carecem de ser explicadas e a realidade dos tribunais em situação tem de ser divulgada e explicada. Os Conselhos e os Presidentes dos Tribunais são as entidades que o devem fazer; detêm o conhecimento interno e não estão vinculados à reserva como o juiz.

Para os Conselhos e os Tribunais comunicar só pode ser informar com verdade, em linguagem das pessoas comuns, admitindo os erros e explicando os condicionamentos, nomeadamente aqueles que constituam os efeitos secundários de legítimas opções legislativas ou das exigências do Estado de Direito.

Informar com verdade implica, além de indicar os sucessos e assumir os erros, explicar as razões e aprender com uns e outros. Informar com verdade visa construir a literacia jurídica e judiciária, melhorando a democracia, encarando as pessoas como cidadãos que participam de um debate livre no espaço público, não como consumidores de propaganda destinada a dirigir-lhes as opções; é participar na construção da democracia.

8.3. Informação sobre a actividade dos Conselhos

Os Conselhos devem informar da sua própria actividade e assumir a prática de disponibilização pública dos elementos mais relevantes das reuniões dos seus órgãos ou, em casos de relevo, de realização de conferências de imprensa após as reuniões.

Instrumento desta comunicação, ao nível mais geral, são também os relatórios elaborados pelos presidentes dos tribunais de primeira instância e pelos Conselhos que o deveriam ser também pelas Relações (a exemplo do que já acontece com os TCA). Não se percebe a razão de não estar prevista legalmente a obrigação de os presidentes dos tribunais de Relação elaborarem relatórios quanto aos tribunais a que presidem. Mesmo sem previsão legal, tal prática deve ser instituída desde já e obedecer à mesma publicidade.

A publicitação destes relatórios deve tornar-se lugar de amplo debate na sociedade, nomeadamente com discussão pública em cada tribunal e na comunidade em que está integrado (quanto aos tribunais, com a participação das "forças vivas" da comarca e, especialmente, dos advogados e solicitadores) e na Assembleia da República (quanto aos relatórios dos Conselhos). Neste último caso poderia ser utilizado um modelo idêntico ao que o Regimento da Assembleia da República (RAR) prevê para o relatório do Provedor de Justiça[217].

Só este tipo de informação pode servir a comunicação dos Conselhos e dos Tribunais, o que exige esforço, conhecimento, empenhamento e convicção da relevância. Nas palavras que foram o mote de um dos debates promovidos: *compete ao poder judicial ser exigente com o poder judicial.*

9. Dados do sistema de justiça e gestão das plataformas informáticas

9.1. Posição conjunta do CSM, CSTAF e PGR

Enquanto órgãos constitucionais autónomos os Conselhos têm ainda responsabilidade quanto aos dados pessoais tratados em sede de atividade jurisdicional dos tribunais[218]. Igual papel cabe à PGR quanto aos processos do Ministério Público.

O CSM, o CSTAF e a PGR, no decurso do processo legislativo de conformidade do regime português com as exigências da União, publicaram uma declaração conjunta quanto aos princípios a observar. Não conhecemos outra situação de tomada pública de posição de ambos os Conselhos e da PGR que, se não teve eco imediato nos projectos de lei, viu a sua substância ser tida em conta no veto presidencial que determinou a renovação do processo legislativo, ainda inconcluso.

Foram considerados essenciais os seguintes princípios que aqui sublinhamos:

a) *O Conselho Superior da Magistratura, o Conselho Superior dos Tribunais Administrativos e Fiscais e a Procuradoria-Geral da República deverão*

[217] Arts. 238 e ss do RAR.

[218] Como resulta do considerando 20 §3.º do RGPD e da Lei 34/2009, de 14 de julho, nomeadamente dos seus artigos 23.º, 24.º, n.ºs 1 e 6.

assumir a responsabilidade pelo tratamento dos dados pessoais que exorbitem do processo e da decisão processual do magistrado, dírectamente ou por intermédio de subcontratante.

b) *O controlo desse tratamento deverá ser atribuído a um organismo específico no âmbito do sistema judicial, totalmente independente, constituído exclusivamente por magistrados, designados equitativamente pelo Conselho Superior da Magistratura, pelo Conselho Superior dos Tribunais Administrativos e Fiscais e pela Procuradoria-Geral da República.*

c) *Compete exclusivamente aos magistrados o tratamento de dados pessoais nos processos de que são titulares, regendo-se por regras e mecanismos específicos, mediante controlo único através do sistema de reação processual respetivo e com aplicação exclusiva do seu especial regime de responsabilidade. A atividade dos magistrados no âmbito desta função não se enquadra no conceito de responsável pelo tratamento*

d) *Em virtude do referido em 3., em sede de transposição da Directiva e de concretização do regime do Regulamento Europeu de Proteção de Dados podem prever-se normas processuais específicas para a necessária tutela processual incidental, em cada processo, dos direitos dos titulares dos dados.*

e) *É conveniente que as normas internas de transposição da Directiva sejam incluídas no diploma que concretize o regime geral de protecção de dados do sistema judicial, na parte relativa aos processos de natureza penal.*

Deverão ser criadas condições, designadamente técnicas e funcionais, para que os Conselhos Judiciários possam assumir a responsabilidade pelo tratamento dos dados da justiça e estabelecida a composição e modo de eleição do organismo específico de controle de dados no âmbito do sistema judicial a que se referem os Conselhos e a PGR.

Os instrumentos de inteligência artificial existem e são seguramente um instrumento de apoio à realização da justiça. Os Conselhos têm de os ter em consideração[219], capacitando-se para gerir a sua utilização no sistema de justiça no respeito pelos princípios constituintes da jurisdição: independência, imparcialidade, equidade processual e razoável dilação,

[219] XIII Encontro Anual do Conselho Superior da Magistratura, Tecnologias de Informação e Justiça (Coimbra, 29 e 30 de Novembro de 2018).

organização, acesso, direito ao juiz, certeza, evolução e conhecimento da jurisprudência, fundamentação e publicidade das decisões[220].

Princípios que são os de sempre, mas que encontram neste instrumento novos desafios de concretização cuja utilização os Conselhos devem liderar, acompanhar e gerir, conhecedores da necessidade de tradução de diferentes linguagens, diferentes perspectivas de sentido e da *pobreza simbólica do numérico*[221] e da necessidade de formação dos juízes a este respeito.

9.2. Qualificação do sistema informático como sistema crítico da República

O sistema informático de apoio à gestão tramitação dos processos judiciais deve ser considerado sistema crítico da República, devem ser protocoladas regras de segurança, de registo e de acesso ao código-fonte, e instituída a sua gestão independente pelos Conselhos a quem devem ser dados os meios de a ela proceder. De todo o modo, enquanto essa indispensável transferência, deve haver uma efectiva participação dos Conselhos na sua gestão, mormente pela designação de um representante comum que tome parte nas decisões do conselho de administração do IGFEJ que afectem os tribunais[222] e, sobretudo, pela disponibilização aos Conselhos dos meios técnicos que lhes permitam cumprir a sua responsabilidade de fiscalizar o sistema.

10. Orçamento

10.1. Investimento: comparação entre países europeus

O modelo misto de gestão macro do sistema actualmente existente em Portugal tem na dimensão do orçamento uma manifestação de desvanta-

[220] Arts. 15.º, 20.º, 203.º, 205.º, 206.º, 209.º, 213.º a 220.º da CRP.

[221] Antoine Garapon e Jean Lassègue, Justice Digitale, PUF, 2020.

[222] Poderia ser utilizado o mecanismo que no CSM permite a intervenção do Procurador-Geral da República e do Bastonário da Ordem dos Advogados quanto às decisões de nomeação de juízes para o Supremo Tribunal de Justiça.

gem decorrente da ineficácia causada pela grande dificuldade de coordenação entre os diversos actores. A esta desvantagem acresce o facto de Portugal investir relativamente pouco nos tribunais, mesmo tomando em conta o nível de riqueza do país.

Média do orçamento do sistema judicial por diferentes grupos do PIB per capita nos países europeus

Grupo	*Orçamento judicial por habitante*	*Percentagem do PIB*
A: < 10 000 €	*23,81. €*	*0,44%*
*B: 10 000 € - 20 000 € **	*52,81 €*	*0,34%*
C: 20 000 € - 40 000	*84,13 €*	*0,32%*
D: > 40 000 €	*123,79 €*	*0,22%*

Fonte: Relatório de avaliação de 2020 da CEPEJ (dados de 2018)
* Portugal integra-se no grupo B

De acordo com o relatório de avaliação de 2020 (dados de 2018), da CPEJ (Comissão para a Eficiência nos Tribunais), Portugal encontra-se entre os Estados cujo PIB (Produto Interno Bruto) se situa entre 10 000 e 20 000 euros per capita. Em quatro grupos de países, Portugal enquadra-se no grupo B, dos países que gastam em média 52,81 euros do PIB por habitante (0,34%), no orçamento judicial. É preciso levar em conta que países com um PIB menor podem alocar maior percentagem do PIB por habitante aos Tribunais, do que países com um PIB mais elevado e, no entanto, o valor investido por habitante ser menor.

A quantia média gasta no orçamento do sistema judicial não é toda gasta no orçamento dos Tribunais já que o orçamento judicial aqui considerado foi o levado em conta nos dados recolhidos pela CEPEJ, que compreende o orçamento dos Tribunais, o orçamento do apoio judiciário e o orçamento dos serviços do Ministério Público. Do orçamento judicial, estima-se que, nos países do grupo B, ao qual pertence Portugal, a divisão do orçamento judicial se faça nos seguintes termos: 72% são gastos com o orçamento dos Tribunais; 3% são gastos com apoio judiciário e 25% são gastos com os serviços do Ministério Público.

Os países do grupo B ao qual pertence Portugal gastam, em média, 38,51 euros por PIB por habitante, nos Tribunais. Mas, como veremos, Portugal gasta um valor sobre o qual não temos dados inequívocos.

Orçamento médio de todos os tribunais por diferentes grupos do PIB per capita nos países europeus

Grupo	*Orçamento dos Tribunais por habitante*	*Percentagem do PIB*
A: < 10 000 €	*15,85 €*	*0,29%*
*B: 10 000 € - 20 000 €**	*38,51 €*	*0,26%*
C: 20 000 € - 40 000	*53,14 €*	*0,21%*
D: > 40 000 €	*73,72 €*	*0,13%*

Fonte: Relatório de avaliação de 2020 da CEPEJ (dados de 2018)
* Portugal integra-se no grupo B

No grupo de países europeus a que pertence, Portugal destaca-se por ser o que investe menos nos Tribunais: Portugal investe nos Tribunais menos de 10 euros por habitante, do PIB per capita, sendo o valor médio do PIB per capita de cerca de 20 000 euros. Países como o Azerbaijão, a Geórgia, a Bulgária ou a Ucrânia, têm um PIB inferior ao nosso e investem um valor maior por habitante do PIB per capita, nos seus Tribunais.

Tal como se pode ver no gráfico seguinte, Portugal (PRT) está muito abaixo da linha de tendência que atravessa o gráfico na diagonal. O nosso país está junto à linha horizontal do gráfico, o que parece indicar que investe 0 euros nos Tribunais, mas como isso não é plausível, a outra alternativa é concluir que existe incerteza quanto aos valores gastos com o orçamento dos Tribunais e por isso eles não são indicados no relatório de avaliação de 2020 da CEPEJ (dados de 2018). O gráfico não permite concluir se a variação do nível do PIB em Portugal determina o nível de investimento nos Tribunais. O investimento nos Tribunais portugueses indicado no gráfico parece ser baixo relativamente à riqueza do país medida através do PIB.

Orçamento dos tribunais por habitante e PIB per capita e localização geográfica dos tribunais por 100 000 habitantes em 2018

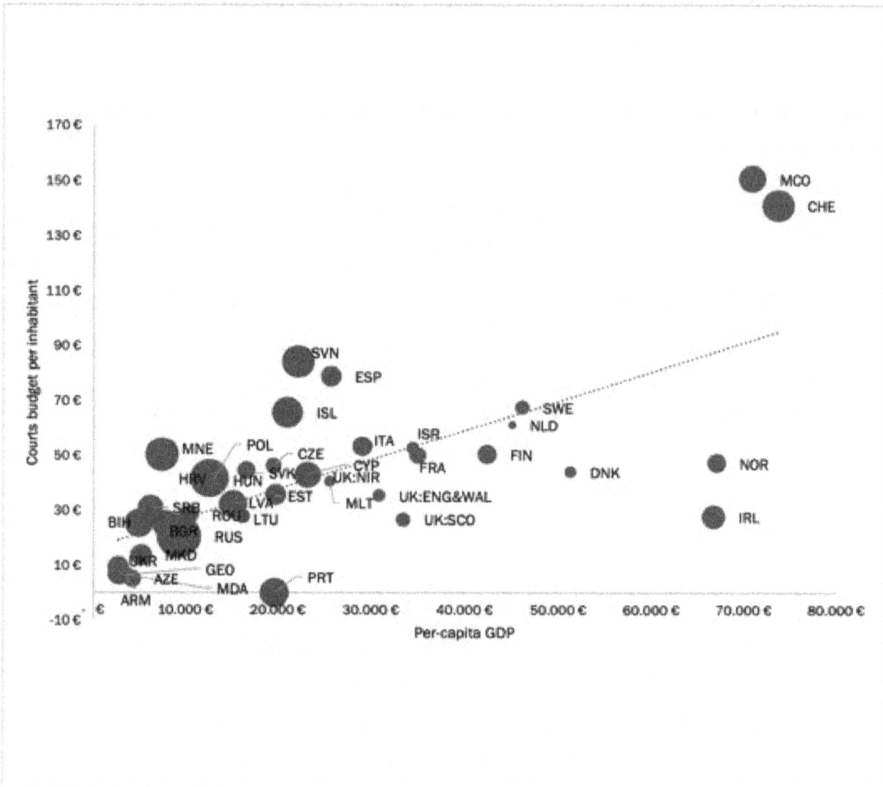

Fonte: Relatório de avaliação de 2020 da CPEJ (dados de 2018)

Da comparação entre o gráfico superior e o inferior com os restantes dados constantes do relatório de avaliação da CEPEJ de 2020, parece extrair-se que, Portugal, na repartição do orçamento do sistema judicial pelos Tribunais, pelos serviços do Ministério Público e pelo apoio judiciário, atribui ao Ministério Publico 10,61 euros por habitante, por PIB per capita, atribui aos serviços de apoio judiciário, 5,31 euros por habitante, por PIB per capita mas o valor atribuído aos Tribunais não é inequívoco.

Orçamento do sistema judicial que inclui o orçamento dos Tribunais, dos serviços do Ministério Público e do apoio judiciário, por habitante e por PIB per capita em 2018

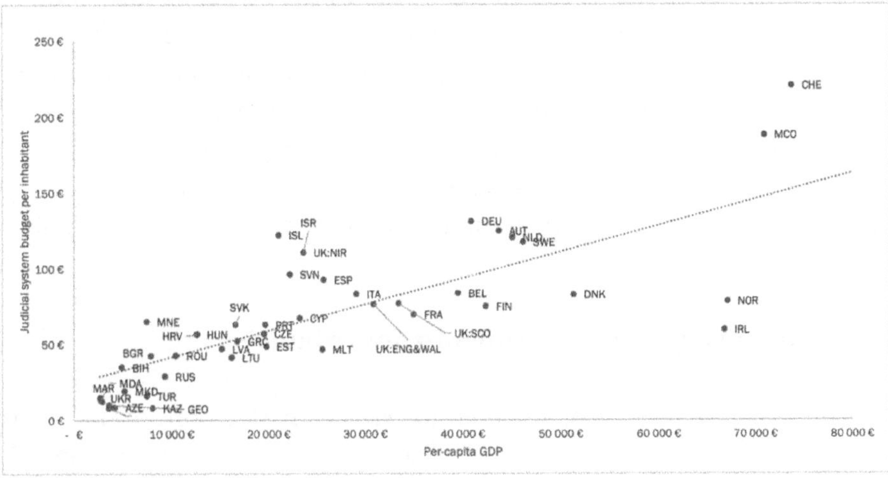

Fonte: Relatório de avaliação de 2020 da CPEJ (dados de 2018)

Entre 2016 e 2018 houve um aumento de 11% no orçamento do sistema judicial em Portugal, mas não conseguimos obter dados sobre a percentagem desse aumento que foi gasta com o orçamento dos Tribunais, se é que foi alguma. Portugal não está entre os países que aumentaram o investimento em recursos informáticos ou em formação judicial.

Sabemos que apenas 20% das custas judiciais cobradas serviu para financiar o orçamento judicial, mas desse valor, também não foi possível apurar se alguma parte se destinou orçamento dos Tribunais. Não conseguimos saber, p. e., se nesse período o orçamento judicial é totalmente financiado com os 20% das custas judiciais que lhe são alocados.

Os dados fornecidos à CEPEJ[223] indicam que o valor gasto em apoio judiciário é bastante elevado para o nosso nível de PIB, o que é um factor positivo. Mas o valor das custas judiciais também é bastante elevado para o nível de riqueza do país medido pelo PIB, o que é um factor negativo, que deve ser alterado segundo a opinião de alguns dos peritos que con-

[223] Relatório de avaliação de 2020 da CPEJ – dados de 2018.

sultámos neste grupo. Outro factor negativo, que também carece de alteração, é o facto de o Estado não investir uma quantidade maior das custas judiciais nos recursos necessários aos Tribunais. Ou seja, o preço que o Estado cobra pela administração da justiça é demasiado elevado para os cidadãos e como só 20% das custas judiciais foram gastas no orçamento judicial, ignorando-se até se se destinam os Tribunais, os Portugueses pagam demasiado caro um serviço cujos resultados são insatisfatórios, mas que, podiam ser melhores, se o Estado investisse uma percentagem maior das custas que lhes cobra em recursos necessários aos Tribunais.

10.2. Diferenciação do investimento nos tribunais

Tem existido alguma opacidade dos valores gastos com os Tribunais e do valor das custas investido nos Tribunais[224]. Com efeito, o relatório da CEPEC de 2022 (dados de 2020) não contém sequer dados sobre o orçamento judicial de Portugal nem sobre a sua evolução desde o relatório anterior[225].

No entanto, alguns desses valores tornaram-se mais visíveis na nota explicativa do orçamento do Ministério da Justiça de Abril de 2022, que vale a pena consultar por conter dados mais recentes, que comparam a despesa em 2021 e 2022 . Globalmente houve um aumento da despesa com os Tribunais, mas uma diminuição dos recursos humanos afectos ao Ministério da Justiça, nele incluídos outros serviços além dos Tribunais. A despesa com os Tribunais da Relação e os Tribunais Centrais Administrativos, a Magistratura Administrativa e Fiscal, a DGAJ (cujo orçamento assegura as despesas de funcionamento dos Tribunais de 1ª instância), o CEJ e a Comissão para o Acompanhamento dos Auxiliares da Justiça totaliza 414,3M€, isto é, 25,7% do orçamento do Ministério da Justiça,

[224] No plano interno, o orçamento dos Tribunais está disperso por várias direcções gerais e institutos públicos, alguns dos quais prestam apoio ao funcionamento de outros organismos do Ministério da Justiça, além dos Tribunais; e pelos Conselhos Judiciais e Tribunais Superiores.

[225] Relatório de avaliação dos sistemas judiciais europeus CEPEJ 2022, páginas 20, 21 e 22, disponível em https://www.coe.int/en/web/cepej

tendo registado um aumento entre 2021 e 2022 (+17,5M€). Neste valor não está incluída a despesa com a magistratura judicial nem com os Supremos Tribunais. Por outro lado, com serviços transversais aos Tribunais e a entidades diversas do Ministério da Justiça, a despesa é de 202,6 M€ (+44,1M€). Os Tribunais não aparecem como beneficiários directos do investimento na justiça financiado pelo PRR (Plano de Recuperação e Resiliência), no valor 98,3M€, assumindo o IGFEJ um papel preponderante na execução do PRR que, é justificado pelo poder executivo, pelas suas competências transversais. No entanto, as situações de ambiguidade quanto à competência do IGFEJ para o apoio aos magistrados e oficiais de justiça quando se debatem com dificuldades com o processo electrónico, instalação correcta de software, velocidade de rede, ligação ao servidor, organização de videoconferências para inquirição, gravação de audiências, que se repercutem negativamente na vida dos que se deslocam a Tribunal ou aguardam decisão, multiplicam-se, como apurámos nas entrevistas e inquéritos que fizemos. A repartição de competências, na área informática, entre o IGFEJ e os Tribunais, parece não ser acompanhada de idêntica repartição de recursos para que os Tribunais possam, autonomamente, fazer face às necessidades de apoio informático. A falta de clarificação e a sobreposição de tarefas também não ajuda e exige maior cooperação.

Apesar de o orçamento explicativo do Ministério da Justiça de Abril de 2022 conter dados actuais e mais visíveis sobre a despesa dos Tribunais, o certo é que ainda tem o inconveniente de não conter a distribuição do orçamento dos Tribunais por agrupamento de despesa com pessoal, aquisição de bens e serviços, despesas correntes, aquisição de bens de capital, transferências de capital etc . Tal agrupamento da despesa é feito para o Ministério da Justiça, mas não é feito especificamente para os Tribunais, nem, dentro destes, para os Tribunais Judiciais e os Tribunais Administrativos e Fiscais. Adicionalmente, a despesa consolidada (expurgada de transferências e duplicações) inclui o sistema judiciário e os registos, o que dificulta a racionalidade e a previsão de objectivos para os Tribunais, mediante a intervenção partilhada dos Conselhos e Ministério da Justiça.

Só mediante o conhecimento exacto da distribuição do orçamento dos Tribunais por agrupamento de despesa se poderá avaliar se há margem para baixar o valor das custas judiciais para níveis mais conformes ao valor do PIB per capita dos portugueses, mantendo o nível do apoio judiciário até agora garantido e, simultaneamente, gastando uma percentagem maior das custas judiciais em recursos humanos e materiais necessários aos Tribunais, sem prejuízo de essa ser apenas uma fonte, entre outras, de financiamento.

Tudo isto cria dificuldades sérias em identificar com clareza o valor do orçamento dos Tribunais, que não deve ser confundido com o orçamento do sistema judicial levado em conta pela CEPEJ, nem com o orçamento mais amplo dos serviços da Justiça, que inclui outros serviços como as conservatórias de registo, os estabelecimentos prisionais, etc. Não se trata aqui de por em causa os valores atribuídos aos outros serviços, mas de superar a dificuldade que resulta da falta de noção exacta dos recursos financeiros disponíveis para os Tribunais num dado período. Tal impede a tomada de decisões racionais, a definição realista de prioridades, a correcta alocação dos meios para alcançar objectivos pré-estabelecidos conjuntamente, num quadro já de si difícil pelo facto de o investimento nos Tribunais ficar aquém das possibilidades económicas do país[226].

10.3. Escassez de recursos e pendências

A esta dificuldade, acresce a falta de juízes e magistrados do Ministério Público (não apenas nos Tribunais Administrativos e Fiscais, mas também em algumas situações nos Tribunais judiciais tanto em primeira como em segunda instância) e a enorme escassez de funcionários judiciais e, de entre eles, de oficiais de justiça.

Medindo os atrasos pelos processos pendentes há mais de dois anos (dados de 2018): 41,6% dos processos crime estavam pendentes há mais

[226] Sobre a estratégia no sector não lucrativo, v.g. público, e a confusão entre planos estratégicos e listas de actividades, Kaplan, Robert S., Strategic Performance Measurement and Management in Nonprofit Organizations, Nonprofit Management & Leadership, 11, no. 3 (Spring 2001): 353–370., acedido em https://www.hbs.edu/faculty/Pages/item.aspx?num=8892, maxime p. 358, sublinhando que strategy is not only what the organization intends to do, but also what it decides not to do.

de dois anos; 23, 3% dos processos civis e comerciais estavam pendentes há mais de dois anos. Se as entradas de processos penais tendiam a baixar, as entradas de processos civis e comerciais, por habitante, em Portugal, continuavam acima da média dos países europeus. Os Tribunais Administrativos e Fiscais estavam numa situação alarmante em que apenas conseguiam lutar contra os atrasos: com uma taxa de resolução de 111% terminaram num ano mais casos do que os entrados nesse ano mas baixaram a pendencia em apenas 5% e a demora na resolução era de 928 dias, demasiado elevada em comparação com a média europeia de 323 dias e com a mediana (o valor posicionado no centro do conjunto dos países observados) de 241 dias, na justiça administrativa. O número de dias que os processos demoram a ser decididos nos Tribunais superiores parece ter tendência para aumentar nos vários países observados pela CEPEJ[227].

Mais recentemente, num relatório de 2022, da Comissão Europeia, a falta de recursos humanos nos Tribunais portugueses continua a ser apontada como um factor negativo da justiça em Portugal, o que levou a Comissão Europeia a relembrar ao Estado português que tem o dever de dotar os Tribunais de magistrados e funcionários em número suficiente. Embora tenham sido desenvolvidos esforços, não ficou demonstrado que o número de postos criados para juízes e funcionários judiciais seja superior ao número daqueles que se jubilaram ou reformaram[228].

Dos relatórios que consultámos não resulta claro se o número de magistrados e funcionários recém recrutados pelo Ministério da Justiça se traduz numa criação líquida de postos de trabalho nos Tribunais, ou se é um mero paliativo para a saída dos que se jubilaram e reformaram recentemente. Os Conselhos Judiciais não partilham com o Ministério da Justiça o poder de decisão sobre o número de magistrados ou funcionários recrutados. Embora sejam ouvidos sobre o assunto e participem na administração do Centro de Estudos Judiciários a última decisão quanto ao número de magistrados e funcionários judiciais recrutados em cada ano cabe ao poder executivo. Depois de recrutados os juízes, cabe então aos Conselhos Judiciais nomeá-los, colocá-los em cada Tribunal, movi-

[227] Relatório de avaliação de 2020 (dados de 2018), da CEPEJ.

[228] Relatório da Comissão Europeia sobre o Estado de Direito, Julho de 2022, Capítulo sobre Portugal.

mentá-los e promovê-los. No que diz respeito aos funcionários judiciais, os mesmos são recrutados, colocados e movimentados pelo Ministério da Justiça.

10.4. Critérios de decisão de afectação de recursos

Devem ser divulgados os critérios de decisão permitindo avaliar se o número fixado o é por razões de necessidade e eficiência do sistema ou por constrangimentos financeiros de modo a permitir o escrutínio democrático da opção política tomada.

Nos tribunais judiciais, quer à luz do critério do número de juízes por habitante, quer do critério da despesa necessária para que o sistema de justiça (excluindo o prisional) funcione de modo apropriado, com infraestruturas físicas, técnicas e recursos humanos com formação e remuneração adequadas, Portugal continua abaixo da mediana europeia (o valor central do conjunto de dados recolhidos nos gráficos que se seguem)[229]. Sem instalações adequadas, sem meios de trabalho, sem formação permanente e sem o apoio de recursos humanos com as habilitações necessárias, a qualidade das decisões judiciais fica comprometida, como se conclui dos gráficos seguintes. A estas dificuldades, acrescem o atraso crónico dos processos acumulados já acima apontado, na justiça penal, civil, comercial, administrativa e fiscal, aliado a um número demasiado elevado de processos pendentes por juiz, como resulta dos gráficos seguintes.

[229] The 2022 Eu Justice Scoreboard, disponível em https://ec.europa.eu/info/policies/justice-and-fundamental-rights/upholding-rule-law/eu-justice-scoreboard_en

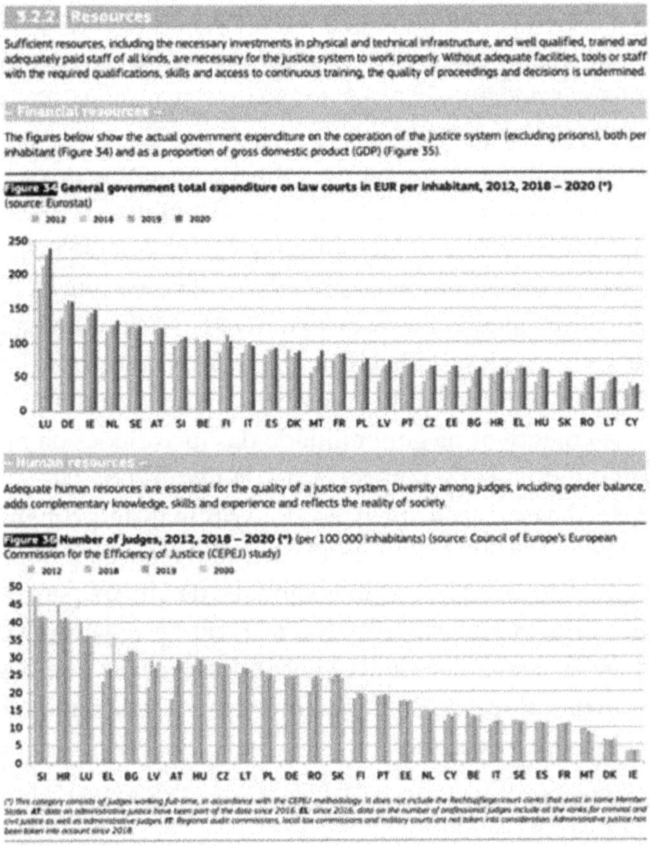

Fonte: The 2022 Eu Justice Scoreboard, página 28 e 29.

Por outro lado, importa contextualizar os dados brutos coligidos. Como referiu recentemente a senhora Presidente do STA[230]: *Neste momento temos 208 juízes em efetividade de funções na 1ª instância, o que representa uma média de 2 juízes por 100 mil habitantes. Ou, considerando as duas áreas, 1 juiz/tributário e 1 juiz/administrativo por 100 mil habitantes. Um valor bem distante dos*

[230] Discurso na sessão de abertura do 15.º Congresso Comemorativo da AMJAFP, a 20 de maio de 2022, disponível em http://www.amjafp.pt/images/DOSSIER_DIGITAL_CONGRESSO_15_ANOS_AMJAFP_VF_compressed.pdf

19,3 juízes por 100 mil habitantes referenciado em estudos europeus reportados a Portugal e que, desse modo, o colocam dentro da média europeia, gerando uma visão distorcida por desconsideração de um sistema judicial autónomo de justiça administrativa e fiscal em Portugal.

Do mesmo modo, a ausência de estudos de impacto das alterações legislativas pode causar modificações na distribuição do volume processual cujas consequências demoram por vezes a ser ultrapassadas. A escassez de recursos humanos para fazer face ao aumento de trabalho na segunda instância foi uma externalidade não levada em conta, que resultou das reformas legislativas que, para aliviar o trabalho na primeira instância tiveram por resultado transferi-lo para a segunda instância: a eliminação de colectivos na generalidade das jurisdições da primeira instância foi acompanhada da reapreciação da matéria de facto na segunda instância e do dever de substituição do Tribunal de primeira instância pelo Tribunal de segunda instância. O que, aliado ao alargamento das vias de recurso operado pela legislação nacional e da União, para dar resposta ao direito de acesso à Justiça, provocou um aumento da carga de trabalho nos Tribunais da Relação e Centrais Administrativos que não tem sido acompanhado da colocação de juízes em número suficiente, nem da criação de gabinetes de assessoria.

10.5. Dificuldades no exercício da função jurisdicional: volume de trabalho

Quando inquiridos por nós, 71% dos juízes que responderam, de primeira e de segunda instância, apontou o volume de trabalho como a principal dificuldade que sente no exercício da profissão de juiz, seguida da falta de formação, falta de funcionários e falta de assessoria nos Tribunais, como resulta do gráfico seguinte (desagregadas por género, instância, jurisdição, idade, etc. em anexo):

Dificuldades sentidas pelos juízes portugueses no exercício da profissão

Fonte: inquéritos aos juízes portugueses de primeira e segunda instância feitos por este grupo de trabalho.

Das estatísticas da Justiça retira-se o seguinte:

Média de processos, por magistrado e por funcionário judicial (2018)

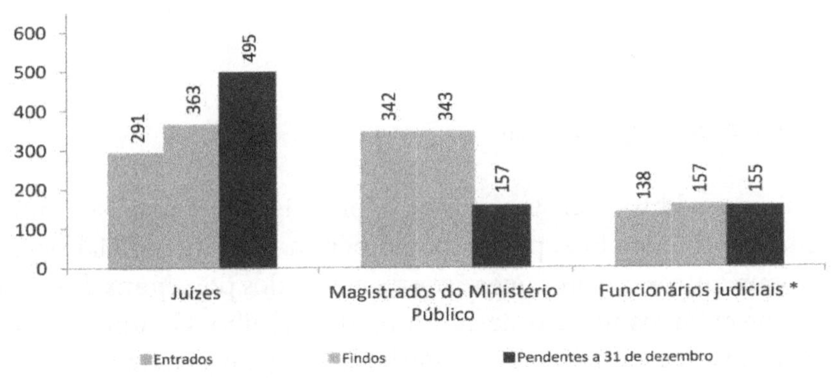

Fonte: Números da Justiça, Dezembro de 2019, Direcção Geral da Política de Justiça.

Esta situação sentida genericamente, constitui uma dificuldade acrescida em secções de grande especialização, como a recente secção de Propriedade Intelectual, Concorrência, Regulação e Supervisão, em que os juízes não têm qualquer apoio especifíco de assessoria, lidando com processos que nos reguladores e na defesa dos arguidos contaram com equipas de trabalho multidisciplinares e meios de gestão da informação e de organização do processo que lhes estão completamente vedados. Por outro lado, com demasiada frequência, os processos são distribuídos ao juiz a poucos meses (em alguns casos a dias) da prescrição por o prazo ter sido consumido antes da entrada em juízo na primeira instância ou, sobretudo, na Relação.

A monitorização estatística da produtividade dos Tribunais e a abertura de processos disciplinares aos juízes, nos casos de produtividade insuficiente, foram as medidas até agora adoptadas mas parecem ter atingido o seu limite de eficácia. Num contexto de pendências excessivas, em que, apesar disso, os juízes terminam mais processos do que os entrados, aumentar a exigência de produtividade conduz a situações opressivas no trabalho e à falta de qualidade das decisões, em detrimento dos justiciáveis.

Assim, do ponto de vista dos recursos humanos, a questão que se coloca pode não ser a da ineficiência dos Tribunais portugueses, mas a da ineficácia dos resultados, devido à dificuldade de recuperação das pendências acumuladas em simultâneo com o tratamento dos processos novos.

10.6. Burocracia e formalismo

Por último, a burocracia excessiva e o formalismo em demasia, enraizadas no próprio Estado e, portanto, também na cultura judicial portuguesa, foram outros factores negativos mencionados por alguns dos peritos que consultámos no seio deste grupo de trabalho. O cumprimento de formalismos desnecessários e o desinteresse pelo resultado que daí possa advir, são características do Estado que os tribunais replicam e que ficaram do tempo da ditadura.

Os modelos adoptados na Holanda e no Reino Unido, quanto à gestão orçamental dos Tribunais, apontam no sentido de que a partilha de tarefas no governo dos Tribunais, entre o Ministério da Justiça e os Conselhos Judiciais, deve ser acompanhada de uma partilha do poder de tomar decisões orçamentais entre ambas as entidades, da limitação da sua actuação a questões de enquadramento comuns a todos os Tribunais e de um grau de autonomia maior por parte de cada Tribunal, que permita a cada um reagir rápida e atempadamente, a alterações locais, especificas de cada comarca[231].

10.7. Partilha de decisão: regime de concordata na proposta de Orçamento

O modelo misto de gestão em vigor, para funcionar eficazmente, deve permitir a partilha de decisão – entre Ministério da Justiça e Conselhos Judiciais – na proposta do orçamento dos Tribunais, na sua distribuição e na responsabilidade pela sua execução, de modo a superar a falta de coordenação e de coerência das soluções adoptadas.

Isso será um incentivo a que as prioridades e objectivos dos Tribunais sejam pré-estabelecidos conjuntamente, de modo realista, em função de recursos claramente identificados de antemão, agilizando ainda a capacidade de gestão e reação de cada tribunal na sua gestão diária, porque não é lógico nem eficaz fixar objectivos sem saber de que recursos se dispõe para os alcançar, como sucede actualmente.

O modelo de concordata na elaboração da proposta de orçamento é o que se configura como mais adequado a tribunais órgãos de soberania, como constitucionalmente consagrado, com definição clara e congruente de prioridades, objectivos estratégicos e operacionais e afectação de recursos. O modelo francês, assente na interligação entre o planeamento estratégico e a afectação de recursos, tem essa virtualidade, embora se considere mais adequado ao enquadramento constitucional português

[231] Sobre as questões orçamentais e os Conselhos Judiciais, cf. Recomendação 10 do CCJE, maxime ponto 74.

o modelo de concordata para a elaboração do projecto orçamental[232]. O momento próprio para a definição da proposta orçamental é o da definição de objectivos acima indicado[233].

A função dos Conselhos, de garantia da independência dos Tribunais e de comparticipação na gestão do sistema de justiça, parece impor a sua efectiva autonomia administrativa e financeira e a consagração de estatuto idêntico ao dos órgãos de soberania electivos[234] (nomeadamente em sede de Orçamento de Estado e Lei de Enquadramento Orçamental, nomeadamente no regime aplicável às cativações e à autorização de aquisições – devem ser da competência do responsável máximo dos Conselhos e não do Ministro das Finanças), e da orgânica adequada às inerentes responsabilidades.

11. Saúde, doença e medicina no trabalho

Os transtornos mentais e comportamentais constituem a quarta maior causa de ausências ao trabalho registadas no Judiciário brasileiro. Em 2018, naquele País, tal fundamento foi a causa de cerca de 10,1% do absentismo causado por doença, sendo a ansiedade e a depressão as principais doenças referidas[235]. Os dados obtidos num estudo levado a cabo pelo Conselho Nacional de Justiça (CNJ)[236], revelam que a saúde mental dos juízes é um assunto que deve ser objeto de atenção por parte dos

[232] Sobre a gestão estratégica e orçamento veja-se o contributo da Loi Organique des Lois de Finances. Cf. Robert Hertzog, La loi organique relative aux lois de finances (LOLF) dans l'histoire des grands textes budgétaires : continuité et innovation. Revue française d'administration publique 2006/1 (n.º 117), pages 15 à 30, consultado em https://www.cairn.info/revue-francaise-d-administration-publique-2006-1-page-15.htm

[233] Arts. 90.º, n.º 1, da LOSJ, e 74.º, n.º 2, al. m), do ETAF.

[234] Art. 2.º, n.º 1, da Lei 12/2022, de 27 de Junho (Lei de Orçamento de Estado), art. 2.º, n.º 1, da Lei de Enquadramento Orçamental aprovada em anexo à Lei 151/2015, de 11 de Setembro, e Decreto-Lei 53/2022 de 12 de agosto (Decreto-Lei de Execução Orçamental).

[235] CNJ 2020, Diagnóstico sobre a saúde mental dos magistrados e servidores no contexto da pandemia da Covid-19, acedido em https://www.cnj.jus.br/wp-content/uploads/2020/08/WEB_RELATORIO_SAUDE_MENTAL_COVID_V2.pdf

[236] Op. Cit.

Conselhos Judiciais, devendo estes atuar e promover adequadas condições, para que todos tenham qualidade de vida e satisfação no trabalho.

No período pós-pandemia, o mesmo estudo evidenciou um cenário ainda mais preocupante, no qual 47,8% dos juízes (e funcionários) inquiridos declararam sentir-se mais cansados do que antes da quarentena; 42,3% tiveram pior humor; 48% tiveram alteração na rotina do sono e, de entre os sentimentos mais intensos, medo é o de maior relevância e atinge 50% dos participantes.

O CNJ, perante tais dados, manifestou preocupação em incrementar a proteção da saúde e da promoção do bem-estar dos juízes (e funcionários), no âmbito, designadamente, das avaliações, pelos Tribunais, acerca das atividades exercidas em regime de trabalho remoto e dos fatores de atenção para o retorno das atividades presenciais.

Noutra perspetiva, transversal e inultrapassável, também o CNJ, já em 2015[237], num estudo levado a cabo sobre saúde e desenvolvimento profissional na magistratura, concluiu que a ideia de que a magistratura seria um tipo de sacerdócio, fruto de uma vocação, de um desejo profundo de fazer algo relevante poderia ser confrontada com um ponto de vista onde se trata de uma profissão em crise e sob risco de degradação, apesar de ser uma autoridade que representa o Estado.

O que pode resultar de escolhas organizacionais que privilegiam um certo "produtivismo" colocando em jogo a relevância do seu trabalho e das contribuições para darem conta das demandas oriundas dos cidadãos, a angústia de não dar conta de tudo, a luta com dificuldades de recursos por vezes paralisantes, a frustração oriunda da falta de reconhecimento, dos pares e da sociedade do esforço desenvolvido.

No X Encontro Anual do CSM, que teve lugar em Penafiel em 6 e 7 de Novembro de 2015, subordinado ao tema Gestão Estratégica dos Tribunais, Eric Negron, Presidente da Cour d'Appel de Montpellier, deu particular ênfase à necessidade de cumprir no seu tribunal o Plano de Prevenção de Riscos Psico-sociais, definindo e medindo indicadores de

[237] Trabalhar na magistratura, construção da subjetividade, saúde e desenvolvimento profissional. Coord. Laerte Sznelwar [et al.]. – Brasília: Conselho Nacional de Justiça, Fundação Vanzolini, 2015, disponível aqui: https://www.cnj.jus.br/wp-content/uploads/2011/02/47015a1dfc85e2169ca0de526665d870.pdf.

clima social e saúde no trabalho, favorecendo a prevenção[238] e apoiando os juízes.

Estas preocupações devem ser comuns a qualquer sistema de governo do Judiciário, mas não se conhecem, em Portugal, estudos desta natureza, designadamente, por iniciativa dos Conselhos Superiores, ou acções especificamente dirigidas a esta necessidade. É urgente que o tema entre na agenda dos Conselhos, desde logo em sede de análise de risco, plano de prevenção e consideração específica em medicina do trabalho, com especial incidência nos aspectos de risco específico de cada jurisdição (v.g. níveis de stress resultantes da necessidade de tomada de decisões cautelares rápidas e, por natureza, com pouca informação, da exposição a situações de violência, nomeadamente sexual e sobre crianças, que aconselham a um acompanhamento específico como aliás é prática em muitos países e relativamente a muitas profissões).

De notar a repercussão da alteração cultural da sociedade face aos tribunais e aos juízes, e o peso das actividades de gestão ou do contexto organizacional, numa modificação de papel mal pensada ou não assumida[239]. Está em curso procedimento do CSM relativo à concretização do apoio ao nível de medicina no trabalho que deve dar relevância a este ponto, embora nele se não esgote.

VIII. Conclusões

Em 23 de Março de 1977 reuniu pela primeira vez o Conselho Superior da Magistratura instituído pela Constituição de 1976, concretizando uma nova forma de gestão do Judiciário que assegurou a transição para a democracia e garantiu a independência dos tribunais e dos juízes desenhada pela Constituinte, replicada em 1989, ao Conselho Superior dos Tribunais Administrativos e Fiscais: a relevância desse património para o Estado de Direito que é Portugal tem de orgulhar-nos como comuni-

[238] Texto da intervenção consultado em https://www.csm.org.pt/ficheiros/eventos/encontroscsm/10eacsm/10eacsm_ericnegron.pdf

[239] Tim Bunjevac, op. cit. p. 7, refere-se a este aspecto na análise da reforma dos tribunais de Victoria, Australia, especificamente quanto a eventual repercussão da reforma organizacional na saúde dos magistrados.

dade. É necessária a mesma determinação na assunção de responsabilidade nos novos tempos que vivemos e a abertura decidida, corajosa e sincera à sociedade e aos outros saberes.

É preciso um sonho*[240]*...

> *Estamos num tempo em que se joga o destino humano-cultural do ocidente*
> ***Castanheira Neves****, Entre o «legislador», a «sociedade» e o «juiz» ou entre «sistema», «função» e problema».*

É preciso um sonho:

Que as pessoas e as entidades em Portugal conheçam os seus tribunais e se reconheçam na justiça que neles é feita;

Que todos tenham acesso à justiça e ao juiz;

Que cada pessoa se sinta respeitada, livre para se exprimir e escutada nos tribunais;

Que todos obtenham decisão em tempo útil, que a sociedade reconheça como justa, no processo de que resultou e nos fundamentos que enuncia.

Realizar o sonho exige percorrer com exigência um caminho definido em que *CUMPRE AO PODER JUDICIAL SER EXIGENTE COM O PODER JUDICIAL*[241]. Sugerimos estes passos:

I. <u>Promoção dos direitos humanos</u>

1. A governação dos Tribunais serve a jurisdição e esta tem como critério a defesa dos direitos humanos que constituem o nosso património jurídico, a garantia de acesso ao direito e ao juiz, nomeadamente dos mais vulneráveis, e o direito a um processo equitativo e justo em que seja proferida decisão em prazo razoável.
2. Os Conselhos devem criar observatórios em áreas diversas, que funcionem como sismógrafos da violação de direitos humanos em áreas como a de família e crianças, asilo, execução de penas ou administrativa e fiscal.
3. O recurso para os Supremos Tribunais deve ser admitido quando estejam em causa direitos humanos, segundo um catálogo a fixar, e com apreciação prévia pelos Supremos Tribunais da admissibilidade pelos critérios de relevância jurídica e social.

[240] Utilizamos a expressão de Luís Azevedo Mendes na comunicação de Junho de 2022 no seio deste grupo de trabalho e dos debates de preparação promovidos.

[241] Utilizamos a expressão de Nuno Garoupa na comunicação de Junho de 2022 no seio deste grupo de trabalho e dos debates de preparação promovidos.

II. Conselhos Judiciais: orgânica, composição e estatuto

4. Os Conselhos devem ter idêntica consagração constitucional.
5. Os Conselhos devem ser dotados de leis orgânicas adequadas às suas funções alterando a do CSM, inteiramente desadequada, e publicando a do CSTAF, até agora inexistente. A ambos devem ser dadas estruturas de apoio e suporte adequadas.
6. Os Conselhos devem distinguir o planeamento estratégico, reservado ao Conselho Plenário, o exercício das competências relativas aos juízes, reservado ao Conselho Plenário e às secções do Conselho Permanente, e a execução operacional.
7. A execução operacional deve ser cometida aos vice-presidentes, nomeadamente no que respeita à gestão dos Tribunais, ao acompanhamento e à resposta às solicitações dos cidadãos e à informação geral sobre o judiciário, nas suas decisões e organização, com reclamação para os Conselhos Plenário ou Permanente.
8. O regime de incompatibilidades e impedimentos dos membros dos Conselhos deve ser claro e exigente, cumprindo densificar a equiparação aos juízes dos membros não juízes, em vigor desde 2020, e clarificar as incompatibilidades e impedimentos dos membros juízes.
9. Os mandatos dos membros dos Conselhos devem ser suficientemente longos, a fim de possibilitar um exercício eficiente, em regime de exclusividade e sem possibilidade de renovação.
10. A eleição dos membros juízes deve prever a apresentação de listas parcelares dos candidatos juízes de primeira instância e segunda instância para privilegiar a ligação aos eleitores e promover a sua participação.
11. A natureza constitucional dos Conselhos e a sua autonomia administrativa e financeira devem ser levadas a sério, estabelecendo a competência dos seus órgãos máximos para aplicação de cativações e dispensando autorização governamental para a contratação dentro do respetivo orçamento.
12. A responsabilidade pelo tratamento dos dados da justiça deve ser atribuída aos Conselhos, mediante organismo específico no âmbito do sistema judicial nos termos definidos pelo direito da União, totalmente independente, constituído exclusivamente por magistrados, a designar equitativamente pelo Conselho Superior da Magistratura, pelo Conse-

lho Superior dos Tribunais Administrativos e Fiscais e pela Procuradoria-Geral da República.

13. O sistema informático de apoio à gestão e tramitação dos processos judiciais deve ser classificado como sistema crítico da República, com inerente protocolo de regras de segurança e de registo e acesso ao código-fonte.
14. A gestão do sistema informático de apoio à tramitação dos processos judiciais deve ser atribuída aos Conselhos, definindo as metas temporais a cumprir na transferência e os meios a atribuir para que ela se efective.
15. Na fase de transição da transferências deve ser: (i) instituída a participação dos Conselhos na gestão do sistema, nomeadamente pela designação de representante que poderá ser comum e que tome parte nas decisões do conselho de administração do IGFEJ que afectem os tribunais; e (ii) disponibilizados aos Conselhos os meios técnicos que lhes permitam cumprir com a sua responsabilidade de fiscalizar o sistema.

III. Sistema de Justiça: governação mista

16. O modelo de governação mista do Judiciário impõe a instituição de boas práticas, protocolos, processos de partilha de planeamento, recursos, decisão e de coordenação entre Conselhos, Tribunais e Ministério da Justiça.
17. A proposta de orçamento dos Tribunais deve ser elaborada em regime de concordata, entre o Ministério da Justiça e os Conselhos, com indicação das opções estratégicas de planeamento, dos objectivos e da ligação de uns e outros com os recursos; devem distinguir-se os recursos afectos aos Tribunais dos demais do orçamento do Ministério da Justiça.
18. A definição de objectivos estratégicos para os Tribunais, a consensualizar entre CSM, PGR e Ministério da Justiça, deve abranger como deliberado pelo CSM em 2015: (i) a gestão macro do sistema de justiça e de afetação de recursos (tanto a consideração dos recursos afectos quanto dos indispensáveis e do faseamento da sua obtenção); (ii) as áreas de responsabilidade do Ministério da Justiça e seus serviços e institutos; e (iii) a atividade global dos tribunais judiciais e não apenas a actividade jurisdicional ou processual.

IV. Gestão dos Tribunais

19. Importa regulamentar a lei de autonomia administrativa dos tribunais de segunda instância, aguardada há mais de duas décadas e deve ser regulamentada a competência e funcionamento do Plenário das Relações.
20. Devem ser atribuídos poderes efectivos de gestão administrativa aos juízes presidentes dos tribunais de primeira instância, descentralizando algumas das que actualmente cabem aos Conselhos e ao Ministério da Justiça.
21. Deve ser instituído um procedimento de selecção, nomeação e avaliação dos juízes dos tribunais de primeira instância, com definição de perfil, critérios de selecção/nomeação e de avaliação, com intervenção dos juízes do tribunal em exercício de funções jurisdicionais.
22. Os Conselhos devem determinar dados cuja recolha nas estatísticas da Justiça entendam relevante e promover a sua análise contextualizada, possibilitando a tomada de decisões com base em factos e a prestação de contas.
23. Os Conselhos devem intervir na área das estatísticas da justiça, nomeadamente na definição de critérios e na obtenção e cruzamento com dados de contexto.
24. Os Conselhos devem fazer-se coadjuvar por especialistas na avaliação da qualidade da resposta dos Tribunais, nomeadamente mediante a instituição de Comissões ad-hoc, com carácter temporário e objecto previamente delimitado, modelo de autonomia definido e código de conduta aplicável.
25. As Comissões instituídas com carácter consultivo e pericial, garantindo a participação de pessoas com perfis variados, incluindo juízes e pessoas especializadas nas matérias em causa, teriam como missão a análise de aspectos relevantes do funcionamento dos tribunais, delimitados pelos Conselhos.
26. Os Conselhos devem promover com urgência a publicação das decisões judiciais em primeira instância e a concretização de uma publicação universal das decisões dos tribunais superiores e retomar o European Case Law Identifier, inoperacional desde Novembro de 2021.
27. Os Conselhos devem planear as necessidades de juízes e promover o aumento dos quadros, seja nos Tribunais de primeira instância, nas juris-

dições que deles carecem, seja nos Tribunais da Relação e nos Tribunais Centrais Administrativos.

28. A colocação de recursos humanos deve ser articulada entre Conselhos, Procuradoria-Geral da República e Ministério da Justiça, de modo a obstar a situações em que existem uns e faltam os outros.
29. Os tribunais, judiciais e administrativos e fiscais, devem ver reforçados os recursos humanos, como materiais, tecnológicos e organizacionais.

V. Acesso à magistratura e formação

30. Os Conselhos devem assumir as responsabilidades que têm na selecção e formação dos juízes e promover um novo modelo que selecione os mais aptos, afaste um academismo deslocado e se centre nas necessidades de capacitação mais do que na replicação do ensino universitário.
31. A estrutura do CEJ deve ser redefinida de forma a integrar na sua direção um diretor-adjunto oriundo da jurisdição administrativa e fiscal.

VI. Condições de trabalho dos juízes

32. O trabalho dos juízes deve ser apoiado em sistemas de informação adequados e em gabinetes de apoio e sistemas de assessoria colocando termo ao sistema de trabalho actualmente imposto aos juízes, arcaico e anti-económico.
33. É necessário rever o sistema de assessoria aos Juízes Conselheiros equiparando-o ao do Tribunal Constitucional, prever assessoria especializada em determinados domínios do direito e instalar a assessoria nos Tribunais de Relação, prevendo a formação adequada dos assessores.
34. Urge regulamentar a previsão legal de assessoria em segunda instância e criar e instalar gabinetes de apoio ao juiz.
35. Deve ser organizada e promovida a delegação nos actuais assessores, nos tribunais judiciais de primeira instância, da competência para proferir despachos de mero expediente e o apoio na preparação da decisão jurisdicional e dotar o CSTAF dos meios necessários à implementação de idêntica prática nos TAF.
36. As secretarias judiciais carecem de ser organizadas de modo flexível, permitindo a instituição de secções de processos de apoio transversal especializado a diversas unidades orgânicas, a gestão por agregação das tarefas, a possibilidade de modificação estrutural e a inclusão de siste-

mas de avaliação e recompensas assentes nos objectivos e finalidades alcançados.

37. Importa rever o Estatuto dos Oficiais de Justiça para refletir a flexibilização da organização, a redefinição funcional e a valorização das carreiras, de forma a conferir maior atractividade à profissão.
38. É indispensável dotar os quadros dos tribunais de pessoal de carreira informática específica com requisitos de habilitação próprios e estatuto remuneratório adequado.
39. O bem-estar e a saúde dos juízes deve constituir preocupação central dos Conselhos, inscrevendo o tema em agenda e instituindo procedimentos de análise de risco com atenção à especificidade de cada jurisdição.

VII. Os Conselhos e a avaliação do mérito profissional

40. A avaliação classificativa dos juízes deve permitir diferenciar em lugar de uniformizar.
41. As inspecções periódicas devem ser substituídas, após o período inicial do exercício de funções, por inspecções específicas nos momentos de acesso às instâncias centrais, aos tribunais de competência territorial alargada ou aos tribunais superiores.
42. Os Conselhos devem fazer uma avaliação periódica dos sistemas de inspecção e disciplinar suscitando pareceres de comissões técnicas, constituídas ad hoc pelos Conselhos, compostas por juízes e não juízes, com diversidade de habilitações e intervenção de personalidades de reconhecida independência e mérito nas respectivas áreas, sendo a actividade destas comissões inteiramente alheia à inspecção aos juízes e pautada por critérios de estrita anonimização dos dados de identificação.
43. Os critérios para autorização do exercício de funções fora da magistratura devem ser estabelecidos, concretizados e divulgados com base na valia que possa ter esse exercício e afastando a percepção de arbitrariedade da decisão ou contaminação por interesses alheios à judicatura.

VIII. Acesso aos tribunais superiores

44. Deve ser cumprida a recomendação do GRECO quanto à composição dos júris de acesso aos tribunais superiores por uma maioria de juízes.
45. É essencial adoptar medidas que assegurem um período mínimo de permanência dos juízes conselheiros em funções no STJ após a nomeação, a fim de possibilitar a necessária estabilização da jurisprudência.

46. O sistema de validade temporal do concurso para os Supremos deve ser substituído pelo vigente em segunda instância – prévia fixação das vagas a concurso –, potenciando a capacidade de resposta e maior adequação do procedimento concursal às necessidades dos tribunais.
47. O regime de concorrentes necessários no concurso dos Desembargadores para o STJ deve ser abolido e deve ser alargada a base de recrutamento, estabelecendo como requisito uma antiguidade mínima nos tribunais da Relação, em congruência com o regime de acesso ao STA.
48. O acesso ao concurso para os Tribunais de Relação deve ser possibilitado aos juízes de primeira instância com uma determinada antiguidade, colocados em tribunais de instância central ou equiparados, e com classificação de mérito.

IX. Acção disciplinar dos Conselhos

49. O sistema disciplinar dos Conselhos deve reforçar a efectividade do direito à prova procedimental em sede de recurso jurisdicional da decisão disciplinar, por erro nos pressupostos de facto, e a articulação com eventuais processos de natureza criminal e respectivos prazos de prescrição.
50. As decisões disciplinares dos Conselhos devem ser publicadas de forma anonimizada, habilitando a sociedade a conhecer a actividade disciplinar que atribuiu em exclusividade aos Conselhos, assim como o sentido das respectivas decisões.

X. Ética judicial

51. A elaboração do código de conduta dos juízes deve decorrer de um alargado programa de consulta e de consensualização revisitando o compromisso ético de 2009.
52. A comissão de ética judicial deve ser instituída e ser composta por membros exclusivamente eleitos por juízes, funcionando sem qualquer interferência dos Conselhos e exclusivamente a pedido dos próprios juízes que a solicitem, proibindo a sua invocação, nomeadamente em processos disciplinares, excepto pelo próprio.
53. As recomendações da comissão de ética devem ser publicadas após anonimização, contribuindo para criar uma ética profissional comum a todos os juízes.

XI. Comunicação e qualidade

54. A comunicação com os cidadãos deve ser tida como missão essencial dos Conselhos, assumindo uma atitude proactiva, com o critério de informar com verdade, em linguagem das pessoas comuns, admitindo os erros e explicando os condicionamentos, visando construir a literacia jurídica e judiciária sem a qual a democracia enfraquece.
55. O sistema de juízes de imprensa em cada Tribunal deve ser promovido, garantindo o conhecimento interno apropriado e a especialização técnica na comunicação, preferencial, mas não exclusivamente, através da formação dos juízes presidentes para o desempenho da função.
56. A síntese das decisões com impacto no espaço público deve ser publicada, sempre que necessário, com respeito pelo tempo da comunicação social.
57. Os Conselhos devem prestar informação pública sobre a sua atividade e assumir a prática da disponibilização dos elementos mais relevantes das reuniões dos seus órgãos, designadamente em conferências de imprensa, após as reuniões, nos casos de maior relevo.
58. Os relatórios dos Conselhos e dos Tribunais devem ser instrumentos destinados a debate público, na Assembleia da República ou nos respectivos tribunais, com ampla divulgação.
59. As Relações devem instituir a prática de apresentação de relatórios anuais, independentemente de previsão legislativa dessa obrigação.
60. Os Conselhos devem promover mecanismos de auscultação regular de pessoas e de associações representativas de diversos sectores, por exemplo, de operadores económicos como forma de avaliar da resposta dos tribunais e das expectativas da comunidade.

Capítulo 4
Justiça digital e inteligência artificial nos tribunais

Grupo 3
Coordenação:
JOSÉ JOAQUIM FERNANDES OLIVEIRA MARTINS
Membros do Subgrupo:
ANA MARIA MARQUES FLÓRIDO PINHOL
ANTÓNIO JOAQUIM DA COSTA GOMES
CARLOS MIGUEL CAIADO PINHO
CLÁUDIA MARINA VERDIAL PINA DE NEVES CUNHA
JOÃO ANTÓNIO FILIPE FERREIRA
MANUEL DAVID MASSENO

I. Justiça Digital

1.1. A Justiça e a Revolução Digital: desafios e oportunidades[1]

O sistema judicial tem-se adaptado continuamente às sucessivas modificações sociais, dado que, se *ubi societas, ibi jus*, é evidente que o direito

[1] Nas duas secções iniciais reproduzem-se, adaptando-as, partes de dois artigos científicos do coordenador deste subgrupo – José Joaquim F. Oliveira Martins, Direito e Processo do Trabalho e Inteligência Artificial (Primeiras reflexões a partir do Direito Português) in AA. VV, coord. de Selma Carloto, Inteligência Artificial nas Relações de Trabalho, São Paulo: Editora Mizuno, 2022, e Proteção de Dados e o Sistema Judicial Português – Uma síntese

positivo, o conjunto de princípios e regras imperativas aplicáveis e mobilizáveis num concreto contexto social e existencial, e o próprio sistema instituído que procede à sua aplicação aos litígios materiais subjacentes e que, no sentido etimológico de jurisdição, "diz" o direito, devem ser adequados e ajustados à sociedade que servem e cujas finalidades realizam.

Por sua vez, é evidente também que o direito tem ínsito em si algo de conservador (como igualmente o são, muitas vezes, os próprios juristas), dado que corresponde a um sistema de regras positivas criadas e "cristalizadas" em face de um específico circunstancialismo social e que só reage, *ex post facto*, às alterações sociais e sempre com algum atraso relativamente às mesmas.

O direito, mais que propriamente um fator de mudança, é, em primeiro lugar, um produto sucessivo dessa mesma e anterior mudança social, embora depois interaja também com a própria sociedade e os litígios que surgem no seio da mesma, numa contínua criação e recriação das concretas normas aplicadas (e criadas) em face dos casos concretos e da interpelação que os mesmos suscitam junto das regras abstratas que o integram, numa tensão dialética existente em qualquer sistema judicial.

Como é natural, os períodos em que as modificações sociais são mais abruptas e intensas são os mais difíceis para o direito e para o sistema judicial, dado que este se mantém, durante algum tempo, a aplicar regras legais que pouco ou nada têm a ver com a realidade social vigente, só mais tarde se realizando as necessárias alterações legislativas.

Foi, por exemplo, o que sucedeu na Revolução Industrial, em que a Questão Social, levantada pela existência de classes sociais quase sem direitos e totalmente dependentes dos seus empregadores, levou, num momento posterior, ao surgimento e ao desenvolvimento do Direito do Trabalho, e é também o que está a suceder com a presente Revolução Digital, que se abordará de seguida.

(cit. Proteção...) in AA. VV., org. de Luciane Cardoso Barzotto/ Ricardo Hofmeister de Almeida Martins Costa, Estudos sobre LGPD – Lei Geral de Proteção de Dados – Lei N.º 13.709/2018: Doutrina e Aplicabilidade no Âmbito Laboral, consultado no final do mês de setembro de 2022, tal como sucedeu com os restantes sítios da Internet a seguir mencionados, em https://cdea.tche.br/site/wp-content/uploads/2022/05/Estudos-sobre-LGPD.pdf.

O que se pretende, nesta primeira parte, é abordar o que é a Revolução Digital, de que forma se repercute no direito e no sistema judicial e quais as modificações exigidas para que este continue a realizar as suas funções sociais, não vendo esta questão apenas do ponto de vista dos desafios que suscita (que são, cumpre reconhecê-lo e como se verá de seguida, muitos e bastante complicados), mas também das oportunidades que surgem para conseguirmos, também por via dessa digitalização, um melhor sistema judicial.

1.1.1. A Revolução Digital: uma introdução

A Revolução Digital (ou, como também tem sido designada, a Quarta Revolução Industrial[2]) está ligada ao exponencial desenvolvimento tecnológico e informático e à própria sociedade de comunicação e informação globalizada em que vivemos hoje.

De facto, "Uma nova era está a surgir, estimulada por um conjunto de tecnologias disruptivas dos quais são bons exemplos a robótica, a inteligência artificial, a realidade aumentada, o big-data, a nanotecnologia, a biologia, a genética e a internet das coisas. Esta revolução industrial não se caracteriza por ter uma tecnologia hegemónica, mas pela convergência

[2] Cfr. Klaus Schwab, The Fourth Industrial Revolution, consultado em https://law.unimelb.edu.au/__data/assets/pdf_file/0005/3385454/Schwab-The_Fourth_Industrial_Revolution_Klaus_S.pdf, p. 11-12, "Considerando as várias definições e argumentos académicos usados para descrever as três primeiras revoluções industriais, acredito que hoje estamos no início de uma quarta revolução industrial. Começou na viragem do século e baseia-se na revolução digital. Caracteriza-se por uma internet muito mais omnipresente e móvel, por sensores menores e mais poderosos e que se tornaram-se mais baratos, pela inteligência artificial e pelo machine learning", tendo no anexo final, intitulado "Mudança profunda", vinte e três mudanças tecnológicas associadas a essa revolução: tecnologias implantáveis, presença digital, a visão como a nova interface, vestuário conectado, computação ubíqua, um supercomputador no seu bolso, armazenamento de dados para todos, a internet de e para as coisas, a casa conectada, smart cities, Big Data para decisões, veículos autónomos, Inteligência Artificial (IA) e tomada de decisões, IA e trabalhos de colarinho branco, robótica e serviços, bitcoin e blockchain, economia da partilha, governos e blockchain, impressão 3D e fabrico, impressão 3D e saúde humana, impressão 3D e produtos de consumo, designer beings e neurotecnologias (p. 109-157).

e sinergia entre elas"[3], podendo considerar-se que "A revolução digital altera profundamente todas as áreas da existência coletiva", constituindo, assim, "Um fato social total"[4].

O direito, como criação humana multiforme e que se vai contínua e dialeticamente adaptando às evoluções da sociedade em que se insere, não poderá, como resulta também do que se acabou de expor, nunca ser alheio a esta nova Revolução, pelo que, mesmo sempre com algum atraso, acaba por fornecer ou adaptar regras legais para os conflitos de interesses que surgem *ex novo*.

Pensar que o direito poderia ser alheio e omisso relativamente a essas novas necessidades de regulação e de criação de regras legais (ou de aplicação/adaptação das anteriores) seria desconhecer a natureza e o próprio fundamento último do direito, inerente e imanente a qualquer comunidade organizada, não havendo domínios da vida em sociedade em que o direito não tenha intervenção, não sendo (ou não podendo ser) a sociedade digital uma sociedade sem regras, uma espécie de *Las Vegas* cibernético onde o que aí acontece, aí fica, antes podendo (e devendo, se for caso disso) ter consequências jurídicas[5].

De facto, "Os novos recursos (seja a tecnologia global, seja a internet, seja o ciberespaço), que apelidaremos aqui de digitalização, alteraram profundamente os modos (mais basilares) humanos de se interagir, de negociar e de relacionamento, o que traz, inevitavelmente, consequências para o Direito enquanto Ciência. Já criaram novos bens jurídicos (bens intangíveis) e também à emergência de novas categorias normativas (v.g., cibersegurança e ciberconflito; cibercrime; ciberdelinquência;

[3] Paulo Novais/Pedro Miguel Freitas, Inteligência Artificial e Regulação de algoritmos, p. 6, retirado de https://etica.uazuay.edu.ec/sites/etica.uazuay.edu.ec/files/public/49f7d3_Intelig%C3%AAncia%20Artificial%20e%20Regula%C3%A7%C3%A3o%20de%20Algoritmos.pdf.

[4] Antoine Garapon/Jean Lasségue, Justice Digitale, 5.ª Edição, Paris: Presses Universitaires de France – P.U.F., 2020, p. 83, tradução, como sucede nos restantes casos, dos autores desta secção.

[5] Sobre a relação entre direito e o ciberespaço e a necessidade de regulação da Internet, é essencial o livro de Lawrence Lessig, Code: And Other Laws of Cyberspace, Version 2.0, New York: Basic Books, 2006.

e-comércio (a tecnologia como a nova infraestrutura para a troca de bens, serviços e capitais); governo digital; eventualmente algo-democracia...)"[6].

1.1.2. A digitalização e transformação digital das sociedades

Estamos, atualmente, quase no início da idade digital, que implica "verdadeiramente importantes alterações", no "nosso modo de vida e na forma como gerimos coletivamente o nosso planeta", em que ainda não conseguimos imaginar um "mundo em que o nosso sentido de identidade e comunidade coabita verdadeiramente nos domínios do real e do virtual", sendo que NICHOLAS NEGROPONTE, um dos pensadores pioneiros sobre estas matérias, entende que existirão "cinco forças de mudança que vêm da idade digital e que afetarão profundamente o planeta: 1) imperativos globais; 2) polaridades de tamanho; 3) tempo redefinido; 4) energia igualitária e 5) território sem significado"[7].

A este respeito fala-se muitas vezes de "digitalidade"/"digitality", que se refere "não apenas ao sistema filosófico-matemático ou aos aspetos tecnológicos fundamentais construídos no topo de uma estrutura binária, mas também aos efeitos que as tecnologias digitais têm na nossa sociedade", sendo que estas questões "estão muitas vezes interligadas com invenções tecnológicas, mas não surgem sempre como consequência direta das mesmas"[8].

O mundo digital é "em rede e ubíquo", sendo que a "magia digital faz o mundo físico desaparecer, e faz-nos desaparecer com ele e nele. Na aura mágica da conetividade, não somos indivíduos isolados em frente de um ecrã de vidro, mas parte de um mundo ali/não-ali em que (ao que nos

[6] Paula Veiga, Digitalização e Estado Constitucional, p. 1128, retirado de https://apps.uc.pt/mypage/files/pveiga/2283.

[7] Nicholas Negroponte, Beyond Digital, consultado em https://web.media.mit.edu/~nicholas/Wired/WIRED6-12.html.

[8] Tomi Dufva/Mikko Dufva, Grasping the future of the digital society, https://www.sciencedirect.com/science/article/pii/S0016328717302252#.

dizem), quase tudo, bom ou mau, é possível"[9], sendo que "Modificando os instrumentos que operam a nossa prática do mundo, modificamos a nossa relação com as coisas e connosco próprios. O instrumento transforma aqueles que o usam"[10].

Atualmente, fala-se até de um *homo digitalis,* tal a disrupção que o digital causa no mundo físico em que vivemos e a influência que o mundo digital tem nos seus utilizadores, que afeta inclusivamente os seus cérebros e a forma como pensam, raciocinam, agem e interagem e se integram socialmente, sendo importante, quanto a esse "novo" homem (na verdade, o "velho" *homo sapiens* que vive agora num contexto social e pessoal radicalmente diferente do que existia anteriormente), futuramente:

> "• Compreender como novas formas de autopercepção, reflexão e apresentação afetam a comunicação no seio da sociedade;
>
> • Encontrar estratégias para fomentar experiências de fluxo em tempos de estilo de vida fragmentado;
>
> • Investigar como a interação com mundos digitais molda o cérebro humano e como podemos evitar efeitos prejudiciais no cérebro humano;
>
> • Projetar mundos digitais de acordo com a nossa herança evolutiva emocional para promover o bem-estar em sociedades digitais
>
> • Encontrar regras importantes para a comunicação dentro das sociedades em tempos de acesso abundante e sempre disponível a distratores digitais"[11].

[9] Robert Hassan, The Condition of Digitality: A Post-Modern Marxism for the Practice of Digital Life, disponível em https://doi.org/10.16997/book44.d, p. 52, fazendo uma muita interessante análise da vida digital de um ponto de vista pós-moderno e marxista.
[10] José Tolentino Mendonça, Viajantes in A Revista do Expresso, n.º 2542, 2021, p. 90.
[11] Christian Montag/ Sarah Diefenbach,, Towards Homo Digitalis: Important Research Issues for Psychology and the Neurosciences at the Dawn of the Internet of Things and the Digital Society, p. 15, retirado de https://scholar.google.pt/scholar_url?url=https://www.mdpi.com/2071-1050/10/2/415/pdf&hl=pt-PT&sa=X&ei=Cq5nY-zVHYqUy-9YP-NyV2Ac&scisig=AAGBfm3HgbsrioLbMhi55S7TpdiJAOOtbQ&oi=scholarr.

1.1.3. Os ordenamentos jurídicos e o mundo digital: necessidades normativas

Como resulta do já exposto, a digitalização levanta, desde logo, novas e claríssimas necessidades de normação, de surgimento de regulamentação jurídica dessas novas realidades, uma vez que, muitas vezes, os institutos e figuras jurídicas já existentes não são suficientes para as regular ou nem sequer poderão ser aplicáveis, *qua tale*, às mesmas.

Neste aspeto e como já se mencionou supra, o direito anda sempre "atrás", de forma muitas vezes ingrata, dessas alterações sociais e digitais, mas não pode, como já se referiu, deixar de procurar criar um quadro normativo o mais completo possível que abranja o mundo digital e tudo o que de juridicamente relevante aí ocorre, como sucede a nível contratual, de responsabilidade civil[12], da personalidade jurídica[13] ou de ilícitos criminais (como melhor se abordará infra).

Deste modo, fala-se hoje de figuras jurídicas anteriormente inexistentes[14], como as *criptocoins*[15], o *blockchain* (que será abordado infra), os

[12] De que forma, por exemplo, se poderá aplicar o velhíssimo instituto da responsabilidade civil aquiliana, surgido ainda no Império Romano, à condução de veículos autónomos e aos acidentes em que se vejam envolvidos – sobre este tema, por todos, Sofia Patrícia Travassos de Freitas Alcaide, A Responsabilidade Civil por Danos Causados por Veículos Autónomos, Coimbra: Almedina, 2021.

[13] Em que se fala já de personalidade jurídica digital e se "trata do problema da personalização dos entes dotados de inteligência artificial de um ponto de vista ético-jurídico" – Maria Manuel de Matos Parente Vasconcelos, Inteligência Artificial: Direito e Personalidade Jurídica, p. 4, consultado em https://eg.uc.pt/bitstream/10316/90341/1/Disserta%c3%a7%c3%a3o%20Maria%20Manuel%20Vasconcelos%20MCJF.pdf.

[14] Ou tecnologias que poderão ter uma aplicação particularmente perniciosa, como sucede com os deepfakes: "Esta investigação identificou numerosas aplicações prejudiciais, bem como benéficas, das tecnologias dos deepfakes. Estes dois tipos de aplicações não estão equilibrados entre si, dado que as aplicações prejudiciais implicam riscos sérios para os direitos fundamentais. As tecnologias de deepfakes devem, assim, ser consideradas como de dupla utilização e devem ser reguladas como tal" – Tackling deepfakes in European policy, p. VIII, retirado de https://www.europarl.europa.eu/RegData/etudes/STUD/2021/690039/EPRS_STU(2021)690039_EN.pdf

[15] Cfr., na doutrina portuguesa mais recente e por todos, Emídio Gil Dias Valente Maia, A Criptomoeda na Ordem Jurídica: Velhas soluções para um novo problema?, disponível em https://repositorio.ucp.pt/bitstream/10400.14/27793/1/A%20Criptomoeda%20

smart contracts[16] *ou o metaverso*[17], sem que muitas vezes exista qualquer regulamentação jurídica específica relativa às mesmas e sendo muito difícil – ou até impossível – aplicar com facilidade as normas legais já constituídas, sendo importante que o ordenamento jurídico esteja atento ao surgimento destas novas necessidades normativas e se vá continuamente atualizando e suprindo cabalmente essas necessidades. Se exorbita do âmbito deste texto (até pela complexidade e extensão das questões que a esse respeito se suscitam, que vêm já sendo abordadas por parte da doutrina jurídica mais recente), deve destacar-se essa absoluta imprescindibilidade de não deixar estes novos fenómenos sociais e digitais sem qualquer regulação, deixando uma parte relevantíssima da nossa vida quase totalmente como um espaço livre de direito e carecido de tutela.

na%20Ordem%20Jur%C3%ADdica%20-%20TESE.pdf, e Joana Alexandra Giraldes Vieira Luz, Regulação e criptomoedas, consultado em https://repositorio.ul.pt/bitstream/10451/48058/1/ulfd146078_tese.pdf.

[16] "Há, sem exagero, 10 definições do que são smart contracts. Há também várias definições de smart legal contracts. A maior parte das definições de smart contracts assentam num denominador comum, ou seja, smart contracts, de facto, não são contratos. Smart contracts são sobretudo sequências de códigos e dados que se armazenam em determinada direção num Blockchain específico" – Manuel Santos Vítor, Inteligência Artificial e Contratos in Manuel Lopes Rocha/Rui Soares Pereira (Coord.), col. de Ana Coimbra Trigo, Inteligência Artificial & Direito, Coimbra: Almedina, 2020, p. 225.

[17] "Embora as definições possam variar, aqui estão algumas noções básicas sobre o metaverso: na verdade, são muitos metaversos, ou espaços digitais, que tipicamente são descentralizados, incorporam realidade aumentada e virtual, armazenam informações em blockchain e permitem que os utilizadores possuam bens digitais. Assim como "a internet", o termo "metaverso" descreve uma extensa rede de sites e espaços. Na prática, o metaverso oferece uma nova forma de estar online, com novos mercados e produtos. No seu livro, Hackl, Lueth e Di Bartolo afirmam que apresenta três mudanças de paradigma: 1. Experiência: As pessoas não querem apenas consumir. É muito mais envolvente ter experiências gamificadas e contextuais. 2. Identidade: As pessoas valorizam a sua pessoa digital e querem transportá-la pelo metaverso e até mesmo pelo mundo real. 3. Propriedade: Onde quer que as pessoas escolham passar o seu tempo, elas querem manter a sua identidade pessoal. Em outras palavras, o objetivo final é ter uma identidade digital unificada no blockchain – uma identidade que é a mesma se estiverem a aceder ao seu computador de trabalho" –Thomas Stackpole, Exploring The Metaverse, disponível em https://hbr.org/2022/07/exploring-the-metaverse.

Este estado de coisas levou, desde logo, ao surgimento do chamado constitucionalismo digital[18], sendo que "a fusão das expressões "digital" e "constitucionalismo" não levam a uma nova forma de constitucionalismo. Em vez disso, ele constitui um novo campo teórico e prático baseado numa dialética dinâmica entre como o as tecnologias digitais afetam a evolução do constitucionalismo e a reação do direito constitucional contra o poder emergente das tecnologias digitais implementadas por atores públicos e privados"[19]-

De resto, é também importante que sejam assegurados direitos digitais a todos nós[20], já previstos, de resto, na Carta Portuguesa de Direitos Humanos na Era Digital (Lei n.º 27/2021, de 17 de maio), sendo necessário que esses direitos, como direitos fundamentais que são na atual sociedade digital[21], possam ser garantidos a todos nós e objeto de tutela judicial efetiva, não deixando que essa Carta (apesar de todas as controvérsias que vem suscitando e da eventual necessidade de alteração da mesma em face de algumas normas menos conseguidas) seja apenas mais um conjunto de boas intenção e de *law in the books*.

[18] V., por todos e para além do autor citado na nota seguinte, Claudia Padovani/Mauro Santaniello, Digital constitutionalism: Fundamental rights and power limitation in the Internet eco-system, disponível em https://journals.sagepub.com/doi/abs/10.1177/1748048518757114, e Nicolas Suzor, Digital Constitutionalism: Using the Rule of Law to Evaluate the Legitimacy of Governance by Platforms, retirado de https://journals.sagepub.com/doi/pdf/10.1177/2056305118787812,

[19] Giovanni De Gregorio, The Rise of Digital Constitutionalism in the European Union, p. 16, consultado em https://cyber.haifa.ac.il/images/pdf/GGPaper.pdf.

[20] Com interesse também sobre o tema, v. https://digi-con.org/what-rights-do-we-have--in-the-digital-environment/, com ligações a outros sítios relativos aos direitos digitais e ao já aludido "constitucionalismo digital", bem como The Charter of Digital Rights em https://edri.org/wp-content/uploads/2014/06/EDRi_DigitalRightsCharter_web.pdf.

[21] Dado que, como escreve Bart Custers, New digital rights: Imagining additional fundamental rights for the digital era, retirado de https://www.sciencedirect.com/science/article/pii/S0267364921001096, as "questões jurídicas relacionadas com os direitos dos cidadãos podem ser categorizadas em três tipos de questões: 1 Violações de direitos resultantes do (uso de) novas tecnologias; 2 Direitos conflituantes resultantes do (uso de) novas tecnologias; 3 Novas questões resultantes do (uso de) novas tecnologias, para as quais ainda não existem direitos".

1.1.4. A digitalização/datificação, também pandémica, dos sistemas judiciais

Os vários sistemas judiciais são já, em larga medida e apesar de resistências várias a esse processo de digitalização (muitas das quais, de resto, fundadas), digitais, o que varia, claro, de país para país, mas havendo muitos locais em que os processos são já integralmente digitais e em que a realização de diligências processuais ocorre, total ou parcialmente, telematicamente, sendo certo que a pandemia de Covid-19[22] veio acelerar, em muito, e "forçar" até essa transição digital, que deverá levar, a final, uma verdadeira transformação digital[23].

Assim, entre nós, os processos judiciais são já eletrónicos e a sua tramitação é realizada, em regra, digitalmente, mesmo que, em verdade, se esteja ainda numa fase algo embrionária e primitiva dessa digitalização, dado que o processo eletrónico é, no fundo, o antigo processo físico meramente convertido em ficheiros digitais, não se tendo prosseguido

[22] Neste mesmo sentido, Joakim Bjorkdahl/Charlotta Kronblad, Getting on track for digital work: Digital transformation in an administrative court before and during COVID-19, p. 376, retirado de https://www.researchgate.net/profile/Joakim-Bjoerkdahl/publication/355574211_Getting_on_track_for_digital_work_Digital_transformation_in_an_administrative_court_before_and_during_COVID-19/links/625555bfcf60536e23576936/Getting-on-track-for-digital-work-Digital-transformation-in-an-administrative-court-before-and-during-COVID-19.pdf: "sob o impacto da crise do COVID-19, a transformação digital acelerou radicalmente e alterou suas formas de trabalhar".

[23] V. sobre estes conceitos, por todos, Nicola Bellantuono/Angela Nuzzi/Pierpaolo Pontrandolfo/Barbara Scozzi, Digital Transformation Models for the I4.0 Transition: Lessons from the Change Management Literature, disponível em https://scholar.google.pt/scholar_url?url=https://www.mdpi.com/2071-1050/13/23/12941/pdf&hl=pt-PT&sa=X&ei=f7VnY7ylPIKEmgGjvb44&scisig=AAGBfm2HEZ1Dd7meilq-1WvwDCQ3y6SY8A&oi=scholarr, Sascha Kraus/Paul Jones/Norbert Kailer/Alexandra Weinmann/Nuria Chaparro-Banegas/Norat Roig-Tierno, Digital Transformation: An Overview of the Current State of the Art of Research, consultado em https://journals.sagepub.com/doi/epub/10.1177/21582440211047576, e Feng Li, Leading Digital Transformation: Three Emerging Approaches for Managing the Transition, p. 3, retirado de https://openaccess.city.ac.uk/id/eprint/24248/1/, onde se escreve que "O rápido desenvolvimento das tecnologias digitais possibilitou mudanças profundas nas estratégias e operações nas diferentes indústrias em todo mundo. A transformação digital tem sido descrita como a luta moderna para sobreviver à ameaça existencial da disrupção digital".

ainda com a automação dos processos e a aplicação da inteligência artificial aos mesmos [24].

Como se alcança, esta transformação digital veio para ficar, o que foi reforçado pelo presente contexto pandémico, não se vendo que possa ser revertida (ou que fosse até benéfico que tal sucedesse e que se regressasse aos processos integralmente analógicos e em papel, no que seria um retrocesso a algo que cada vez é mais anacrónico), podendo ser muito relevante para uma melhoria da forma como funcionam os sistemas judiciais, mas sendo importante que se reflita sobre as consequências dessa digitalização judicial e os limites da mesma, não a aceitando acriticamente como algo de inatamente bom e muito menos como um fim em si mesmo.

Assim "Os sistemas judiciais de todo o mundo que procuram aplicar as regras do estado de direito enfrentam muitos tipos diferentes de desafios, incluindo: gerir de forma eficiente os recursos públicos; ser transparente e aberto às partes interessadas; ser acessível a todos os grupos sociais e comunidades; e inovar em resposta às necessidades dos cidadãos", sendo que "Como os tribunais de algumas jurisdições pioneiras descobriram, a transformação digital pode ajudar a enfrentar esses problemas. A transformação digital, aproveitando diversas aplicações e ferramentas digitais disponíveis, capacita os tribunais para alterarem e otimizarem a sua anterior forma de funcionamento. Os tribunais, ao focarem-se nos resultados que podem ser alcançados com a ajuda da tecnologia, podem aumentar a sua eficiência e melhorar os serviços que prestam aos seus utilizadores. Mas apesar do potencial para obter benefícios claros em termos de maior eficiência, acessibilidade e transparência, a transformação dos tribunais e dos sistemas de justiça é muitas vezes frustrada por uma série de desafios. Um roteiro sistemático para implementar aplicações de justiça

[24] Sendo também muito rudimentares os sistemas mais utilizados nos tribunais – o Citius e o Sitaf, estando já em desenvolvimento e em uso ainda não generalizado o Magistratus, que melhorará um pouco este estado de coisas.

digital pode ajudar os profissionais do setor de justiça a superarem esses desafios"[25].

1.2. A Justiça Digital – Benefícios e dificuldades

Como já se referiu supra, a digitalização é algo que vai, inevitavelmente, repercutir-se a nível judicial, criando o que poderemos designar como Justiça Digital, o que traz grandes interrogações sobre o papel da justiça numa sociedade cada vez mais digital e as múltiplas dificuldades que enfrentará num mundo novo e em permanente e cada vez mais acelerada mutação (em que verdades e valores que eram antes aceites universalmente são agora cada vez mais colocados em causa ou até recusados em sociedades muito heterogéneas, fraturadas e diversificadas).

Todavia, é também verdade que este quadro, algo assustador para os juristas (e que terá amplas implicações a nível das próprias profissões jurídicas, podendo implicar a desnecessidade de parte das atualmente existentes ou profundas alterações na forma como se procede à sua formação e como trabalham[26], algo que não foi ainda minimamente objeto de reflexão no âmbito do sistema judicial, mas apenas a nível da advocacia), cria claras oportunidades para uma reforma e melhoria dos sistemas judiciais, não implicando, necessariamente e *de per si*, uma menor qualidade da justiça administrada ou uma redução da eficácia e eficiência dos tribunais.

[25] Logan Finucan/Erika Barros Sierra/Namita Rajesh, Smart Courts: Roadmap for Digital Transformation of Justice in Africa, p. 3, disponível em https://pic.strathmore.edu/wp-content/uploads/2019/03/PIC_WP_Smart_Courts_Roadmap.pdf..

[26] Bastando pensar na influência que a digitalização pode ter no próprio iter processual e na tramitação concreta de cada processo, abrindo a possibilidade de, verbi gratia, o processo deixar de ser constituído por um conjunto de atos processuais praticados de forma sucessiva e relativos a prazos preclusivos e fases processuais estanques, para algo quase totalmente dúctil e indeterminado, com as próprias posições das partes no processo a serem alteradas em linha e continuamente, com a prova a ser junta em vários momentos e a ser produzida conforme as necessidades concretas de cada processo e de forma assíncrona, com um processo que pode ser decidido parcelarmente relativamente a certas questões e só prosseguir para final se necessário, etc..

De resto, duas das tendências atuais a nível da ligação entre o direito e o mundo digital são as chamadas *legaltech*[27] e o *legal design* (ambas com potencialidade para alterar profundamente a forma como o direito é aplicado e como funcionam os sistemas judiciais), sendo que a primeira parte do surgimento de várias *startups* da área tecnológica que aplicam as tecnologias existentes à área jurídica, tendo já alterado em muito o modo como trabalham os escritórios de advogados (o que poderá, por sua vez e por exemplo, ser adaptado para quem exerce outras funções no sistema judicial). O *legal design*[28] parte, por seu lado, de uma visão centrada nos próprios utilizadores para procurar que os sistemas e serviços judiciais fiquem mais adaptados aos utilizadores e às suas necessidades, melhorando a sua experiência e satisfação. Por seu lado, há também amplas aplicações possíveis da Inteligência Artificial (IA) a nível do chamado *case management*[29], com base, desde logo, nos dados estatísticos relativos ao sistema judicial e que poderão permitir uma melhor (e mais rápida e eficiente) gestão dos processos que dão entrada no sistema judicial[30]. E, por

[27] Magda Cocco, Legaltech – A Powerful Tool To Enhance High Value Services, p. 138-139, consultado em https://www.vda.pt/xms/files/05_Publicacoes/2021/IL_Legal Tech_a_powerful_tool_to_enhance_high_value_services_MPC.pdf,, "A maioria dos produtos LegalTech utilizados enquadram-se na categoria da automação de tarefas e geralmente visam aprimorar os processos internos e otimizar as soluções oferecidas aos clientes".

[28] Margaret Hagan, Law by Design, https://lawbydesign.co/legal-design/, considerando que "O legal design é a aplicação do design centrado no ser humano ao mundo do direito, para tornar os sistemas e serviços jurídicos mais centrados no ser humano, utilizáveis e satisfatórios.", bem como, com um ponto de vista mais abrangente, Mariana Moreno, O Que É Legal Design?, retirado de https://legaldesignbits.com/blog/o-que-e-legal-design/.

[29] "A gestão de processos inclui a gestão dos seguintes elementos principais: 1) fluxo de processos, 2) atribuição do processo, 3) resolução alternativa de litígios, 4) nomeação de advogados e outros representantes, 5) utilização do júri e 6) informações do processo" – https://www.courts.michigan.gov/administration/trial-court/trial-court-operations/case-managment/.

[30] V., sobre este tema, Adis Hozic, Supervised AI for court management, retirado de https://rm.coe.int/adis-hodzic-supervised-ai-for-court-management-v3/16808e55cc, onde se refere a dois níveis de aplicação da IA: "NÍVEL 1: REGRESSÃO Estimativa de recursos com base no desempenho, incluindo previsão do número de juízes e orçamentos dos tribunais usando o desempenho passado e a modelagem matemática NÍVEL 2:

último, ainda nem sequer nos apercebemos das potencialidades de novas aplicações da IA ou da combinação sinérgica de várias dessas aplicações no que diz respeito ao sistema judicial, que poderá ser verdadeiramente revolucionária, bastando pensar no potencial impacto da RPA (*robotic process automation*)[31] ou da *hyperautomation*[32] no âmbito judicial.

De facto, se a digitalização e o mundo digital são hoje como que dados existenciais inexoráveis com que teremos de viver futuramente, é importante que o sistema judicial não "fuja" dos mesmos e se refugie como que numa "bolha" e em práticas instituídas e que se revelam hoje já anacrónicas, mas que se insira, interaja, utilize os novos recursos tecnológicos e traga regras e justiça a um mundo digital absolutamente necessitado da mesma.

Em vários países já se abordou a necessidade de transformação digital dos tribunais, como sucedeu na Província de *British Columbia*, no Canadá, definindo "Quatro prioridades estratégicas: Melhorar o acesso à justiça; Reduzir os tempos de duração dos processos; Fazer um bom uso dos recursos; manter a confiança pública"[33].

1.2.1. Telematização e hibridização da justiça

A Justiça Digital vai ser, crescentemente, realizada à distância, com os vários intervenientes processuais unicamente juntos virtualmente, o

CLASSIFICAÇÃO Agrupamento dos tribunais em diferentes grupos com base no uso de recursos e desempenho".

[31] "A robotic process automation (RPA) é uma tecnologia empresarial que automatiza tarefas rotineiras e baseadas em regras com bots de software. Os recursos do RPA desenvolvem-se ainda mais quando combinados com aplicações avançadas de inteligência artificial (IA) que trabalham ao lado de humanos para aprimorar conhecimentos e produtividade" – https://www.exigent-group.com/blog/robotic-process-automation-rpa-works-with-lawyers/.

[32] "Com uma variedade de ferramentas como Robotic Process Automation (RPA), Machine Learning (ML) e inteligência artificial (IA), trabalhando em harmonia para automatizar processos de negócios complexos – incluindo áreas onde os especialistas na matéria eram necessários – a hyperautomation é um meio para transformação digital" – https://www.automationanywhere.com/rpa/hyperautomation.

[33] https://www2.gov.bc.ca/assets/gov/law-crime-and-justice/about-bc-justice-system/justice-reform-initiatives/digital-transformation-strategy-bc-courts.pdf.

que, como se viu, foi muito acelerado pela situação de pandemia, em que passou a ser a regra e não já a exceção.

Este estado de coisas, que não se vê que possa ser totalmente revertido, dado que há realidades que vieram (aparentemente) para ficar, como o teletrabalho, que é também já muito praticado no âmbito judicial, levanta questões por solucionar, como, *verbi gratia*, o saber se os juízes podem (ou devem) sempre trabalhar à distância, realizando todos os julgamentos virtualmente e quase nunca se deslocando ao tribunal onde exercem funções.

Efetivamente, essa possibilidade implica, desde logo, que existam melhores condições para realização de videoconferências, dado que o sistema utilizado para o efeito é muito antiquado e está perfeitamente ultrapassado, e que seja possível, por exemplo, verificar cabalmente a identidade de quem é ouvido e a fidedignidade do seu depoimento (impedindo, por exemplo, que alguém lhe possa dizer como deve responder), estabelecendo regras para o efeito e uniformizando os meios utilizados (sendo também natural que futuramente todos os julgamentos sejam objeto de gravação de imagem e não só, como já sucede atualmente, de som, o que seria talvez importante para uma melhor apreciação dos recursos em matéria de facto).

Por seu lado, parece igualmente claro que essa possibilidade de realização de julgamentos virtuais não deve aplicar-se da mesma forma a todos os tipos de julgamentos, devendo antes depender, por exemplo, da natureza e dos interesses inerentes ao processo, da vontade das partes e do próprio entendimento do juiz que presidirá à audiência final.

Existe, como se alcança do agora exposto, a tendência futura para ver os tribunais não já como "simples" espaços físicos, mas antes como uma espécie de entidades virtuais que prestam um serviço[34], mesmo que

[34] Assim, paradigmaticamente, Richard Susskind, Online Courts and the Future of Justice, Oxford: Oxford University Press, 2019, na sua Parte II, p. 95 e seguintes, intitulada, um pouco provocatoriamente, "É o tribunal um serviço ou um lugar?", a que é dada, logo no início dessa secção e desenvolvida nos capítulos subsequentes, a seguinte resposta: "Quando as pessoas e as organizações estão em litígio e recorrem ao estado para decidir o seu dissídio, devem estar presentes em tribunais físicos? A visão aqui introduzida sugere que não" (p. 95). Muito criticamente, Antoine Garapon/Jean Lassègue, ob. cit.,

devendo manter ainda, necessariamente, alguma ligação ao mundo físico e não sendo possível que todos os litígios possam ser decididos em linha e sem qualquer diligência presencial.

Deste modo, considera-se ser importante, por exemplo, que, na justiça criminal, os julgamentos dos crimes mais graves sejam realizados, em regra, presencialmente e na própria zona onde os mesmos terão sido praticados, para não se perder, desde logo, o poder simbólico da sua realização nesse local e a própria regra da audiência pública, garantida a nível do direito internacional e constitucional.

Num país com o interior desertificado e em que os tribunais são instituições muito importantes (dado que são das poucas entidades que ainda aí se mantêm em permanência), afigura-se ser necessário que os magistrados judiciais devam estar, em regra (o que não significa que não possam exercer, parcialmente, as suas funções em teletrabalho, mas sem que o mesmo se sobreponha à deslocação física ao tribunal), presentes fisicamente nos tribunais, sob pena de se perder o próprio vínculo dos juízes aos tribunais onde exercem funções e de serem vistos como um "corpo estranho" que está longe, não conhece e não está inserido na realidade local e que só intervém virtualmente nos processos[35].

Em suma e tal como noutras matérias, a digitalização e a telematização da justiça devem ser sempre vistas como simples meios para um fim – a *metanoia* do sistema judicial, mas nunca como fins em si mesmo[36], dado

p. 181, referem que "A técnica introduz uma assimetria na experiência simbólica: por exemplo, os juízes encontram-se numa sala de audiências majestosa enquanto que o arguido está numa cela lúgubre: eles não vivem o mesmo evento".

[35] O que levaria também, depois e levando este estado de coisa ao extremo, a que fosse possível que cada juiz fosse convertido numa espécie de "call center" virtual e permanente para atender, aleatoriamente, as necessidades de realização de diligências processuais em todo o país, como que um "caixeiro viajante" telemático desde casa, colocando de lado princípios como o do juiz natural ou da própria inamovibilidade dos magistrados judiciais

[36] Como sucedeu, verbi gratia, com a "perseguição" ao uso do papel nos tribunais, em que parecia que só o objetivo da completa digitalização dos processos contava e não propriamente as concretas necessidades inerentes às especificidades de cada processo em si e o entendimento do julgador quanto ao que necessitava para decidir cada processo em concreto.

que não é a digitalização, só por si ou desligada das finalidades ligadas à realização da justiça, que "salvará" ou até "melhorará" o sistema de justiça[37], antes podendo contribuir para uma maior deslegitimação e perda da legitimidade do mesmo.

1.2.2. Justiça online?

A digitalização da sociedade implica também a necessidade de respostas mais rápidas e eficazes do sistema judicial a factos juridicamente relevantes ocorridos digitalmente, o que não pode ser substituído pela autorregulação já existente, por exemplo, em grande parte das redes sociais.

Imagine-se, por exemplo, uma empresa que tem toda a sua atividade concentrada digitalmente numa rede social e que, por decisão da entidade que gere essa rede, deixa de ter acesso à mesma, ficando, no fundo, totalmente impossibilitada de exercer a sua normal atividade. Não seriam precisos muitos dias para os danos causados a essa empresa serem já irreparáveis e conduzirem à sua insolvência, sendo certo que o recurso ao sistema judicial português seria, usualmente, demasiado difícil, lento ou oneroso (até por estar em causa a reação a uma decisão de uma entidade normalmente sediada noutro país) para impedir a verificação desses danos.

Assim, entende-se que, para além de regular e incentivar essa autorregulação e até a existência de algum tipo de resolução alternativa de litígios ou de arbitragem voluntária *online*, é também importante que possa depois existir a possibilidade de recurso à via judicial, de forma rápida e eficaz, inclusivamente de forma exclusivamente *online*[38] e muito simplifi-

[37] Como o reconhecem os próprios juízes: "Para uma transformação digital bem-sucedida, a gestão do tribunal deve entender que os juízes veem a sua finalidade profissional como sendo o de proferirem sentenças qualitativas e, a final, administrarem justiça ao povo que eles servem. Assim, eles não são motivados principalmente pela eficiência, e este estudo mostra que o orgulho e a autonomia profissional mantêm-se fortes neste contexto digitalizado" – Joakim Bjorkdahl/Charlotta Kronblad, ob.cit., p. 390.

[38] Sabendo-se que "Nas últimas décadas, houve dois grandes desenvolvimentos em termos de acesso à justiça e aos tribunais: o surgimento da resolução alternativa de litígios – alternative dispute resolution (ADR) e a disseminação da resolução de litígios em linha

cada (correspondendo ao que usualmente se designa de ADR e ODR[39]), sendo necessário que se reflita sobre o quadro legal e organizacional existente e as necessárias alterações para o efeito[40], incluindo a nível da cooperação judiciária internacional para a execução das respetivas decisões.

De resto, estas modificações são também importantes para evitar a continuação de atividades digitais ilícitas ou de ofensas à personalidade ou honra de pessoas, em que muitas vezes é difícil obter uma resposta em tempo útil de entidades estrangeiras ou multilocalizadas, sabendo-se bem que, muitas vezes, o que surge na *Internet*, fica para sempre (ou quase sempre) na *Internet*.

– online dispute resolution (ODR)" – Orna Rabinovich-Einy/Ethan Katsh, The New New Courts, p. 167, consultado em https://papers.ssrn.com/sol3/papers.cfm?abstract_id=3508460, sendo que, no âmbito da União Europeia, existe já o Regulamento (UE) n.º 524/2013 do Parlamento Europeu e do Conselho, de 21 de maio de 2013, sobre a resolução de litígios de consumo em linha, que "tem por objetivo contribuir para o bom funcionamento do mercado interno, em particular do mercado interno digital, através da consecução de um elevado nível de proteção dos consumidores, proporcionando uma plataforma europeia de RLL ("plataforma de RLL") que facilite a resolução de litígios entre consumidores e comerciantes, em linha e por via extrajudicial, de forma independente, imparcial, transparente, eficaz, célere e justa", estando disponível em https://ec.europa.eu/info/sites/default/files/just-2021-07677-00-00-pt-tra-00.pdf, o "Relatório estatístico de 2020" sobre o "Funcionamento da plataforma europeia de RLL".

[39] "A resolução de litígios online (ODR) é uma forma de resolução de litígios online que utiliza métodos alternativos de resolução de litígios (resolução alternativa de litígios). O termo abrange litígios que são parcial ou totalmente resolvidos na Internet, iniciados no ciberespaço ou com fonte externa (offline) (Abdel Wahab, Katsh e Rainey, 2012). Na literatura sobre o assunto, os termos ADR eletrônico (eADR), ADR online (oADR) e resolução de litígios na Internet (iDR) são tratados como sinônimos", sendo que "No caso do ODR, o aspecto tecnológico é crucial para a eficácia do processo. Com referência à pesquisa publicada em 2010 por Lodder e Zeleznikow, os sistemas ODR podem ser divididos de acordo com as formas de comunicação síncrona e assíncrona utilizadas" – Karolina Mania, Online dispute resolution: The future of justice, retirado de https://www.sciencedirect.com/science/article/pii/S2351667415000074.

[40] Richard Susskind, ob. cit., analisa com grande profundidade esta questão, escrevendo, a final, p. 301, "Aceito que esta é uma agenda altamente ambiciosa e que todos os tipos de obstáculos culturais, técnicos, legais e políticos estão no nosso caminho. Mas certamente que deveremos ser capazes de encontrar a vontade e os fundos para projetar e construir uma plataforma global padrão para a resolução de ações civis de baixo valor em tribunais em linha".

1.2.3. Direito probatório digital

A digitalização determina que grande parte da prova a ser considerada pelo sistema judicial seja também digital, sendo certo que as normas legais relativas à prova e à sua produção em sede de julgamento não têm em conta, em geral, esse novo tipo de prova e as suas concretas especificidades.

De resto, as últimas décadas têm sido pródigas em avanços noutros sistemas judiciais quanto a matérias probatórias digitais, com institutos já com ampla aplicação noutros países como o *e-discovery*[41] e o *e-filing*[42], que poucas repercussões têm tido entre nós.

É, assim, necessário que existam normas específicas relativas à prova digital, mormente no que diz respeito à sua obtenção e validade e à sua fidedignidade e valor probatório[43] (que é facilitada, em muitos casos, pela existência da tecnologia de *blockchain*[44]) sem o que ficará totalmente sempre no arbítrio do julgador o saber como deve ser obtida e valorada em concreto essa prova, sendo também indispensável, como se verá infra,

[41] https://www.exterro.com/basics-of-e-discovery: "A Electronic discovery (também conhecida como e-discovery, e discovery ou eDiscovery) é um procedimento pelo qual as partes envolvidas em num processo legal preservam, recolhem, reveem e trocam informações em formatos eletrónicos destinadas a serem usadas como prova".

[42] https://www.provana.com/e-filing-for-law-firms: "E-filing, também frequentemente denominado como Efiling ou eFiling, é o processo de arquivamento eletrónico de documentação, geralmente com uma entidade governamental"".

[43] "Num ambiente de IoT [Internet of Things], a ciência forense digital está a enfrentar vários desafios, incluindo: (1) Definir uma estrutura para que a investigação forense digital possa enfrentar os novos desafios no novo ambiente; (2) Garantir a confiabilidade, disponibilidade e recuperação de prova digital dinâmica num ambiente complexo; (3) Preocupações com a privacidade e com novas leis de privacidade, como a conformidade com o Regulamento Geral de Proteção de Dados (GDPR)" – Shancang Li/Tao Qin/Geyong Min, Blockchain based Digital Forensics Investigation Framework in the Internet of Things and Social Systems, p. 1, disponível em https://uwe-repository.worktribe.com/OutputFile/1492037.

[44] "A cadeia de custódia forense digital baseada em blockchain tem um grande potencial para trazer benefícios substanciais para aplicações forenses, mantendo a integridade, transparência, autenticidade, segurança e auditabilidade das provas digitais por forma a alcançar a finalidade pretendida" – Shancang Li/Tao Qin/Geyong Min, ob. cit., p. 8.

que haja formação a incidir sobre estas matérias, em especial de índole mais prática.

Por seu lado, existem também, como já se aludiu supra, várias dificuldades práticas com o sistema de teleconferência utilizado em Portugal, que muitas vezes impede a audição em boas condições dos intervenientes processuais e torna difícil ou até impossível confrontar os mesmos com documentos juntos ao processo, sendo importante alterar e uniformizar a forma de realização das teleconferências, por forma a que não coloque em causa a apreciação da prova produzida por essa via.

1.3. A Justiça Digital enquanto Justiça

Parece apodítico (mas é preciso, muitas vezes, reafirmar o evidente), que a Justiça Digital é, em primeiro lugar, Justiça e não é o facto de ser Digital que pode servir para afastar essa característica essencial: pretende-se, como o determina a Constituição da República Portuguesa, "administrar a justiça em nome do povo" com novos meios e também num novo domínio, que tem influência em todos os aspetos da nossa vida, mas que não se pode sobrepor à Justiça.

Não é pelo facto da justiça ser realizada digitalmente que se torna, só por si, melhor ou à prova de erro, apesar de todo o fascínio que existe hoje pelo que é digital, sendo importante aferir sempre criticamente de que forma a digitalização da justiça coloca (ou não), em causa a cabal realização da justiça.

1.3.1. Princípios essenciais judiciais e Justiça Digital

Existem, como decorrência da Constituição da República Portuguesa e do próprio direito internacional, uma série de princípios essenciais relativos ao sistema judicial (e normas relativas à sua estrutura e organização), como, *verbi gratia*, a inamovibilidade dos juízes, o princípio do juiz natural, etc., sendo certo que grande parte dos mesmos pode ser, como facilmente se alcança, colocado em causa por uma digitalização irrestrita do sistema judicial.

Assim, é sempre necessário que a Justiça Digital obedeça e respeite esses princípios essenciais, não podendo servir como uma espécie de "cavalo de Tróia"[45] para os subverter e postergar, evitando-se sempre que a Justiça Digital seja uma espécie de arremedo de justiça, subordinando a justiça ao digital.

1.3.2. Direitos fundamentais dos sujeitos processuais na era digital

Como corolário do já exposto, é importante também que os direitos fundamentais assegurados a todos sejam integralmente respeitados e tidos em conta na administração digital da justiça, dado que, de novo, não pode ser a digitalização da justiça a servir para afastar a aplicação de direitos inerentes e ínsitos a qualquer processo judicial, como, por exemplo, o direito a audiência pública ou ao exercício pleno do direito ao contraditório.

Qualquer tipo de Justiça Digital que não tenha presente a necessidade de preservar estes direitos fundamentais não será, verdadeiramente, justa e servirá apenas para dar uma aparência de justiça (que não será melhor, como já se referiu, unicamente por ser digital), sem a realizar efetivamente.

De resto, a digitalização coloca sempre a questão do acesso ao direito e aos tribunais, sendo importante que seja garantido o efetivo acesso de todos aos meios digitais necessários para fazer valer os seus direitos nos

[45] O mesmo sucedendo, como se verá, com a Inteligência Artificial, sendo esta expressão usada, muito justamente, no título do artigo de Francesco Contini, Artificial Intelligence: A New Trojan Horse for Undue Influence on Judiciaries?, consultado em https://www.unodc.org/dohadeclaration/en/news/2019/06/artificial-intelligence_-a-new-trojan-horse-for-undue-influence-on-judiciaries.html, onde se escreve, num exemplo bem prático dessas possibilidades de distorções, "Na Inglaterra e no País de Gales, um simples erro de cálculo integrado no formulário oficial utilizado nos processos de divórcio levou ao cálculo errado da pensão de alimentos em 3.600 casos, durante um período de 19 meses. O problema não é o erro em si, mas as razões pelas quais o Ministério da Justiça e os utilizadores deste formulário não detetaram este erro durante tanto tempo. Os utilizadores de tecnologia tendem a concentrar-se nas interfaces e nas ferramentas que possibilitam o uso de sistemas tecnológicos e não no seu funcionamento interno".

tribunais, evitando que a exclusão digital que já existe (e que cria uma espécie de fosso social em relação aos excluídos digitalmente) tenha também repercussões a nível judicial.

1.3.3. A Justiça Digital e o Digital

A Justiça Digital não pode ser alheia ao que de bom pode retirar do domínio digital, como sucede, por exemplo e como se referirá na secção seguinte, às diversas possibilidades de aplicação da Inteligência Artificial no âmbito judicial (sempre com os *caveats* que depois se referirão), sendo também necessário aferir de que forma a sua digitalização afeta ou não (e de que forma) a realização concreta da justiça.

Assim e a mero título de exemplo, será que a audição de testemunhas virtualmente leva a que o seu depoimento seja menos tido em conta pelo julgador a nível da valoração probatória final ou sucederá justamente o contrário[46]? Será possível substituir uma inspeção judicial ao local em causa num processo de direitos reais por representações digitais desse local obtidas por uma entidade contratada para o efeito? Tornará o facto de um juiz estar distanciado fisicamente de um arguido mais fácil (ou difícil) condená-lo[47]? Haverá efetiva igualdade de armas quando um

[46] Especialmente quando o equipamento de videoconferência não tem a necessária qualidade de som e imagem – v., por exemplo, Jane C. Donoghue, The Rise of Digital Justice: Courtroom Technology, Public Participation and Access to Justice, p. 15, retirado de https://scholar.google.pt/scholar_url?url=https://cronfa.swan.ac.uk/Record/cronfa33804/Download/0033804-22052017074146.pdf&hl=pt-PT&sa=X&ei=lR5oY4CfJPGSy9YPpbqy8A0&scisig=AAGBfm0oZu3W75AcTpwPSqPgd1TSJ82txA&oi=scholarrob. cit., p. 15, mencionando que "Embora a tecnologia necessária para estabelecer uma ligação de vídeo seja relativamente simples, o investimento na utilização de equipamento de vídeo de alta qualidade é essencial: quando a filmagem da ligação de vídeo não é de boa qualidade, tal tem um impacto negativo na valoração da prova testemunhal para a finalidade pretendida no julgamento, comparando-se de forma desfavorável com o imediatismo da prova testemunhal produzida pessoalmente no tribunal".

[47] Jane C. Donoghue, ob. cit., p. 15-16, refere, por seu lado, que existem "preocupações sobre o impacto dos procedimentos remotos sobre a justiça participativa, que resultaram também de estudos jurídicos empíricos sobre a arquitetura dos tribunais, tanto a nível nacional, como internacional. Assim, a "exclusão física" do réu do "espaço mais digno"

advogado está na mesma sala com o julgador e o outro advogado está a intervir de forma telemática ou essa disparidade acaba por poder distorcer e ter reflexo no desfecho judicial desse processo?

Não são perguntas de fácil resposta, mas parece evidente que a digitalização da justiça poderá ter alguma repercussão na produção e valoração da prova e poderá até afetar a decisão final dos litígios *sub judice*, sendo importante averiguar de que forma se produzem (ou não) esses efeitos de "contaminação digital" da prova e dos julgamentos e como poderão ser contrariados por forma a que não coloquem em causa a realização da justiça em cada caso concreto.

1.3.4. Redes de dados na justiça: tutela e segurança

Em Portugal, como se sabe, os sistemas informáticos, a nível de *hardware* e *software*, que asseguram a tramitação digital dos processos são totalmente controlados e geridos pelo Ministério da Justiça, o que, a nosso ver, coloca em causa a própria separação de poderes e a independência do sistema judicial, dado que o poder judicial está totalmente dependente, nesta matéria, do poder executivo, sendo certo que é através desses sistemas que é efetuada toda a sua atividade, sempre na dependência de facto e digital do poder executivo.

Assim, considera-se que será necessário que os Conselhos Superiores assumam integralmente a tutela e controlo desses sistemas informáticos, o que permitirá igualmente que os mesmos possam ser mais adequados às finalidades a que se destinam e que possam ser desenvolvidos continuamente com intervenção direta de quem trabalha quotidianamente com os mesmos (e não desenvolvidos, como por vezes sucede, de forma

do tribunal tem sido o foco central de uma série de estudos jurídicos e sociojurídicos que afirmam que os arguidos são colocados em desvantagem por tais tecnologias. Por exemplo, foi sugerida que as ligações de vídeo podem alterar a natureza do processo de condenação, minando a "experiência e legitimidade da justiça" uma vez que os intervenientes processuais não entram mais no tribunal. Como consequência, perde-se a importante função simbólica do tribunal como a casa da justiça e a presença da lei, bem como se erode a comunicação eficaz entre as partes e e a importância dos sinais não verbais".

quase totalmente indiferente às necessidades do sistema judicial e às opiniões e ideias de quem aí exerce funções).

1.3.5. Proteção de dados judiciais

Como é evidente, os dados contidos nos processos judiciais são, em regra, pessoalíssimos (bastando, por exemplo, pensar nos dados recolhidos em processos penais ou em processos de família e menores) e podem ser muito prejudiciais para os seus titulares se forem objeto de divulgação pública.

É, assim, muito importante que se assegure cabalmente a proteção desses dados, o que é posto em causa quando os sistemas informáticos em que se localizam não são tutelados pelos Conselhos Superiores, desconhecendo-se também se os mesmos têm mecanismos de segurança suficientes para evitar acessos ilegítimos ao acesso a esses dados (mas sabendo-se que já houve casos de intrusões injustificadas em processos judiciais), sendo imprescindível que os Conselhos Superiores assumam todas as suas responsabilidades nestas matérias, o que só poderá suceder quando controlarem, desde logo, esses sistemas informáticos.

Por sua vez, é também claro que se se verificarem acessos não permitidos e a divulgação desses dados, rapidamente serão imputadas responsabilidades ao sistema judicial português, quando, em verdade, o mesmo não tem qualquer responsabilidade nessa matéria e nada pode fazer para evitar essas potenciais intrusões e divulgação de dados[48].

[48] Cfr., mais desenvolvidamente sobre esta matéria, Manuel David Masseno, A segurança no tratamento de dados no sistema judicial, em Portugal e no Brasil, retirado de https://ebooks.uminho.pt/index.php/uminho/catalog/view/30/71/828-1, referindo que a situação em Portugal evidencia "as consequências de uma decisão de base no que se refere ao funcionamento do Sistema Judicial português, a do controle dos meios materiais afetos ao Órgão de Soberania tribunais por parte do Governo, através do Ministério da Justiça" (p. 149), e José Joaquim F. Oliveira Martins, Proteção..., passim.

1.3.6. Cooperação, compatibilização e interoperacionalidade dos vários sistemas judiciais digitais nacionais e internacionais

Têm existido, entre nós, claras dificuldades de comunicação entre os vários sistemas informáticos utilizados na administração pública e nos órgãos de polícia criminal e o próprio sistema judicial, o que leva a que muitos processos quando cheguem aos tribunais estejam em papel ou em formatos digitais que não podem ser logo utilizados, o que implica muito trabalho material que facilmente poderia ser evitado.

Considera-se, assim, que será necessário que se estabeleçam formas de comunicação entre os vários sistemas informáticos (públicos e privados) que permitam uma rápida, simples e eficaz transmissão de dados, comunicações e pedidos entre as várias entidades, reduzindo também o recurso ao papel e permitindo uma maior comunicabilidade e interoperacionalidade entre esses sistemas[49].

De resto, tal também deveria suceder a nível internacional[50], em especial a nível da produção de prova transnacional, na transmissão de

[49] Assim, Silvia Barona Vilar, Cuarta Revolución Industrial (4.0.) o Ciberindustria en el Proceso Penal: Revolución digital, inteligencia artificial y el camino hacia la robotización de la justicia, p. 9, disponível em https://roderic.uv.es/bitstream/handle/10550/72535/135552.pdf?sequence=1, aludindo à "interligação que as tecnologias permitem entre a Polícia, o Ministério Público e os tribunais, favorecendo as atuações processuais, a investigação e facilitando cooperação não só entre organismos diretamente ligada ao Judiciário, mas até mesmo à Autoridade Tributária, o sistema bancário, Segurança Social, etc."

[50] Assente também numa "cooperação digital global" que é propugnada no Report of the UN Secretary-General's High-level Panel on Digital Cooperation, disponível em https://www.un.org/en/pdfs/DigitalCooperation-report-for%20web.pdf, procurando, desta forma, atingir uma "economia e sociedade digital inclusiva", formulando, a final, cinco recomendações para o delineamento do futuro digital comum: (1) uma economia e uma sociedade digitais inclusivas; (2) um desenvolvimento da capacidade humana e institucional para o mundo digital; (3) a urgência de revisão dos instrumentos e das regras existentes respeitantes aos direitos humanos para a sua aplicação às novas e emergentes tecnologias digitais; (4) o estabelecimento de um compromisso global em torno da confiança e da segurança digitais que possa resultar numa visão partilhada sobre quais os atributos dessa estabilidade digital, quais as regras do uso responsável das tecnologias mais eficazes e consistentes e quais as prioridades de atuação; e (5) o incremento

pedidos e processos e na cooperação judiciária internacional, que permitiriam evitar a dilação temporal muitas vezes inerente a essas relações judiciárias internacionais e os próprios equívocos ou erros cometidos no seu âmbito.

Finalmente, cumpre frisar a importância da cooperação também com entidades privadas, que são essenciais para a obtenção de prova digital, como sucede a nível do *blockchain*, bem como para a própria apreensão de ativos virtuais[51].

1.4. A cibercriminalidade

A criminalidade mudou também com a digitalização da sociedade, falando-se hoje de cibercriminalidade, que tem alguns pontos de contacto com alguns crimes existentes há muitos séculos (como, por exemplo, com o crime de burla, cada vez mais praticado por via informática), mas assume uma forma e natureza muito diversa, inerente à sua natureza digital.

Se são hoje claras as necessidades de prevenção geral e especial relativas à criminalidade digital, é evidente que todo o sistema repressivo e judicial não estava minimamente habituado a lidar com essa forma de

de mecanismos multilaterais e multissectoriais, de parcerias e de grupos de interesses (institucionais, públicos, privados, sociedade civil, organizações industriais e técnicas).

[51] V. a Diretiva (UE) 2018/843 do Parlamento Europeu e do Conselho de 30 de maio de 2018, que altera a Diretiva (UE) 2015/849 relativa à prevenção da utilização do sistema financeiro para efeitos de branqueamento de capitais ou de financiamento do terrorismo e que altera as Diretivas 2009/138/CE e 2013/36/EU, em que se escreve, nos seus considerandos iniciais, "A anonimidade das moedas virtuais torna possível a sua potencial utilização abusiva para fins criminosos. A inclusão de prestadores cuja atividade consiste na realização de serviços de câmbio entre moedas virtuais e moedas fiduciárias e prestadores de serviços de custódia de carteiras digitais não resolverá totalmente a questão do anonimato ligado a transações de moeda virtual, uma vez que grande parte do contexto da moeda virtual permanecerá anónimo, porque os utilizadores também podem realizar operações sem tais prestadores. Para combater os riscos relacionados com o anonimato, as Unidades de Informação Financeira (UIF) nacionais deverão ser capazes de obter informações que lhes permitam associar endereços de moeda virtual à identidade do detentor de moedas virtuais".

criminalidade, vendo-se obrigado agora a adaptar-se rapidamente sob pena de proliferar ainda mais este tipo de criminalidade, que pode ter consequências bem gravosas e provocar danos irreparáveis (bastando, por exemplo, pensar nas possíveis repercussões de alguns ataques informáticos a sistemas cibernéticos indispensáveis para a nossa vida diária).

Cumpre também destacar a importância nesta área da Convenção sobre o Cibercrime, adotada em Budapeste em 23 de novembro de 2001[52], dado que essa Convenção prevê várias obrigações de criminalização de condutas ligadas à cibercriminalidade, constituindo também o mais importante instrumento de cooperação na prova digital[53]

1.4.1. Investigação da cibercriminalidade

A investigação da cibercriminalidade exige, *prima facie*, a utilização de meios adequados para o efeito, ligados, desde logo, aos equipamentos necessários para o efeito, mas também à existência de pessoas formadas e habilitadas para investigar (mas também acusar e julgar) os autores de crimes informáticos.

Por seu lado, será muito vezes necessário, tal como noutros tipos de criminalidade, o recurso a peritos externos, mas sem que tal possa servir, como já se referiu, para evitar dar a indispensável formação sobre esta criminalidade a polícias e magistrados (e à especialização cada vez maior dos mesmos), sem o que não chegarão a compreender em que consiste esta nova criminalidade e quais as suas possíveis consequências, nem estarão, muitas vezes, aptos para intervir nos respetivos processos criminais.

Finalmente, dado que grande parte desta criminalidade tem carácter transnacional, é importante que haja uma rápida e eficaz cooperação

[52] E dos seus dois Protocolos Adicionais, o segundo dos quais só foi, para já, assinado por, mas ainda não ratificado..

[53] Ou até mais do que isso "A Convenção de Budapeste é mais do que um documento legal; é uma estrutura que permite que centenas de profissionais das Partes compartilhem experiências e criem ligações que facilitem a cooperação em casos específicos, inclusive em situações de emergência, isto para além das disposições específicas previstas nesta Convenção" – https://www.coe.int/en/web/cybercrime/the-budapest-convention.

entre estados e entidades de vários países, em especial a nível da cessação da atividade criminal, da recolha e produção da prova e da execução de decisões.

1.4.2. Cifragem de dados

A cifragem de dados constitui, muitas vezes, uma necessidade para a proteção desses dados[54], dado que impede ou torna mais difícil o acesso ilegítimo aos mesmos, mas pode também representar um sério desafio à investigação da criminalidade.

Efetivamente, a possibilidade de existirem dados e comunicações encriptadas que não possam ser decifradas pelos órgãos de polícia criminal pode levar à impossibilidade prática de investigação de alguma da criminalidade socialmente mais relevante e danosa, que dificilmente poderia ser investigada, acusada e condenada, passando a ficar quase totalmente impune, sendo necessário impedir que existam comunicações e dados encriptados de uma tal forma que impeçam totalmente o acesso aos mesmos por partes das entidades legalmente autorizadas para o efeito.

1.4.3. Neocriminalização e/ou alteração/atualização dos tipos penais

Grande parte dos atuais tipos legais constantes do Código Penal ou dos vários diplomas penais extravagantes têm um largo lastro histórico, havendo múltiplos crimes que têm uma tradição de milhares de anos (como, por exemplo e para lá do já aludido crime de burla, o crime de furto, que tem sido um crime que tem, no fundo, acompanhado toda a história da civilização humana).

[54] Sendo, aliás, um dos direitos previstos na Carta Portuguesa de Direitos Humanos na Era Digital: "Todos têm direito a comunicar eletronicamente usando a criptografia e outras formas de proteção da identidade ou que evitem a recolha de dados pessoais, designadamente para exercer liberdades civis e políticas sem censura ou discriminação" (artigo 8.º, n.º 1).

Porém, a digitalização da sociedade, em todas as suas vertentes, vem exigindo que parte desses tipos legais sejam alterados ou atualizados – ou até que sejam criados novos tipos legais – sob pena de não abrangeram condutas socialmente danosas (tão ou até mais que os crimes "clássicos") e cuja prática deve ser prevenida e punida, mas que, por força dos princípios inerentes ao direito penal (como o princípio da legalidade e da tipicidade), não caem no âmbito dos atuais tipos-de-ilícito criminais.

É, assim, necessário que o direito penal (e contraordenacional) esteja em permanente atualização, adaptando-se continuamente às alterações sociais e digitais, muito mais rápidas do que anteriormente.

1.4.4. Prova e julgamento digitais nos processos criminais

Como já se mencionou supra, a prova, futuramente e em muitos processos, será, total ou parcialmente, digital, o que levanta várias questões e problemas, em especial no que diz respeito (mas não só, como já vimos) aos processos de natureza penal.

De facto, grande parte das normas legais relativas a provas são relativas a outro tipo de provas (como documentais ou periciais), sendo necessário, desde logo, a existência de regras relativas à prova digital, mormente no que diz respeito à sua obtenção, cadeia de custódia digital, validade e valoração.

Não cabe, de novo, no âmbito deste texto procurar definir e explicitar quais as normas de direito probatório material e formal que devem ser alteradas ou estabelecidas, mas parece evidente que vai ser preciso um grande de esforço de adaptação digital das atuais regras probatórias ou até uma verdadeira reinvenção das mesmas.

1.5. Revolução digital e formação profissional

Se todos os trabalhadores têm direito a formação profissional (a que corresponde também um correspetivo dever dos próprios trabalhadores), é evidente que a revolução digital implica uma necessidade adicional de formação inicial e contínua dos magistrados e de todos aqueles que exercem funções e têm papéis definidos no âmbito de qualquer sistema judicial. Essa capacitação digital é, no caso dos juízes, absolutamente essencial para assegurar a sua independência, dado que só assim deixarão de depender totalmente de terceiros e de entidades externas para poderem assegurar cabalmente a tramitação e decisão de processos num sistema judicial cada vez mais digital.

Será perfeitamente inútil dotar o sistema judicial de meios tecnológicos muito avançados se não for dada formação suficiente a quem os utiliza para os conseguir usar diariamente e retirar dos mesmos todas as suas potencialidades, pelo que é imprescindível que sejam acauteladas todas as necessidades formativas que decorrem da própria digitalização da justiça[55].

1.5.1. Necessidades de formação inicial e contínua

A formação digital dos magistrados deve iniciar-se, desde logo, aquando da sua formação inicial, mas deve prosseguir ao longo de todo o seu percurso profissional, adequando-se às novas jurisdições e funções que venham a exercer, como, por exemplo, quando forem promovidos

[55] Cfr., por todos, o artigo de Gary C. Kessler, Judges' Awareness, Understanding, and Application of Digital
Evidence, p. 68-69, consultado em https://commons.erau.edu/cgi/viewcontent.cgi?article=1024&context=db-security-studies, em que se escreve que "Um dos objetivos pretendidos da pesquisa foi propor um conjunto de tópicos de formação que abordaria as lacunas que os juízes identificaram nos seus conhecimentos sobre a prova digital forense. Arthur C. Clarke é frequentemente citado como tendo observado que "qualquer tecnologia suficientemente avançada é indistinguível da magia" (Moncur, 2007). Em particular, o uso de TIC [Tecnologias de Informação e Comunicação] – como o correio eletrónico e a navegação na Web – não implicam o conhecimento da tecnologia subjacente. Por isso, um importante objetivo de qualquer plano de formação judicial deve ser eliminar o mistério existente relativamente às TIC", apontando como importantes os seguintes tópicos – Conhecimentos Básicos das TIC; O processo digital probatório forense; Ferramentas e métodos para o exame e análise digital forense, Regras relacionadas com as fontes da prova digital e Princípios, conceitos e regras relativos ao E-discovery.

a tribunais superiores ou colocados em tribunais com competência em matérias substantivas diversas.

De facto, esta formação é absolutamente essencial e indispensável para o exercício da função jurisdicional, sob pena de poder suceder que os juízes deixem de ter condições para julgar os novos litígios que chegam aos tribunais e que exigem amplos conhecimentos nestas matérias, pelo que as novas tecnologias constituem, efetiva e futuramente, grandes desafios para a independência, imparcialidade e competência dos juízes.

Esta formação deve ser também muito prática (sem prejuízo do devido enquadramento teórico, a incidir especialmente sobre a própria revolução digital e as suas repercussões no direito e na administração da justiça) e virada para a aplicação concreta dos conhecimentos ministrados, sendo também importante que existam vias, de fácil acesso, para os magistrados retirarem dúvidas e resolverem problemas que surjam ao longo do seu trabalho diário.

1.5.2. Os Conselhos Superiores e a formação digital dos magistrados

Os Conselhos Superiores, quer das magistraturas judiciais (da jurisdição comum e da jurisdição administrativa e fiscal), quer da magistratura do Ministério Público, têm diversas responsabilidades na gestão e disciplina dos magistrados, não se podendo também, consequentemente, alhear da sua formação inicial e contínua, em particular no que diz respeito a estas novas e essenciais matérias.

Entende-se, assim, que cabe um papel importante a estes Conselhos Superiores na definição dos conteúdos da formação dos magistrados, mesmo que, claro, em colaboração com outras entidades e formadores exteriores, devendo existir uma maior articulação entre os Conselhos Superiores e essas entidades, como, desde logo, o Centro de Estudos Judiciários[56], que deve adaptar-se na sua estrutura à formação na área

[56] Se se mantiver o modelo atual de formação assente na existência de uma entidade formativa única, sendo talvez preferível passar o próprio processo de seleção e formação dos magistrados para os respetivos conselhos superiores ou os mesmos passarem a ter uma maior influência efetiva nessas matérias.

digital por forma a poder ser o polo agregador de uma formação multidisciplinar que exige a colaboração de outras entidades nacionais e internacionais.

De facto, considera-se que os Conselhos Superiores não se podem demitir da obrigação de assegurar que os magistrados têm formação nesta área, sob pena do sistema judicial, cujo funcionamento assenta em primeiro lugar naqueles que exercem funções no mesmo, não estar minimamente apto e preparado para a sua transformação digital e também para apreciar a profusão de casos ligados ao mundo digital em permanente transformação e transmutação.

II. Inteligência Artificial

II.1 Justiça e Inteligência Artificial: implicações e aplicações

A Revolução Digital assenta também no desenvolvimento de sistemas de IA cada vez mais avançados e com mais aplicações na sociedade, sendo hoje claro que a IA revolucionará, em larga medida, grandes porções do nosso viver social e das várias atividades realizadas no seio das comunidades.

Trata-se de um caminho não isento, novamente, de dificuldades e perigos, como nos advertiram os vários autores que criaram obras sobre sociedades distópicas devido à IA, como sucedeu, por exemplo, com o livro *Relatório Minoritário*, de Philip K. Dick, adaptado ao cinema por Steven Spielberg.

De novo, o Estado e o próprio sistema judicial não podem ficar indiferentes ao desenvolvimento da IA e ao multiplicar das suas aplicações concretas, muitas vezes sem que nos apercebamos da sua existência (bastando pensar, por exemplo, na existência de decisões automatizadas relativas ao potencial perigo de qualquer um com base apenas na sua aparência, que já se aplica em alguns países e em locais com especiais necessidades de segurança), devendo, desde logo, regular essa sua aplicação, por forma a que se conforme com os princípios e direitos fundamentais existentes em qualquer Estado de Direito, bem como determinar se se (e se sim, de que forma) deverá recorrer à IA no âmbito do próprio sistema judicial.

II.1.1 Inteligência Artificial: uma introdução

A expressão "inteligência artificial" vem sendo utilizada já há vários anos, na sequência, essencialmente, do trabalho de vários matemáticos do século XX, podendo definir-se, atualmente, como "uma disciplina científica que utiliza as capacidades de processamento de símbolos da computação com o fim de encontrar métodos genéricos para automatizar atividades percetivas, cognitivas e manipulativas, por via do computador. Comporta quer aspetos de psicanálise quer de psicossíntese. Possui uma vertente de investigação fundamental acompanhada de experimentação, e uma vertente tecnológica, as quais, em conjunto, estão a promover uma revolução industrial: a da automatização de faculdades mentais por via da sua modelização em computador"[57].

Efetivamente, os extraordinários avanços na capacidade de recolha e armazenamento de dados e no seu processamento computacional levaram a que pudessem ser criados algoritmos que, alimentados com os múltiplos dados agora disponíveis, comummente designados como *Big Data*/Megadados, podem analisar aprofundada e rapidamente esses dados, obtendo, a final, conclusões/soluções ou tomando até decisões (automatizadas) a partir dos mesmos[58].

Mais recentemente, será até mais correto falar de sistemas de inteligência artificial, dado que, como o reconhece a proposta de regulamentação europeia desta matéria, existem já várias (e muito diversas e heterogéneas) "técnicas e abordagens no domínio da inteligência artificial: a) Abordagens de aprendizagem automática, incluindo aprendiza-

[57] Luís Moniz Pereira, Inteligência Artificial – Mito e Ciência, p. 2, consultado em https://www.researchgate.net/profile/Luis-Pereira-25/publication/237130636_Inteligencia_Artificial_Mito_e_Ciencia/links/00463527ca46b52079000000/Inteligencia--Artificial-Mito-e-Ciencia.pdf.

[58] "Muitas questões outrora decididas exclusiva ou maioritariamente por pessoas são hoje decididas através de meios automatizados, com suporte na análise de big data, prescindindo total ou parcialmente de intervenção humana" – Inês da Silva Costa, A proteção da pessoa na era dos big data: a opacidade do algoritmo e as decisões automatizadas, p. 36, disponível em https://cije.up.pt/pt/red/edicoes-anteriores/2021-nordm-1/a-protecao-da-pessoa-na-era-dos-big-data-a-opacidade-do-algoritmo-e-as-decisoes-automatizadas/.

gem supervisionada, não supervisionada e por reforço, utilizando uma grande variedade de métodos, designadamente aprendizagem profunda; b) Abordagens baseadas na lógica e no conhecimento, nomeadamente representação do conhecimento, programação (lógica) indutiva, bases de conhecimento, motores de inferência e de dedução, sistemas de raciocínio (simbólico) e sistemas periciais; c) Abordagens estatísticas, estimação de Bayes, métodos de pesquisa e otimização"[59]

II.1.2 Implicações nas sociedades

A IA vai conduzir a profundas modificações na sociedade, bastando, para o efeito, pensar como se irá repercutir a nível do trabalho, havendo profissões que poderão tornar-se praticamente obsoletas ou que serão profundamente afetadas na sua prática diária.

Se é verdade, por seu lado, que a IA pode reduzir muito a necessidade de realizar tarefas repetitivas e facilitar, por exemplo, a análise de dados vastos e complexos, permitindo, assim e a título de exemplo, diagnósticos médicos mais rápidos e certeiros, há também uma clara possibilidade da IA ser utilizada de forma errada e colocar em causa vários direitos, liberdades e garantias constitucionalmente protegidos.

De facto, imagine-se, por exemplo, que um sistema de IA é utilizado para um processo de recrutamento para um posto de trabalho e o mesmo tem em conta, em primeiro lugar, os dados estatísticos em como são as mulheres a gozarem mais de licenças de parentalidade, usando esse dado para preferir recrutar homens, discriminando as mulheres, algo que, como facilmente se intuiria, seria sempre proibido e vedado a qualquer empregador.

Aliás, se é reconhecido que a IA pode ter muitas aplicações a nível estatal e de gestão de entidades ou estruturas do estado (como o próprio sistema judicial[60]), a verdade é que essa utilização cria várias dificulda-

[59] https://eur-lex.europa.eu/resource.html?uri=cellar:e0649735-a372-11eb-9585-01aa75ed71a1.0004.02/DOC_2&format=PDF.

[60] Sempre com a nota, já expressa na secção anterior, que os "avanços científicos devem ser adaptados ao Direito Penal e não o contrário" – Francisco Tomás Rizzi/Agustín Pera,

des, podendo diminuir a confiança nessas instituições, sendo que "Essa diminuição pode ser devida a uma violação da privacidade dos cidadãos ou à falta de equidade no uso da IA para a governação pública (Kuziemski & Misuraca, 2020). Além disso e quando a IA é usada na tomada de decisões pelos governos, existem desafios adicionais que resultam da falta de transparência dos sistemas de *black box*, bem como da falta de clareza relativa à responsabilidade pelos mesmos e à prestação de contas"[61].

II.1.3 Alterações legislativas (atuais e futuras) ligadas à Inteligência Artificial

Como se alcança, existe uma evidente necessidade de regulação da utilização da IA, em especial em domínios em que o seu uso se pode revelar mais danoso ou prejudicial[62], *maxime* devido à natureza dos dados pessoais em que assenta ou às finalidades prosseguidas com a sua utilização.

Balancing tests as a tool to regulate Artificial Intelligence in the field of Criminal Law, p. 9, in Special collection on Artificial Intelligence, disponível em https://unicri.it/News/Artificial%20Intelligence%20Collection, livro editado pelo United Nations Interregional Crime and Justice Research Institute e em que existem vários outros artigos com interesse para as questões suscitadas pela IA.

[61] Anneke Zuiderwijk/Yu-Che Chen/Fadi Salem, Implications of the use of artificial intelligence in public governance: A
systematic literature review and a research agenda, retirado de https://reader.elsevier.com/reader/sd/pii/S0740624X21000137?token=D7A27D8EC9F2DF3B37F75DAA7C201D9F564CFCFD792EC6AC20972151ED7FD3E6A2FF769D9D86B38FBD33B19E5A2554C7&originRegion=eu-west-1&originCreation=20220924193842, sendo que essa falta de transparência e carácter de "black box" nunca seria aceitável a nível judicial, em especial quanto à prolação de decisões finais de processos.

[62] Recorde-se que, nos Estados Unidos da América, já foi apresentado um "Blueprint for na AI Bill of Rights – Making automated systems work for the american people", consultado em https://www.whitehouse.gov/wp-content/uploads/2022/10/Blueprint-for-an--AI-Bill-of-Rights.pdf, em que se escreve que "Entre os grandes desafios colocados hoje à democracia está o uso de tecnologia, dados e sistemas automatizados de maneiras que ameaçam os direitos do povo americano. Muitas vezes, essas ferramentas são utilizadas para limitar as nossas oportunidades e impedir o nosso acesso a recursos ou serviços essenciais. Esses problemas estão bem documentados. Nos Estados Unidos e em todo o mundo, os sistemas que deveriam ajudar na prestação de cuidados aos doentes provaram

Aliás, sem que, muitas vezes, nos apercebamos, estamos já imersos num mundo em que existem múltiplas aplicações da IA, sendo confrontados quotidianamente com, como já se referiu supra, decisões automatizadas que são tomadas já por sistemas deste tipo, sem qualquer intervenção humana, e que só aparentemente são aleatórias.

Assim, é muito importante que entre nós e a nível comunitário ou internacional, exista uma reflexão profunda sobre a forma como está a ser utilizada (e irá ser usada futuramente) a IA e os limites e regras que devem ser aplicáveis à mesma, sem o que nos poderemos ver confrontados com a sua aplicação irrestrita e em prejuízo de todos nós e a afetação de princípios essenciais e direitos fundamentais existentes em qualquer Estado de Direito, antes devendo assegurar-se, também por esta via, a existência de um verdadeiro Estado de Direito (também) Digital.

De resto e a nível da União Europeia verifica-se que tem existido essa reflexão[63], com a produção de vários documentos a esse respeito, que

ser inseguros, ineficazes ou tendenciosos. Descobriu-se que os algoritmos usados nas decisões de contratação e de crédito refletem e reproduzem desigualdades indesejadas existentes ou incorporam novos e prejudiciais preconceitos e discriminação. A recolha sem controlo de dados das redes sociais foi utilizada para ameaçar as oportunidades das pessoas, colocar em causa a sua privacidade ou rastrear a sua atividade de uma maneira abrangente – muitas vezes sem o seu conhecimento ou o seu consentimento" (p. 3).

[63] Cfr., por todos, os vários documentos recolhidos, em ordem cronológica, em https://www.uc.pt/fduc/ij/projetos-de-investigacao/inteligencia-artificial-e-criminalidade-empresarial/regulacao-normativa-da-inteligencia-artificial/, referindo, desde logo, que "Apesar da existência de algumas menções nas Disposições de Direito Civil sobre a Robótica (2015/2103(INL)), de 2017, em âmbito europeu, o primeiro documento oficial sobre a Inteligência Artificial foi a Comunicação da Comissão Inteligência artificial para a Europa (estratégia para IA), COM/2018/237, publicada em 25/04/2018. A esta Comunicação seguiu-se, no mesmo ano, a divulgação da Carta Europeia de Ética Sobre o Uso da Inteligência Artificial em Sistemas Judiciais, pela Comissão Europeia Para a Eficácia da Justiça (CEPEJ) e, poucos dias depois, a publicação do Plano Coordenado para a Inteligência Artificial COM(2018) 795, sobre o qual, em 2019, o Comité Económico e Social Europeu publicou o seu Parecer" e, mais recentemente, "Em 2021, em nível europeu, houve a publicação do Relatório da Comissão do Mercado Interno Construir o futuro digital da Europa: eliminar obstáculos ao funcionamento do mercado único digital e melhorar a utilização da inteligência artificial para os consumidores europeus (2020/2216(INI)), da Resolução do Parlamento Europeu A inteligência artificial no direito penal e a sua utilização pelas autoridades policiais e judiciárias em casos penais

tiveram também influência na própria Proposta de Regulamento do Parlamento Europeu e do Conselho que estabelece regras harmonizadas em matéria de Inteligência Artificial (Regulamento Inteligência Artificial) e altera determinados atos legislativos da União[64].

II.1.4 Aplicações nos sistemas judiciais

A IA pode ter igualmente aplicações no âmbito do sistema judicial (tal como já sucede em alguns países, sendo que já anteriormente nos referimos a várias das possíveis ou existentes aplicações da IA), podendo funcionar, desde logo e numa primeira etapa, como uma espécie de assistente judicial eletrónico, para, por exemplo, preparar e auxiliar o juiz na redação das decisões finais[65] (podendo também servir para reduzir o trabalho material do julgador em várias matérias, como na indexação e classificação dos dados constantes do processo eletrónico ou dos seus anexos, no cálculo de indemnizações – em especial quando estiverem legalmente fixadas, como sucede no âmbito do direito infortunístico laboral –, na graduação de créditos, na liquidação de penas, etc.), para reconhecer o tipo

e, por fim, da Proposta de Regulamento do Parlamento Europeu e do Conselho que estabelece regras harmonizadas em matéria de inteligência artificial (Regulamento Inteligência Artificial). Este foi também o ano em que, em âmbito português, a Assembleia da República aprovou a Carta Portuguesa de Direitos Humanos da Era Digital (Lei n.º 27/2021) e o Regime Jurídico da Segurança do Ciberespaço (Decreto-Lei n.º 65/2021). Finalmente, em âmbito internacional, em novembro de 2021 a UNESCO publicou o documento Recommendation on the ethics of artificial intelligence".

[64] https://eur-lex.europa.eu/legal-content/PT/TXT/?uri=CELEX:52021PC0206.

[65] Elaborando uma espécie de minuta inicial da sentença final, com base também no formato dessas sentenças normalmente usado por aquele concreto julgador, inserindo na mesma a identidade das partes e um resumo das suas posições no processo, pesquisando igualmente a legislação aplicável e a jurisprudência relevante, não se vendo que haja propriamente qualquer grande risco na utilização da IA para o efeito, antes podendo resultar da mesma uma diminuição do trabalho material e intelectual inerente a cada processo e uma mais rápida e eficaz resolução do mesmo.

de argumentação utilizado pelas partes, o chamado *argument mining*[66], ou para analisar dados muitos complexos – *data mining*[67].

Nesta primeira fase, parece que não haverá grandes dificuldades ligadas à utilização da IA, embora seja importante que se perceba e reflita nos processos de que forma a mesma foi utilizada e teve influência na tomada de decisão final (por forma a que as partes se apercebam dessa utilização e possam colocar a mesma em causa, nomeadamente em sede de recurso dessa decisão).

Porém, a IA poderá também ter aplicações perniciosas quanto ao sistema judicial, podendo utilizar os dados existentes de forma prejudicial para o mesmo, como para efetuar uma espécie de análise jurisprudencial preditiva (que pode ser individualizada quanto a cada juiz), o que levou ao surgimento, na França, da *Loi n° 2019-222*, de programação e de reforma da justiça, cujo artigo 33.º prescreve agora que as decisões judiciais são colocadas à disposição do público de forma gratuita e na forma eletrónica, mas os nomes e apelidos das pessoas físicas aí mencionadas são ocultadas previamente, podendo também ser ocultados (para proteger, por exemplo, a sua segurança) os dados dos próprios magistrados e oficiais de justiça, sendo que, em todos os casos, esses dados relativos aos magistrados não podem ser reutilizados para avaliar, analisar, comparar ou prever as suas práticas profissionais, sendo importante refletir sobre a necessidade de adotar legislação semelhante entre nós.

Mais complicada será, pelo menos para já, a possibilidade de serem criados algoritmos específicos para a decisão, sem interferência humana, de casos judiciais ou que façam predições sobre o comportamento futuro

[66] "Argument mining em direito é a extração automática de argumentos ou raciocínios de documentos jurídicos" – Vern R Walker, 7 Challenges for Argument Mining in Law, disponível em https://towardsdatascience.com/7-challenges-for-argument-mining-in-law-fb98a6df7b0c, que poderá ser também um poderoso instrumento para análise das decisões judiciais propriamente ditas.

[67] "o uso de tecnologia de informação avançada para pesquisar e analisar dados legais" – https://ec.europa.eu/research-and-innovation/en/projects/success-stories/all/data-mining-law, relativo ao Projeto MIREL, em que "O objetivo é permitir que escritórios de advocacia e profissionais – que estão frequentemente sobrecarregados por grandes volumes de legislação e jurisprudência – consultem textos legais de forma rápida e eficiente para auxiliar na tomada de decisões e na compliance regulatória".

de arguidos em processos criminais, havendo muitas vozes críticas a esse respeito: "Naturalmente ninguém quer ser julgado por algoritmos. No entanto, a inteligência artificial pode ser um instrumento importante para certas áreas da administração da justiça, incluindo o ato de julgar. Refiro-me a etapas decisivas para a formação da decisão, nomeadamente as que carecem de operações de cálculo, de pesquisa de fontes, de despiste de contradições lógicas e de procura de precedentes. As sínteses e as escolhas, essas caberão sempre ao juiz"[68].

Apesar disso, parece-nos que, com muita cautela, será possível iniciar essa aplicação da inteligência artificial em processos mais simples, em que a falta de contestação implique, por exemplo, a imediata condenação do réu (efeito cominatório pleno) ou a concessão de executoriedade ao requerimento inicial apresentado (como ocorre em Portugal com as injunções), podendo ser um algoritmo a tomar essas decisões, sujeitas depois, eventualmente, a reclamação para um juiz "físico".

II.1.5 Inteligência Artificial na justiça – o Juiz Digital?

Se se admite, como acabou de se ver, que a IA possa ter várias aplicações no âmbito do sistema judicial[69], considera-se que será mais difícil que, em processos mais complexos e em que estejam em causa interesses mais relevantes socialmente, todo o julgamento e decisão sejam efetuados por intermédio de um sistema de inteligência artificial, não se vendo que seja possível que um julgamento criminal, em que se discuta um homicídio, possa ser, pelo menos por ora, decidido por um desses sistemas, por mais avançado que seja.

[68] José Cunha Rodrigues, Transição Digital da Justiça: Ganhos e Perdas in Para uma justiça eletrónica centrada nas pessoas, p. 14, retirado de https://justica.gov.pt/Portals/0/Ficheiros/Organismos/JUSTICA/eBook%20Conferencia%20eJustice%202021-PT.pdf?ver=nzVG9Qa2B83cfM9ej5w9mA%3D%3D.

[69] Sendo importante, tal como sucede com os sistemas informáticos de base, que as aplicações informáticas utilizadas para o efeito sejam desenvolvidas e da titularidade dos próprios Conselhos Superiores, como forma de assegurar a própria independência do sistema de justiça.

Essa possibilidade levanta, para já, muitas questões, como a de saber se será possível a um sistema de inteligência artificial efetuar uma verdadeira análise e valoração da prova, mormente testemunhal, aferindo, por exemplo, se e quando uma testemunha está a mentir ou analisando criticamente e escalonando, de acordo com o seu grau de importância e relevância probatória, os diversos meios de prova produzidos. Além disso, grande parte do direito probatório assenta em regras legais de prova, levando, por exemplo, à existência de provas ilícitas e à invalidação de cadeias de prova, ou na própria repartição do ónus de prova, bem como, quanto à fixação da matéria de facto provada, na convicção do próprio julgador assente nesses meios de prova e fundamentada nos mesmos pela forma que consta da sentença final, dificilmente traduzíveis algoritmicamente.

Por sua vez, nos países em que já são usados alguns algoritmos (como a nível da determinação da medida da pena, que é, para já e tal como na aferição da possibilidade de reincidência, a principal aplicação desta tecnologia) no âmbito da justiça criminal, verifica-se que "diversos estudos ao longo dos anos têm demonstrado que os algoritmos não apenas reproduzem os vieses e os preconceitos existentes no sistema de justiça criminal, como também os amplifica, contribuindo para, no longo prazo, aumentar as disparidades raciais e sociais"[70].

Finalmente, temos também que considerar que parte da legitimidade e legitimação do próprio sistema judicial advém do facto de ser integrado por juízes, pessoas que integram e representam a sociedade em que exercem essas funções, e que, na expressão constitucional portuguesa, administram a justiça em nome do povo, o que já não sucederia se fossem computadores e algoritmos a assegurar essa atividade jurisdicional. Mesmo a nível simbólico[71], perder-se-ia essa ligação da justiça a pessoas concretas que, seguindo um ritual próprio e assegurando as garantias de defesas legalmente consagradas, "dizem" o direito, substituídas por um

[70] Heloisa Rodrigues da Rocha, In dubio pro... Algoritmo? – Lições para o Brasil sobre o uso da Inteligência Artificial nas decisões penais nos Estados Unidos in Revista Científica do Superior Tribunal de Justiça, n.º 1, consultada em https://www.stj.jus.br/publicacaoinstitucional/index.php/RCSTJ/article/download/6166/6287.

[71] Muito importante ainda hoje, em especial na justiça criminal.

computador e algoritmo sem cara e que daria, essencialmente, um resultado final sem se perceber totalmente como o mesmo foi obtido[72].

Rui Soares Pereira é particularmente expressivo quanto a algumas das múltiplas questões que se suscitam a este respeito: "Quem controla? Como podemos continuar a assegurar a garantia de independência e imparcialidade dos julgadores? Depois, como conseguirá a inteligência artificial realizar a tarefa de um julgador, nomeadamente quando este filtra e revaloriza os vetores axiológicos postos pelo legislador? A relação entre legislador e julgador altera-se? Atribuímos mais ou menos margem de manobra para o julgador? Como se compatibiliza esta alteração com os princípios que regem a atuação do julgador? Que papel mantém a equidade ou a ponderação das especificidades do caso concreto? Podem ser tomadas em consideração outras razões como habitualmente faz e tem de fazer o julgador? Ou será uma aplicação cega do direito"[73].

Por último, é igualmente importante referir que já tem havido alguma reflexão sobre esta matéria concreta, que se corporizou na Carta Europeia de Ética sobre o Uso da Inteligência Artificial em Sistemas Judiciais e seu ambiente adotada pela CEPEJ (Comissão Europeia para a Eficácia da Justiça) na sua 31.ª reunião plenária (Estrasburgo, 3 e 4 de dezembro de 2018)[74], sendo de destacar os vários princípios aí constantes, essenciais para o futuro desenvolvimento da aplicação da inteligência artificial nos tribunais:

[72] Sendo que como escreveu Piero Calamandrei, apud Carlo Vittorio Giabardo, ob. cit., p. 15, retirado de https://papers.ssrn.com/sol3/papers.cfm?abstract_id=3859922, "Reduzir a função do juiz a um puro silogismo significa empobrecê-la, secá-la, definhá-la. A justiça é algo maior: é uma criação que brota de uma consciência humana viva, sensível, vigilante. É esse calor vivo, esse sentimento de realização contínua, de uma responsabilidade vigilante que precisamos elogiar e desenvolver no juiz".

[73] Rui Soares Pereira, Inteligência Artificial e Modelos de Prova in Manuel Lopes Rocha/ Rui Soares Pereira (Coord.), col. de Ana Coimbra Trigo, Inteligência Artificial & Direito, Coimbra: Almedina, 2020, p. 74-75.

[74] Disponível em https://rm.coe.int/carta-etica-traduzida-para-portugues-revista/168093b7e0#_Toc530141220, onde constam também outros elementos muito importantes relativos à utilização judicial da inteligência artificial, como o estado do seu uso nos países que integram o Conselho da Europa.

> "1. Princípio do respeito dos direitos fundamentais: Garantir que a conceção e a implementação de instrumentos e serviços de inteligência artificial sejam compatíveis com os direitos fundamentais.
>
> 2. Princípio da não discriminação: Prevenir especificamente o desenvolvimento ou a intensificação de qualquer discriminação entre indivíduos ou grupos de indivíduos
>
> 3. Princípio da qualidade e da segurança: No que diz respeito ao tratamento de decisões e dados judiciais, utilizar fontes certificadas e dados intangíveis com modelos concebidos de forma multidisciplinar, em ambiente tecnológico seguro
>
> 4. Princípio da transparência, imparcialidade e equidade: Tornar os métodos de tratamento de dados acessíveis e compreensíveis, autorizar auditorias externas
>
> 5. Princípio "sob controle do usuário": Impedir uma abordagem prescritiva e garantir que os usuários sejam atores informados e controlem suas escolhas".

Por seu lado, existem igualmente os Princípios da OCDE (Organização para a Cooperação e Desenvolvimento Económico) sobre Inteligência Artificial, adotados em 22/5/2019, e que têm também uma clara influência na eventual aplicação judicial da IA[75].

[75] Estes princípios estão disponíveis em https://legalinstruments.oecd.org/en/instruments/OECD-LEGAL-0449, podendo consultar-se uma síntese dos mesmos em Helena Oliveira, OCDE e o princípio dos Princípios para a IA, consultado em https://www.ver.pt/ocde-e-o-principio-dos-principios-para-a-ia/: "Crescimento inclusivo, desenvolvimento sustentável e bem-estar. Os stakeholders deverão comprometer-se proactivamente com uma gestão responsável de uma IA idónea com vista a resultados benéficos para as pessoas e para o planeta, tal como o aumento das capacidades humanas e melhoria da criatividade, o estimular da inclusão de populações sub-representadas, a redução das desigualdades económicas, sociais e de género e a protecção dos ambientes naturais, por forma a revigorar o crescimento inclusivo, o desenvolvimento sustentável e o bem-estar. Valores centrados nos [direitos] humanos e justiça. Os intervenientes em sistemas de IA devem respeitar a lei, os direitos humanos e os valores democráticos ao longo de todo o ciclo de vida dos sistemas de IA. Estes incluem a liberdade, a dignidade e a autonomia, a privacidade e a protecção de dados, a não-discriminação e a igualdade, a justiça, a justiça social e os direitos laborais internacionalmente reconhecidos. Para este fim, os intervenientes devem implementar mecanismos e salvaguardas, tal como a

Finalmente, cumpre referir que o preenchimento jurisprudencial de tipo de cláusulas gerais ou conceitos indeterminados atende sempre às decisões judiciais anteriores, que facilmente poderiam ser consideradas por qualquer algoritmo, mas também, o que já seria bem mais difícil algoritmicamente, à própria evolução da sociedade e do direito[76], contribuindo para uma contínua e paulatina modificação jurisprudencial do

capacidade para a determinação humana, que sejam apropriados ao contexto em causa e consistentes com o seu nível de desenvolvimento. Transparência e divulgação. Os intervenientes em sistemas de IA devem comprometer-se com a transparência e com a divulgação responsável no que respeita aos mesmos. Para este fim, deverão fornecer informação com significado, apropriada ao contexto e consistente com o avanço tecnológico, nomeadamente para: promover uma compreensão geral dos sistemas de IA; para sensibilizar e informar os stakeholders acerca das interacções com os sistemas de IA, incluindo no local de trabalho; capacitar aqueles que serão afectados por um sistema de IA a perceber o seu resultado e para permitir que os que são adversamente impactados por um sistema de IA possam desafiar o seu resultado com base em informação ampla e de fácil compreensão relativamente aos factores e à lógica subjacente à previsão, recomendação ou decisão em causa. Robustez, segurança e protecção. Os sistemas de IA deverão ser robustos, seguros e protegidos ao longo de todo o seu ciclo de vida para que, em condições de utilização normal, de utilização previsível ou indevida, ou outras condições adversas, possam funcionar de forma apropriada e não colocarem riscos de segurança inaceitáveis. Para este fim, os intervenientes deverão assegurar a sua rastreabilidade, incluindo a que é relativa aos conjuntos de dados, processos e decisões tomadas ao longo do ciclo de vida do sistema de IA, permitindo uma análise dos seus resultados e respostas apropriados ao contexto em causa e consistentes com o seu nível de desenvolvimento. Com base nas suas funções, contexto e capacidade para agir, os intervenientes deverão também aplicar uma abordagem de gestão de risco sistemática a cada fase do ciclo de vida do sistema de IA e, numa base contínua, abordar os riscos associados à privacidade, à segurança digital, à protecção e ao enviesamento [preconceitos]. Responsabilização (ou prestação de contas). Os intervenientes em sistemas de IA deverão ser responsabilizados pelo seu funcionamento adequado e pelo respeito aos princípios acima definidos, com base nas suas funções, contexto e consistência com o avanço tecnológico em causa".

[76] Como sucede igualmente, verbi gratia, com os "bons costumes" constantes do Código Civil Português – "Bons costumes é um conceito indeterminado, carecido de preenchimento valorativo a fazer casuisticamente, que corresponde, grosso modo, à moral social dominante, que não é imutável, antes se modifica de acordo com as circunstâncias, os tempos e os lugares" – sumário do Acórdão do Supremo Tribunal de Justiça de 27/1/2014, disponível em https://www.dgsi.pt/jstj.nsf/954f0ce6ad9dd8b980256b5f003fa814/dfff5a33a5c243d280256e6d0031d923.

direito, que nunca fica cristalizado e se vai adequando dialética e continuamente à comunidade que serve.

Como escreve, na sequência de todo o seu ensinamento universitário, Fernando José Bronze, "os tribunais, quando realizam judicativo-decisoriamente a normatividade jurídica vigente, criam direito: o carácter performativo que em geral reconhecemos (também) à sentença jurisdicional não traduz coisa diferente"[77].

Esta função criadora da jurisprudência dificilmente poderia ser assimilada e aplicada por um sistema de inteligência artificial, que tenderia sempre a partir dos dados prévios em que assenta – nas decisões judiciais anteriores, conduzindo a um fechamento em si mesmo do sistema judicial e a um imobilismo jurídico, alheado de todo o contexto social em que se insere, quando, em verdade, grande parte das alterações do ordenamento jurídico partiram da jurisprudência, que tem sempre os seus momentos de continuidade e de recorrência, mas também os seus cortes epistemológicos e os seus tempos de acelerações e revoluções mais abruptas.

Em síntese, se se reconhece atualmente que a aplicação da IA ao sistema judicial poderia ajudar, desde logo, quem exerce funções no mesmo e poderia até servir para decidir processos mais simples, tem-se, não devendo a justiça ser um "velho do Restelo" quanto a essa possibilidade, alguma dificuldade em admitir que possa ser usada para decidir, sem intervenção humana, processos mais complexos, sendo esse um caminho a trilhar com muita precaução e sempre consciente dos riscos que acarreta[78].

[77] Fernando José Bronze, Metodologia do Direito, disponível em http://monographs.uc.pt/iuc/catalog/view/5/13/22-1, p. 359.

[78] Sendo que na Proposta de Regulamento do Parlamento Europeu e do Conselho que estabelece regras harmonizadas em matéria de inteligência artificial (Regulamento Inteligência Artificial) atualmente existente na União Europeia, o legislador comunitário mostra-se bem ciente dos riscos mencionados, considerando igualmente como de risco elevado os sistemas de inteligência artificial relativos à "8. Administração da justiça e processos democráticos: a) Sistemas de IA concebidos para auxiliar uma autoridade judiciária na investigação e na interpretação de factos e do direito e na aplicação da lei a um conjunto específico de factos", o que levará à aplicação aos mesmos dos normativos dessa Proposta.

II.1.6 Inteligência Artificial na investigação criminal e na decisão de processos criminais

A IA pode vir a ter (e já tem, de novo, em alguns países) amplas aplicações a nível da justiça criminal, desde logo a nível da prevenção e investigação criminal e da própria decisão de processos, nos chamados policiamento preditivio e justiça preditiva.

Assim, há já vários sistemas de IA que analisam os próprios dados dos crimes registados e são utilizados para apontar os locais onde serão necessárias mais ações de policiamento[79], podendo esses sistemas ser também usados para analisar os próprios dados relativos a crimes praticados e compará-los com dados de outros crimes anteriormente investigados, apontando similaridades que dificilmente seriam encontradas de outra forma.

Por seu lado, há também já sistemas de justiça preditiva que são utilizados em sistemas judiciais[80], como vem sucedendo nos Estados Unidos, para aferir da possibilidade de reincidência dos criminosos, servindo para a determinação da respetiva espécie e medida da pena.

De todo o modo, todas estas aplicações têm enfrentado algumas dificuldades e críticas, desde logo por não ser apreensível como se chegou a alguns resultados finais e resultarem das mesmas enviesamentos raciais e discriminatórios, que assentam, desde logo, nos dados de base que são fornecidos a esses sistemas[81], sendo importante garantir a fidedignidade e

[79] "O policiamento preditivo tornou-se uma nova panaceia para a prevenção do crime", Jens Halterlein, Epistemologies of predictive policing: Mathematical social science, social physics and machine learning, p. 1, disponível em https://journals.sagepub.com/doi/pdf/10.1177/20539517211003118, sendo que este autor destaca bem alguns dos perigos do policiamento preventivo: "pode conduzir a uma estigmatização de certos bairros e populações e a uma profecia auto-realizável quando o policiamento preditivo leva a prisões que são alimentadas por um banco de dados que – por sua vez – é utilizado para gerar novas previsões de crimes" (p. 8).

[80] Cfr., Myltseva Veronika, The legal nature and principles of the predictive justice, p. 62, disponível em https://journals.indexcopernicus.com/api/file/viewByFileId/924850.pdf: "A justiça preditiva não é um mito; é uma realidade do sistema judicial moderno".

[81] Sendo certo também que grande parte desses sistemas são pertença de sociedades privadas, que não têm qualquer interesse em revelar a forma como os mesmos funcionam,

neutralidade desses dados[82], sem o que só servirão para dar uma aparência de justiça.

De resto, entre nós e na atual configuração constitucional do sistema judicial, dificilmente se aceitaria que não fossem juízes a tomar decisões do tipo referido, embora se possa admitir que possam ser auxiliados por sistemas deste tipo (procurando sempre que os dados inseridos nos mesmos não estejam distorcidos e se perceba de que forma os mesmos foram considerados e tidos em conta no resultado final proposto), desde que, claro, as decisões finais fossem dos próprios juízes e devidamente fundamentadas, podendo ser objeto de escrutínio e sindicadas em sede de recurso para os tribunais superiores.

Assim e como resulta do já exposto antes, "Os direitos e garantias no processo penal não são uma mera declaração formal de princípios, mas são os pilares sobre os quais assenta modelo de Estado de Direito, incorporam a legitimidade do sistema processual e, portanto, qualquer progresso que a revolução industrial e tecnológica 4.0. possa propiciar na justiça criminal, deve ter uma condição *sine qua non*: nunca o avanço na robotização da justiça pode ser feito à custa dos direitos e liberdades do cidadão"[83].

III. Conclusões – Em busca de um Estado de Direito Digital

A Revolução Digital vai ter repercussões em todo o nosso viver social, incluindo a nível do direito e do próprio sistema judicial, sendo impor-

pelo que passa a existir uma intervenção de entidades privadas na decisão de processos criminais e de uma forma que dificilmente poderá ser explicada, apreendida e, por isso mesmo, sindicável.

[82] Mas não só: "a justiça preditiva deve ser abordada seguindo várias regras: deve ser transparente e os algoritmos utilizados devem ser auditados e transparentes, os dados utilizados pelos algoritmos da justiça preditiva devem ser adequados, completos e verdadeiros. Também é necessário garantir que a justiça processual e o contraditório sejam respeitados. Finalmente, essas tecnologias nunca devem desumanizar a justiça" – Myltseva Veronika, ob. cit., p. 61.

[83] Silvia Barona Vilar, ob. cit., p. 16.

tante, como se procurou fazer, analisar as dificuldades e problemas, mas também as oportunidades e benefícios, que pode causar à administração da justiça, que terá, necessariamente, que evoluir e adaptar-se a essa nova realidade.

Deste modo, refletiu-se criticamente sobre o que a digitalização implica para o sistema judicial e quais os escolhos e vantagens existentes, contribuindo, assim, para que uma verdadeira reforma da justiça assente também nesta vertente digital, mas sem esquecer que a justiça é, em primeiro lugar e como já constava do Digesto, a arte do justo e do bom[84] (e nunca reconduzível a uma mera e aparente justiça tecnocrática e só formal, assente numa ideia de que tudo o que é digital é, só pelo facto de o ser, bom) e que só com a mesma se pode assegurar a transição para um verdadeiro Estado de Direito Digital.

Antoine Garapon/Jean Lasségue, perguntam, no final da grande (e excelente) reflexão sobre a Justiça Digital e as múltiplas dúvidas e interrogações que suscita, "Hoje, quando os costumes se diversificam, quando as religiões se enfraquecem ou, ao contrário, tendem a querer ocupar todo o espaço público, quando a democracia funciona mal, as nossas sociedades procuram nas máquinas uma referência indiscutível para regular a sua vida. Mas isso não será esperar demais da ciência?"[85], tendo-se procurado dar um contributo para esta reflexão absolutamente necessária e que deve prosseguir e acentuar-se nos próximos tempos, agora já quase só plenamente digitais.

Assim, chegados aqui, formulam-se, procurando sintetizar todo este percurso, as seguintes conclusões e recomendações a atender em futuras alterações legislativas relativas ao sistema judicial:

[84] E não apenas a mera e cega aplicação da lei, que poderia ser facilmente realizada por meios tecnológicos: "A realidade é que fazer justiça é muito mais difícil do que aplicar a lei. O direito está em equilíbrio entre a certeza (que pressupõe imutabilidade) e a necessidade de adaptação (que implica, por definição, evolução e, portanto, incerteza)", Carlo Vittorio Giabardo, The Judge and the Algorithm (in Defense of the Human Nature of Judging), p. 7, retirado de https://papers.ssrn.com/sol3/papers.cfm?abstract_id=3859922.

[85] Antoine Garapon/Jean Lasségue, ob. cit., p. 352.

- Existem múltiplas necessidades normativas digitais que devem ser supridas pelo legislador, que deve procurar criar regras para os novos domínios digitais carecidos de regulação, como sucede, por exemplo, a nível contratual, da responsabilidade civil, da personalidade jurídica digital, e de novas figuras com relevância jurídica, como as *criptocoins*, o *blockchain*, os *smartcontracts*, o metaverso, etc.;
- O legislador deve também assegurar a existência e a tutela jurídica efetiva de direitos digitais, como verdadeiros fundamentais das sociedades digitais, como sucede com os direitos previstos na Carta Portuguesa de Direitos Humanos na Era Digital (Lei n.º 27/2021, de 17 de maio), sendo importante essa previsão legal, mas servindo de pouco se não se assegurar a sua aplicação efetiva;
- A Justiça Digital deve ser vista, pelo legislador, como um desafio ao próprio sistema judicial, mas também como uma possibilidade para melhorar e tornar mais eficaz o seu funcionamento;
- É importante refletir sobre as alterações que a Justiça Digital trará às várias profissões jurídicas, algo que já vem sucedendo a nível da advocacia, mas que ainda não foi feito, entre nós, quanto aos tribunais propriamente ditos, podendo implicar grandes modificações na forma como se trabalha nos mesmos e a reconfiguração ou até a extinção de algumas dessas profissões;
- Será também necessário recorrer às chamadas *legaltech* e *legal design*, que têm potencialidade para alterar profundamente a forma como o direito é aplicado e como funcionam os sistemas judiciais, e ponderar a aplicação da IA a nível do *case management* e da gestão dos próprios tribunais, bem como da RPA (*robotic process automation*) e da *hyperautomation*;
- A Justiça Digital vai ser, muitas vezes, realizada à distância, o que foi potenciado pelo contexto pandémico, devendo ser asseguradas as condições legais e fácticas para as respetivas videoconferências para serem realizadas com qualidade, homogeneidade e fidedignidade;
- Será igualmente preciso refletir sobre o teletrabalho no âmbito judicial, *maxime* se os magistrados podem (ou devem) sempre trabalhar à distância, realizando todos os julgamentos virtualmente e quase nunca se deslocando ao tribunal onde exercem funções *ou* se é con-

veniente assegurar (e de que forma) algum tipo de permanência física dos mesmos nos tribunais;

- É importante também assegurar que a possibilidade de realização de julgamentos virtuais não se aplica da mesma forma a todos os tipos de processos e julgamentos, devendo antes depender, por exemplo, da natureza e dos interesses inerentes ao processo, da vontade das partes e do próprio entendimento do juiz que presidirá à audiência final;
- Na justiça criminal, os julgamentos dos crimes mais graves devem ser realizados, em regra, presencialmente e na própria zona onde os mesmos terão sido praticados, para não se perder, desde logo, o poder simbólico da sua realização nesse local e a própria regra da audiência pública, garantida a nível do direito internacional e constitucional;
- Deve-se regular e incentivar a autorregulação *online* e até a existência de algum tipo de resolução alternativa de litígios ou de arbitragem voluntária *online*, mas também que a possibilidade de recurso à via judicial, de forma rápida e eficaz, possivelmente de forma exclusivamente *online* (ODR) e muito simplificada, alterando o quadro legal e organizacional judicial existente e efetuando as necessárias alterações para o efeito, incluindo a nível da cooperação judiciária internacional para a execução eficaz e rápida das respetivas decisões;
- É necessário alterar as normas legais relativas à prova, dado não têm em conta, em geral, a prova digital e as suas concretas especificidades, ponderando também a introdução de novas tecnologias para o efeito, como o *e-discovery* e o *e-filing*·
- É preciso igualmente que existam normas específicas relativas à obtenção, validade, fidedignidade e valor probatório da prova digital (que é facilitada, em muitos casos, pela existência da tecnologia de *blockchain*), devendo haver formação a incidir sobre estas matérias, em especial de índole mais prática;
- Em todas as alterações relativas à Justiça Digital, deverá sempre garantir-se, como decorrência da Constituição da República Portuguesa e do próprio direito internacional, o respeito integral de uma série de princípios essenciais relativos ao sistema judicial (e normas relativas à sua estrutura e organização) e que os direitos fundamen-

tais assegurados a todos sejam integralmente respeitados e tidos em conta na administração digital da justiça;

- A digitalização coloca sempre a questão do acesso ao direito e aos tribunais, sendo importante que seja garantido o efetivo acesso de todos aos meios digitais necessários para fazer valer os seus direitos nos tribunais, evitando que a exclusão digital que já existe tenha também repercussões a nível judicial;
- Será necessário refletir sobre se a forma de realização das diligências judiciais e a produção da prova na Justiça Digital não afeta a valoração probatória a efetuar pelo julgador e a própria igualdade de armas, sendo importante averiguar de que forma se produzem (ou não) efeitos de "contaminação digital" da prova e dos julgamentos e como poderão ser contrariados por forma a que não coloquem em causa a realização da justiça em cada caso concreto;
- Em Portugal, os sistemas informáticos, a nível de *hardware* e *software*, que asseguram a tramitação digital dos processos são totalmente controlados e geridos pelo Ministério da Justiça, o que coloca em causa a própria separação de poderes e a independência do sistema judicial, sendo necessário que os Conselhos Superiores assumam integralmente a tutela e controlo desses sistemas informáticos, o que permitirá igualmente que os mesmos possam ser mais adequados às finalidades a que se destinam e que possam ser desenvolvidos continuamente com intervenção direta de quem trabalha quotidianamente com os mesmos;
- Uma vez que os dados contidos nos processos judiciais são, em regra, pessoalíssimos e podem ser muito prejudiciais para os seus titulares se forem objeto de divulgação pública é muito importante que se assegure cabalmente a proteção desses dados, o que é posto em causa quando os sistemas informáticos em que se localizam não são tutelados pelos Conselhos Superiores, desconhecendo-se também se os mesmos têm mecanismos de segurança suficientes para evitar acessos ilegítimos ao acesso a esses dados, sendo imprescindível que os Conselhos Superiores assumam todas as suas responsabilidades nestas matérias, o que só poderá suceder quando controlarem, desde logo, esses sistemas informáticos;

- Será necessário que se estabeleçam formas de comunicação entre os vários sistemas informáticos (públicos e privados) que permitam uma rápida, simples e eficaz transmissão de dados, comunicações e pedidos entre as várias entidades, reduzindo também o recurso ao papel e permitindo uma maior comunicabilidade e interoperacionalidade entre esses sistemas, o mesmo devendo suceder a nível internacional, em especial a nível da produção de prova transnacional, na transmissão de pedidos e processos e na cooperação judiciária internacional;
- É importante que o sistema judicial mantenha e desenvolva a cooperação também com entidades privadas, que são essenciais para a obtenção de prova digital, como sucede a nível do *blockchain*, bem como para a própria apreensão de ativos virtuais;
- São hoje já claras as necessidades de prevenção geral e especial relativas à criminalidade digital, como resulta, por exemplo, da Convenção sobre o Cibercrime, adotada em Budapeste em 23 de novembro de 2001, que prevê várias obrigações de criminalização de condutas ligadas à cibercriminalidade, constituindo também o mais importante instrumento de cooperação a nível da prova digital;
- A investigação da cibercriminalidade exige a utilização de meios adequados para o efeito, ligados, desde logo, aos equipamentos necessários para o efeito, mas também à existência de pessoas formadas e habilitadas para investigar (mas também acusar e julgar) os autores de crimes informáticos, com o eventual recurso a peritos externos e a indispensável formação sobre esta criminalidade a ministrar a polícias e magistrados (e à especialização cada vez maior dos mesmos);
- É importante que haja uma mais rápida e eficaz cooperação entre estados e entidades de vários países, em especial a nível da cessação da atividade criminal, da recolha e produção da prova e da execução de decisões;
- É necessário impedir que existam comunicações e dados encriptados de uma tal forma que impeçam totalmente o acesso aos mesmos por partes das entidades legalmente autorizadas para o efeito;
- É necessário que o direito penal (e contraordenacional) esteja em permanente atualização, adaptando-se continuamente às altera-

ções sociais e digitais, muito mais rápidas do que anteriormente, com o surgimento de novos tipos legais e a modificação de outros já existentes;

- Grande parte das normas legais relativas à prova em processo penal são relativas a outro tipo de provas (como documentais ou periciais), sendo necessário, desde logo e ainda com maior acuidade face aos interesses em causa neste tipo de processos, a existência de regras relativas à prova digital, mormente no que diz respeito à sua obtenção, cadeia de custódia digital, validade e valoração;
- A Revolução Digital implica uma necessidade adicional de formação inicial e contínua dos magistrados e de todos aqueles que exercem funções e têm papéis definidos no âmbito de qualquer sistema judicial;
- A formação digital dos magistrados deve iniciar-se, desde logo, aquando da sua formação inicial, mas deve prosseguir ao longo de todo o seu percurso profissional, adequando-se às novas jurisdições e funções que venham a exercer, como, por exemplo, quando forem promovidos a tribunais superiores ou colocados em tribunais com competência em matérias substantivas diversas;
- Esta formação é absolutamente essencial e indispensável para o exercício da função jurisdicional, sob pena de poder suceder que os juízes deixem de ter condições para julgar os novos litígios que chegam aos tribunais e que exigem amplos conhecimentos nestas matérias, pelo que as novas tecnologias constituem, efetiva e futuramente, grandes desafios para a independência, imparcialidade e competência dos juízes;
- Esta formação deve ser também muito prática (sem prejuízo do devido enquadramento teórico) e virada para a aplicação concreta dos conhecimentos ministrados, sendo também importante que existam vias, de fácil acesso, para os magistrados retirarem dúvidas e resolverem problemas que surjam ao longo do seu trabalho quotidiano;
- Os Conselhos Superiores, quer das magistraturas judiciais (da jurisdição comum e da jurisdição administrativa e fiscal), quer da magistratura do Ministério Público, têm diversas responsabilidades na gestão e disciplina dos magistrados, devendo ter um papel

importante na definição dos conteúdos da formação dos magistrados, mesmo que em colaboração com outras entidades e formadores exteriores, devendo existir uma maior articulação entre os Conselhos Superiores e essas entidades, como, desde logo, o Centro de Estudos Judiciários, que deve adaptar-se na sua estrutura à formação na área digital por forma a poder ser o polo agregador de uma formação multidisciplinar que exige a colaboração de outras entidades nacionais e internacionais;

- A IA pode ter, como já se viu, múltiplas aplicações a nível estatal e de gestão de entidades ou estruturas do Estado (como o próprio sistema judicial), mas a verdade é que essa utilização pode também criar várias dificuldades, podendo, inclusivamente, diminuir a confiança nessas instituições;
- Existe uma evidente necessidade de regulação da utilização da IA, em especial em domínios em que o seu uso se pode revelar mais danoso ou prejudicial, *maxime* devido à natureza dos dados pessoais em que assenta ou às finalidades prosseguidas com a sua utilização, como sucede a nível judicial;
- É muito importante que, entre nós e a nível comunitário ou internacional, exista uma reflexão profunda sobre a forma como está a ser utilizada (e irá ser usada futuramente) a IA e os limites e regras que devem ser aplicáveis à mesma;
- A IA pode ser utilizada, numa primeira etapa, como uma espécie de assistente judicial eletrónico, para, por exemplo, preparar e auxiliar o juiz na redação das decisões finais, para reconhecer o tipo de argumentação utilizado pelas partes, o chamado argument mining, ou para analisar dados muitos complexos – data mining;
- Nesta primeira fase, considera-se que não haverá grandes dificuldades ligadas à utilização da IA, embora seja importante que se perceba e reflita nos processos de que forma a mesma foi utilizada e teve influência na tomada de decisão final (por forma a que as partes se apercebam dessa utilização e possam colocar a mesma em causa, nomeadamente em sede de recurso dessa decisão);
- A IA poderá também ter aplicações perniciosas quanto ao sistema judicial, podendo utilizar os dados existentes de forma prejudicial para o mesmo, como para efetuar uma espécie de análise jurispru-

dencial preditiva (que pode ser individualizada quanto a cada juiz), devendo evitar-se que os dados relativos aos magistrados possam ser reutilizados para avaliar, analisar, comparar ou prever as suas práticas profissionais;

- Afigura-se mais difícil a possibilidade de serem criados algoritmos específicos para decidirem, sem interferência humana, casos judiciais ou que façam predições sobre o comportamento futuro de arguidos em processos criminais, podendo, com muita cautela, iniciar-se essa aplicação da IA em processos mais simples de natureza cível, sujeitas depois, eventualmente, a reclamação para um juiz "físico";
- Nos processos criminais considera-se que, por ora, será de evitar o recurso à IA para a decisão de processos, o que colocaria várias questões e dificuldades, até a nível constitucional;
- Em qualquer intervenção legislativa relativa à aplicação da IA no sistema judicial, deve sempre atender-se à Carta Europeia de Ética sobre o Uso da Inteligência Artificial em Sistemas Judiciais e seu ambiente adotada pela CEPEJ (Comissão Europeia para a Eficácia da Justiça) na sua 31.ª reunião plenária (Estrasburgo, 3 e 4 de dezembro de 2018), bem como a outros textos e recomendações emanados de diversas outras entidades internacionais, como a ONU ou a OCDE.

Capítulo 5
Estatuto dos juízes, qualidade do sistema de justiça e ética judicial. Recrutamento e capacitação judiciária

Grupo 4
coordenação
ANTÓNIO JOÃO LATAS
outros relatores -
ANTÓNIO FRANCISCO MARTINS
FILIPE CÉSAR MARQUES
FILIPE DUARTE NEVES
JOÃO RATO
NUNO LEMOS JORGE
PAULO DÁ MESQUITA
consultora
MARIAROSARIA GUGLIELMI

I. Estatuto dos juízes, qualidade do sistema de justiça e ética judicial

1. A dimensão estatutária da carreira dos magistrados judiciais

1.1. Acesso ao STJ – propostas

A. – A graduação de candidatos no concurso de acesso ao Supremo Tribunal de Justiça deve ter por base parecer de uma Comissão Técnica

Permanente constituída por individualidades independentes escolhidas para um período determinado por uma maioria de juízes do Conselho Superior da Magistratura eleitos pelos seus pares, substituindo assim os júris *ad hoc* atualmente constituídos para o efeito.

B. – Os critérios de acesso ao STJ devem ser objeto de nova ponderação e redefinição, tendo em vista assegurar que o acesso seja orientado pela centralidade do exercício de funções jurisdicionais no STJ

1.1.1. Quadro atual – magistratura judicial e acesso aos tribunais superiores

A magistratura judicial é composta por juízes do Supremo Tribunal de Justiça, que têm o título de conselheiro, juízes dos tribunais da Relação, que têm o título de desembargador, e juízes dos tribunais de primeira instância, que têm o título de juiz de direito[1], encontrando-se aqueles tribunais organizados hierarquicamente somente para efeitos de recurso. Com efeito, não obstante a diferenciação de grau na carreira dos magistrados judiciais consoante a classe de tribunal em que exerçam funções, os juízes dos tribunais judiciais formam um corpo único e regem-se por um só estatuto[2], não se estabelecendo qualquer relação hierárquica entre eles[3], situação comum aos juízes das demais ordens jurisdicionais (TAF, TdC e TC)

No modelo de carreira judicial continental ou burocrática em que nos incluímos, os juízes de direito são recrutados entre licenciados em direito, maioritariamente recém licenciados. Entre nós os candidatos a juízes de direito prestam provas escritas e orais no Centro de Estudos

[1] Artigos n.ºs 2.º e 16.º do Estatuto dos Magistrados Judiciais, aprovado pela Lei n.º 21/85 de 30 de julho.

[2] Artigo 215.º CRP.

[3] É essencialmente protocolar a precedência a guardar entre si pelos magistrados judiciais (preferindo a antiguidade em caso de igualdade) e por todos os juízes relativamente ao presidente do Supremo Tribunal de Justiça – artigo 16.º, n.ºs 2 e 3,do EMJ, sem prejuízo de a antiguidade ser estabelecida como critério de preferência em situações de igualdade, vg. nos movimentos judiciais ou nos concursos para graduação de candidatos ao STJ ou às Relações.

Judiciários em concurso aberto para o efeito. A carreira judicial inicia-se[4] com o exercício de funções de *juiz de direito* nos tribunais de 1ª instância, depois da frequência com aproveitamento dos cursos e estágios de formação que decorrem no CEJ e a nomeação subsequente para tribunal de comarca.

1.1.1.1. – Os *juízes de* direito (enquanto não forem eventualmente promovidos a desembargadores), não conhecem diferentes graus ou categorias entre si, variando apenas o seu estatuto remuneratório[5] com a antiguidade – aos 7, 11, 15 e 18 anos de serviço – e, paralelamente, em função do eventual exercício de funções em algumas classes de tribunais[6] de 1ª instância. Não pode dizer-se, porém, que a carreira dos juízes em primeira instância seja tão monolítica como parece decorrer do quadro limitado de funções jurisdicionais a que se alude aqui. Com efeito, por um lado, a carreira judicial é aberta a diferentes áreas *jurisdicionais* especializadas que se foram diversificando à medida que o antigo modelo generalista foi sendo paulatinamente substituído pela crescente especialização dos tribunais, que se desdobram atualmente, para além das clássicas *jurisdições* laboral, de família e menores, cível e penal, em tribunal de comércio, da propriedade intelectual, marítimo ou da concorrência, regulação e supervisão.

Por outro lado, a carreira dos juízes encontra-se igualmente associada, desde a 1ª instância, a cargos ou funções fora do exercício da jurisdição que os juízes podem exercer em "*comissão de serviço, de natureza judicial ou não judicia*l", que se relacionam com o exercício da jurisdição de forma mais ou menos próxima (vd. infra, 1.4.).

1.1.1.2. A nomeação de juízes *desembargadores faz-se* exclusivamente de entre juízes de direito, pelo que os tribunais da Relação são *tribunais de carreira*, relativamente à magistratura judicial. Os desembargadores são

[4] Artigos n.º s 40.º, 41.º e 42.º, do EMJ.

[5] Artigos n.ºs 23.º e 45.º e anexo I , do EMJ.

[6] Em juízos locais de competência genérica, se tiverem 5 anos de serviço e classificação não inferior a Bom; em juízos locais cíveis, criminais e de pequena criminalidade; em tribunais de competência especializada, para o que o EMJ exige mais de 10 anos de serviço, com classificação não inferior a Bom com distinção e preferencialmente com formação específica na respetiva área de competência.

nomeados com prevalência do mérito[7], por concurso curricular a que são *chamados o dobro dos juízes de direito face às vagas a concurso, classificados de Muito bom ou de Bom com distinção, na proporção de um Bom com distinção para cada dois Muito bom, que detenham maior antiguidade e declarem a sua vontade de concorrer à promoção*[8]. O concurso curricular é aberto por deliberação do CSM quando se verifique a necessidade de provimento de vagas de juízes da Relação, sendo a graduação válida pelo período definido pelo Conselho Superior da Magistratura, para as vagas que vierem a ocorrer nesse período[9].

Na atual versão do EMJ[10], os juízes de direito que se candidatem à promoção a desembargador são avaliados e graduados por um *júri* constituído por seis membros do CSM, dos quais três deles são necessariamente juízes de tribunais judiciais superiores e os outros três elementos não pertencentes à magistratura[11], tendo o júri deixado de integrar um professor universitário de Direito, *qua tale,* que o compreendia desde a versão do EMJ de 2008[12]. A nova constituição do júri, introduzida no EMJ pela L.67/19 de 27 de agosto, mostra-se conforme com a Recomendação VII do Relatório do Quarto Ciclo de Avaliação sobre Portugal adotado

[7] Artigo 215.º, n.º2, da CRP e artigo 46.º, do EMJ.

[8] Artigo 47.º, n.º2, do EMJ.

[9] Artigos 46.º a 48.º, do EMJ, dispondo este último que «A graduação é válida pelo período definido pelo Conselho Superior da Magistratura, de um a três anos, para as vagas que vierem a ocorrer nesse período.».

[10] Resultante das alterações introduzidas ao EMJ pela Lei n.º 67/19 de 27 de agosto.

[11] O júri é presidido pelo presidente do Conselho Superior da Magistratura (por inerência o presidente do STJ) ou, por delegação daquele, pelo vice-presidente. Caso o presidente do STJ não delegue no vice-presidente do CSM, o júri é constituído ainda por 5 vogais, todos pertencentes ao CSM, sendo um deles o vice-presidente e outro um dos (2) juízes desembargadores eleitos pelos juízes; se o presidente do STJ delegar no vice-presidente do CSM a presidência do júri, este será integrado pelos dois desembargadores eleitos pelos seus pres. Em qualquer das hipóteses, os restantes três vogais do júri são escolhidos entre os 9 membros do CSM não pertencentes à magistratura. O júri é, assim, constituído por seis elementos, sendo três dos vogais escolhidos de entre os membros do CSM eleitos por juízes (aqui incluindo o presidente do STJ que é eleito pelos seus pares naquele tribunal) e três de entre os membros do CSM nomeados pelo poder político – artigo 47.º-A, n.º1, do EMJ, aditado pela Lei n.º 67/2019 de 27 de agosto.

[12] Artigo 47.º, n.º 4, iii), introduzido pela Lei n.º 26/2008 de 27 de junho.

pelo GRECO na sua 70.ª Reunião Plenária (4 de dezembro de 2015), segundo a qual *pelo menos metade dos membros das autoridades que tomam decisões sobre a seleção dos tribunais da Relação e dos juízes do Supremo Tribunal sejam juízes eleitos (ou escolhidos) pelos seus pares*, sendo certo que o art. 47.º -A n.º4 do EMJ dispõe que *as deliberações do júri são tomadas por maioria simples de votos, tendo o presidente voto de qualidade*, o que assegura que a deliberação do júri seja efetivamente tomada por uma maioria de juízes escolhidos pelo seus pares, indo ao encontro da estratégia do GRECO quanto à *corrupção em relação a juízes*, mas sem ir mais além na melhoria das condições em que é feita a graduação dos candidatos.

O júri assim constituído emite parecer sobre cada um dos candidatos, que *é tomado em consideração pelo Conselho Superior da Magistratura na deliberação sobre o projeto de graduação, que deve ser fundamentado quando houver discordância em relação a esse parecer.*

Decorridos 5 anos sobre a promoção a lugar em tribunal da Relação, os desembargadores ascendem a um novo escalão retributivo, por mero efeito da antiguidade, só voltando a aceder a novo escalão retributivo, como juízes conselheiros, se e quando forem promovidos ao STJ.

Os júris responsáveis pelo parecer de avaliação e graduação nos concursos curriculares de promoção a desembargador dos tribunais centrais administrativos são compostos por dois juízes de tribunais superiores dessa magistratura e por três outros membros que não podem ser juízes dos TAF os quais podem ser advogados em exercício[13] – vd incompatibilidade proposta, infra 1.2.).

1.1.1.3. A nomeação de *juízes conselheiros do STJ* faz-se igualmente por concurso curricular aberto pelo CSM em face de previsível abertura de vagas ou da ocorrência destas[14]. Não fixando o EMJ o período de validade da graduação realizada ou as respetivas balizas temporais, diferente-

[13] Artigo 69.º, n.º 3, do ETAF. Com efeito, além de dois juízes (um dos quais preside), o júri é composto por dois membros do CSTAF não pertencentes à magistratura e um professor universitário de Direito sendo os três escolhidos pelo CSTAF.

[14] Nos termos do artigo 51.º do EMJ, «Com a antecedência mínima de noventa dias relativamente à data previsível de abertura de vagas ou nos oito dias posteriores à ocorrência destas, o Conselho Superior da Magistratura, por aviso publicado no Diário da República, declara aberto concurso curricular de acesso ao Supremo Tribunal de Justiça.»

mente do que sucede com o concurso para os tribunais da Relação, a graduação é válida pelo período temporal previamente fixado pelo CSM[15], a qual caduca quando o respetivo termo final se verificar.

O quadro do STJ é constituído por 60 juízes[16], de entre *magistrados judiciais* (3 em cada 5 vagas), *magistrados do MP* (1 em cada 5 vagas) e *juristas de mérito* provenientes da docência universitária ou da advocacia (1 em cada 5 vagas), que acedem àquele tribunal mediante concurso curricular aberto, pois, a juízes desembargadores, a procuradores-gerais adjuntos e a docentes universitários ou advogados com, pelo menos, 30 anos de atividade profissional[17]. O EMJ distingue entre candidatos *necessários* (os juízes desembargadores que se *encontrem no quarto superior da lista de antiguidade e não declarem renunciar à promoção*) e candidatos *voluntários* (os demais).Relativamente a estes últimos, o EMJ exige que os PGA tenham antiguidade igual ou superior à do mais moderno dos juízes desembargadores que sejam candidatos voluntários efetivos, e que tenham classificação de Muito bom ou Bom com distinção; aos *juristas de mérito* exige-se, pelo menos, 30 anos de atividade profissional exclusiva ou sucessivamente na docência universitária ou na advocacia.

O júri que procede à avaliação curricular e graduação dos candidatos ao STJ é constituído pelo presidente do STJ, que preside, e por cinco vogais[18]: o vice-presidente do Conselho Superior da Magistratura; um membro do CSM não pertencente à magistratura, um membro do Conselho Superior do Ministério Público a eleger por esse órgão, um professor universitário de Direito, com a categoria de professor catedrático escolhido pelo CSM [19] e um advogado com funções no Conselho Superior da

[15] Artigos 50.º a 52.º, do EMJ, e, a título ilustrativo, os Avisos de abertura dos 15.º e 16.º cursos de acesso ao STJ publicados no DR, 2ª série, parte D, de 31.10.2016 e 21.01.2020, respetivamente, que fixaram em 3 anos o período de eficácia da graduação.

[16] Artigo 5.º e mapa I anexo ao DL 49/2014 de 27 de março, que estabelece o Regime aplicável à Organização e Funcionamento dos Tribunais Judiciais.

[17] Artigos 50.º a 52.º, do EMJ, e artigo 215.º CRP.

[18] Artigo 52.º do EMJ.

[19] Nos termos do artigo 52.º, n.º 2, EMJ, o professor catedrático ali referido é escolhido por voto secreto pelo Conselho Superior da Magistratura, de entre os indicados, a pedido do CSM, por cada uma das universidades, institutos universitários e outras escolas universitárias, públicos e privados, que ministrem o curso de Direito.

Ordem dos Advogados, cabendo a esta associação a respetiva indicação[20] – vd. infra 1.3., a proposta de incompatibilidade que apresentamos. Cada um dos 5 vogais do júri terá a seu cargo a elaboração de nota de trabalho sobre cada um dos candidatos que lhe couber em concurso, para o que foi fixado o prazo de 40 dias nos dois últimos concursos já concluídos (15.º e 16.º concursos de graduação), após o que o júri deliberará por maioria simples de votos, tendo o presidente do júri voto de qualidade em caso de empate. Nada dispondo o EMJ em especial sobre a deliberação do plenário do CSM que incide sobre o parecer do júri[21], de onde constam as pontuações atribuídas a cada candidato, por referência aos critérios estabelecidos no EMJ[22] e desenvolvidos pelo CSM no aviso de abertura do concurso, incluindo o parecer do júri o seu projeto de graduação.

Não pode falar-se de *evolução na carreira a*pós a nomeação dos juízes conselheiros, pois estes não acedem sequer a novo escalão retributivo por efeito da antiguidade nesta categoria, mas podem ser eleitos para o exercício de alguns cargos na orgânica do STJ que diferenciam os seus

[20] Artigo 52.º, n.º 2, do EMJ.

[21] Desde a versão introduzida pela Lei n.º 26/2008 de 27 de junho, o artigo 52.º, EMJ, dispunha «3 – O júri emite parecer sobre a prestação de cada um dos candidatos, a qual é tomada em consideração pelo Conselho Superior da Magistratura na elaboração do acórdão definitivo sobre a lista de candidatos e que deverá fundamentar a decisão sempre que houver discordância face ao parecer do júri»; deixou de fazê-lo com a versão de 2019, que manteve exigência similar apenas para a deliberação relativa ao concurso de acesso aos tribunais da Relação, como vimos.

[22] O artigo 52.º, n.º 1, estabelece que a graduação faz-se segundo o mérito relativo dos concorrentes de cada classe, tomando-se globalmente em conta a avaliação curricular, ... e, nomeadamente, tendo em consideração os seguintes fatores:
a) Anteriores classificações de serviço;
b) Graduação obtida em concursos de habilitação ou cursos de ingresso em cargos judiciais;
c) Atividade desenvolvida no âmbito forense ou no ensino jurídico;
d) Trabalhos doutrinários ou jurisprudenciais realizados;
e) Currículo universitário e pós-universitário;
f) Outros fatores que abonem a idoneidade dos requerentes para o cargo a prover.

titulares dos demais conselheiros em aspetos funcionais e no direito a despesas de representação[23].

1.1.2. Apreciação

A. – Criação de *Comissão técnica permanente* para graduação de candidatos ao concurso de acesso ao STJ (e outros)

1.1.2.1. A Recomendação VII do GRECO

A proposta de criação de uma *comissão permanente*, constituída por individualidades independentes e de méritos reconhecidos, escolhida pelo menos por número igual de juízes eleitos, começa por ter em vista dar satisfação à referida Recomendação VII do GRECO, que no Segundo Relatório Intercalar de Conformidade – Quarto Ciclo de Avaliação – sobre a Prevenção da corrupção em relação a deputados, juízes e procuradores –, considerou que mesmo após as alterações introduzidas no EMJ pela Lei n.º 67/19, *as decisões sobre a seleção dos juízes do Supremo Tribunal con-*

[23] Com efeito, os conselheiros podem ser eleitos pela totalidade dos seus pares, por escrutínio secreto, para os cargos de juiz presidente do STJ (por inerência presidente do CSM) e para dois lugares de vice-presidente, sendo eleitos por 5 anos, sem reeleição (remuneratórios. Com efeito, os conselheiros podem ser eleitos pela totalidade dos seus pares, por escrutínio secreto, para os cargos de juiz presidente do STJ (por inerência presidente do CSM) e para dois lugares de vice-presidente, sendo eleitos por 5 anos, sem reeleição , para qualquer destes lugares. Os juízes conselheiros podem ainda ser eleitos presidentes da secção do tribunal em que necessariamente se integram (cível, penal ou social), por sufrágio secreto, anualmente, pelo pleno de cada uma das secções, nada obstando à sua reeleição .º artigo 65.º da LOSJ . O presidente e os dois vice-presidentes, do STJ, diferenciam-se dos demais conselheiros em termos retributivos por receberem a título de despesas de representação (tal como os presidentes da Relação e os presidentes dos tribunais de comarca) valor correspondente a percentagem da remuneração (20% o presidente do STJ e 10% os demais)., para qualquer destes lugares. Os juízes conselheiros podem ainda ser eleitos anualmente presidentes da secção do tribunal em que necessariamente se integram (cível, penal ou social), por sufrágio secreto, sem discussão ou debate prévio, por cada uma das secções, nada obstando à sua reeleição (artigos 63.º, 64.º e 65.º da LOSJ. O presidente e os dois vice-presidentes, do STJ, diferenciam-se dos demais conselheiros por receberem a título de despesas de representação (tal como os presidentes da Relação e os presidentes dos tribunais de comarca) valor correspondente a percentagem da remuneração (20% o presidente do STJ e 10% os demais).

tinuam a ser tomadas por um painel composto por dois juízes do Supremo Tribunal e quatro membros não pertencentes à magistratura, pelo que, continuando os juízes a ser uma minoria no painel nomeado pelo CSM, considera a Rec. VII não implementada relativamente à seleção dos juízes do STJ (contrariamente ao que se verifica com a seleção dos juízes dos tribunais da Relação), afirmando expressamente o GRECO que *discorda do argumento das autoridades* [portuguesas] *segundo o qual uma maior variedade de candidatos ao Supremo Tribunal justificaria um desvio ao princípio referido na recomendação.*

Afigura-se-nos que a opção por uma **comissão técnica permanente** de individualidades para emitir parecer sobre os candidatos ao STJ respeitará aquela recomendação, na medida em que a sua escolha seja feita, representativamente, apenas por parte dos membros do CSM constituídos em grupo mais restrito com a composição paritária ou maioritária de juízes escolhidos pelos seus pares exigida pelo CRECO, alcançando-se a finalidade visada, ainda que diferentemente da solução adotada para o júri do concurso de aceso aos tribunais da Relação a que se reporta o artigo 47-A, n.º 1, do EMJ.

1.1.2.2. Resposta a problemas de organização, credibilidade e confiança

Independentemente de procurar-se solução que satisfaça a exigência contida na Rec. VII do GRECO, em matéria de *luta contra a corrupção dos juízes* a nível europeu, afigura-se-nos que uma comissão técnica permanente de pessoas independentes e prestigiadas que emita parecer sobre a valoração e graduação dos candidatos aos concursos de acesso ao STJ, constitui ainda *resposta adequada a problemas* que o modelo de júris *ad hoc* tem revelado. Por um lado, parece-nos que a comissão técnica constitui instrumento idóneo para corresponder, de forma qualificada e credível, ao encargo em que se traduz a regularidade e complexidade crescente dos concursos de acesso ao STJ (e outros concursos), nomeadamente por quem tenha que assegurar muitas outras tarefas, nomeadamente no âmbito do CSM; por outro, seria forma adequada de promover a melhoria dos níveis de *credibilidade e confiança* das graduações de acesso ao STJ junto dos juízes e dos cidadãos, cada vez mais despertos para as diversas questões da jurisdição, pois não podem deixar de considerar-se alguns sinais de descrença ou desconfiança na fidedignidade dos resultados dos concursos de acesso aos STJ.

Com efeito, no relatório de 2022 da Rede Europeia dos Conselhos de Justiça (RECJ), *38%* dos 494 juízes portugueses que responderam ao inquérito respetivo, respondeu concordar totalmente que no nosso país, durante os últimos três anos, *a nomeação de juízes para o Supremo Tribunal não se baseou apenas no mérito e experiência* e apenas 37% respondeu *discordar totalmente daquela afirmação;* 37% dos juízes respondeu ainda acreditar que no nosso país, *durante os últimos três anos, juízes dos Tribunais de Primeira Instância e dos Tribunais de Segunda Instância foram nomeados/promovidos para outra posição sem ser apenas com base no mérito e na experiência. (Nota: experiência pode incluir antiguidade)* e 42% respondeu *discordar totalmente daquela afirmação.* Ou seja, no plano das perceções a este respeito, percentagem não desprezível de juízes expressou a convicção de que no acesso ao STJ não contou apenas uma conjugação de mérito e experiência, como é suposto, mas outros fatores.

Em sentido idêntico aponta a incomum (se não inédita) declaração emitida por um dos vogais do CSM eleitos pelos juízes e subscrita pelos demais, na sessão extraordinária do Plenário do Conselho Superior da Magistratura de 20.10.2020, que pela deliberação n.º 1140/2020 acolheu e fez seu o parecer final do júri relativo ao XVI concurso de acesso ao STJ, tendo-o aprovado por unanimidade, que é do seguinte teor:

"*Não ponho em causa os resultados a que o júri chegou nem o esforço feito para alcançar um resultado justo e equilibrado. Contudo, surpreendem-se na graduação resultados que se afastam da noção empírica e subjetiva que cada um tem da valia dos concorrentes ....*" – cf. ata da sessão do Plenário extraordinário do CSM de 20.10.2020.

O desfasamento entre a posição relativa dos candidatos e a graduação proposta pelo júri, que foi integralmente seguida pelo plenário do CSM, como se verifica na generalidade dos concursos de acesso ao STJ , não é sequer *prevenido ou compensado* por momentos de contraditório antes da decisão do CSM ou pela impugnação judicial para a secção de contencioso do STJ – vd proposta de alteração deste regime que se deixa infra em 1.3..

O parecer de comissão técnica independente pode constituir, pois, fator de maior certeza e segurança ao exercer funções por tempo suficiente para lograr maior aprofundamento e uniformidade na aplicação dos critérios legais a candidatos de concursos diferentes, maior reflexão e transparência na definição de metodologias e na ponderação dos diversos elementos curriculares a considerar, avaliando o percurso profissional dos candidatos à luz da sua relevância pretérita, mas, sobretudo, do que tais elementos poderão dizer sobre a idoneidade dos candidatos para o futuro exercício de funções no Supremo Tribunal de Justiça.

1.1.2.3. A emissão de parecer por uma comissão técnica permanente compagina-se ainda com o reconhecimento de um momento de contraditório a assegurar aos candidatos após notificação preliminar do parecer e antes da sua remessão ao CSM para deliberação, à imagem do que se verifica atualmente relativamente aos movimentos judiciais e às inspeções judiciais[24], para permitir que os candidatos possam pronunciar-se perfuntoriamente sobre o parecer, em prazo curto, antes de o CSM deliberar sobre a graduação dos candidatos.

1.1.2.4. Por último, na medida em que possa ser tomada como solução adaptável a outros concursos, uma comissão técnica independente e prestigiada, pode constituir instrumento de maior uniformização de métodos e critérios em matéria de nomeação, colocação, transferência e promoção de juízes (artigo 217.º CRP), aspetos de crescente relevância no sistema judicial, como será o concurso de *acesso aos tribunais da Relação*, de ***nomeação dos presidentes de comarca*** (caso não se opte, antes, pela sua eleição pelos juízes da comarca, como preconizamos) ou *avaliação e graduação dos candidatos a inspetores judiciais* em concurso periodicamente aberto para o efeito[25] .

B. – Nova ponderação e redefinição dos critérios de acesso ao STJ, tendo em vista assegurar que o acesso seja orientado pela centralidade do exercício de funções jurisdicionais no STJ

1.1.2.5. O *prestígio e confiança* que a generalidade dos juízes e cidadãos espera do STJ impõem medidas que possam prevenir e afastar dúvidas sobre a qualidade da sua resposta, nomeadamente através da redefinição e conjugação de critérios a seguir na valoração e graduação dos can-

[24] Nos termos do artigo 17.º n.º11 do NRICSM, aprovado por deliberação do CSM publicada no Diário da República, 2.ª série PARTE D, de 13 de setembro de 2021

[25] Hipótese que se colocou entre nós apesar de não ter sido possível discuti-la e desenvolvê-la como pretendíamos.

didatos ao STJ, de modo a assegurar que apenas serão nomeados juízes capazes de assegurar desempenho adequado à satisfação das funções jurisdicionais no STJ , colocando no centro do processo de acesso ao STJ dos candidatos oriundos da magistratura a idoneidade técnica dos juízes desembargadores e PGA, para assegurar o desempenho adequado de funções jurisdicionais nas diversas secções do STJ, aferida pela experiência adquirida no exercício de funções nos tribunais durante um período mínimo a estabelecer e que no caso dos PGA deve acrescer ao requisito da *antiguidade relativa* previsto no art. 51.°, n.°3, do EMJ.

O acesso ao STJ não pode ser visto apenas como o *ponto alto da carreira* dos juízes, *para além do qual nada mais há a provar,* ou como o acesso dignificante ao ponto alto da carreira dos juízes por parte de quem fez carreira no MP, pois a complexidade e relevância das funções a cargo deste tribunal de recurso parece não suportar durante muito tempo desvio nesse sentido. Ainda que a idade elevada com que muitos dos desembargadores e PGA chegam ao STJ possa ser igualmente responsável, em boa medida, pelo número crescente de juízes conselheiros que nos últimos anos se jubilam pouco tempo depois do início de funções naquele tribunal, o que nos parece certo é que a rotação acelerada no acesso ao STJ, embora conduza ao aumento do número de candidatos *gratificados* com o prestígio inerente à promoção a conselheiro, não deixa de pôr em risco a sedimentação e estabilidade da jurisprudência do STJ, assumidas no nosso ordenamento jurídico como fator determinante na uniformização gradual e paulatina da diversidade de soluções dos tribunais para os mesmos problemas jurídicos.

Por tal motivo, justifica-se nova ponderação e redefinição dos critérios de acesso por parte do legislador, de molde a assegurar o prestígio e funcionalidade do STJ, enquanto órgão superior da hierarquia dos tribunais judiciais.

1.1.3. Conclusões

A. Criação de Comissão técnica permanente para graduação de candidatos no concurso de acesso ao STJ

a) A criação de Comissão técnica permanente para graduação de candidatos no concurso de acesso ao STJ, constituída por individualidades escolhidas por uma maioria de juízes do CSM eleitos pelos seus pares, satisfaz a Recomendação VII do GRECO, relativa à *Prevenção da Corrupção em relação aos juízes;*

b) A criação daquela Comissão constitui instrumento idóneo para corresponder, de forma qualificada e credível, à complexidade crescente dos concursos de acesso ao STJ;

c) A criação daquela Comissão, constitui forma adequada de promover a melhoria dos níveis de *credibilidade e confiança* das graduações de acesso ao STJ junto dos juízes e dos cidadãos;

d) A criação daquela Comissão é compaginável com a introdução de um momento simplificado de contraditório a assegurar aos candidatos antes da remessa do parecer ao CSM;

e) O alargamento das competências de comissão técnica prestigiada e disponível a outros concursos, pode fazer dela instrumento de uniformização de métodos e critérios em matéria de nomeação, colocação, transferência e promoção de juízes (art. 217.º CRP).

f) Impõe-se nova ponderação e redefinição dos critérios de acesso por parte do legislador, de molde que os juízes a nomear para o STJ sejam capazes de assegurar o desempenho adequado de funções jurisdicionais nas diversas secções do STJ.

1.2. Incompatibilidade de advogado para participar na graduação dos candidatos ao STJ ou aos tribunais da Relação

Advogado no exercício da profissão deve considerar-se legalmente impedido de integrar a Comissão Técnica Permanente (ou os atuais júris *ad hoc*) e de participar em qualquer fase de decisão sobre a graduação dos candidatos ao STJ, ou aos tribunais da Relação

1.2.1 Quadro atual

Atualmente, o júri do concurso curricular para promoção de juízes de direito a juízes desembargadores da magistratura judicial é composto por seis membros do CSM, sendo necessariamente três deles juízes de tribunais judiciais superiores e os outros três elementos não pertencentes a essa magistratura, mas não se proíbe que estes sejam advogados em exercício[26].

Os júris responsáveis pelos concursos curriculares de promoção a desembargador dos tribunais centrais administrativos são compostos por dois juízes de tribunais superiores dessa magistratura e por três outros membros que não podem ser juízes dos TAF os quais podem ser igualmente advogados em exercício[27].

Relativamente aos júris de concursos curriculares de acesso ao STJ a lei atual estabelece que são compostos:

i) Pelo presidente e vice-presidente do CSM;
ii) Um membro do CSM não pertencente à magistratura;
iii) Um membro do Conselho Superior do Ministério Público a eleger por esse órgão;
iv) Um professor universitário de Direito, com a categoria de professor catedrático escolhido pelo CSM;
v) *Um advogado com funções no Conselho Superior da Ordem dos Advogados*, cabendo a esta associação a respetiva indicação[28].

Desta forma, no caso dos seis membros dos júris *ad hoc* para acesso ao STJ, um deles é necessariamente advogado em exercício (escolhido pela associação pública representativa desses profissionais) e três outros podem ser advogados em atividade. Situação similar à que se verifica no caso dos seis membros do júri do concurso de acesso ao STA[29]. A atribuição à OA do poder de indicar um seu associado como membro dos júris

[26] Artigo 47.º-A do EMJ introduzido pela Lei n.º 67/2019, de 27 de agosto.

[27] Artigo 69.º, n.º 3, do ETAF. Com efeito, além de dois juízes (um dos quais preside), o júri é composto por dois membros do Conselho Superior dos Tribunais Administrativos e Fiscais (CSTAF) não pertencentes à magistratura e um professor universitário de Direito sendo os três escolhidos pelo CSTAF.

[28] Artigo 52.º, n.º 2, do EMJ.

[29] Atento o artigo 66.º, n.º 3, do ETAF, a única variante por comparação com o júri do concurso para o STJ, sem relevo para a questão os membros do júri que são ou podem ser profissionais no exercício da advocacia, é que o lugar equivalente ao do vice-presidente do CSM é ocupado pelo juiz conselheiro mais antigo na categoria que seja membro do CSTAF.

responsáveis pela apreciação curricular nos procedimentos de acesso ao STJ e ao STA foi resultado de uma opção inédita aprovada pela Lei n.º 26/2008, de 27 de junho, resultante de iniciativa do XVII Governo Constitucional (2005-2009).

1.2.2. Apreciação

1.2.2.1 Imparcialidade e função pública de avaliação e graduação de juízes com vista ao acesso a tribunais superiores

O princípio da imparcialidade na administração pública apresenta-se conformado, em primeira linha, pelo artigo 266.º da Constituição cujos n.ºs 1 e 2 estabelecem que «a administração pública visa a prossecução do interesse público, no respeito pelos direitos e interesses legalmente protegidos dos cidadãos» e que «os órgãos e agentes administrativos estão subordinados à Constituição e à lei e devem atuar, no exercício das suas funções, com respeito pelos princípios da igualdade, da proporcionalidade, da justiça, da imparcialidade e da boa-fé».

O problema das garantias de imparcialidade no exercício de funções administrativas, tal como sucede com as judiciais, envolve duas temáticas que não se devem confundir no plano técnico-jurídico: as incompatibilidades e os impedimentos.

As *incompatibilidades* assentam em motivos abstratos e genéricos não se reportando a conflitos casuísticos como aqueles a que dizem respeito os impedimentos (por via de colisão de deveres funcionais), em princípio, a incompatibilidade é permanente enquanto o impedimento é incidental. Incompatibilidades conformadas pela defesa preventiva da transparência de procedimentos e da imagem de imparcialidade, cuja lesão ocorre independentemente de ter produzido em concreto uma real e efetiva atuação parcial.

Os mecanismos preventivos de imparcialidade da atividade administrativa compreendem regimes de incompatibilidades de múltiplos agentes e decisores com intervenção em processos muito menos delicados do que os relativos à escolha dos juízes dos tribunais de recurso. Cânones refletidos na Lei Geral do Trabalho em Funções Públicas, que regula o vínculo de trabalho em funções públicas compreendendo um regime geral aplicável à administração direta e indireta do Estado[30], constando da secção II (*garantias de imparcialidade*) do capítulo I (*trabalhador*) do título I (*trabalhador e empregador*) da Parte II (*vínculo de emprego público*) da LTFP a matéria das incompatibilidades e impedimentos, cuja regulação se inicia com o artigo 19.º, com a epígrafe *incompatibilidades e impedimentos*[31]. Por seu turno, o regime jurídico de incompatibilidades e impedimentos dos titulares de cargos políticos e altos cargos públicos aprovado pela Lei n.º 64/93, de 26 de agosto, sujeita a generalidade dos titulares desses cargos à regra da exclusividade no exercício de funções, em nome da imparcialidade no exercício de funções atribuídas.

Os advogados em exercício são, a par dos solicitadores, os profissionais com o direito exclusivo ao mandato forense, i.e., «o mandato judicial conferido para ser exercido em qualquer tribunal, incluindo os tribunais

[30] Nos termos do n.º 2 do artigo 1.º da LTFP, aprovada pela Lei n.º 35/2014, de 20 de junho, alterada pelas Leis n.os 82-B/2014, de 31 de dezembro, 84/2015, de 7 de agosto, e 18/2016, de 20 junho, «é aplicável à administração direta e indireta do Estado e, com as necessárias adaptações, designadamente no que respeita às competências em matéria administrativa dos correspondentes órgãos de governo próprio, aos serviços da administração regional e da administração autárquica». Por seu turno, o artigo 1.º, n.º 3, determina que a LTFP «é também aplicável, com as adaptações impostas pela observância das correspondentes competências, aos órgãos e serviços de apoio do Presidente da República, dos tribunais e do Ministério Público e respetivos órgãos de gestão e outros órgãos independentes». Depois dos n.os 4 e 5 se reportarem, respetivamente, aos órgãos e serviços de apoio à Assembleia da República e aos serviços periféricos externos do Ministério dos Negócios Estrangeiros, o n.º 6 estabelece que a LTFP «é também aplicável, com as necessárias adaptações, a outros trabalhadores com contrato de trabalho em funções públicas que não exerçam funções nas entidades referidas nos números anteriores». O artigo 2.º, com a epígrafe Exclusão do âmbito de aplicação, reporta-se a trabalhadores que exercem funções nos Gabinetes de apoio dos membros do Governo e dos titulares de órgãos referidos nos n.os 2 a 4 do artigo 1.º; em entidades públicas empresariais, entidades administrativas independentes com funções de regulação da atividade económica dos setores privados, público e cooperativo e Banco de Portugal; e a militares das Forças Armadas, militares da Guarda Nacional Republicana e pessoal com funções policiais da Polícia de Segurança Pública, cujos regimes constam de lei especial.

[31] Estabelecendo o n.º 2 que «sem prejuízo de impedimentos previstos na Constituição e noutros diplomas, os trabalhadores com vínculo de emprego público estão sujeitos ao regime de incompatibilidades e impedimentos previsto na presente secção».

ou comissões arbitrais e os julgados de paz»[32]. Integrando a reserva da advocacia, nomeadamente, o mandato forense nas causas de competência de tribunais com alçada, em que seja admissível recurso ordinário; nas causas em que seja sempre admissível recurso, independentemente do valor; nos recursos e nas causas propostas nos tribunais superiores, e nos casos em que o processo penal determinar que o arguido seja assistido por defensor, esta função é obrigatoriamente exercida por advogado, nos termos da lei. Sendo ainda monopólio da advocacia todos os atos que resultem do exercício do direito dos cidadãos se fazerem acompanhar por advogado perante qualquer autoridade.

Sistema em que a OA é a associação pública representativa da advocacia sendo exclusivamente integrada por esses profissionais que também são os únicos com capacidade eleitoral ativa e passiva para os órgãos daquela pessoa coletiva de direito público à qual são atribuídos «poderes públicos», «incluindo a função regulamentar, de forma independente dos órgãos do Estado, a sua atividade».

1.2.2.2. A designação por uma corporação profissional dos membros de júris de avaliação e graduação de candidatos a juízes de tribunais supremos

A autonomia recíproca entre órgãos do Estado e OA foi rompida pela Lei n.º 26/2008 que atribuiu a esta associação representativa de profissão forense a faculdade de indicar membro de um dos seus órgãos sociais próprios como integrante de órgão administrativo (ainda que *ad hoc*) com função nuclear em procedimento relativo à nomeação de membros de órgãos de soberania.

Representação corporativa num procedimento administrativo relativo ao exercício de uma função de seleção de titulares de órgãos de soberania que compreende a atribuição do privilégio único a uma associação que não consente qualquer intervenção de elementos externos no seu

[32] Artigos 12.º e 15.º da e artigos 1.º, n.º 5, alínea a), e 2.º da Lei n.º 49/2004, de 24 de agosto.

funcionamento, sendo, aliás, proclamada a sua independência relativamente aos órgãos do Estado.

1.2.2.3 A problemática da cumulação do exercício da advocacia com a função pública de avaliação e graduação de candidatos a cargos e categorias de carreiras judiciais

O nódulo corporativo constituído pela atribuição à OA da designação de membros dos júris dos procedimentos de acesso ao STJ e STA, que constitui uma mácula na autonomia estadual, relaciona-se com um outro problema mais vasto relativo à sujeição dos candidatos a funções jurisdicionais de topo à avaliação e seleção por advogados em exercício, ou seja profissionais com a prerrogativa de patrocínio de partes cujos interesses vão ser sujeitos à apreciação pelos órgãos de soberania com responsabilidade jurisdicional.

Num sistema que estabelece em termos draconianos limites aos direitos dos juízes desenvolverem outras atividades (mesmo fora do mundo jurídico) para obstar a quaisquer conexões suscetíveis de afetar a representação sobre a imparcialidade exercício judicial constitui uma manifesta anomalia que num momento central da carreira os juízes sejam colocados na dependência de quem tem como profissão a representação de interesses que os juízes julgaram ou vão julgar. A circunstância de alguns advogados em exercício e que, consequentemente, representam partes nos tribunais assumirem em simultâneo uma função pública de posição de poder relativamente às carreiras de juízes concretos (juízes que julgaram ou vão poder julgar processos patrocinados pela sociedade integrada pelo concreto causídico) afeta de forma grave a representação externa da imparcialidade e imagem dos juízes e da integridade do sistema judicial.

Relativamente ao exercício da advocacia, o EOA[33]determina que «é inconciliável com qualquer cargo, função ou atividade que possa afetar a isenção, a independência e a dignidade» dessa profissão[34] (artigo 81.º, n.º 2, do EOA), diploma que compreende uma enunciação exemplifica-

[33] Aprovado pelo Decreto-Lei n.º 84/84, de 16 de Março, com alterações subsequentes.
[34] Artigo 81.º, n.º 2, do EOA.

tiva de cargos, funções e atividades incompatíveis «com o exercício da advocacia»[35].

Esse estatuto, como é óbvio, apenas cuida da salvaguarda dos interesses da profissão de advogado e não das garantias de imparcialidade inerentes ao exercício de funções públicas no quadro de órgãos estaduais salvaguardadas nomeadamente pelos regimes de incompatibilidades (como acima se referiu).

No Estado de direito e em particular na ordem constitucional portuguesa a independência dos titulares de órgãos que exercem funções constitucionais de soberania relativamente a representantes dos interesses privados que lhes cumpre dirimir é um valor central.

Valor repercutido num regime muito rigoroso em matéria de incompatibilidades de juízes de carreira de todas as instâncias que, sob pena de incongruência, tem de ser complementado por exigências preventi-

[35] Artigo 82.°, n.° 1, da EOA: «a) Titular ou membro de órgão de soberania, representantes da República para as regiões autónomas, membros do Governo Regional das regiões autónomas, presidentes, vice-presidentes ou substitutos legais dos presidentes e vereadores a tempo inteiro ou em regime de meio tempo das câmaras municipais e, bem assim, respetivos adjuntos, assessores, secretários, trabalhadores com vínculo de emprego público ou outros contratados dos respetivos gabinetes ou serviços, sem prejuízo do disposto na alínea a) do número seguinte; b) Membro do Tribunal Constitucional e respetivos trabalhadores com vínculo de emprego público ou contratados; c) Membro do Tribunal de Contas e respetivos trabalhadores com vínculo de emprego público ou contratados; d) Provedor de Justiça e trabalhadores com vínculo de emprego público ou contratados do respetivo serviço; e) Magistrado, ainda que não integrado em órgão ou função jurisdicional; f) Assessor, administrador, trabalhador com vínculo de emprego público ou contratado de qualquer tribunal; g) Notário ou conservador de registos e trabalhadores com vínculo de emprego público ou contratados do respetivo serviço; h) Gestor público; i) Trabalhador com vínculo de emprego público ou contratado de quaisquer serviços ou entidades que possuam natureza pública ou prossigam finalidades de interesse público, de natureza central, regional ou local; j) Membro de órgão de administração, executivo ou diretor com poderes de representação orgânica das entidades indicadas na alínea anterior; k) Membro das Forças Armadas ou militarizadas; l) Revisor oficial de contas ou técnico oficial de contas e trabalhadores com vínculo de emprego público ou contratados do respetivo serviço; m) Administrador judicial ou liquidatário judicial ou pessoa que exerça idênticas funções; n) Mediador mobiliário ou imobiliário, leiloeiro e trabalhadores com vínculo de emprego público ou contratados do respetivo serviço.».

vas relativas aos intervenientes nos procedimentos administrativos de graduação dos juízes para acesso aos tribunais superiores. Impõem-se garantias de inequívoca salvaguarda da imparcialidade dos membros dos órgãos perante os quais os juízes têm de prestar contas específicas sobre as suas competências e idoneidade, sendo no mesmo passo sujeitos a juízos desses agentes administrativos (ainda que *ad hoc*) com margens significativas de discricionariedade administrativa (inclusive na apreciação da atividade judicativa).

O próprio sistema de incompatibilidades da advocacia revela um paradoxo sistémico. Por um lado, preserva-se a independência da advocacia (atento, nomeadamente, o valor social da defesa de interesses particulares nos tribunais) proibindo que sejam simultaneamente titulares de órgãos de soberania, incluindo os tribunais. Contudo, os titulares de órgãos de soberania com funções jurisdicionais ficam desprotegidos relativamente aos representantes de interesses subjetivos que eles têm de julgar de acordo com o Direito quando não se impõe a incompatibilidade entre o exercício simultâneo da advocacia e a assunção de posição de agentes com funções administrativas relativas à graduação para acesso às categorias de juízes dos tribunais superiores. Défice de garantias que potencialmente lesa as representações externas e internas sobre os processos judiciais em que os mandatários forenses litigam em nome de interesses a dirimir por tribunais e o próprio ou colegas da sua sociedade cumulam a advocacia com poderes públicos relativos aos membros dos tribunais (o que põe em causa a própria igualdade, concorrência e transparência do exercício da advocacia).

Em síntese:

(1) A integração por advogados dos órgãos de apreciação curricular nos concursos de acesso às categorias e funções de juízes desembargadores e conselheiros dos TJ e TAF envolve uma inadmissível sujeição desses magistrados aos juízos casuísticos e discricionários daqueles profissionais forenses sobre a atividade passada e futura dos juízes que potencialmente podem julgar casos por eles (e seus sócios e/ou associados) patrocinados.

(2) A defesa dos valores da imparcialidade administrativa em articulação com as garantias institucionais sobre independência dos

juízes e integridade dos processos jurisdicionais impõem que a atividade de membro de júri em concurso de acesso a cargos de juízes de tribunais superiores seja uma função pública considerada incompatível com o exercício da advocacia.

1.2.3. Conclusões

a) A assunção de cargo e função de membro de júris *ad hoc* ou de comissão permanente com competência para avaliações curriculares nos procedimentos administrativos relativos aos concursos de acesso às categorias de juízes desembargadores e conselheiros das ordens dos tribunais judiciais e TAF deve ser considerada incompatível com o exercício da advocacia.

b) A designação de membros de júris *ad hoc* ou de comissão permanente para os concursos curriculares de acesso às categorias de juízes desembargadores e conselheiros de tribunais superiores nunca deve incumbir a associações públicas ou privadas representativas de profissionais forenses.

1.3. O controlo jurisdicional das decisões do CSM e outras entidades administrativas deve passar a ser feito pelos TAF (Contencioso do STA)

1.3.1. Quadro atual

O EMJ[36] prevê, nos n.ºs 1 e 2 do artigo 170.º[37], que o pleno da Secção de Contencioso do STJ é a seção competente para "o conhecimento das ações referidas no presente capítulo", ou seja, para a ação administrativa

[36] Aprovado pela Lei n.º 21/85 de 30 de julho, como aludido, tendo sido objeto de sucessivas alterações legislativas e republicado no anexo III à Lei n.º 67/2919 de 27 de agosto, posteriormente alterado pela Lei n.º 2/2020 de 31 de março (Orçamento de Estado para 2020).

[37] Na redação introduzida pela Lei n.º 67/2019 de 27 de agosto.

com vista à "impugnação jurisdicional de normas ou atos administrativos do CSM, ou de reação jurisdicional contra a omissão ilegal dos mesmos", à qual são aplicáveis "subsidiariamente as regras previstas no Código de Processo nos Tribunais Administrativos" – cf. artigo 173.º do EMJ[38].

Mais resulta das disposições conjugadas do artigo 47.º, n.º 3, da LOSJ[39] e do n.º 3 do artigo 170.º do EMJ, que a Secção do Contencioso do STJ "é constituída pelo mais antigo dos vice-presidentes do Supremo Tribunal de Justiça, que tem voto de qualidade, e por um juiz de cada secção, anual e sucessivamente designados, tendo em conta a respetiva antiguidade" e que tal composição se mantém até ao julgamento das ações que lhe hajam sido distribuídas.

É ainda relevante, para a análise desta questão, tomar em consideração que, nos termos dos n.ºs 1 e 2 do artigo 49.º da LOSJ, é o CSM que "fixa, sempre que o julgar conveniente, sob proposta do Presidente do Supremo Tribunal de Justiça, o número de juízes que compõem cada secção" do STJ e que cabe ao Presidente do STJ "distribuir os juízes pelas secções ...".

1.3.2. Apreciação

Pese embora a sua previsão no artigo 218.º da CRP, o CSM não é um órgão de soberania, antes uma entidade administrativa e a generalidade das decisões ou deliberações que adota, em Conselho Plenário ou em Conselho Permanente, são atos administrativos.

Não obstante, muitas dessas deliberações são da maior relevância para a gestão e organização dos tribunais judiciais, assim como para progressão na carreira, por parte dos juízes. Na verdade, como decorre do estatuído no artigo 217.º da CRP, artigo 136.º do EMJ e artigo 6.º da LOSJ, o CSM "é o órgão superior de gestão e disciplina da magistratura judicial" e é da sua competência "a nomeação, a colocação, a transferência e a promoção dos juízes dos tribunais judiciais e o exercício da ação disciplinar".

[38] Na redação introduzida pela Lei n.º 67/2019 de 27 de agosto.
[39] Lei n.º 62/2013 de 26 de agosto.

Assim, a questão que cada vez mais tem sentido equacionar é precisamente a de saber se o atual controlo jurisdicional das deliberações do CSM assegura, adequadamente, os direitos e garantias dos juízes dos tribunais judiciais.

A resposta a tal questão é, a nosso ver, inquestionavelmente negativa, como a seguir se procurará demonstrar, assim como se procurará evidenciar que é mais adequado a assegurar os direitos e garantias dos juízes dos tribunais judiciais que a impugnação das decisões do CSM seja feita, não para a Secção do Contencioso do STJ, mas para a Secção do Contencioso Administrativo do STA.

Infelizmente é pouco divulgada a jurisprudência publicada da secção do contencioso do STJ. Por isso não é praticável fazer uma análise qualitativa e quantitativa de tal jurisprudência, com base em dados públicos e acessíveis, nomeadamente sobre a forma como vem escrutinando, ou não, as decisões administrativas do CSM.

Porém, daquilo que se vai conhecendo no meio judiciário e daquilo que se vem relatando na comunicação social, a ideia que perpassa é a de que, em regra e salvo raríssimas exceções, a secção do contencioso do STJ vem aceitando e confirmando os atos administrativos do CSM, seja no campo da ação disciplinar, seja na área dos concursos curriculares e promoções aos tribunais superiores.

Aliás, o TEDH[40] já foi chamado a apreciar a forma como aquele escrutínio vem sendo realizado e não teve dúvidas em afirmar que o STJ tem uma "conceção restritiva" dos seus poderes de controlo da atividade disciplinar do CSM, ao coibir-se nomeadamente de reexaminar os factos, com base no entendimento de que apenas lhe competia examinar se o estabelecimento dos factos era razoável e coerente. Igualmente censurou a aceitação pelo STJ da prática seguida pelo CSM, de recusar a audição publica do juiz, como arguido em processo disciplinar, afirmando que tal violava o artigo 6.º da CEDH, não garantindo assim a transparência e a publicidade do processo.

[40] Acórdão de 6 de novembro de 2018, proferido pela Grande Chambre do TEDH (Affaire RAMOS NUNES DE CARVALHO E SÁ c. PORTUGAL – queixas nos 55391/13, 57728/13 e 74041/13).

Afigura-se-nos inquestionável, no atual contexto evolutivo, nomeadamente em face da jurisprudência citada, que os juízes dos tribunais judiciais têm direito a um processo justo e equitativo e direito a que a sua causa – impugnando uma decisão de aplicação de uma sanção disciplinar ou questionando a decisão que procedeu à sua colocação ou transferência ou à sua graduação em concurso de acesso aos tribunais superiores – "seja examinada, equitativa e publicamente, num prazo razoável por um tribunal independente e imparcial, estabelecido pela lei ..." – cf. artigo 6.º, n.º 1, da CEDH.

Mas a prática vem demonstrando que os juízes dos tribunais judiciais, na impugnação das decisões do CSM, não têm conseguido ter direito a um processo justo e equitativo, bem se podendo aqui aplicar o adágio popular: "em casa de ferreiro, espeto de pau".

A questão começa, desde logo, pela composição da seção do contencioso do STJ.

Não pode, com efeito, deixar de suscitar sérias reservas, no plano teórico e doutrinal, na perspetiva de assegurar a independência e a imparcialidade do tribunal, que o presidente do órgão administrativo – CSM – que aprovou a deliberação impugnada, seja quem, numa outra veste, de Presidente do STJ, procede à designação dos membros da Secção do Contencioso (à exceção do presidente daquela seção que, como vimos, por força de lei, é o mais antigo dos vice-presidentes do STJ) que vai julgar a validade dessa mesma deliberação.

Com efeito, ainda que em termos teóricos, basta uma distribuição dos Juízes Conselheiros pelas seções cível, criminal e social, mesmo nos termos do artigo 49.º, n.º 2 citado, mas que atenda a uma certa antiguidade de cada um, para se estar a proceder a uma escolha personalizada, ainda que indiretamente, dos juízes julgadores das causas a apreciar pela Secção do Contencioso, no ano subsequente. Aliás, no citado aresto do TEDH, seis dos dezassete juízes votaram no sentido de considerarem ter havido violação do citado artigo 6.º da CEDH, por falta de independência e isenção da secção do contencioso do STJ.

A solução legislativa bem podia ser diferente, para melhor.

Neste aspeto é bem mais adequada a garantir a imparcialidade do tribunal a solução legal adotada para os Tribunais Administrativos e Fiscais, em que a composição da secção do contencioso administrativo, que é a competente para o julgamento dos processos em matéria administrativa relativos a ações ou omissões do Conselho Superior dos Tribunais Administrativos e Fiscais e seu Presidente, é fixada quando da nomeação dos juízes para essa secção – cf. artigos 15.º, n.º 1 e 24.º, n.º 1, al. a-vii) do Estatuto dos Tribunais Administrativos e Fiscais[41].

Acresce uma outra dimensão desta questão, da maior relevância, a irrecorribilidade das decisões da seção do contencioso do STJ.

Nem se diga que pelo facto de tais decisões serem adotadas em pleno da seção do contencioso, isso lhes confere uma elevada colegialidade. Como se sabe, só assim é no plano teórico porquanto, no plano prático, são raros os casos de votos de vencido, sendo a generalidade dos acórdãos adotados por unanimidade, o que é indiciador de pouca discussão e efetiva participação na tomada de decisão.

Nesse aspeto é claramente mais adequada a garantir o direito a um processo justo e equitativo a solução legal prevista nos Tribunais Administrativos e Fiscais, na medida em que as impugnações das deliberações do CSTAF são julgadas, em 1.ª instância, por um coletivo composto por três juízes conselheiros, sendo admissível recurso destas decisões para o Plenário da secção do contencioso – cf. artigos 17.º e 24.º, n.º 1, al. a), vii) do ETAF.

Acresce que existem outros bons fundamentos para pugnar no sentido de que o controlo jurisdicional das decisões do CSM deve ser realizado, não pela Secção do Contencioso do STJ, mas pela Secção do Contencioso Administrativo do STA.

Desde logo a falta de especialização nas matérias do direito administrativo por parte dos Juízes Conselheiros colocados na secção do contencioso do STJ, em regra com longos percursos na magistratura judicial ou do ministério público, nas jurisdições penal, civil ou laboral, muitas vezes sem qualquer contacto, nesse percurso, com a área do direito administrativo. Mesmo os Juízes Conselheiros oriundos do acesso ao STJ como juristas de mérito, não é normal terem conhecimento especializado de matérias de direito administrativo porque, a serem especialistas nessa área, normalmente teriam concorrido a Juízes Conselheiros do STA.

[41] Aprovado pelo artigo 1.º da Lei n.º 13/2002, de 19 de fevereiro e publicado em anexo a esta lei.

Aliás, só se compreende a solução atual por tradição, que remonta ao primeiro EMJ em democracia, pós 25 de Abril, aprovado pela Lei n.º 85/77 de 13 de dezembro, em que se previa o recurso das deliberações do CSM "para o pleno do Supremo Tribunal de Justiça" – cf. artigo 175.º, n.º 1, desta lei – e que se foi perpetuando.

Mas nesse tempo tal solução poderia ter uma razão de ser, nomeadamente a inexistência de uma verdadeira justiça administrativa, garantida por uma estrutura de tribunais administrativos e juízes com garantias de independência e imparcialidade.

Hoje é inquestionável que a jurisdição administrativa garante a realização da justiça administrativa, nos mesmos termos e com as mesmas garantias das outras *jurisdições*, máxime a penal, a cível ou a laboral, integradas na ordem dos tribunais judiciais.

Por tudo isso não há razão nenhuma para continuar a excluir dos tribunais administrativos uma parcela daquilo que é a sua competência natural. Ou seja, não se vislumbram razões sérias para manter na seção do contencioso do STJ a competência para a "impugnação jurisdicional de normas ou atos administrativos do Conselho Superior da Magistratura, ou de reação jurisdicional contra a omissão ilegal dos mesmos", quando até constitucionalmente se prevê que compete aos tribunais administrativos "o julgamento das ações e recursos contenciosos que tenham por objeto dirimir os litígios emergentes das relações jurídicas administrativas ..." – cf. artigo 212.º, n.º 3, da CRP.

Não pode deixar de salientar-se, ainda, um outro bom fundamento para que o controlo jurisdicional das decisões do CSM não deva ser realizado pela secção do contencioso do STJ.

Esse fundamento tem na base a transitoriedade de colocação de Juízes Conselheiros nesta secção, "um juiz de cada secção, anual e sucessivamente designados, tendo em conta a respetiva antiguidade", como vimos.

Essa transitoriedade não só não é motivadora para o investimento no conhecimento especializado, doutrinário e jurisprudencial, das matérias de direito administrativo a dirimir em regra na secção do contencioso do STJ, como o facto de tal ser feito em acumulação com as suas funções próprias, como relator, na secção originária (civil, penal ou laboral) dificulta ainda mais a acumulação verificada, o que é particularmente difícil para os conselheiros mais recentemente colocados no

STJ, por falta de disponibilidade para o tratamento aprofundado destas matérias "marginais".

Como aliás é reconhecido no meio judiciário, com os Juízes Conselheiros que são colocados na secção do contencioso do STJ a desejarem deixar de a integrar logo no dia em que aí são colocados.

1.3.3. Conclusões

a) O atual controlo jurisdicional das decisões do CSM não assegura, adequadamente, os direitos e garantias dos juízes da magistratura judicial.

b) Nessa medida, o controlo jurisdicional das decisões do CSM deve passar a ser feito pela Seção do Contencioso Administrativo do STA.

1.4. Comissões de serviço

A. Devem estabelecer-se critérios mais rigorosos para a autorização de comissões de serviço não judiciais

B. Juiz em exercício de funções, que seja nomeado para membro do Governo ou outro lugar de nomeação política, após o exercício dessas funções, deve ter um período de tempo em que não pode voltar ao exercício efetivo de funções jurisdicionais na magistratura (judicial ou dos tribunais administrativos e fiscais)

1.4.1. Quadro atual

As comissões de serviço são a forma que assume entre nós o exercício de funções por juiz fora do lugar de tribunal em que se encontre colocado quando assume a comissão.

O EMJ[42] distingue comissões de serviço *judiciais* e *não judiciais*, que enumera sem definir, mas resulta do seu regime que as comissões de ser-

[42] As comissões de serviço são reguladas atualmente nos seus artigos 61.º a 63.º, sem prejuízo de disposições avulsas relativas a aspetos particulares de regime

viço judiciais se aproximam do regime do efetivo exercício de funções no lugar de tribunal em que todos os juízes são colocados, independentemente da natureza das funções concretamente exercidas em comissão, a qual é concedida desde que as comissões de serviço em causa se mostrem conformes com a *ausência de prejuízo sério para o serviço, o interesse público* e a *imagem de independência ou prestígio da magistratura judicial.*

Quanto ao tipo de funções concretamente exercidas em comissão de serviço, há as que são necessariamente exercidas por juízes, quer pela sua natureza – de que se destacam as que respeitam ao exercício de funções na gestão da magistratura judicial – quer por expressa exigência legal, podendo chamar-se-lhe comissões *a serem exercidas obrigatoriamente por* juízes, e as respeitantes ao exercício de diversas funções no governo, na administração pública e noutros tribunais. Com efeito, para além das comissões de serviço *não obrigatoriamente para juízes* em que se estabeleça uma relação intrínseca entre a função de juiz e o cargo a exercer em comissão ou a relevância deste para a gestão da magistratura judicial ou em função da estrutura e objeto de outros tribunais, é ainda frequente a nomeação de juízes em comissão de serviço não judicial na estrutura do governo, nomeadamente na área da justiça, ou para outros cargos na administração pública.

O EMJ prevê no artigo 61.º n.º 1, que "os magistrados judiciais podem ser nomeados em *comissão de serviço* de *natureza judicial ou não judicial*", como aludido, elencando nos n.ºs 2 e 3 do mesmo preceito os cargos que podem ser exercidos em comissão de serviço de natureza judicial[43], ou as

[43] Nos termos do artigo 61.º, n.º2 – Consideram-se comissões de serviço de natureza judicial as respeitantes aos seguintes cargos:
a) Vogal do Conselho Superior da Magistratura;
b) Inspetor judicial;
c) Diretor, coordenador e docente ou responsável pela formação dos magistrados no Centro de Estudos Judiciários;
d) Presidente do tribunal de comarca;
e) Chefe dos gabinetes dos presidentes do Supremo Tribunal de Justiça, do Supremo Tribunal Administrativo, do Tribunal Constitucional e do Tribunal de Contas e adjunto dos mesmos gabinetes;
f) Juiz secretário, chefe do gabinete, adjunto e assessor do Conselho Superior da Magistratura;

situações de exercício de funções que, apesar de não serem formalmente designadas daquele modo, seguem tal regime[44].

Estabelece ainda o n.º 4 daquele artigo 61.º que se consideram "comissões de serviço de natureza *não judicial*, designadamente:

- *As relativas ao exercício de funções na Presidência da República;*
- *As relativas ao exercício de funções na Assembleia da República;*
- *Em gabinetes dos membros do Governo, ou em cargos de direção superior ou equiparada nos organismos por estes tutelados*".

Estatui ainda o n.º 6 do mesmo preceito que "não implicam a abertura de vaga no lugar de origem as comissões de serviço ... não judiciais a que a lei atribua esse efeito".

Por sua vez, na decorrência da previsão do n.º 4 do artigo 216.º da Constituição da Republica Portuguesa (CRP), o artigo 62.º do EMJ estabelece que "depende de prévia autorização do CSM a nomeação para comissões de serviço, a qual só pode ser concedida a quem tenha pelo menos cinco anos de efetivo serviço e, ainda, que o CSM "autoriza a comissão de serviço quando as funções não impliquem um prejuízo sério para o serviço ou representem um interesse público relevante e não prejudiquem, em qualquer caso, a imagem de independência ou o prestígio da magistratura judicial".

Após o exercício de funções em comissão de serviço de qualquer natureza (judicial ou não judicial), seja como membro do Governo ou outro

g) Juiz em tribunal não judicial;
h) Assessor no Supremo Tribunal de Justiça, no Supremo Tribunal Administrativo, no Tribunal Constitucional e no Tribunal de Contas;
i) Vogal do Conselho Consultivo da Procuradoria-Geral da República;
j) Vice-presidente do Conselho dos Oficiais de Justiça

[44] Artigo 61.º n.º 3: – Seguem o regime das comissões de serviço de natureza judicial as que respeitem ao exercício de funções:
a) De apoio técnico-legislativo relativo à reforma do sistema judiciário no âmbito do Ministério da Justiça;
b) As correspondentes às de magistratura e assessoria em tribunais internacionais, em tribunais da União Europeia e no âmbito da cooperação judiciária internacional;
c) Em cargo para o qual a lei imponha a designação de magistrado judicial.

lugar de nomeação política, o reinício efetivo de funções jurisdicionais, por parte do juiz até aí em funções políticas ou de nomeação política, não está dependente de qualquer condição, estando na inteira disponibilidade do próprio.

O EMJ prevê ainda que possa ser concedida licença sem remuneração de longa duração, superior a um ano e inferior a 15 anos, a magistrado judicial que tenha prestado serviço efetivo por mais de 5 anos[45], mas o decurso daquele período máximo implica agora exoneração automática do magistrado judicial[46], que cessa funções no dia seguinte àquele em que perfaça 15 anos ininterruptos de licença sem vencimento[47]. Caso reinicie funções antes de decorrido o período máximo, o juiz de direito é sujeito a inspeção extraordinária após um ano sobre o reinício de funções[48], a qual visa a atribuição de classificação relativa ao serviço efetivamente prestado naquele ano, sem quaisquer especialidades, pelo que pode a inspeção terminar com a atribuição de qualquer das classificações previstas no EMJ, segundo o desempenho do juiz regressado, aferido pelos critérios definidos no EMJ[49] para todas as inspeções classificativas: Muito Bom, Bom com distinção, Bom, Suficiente e Medíocre.

Este quadro normativo é igualmente aplicável aos juízes dos tribunais administrativos e fiscais, considerando a inexistência de normas próprias diretamente aplicáveis por força da CRP ou do Estatuto dos Tribunais Administrativos e Fiscais (ETAF)[50] e em face da aplicação subsidiária do EMJ, com as devidas adaptações – cf. artigo 57.º do ETAF e artigo 8.º da LOSJ. Nesta medida, as considerações subsequentes e as conclusões finais aplicam-se inteiramente a toda a magistratura, seja a judicial, seja a dos tribunais administrativos e fiscais.

[45] Artigos 12.º e 13 do EMJ.
[46] Artigo 14.º n.º 10 do EMJ.
[47] Artigo 70.º n.º1 d), EMJ.
[48] Artigo 36.º n.º6, EMJ.
[49] Artigos 32.º e 33.º, do EMJ, referindo-lhes igualmente os artigos 12.º e 13.º do NRSI
[50] Aprovado pelo artigo 1.º da Lei n.º 13/2002, de 19 de fevereiro, publicado em anexo a este diploma legal e objeto de várias alterações legislativas.

1.4.2. Apreciação

Conforme pode ver-se do quadro acedido em setembro de 2022 no sítio do CSM[51]/[52], em 2021 encontravam-se 159 juízes nas diversas comissões de serviço, entre um total de 1960 juízes em efetividade de funções nos tribunais judiciais.

1.4.2.1. A questão da autorização das comissões de serviço, judiciais ou não judiciais, pelo CSM, suscita sobretudo a questão de saber se os cri-

[51] https://www.csm.org.pt/wp-content/uploads/2022/06/RelatorioAnualde2021.pdf

[52] Quadro:

COMISSÕES DE SERVIÇO	2020	FUNÇÃO	2021	FUNÇÃO
Ministério da Justiça	6	1, Ministra, 1 Secretário de Estado Adjunto, 2 Chefes de Gabinete e 2 Adjuntos	6	1, Ministra, 1 Secretário de Estado Adjunto, 2 Chefes de Gabinete e 2 Adjuntos
Ministério da Administração Interna	2	1 Inspetora-Geral, 1 Subinspetor	4	1 Secretário de Estado, 1 Inspetor-Geral, 1 Subinspetor-Geral, 1 Inspetor
Supremo Tribunal de Justiça	12	1 Chefe de Gabinete, 10 Assessores e 1 Adjunto	14	1 Chefe de Gabinete, 10 Assessores e 3 Adjunto
Tribunal Constitucional	14	5 Juízes Conselheiros, 8 Assessores, 1 Vogal	14	9 Assessores, 4 Juízes Conselheiros, 1 Chefe de Gabinete
Conselho Superior da Magistratura	33	1 Vice-Presidente, 1 Chefe de Gabinete, 6 Vogais, 1 Juiz-Secretário, 4 Adjuntos e 20 Inspetores Judiciais	31	1 Vice-Presidente, 1 Chefe de Gabinete, 6 Vogais, 1 Juiz-Secretário, 4 Adjuntos e 18 Inspetores Judiciais
Conselho Superior da Magistratura – Juízes Presidentes	22	Juízes Presidentes	22	22 Juízes Presidentes
Centro de Estudos Judiciários	15	1 Diretor, 1 Diretor Adjunto, 2 Coordenadores e 11 Docentes	15	1 Diretor, 1 Diretor Adjunto, 2 Coordenadores e 11 Docentes

térios hoje previstos para a autorização daquelas comissões asseguram, ou não, a devida e necessária eficiência e eficácia na realização atempada da Justiça e se, além disso, tem acautelado, adequadamente, a imagem de independência e prestígio da magistratura

Ora, antes de mais, afigura-se-nos não ser de rejeitar, em absoluto, a possibilidade de autorização de comissões de serviço não judiciais, incluindo como membro do Governo ou outro lugar de nomeação polí-

76 Conselho dos Oficiais de Justiça	1	Vice-Presidente	1	Vice-Presidente
EUROJUST	2	Peritos nacionais	2	Peritos Nacionais
Macau	4	3 Juízes e 1 Assessor	4	3 Juízes e 1 Assessor
Timor-Leste	5	2 Formadores, 1 Inspetor, 3 Assessores	6	2 Formadores, 1 Inspetor, 3 Assessores
Comissão Nacional Proteção de Dados	1	Vogal	1	Vogal
DGRSP	1	Coordenador	1	Coordenador
Inspeção Geral dos Serviços da Justiça	2	1 Inspetor-Geral, 1 Subinspetor-Geral	2	1 Inspetor-Geral, 1 Subinspetor-Geral
Rede Judiciária Europeia Civil e Comercial	1	Ponto de Contacto	1	1 Ponto de Contacto
Direção-Geral da Administração da Justiça	1	Diretora-Geral	2	1 Diretora-Geral e 1 Subdiretora-Geral
Centro Nacional de Cibersegurança	1	Consultor	1	Consultor
Entidade das Contas e dos Financiamentos Políticos	0		1	1 Presidente
Tribunal de Contas	1			Assessor
Comissões de serviço permanentes	25	5 Tribunais administrativos; 11 STA; 4 Tribunal de Contas; 5 Tribunais Centrais Administrativos	24	4 Tribunais Administrativos e Fiscais, 10 no Supremo Tribunal Administrativo, 5 Tribunal de Contas e 5 no Tribunal Central Administrativo.
Total	148		153	

tica. Aliás, só assim tem sentido útil a previsão do n.º 4 do artigo 216.º da CRP, ao estabelecer que "os juízes em exercício não podem ser nomeados para comissões de serviço estranhas à atividade dos tribunais sem autorização do conselho superior competente".

Porém, estas autorizações de comissões de serviço judiciais e não judiciais e, acima de tudo, as suas consequências práticas, não são e não têm sido de todo lineares e inócuas. Suscitando sobretudo as seguintes questões:

a) O atual quadro normativo, quanto ao reinício de exercício efetivo de funções jurisdicionais na magistratura, *após cessar o exercício de funções políticas,* como membro do Governo ou outro lugar de nomeação política preserva ou não, suficientemente, a imagem de independência, imparcialidade e isenção, que devem caracterizar a Justiça e os juízes e
b) Se os mecanismos relativos à retoma do exercício das funções jurisdicionais asseguram a preservação de valores fundamentais relativos à ética e independência judiciais.

Seguidamente vamos equacionar formas de introduzir mecanismos ou exigências para evitar, ou pelo menos minorar, as consequências práticas negativas que têm sido associadas ao reinício de exercício efetivo de funções jurisdicionais na magistratura, após cessar o exercício de funções políticas, como membro do Governo ou outro lugar de nomeação política e identificar casos em que a única garantia adequada é a imposição de que a aceitação de certos cargos implica a renúncia à manutenção na carreira da magistratura.

LICENÇAS SEM VENCIMENTO	2017	2018	2019	2020	2021
Licença sem remuneração	1	1	1	3	1
Licença sem remuneração para formação	0	0	0	0	1
Licença sem remuneração de longa duração	0	0	0	0	2
Exercício em organismo internacional	0	0	4	4	4
Limitada por um ano	0	0	0	2	0
Total	1	1	5	9	8

1.4.2.2 O exercício de funções políticas, como membro do Governo, pode não ser necessariamente negativo para a imagem de independência, imparcialidade e isenção, que devem caracterizar a Justiça e os juízes. E houve exemplos no passado, embora passado distante, em que o concreto exercício dessas funções políticas poderá considerar-se que não terá causado danos *reputacionais* à Justiça.

Afigura-se-nos, pois, que não é de questionar a manutenção da possibilidade de autorizações de comissões de serviço judiciais e não judiciais. Também se considera que o alargamento que tem vindo a ocorrer dos cargos considerados de comissões de serviço de natureza judicial e das funções que seguem o mesmo regime (cf. n.ºs 2 e 3 do artigo 61.º do EMJ) é justificado. Crê-se, aliás, que o exercício daqueles cargos e destas funções podem, em várias situações, ser positivas aquando do regresso ao exercício de funções jurisdicionais, pelo conhecimento e experiência adquiridos, embora não seja tão fácil de chegar a igual conclusão relativamente aos cargos exercidos na sequência de comissões de serviço não judiciais.

Porém, a prática dos Conselhos – nomeadamente por parte do CSM –, não deixa perceber critérios claros e uniformes nas autorizações de comissões de serviço, judiciais e não judiciais, quer no que tange à preocupação de salvaguarda dos meios necessários à gestão dos quadros dos diversos tribunais, por forma a conseguir manter níveis adequados de resposta à realização atempada da Justiça, quer no que toca a acautelar o prestígio da magistratura.

É disso exemplo a autorização de comissão de serviço a juízes conselheiros que afetam negativamente o prestígio da magistratura e colidem de forma grosseira com o enquadramento dos supremos tribunais no sistema institucional do Estado, como seja, por exemplo, funções de assessoria técnica em departamento governamental ou, no plano interno, funções administrativas no CSM que podem ser facilmente exercidas por outros juízes.

Nesta medida, afigura-se-nos que o legislador deve estabelecer *critérios mais exigentes* para a autorização de comissões de serviço judiciais e não judiciais. Nomeadamente, deve estabelecer a presunção legal de que não deve ser concedida a autorização da comissão de serviço, judicial ou não judicial, por implicar um prejuízo sério para o serviço, *caso os quadros da magistratura não estejam efetivamente preenchidos, pelo menos a 95%.*

1.4.2.3. Por outro lado, cada vez mais, seja pela forma como essas funções políticas são concretamente exercidas, seja porque se tem verificado com inusitada frequência o recrutamento de juízes em funções para o *exercício de funções políticas ou de nomeação política* (quiçá na ideia de que o prestígio da função vai conferir credibilidade ao exercício do cargo político), seja por que o escrutínio publico é cada vez maior e nem sempre motivado por boas razões, vem-se criando uma indesejável ideia de que, afinal, as "portas giratórias" não são apenas um privilégio dos políticos "profissionais", mas são transversais e delas estão também a beneficiar os juízes. Com todas as consequências negativas para a imagem de independência, imparcialidade e isenção, que não podem deixar de ser a marca inquestionável da Justiça e dos juízes.

Não ajuda, com efeito, a evitar tal ideia das "portas giratórias" e daquelas consequências negativas, as várias presenças de alguns juízes, como membros de vários e até sucessivos Governos, intercaladas por regressos aos Tribunais e, por vezes, antecedidas de nomeações para o exercício de cargos de nomeação política, como Diretores do Serviço de Informações de Segurança (SIS), da Direção Geral da Administração da Justiça (DGAJ) e da Polícia de Segurança Pública (PSP).

Nesta medida, afigura-se-nos ser necessário que os juízes que estejam disponíveis para o exercício dessas funções políticas ou de nomeação política, não possam reiniciar o exercício efetivo de funções jurisdicionais nos mesmos termos em que o fazem hoje, ou seja, regressando ao lugar de origem ou equivalente e apenas dependente da sua vontade.

Embora não se advogando uma impossibilidade absoluta de regresso à judicatura, afigura-se-nos que há que estabelecer limites que levem aqueles juízes a pensar, antes de aceitarem o convite, que não irão apenas fazer um "intervalo" nas particulares funções de juiz e, por outro lado, estabelecer regras que permitam evitar, ou pelo menos minorar, as consequências negativas atrás referidas.

Desde logo, o estabelecimento do limite de que as comissões de serviço não judiciais devem implicar a abertura de vaga no lugar de origem, não garantindo ao juiz que vai exercer funções políticas ou de nomeação política o mesmo lugar, quando terminar aquelas funções. Terá de concorrer aos lugares existentes e sujeitar-se ao concurso público. Desta forma também se favorece a gestão de recursos humanos, pois nem sempre há candidatos adequados para esses lugares, que ficam cativos, à espera do regresso do juiz que optou por comissão de serviço não judicial.

Não repugna, também, o estabelecimento de outro limite, o de que o tempo de serviço em comissão de serviço não judicial não deve contar, para todos os efeitos, como de efetivo exercício da função de juiz. Nomeadamente não deve contar para a antiguidade no exercício da função de juiz.

Por outro lado, deve estabelecer-se a regra de que o reinício de exercício de funções jurisdicionais na magistratura, após cessação do exercício de funções políticas, como membro do Governo ou outro lugar de nomeação política, está condicionado a um *período de nojo,* não inferior a três anos.

Uma vez que ser juiz é também uma "profissão judiciária" (cfr. epígrafe do título II, da LOSJ), o estabelecimento desse período de nojo, sem mais, implicaria em termos práticos e em regra – por razões económicas, naturalmente – a necessidade de exercer outra profissão nesse período, o que poderia acarretar outro tipo de consequências negativas, em termos de reingresso posterior na judicatura, após esse período de nojo.

Afigura-se-nos assim que tal período de nojo deve ser estabelecido apenas para o exercício efetivo de funções jurisdicionais, ou seja, como juiz em funções num tribunal, podendo o juiz, nesse período, ser colocado no exercício de funções não jurisdicionais, nomeadamente em comissões de serviço de natureza judicial, exceto naturalmente as previstas nas alíneas d) e g) do n.º 2 do artigo 61.º do EMJ.

Por último, afigura-se-nos que será mesmo de ponderar a exclusão de autorização para comissões de serviço quando as funções a exercer impliquem especiais responsabilidades ao nível dos serviços de segurança e estreitas ligações de dependência relativamente a titulares de altos cargos políticos, que colocam questões muito complexas e melindrosas em termos de ética judicial aquando da retoma do exercício de funções jurisdicionais, como se verifica com o exercício de funções no SIS ou no SIED.

1.4.3. Conclusões

a) Os critérios hoje previstos para a autorização das comissões de serviço não judiciais não asseguram a devida e necessária eficiência e eficácia na realização atempada da Justiça e, além disso, não tem acautelado, adequadamente, a imagem de independência e prestígio da magistratura e a ausência de exigências e limites específicos relativos à retoma do exercício das funções jurisdicionais por juízes que estiveram em comissões de serviço não judiciais afeta a preservação de valores fundamentais relativos à ética e independência judiciais;

b) A prática, nomeadamente por parte do CSM, vem demonstrando falta de critério na concessão de autorizações de comissões de serviço, judiciais e não judiciais, quer no que tange à preocupação de salvaguarda da gestão dos quadros dos diversos tribunais, por forma a conseguir manter níveis adequados de resposta à realização atempada da Justiça, quer sem a devida preocupação em acautelar o prestígio da magistratura.

c) A possibilidade de autorização de comissões de serviço judiciais e não judiciais não deve ser proibida de forma genérica e absoluta, mas devem estabelecer-se critérios mais rigorosos para a autorização de comissões de serviço não judiciais do que os previstos na lei e, fundamentalmente, dos que têm sido adotados pelo CSM;

d) O atual quadro normativo, quanto ao reinício de exercício efetivo de funções jurisdicionais na magistratura, *após cessação do exercício de funções políticas,* como membro do Governo ou outro lugar de nomeação política, não preserva, suficientemente, a imagem de independência, imparcialidade e isenção, que devem caracterizar a Justiça e os Juízes;

e) Deve estabelecer-se a regra de que o reinício de exercício de funções jurisdicionais na magistratura, após cessação do exercício de funções políticas, como membro do Governo ou outro lugar de nomeação política, está condicionada a um *período de nojo,* não inferior a três anos

f) Tal período de nojo deve ser estabelecido apenas para o exercício efetivo de funções jurisdicionais, ou seja, como juiz em funções num tribunal, podendo o juiz, nesse período, ser colocado no exercício de funções não jurisdicionais.

g) O legislador deve ponderar o estabelecimento de *impedimento legal* ao exercício de funções por juiz, em comissão de serviço, no SIS e/ou

Serviço de Informações Estratégicas de Defesa (SIED), porque o exercício desses cargos pela sua natureza funcional, fins prosseguidos e enquadramento institucional prejudica, sempre, a imagem de independência e o prestígio da magistratura judicial que são indissociáveis dos valores a que os tribunais devem obediência no julgamento dos factos e aplicação imparcial do Direito a casos concretos e sem cedência a quaisquer outros interesses ou conveniências.

2. Novas funções de gestão dos tribunais: eficiência, independência e ética

2.1. A *accountability* do sistema judicial perante os cidadãos

Deve proceder-se à Institucionalização, ao nível dos Conselhos Superiores, de mecanismos de controlo de qualidade do serviço prestado pelo sistema judicial – incluindo avaliação externa –, com vista a reforçar a *accountability* do sistema judicial perante os cidadãos

2.1.1. Quadro atual

2.1.1.1. Por ser uma das áreas fundamentais do Estado de Direito, a Justiça (entendendo-se aqui o termo como "sistema judicial") nunca foi encarada como uma área de serviço público idêntica às demais prestações típicas do Estado, como a saúde ou a educação. A sua característica intrínseca de exercício de um dos poderes nos quais tradicionalmente se divide a soberania estadual sempre menorizou a vertente que também assume de serviço orientado para a satisfação de necessidades dos cidadãos e da comunidade.

Por outro lado, a necessidade de garantir uma absoluta independência do exercício da função judicial, nomeadamente em relação aos demais poderes do Estado, necessariamente implicou não apenas que se institucionalizasse um *sistema de autogoverno*, mas também que qualquer tentativa de introdução de sistemas quer de controlo externo, quer de prestação de contas, fosse vista com muita desconfiança: interna – pelos atores do sistema, com receio de interferências ilegítimas; e também externa – pelas oposições, por receio de instrumentalização do sistema de justiça para fins políticos.

Esta específica natureza do sistema de justiça – aliada ao hermetismo de um sistema com rituais, linguagens e atores muito específicos, que por si só afastam o cidadão comum da sua compreensão – manteve-o alheado até muito tarde do percurso feito pelas demais áreas da Administração Pública em direção a uma cada vez maior permeabilidade a conceitos como os de *accountability* (aqui se compreendendo a *answerability* ou a *responsiveness*[53]) ou de controlo de qualidade.

2.1.1.2. As características vindas de referir levaram a que durante muito tempo "qualidade" no âmbito do sistema judicial fosse encarada apenas como "qualidade da decisão judicial" – entendia-se que as características intrínsecas do sistema judicial (nomeadamente a necessidade de salvaguarda da sua independência e a total ausência de qualquer interferência externa) implicavam que a qualidade do sistema fosse apenas medida a partir da qualidade das decisões proferidas: a solidez jurídica da sua fundamentação ou o acerto na seleção e análise das questões a decidir. Sendo esse o único critério de qualidade, a sua aferição cabia apenas ao sistema de recursos ou, nos raros sistemas (como o português) dotados de inspeções ao trabalho dos juízes, à avaliação do mérito profissional.

Como afirma a *Rede Europeia de Conselhos de Justiça*, até à última década do século XX, o ponto de vista do cidadão/utilizador relativamente ao serviço prestado pelo sistema judicial foi pura e simplesmente negligenciado[54].

2.1.1.3. Acompanhando a tendência internacional de adaptação à área da justiça dos modernos princípios de gestão, Portugal veio na segunda década deste século introduzir uma reforma que se pretendia de fundo

[53] Sobre estes conceitos e a sua aplicação à Administração Pública v. Paulo Nogueira da Costa, O Tribunal de Contas e a Boa Governança, 2.ª edição, Petrony, Lisboa, junho de 2017, p. 236 e ss..

[54] ENCJ Working Group on Quality Management – Final Report, European Network of Councils for the Judiciary (ENCJ), Budapeste, maio de 2008, p. 6 – disponível em https://www.encj.eu/images/stories/pdf/workinggroups/reportqm20072008.pdf.

na organização e gestão do sistema judiciário, concretizada na Lei n.º 62/2013, de 26/08 (LOSJ – Lei da Organização do Sistema Judiciário).

Neste diploma prevê-se expressamente a existência de "*objetivos estratégicos*" para o desempenho dos tribunais judiciais (a definir pelo Conselho Superior da Magistratura e pelo Procurador-Geral da República, em articulação com o membro do Governo responsável pela área da justiça) que serão alvo de monitorização (art.º 90.º) e de "*objetivos processuais*" propostos pelo presidente do tribunal e pelo magistrado do Ministério Público coordenador, sujeitos a homologação do Conselho Superior da Magistratura e do Procurador-Geral da República (art.º 91.º). Foi ainda institucionalizada a figura do juiz presidente do tribunal de comarca, com "*competências de representação e direção, de gestão processual, administrativas e funcionais*" (art.º 94.º, n.º 1), a par das de magistrado do Ministério Público coordenador (art.º 99.º) e de administrador de comarca (art.º 104.º).

Independentemente das críticas que possam ser feitas à forma como foram aplicados ao sistema judicial os princípios da *Nova Gestão Pública* (NGP)[55], o certo é que a gestão dos tribunais e do sistema de justiça tal como plasmada pelo legislador na nova organização do sistema judiciário pretende-se hoje baseada numa filosofia radicalmente diferente daquela que olhava para o sistema apenas na perspetiva da qualidade das decisões proferidas, aferida somente pelo seu acerto ou solidez de fundamentação. A qualidade do sistema de justiça tem de ser hoje encarada num sentido muito mais amplo, "*... compreendendo não só a qualidade das decisões judiciais e aspetos chave da prestação de serviços judiciais, mas todos os aspetos relevantes para o bom funcionamento do sistema de justiça, tipicamente avaliados através da perceção do utilizador. Medir desta forma significa considerar os aspetos de qualidade que vão além da qualidade das decisões e incluem uma variedade de elementos tais como a clareza do procedimento e das decisões judiciais, a tempestividade de*

[55] Veja-se a este propósito a crítica formulada por Pedro Soares de Albergaria em "O Útil e o Justo na Gestão dos Tribunais, em Especial o Juiz Natural e a Inamovibilidade", Revista Portuguesa de Ciência Criminal, ano 27, n.º 3, setembro-dezembro de 2017, Coimbra, Instituto de Direito Penal Económico e Europeu, p. 539 e ss..

cada etapa do processo, a acessibilidade das instalações e a facilidade de acesso às ferramentas disponíveis."[56]

2.1.1.4. Sendo esta a filosofia subjacente ao (novo) sistema de organização do sistema judicial português, não deixa de saltar à vista na análise da arquitetura dada a tal sistema a ausência de mecanismos de aferição e controlo da qualidade, entendida esta no sentido amplo vindo de referir.

A necessidade de existência de um sistema de controlo de qualidade é revelada por experiências esporádicas que têm sido levadas a cabo em algumas comarcas ou pela realização de inquéritos de satisfação aos utentes levados a cabo pelo Ministério da Justiça[57] (muito embora a ausência de publicação dos dados relativos a tais inquéritos seja alvo de crítica por parte da CEPEJ[58]).

Existem alguns afloramentos da preocupação com a qualidade naquele sentido amplo no elenco de competências atribuídas ao Conselho Consultivo da comarca, nomeadamente quando no n.º 2 do art.º 110.º da LOSJ se lhe atribui competência para se pronunciar sobre a "*evolução da resposta do tribunal às solicitações e expectativas da comunidade*" (alínea a)) ou sobre "*reclamações ou queixas recebidas do público sobre a organização e funcionamento em geral do tribunal de comarca ou de algum dos seus serviços (...)*" (alínea e)). Estas competências não podem, todavia, ser encaradas como um verdadeiro mecanismo de controlo de qualidade, com competência para de forma sistematizada e permanente aferir da qualidade do serviço prestado pelo sistema de justiça como um todo.

[56] "Measuring the quality of justice", relatório adotado pela Comissão para a Eficácia da Justiça na Europa do Conselho da Europa, na sua 28.ª reunião plenária, 07 de dezembro de 2016, p. 16 (tradução do inglês pelos autores) – disponível em https://rm.coe.int/1680747548#_Toc461720512 .

[57] Veja-se o exemplo analisado (e a referência a outras experiências anteriormente levadas a cabo na Comarca de Lisboa) por Patrícia Moura e Sá, Maria João Rosa, Gonçalo Santinha e Cátia Valente em "Quality Assessment of the Services Delivered by a Court, Based on the Perceptions of Users, Magistrates, and Court Officials", Sustainability, 2021, n.º 13, p. 504 e ss. – disponível em https://doi.org/10.3390/su13020504 .

[58] "European judicial systems Efficiency and quality of justice", CEPEJ Studies No. 26, 2018 Edition (2016 data), p. 234 – disponível em https://rm.coe.int/rapport-avec-couv-18-09-2018-en/16808def9c .

2.1.2. Apreciação

2.1.2.1 A omissão no sistema de organização judiciária de mecanismos e instrumentos de controlo de qualidade do serviço prestado pelo sistema de justiça tem de ser colmatada em torno de dois eixos fundamentais, muito embora aparentemente antagónicos:

- A necessidade de impedir que através da institucionalização de tal sistema se abra a porta a ingerências de outros poderes, assim comprometendo a independência do Poder Judicial;
- A necessidade de garantir que a atividade do sistema de justiça seja alvo de uma verdadeira avaliação externa, não permeável a discursos autojustificativos por parte dos Conselhos Superiores, mais inclinados para uma atitude de autopreservação e perpetuação do sistema do que para um olhar crítico focado na mudança de atitudes e práticas (que implicam por vezes autêntica ruturas), com vista à melhoria do sistema.

Se o primeiro dos eixos mencionados leva a que se tenha necessariamente de colocar a estrutura que venha a ser idealizada na dependência dos Conselhos Superiores (assim garantindo que não estarão dependentes de qualquer outro dos poderes do Estado), cabendo ao sistema judicial a definição dos critérios e parâmetros de referência que devem presidir à avaliação da qualidade, o segundo implica que nessa estrutura se prevejam mecanismos que garantam a existência de uma análise e aferição com um grau de autonomia perante o próprio sistema de justiça (e os respetivos conselhos superiores) que permita uma análise verdadeiramente independente do sistema.

A necessidade de institucionalização de sistemas de controlo de qualidade do sistema judicial tem sido sentida em inúmeros países e existem já alguns exemplos de sistemas implementados e com algum lastro que podem servir de orientação ao que poderia vir a ser um modelo para o sistema português.

2.1.2.2. Como se disse, um qualquer sistema de avaliação de qualidade tem de se situar no seio da estrutura do sistema judicial, de forma a evitar suspeitas de tentativa de ingerência por parte dos outros poderes do Estado.

Assim, teriam os conselhos superiores de criar secções autónomas de controlo de qualidade, responsáveis por todo o trabalho de recolha de dados, realização de inquéritos, análise estatística e demais atividade burocrática necessária ao controlo de qualidade.

Além disso, e mais importante, a definição dos critérios e parâmetros de referência deve caber ao poder judicial, não podendo ser determinado por outra entidade.

Um exemplo de boas práticas na definição de critérios e parâmetros de aferição da qualidade do sistema de justiça pode ser colhido da experiência finlandesa. O *Court of Appeal* de Rovaniemi lançou em 1999 o "*Quality Project of the Courts in the Jurisdiction of the Court of Appeal of Rovaniemi*", através do qual pretendeu potenciar a qualidade do serviço prestado pelos tribunais, estabelecendo grupos de trabalho constituídos por juízes, procuradores, advogados e outros membros do sistema, dedicados a temas específicos, procurando analisar, debater e encontrar soluções de melhoria dos entraves/deficiências encontrados. O sucesso do projeto – galardoado em 2005 com o Prémio Balança de Cristal (*Crystal Scales of Justice Prize*) da CEPEJ, que visa descobrir e evidenciar práticas inovadoras e eficazes no que diz respeito ao funcionamento da justiça, aos processos judiciais ou à organização dos tribunais – levou a que evoluísse para a criação de um grupo de trabalho que definisse parâmetros de referência para a avaliação da qualidade da justiça e o seu desenvolvimento.

Foram definidos seis parâmetros de referência, com um total de 40 critérios de qualidade:

1) O processo (nove critérios);
2) A decisão (sete critérios);
3) O tratamento das partes e do público (nove critérios);
4) Tempestividade dos processos (quatro critérios);
5) Competência e aptidões profissionais do juiz (seis critérios);
6) Organização e gestão do processo (oito critérios).

Estes critérios estão associados a uma escala que mede a sua concretização, sendo esta aferida através de vários mecanismos: autoavaliação, inquéritos, avaliação por peritos externos, análise estatística e avaliação por parte do tribunal[59].

Desta experiência finlandesa resulta claro que a definição de critérios e parâmetros que devem presidir ao controlo de qualidade do sistema tem de resultar de um processo aberto e participado. Não pode ser somente o conselho superior a defini-los, nem muito menos resultar apenas de consulta ou deliberação de juízes presidentes de comarca – não esqueçamos que são estes os responsáveis pela gestão que estará a ser avaliada pelo controlo de qualidade. Ainda que trabalhoso, deverá o processo de definição de critérios e parâmetros de avaliação e controlo da qualidade resultar do trabalho conjunto de um grupo mais ou menos extenso de juízes, procuradores, advogados, oficiais de justiça e utentes do sistema, só assim se garantindo que não sejam definidos critérios pré-orientados para a justificação das entropias de que já se sabe padecer o sistema de justiça.

Por outro lado, os critérios têm de estar associados a mecanismos concretos de quantificação da sua verificação, pois só assim se garante que não se ficam meramente pelo papel, antes serão a tradução do que na prática ocorra.

Por último, importa definir os métodos de aferição do preenchimento dos critérios: autoavaliação; inquéritos a atores e/ou utentes do sistema; intervenção de peritos externos; etc.

2.1.2.3. Já no que toca à necessidade de autonomia do controlo de qualidade relativamente ao próprio sistema, a experiência neerlandesa

[59] Para uma visão do projeto e dos parâmetros de referência v. How to Assess Quality in the Courts? Quality Benchmarks for Adjudication are a means for the improvement of the activity of the courts, The Quality Project of the Courts in the Jurisdiction of the Court of Appeal of Rovaniemi, Finland, disponível em https://oikeus.fi/hovioikeudet/rovaniemenhovioikeus/material/attachments/oikeus_hovioikeudet_rovaniemenhovioikeus/mvEf2FcHH/quality.pdf ; Evaluation of the Quality of Adjudication in Courts of Law – Principles and proposed Quality Benchmarks, Quality Project of the Courts in the Jurisdiction of the Court of Appeal of Rovaniemi, Finland, março de 2006, disponível em https://www.courtexcellence.com/__data/assets/pdf_file/0024/6765/qualitybenchmarksfinlanddetailed.pdf .

poderá ser um modelo a seguir[60]/[61]. O controlo de qualidade do sistema judicial dos Países Baixos compreende vários instrumentos de aferição da qualidade, dentre os quais merece destaque o da *visitation*[62].

De quatro em quatro anos, uma comissão externa e independente do conselho superior visita os tribunais e elabora um relatório com total independência e autonomia, o que é visto como uma forma de *accountability* do sistema judicial perante a sociedade e uma oportunidade de melhoria do sistema.

A comissão é composta por 12 elementos, 8 exteriores ao sistema judicial (representando vários setores da sociedade) e 4 provenientes deste (dos quais pelo menos 2 são juízes), escolhidos conjuntamente pelo Conselho Superior e pelos Juízes Presidentes. A título de exemplo, a de 2018 tinha a seguinte composição: o presidente da Câmara de Amesterdão; o vice-provedor de justiça; um professor universitário de *corporate governance*; um membro do conselho de administração do instituto de estatística; um ex-presidente da *União Nacional de Estudantes*; o presidente do conselho executivo de uma universidade; um ex-bastonário da Ordem dos Advogados; um professor universitário de organização da justiça e administração judiciária; um antigo diretor de ordem pública e segurança do município de Amesterdão; um procurador-geral adjunto; cinco juízes de várias instâncias.

O presidente e o vice-presidente da comissão são obrigatoriamente membros exteriores ao sistema judicial. Comités restritos de 5 elementos (3 externos e 2 internos, de preferência que não exerçam funções

[60] Os autores agradecem nesta parte a colaboração da juíza holandesa Tamara Trotman, pelas informações prestadas sobre o sistema neerlandês.

[61] Como qualquer sistema, o modelo holandês não está isento de crítica nem é aqui apresentado como um modelo perfeito – veja-se Max Visser, Roel Schouteten e Josje Dikkers, "Controlling the Courts: New Public Management and the Dutch Judiciary", Justice System Journal, 2019 – disponível em https://doi.org/10.1080/0098261X.2018.1539645 . Não se pode deixar de reconhecer, porém, que é dos modelos mais avançados e completos que hoje existem de controlo de qualidade do sistema judicial.

[62] Quality of the judicial system in the Netherlands, Netherlands Council for the Judiciary, março de 2008 – disponível em https://www.rechtspraak.nl/SiteCollectionDocuments/Quality-of-the-judicial-system-in-the-7Netherlands.pdf .

no tribunal a visitar) levam a cabo as visitas aos diferentes tribunais e ao Conselho.

O Comité muda integralmente de composição a cada 4 anos e é inteiramente independente do Conselho Superior ou de qualquer outra entidade. Os membros exteriores ao sistema exercem as suas funções a tempo parcial e são remunerados pelas mesmas, sendo o pagamento a cargo do Conselho Superior.

O "ciclo" de atividade da comissão dura habitualmente um ano (desde o início das visitas aos tribunais até à publicação do relatório final), sendo as tarefas administrativas asseguradas por um gabinete especialmente estabelecido no Conselho Superior, que se encarrega dos aspetos organizacionais e de comunicação com os tribunais, bem como do planeamento da auditoria. Este gabinete é composto por um gestor de projeto e três funcionários, nomeados para estas funções em comissão de serviço dentre os funcionários dos tribunais.

A comissão tem ampla liberdade para desenvolver o seu trabalho, aceder a todos os dados disponíveis no conselho e nos tribunais e fazer as visitas, diligências e contactos que entenda adequados (estando impedida, porém, de contactar as partes dos processos), sem qualquer interferência do conselho superior.

Desde a criação deste sistema, foram feitas quatro visitas: em 2006, em 2010, em 2014 e em 2018. No final de todas as visitas foi elaborado um relatório, amplamente divulgado e publicado, que termina com conclusões e recomendações de melhoria do sistema.

Todos os relatórios foram sempre alvo de resposta por parte do conselho superior (também ela livremente acessível por qualquer cidadão), na qual se analisam as críticas feitas e se apontam respostas e caminhos a seguir para as superar, tendo o relatório de 2018 sido também alvo de debate parlamentar[63].

[63] Todos os relatórios das visitas e respostas do conselho superior podem ser consultados em https://www.rechtspraak.nl/Organisatie-en-contact/Organisatie/Raad-voor-de-rechtspraak/Kwaliteit-van-de-rechtspraak/Visitatie .

2.1.3. Conclusões

a) No seio dos conselhos superiores devem ser criados departamentos autónomos de controlo de qualidade do sistema judicial.

b) Os conselhos superiores devem iniciar procedimentos abertos e participados (não limitados aos conselhos ou aos juízes presidentes) de definição de critérios e parâmetros de aferição da qualidade do sistema de justiça.

c) Tais critérios devem estar associados a métodos concretos de aferição do seu preenchimento e a tabelas que permitam a sua quantificação.

d) Deve ser instituído um mecanismo periódico de visita aos tribunais por parte de uma comissão independente dos conselhos superiores, com vista à aferição da qualidade e resposta do sistema e elaboração de um relatório final, a ser amplamente divulgado e alvo de resposta (também ela pública) por parte dos conselhos superiores.

2.2. Presidência das comarcas: nomeação e capacitação

O juiz presidente da comarca deve ser eleito pelos juízes em funções na respetiva circunscrição, eventualmente em sistema mitigado, entre juízes pré selecionados pelo CSM depois de ouvidos os juízes em funções na comarca, mantendo-se o caráter obrigatório da formação específica a facultar aos presidentes de comarca, que poderá, todavia, ter lugar em momento anterior ou posterior à respetiva nomeação.

2.2.1. Quadro atual

2.2.1.1. A Lei da Organização do Sistema Judiciário (Lei n.º 62/2013, de 26 de agosto, **LOSJ**) prevê que em cada tribunal de comarca existe um presidente (artigo 92.º, n.º 1).

Este é nomeado, *por escolha, pelo Conselho Superior da Magistratura*, em comissão de serviço, pelo período de três anos, de entre juízes que cumpram os seguintes requisitos: ***a)*** Exerçam funções efetivas como juízes desembargadores e possuam classificação de Muito bom em anterior classificação de serviço; ou ***b)*** exerçam funções efetivas como juízes de direito, possuam 15 anos de serviço nos tribunais e última classificação de serviço de Muito bom (artigo 92.º, n.º 2, da LOSJ).

A nomeação do juiz presidente da comarca pelo Conselho Superior da Magistratura é precedida da audição dos juízes que exercem funções na comarca respetiva (artigo 45.º-C do Estatuto dos Magistrados Judiciais).

A comissão de serviço pode não dar lugar à abertura de vaga, pode ser cessada a qualquer momento, mediante deliberação fundamentada do Conselho Superior da Magistratura (artigo 92.º, n.º 3, da LOSJ) e pode ser renovada por iguais períodos de três anos, mediante avaliação favorável do Conselho Superior da Magistratura, ponderando o exercício dos poderes de gestão e os resultados obtidos na comarca (artigo 93.º da LOSJ).

O juiz presidente da comarca tem, designadamente, as competências previstas no artigo 94.º da LOSJ[64].

Quando no mesmo tribunal ou juízo exerçam funções mais de cinco juízes, o presidente do tribunal, ouvidos aqueles, pode propor ao Conselho Superior da Magistratura a nomeação de um magistrado judicial coordenador, para um ou mais juízos, obtida a prévia concordância deste. O magistrado judicial coordenador exerce, sob orientação do presidente do tribunal, as competências que este lhe delegar, sem prejuízo do respetivo poder de avocação, devendo prestar contas do seu exercício sempre que para tal solicitado pelo presidente do tribunal (artigo 95.º, n.ºs 1 e 2, da LOSJ).

A LOSJ prevê, ainda, que o exercício de funções de presidente do tribunal implica a aprovação em curso de formação específico (artigo 97.º da LOSJ).

2.2.1.2. Paralelamente, o Estatuto dos Tribunais Administrativos e Fiscais[65] (ETAF) prevê que em cada zona geográfica existe um presidente, nomeado pelo Conselho Superior dos Tribunais Administrativos e Fiscais para um mandato de três anos, com poderes relativamente a todos

[64] Norma de competência nuclear, que não esgota toda a regulação legal da matéria – vd., a título de mero exemplo, entre outros possíveis, o artigo 45.º-A do Estatuto dos Magistrados Judiciais.

[65] Aprovado pela Lei n.º 13/2002, de 19 de fevereiro.

os tribunais administrativos de círculo e tribunais tributários aí situados (artigo 43.º, n.º 1, do ETAF). Este mandato pode ser renovado por uma vez, por igual período, mediante avaliação favorável do Conselho Superior dos Tribunais Administrativos e Fiscais, ponderando o exercício dos poderes de gestão e os resultados obtidos (artigo 43.º, n.º 2, do ETAF). A nomeação do juiz presidente e a renovação do respetivo mandato são obrigatoriamente precedidas da audição dos juízes que exercem as suas funções nos tribunais da respetiva zona geográfica (artigo 43.º, n.º 3, do ETAF).

Os juízes presidentes, na jurisdição administrativa e fiscal, são nomeados em comissão de serviço, que não dá lugar à abertura de vaga, de entre juízes que: *a)* exerçam funções efetivas como juízes desembargadores e possuam classificação não inferior a Bom com distinção; ou *b)* exerçam funções efetivas como juízes de Direito e possuam 10 anos de serviço efetivo nos tribunais administrativos e classificação não inferior a Bom com distinção (artigo 43.º, 4, do ETAF).

O ETAF contém, ainda, normas paralelas ao artigo 97.º da LOSJ, quanto à frequência de um curso de formação específico (artigo 43.º, n.os 5 e 6, do ETAF [66].

As competências do presidente do tribunal na jurisdição administrativa e fiscal aproximam-se das que se encontram na LOSJ para o juiz presidente da comarca. Aliás, o ETAF prevê que o primeiro exerce as competências que resultem da aplicação subsidiária das competências previstas para o segundo, com as necessárias adaptações, e as que lhe forem delegadas pelo Conselho Superior dos Tribunais Administrativos e Fiscais (artigo 43.º-A da LOSJ).

2.2.1.3. O curso de formação a que se referem os artigos 97.º da LOSJ e 43.º, n.os 5 e 6, do ETAF é realizado pelo Centro de Estudos Judiciários com a colaboração de outras entidades formadoras, nomeadamente, o Conselho Superior da Magistratura, o Conselho Superior dos Tribunais

[66] O artigo único da Portaria n.º 367/2019, de 10 de outubro, estabelece que o regulamento do curso de formação específico aprovado pela Portaria n.º 46/2017, de 31 de janeiro, é aplicável ao exercício de funções de magistrado do Ministério Público coordenador e de administrador judiciário a que se referem, respetivamente, o n.º 2 do artigo 52.º -A e o n.º 1 do artigo 56.º, ambos do ETAF.

Administrativos e Fiscais, o Conselho Superior do Ministério Público e a Direção-Geral da Administração da Justiça (artigos 13.º, n.º 2, do Regime de Organização e Funcionamento dos Tribunais Judiciais - ROFTJ - [67], 43.º, n.º 6, do ETAF e 3.º da Portaria n.º 46/2017, de 31 de janeiro) e abrange diversas áreas de competência[68].

[67] Aprovado pelo Decreto-Lei n.º 49/2014, de 27 de março,

[68] Nos termos do artigo 4.º da Portaria n.º 46/2017, de 31 de janeiro, o curso de formação específico obedece a um plano de estudos aprovado pelo diretor do CEJ, ouvidos os Conselhos Superiores respetivos e a Direção-Geral da Administração da Justiça. O plano de estudos contém a programação das atividades formativas, incluindo as componentes de formação e respetiva carga horária, a duração e a calendarização do curso, o local de realização das atividades e o sistema de avaliação. O curso de formação específico visa o desenvolvimento das competências elencadas, consoante o caso, nos artigos 94.º, 101.º e 106.º da Lei n.º 62/2013, de 26 de agosto, nos artigos 13.º, n.º 1, e 15.º, n.º 1 do Decreto-Lei n.º 49/2014, de 27 de março, e nos artigos 43.º, n.º 4, 43.º-A e 48.º (este atualmente revogado), da Lei n.º 13/2002, de 19 de fevereiro, versando, designadamente, sobre as seguintes matérias: organização e atividade administrativa, organização do sistema judicial e administração do tribunal; ética judiciária; gestão do tribunal e gestão processual; simplificação e agilização processuais; simplificação procedimental; avaliação e planeamento; análise e avaliação de estudos de casos de boas práticas nacionais e internacionais; gestão de recursos humanos e liderança; festão de recursos orçamentais, materiais e tecnológicos; informação e conhecimento; redes internas colaborativas; qualidade, inovação e modernização; transformação digital; instrumentos de gestão tecnológica; segurança da informação e de tratamento de dados; orçamento e contabilidade dos tribunais; instrumentos de apoio à gestão; higiene e segurança no trabalho. Podem ser previstas componentes de formação comuns ao desenvolvimento de qualidades e aquisição de competências técnicas para o exercício de funções de presidente do tribunal, de magistrado do Ministério Público coordenador e de administrador judiciário, a par de componentes de formação específicas para cada uma das funções a exercer. No caso de ser identificada uma nova necessidade de formação os Conselhos Superiores podem apresentar uma proposta ao Diretor do Centro de Estudos Judiciários que analisará da oportunidade da mesma, tendo em vista o desenvolvimento do novo referencial de formação e a respetiva disponibilização no curso de formação.
No artigo 13.º, n.º 3, do ROFTJ prevê-se que os candidatos selecionados para a frequência do curso de formação podem ser parcialmente dispensados da realização do mesmo quando demonstrem possuir formação académica que o Centro de Estudos Judiciários considerar equivalerem a módulos ministrados no referido curso, sob proposta das entidades responsáveis pela nomeação.

2.2.2. Apreciação

A regra da nomeação do juiz presidente da comarca pelo Conselho Superior da Magistratura obedece a uma racionalidade evidente.

Se olharmos para as competências previstas no artigo 94.º da LOSJ, verificamos que, numa parte substancial delas, existe forte afinidade com a atividade do Conselho Superior da Magistratura, na sua vertente gestionária, surgindo o juiz presidente da comarca como impulsionador, colaborador ou elo de ligação em procedimentos da esfera de atuação daquele Conselho.

A mesma observação vale, *mutatis mutandis*, para o presidente do tribunal na jurisdição administrativa e fiscal, face ao disposto no artigo 43.º-A do ETAF.

2.2.2.1. Esse alinhamento "natural" torna compreensível a solução de nomeação dos juízes presidentes pelos respetivos conselhos superiores, a favor da qual se poderão, ainda, invocar dois argumentos adicionais. *Por um lado*, essa escolha não é – *rectius*, não deve ser – arbitrária, estando os conselhos superiores legalmente vinculados a adotar procedimentos tendentes à escolha e nomeação dos juízes presidentes com regras previamente delineadas e publicitadas e a fundamentar as suas decisões. *Por outro lado*, a escolha pelos conselhos é uma escolha de órgãos democraticamente legitimados, cujos membros juízes são escolhidos por outros juízes e os não juízes são designados por órgãos constitucionais.

Não obstante, esta solução não tem sido consensual.

Assim é, principalmente, porque a figura do juiz presidente não se esgota nessa relação colaborativa com o respetivo conselho. A prática tem demonstrado que é essencial a sua capacidade de relacionamento com os colegas juízes, seja para a correta identificação dos problemas a resolver, seja para encontrar a sua melhor solução. Na relação com os juízes que se encontram no exercício de funções jurisdicionais em cada comarca (tribunais comuns) ou área geográfica (tribunais administrativos e fiscais), a confiança é um elemento da maior importância. Essa confiança não depende sempre e não depende exclusivamente de um conhecimento prévio da pessoa investida nessas funções, mas esse conhecimento facilita o estabelecimento da relação de confiança.

Numa lógica essencialmente reformista, pode esperar-se que a eleição pelos seus pares promova uma maior horizontalidade entre o juiz responsável pela gestão da comarca e os juízes em funções jurisdicionais, indo assim ao encontro do modelo constitucional e legal no nosso ordenamento jurídico, que exclui a relação hierárquica entre juízes. Exercendo responsavelmente a jurisdição, os juízes devem ocupar o centro do sistema de justiça juntamente com os cidadãos *em nome de quem* se organiza aquele mesmo sistema. A eleição do presidente da comarca pelos juízes pode promover, pois, a inversão da tendência para a criação de laços de tipo hierárquico entre o CSM e o juízes presidentes por um lado e, por outro, os juízes das comarcas que alimenta a tendência para a funcionalização destes últimos, em detrimento de uma cultura judicial de independência externa e interna perante os demais poderes e interesses e de autorresponsabilidade em face dos diversos deveres e princípios éticos que moldam o estatuto dos juízes e o exercício da sua função.

Não causará, pois, qualquer surpresa que os juízes tenham feito sentir a vontade de uma maior participação ativa na escolha dos juízes presidentes. Uma participação ativa mais substancial do que a sua audição formal, prevista nos artigos 43.º, n.º 3, do ETAF e 45.º-C do EMJ, designadamente através de um sistema de *eleição pelos pares*.-

2.2.2.2. Do exposto não resulta que a eleição seja um modelo isento de reparo, dúvidas e dificuldades. Ao sistema de eleição em "estado puro", incontrolável pelos conselhos superiores, pode apontar-se-lhe não parecer ajustado ao atual quadro de competências e apresentar, pela sua natureza, riscos de divisionismo.

A solução poderá encontrar-se em modelos eletivos mitigados que encontrem um equilíbrio tendente a assegurar que os conselhos não se afastem da vontade dos juízes sem fundamento, em vez de, simplesmente, copiar o modelo dos tribunais superiores (eleição direta pelos seus pares) pensado para realidade diversa, desde logo no plano das competências exercidas e da autonomia desse exercício.

Um modelo mitigado possível poderá ser o de pré-seleção de um grupo de candidatos pelos conselhos, depois de ouvidos os juízes em funções na comarca ou zona geográfica, seguida de eleição pelos pares.

2.2.2.3. Quanto ao curso de formação, embora a sua efetiva utilidade – pelo menos na sua configuração atual – não colha consenso, a maioria dos juízes presidentes parece reconhecer a sua utilidade, sem prejuízo de ajustamentos ao modelo. Assim, não parece avisado retirar da lei a necessidade de os juízes presidentes frequentarem o curso.

No entanto, não parece razoável impor a sua frequência e aprovação como condição *prévia* da elegibilidade. Essa condição limitaria o universo eleitoral passivo, com grande limitação do sistema eletivo.

Assim, o candidato eleito poderia frequentar o curso *após a sua eleição.*

2.2.3. Conclusões

a) Embora exista forte afinidade entre as competências dos juízes presidentes de comarca e a atividade do Conselho Superior da Magistratura, na sua vertente gestionária, surgindo o juiz presidente da comarca como impulsionador, colaborador ou elo de ligação em procedimentos da esfera de atuação daquele Conselho, a figura do juiz presidente não se esgota nessa relação colaborativa com o respetivo conselho;

b) A prática tem demonstrado que é essencial ao exercício das competências de gestão processual do juiz presidente, a sua capacidade de relacionamento com os colegas juízes, seja para a correta identificação dos problemas a resolver, seja para encontrar a sua melhor solução;

c) Numa lógica essencialmente reformista, pode esperar-se que a eleição pelos seus pares promova uma maior horizontalidade nas relações entre o juiz responsável pela gestão da comarca e os juízes em funções jurisdicionais, indo assim ao encontro do modelo constitucional e legal no nosso ordenamento jurídico, que exclui a relação hierárquica entre juízes;

d) Não sendo a eleição um modelo isento de reparo, dúvidas e dificuldades, a que pode apontar-se apresentar, pela sua natureza, riscos de divisionismo, pode encontrar-se um maior equilíbrio em modelos eletivos mitigados em que os conselhos não se afastem da vontade dos juízes sem fundamento, o que pode lograr-se com a pré-seleção de um grupo de candidatos pelos conselhos, depois de ouvidos os juízes em funções na comarca, seguida de eleição pelos pares;

e) Quanto ao curso de formação, embora a sua efetiva utilidade – pelo menos na sua configuração atual – não colha consenso, não parece avisado retirar da lei a necessidade de os juízes presidentes frequentarem o curso, antes ou depois da sua eleição.

2.3. Presidência das Relações e sua relevância institucional

Deve criar-se um órgão institucional constituído pelos presidentes dos tribunais da Relação – "Conselho das Relações" – com competências próprias em matérias de gestão e organização relativas às funções próprias daqueles tribunais e dos respetivos presidentes.

2.3.1. Quadro atual

Os tribunais da Relação, atualmente em número de cinco (Guimarães, Porto, Coimbra, Lisboa e Évora), são em regra tribunais judiciais de segunda instância cuja circunscrição territorial tem por referência os agrupamentos de comarcas definidos na lei desde que, em 2014[69], foi abandonada a anterior referência aos distritos judiciais que tinham o mesmo nome do respetivo tribunal da Relação (exceção feita ao TR Guimarães), e neles exercem funções mais de 400 desembargadores no total. Os tribunais da relação têm autonomia administrativa financeira que lhes foi reconhecida no ano 2000, por diploma legal[70] que veio estabelecer o regime jurídico da gestão administrativa dos tribunais superiores, criando então um órgão com competência administrativa e financeira "*composto pelo presidente do tribunal, pelo vice-presidente e pelo secretário do tribunal*"[71], assumindo, no seu preâmbulo, pretender "*confiar aos próprios*

[69] Decreto-Lei n.º 49/2014 de 27 de março, que regulamentou a nova Lei da Organização do Sistema Judiciário (LOSJ), aprovada pela Lei n.º 62/2013, de 26 de Agosto, com as alterações subsequentes.

[70] Decreto-Lei n.º 177/2000, de 09 de agosto, alterado pelo Decreto-Lei n.º 74/2002, de 26 de março.

[71] Artigo 3.º do Decreto-Lei n.º 177/2000, de 09 de agosto, que para além da respetiva constituição, estabelece ainda caber aos conselhos administrativos exercer a competência administrativa e financeira que integra a gestão normal dos serviços de apoio através

tribunais uma participação activa no exercício da função administrativa, com inegáveis vantagens no que respeita à desconcentração de competências do Estado".

Os Presidentes dos Tribunais da Relação, que são eleitos pelos respetivos juízes desembargadores, de entre eles, por um período de 5 anos não renovável, são membros do conselho administrativo do tribunal e têm competência própria para as matérias de natureza administrativa previstas na LOSJ[72], sendo-lhes ainda normalmente delegadas outras competências administrativas pelo Plenário do CSM[73], tanto relativas a atos de gestão concernentes aos processos e/ou aos juízes dos respetivos tribunais (vg. determinar a redistribuição e suspensão de processos ou a redução da distribuição, nas situações previstas), como a atos concernentes aos direitos e deveres profissionais daqueles mesmos desembargadores, (vg. aprovação dos respetivos mapas de férias ou concessão de autorização para residir em local diferente do domicílio necessário).

Apesar de terem perdido o estatuto de membros natos do CSM que o EMJ de 1977[74] lhes reconhecia, os presidentes das relações mantêm o seu potencial de órgãos consultivos do CSM nas múltiplas funções deste

dos atos que descreve de forma exemplificativa: elaborar os projetos de orçamento do tribunal; autorizar as despesas que não devam ser autorizadas pelo presidente;
autorizar o pagamento de despesas, qualquer que seja a entidade que tenha autorizado a respetiva realização; Orientar a contabilidade e fiscalizar a sua escrituração; gerir o parque automóvel afeto ao tribunal;
g) Exercer as demais funções previstas na lei.

[72] Artigos n.º 76.º e 62.º, , da LOSJ: dar posse ao vice-presidente, aos juízes e ao secretário do tribunal; dirigir o tribunal, superintender nos seus serviços e assegurar o seu funcionamento normal, emitindo as ordens de serviço que tenha por necessárias; Exercer ação disciplinar sobre os oficiais de justiça em serviço no tribunal, relativamente a pena de gravidade inferior à de multa; exercer as demais funções conferidas por lei.

[73] Quer nos termos do artigo n.º 158.º n.º2 do EMJ, que se refere expressamente à delegação pelo CSM do poder de autorizar que magistrados se ausentem do serviço, de conceder autorização para residir em local diferente do domicílio necessário a que se refere o n.º 1 do artigo 8.º e de prorrogar o prazo para a posse e autorizar ou determinar que esta seja tomada em lugar ou perante entidade diferente, quer nos termos do 44.º n.º2 do Código do Procedimento Administrativo.

[74] Aprovado pela Lei n.º 85/77 de 13 de dezembro, que no artigo n.º 140 n.º2 indicava como membros natos do CSM o Presidente da República (que presidia ao CSM), o presidente do STJ (vice-presidente do CSM), os Presidentes dos tribunais de Relação e o Provedor de Justiça)

órgão, dada a descentralização regional inerente à distribuição geográfica das relações e a proximidade com os juízes desembargadores que as compõem, estabelecendo o atual EMJ[75] que o CSM pode convocar os presidentes das relações para participar nas reuniões, com voto consultivo, e que deve fazê-lo sempre quando se trate de graduação para acesso ao Supremo Tribunal de Justiça, desde que não estejam impedidos.

Desde a reforma de 2013 e 2014[76] que os presidentes da Relação deixaram de ter a seu cargo funções de gestão administrativa e de recursos humanos relativamente às comarcas que integravam o respetivo distrito Judicial, as quais passaram a ser da competência dos presidentes dos tribunais de comarca: dar posse aos juízes, organizar os mapas de turnos e de férias dos juízes nos diversos tribunais de comarca, justificar as suas faltas ou nomear juiz substituto nos casos legalmente previstos .

Os presidentes da Relação, a quem não são distribuídos processos de qualquer das secções, apenas têm intervenção jurisdicional, residual[77], nos seguintes casos:

- Decisão de conflitos de competência, entre tribunais de comarca da área de competência do respetivo tribunal ou entre algum deles e um tribunal de competência territorial alargada sediado nessa área, competência que podem delegar no vice-presidente do tribunal da Relação (igualmente eleito pelos seus pares, por período de 5 anos não renovável);

[75] Artigo n.º 156.º n.º4.

[76] LOSJ e respetiva regulamentação, pelo Decreto-Lei n.º 49/2014, de 27 de março

[77] O artigo n.º 76.º da LOSJ, que se reporta à competência do tribunal da Relação, remete para a al.a) do n.º1 do artigo n.º 62.º, que atribui competência ao presidente do STJ para presidir ao plenário do tribunal, ao pleno das secções especializadas e, quando a elas assista, às conferências, mas daí não advém a atribuição de competência jurisdicional ao presidente da Relação. Com efeito, apesar daquela referência e de o art.º 72.º mencionar que «Compete aos tribunais da Relação, funcionando em plenário, exercer as competências conferidas por lei», as leis de processo não atribuem ao plenário do tribunal da Relação, tal como o não fazem relativamente ao plenário das secções especializadas do tribunal da Relação, competência para intervir na decisão de quaisquer processos, máxime em sede recurso, contrariamente ao que sucede relativamente ao STJ, do mesmo modo que a faculdade de presidir às conferências é excluída pela atribuição dessa e outras competências jurisdicionais previstas nas alíneas b), c) e d) do n.º 1 do artigo 62.º, ao presidente das secções especializadas conforme resulta do artigo n.º 65.º *ex vi* do artigo n.º 78.º.

- Decisão de reclamação (não vinculativa para os juízes a quem seja distribuído o processo) contra a não admissão ou retenção de recurso interposto em tribunal de comarca em processo penal, processo civil (incluindo *Família e menores*) ou *laboral*.

2.3.2 Apreciação

No sentido da criação de uma estrutura que abranja o conjunto dos presidentes das relações, colocada ao serviço de novas funções relevantes para o sistema judiciário, militam essencialmente três ordens de razões, que se interligam.

2.3.2.1. Por um lado, os tribunais da Relação conhecem em última instância de um conjunto significativo de recursos em processo penal, civil e laboral, assumindo-se paradigmaticamente como a instância de recurso em matéria de facto. Sendo constituídos por número considerável de desembargadores (mais de 400, atualmente), que proferem anualmente milhares de acórdãos sobre as mais diversas matérias, não se conhece reflexão conjunta (ou separada) dos tribunais da Relação no sentido da promoção de maior transparência e melhor acesso às decisões daqueles tribunais, cuja informatização continua a ser atomística e parcelarmente tratada por cada um dos tribunais. Do mesmo modo, é muito desigual a organização temática e a publicação de trabalhos dos desembargadores de cada uma das Relações sobre diversos aspetos das respetivas jurisdições, sem que seja conhecido o aproveitamento de sinergias resultantes da reflexão conjunta dos presidentes da Relação, quer em matérias administrativas, quer em temas relativos ao exercício da jurisdição, exercício este que parece remetido ao isolamento crescente que carateriza o trabalho dos desembargadores, cada vez mais afastados do espaço comum das relações pela desmaterialização dos processos e consequentes alterações nos respetivos métodos de trabalho, o que reclama liderança capaz de fazer face às dificuldades do período de transição que se vive e de que cuja preparação as relações parecem ausentes no espaço público.

2.3.2.2. Por outro lado, não obstante a homogeneidade de estatuto e competências daqueles órgãos unipessoais, não existe estrutura formal ou institucional que agregue o conjunto dos presidentes das relações (ou dos tribunais respetivos), capaz de produzir ou aproveitar massa crítica que reflita sobre a evolução e complexidade de área tão vasta do sistema de justiça como são os tribunais de recurso, em benefício de novas funções relevantes para o sistema judiciário. Quer discutindo e promovendo melhores regras e práticas em todos os tribunais da Relação na superintendência e organização dos serviços respetivos ou na gestão de juízes e processos; quer, sobretudo, em aspetos relativos à atividade jurisdicional daqueles mesmos tribunais, em benefício dos cidadãos cujos direitos ali se discutem e decidem, de que poderá ser exemplo não despiciendo a aludida maior uniformidade, acesso e transparência na publicação informática das decisões. Ou, em linhas de evolução conjeturáveis, promovendo a assunção de um novo papel das relações na evolução que se pretende para uma formação de juízes mais descentralizada, mais próxima dos seus agentes e destinatários.

2.2.2.3. Por último, a proximidade dos presidentes dos tribunais da Relação relativamente às funções jurisdicionais exercidas pelos juízes que os compõem, incluindo o que respeita às matérias da competência daqueles tribunais e a especial legitimidade que lhes advém da eleição direta pelos seus pares, tornaria o órgão colegial ora preconizado especialmente adequado para:

- Representar os presidentes da Relação na preparação e discussão dos movimentos judiciais, substituindo-se assim o sistema de contactos atomizados dos presidentes das Relações;
- Pronunciar-se sobre alterações legislativas em matérias ou processos exclusiva ou predominantemente da competência dos tribunais da Relação, de que são exemplos as regras reguladoras dos recursos para aqueles tribunais ou a matéria dos Mandados de Detenção Europeu.

2.2.3. Conclusões

Numa lógica tributária do princípio da tutela jurisdicional efetiva e seus corolários normativos e organizativos (vg direito de acesso aos tribunais, direito a decisão a proferir em prazo razoável, de que são destinatários o legislador e os tribunais), assume-se na criação do preconizado Conselho das Relações o propósito de criar um órgão colegial que possa envolver os presidentes dos tribunais da Relação, enquanto órgãos (essencialmente) administrativos, em funções de particular proficiência e utilidade ao serviço da jurisdição e, consequentemente, de melhor justiça para os cidadãos.

Nomeadamente, reconhecendo-se ao Conselho das Relações, competência para:

a) Promover a assunção de critérios para a preparação e uniformização da publicação dos acórdãos das relações, quer quanto a aspetos de forma, quer quanto à estrutura e teor dos sumários respetivos ou, ainda, com vista a eventual publicação unitária da jurisprudência das diversas relações;
b) Pronunciar-se sobre reformas legislativas com incidência em processos e/ou matérias exclusiva ou predominantemente das relações;
c) Discutir critérios uniformes para a aplicação de medidas de gestão de juízes e processos nos tribunais da Relação;
d) Representar os presidentes da Relação ou acompanhá-los no exercício da função consultiva junto do CSM;
e) Promover perante o CSM iniciativas relativas à competência desse órgão de «Estudar e propor ao membro do Governo responsável pela área da justiça providências legislativas e normativas com vista à eficiência e ao aperfeiçoamento das instituições judiciárias»;
f) Representar os presidentes da Relação na preparação e discussão dos movimentos judiciais, substituindo-se assim o sistema de contactos atomizados dos presidentes da Relação.

II. Recrutamento e capacitação judiciária

1. Recrutamento e seleção de candidatos

1.1 As vias de ingresso na formação inicial

O acesso às magistraturas deve ser feito através de uma única via para quem preencha os requisitos, comuns, legalmente exigidos, pondo-se termo ao modelo legislativo atual que prevê a via académica e a via profissional de acesso aos concursos para ingresso de auditores de justiça no CEJ

1.1.1. Quadro atual

A Lei n.º 2/2008, de 14 de janeiro (doravante, Lei do CEJ), veio regular o ingresso nas magistraturas, a formação de magistrados e a natureza, estrutura e funcionamento do CEJ, revogando a Lei n.º 16/98, de 8 de abril. [78]Uma das principais novidades da Lei do CEJ, que se mantém, foi a criação de duas vias de ingresso na formação inicial de magistrados, previstas na alínea *c)* do seu artigo 5.º:

i) Ser titular do grau de mestre ou doutor ou equivalente legal[79] ou
ii) Possuir experiência profissional na área forense ou em outras áreas conexas, relevante para o exercício das funções de magistrado, e de duração efetiva não inferior a cinco anos, vulgarmente designadas como "via académica" e "via profissional", respetivamente[80].

A primeira corresponde, *grosso modo*, à que anteriormente existia. A segunda foi instituída em 2008.

Assinalam-se os seguintes traços do sistema, no que à diferença nas vias de acesso respeita, para além, obviamente, dos respetivos requisitos gerais, já apontados:

[78] Alterada, sucessivamente, pelas Leis n.os 60/2011, de 28 de novembro, 45/2013, de 3 de julho, 80/2019, de 2 de setembro, e 21/2020, de 2 de julho.

[79] Nos termos do artigo 111.º da Lei do CEJ, os titulares do grau de licenciado em Direito conferido ao abrigo de organização de estudos anterior ao estabelecido pelo Decreto-Lei n.º 74/2006, de 24 de março (a designada licenciatura "pré-Bolonha") ou equivalente legal podem concorrer com dispensa dos requisitos previstos na alínea c) do artigo 5.º, aplicando-se-lhes, neste caso, as regras de concurso, ingresso e formação previstas para os candidatos que concorram com base na primeira parte da referida alínea c).

[80] Designação que aqui adotaremos – e foi já adotada no enunciado da questão –, tendo em vista simplificar a exposição.

a) No concurso para o preenchimento de vagas na magistratura judicial e do Ministério Público é reservada, relativamente a cada magistratura, *uma quota de ingresso* de 25% para cada uma das duas vias de admissão (idêntica regra vale para o concurso para o preenchimento de vagas de juízes dos tribunais administrativos e fiscais) – artigo 9.º da Lei do CEJ;

b) Os candidatos pela via profissional podem apresentar outros documentos que entendam relevantes para apreciação do seu currículo – artigo 11.º, n.º 2, da Lei do CEJ; o requerimento de candidatura ao concurso de ingresso na formação inicial de magistrados deve indicar expressamente qual a via de admissão ao abrigo da qual a candidatura é apresentada, não podendo ser admitida candidatura no mesmo concurso por ambas as vias – artigo 11.º, n.º 3, da Lei do CEJ;

c) As provas da fase escrita do concurso de ingresso na formação inicial de magistrados são diferentes para cada uma das vias:

c.1.) As da via académica compreendem a realização de provas de resolução de casos de direito civil e comercial e de direito processual civil, de casos de direito penal e de direito processual penal e de desenvolvimento de temas culturais, sociais ou económicos e, no caso de concurso para o preenchimento de vagas de juízes dos tribunais administrativos e fiscais, resolução de casos de direito e processo administrativo e tributário e de desenvolvimento de temas culturais, sociais ou económicos;

c.2.) As da via profissional consistem na redação de uma decisão mediante a disponibilização de um conjunto de peças relevantes que constem habitualmente de um processo judicial, em matéria cível ou penal, consoante a opção do candidato e, no caso de concurso para o preenchimento de vagas de juízes dos tribunais administrativos e fiscais, redação de uma decisão mediante a disponibilização de um conjunto de peças relevantes que constem habitualmente de um processo judicial, em matéria administrativa ou tributária, consoante a opção do candidato – artigos 15.º, n.º 1, alínea *a)*, e 16.º, n.ºs 2, 3, 4 e 5, da Lei;

d) As provas da fase oral do concurso de ingresso na formação inicial de magistrados são diferentes para cada uma das vias:

d.1.) As da via académica compreendem a realização de uma discussão sobre temas de direito constitucional, direito da União Europeia e organização judiciária, uma discussão sobre direito civil e direito processual civil e direito comercial, uma discussão sobre direito penal e direito processual penal e uma discussão sobre temas de direito administrativo, direito económico, direito da família e das crianças e direito do trabalho e, no caso de concurso para o preenchimento de vagas de juízes dos tribunais administrativos e fiscais, tratar-se-á de uma discussão sobre temas de direito constitucional, direito da União Europeia e organização judiciária, uma discussão sobre direito civil e direito processual civil, uma discussão sobre temas de direito administrativo e de direito tributário e uma discussão sobre procedimento e processo administrativo e tributário;

d.2.) As da via profissional consistem numa discussão sobre o currículo e a experiência profissional do candidato e uma discussão sobre temas de direito, baseada na experiência do candidato, que pode assumir a forma de exposição e discussão de um caso prático – artigos 15.º, n.º 1, alínea *b)*, e n.º 2, 19.º, n.ºs 2 e 3, e 20.º, n.ºs 2 e 3, da Lei do CEJ;

e) A classificação final dos candidatos aprovados pela via académica é o resultado da média aritmética simples da classificação obtida na fase escrita e da classificação obtida na fase oral das provas de conhecimentos, enquanto que a classificação final dos candidatos aprovados pela via profissional é o resultado da média das classificações obtidas na avaliação curricular e nas provas de conhecimentos, com a seguinte ponderação de 70% da avaliação curricular e de 30% das provas da fase escrita – artigo 25.º, n.ºs 1 e 2, da Lei do CEJ; e, por fim,

f) Os auditores de justiça que ingressaram no curso pela via profissional podem ser dispensados da frequência de estágios e ações de formação do 2.º ciclo de formação, por deliberação do conselho pedagógico, sob proposta do diretor do CEJ – artigo 51.º, n.º 4, da Lei do CEJ.

Resulta do exposto que as principais diferenças entre as duas vias de acesso se esgotam, precisamente, no acesso, sendo inexpressivas durante e após o curso de formação[81].

1.1.2. Apreciação

1.1.2.1. A Lei do CEJ teve origem, essencialmente, na Proposta de Lei n.º 156/X, do Governo que previa já as duas referidas vias de acesso[82],

[81] Na redação inicial da Lei do CEJ, existiam, ainda, diferenças na duração dos períodos de formação, entretanto eliminadas pela alteração introduzida pela Lei n.º 45/2013, de 3 de julho. Até então, a duração do 2.º ciclo de formação era de 1 ano (setembro/julho) para os auditores que ingressavam pela via académica e de 6 meses (setembro/fevereiro) para os que ingressavam pela via profissional (artigo 35.º, n.os 2 e 3, da Lei do CEJ, na sua redação original) e a duração do estágio era, respetivamente, de 18 meses e 12 meses, a contar da data de nomeação (artigo 70.º, n.º 1, da Lei do CEJ, na sua redação original). Atualmente, os períodos estão unificados em 1 ano para o 2.º ciclo (setembro/julho, artigo 35.º, n.º 3, da Lei do CEJ, salvo prorrogação excecional) e 12 meses para o estágio (artigo 70.º, n.º 1, da Lei do CEJ, salvo prorrogação excecional).

[82] Na exposição de motivos, têm a seguinte justificação: «[no] que diz respeito ao ingresso na formação inicial de magistrados, é revogada a exigência do decurso de dois anos após a conclusão da licenciatura – requisito cujos efeitos positivos ficaram por demonstrar. Aquele requisito, fundado no mero decurso do tempo, é substituído por requisitos substanciais e – tendo em vista a promoção da diversificação no ingresso – alternativos. Criam-se, pois, dois conjuntos alternativos de requisitos de ingresso, que acrescem à formação generalista proporcionada pela licenciatura em Direito: um baseado nas habilitações académicas obtidas, outro baseado na experiência adquirida, qualificada e relevante para o futuro exercício da profissão. Valoriza-se, pois, no espírito de «Bolonha», o saber especializado e o «aprender fazendo» e estimula-se a diversificação de saberes e experiências dos candidatos que ingressarão na formação profissional orientada para o exercício das magistraturas que, essa sim, cabe ao CEJ garantir. Também os métodos de seleção são objeto de revisão, nomeadamente para promover uma seleção rigorosa adaptada às vias diversificadas de ingresso».
Pode ver-se a discussão do projeto-lei na generalidade na Reunião Plenária de 27/09/2007, Diário da Assembleia da República, Série I, n.º 5, de 28/09/2007 (X legislatura, 3.ª sessão legislativa), pp. 16/27
Origem mais remota deste modelo pode encontrar-se no denominado "Acordo Político-Parlamentar para a Reforma da Justiça" celebrado entre o Partido Socialista e o Partido

podendo retirar-se dos elementos históricos referidos em nota, que o sistema dual de vias de acesso ao curso de formação inicial teve em vista:

i) Promover a "diversificação no ingresso", referindo-se à diversidade de "saberes e experiências dos candidatos", e, desse modo, abrir a magistratura "a pessoas com percursos profissionais que devem ser valorizados numa perspetiva ampla do que deve ser ou deve vir a ser o sistema judicial";
ii) Valorizar, nesse acesso, a "experiência *adquirida, qualificada* e *relevante* para o futuro exercício da profissão"; mas, também,
iii) Assegurar uma seleção rigorosa adaptada às vias diversificadas. Tudo isto se afirmando, de algum modo, por oposição ao sistema de via única que "cerceia o acesso ao CEJ com base na experiência adquirida, qualificada e relevante para o futuro exercício destas profissões", fonte de "saber especializado e aprendido com a prática", com base em "métodos de seleção que não garantiam amplamente uma seleção mais rigorosa e adaptada às vias diversificadas de ingresso".

1.1.2.2. Decorreram cerca de 14 anos de aplicação deste modelo, o que permite confrontar os objetivos traçados pelo legislador com aquilo que foi efetivamente alcançado.

O apelo à diversidade de "saberes e experiências dos candidatos" e à abertura a "percursos profissionais que devem ser valorizados numa perspetiva ampla do que deve ser ou deve vir a ser o sistema judicial", sendo benevolente e esperançado, assenta em conceitos dependentes da visão, subjetivamente formada, de cada um quanto ao que sejam as qualidades e experiências profissionais úteis à magistratura. Será, no mínimo, pouco unívoco o propósito assim desenhado.

Note-se que não estarão em causa qualidades consensuais, como ser um jurista sólido e ter bom senso, visto que a via profissional não é apta a captá-las e validá-las em maior grau do que a via académica e, quanto à primeira, é duvidoso que o consiga em igual medida. Estará em causa

Social Democrata em 08/06/2006, que se encontra publicado na Revista JULGAR, n.º 1 (janeiro-abril de 2007), pp. 193;

algo mais, exorbitante das ponderações das provas da via académica, que adviria da experiência profissional. Não quaisquer qualidades advenientes dessa experiência, mas apenas aquelas que podem diferenciar, pela positiva, em algum aspeto, os candidatos da via profissional, face aos colegas da via académica.

Apesar da imprecisão conceptual, não é difícil imaginar situações em que a experiência profissional traz consigo um conhecimento prático relevante do sistema judicial, das consequências das suas decisões ou de realidades sociais e/ou jurídicas a montante ou a jusante do sistema judicial, o que poderá dar ao candidato uma visão diferente da profissão que abraçará que seja útil para o seu desempenho, consistindo numa *mais-valia*.

Não obstante – e será este o ponto decisivo – o sistema instituído de ingresso, com quota garantida, não tem sido capaz de assegurar, *em termos gerais*, a pretendida experiência *adquirida, qualificada* e *relevante* para o exercício da magistratura. Não a sinaliza e não a distingue. O que se encontra, as mais das vezes, é uma experiência *genérica* em profissões jurídicas, nem sempre forense e não necessariamente qualificada *para aquilo a que se destina*. Pelo contrário, e no que diz respeito à aptidão genérica do magistrado para se adaptar a diferentes matérias dentro do direito, vai crescendo a ideia que os candidatos da via profissional vêm, frequentemente, limitados por uma experiência restrita a uma certa área de prática, sem atualização e pensamento crítico sobre bases e sentido das restantes.

Acresce que, tendo-se instalado uma perceção geral de maior facilidade das provas da via profissional, esta não raramente é vista como uma "oportunidade" para aceder a uma carreira segura, na sequência de algum insucesso ou desalento com outras experiências profissionais, na certeza de que há vagas garantidas para ingresso por essa via. Também se parece acentuar uma tendência para os candidatos serem de idade mais elevada (isto é, maior do que aquela que já vai necessariamente implicada no regime da via profissional), o que não deixará de se repercutir no exercício das funções e criará carreiras mais curtas.

A metodologia das provas também não garante uma *seleção rigorosa*, sobrando uma margem indesejável de fatores aleatórios de seleção – "sorte" com a prova escrita única e empatia com o júri, que dificilmente poderá exorbitar de uma noção imperfeita da valia da experiência profissional.

Por fim, embora o sistema de graduação separe as provas e as mantenha com natureza distinta, uma vez preenchidas as quotas de cada via a seriação dos candidatos é conjunta, sem que o procedimento que a ela conduz em um e outro caso permita algum tipo de comparabilidade entre os respetivos resultados finais.

Não significando isto que *todo e qualquer candidato* da via profissional tem qualidade inferior aos da via académica, significa, acima de tudo, que aquela primeira via de ingresso não tem, ao contrário do que se esperou, a aptidão genérica para trazer à magistratura um tipo de candidato com mais-valias relevantes face aos demais candidatos, crescendo a convicção que aqueles que verdadeiramente se destacaram profissionalmente teriam, à partida, condições para serem selecionados pela via académica.

Só faria sentido manter um regime com estas características – atrativo, *num plano subjetivo*, para aqueles que procuram na magistratura estabilidade e segurança profissional difícil de encontrar em outras profissões, mas por natureza *desigual* – se os *benefícios objetivos* estivessem demonstrados, ou seja, se essa *desigualdade* fosse justificada por um benefício sistémico *positivamente demonstrado*, o que não se verifica.

Nos casos em que a experiência profissional trouxer consigo um conhecimento que dê ao candidato uma mais-valia, é mais provável – e, eventualmente, mais justo – que ele se revele ao longo dos vários momentos de contacto avaliativo do concurso de ingresso por uma via comum do que através da via que não demonstrou, até agora, que é apta a revelar tais qualidades e selecionar candidatos em função delas.

Assim, e em conclusão, o sistema dual parece trazer mais inconvenientes do que vantagens, devendo ser eliminado.

1.1.2.3. Conclusões

a) O sistema de ingresso dual, com quota garantida, não tem sido capaz de assegurar, em termos gerais, a pretendida experiência adquirida, qualificada e relevante para o exercício da magistratura.

b) A metodologia das provas também não garante uma seleção rigorosa, sobrando uma margem indesejável de fatores aleatórios de seleção.

c) Embora o sistema de graduação separe as provas e as mantenha com natureza distinta, uma vez preenchidas as quotas de cada via a seriação dos candidatos é conjunta, sem que o procedimento que a ela conduz em um e outro caso permita algum tipo de comparabilidade entre os respetivos resultados finais.

d) Deve proceder-se à eliminação da via profissional de ingresso, subsistindo apenas uma via de acesso comum.

1.2. Modelo das provas de acesso ao CEJ

É necessário o estudo e aprovação de um novo modelo de provas escritas e orais que se adequem melhor aos conhecimentos adquiridos pelos candidatos a magistrados e à sua graduação equitativa

1.2.1. Quadro atual[83]

1.2.1.1. A Lei do CEJ integra no seu objeto o regime de ingresso nas magistraturas, por concurso público, conforme expressamente assumido nos seus artigos 1.º e 6.º [84].

Do aviso de abertura do concurso devem constar obrigatoriamente, entre outros elementos discriminados no artigo 10.º, n.º 2, os "métodos de seleção a utilizar e respetivas fases, com indicação do respetivo carácter eliminatório", cujos tipos são a prova de conhecimento, a avaliação curri-

[83] Para maiores desenvolvimentos e informações acerca deste enquadramento e dos concursos de admissão realizados entre 2005 a 2008, relativos aos Cursos de Formação XXIV a XXVII, podem consultar-se os estudos disponíveis no sítio https://cej.justica.gov.pt/Documentos/Estudos-Sociogr%C3%A1ficos/RecrutamentoEstudos-Sociográficos/Recrutamento-e-Seleção-de-Magistrados/.

[84] Na linha, de resto, do que preveem os artigos 40.º, al. d), e 41.º do EMJ (Lei n.º 21/85, de 30.2), 61.º, n.º 3, 70.º, al. b), e 71.º do ETAF (Lei n.º 23/2002, de 19.2), e 146.º, al. d), e 147.º do EMP (Lei n.º 68/2019, de 27.8).

cular e o exame psicológico de seleção, os dois primeiros consoante a via de acesso dos candidatos [*académica ou profissional*] e o terceiro universal.

A *prova de conhecimentos* inclui uma fase escrita e outra oral, sendo esta substituída pela avaliação curricular, no caso de acesso pela via profissional, que decorrem perante júris cujo número e composição são definidos nos termos do artigo 13.°, pelos Conselhos Superiores, pelo Ministro da Justiça e Diretor do CEJ, quanto aos presidentes, sendo a avaliação psicológica realizada por entidade competente, cada uma delas com objetivos precisos, conforme estabelece os artigos 13.° a 23.° da Lei do CEJ.

Os júris das fases escrita e oral são compostos, no mínimo, por três e cinco elementos, respetivamente, devendo o respetivo número, a fixar pelo Diretor do CEJ, em função do número de candidatos, e composição ser publicitado no Diário da República e no sítio do CEJ, cabendo ao seu Diretor, a presidência das reuniões dos presidentes de júri, quando forem constituídos vários júris.

Por razões de ordem prática e de (in)disponibilidade funcional dos seus membros, são em regra designados vários júris compostos por mais membros do que o mínimo legalmente estabelecido, independentemente da área funcional de origem[85].

As *regras sobre a classificação e graduação* dos candidatos, são as que constam dos artigos 24.° a 29.°, sendo admitidos a frequentar o curso de formação os candidatos que tiverem sido aprovados de harmonia com tais regras e em número equivalente ao das vagas autorizadas pelo Ministro da Justiça e anunciadas no aviso de abertura do concurso, segundo a respetiva graduação.

Regras a que acrescem as dos artigos 8.° e 11.° do Regulamento Interno do CEJ, de que resultam, entre o mais, orientações vinculantes acerca da elaboração e conteúdo dos enunciados da fase escrita das provas de

[85] Como, de resto, sobressai dos Avisos n.°s 9270-A/2022 e 14778/2022, publicados no Diário da República n.°s 88 e 144, 2ª Série, Parte C, de 6 de maio e 27 de julho de 2022, pp. 783 (2-4) e 87, respetivamente, que publicitaram os Despacho do Diretor do CEJ que fixaram o número e a organização dos júris de seleção para as provas das fases escrita e oral/avaliação curricular relativas ao concurso de ingresso no 39.° Curso de Formação Inicial Teórico-Prática de Magistrados, sendo quatro para a via académica e dois para a via profissional, na fase escrita, e oito e dois na fase oral/avaliação curricular.

conhecimentos, nomeadamente a da indicação da cotação das respetivas questões ou grupos de questões.

Aos júris das fases das provas de conhecimentos, escritas, orais e avaliação curricular, cumpre a respetiva avaliação, classificação e, em função do respetivo resultado, conjugado com o do exame psicológico, estabelecer a graduação final dos candidatos.

1.2.1.2. É neste quadro normativo e apesar de se manterem elevados os números de inscritos e admitidos aos concursos, que se tem verificado, nos últimos anos, uma *acentuada diminuição dos candidatos* que conseguem ingressar nos Cursos de Formação, numa espiral descendente posterior à vigência da Lei do CEJ, aprovada pela Lei n.º 2/2008, de 14 de janeiro, que revogou a sua anterior Lei Orgânica, aprovada pela Lei 16/98, de 8 de abril, introduzindo várias e substanciais alterações no regime de seleção e recrutamento de magistrados[86].

E que o número de candidatos inscritos e admitidos sofre sucessivas reduções ao longo do procedimento a que obedece o concurso, desde logo no número inferior daqueles que efetivamente comparecem às provas escritas, dos que destas conseguem chegar às orais e, no final, obter aprovação, também dependente da menção favorável na avaliação psicológica[87].

O resultado final tem-se pautado pela aprovação de menos candidatos do que o do número de vagas abertas e, não raro, sem segurança sobre a

[86] Sintetizadas no estudo relativo ao concurso de admissão para o XXVII Curso de Formação (2008), o primeiro que se realizou após a entrada em vigor da atual Lei do CEJ, disponível no sítio referenciado na 2ª parte da nota de rodapé n.º 1. Do estudo relativo àquele XXVII Curso, resulta que se inscreveram para o correspondente concurso 1285 pessoas, foram admitidos ao concurso 1283, tendo passado à fase oral/avaliação/curricular 160 dos candidatos pela via académica e 58 da via profissional, para, a final, merecerem aprovação apenas 135 dos candidatos, 47 deles da via profissional.

[87] Os estudos sociográficos tiveram continuidade, estando disponíveis para consulta os realizados até ao 37.º Curso Normal de Formação para os Tribunais Judiciais, mas a avaliação incide diretamente sobre os auditores de justiça, ou seja, aqueles candidatos que foram admitidos a frequentar os cursos e já não sobre os próprios candidatos, desde o número de inscritos aos admitidos, passando pelas várias fases do procedimento até ao apuramento final dos admitidos e aprovados após a frequência dos Cursos, como pode ver-se no sítio https://cej.justica.gov.pt/Documentos/Estudos-Sociográficos/Formação-Inicial-de-Magistrados.

efetiva superior qualificação daqueles face aos excluídos e aos que desistiram do concurso ou nem sequer se candidataram[88].

1.2.2. Apreciação

1.2.2.1. Perante o quadro sinteticamente traçado, importa identificar as razões subjacentes à situação descrita e verificar se e em que medida todas ou algumas têm origem no próprio regime legal de seleção e recrutamento de magistrados ou na sua interpretação aplicativa e operativa, de molde a poder concluir-se pela necessidade de alterações legais e/ou dos procedimentos no sentido de as superar ou minimizar e assegurar uma maior eficiência e equidade no processo de seleção e recrutamento de magistrados.

Ora, se é certo que os referenciados estudos avaliativos e sociográficos não dão resposta a tais interrogações, nem se conhecem outros que permitam encontrar uma resposta segura e definitiva acerca das causas daquele panorama e das medidas necessárias para o modificar, não o é menos que, pelo menos empiricamente, da experiência direta por alguns vivenciada e dos testemunhos de candidatos, aprovados e não aprovados, e de outros possíveis candidatos, que nem sequer se atrevem a formalizar as respetivas candidaturas, embora o desejem, podem identificar-se algumas daquelas causas e, em função delas, equacionar e ponderar algumas medidas que as superem ou minimizem.

[88] Realidade confirmada no concurso para ingresso no XXXVIII Curso de Formação de Magistrados para os Tribunais Judiciais, e que se afigura muito provável também relativamente ao que se encontra a decorrer para ingresso no XXXIX Curso de Formação, como patenteiam os dados informativos relativos a esses concursos disponíveis no sítio https://cej.justica.gov.pt/Ingresso/Ingresso-nas-magistraturasTribunais-judiciais/38.º-Concurso-de-ingresso-em-Curso-de-Formação-de-Magistrados-para-os-Tribunais-Judiciais. Aí se pode confirmar que, para 105 vagas abertas para o XXXVII Curso apenas ingressaram 92 auditores de Justiça, tantos quanto os graduados, 25 deles pela via profissional, e que para as 104 vagas abertas para o XXXIX Curso, apenas passaram à fase Oral/avaliação Curricular das provas de conhecimentos cerca de 160 candidatos, 1/3 dos quais pela via profissional, panorama que os pedidos de revisão formulados parece não conseguir alterar significativamente

Assim, mesmo dando de barato que uma das possíveis razões, que alguns, aliás, adiantam como certa[89], reside na progressiva perda de atratividade da magistratura face a outras saídas profissionais, por se ter tornado menos apelativa do que, por exemplo, o exercício da advocacia em grandes escritórios, mais bem remunerado e socialmente mais reconhecidas, aquilo que se capta daquelas fontes é que, sem dúvida, muitos licenciados e mestres em direito não chegam sequer a candidatar-se ao ingresso nos Cursos de Formação por terem receio de enfrentar as provas de conhecimentos, cujas escritas consideram demasiado complexas e desfasadas das bases jurídicas adquiridas na Universidade, a que acresce o tipo de exigência posto na respetiva correção e avaliação, e cujas orais se lhes apresentam demasiado imprevisíveis e aleatórias perante a organização e funcionamento dos júris, cujo número e composição consideram exagerada.

1.2.2.2. Quanto à primeira dessas razões, parece que a referida perspetiva tem algum fundamento.

Com efeito, se é certo que a Lei do CEJ e o RICEJ preveem e identificam os objetivos das diferentes fases das provas de conhecimentos, a verdade é que os enunciados das provas escritas com que os candidatos são confrontados se perfilam em regra de grande densidade teórica e acentuada exigência prática, na maioria dos casos incompatível com a nula ou reduzida experiência profissional dos candidatos, em particular dos concorrentes da via académica.

Se a isso acrescentarmos o "colete de forças" em que a grelha de correção, levada ao limite do rigor se transformou, com distribuição das cotações, à décima, por tópicos e subtópicos em conformidade com o que tem de constar obrigatoriamente do enunciado, forçoso é concluir que os membros dos júris encarregados da sua correção e avaliação ficam privados de observar e respeitar os objetivos da fase escrita numa perspetiva global sobre a valia potencial do candidato, podendo até dar-se o absurdo de alguém ter obtido a notação de 10 valores exigida para seguir em frente, resultado da soma aritmética das várias e fragmentadas parcelas, e sem hipóteses de eliminação ou redução dessa cotação por erros

[89] Vide artigo de António Cluny, publicado no Jornal I de 23.08.2022, intitulado "Uma semana e duas notícias relevantes sobre a justiça".

de palmatória, desde que não interfiram diretamente com as questões ou grupos de questões que o catapultaram para o 10, salvo se sofrer alguma penalização por causa do mau domínio da língua portuguesa.

Tal resultado, que é suposto o regime legal não pretender nem permitir, mas que da interpretação aplicativa/operativa que dele tem vindo a ser feita pode efetivamente suceder e tem sucedido. Daí decorre a necessidade de rever e modificar, mesmo da própria Lei do CEJ e do RICEJ, em particular quanto aos modelos de provas escritas e das grelhas de correção, de molde a permitir a referida avaliação global e potencial dos candidatos. E que essa avaliação seja compatível com os conhecimentos e experiência profissional que é suposto a maioria dos candidatos possuir, atendendo à base mínima de conhecimentos das várias licenciaturas e mestrados aprovados e reconhecidos nas várias faculdades das diferentes universidades.

Crê-se que essa elasticidade não beliscará os vários princípios constitucionais e legais a que está subordinada toda a atividade da Administração Pública e a seleção e recrutamento dos seus profissionais, incluindo as magistraturas, tal como consagrados nos artigos 266.º e ss. da CRP e no CPA, aprovado pelo DL 4/2015, de 7.1, como, aliás, se reconheceu na recente Portaria n.º 233/2022, de 9.9, que regulamenta a tramitação do concurso de recrutamento para a Administração Pública.

1.2.2.3. Quanto à segunda das razões, ou seja, a da *organização e funcionamento dos júris*, a sua pertinência afigura-se ainda mais evidente, particularmente no que à fase oral concerne e mesmo à da avaliação psicológica, pese embora a possibilidade de os candidatos pedirem uma segunda avaliação por profissional diferente.

Efetivamente a proliferação de júris e do número dos respetivos membros não pode garantir a ambicionada uniformidade e igualdade de tratamento, apreciação e avaliação dos candidatos, antes se transformando num fator amplificador da natural e inevitável aleatoriedade e discricionariedade de qualquer processo avaliativo e classificativo. Mais ainda quando, como é público e notório, por vezes, nas orais, a sua composição efetiva, é dizer, os membros presentes, variam em número ao longo do concurso, no mesmo dia ou em dias alternados e, não raro, obriga mesmo à "repescagem" de membros pontualmente excedentes num dado júri para completar o número insuficiente dos membros ausentes noutro, ou, quando há excedente, os membros se vão distribuindo pelos candidatos sujeitos à oral ou à avaliação curricular num determinado dia e ao longo do procedimento.

A amplificação da aleatoriedade, discricionariedade e desigualdade entre os candidatos decorrente dessa organização, composição e funcionamento dos júris de modo algum é compensada pela permanência dos respetivos presidentes e eventualmente de alguns outros membros, porque em regra quem propõe a avaliação e classificação é o corretor ou o arguente, proposta que, por pudor e, quiçá, insegurança dos demais, nomeadamente em razão das matérias objeto da avaliação, se coíbem em regra de contrariar.

Imagine-se o pânico de um candidato que chamado para uma oral ou avaliação curricular é confrontado com um painel de possíveis arguentes de 12 pessoas, ou, ao invés, no recato de um gabinete, perante alguém que o vai avaliar psicologicamente, sem saber se existe perfil, pela positiva ou negativa, em que deva enquadrar-se para obter a menção favorável.

Nada disso poderá também ser ultrapassado nas reuniões que o Diretor do CEJ possa promover com os presidentes dos diferentes júris para afinação de critérios e bitolas classificativas ou com a instituição de reconhecida competência para a referida avaliação psicológica.

A tudo acresce, para os candidatos da via académica para os tribunais judiciais, a suprema álea do sorteio da prova oral prevista no artigo 19.º, n.ºs 2, al. d), e 5, considerando a vastidão das áreas temáticas abrangidas e as escassas 48 horas de antecipação na realização do respetivo sorteio, cuja desigualdade relativamente aos demais candidatos e aos dos tribunais administrativos e fiscais é flagrante e injustificada, havendo bons motivos para reduzir o leque das áreas temáticas sorteadas e para antecipar o sorteio para a fase inicial do procedimento, que em nada prejudicaria a transparência do concurso e os demais princípios constitucionais e legais acima referidos, pretensão só realizável mediante alteração legislativa.

No que aos júris respeita, a Lei do CEJ não impõe um único para cada concurso, mas pressupõe que a fixação de mais do que um derive do elevado número de candidatos em qualquer das fases do procedimento e não em função de razões de maior ou menor disponibilidade dos seus membros, o mesmo valendo para o número destes.

Tanto quanto se alcança, também não impede que a avaliação psicológica seja efetuada, *ab initio*, por uma junta de psicólogos, embora pareça impedir a apreciação do seu resultado pelo júri, o que se afigura, no mínimo, controverso.

Assim sendo e, mais uma vez, na linha da regulamentação aprovada pela Portaria n.º 233/2022, de 9 de setembro, afigura-se que, idealmente, qualquer das fases das provas de conhecimentos, escrita e oral, devia decorrer perante um único júri e com o número mínimo de membros legalmente previsto, acrescido de outros tantos suplentes, verdadeiros suplentes, se necessário solicitando aos Conselhos Superiores e demais entidades responsáveis pela sua designação que os escolhessem de entre aqueles com disponibilidade funcional para os integrar nessas condições, ou concedendo-lhes essa disponibilidade para o efeito, apenas se admitindo a fixação de mais do que um júri em situações em que o número de candidatos fosse verdadeiramente excecional.

Da mesma maneira que se impõe a reponderação do método de realização da avaliação psicológica, deixando de ser singular para passar a ser colegial, abrindo-se ao júri a possibilidade de contrariar a menção, favorável ou desfavorável, quando se lhe suscitasse dúvidas acerca do resultado, mediante exame igualmente colegial a solicitar a diferente instituição.

1.2.3. Conclusões

a) Deve ser repensado o modelo das provas de conhecimentos, na fase escrita, e as respetivas regras de avaliação, aproximando o seu conteúdo ao nível de conhecimentos jurídicos e experiência na sua aplicação prática que é suposto a maioria dos candidatos deterem em função das licenciaturas ou mestrados com que se encontrem habilitados;

b) A posterior avaliação e classificação dos candidatos devem orientar-se pelos correspondentes objetivos legais e perscrutando o potencial integrado dos candidatos para o exercício da magistratura, o que impõe igualmente uma revisão e adaptação da grelha de correção, que terá de ser mais elástica e concentrada em grupos de questões e não fragmentada por várias questões e grupos de questões e, dentro destes, por tópicos e subtópicos;

c) A organização e funcionamento dos júris deve, tanto quanto possível, privilegiar a fixação de um único júri com o número mínimo de membros legalmente exigido, acrescido de verdadeiros e apenas os necessários suplentes, com a indispensável disponibilidade funcional para acompanhar o concurso durante toda a sua duração, salvo situações em que o número excecional de candidatos a avaliar reclame a formação de mais do que um júri;

d) A avaliação psicológica singular deverá ser substituída pela avaliação colegial e o respetivo resultado escrutinado pelo júri, com possibilidades de este, em caso de dúvida, poder oficiosamente determinar a realização de nova avaliação por colégio de psicólogos de diferente instituição, sem prejuízo do direito de reclamação do próprio candidato;

e) O sorteio da prova temática prevista no artigo 19.º, n.º 2, al. d), e 5, da Lei do CEJ deverá ser antecipado para momento coincidente com a realização das provas escritas, com diminuição das respetivas áreas temáticas;

f) A Lei do CEJ e o RICEJ deverão ser alterados em conformidade com as anteriores propostas que o reclamem.

2. Estrutura e conteúdo da formação: aspetos metodológicos e programáticos

2.1. Estrutura da formação inicial

A formação inicial (1.º e 2.º ciclos) deve ser estruturada de modo a obter-se um maior entrosamento entre a formação no CEJ e nos tribunais, nomeadamente através de maior descentralização e participação efetiva de formadores no 2.º ciclo

2.1.1. Quadro atual

A Lei do CEJ, na sua 5ª versão, atualmente vigente, estabelece, no n.º 1 do artigo 30.º, que «*a formação inicial de magistrados para os tribunais judiciais e para os tribunais administrativos e fiscais compreende, em cada caso, um curso de formação teórico-prática, organizado em dois ciclos sucessivos, e um estágio de ingresso»*.

Acrescenta, no n.º 2, do mesmo preceito, que «*o 1.º ciclo do curso de formação teórico-prática realiza-se na sede do CEJ, sem prejuízo de estágios intercalares de curta duração nos tribunais, e, no n.º 3, que «o 2.º ciclo do curso de formação teórico-prática e o estágio de ingresso decorrem nos tribunais, no âmbito da magistratura escolhida*». Para cada um desses ciclos, além dos objetivos gerais e duração definidas nos artigos 34.º e 35.º, a mesma Lei prevê objetivos específicos para cada um deles, nos termos dos artigos 36.º e ss. e 49.º e ss, respetivamente, a que, em caso de aproveitamento, se segue o estágio de ingresso.

O primeiro ciclo decorre no CEJ, sob a orientação da Direção, em particular do Diretor de Estudos e do Conselho Pedagógico, e de um corpo de docentes/formadores, recrutados de entre magistrados e não magistrados, a tempo inteiro ou parcial, ao passo que o segundo ciclo e o estágio de ingresso decorrem nos tribunais sob a orientação de um coordenador regional e de formadores, selecionados de entre magistrados propostos pelo Diretor do CEJ e nomeados em comissão de serviço ou designados pelos Conselhos Superiores, funções que podem ser exercidas em exclusividade ou em acumulação, embora com possibilidade de redução de serviço, conforme resulta dos artigos 79.º a 89.º da Lei n.º 2/2008, conjugada com as pertinentes normas do RICEJ n.º 339/2009, de 5 de agosto[90], designadamente os artigos 23.º a 60.º.

Do regime assim muito sumariamente descrito sobressaem algumas ideias estruturantes do sistema de formação e de seleção e recrutamento de magistrados em Portugal, nomeadamente a de que as suas diferentes fases e ciclos se desenvolvem progressiva, integrada e articuladamente, em vista do reforço e consolidação da formação técnico-jurídica, temperada e completada por uma formação geral e humanista e por exigentes padrões éticos e deontológicos, garantindo uma gradual aproximação à prática judiciária e ao exercício efetivo de funções com autonomia, independência e eficiência.

[90] Emitido ao abrigo do artigo 115.º, n.º 2, da Lei n.º 2/2008, e publicado no DR. n.º 150/2009, Série II, de 5 de agosto, pp. 31244 a 31255.

2.1.2. Apreciação

2.1.2.1. O problema

A questão que se coloca é a de saber se aquela ideia de *desenvolvimento progressivo, integrado e articulado entre as diversas fases e ciclos* estruturante da organização e execução do sistema de formação para ingresso na magistratura em Portugal, tal como delineada no respetivo regime legal, está a ser respeitada e conseguida ou se, ao invés, carece de ser repensada e concretizada mediante o reforço da intervenção dos formadores do segundo ciclo da fase de formação inicial e do estágio de ingresso e do seu entrosamento com o corpo docente responsável pela formação no primeiro ciclo daquela fase inicial.

Não porque a Lei do CEJ tenha omitido a previsão de mecanismos de articulação, como se vê, por exemplo, dos artigos 42.º, 84.º, 85.º, 87.º e 89.º, mas porque, apesar deles, a perceção que se tem da prática é a de que as fases e os seus ciclos funcionam e se desenvolvem de "*costas mais ou menos voltadas*", como evidenciam as primeiras palavras que, não raro, os auditores ouvem dos magistrados, formadores e não formadores, que os recebem nos tribunais para as fases e ciclos que aí decorrem, incentivando-os a esquecer ou ignorar o que aprenderam no CEJ ou mediante observações e considerações desabonatórias dos ensinamentos nele ministrados, seja por excessivamente teóricos, seja por desadequação às exigências do quotidiano judiciários.

E a desconfiança sobre a formação nos tribunais também existe, embora expressa de forma menos direta e ostensiva.

Efetivamente, sendo verdade que os artigos 42.º, n.º 1, da Lei do CEJ e 45.º do respetivo Regulamento, preveem a realização de *estágios intercalares de contacto* com os tribunais e outras instituições relevantes para o exercício das funções judiciais, de duração não superior a quatro semanas, sob a orientação de formadores nos tribunais e dos coordenadores regionais, logo no primeiro ciclo, e que os artigos 87.º e 89.º da Lei contemplam a possibilidade de os formadores dos tribunais beneficiarem de redução de serviço e de *formação específica* para o exercício da função de formadores.

Não o é menos que o potencial dessas hipóteses, nomeadamente no sentido do seu aproveitamento para uma maior aproximação e articulação entre estes e o corpo docente do CEJ, na análise crítica e prospetiva da informação constante dos "*dossiers individuais de formação*" e na troca de ideias e experiências entre eles, de molde a superar os eventuais prejuízos recíprocos e divergências sobre objetivos e metodologias de formação, que não têm sido promovidas. E não se sente que haja, de parte a parte, um verdadeiro sentimento de necessidade e mais valia da sua efetivação, continuando a prevalecer a transmissão de informação entre uns e outros através do filtro, mais ou menos apertado, dos coordenadores regionais e dos diretores nacionais do CEJ. Seja na fase de transição de ciclos ou de fases, seja no momento da avaliação em que docentes e formadores intervêm, espacial e temporalmente desfasados, pese embora algumas experiências observadas em que os docentes acompanham os diretores e coordenadores nas reuniões de avaliação com os formadores nos tribunais, mas que se afigura insuficiente e de resultados práticos nulos ou de pouco préstimo, ao que se pode avaliar de um observatório externo.

Tudo, naturalmente, em detrimento do aproveitamento e rentabilização dos preciosos contributos de todas as fases e ciclos para a formação integrada e integral dos futuros magistrados e das suas próprias liberdade de apreciação crítica do que, ainda que saudavelmente diferentes, deviam ser referências e experiências convergentes, sendo muitas vezes reconduzidos para o mimetismo acrítico do que ouviram ou viram fazer aos seus docentes e formadores, consoante o maior ou menor impacto que uns ou outros tenham tido sobre o auditor/estagiário e futuro juiz ou procurador.

2.1.2.2. As soluções

Se a perceção acabada de explanar corresponder ao verdadeiro estado da situação de (des)articulação entre as diferentes fases e ciclos da formação de magistrados em Portugal, com os assinalados e nefastos efeitos, imediatos e a longo prazo, no desempenho individual dos futuros magistrados e no sistema de justiça no seu todo, impõe-se refletir sobre tal estado de coisas e ponderar meios e soluções aptas à sua superação ou, ao menos, mitigação, o que, sem dúvida, passa pelo reforço do entrosamento entre as diferentes fases e ciclos da formação inicial, estágio de ingresso incluído e da reponderação do papel a atribuir aos docentes/formadores de cada uma delas e à respetiva articulação e convergência.

E, tanto quanto resulta do que antes se referiu, esse empreendimento nem sequer demanda alterações legislativas, pois o regime consagrado na Lei do CEJ prevê os mecanismos necessários à sua efetivação.

Vejamos:

2.1.2.2.1. Esse período de formação, poderia ser aproveitado para, entre o mais, discussão e preparação dos cursos a decorrer e daqueles a iniciar, participando no seu planeamento e definição de objetivos gerais e específicos, para as suas diferentes fases e ciclos e respetivos formandos, em função da avaliação individual já efetuada, sendo os "*dossiers individuais de formação e de avaliação*", partilhados pelos docentes/formadores e diretores regionais diretamente responsáveis pela sua formação posterior, ainda que limitado em função de restrições decorrentes do regime de proteção de dados.

2.1.2.2.2. Depois, por ocasião dos estágios de contacto realizados durante o primeiro ciclo da fase inicial da formação, aos formadores encarregados do acolhimento e acompanhamento dos auditores, deveriam ser antecipadamente facultadas todas as informações que melhor o caraterizassem, pessoal e funcionalmente, permitindo-lhe, em função dessa informação, juntamente com o coordenador regional e os docentes do CEJ, planear e participar na preparação e execução das atividades desse estágio de contacto e não ser apenas um mero facilitador do contacto com o próprio tribunal, responsabilizando-o também pelo sucesso dessa experiência e, desse modo, contribuindo para o motivar a continuar empenhado nas fases seguintes da formação, com o mesmo ou diferente auditor.

E, quando nomeado ou designado como formador do segundo ciclo da formação inicial ou do estágio de ingresso, para além daquela discussão e preparação havida no período de formação conjunta com os docentes do CEJ, proporcionar-lhe um reencontro pessoal com os docentes do ou dos formandos, juntamente com o Diretor e coordenador regional responsáveis, onde fossem discutidas todas as necessidades de formação específicas dos mesmos, mediante análise conjunta dos referidos "*dossiers individuais de formação e de avaliação*", planificada a formação a ministrar-lhes nesses períodos e definidas as respetivas metodologias e etapas, incluindo as da avaliação e grau da sua participação nesse exercício, tanto mais quanto é certo admitir agora a lei a possibilidade de antecipação ou protelamento do fim do estágio, consoante a maior ou menor aptidão evidenciada e reconhecida aos formandos para o exercício não tutelado de funções.

2.1.2.2.3. Nem se diga que as medidas sugeridas são inexequíveis ou dificilmente concretizáveis, por dispendiosas ou incompatíveis com o tempo disponível dos docentes no CEJ e dos formadores dos tribunais para se reunirem e interagirem, na medida em que as dificuldades da sua operacionalização poderão ser superadas ou substancialmente limitadas se, como se julga dever ser, a escolha dos tribunais onde deve decorrer a formação e dos magistrados neles colocados a nomear ou designar como formadores, o forem segundo critérios que respondam às exigências plasmadas na lei e de harmonia com os princípios da concentração e da especialização subjacentes à atual organização judiciária, se necessário optando pela *criação de tribunais de formação, de* acordo com as respetivas disponibilidades materiais e humanas, evitando uma certa tendência para a sua concentração no litoral, cabendo aí aos Conselhos Superiores um papel decisivo, conforme, aliás, resulta dos artigos 86.º e 87.º da Lei n.º 2/2008.

2.1.3 Conclusões

a) A ideia de *desenvolvimento progressivo, integrado e articulado entre as diversas fases e ciclos* estruturante da organização e execução do sistema de formação para ingresso na magistratura em Portugal, tal como delineada na Lei do CEJ e respetivo Regulamento, não está a ser respeitada e conseguida;

b) Carecendo de ser repensada e concretizada mediante o reforço da intervenção dos formadores do segundo ciclo da fase de formação inicial e do estágio de ingresso e do seu entrosamento com o corpo docente responsável pela formação no primeiro ciclo daquela fase inicial, empreendimento que nem sequer demanda alterações legislativas, pois o regime consagrado na Lei do CEJ prevê os mecanismos necessários à sua efetivação; com efeito,

c) Estando prevista a possibilidade de exercício da *função de formador* nos tribunais com redução de serviço e a sua formação, podia e devia exigir-se que, pelo menos anualmente, *os formadores nos tribunais e os docentes do CEJ fizessem formação conjunta;*

d) Por ocasião dos *estágios de contacto* realizados durante o primeiro ciclo da fase inicial da formação, aos formadores encarregados do acolhimento e acompanhamento dos auditores, deveriam ser antecipadamente facultadas todas as informações que melhor o caraterizassem, pessoal e funcionalmente, permitindo-lhe, em função dessa informação, juntamente com o coordenador regional e os docentes do CEJ, planear e participar na preparação e execução das atividades desse estágio de contacto;

e) Caso seja necessária à execução e concretização daquelas medidas, pode optar-se pela *criação de tribunais de formação, de* acordo com as respetivas disponibilidades materiais e humanas, evitando uma certa tendência para a sua concentração no litoral, cabendo aí aos Conselhos Superiores um papel decisivo, conforme resulta dos artigos 86.º e 87.º da Lei n.º 2/2008.

2.2. Avaliação dos auditores de justiça

Após cada um dos ciclos do período de formação inicial (1.º ciclo na sede do CEJ e 2.º ciclo nos tribunais) o CEJ deve proceder a avaliação qualitativa do desempenho dos auditores de justiça– apto/não apto –, procedendo à ordenação dos auditores considerados aptos apenas no final do «curso de formação teórico-prática», com base em trabalho e/ou prova final escrito, seguido de eventual discussão oral perante júri

2.2.1. Quadro atual

Como aludido, o designado «curso de formação teórico-prática» constitui condição de ingresso nas magistraturas judicial, do MP e de juízes dos TAF desenvolvendo-se «em dois ciclos sucessivos», em regra de cerca de dois anos[91], aos quais se segue um «estágio de ingresso»[92], após o que em princípio os formandos iniciam em efetividade as funções de juízes, volvidos quase 3 anos sobre a tomada de posse como auditores .

2.2.1.1. A avaliação dos auditores não integra nenhum dos objetivos do curso de «formação teórico-prática» (constantes de elencos que se prolongam por mais de 40 alíneas[93]). Por confronto com as duas anteriores leis do CEJ sobre cursos normais para as magistraturas judicial e do MP (de 1979 e 1998), no atual regime ressalta *que a opção pela magistratura ocorre no ingresso,* pelo que as notações da formação inicial deixaram de relevar para essa escolha e o curso já não visa «assegurar uma consciensiosa opção» como se prescrevia no diploma de 1998[94].

A *avaliação dos auditores* é referida em dois preceitos legais relativos a cada um dos ciclos do curso «formação teórico-prática» visando um juízo conclusivo sobre a «aptidão» dos auditores «para o exercício das funções de magistrado, segundo um modelo de avaliação global»[95], enunciando-se fatores qualitativos relevantes para o juízo sobre «aptidão»[96].

A Lei do CEJ refere, por fim, que no *fim do 1.º ciclo* será atribuído «pelo conjunto de *docentes e formadores, sob a orientação do diretor» (este com faculdade de delegação) «uma nota quantitativa,* na escala de 0 a 20 valores»[97], apresentando o diretor «projetos de classificação e de graduação dos auditores» ao Conselho Pedagógico que «aprecia as propostas de classifi-

[91] Em princípio, o primeiro deve iniciar-se em 15-9 e findo a 15-7 seguinte, o segundo em 1 de setembro com término em 15 de julho seguinte.

[92] Em regra decorre entre 1de setembro e 15 de julho seguinte.

[93] Artigos 34.º, 36.º e 49.º, da Lei do CEJ.

[94] Sistema legal em que a opção dos auditores apenas podia ser assumida findos os 3 ciclos dessa fase (ou seja decorridos cerca de 22 meses sobre a tomada de posse como auditores), e, para o caso de haver mais pretendentes para uma magistratura do que as respetivas vagas, seriam determinantes as respetivas classificações. No regime de 1979, a opção podia ser realizada no início, mas no caso dos auditores de justiça que tenham diferido a opção de magistratura devem apresentar a respetiva declaração no fim dos 10 meses da fase inicial, sendo a notação dessa fase o fator determinante de preferência no caso de desproporção entre requerentes e vagas de determinada magistratura.

[95] Artigos 43.º, n.º 1, e 52.º, n.º 1, da Lei do CEJ.

[96] Artigo 43.º, n.º 2, da Lei do CEJ.

[97] Artigo 43.º, n.º 6, da Lei do CEJ.

cação e graduação e delibera sobre a aptidão dos auditores de justiça»[98]. Para o 2.º ciclo existe um sistema espelho do estabelecido para o 1.º ciclo em que, com base nas informações de «formadores» e «coordenadores» do 2.º ciclo, o respetivo diretor-adjunto submete uma proposta de notação (de 0 a 20) para apreciação e deliberação do Conselho Pedagógico[99].

A notação do 1.º ciclo (ou subsidiariamente a classificação de ingresso e idades) tem como *único efeito imediato* a graduação dos auditores de cada magistratura para o direito de preferência na escolha do tribunal no 2.º ciclo de formação inicial[100]. *O único relevo da notação do 2.º ciclo* é servir de média ponderada (com a do 1.º ciclo[101]) *para ordenação com vista à colocação em estágio e na primeira nomeação em regime de efetividade*[102].

2.2.1.2. O «estágio de ingresso» «é realizado segundo um plano individual homologado pelo Conselho Superior respetivo, competindo a sua elaboração e acompanhamento ao CEJ» não existindo qualquer sistema de notação. Contudo, no final desse estágio, os Conselhos Superiores podem não proceder «à nomeação em regime de efetividade de magistrado em regime de estágio quando, de acordo com os elementos colhidos e ouvido o Conselho Pedagógico do CEJ» concluírem «pela sua falta de adequação para o exercício da função», podendo também esse órgão do CEJ, sob proposta do diretor, «emitir parecer fundamentado no sentido da não nomeação em regime de efetividade do magistrado em regime de estágio»[103].

Nos últimos quatro cursos «de formação teórico-prática» de juízes dos TJ (33.º a 36.º) e dos TAF (4.º a 7.º) cujos integrantes já terminaram os dois ciclos da fase teórico-prática, entre 173 que frequentaram os ciclos

[98] Artigos 44.º e 46.º, n.º 1, da Lei do CEJ. Relativamente aos auditores que obtenham classificação igual ou superior a 10 valores no conjunto das componentes formativas, o Conselho Pedagógico para deliberar no sentido da inaptidão tem de fundamentar de especificamente com base na «falta de aproveitamento em alguma matéria ou área ou falta de adequação» (artigo 46.º, n.os 2 e 3, da Lei do CEJ).

[99] Artigos 52.º a 54.º da Lei do CEJ.

[100] Artigos 47.º, n.º 1, e 48.º, n.os 2 e 3, da Lei do CEJ.

[101] Valendo a do 1.º ciclo 40% e a do 2.º ciclo 60%.

[102] Artigos 55.º, n.os 1 e 2, 56.º, n.º 2, e 72.º, n.º 1, da Lei do CEJ.

[103] «Quando, em resultado do acompanhamento [...], concluir pela sua falta de adequação para o exercício da função».

para a magistratura judicial apenas um único foi considerado não apto (no 2.º ciclo) e no caso dos juízes dos TAF dos 146 nenhum foi excluído (ou seja nos oito cursos houve 0,31 % de exclusões). Nos últimos dois cursos que concluíram o 1.º ciclo de formação para juízes dos TJ (37.º) e do TAF (8.º) dos 79 auditores (39+30) todos foram considerados aptos para transitar para o 2.º ciclo.

2.2.2. Apreciação

2.2.2.1. Pressupostos do curso «de formação teórico-prática»

2.2.2.1.1. O programa da instituição do CEJ enquadrou-se na reforma judiciária da segunda metade dos anos setenta do século passado[104] visando dois objetivos de superação de elementos do antigo *status quo*:

(a) Romper com a *formação no exercício*;
(b) Promover massa crítica contrária ao empirismo reprodutor de práticas instaladas.

Ao longo de mais de 40 anos, no essencial, aparentemente não se alteraram as coordenadas que presidiram à formação de magistrados desde a fundação do CEJ, embora se verifiquem algumas variações operativas: (1) Ao nível institucional e de recursos humanos ressalta o crescimento da estrutura burocrática, agentes com estadia prolongada no aparelho administrativo do CEJ e alguma cristalização de práticas; (2) Autonomização dos cursos das magistraturas judicial e do MP, passando também a decorrer cursos de formação inicial para futuros juízes dos TAF.

Numa reflexão crítica importa assumir uma pré-compreensão no sentido de que o sistema de formação de futuros magistrados não pode ser confundido com um modelo de socialização que em detrimento da preparação dos formandos aposte no controlo iniciático e na interiorização

[104] Que teve como primeiro marca a nova Constituição judiciária de 1976, e, depois, a sua concretização nos estatutos de 1977 e 1978, respetivamente, dos magistrados judiciais e do Ministério Público.

de culturas dominantes nas burocracias de governo dos corpos profissionais (*v.g.*, conselhos superiores) ou outras entidades estatais, designadamente, organismos sujeitos à tutela do Governo (como é o caso do CEJ).

A formação profissional de graduados em Direito com vista ao ingresso nas magistraturas marca simultaneamente dificuldades operativas e ideológicas, mesmo quando existe consenso sobre objetivos globais (*v.g.* inculcar nos novos magistrados capacidade de inovação, flexibilidade e cultura judiciária associada à compreensão das dimensões axiológica e teleológica do sistema jurídico) e condicionantes dos modelos de intersubjetividade dada a exigência de um futuro exercício autónomo de funções. O que implica respeito pela diversidade e autoestima dos formandos, incompatível com pretensões, ainda que apresentadas como carregadas de boas intenções, de tardias orientações promovidas por uma burocracia, do gosto e hábitos culturais dos futuros juízes.

A política de formação de magistrados defronta-se, em particular, com a necessidade de identificação de uma cultura judiciária que assume o risco de distinção dos territórios da *tradição* e da justificação argumentativa. Espaço que também é de tensão entre a cultura que se revela a um nível superficial, na atividade judiciária diária, centrada numa *prática*, mas que a um nível mais profundo e normativo é constituída por um discurso complexo que implica as finalidades do Direito, o papel dos atores processuais na prossecução dessas finalidades e das autoridades definidoras do Direito e competência epistémica.

2.2.2.1.2. O CEJ não beneficiando de uma força de socialização judiciária própria nem se podendo fundar numa qualquer perenidade institucional tem de legitimar-se externamente no plano funcional (com responsabilização dos seus agentes, nomeadamente docentes) e no território da justificação argumentativa.

A responsabilidade comunitária do CEJ implica, em particular, o conhecimento pela *sociedade* de temas, teses e métodos desenvolvidos na formação inicial, e dos atores diretamente envolvidos os quais, aliás, também devem intervir de forma ativa na formação permanente e complementar, por seu turno dependente de forma muito intensa da articulação de instituições para ser espaço (e oportunidade) de especialização, reciclagem e confronto de ideias.

A formação inicial de juízes deveria *servir o interesse comunitário de filtro sobre aptidão/adequação para exercício profissional,* induzir massa crítica para o sistema, contribuir para aquisição de instrumentos essenciais para o exercício e promover a autonomia e responsabilidade de novos magistrados, sendo inadmissível perspetivar o *curso* como interlúdio no acesso à magistratura centrado numa *ordenação* de juízes por um organismo tutelado pelo Governo.

A formação (inicial e permanente) tendo como objeto o raciocínio judiciário deve assumir a respetiva complexidade estrutural e heterogeneidade, em que se *encontram e interligam* diversas dimensões (lógicas, linguísticas, cognoscitivas e argumentativas), sendo incompatível com a transmissão de simples coordenadas concretizadoras do *bom senso.*

Em sede de formação inicial impõe-se intervir em três linhas.

a) Na definição clara de finalidades prosseguidas em termos de preparação teórica e prática.

b) Em face das finalidades assumidas, reequacionar as áreas que devem ser objeto de sessões ao longo de todo o período inicial (tendo em atenção a ligação entre as vertentes teóricas e práticas e o modelo de organização judiciária e de magistraturas) e as áreas que devem ser objeto de outro tipo de abordagens (seminários, conferências, contactos) e definir sem ambiguidades a articulação e repartição de objetivos entre as diferentes fases (algo que não se tem verificado, em particular no que respeita a vertentes metodológicas e técnicas de *saber fazer*).

c) Refletir sobre novas metodologias de trabalho, admitindo uma abordagem mais horizontal, quer na seleção e identificação dos temas e problemas, quer no seu debate e exposição. Via em que, simultaneamente, se devia marcar uma nova dignificação (e responsabilização) dos auditores, conferindo-lhes espaço para uma intervenção mais ativa nas opções sobre o processo formativo (por exemplo, a faculdade de escolher entre *workshops* e seminários que decorram em simultâneo, sobre temas diferentes e mesmo áreas diversas) e implicar os docentes nessa dinâmica (com participação ativa em sessões de formato diverso das tradicionais sessões de grupo, por exemplo, na aposta em *workshops* simultâneos sobre temas e áreas diferentes em que o auditório escolhe estar com aquele orientador/coordenador a discutir aquele tema, discussão interdisciplinar de casos que podem ser selecionados e/ou criados pelos auditores, apresentação de reflexões próprias sobre temas relevantes).

2.2.2.2. Reflexão crítica sobre o sistema vigente de avaliação contínua do curso de formação teórico-prática» e propostas de reforma

A notação dos formandos do curso de «formação teórico-prática» apresenta algumas incongruências intrínsecas: a tarefa não integra (ainda que de forma mediata) nenhuma das finalidades legais desse curso, não sendo condição necessária para o desenvolvimento do juízo (necessariamente qualitativo) sobre «aptidão» ou «adequação», acabando, contudo, por assumir um peso significativo nas atividades do curso e repercutir-se de forma negativa na afetação de meios às finalidades estabelecidos na lei para o curso.

Sistema de notações que está na base, ainda, de efeitos negativos colaterais para o desenvolvimento do curso de «formação teórico-prática»: 1) determina que o auditor de justiça seja essencialmente concebido como um sujeito passivo de formação ministrada por uma equipa em comissão de serviço no CEJ; 2) a componente ativa dos auditores acaba por ser fundamentalmente funcionalizada à prestação de informações que permitam aos agentes do CEJ atribuir-lhes classificações; 3) sujeita os auditores a um esquema rígido que restringe margem para opções (sobre seminários e sessões) em face de um juízo sobre as mais valias de formadores e temas; 4) limites à flexibilidade que também restringe a responsabilização de docentes/formadores, pois a rigidez do *curso* associado ao poder notador de agentes em comissão de serviço acaba também por ocultar insuficiências de alguns docentes e coordenadores (por via, por exemplo, da ausência de procura livre pelos auditores das ofertas formativas em seminários e sessões desses agentes).

Esquema associado a uma involução paradoxal num sistema legal que, apesar de ter superado a controversa função do curso de formação inicial dos anteriores regimes legais de selecionar auditores de acordo com classificações para diferentes magistraturas, passou a apresentar um reforço do peso das notações desligadas das finalidades do curso e para um fim operativo manifestamente menor (mera ordenação de listagem com efeitos apenas de colocação nos tribunais no 2.º ciclo, no estágio de iniciação e na primeira colocação como magistrados). Tarefa menor que consume em larga medida a atividade dos docentes do CEJ, existindo mesmo *agentes de formação* cuja principal ação visível se reporta à atribuição de notas (*v.g.*, «coordenadores» do 2.º ciclo[105]).

Notação em avaliação contínua que não constitui elemento necessário para o juízo sobre «aptidão», nem de «adequação» no fim do estágio de iniciação (que, aliás, não compreende qualquer notação), e até se apresenta suscetível de prejudicar essa ponderação, pois o tendencial reporte a mera classificação acima de 10 valores tende a desresponsabilizar a máquina burocrática quanto ao obrigatório juízo qualitativo sobre a «aptidão» para o exercício da magistratura, o qual, de acordo com os próprios parâmetros legais, devia compreender maior grau de exigência em termos de ponderação de uma pluralidade de requisitos em que a falta de alguns, ainda que isolados, devia impor a exclusão (e os dados estatísticos sobre ausência de exclusões nos últimos cursos reforçam a suspeita sobre esse potencial e danoso efeito colateral da atual *praxis* do sistema de notações).

Potenciais negativos do enfoque nas notações que são múltiplos, em particular, a promoção do caráter rotineiro de operações notadoras em detrimento da aposta na formação tem servido para minorar o investimento descomprometido de auditores e de argumento, por exemplo, para obstar à autonomia dos formandos na escolha de módulos opcionais (tendo presente a natureza da matéria e da própria qualidade do formador).

Em detrimento do esquema de notações vigente (que no atual regime perdeu o principal fundamento que existia nas anteriores leis do CEJ

[105] Situação aliás mais duvidosa no caso dos cursos do MP em que, a par da queixa sobre falta de magistrados, têm existido entre 4 e 5 magistrados em exclusividade de funções no CEJ com a tarefa primária de auxiliar o respetivo diretor-adjunto a «notar» os auditores. Deve referir-se que no caso dos auditores dos cursos de futuros juízes tem havido maior comedimento na exclusividade desses auxiliares do diretor-adjunto respetivo.

relativo à escolha de magistratura), a avaliação contínua devia servir exclusivamente para fundamentar os juízos exigentes e rigorosos no fim de cada um dos ciclos sobre qualificação de cada um dos auditores como apto ou não apto para transitar para a fase seguinte e vir a ser nomeado juiz.

Cessar as notações contínuas permitiria uma responsabilização reforçada do CEJ sobre o principal escopo da avaliação, relativo ao interesse comunitário de exclusão dos não aptos, diminuir alguma concorrência excessiva que possa existir entre auditores, melhorar a relação entre os auditores e o próprio CEJ com vista a um aproveitamento mais efetivo do processo de formação e prossecução das suas finalidades legais que, como vimos, não integram a produção de notações (com os respetivos impactos colaterais negativos, como o investimento dos formandos na gestão dos sinais para os notadores e o constrangimento aos contributos críticos dos auditores[106]).

Por outro lado, o sistema vigente compreende a afetação de meios do CEJ às aludidas notações[107], em detrimento de exigir aos agentes do CEJ obrigação de contributos efetivos para a formação dos auditores para o que docentes/formadores carecem de competências específicas (ao nível

[106] Independentemente dos desmentidos de alguns discursos oficiais, entre uma percentagem significativa dos auditores existe a perceção de que o mero comportamento, as suas opções jurídicas e não jurídicas, a sintonia com os docentes e diretores, o modo de vestir, de falar, de estar, constitui objeto de avaliação. Perceção que induz um comportamento defensivo dificultando a identificação atempada de problemas de toda a ordem, sendo perniciosa para uma cultura de abertura, discussão e responsabilidade, nas atividades de formação (que não podem constituir-se num fim em si mesmas) e, fundamentalmente, no futuro exercício de funções. Apresenta-se indesejável para os fins comunitários a promoção de um perfil que se imagina padronizado para obter melhor aproveitamento. Em particular, uma cultura silenciosa sobre um perfil preferido pela burocracia do CEJ, inibe a colocação de dúvidas e assunção transparente de posições plurais, designadamente de crítica construtiva sobre o processo de formação, para além de obstar ao desenvolvimento de opções plúrimas em sintonia com a individualidade e autonomia dos formandos que devia ser promovida em vez de reprimida (em prol do conformismo com as práticas mais correntes no departamento estatal responsável pelo curso).

[107] Como tarefa nuclear (ou quase exclusiva no caso de alguns agentes do 2.º ciclo) de notação.

de conhecimentos base, componentes metodológicas e comunicacionais), o que também permite ocultação de debilidades e até problemas de legitimação individual para o exercício de funções na *formação inicial* para as magistraturas.

O argumento, por vezes suscitado, no sentido de que o fim da avaliação contínua para efeitos de notação implicaria menor disciplina ou empenho dos auditores revela uma subcultura inadequada às funções legais da formação e afigura-se erróneo, pois os auditores subsistem obrigados a cumprimento de horários, assiduidade, realização de trabalhos e outras atividades, que sem notações contínuas opera num cenário com maior transparência de condutas em que a interação não se opera com agentes classificadores pode potenciar o despiste de disfunções e permitir uma maior eficácia nos juízos sobre *aptidão* e *adequação.*

O investimento na formação deve visar o futuro desempenho de funções judiciárias e não a conformação aos cânones de notadores. Acresce que o prémio para os mais empenhados e capazes pode, sem as consequências negativas acima referidas, ser obtido nos trabalhos/provas finais de classificação (com maiores garantias sobre a efetiva aferição de competências findo o período de formação à luz de critérios mais uniformes e transparentes).

No 2.º ciclo e no «estágio de ingresso» a interação com uma rede de formadores dos tribunais deve constituir oportunidade para os formandos se familiarizarem com técnicas *costumeiras* e iniciarem a assunção progressiva de funções próprias da respetiva magistratura, para o que é fundamental autonomia e juízo crítico transparente suportado em argumentação (potencialmente inibidos por sujeição a uma redes de notadores[108]).

2.2.3. Conclusões

a) O poder e responsabilidade inerentes aos cargos judiciais impõem que a integração nas magistraturas seja precedida de uma forma-

[108] Como os «coordenadores», que operam como auxiliares do diretor-adjunto sem responsabilidade direta de exposição de conhecimentos próprios e competências de formação.

ção inicial que fomente a autonomia e seja exigente nos juízos sobre *aptidão* e *adequação*.

b) A formação inicial de juízes deve servir o interesse comunitário de filtro sobre aptidão/adequação para exercício profissional, induzir massa crítica para o sistema, contribuir para aquisição de instrumentos essenciais para o exercício e promover a autonomia e responsabilidade de novos magistrados, sendo inadmissível perspetivar o curso como interlúdio no acesso à magistratura centrado numa ordenação de juízes por um organismo tutelado pelo Governo.

c) A avaliação contínua no curso «de formação teórico-prática» deve ter como objetivo fornecer informação para, no final de cada um dos dois ciclos, habilitar a direção do CEJ à formulação de propostas e o Conselho Pedagógico do CEJ a emitir decisões fundamentadas sobre a «aptidão» de cada auditor transitar para a fase seguinte do procedimento de formação.

d) No concurso para os lugares de frequência do 2.º ciclo do curso «de formação teórico-prática» deve atender-se às classificações de ingresso no CEJ.

e) No final do «curso de formação teórico-prática», os auditores considerados «aptos» devem realizar trabalho e/ou prova final escrito que permita avaliar temas, metodologias e competências essenciais para o exercício da judicatura podendo, depois da classificação dos trabalhos escritos (que deve decorrer sob anonimato dos auditores), haver lugar a discussão oral perante júri.

f) As classificações finais aprovadas nos termos da alínea precedente serão relevadas para ordenação dos auditores aptos de cada curso de formação com vista à colocação no tribunal do «estágio de ingresso».

g) Findo o «estágio de ingresso», o Conselho Pedagógico deve remeter parecer sobre a «adequação» de cada estagiário competindo a decisão final sobre nomeação como juiz em regime de efetividade ao Conselho Superior respetivo.

Na primeira colocação dos magistrados considerados «adequados», os Conselhos Superiores devem atender à lista de ordenação no fim do «curso de formação teórico-prática».

Capítulo 6
Independência judicial e administração judiciária (administração e gestão dos tribunais)

– Grupo 5
Coordenação
SÓNIA MOURA

Membros do grupo:
HELGA GOMES
IDALINA RIBEIRO
RUI BATISTA
SOFIA DAVID

I. O princípio da Independência Judicial

1. Linhas de força

1.1. A independência judicial como princípio estruturante do Estado de Direito

A independência judicial é um princípio estruturante do Estado de direito, afirmado em diversos instrumentos internacionais, a saber, a Declaração Universal dos Direitos Humanos (art.º 10.º), o Pacto Internacional dos Direitos Civis e Políticos (art.º 14.º), a Convenção Europeia dos Direitos Humanos (CEDH) (art.º 6.º), a Carta Africana dos Direitos Humanos e dos Povos (art.º 26.º) e a Convenção Interamericana de Direitos Humanos (art.º 8.º).

Remontando aos art.ºs 118.º e 119.º da Constituição da República Portuguesa (CRP) de 1826, a independência judicial é hoje proclamada no art.º 203.º da CRP, correspondendo à obrigação dos tribunais obedecerem apenas à lei.

Tal princípio é reafirmado no art.º 4.º do Estatuto dos Magistrados Judiciais (EMJ), que no seu n.º 1 estabelece que "*Os magistrados judiciais julgam apenas segundo a Constituição e a lei e não estão sujeitos a ordens ou instruções, salvo o dever de acatamento pelos tribunais inferiores das decisões proferidas, em via de recurso, pelos tribunais superiores.*"

A independência judicial comporta duas dimensões, uma dimensão externa, atinente à relação do poder judicial com os demais poderes do Estado, que postula que os tribunais não estão sujeitos a ordens ou instruções provenientes dos demais órgãos de soberania; e uma dimensão interna, que respeita ao funcionamento orgânico do judiciário, exigindo a independência dos tribunais entre si e a independência dos juízes, que não podem ficar sujeitos a ordens ou instruções oriundas de outros tribunais, salvo em matéria de recursos.

Nas palavras do Compromisso Ético dos Juízes Portugueses, "*Internamente, a independência dos juízes implica a rejeição pelo juiz de qualquer tipo de subordinação hierárquica ou sujeição a ordens específicas ou orientações genéricas que interfiram com a função jurisdicional, nomeadamente no quadro das actividades inerentes à gestão e disciplina, inspecções judiciais e presidências administrativas dos tribunais.*"[12]

[1] In http://www.asjp.pt/wp-content/uploads/2010/04/1-Vers%C3%A3o-em-portugu%C3%AAs-COMPROMISSO-%C3%89TICO-DOS-JU%C3%8DZES-PORTUGUESES.pdf, p. 12, consultado em 06.11.2022.
Aprovado por Deliberação da Direção Nacional da Associação Sindical dos Juízes Portugueses de 31.10.2008 e por Deliberação do Conselho Geral da mesma Associação de 08.11.2008, e acolhido no Oitavo Congresso dos Juízes Portugueses, realizado em 2009.

[2] Segundo John Bell (*Judicial Cultures and Judicial Independence*, in file:///C:/Users/MJ02066/Downloads/judicial-cultures-and-judicial-independence.pdf, p. 1, consultado em 10.11.2022), "*basic values are understood and implemented in the light of historical and institutional settings*", pelo que o princípio da independência judicial pode possuir diferente alcance, dependendo da história de cada país, como resulta do estudo comparativo que o Autor desenvolve neste artigo entre os sistemas judiciais de Espanha e da Suécia, acentuando a impressiva marca deixada pela ditadura de Franco naquele país.

1.2. Nomeação e promoção dos juízes fundada em critérios objetivos e efetuada por órgão distinto e não integrado no poder executivo, caráter vitalício da nomeação e inamovibilidade dos juízes

1.2.1. Regime estatutário dos juízes

A exigência de nomeação e promoção dos juízes fundada em critérios objetivos, efetuada por órgão distinto e não integrado no poder executivo, o caráter vitalício da nomeação e a inamovibilidade são garantias constitucionais e legais, consagradas nos art.ºs 216.º, n.º 1 da CRP, 1.º, 4.º, n.º 3 e 6.º do EMJ, 2.º e 3.º, do Estatuto dos Tribunais Administrativos e Fiscais (ETAF).

Tais garantias integram o estatuto dos juízes, um estatuto próprio, que tem assento constitucional - art.ºs 215.º a 218.º, da CRP.

Na medida em que se incluem no estatuto dos juízes, essas mesmas garantias fazem parte da reserva relativa de competência legislativa da Assembleia da República (AR) - art.ºs 110.º e 165.º, al. p), da CRP.

Imbricando diretamente com a independência dos tribunais, a limitação de tais garantias pode configurar um limite material de revisão constitucional - art.º 288.º, al. m), da CRP.

O carácter vitalício da nomeação está garantido especialmente pelos art.ºs 215.º, n.º 2, e 216.º, n.ºs 3, 4 e 5, da CRP, e 6.º, do EMJ.

A garantia do carácter vitalício da nomeação abrange a obrigação de exclusividade no exercício da função do juiz e a incompatibilidade desse exercício com outras funções públicas e privadas, salvo as funções docentes ou de investigação científica de natureza jurídica, não remuneradas, nos temos da lei - art.º 8.º-A, do EMJ.

A garantia da inamovibilidade está assegurada pelos art.ºs 216.º, n.º 1, e 217.º da CRP, 4.º, n.º 3, e 6.º do EMJ, 3.º, do ETAF.

A garantia da inamovibilidade abrange:

- a proibição da transferência, suspensão, aposentação ou demissão dos juízes, senão nos casos previstos na lei;
- a proibição de transferência, suspensão, aposentação ou demissão dos juízes fora do âmbito de um processo disciplinar, com as inerentes garantias processuais e de contraditório - art.ºs 81.º e ss., do EMJ;

- a proibição de suspensão e aposentação de magistrados a pedido dos Conselhos Superiores fora do quadro legal previsto para situações de aposentação por incapacidade, através de um procedimento que apresente garantias substanciais e processuais que salvaguardem a efetiva existência dos pressupostos que dão lugar à referida suspensão ou aposentação e que garanta o direito a uma pensão por incapacidade calculada com base numa carreira completa – art.ºs 66.º e 67.º-A, do EMJ;
- a instituição do regime da reconversão profissional – art.º 67.º, do EMJ;
- a obrigação de definição legal das regras relativas à nomeação, colocação, transferência e promoção dos juízes, ou a garantia do princípio da precedência de lei;
- a atribuição de competências exclusivas aos Conselhos Superiores em matéria de nomeação, colocação, transferência e promoção dos juízes, assim como em matéria de exercício da ação disciplinar- art. ºs 149.º, n.º1, als. a) e t) do EMJ, 74.º, n.º 2, als. a), p) e n.º 3, al. b), do ETAF.

1.2.2. Natureza jurídico-constitucional

A exigência de nomeação e promoção dos juízes fundada em critérios objetivos, efetuada por órgão distinto e não integrado no poder executivo e o caráter vitalício da nomeação e inamovibilidade configuram garantias da integridade do papel e da função jurisdicional dos juízes.

Trata-se de garantias formais, estruturais ou de organização, dos juízes, e por essa via, também, dos tribunais.

São garantias estatutárias, porque fazem parte de um estatuto próprio, dos juízes, que goza de uma força jurídica reforçada.

Na medida em que salvaguardam a independência dos juízes, estas garantias têm reflexos diretos na garantia de independência dos próprios tribunais.

1.2.3. Finalidades das garantias

As *supra* mencionadas garantias visam assegurar a liberdade dos juízes:

- face a ordens e instruções das demais autoridades ou poderes de Estado; e
- face às próprias ordens e instruções dos órgãos de gestão da magistratura (Conselhos Superiores e Presidentes dos Tribunais).

Mais introduzem um efeito estabilizador ou pacificador relativamente ao exercício da profissão, conferindo aos juízes a segurança de que não terão alterações funcionais impostas por terceiros.

1.2.4. Articulação destas garantias com as demais, que salvaguardam a independência dos juízes e dos tribunais

A exigência de nomeação e promoção dos juízes fundada em critérios objetivos, efetuada por órgão distinto e não integrado no poder executivo, o caráter vitalício da nomeação e a inamovibilidade são garantias que fazem parte de um regime mais geral de proteção da função do juiz, que se pretende estatutário.

Por força desse regime estatutário, estas garantias estão protegidas de forma simples ou reforçada.

Tais garantias relacionam-se, em primeira linha, com os princípios da independência dos juízes e dos tribunais e da irresponsabilidade dos juízes – art.ºs 216.º, n.º 3 da CRP, 4.º e 5.º, do EMJ.

Para além disso, relacionam-se:

- com o princípio da exclusividade do exercício das funções e um regime de incompatibilidades – art.º 216.º, n.ºs 3, 4 e 5 da CRP, 8.º-A, do EMJ;
- com a exigência de acesso à profissão mediante concurso, através de um processo legalmente definido – art.º 215.º, n.º 2 da CRP, 40.º a 45.º-B, do EMJ;

- com a previsão de um regime legal que regula as nomeações, as colocações, as transferências e os movimentos – art.ºs 38.º, 39.º e 40.º a 45.º-A, do EMJ;
- com a previsão da existência de uma carreira, prévia e legalmente estruturada, em que se acede aos graus superiores mediante concurso – art.º 215.º, n.ºs 3 e 4, da CRP;
- com o princípio do juiz natural ou com a pré-determinação legal da atribuição/distribuição de processos;
- com o instituto da responsabilidade disciplinar, criminal e civil – art.º 5.º, do EMJ;
- com o estabelecimento de um regime de impedimentos (como corolário da natureza vitalícia das funções e da instituição de um sistema de carreiras) – art.º 7.º, do EMJ; e
- com o regime da jubilação ou da manutenção do estatuto de juiz na jubilação.

A nomeação vitalícia deve ser compatibilizada com:

- a necessidade de gestão dos tribunais;
- o regime das comissões de serviço;
- o regime das licenças sem remuneração, previsto no art.º 13.º, do EMJ, nomeadamente as licenças que não respeitem à formação (na lei estão previstos como limites para a concessão: "a ponderação da conveniência de serviço", do "interesse público subjacente à sua concessão", "da demostração da situação do interessado face à organização internacional", "do interesse público", acompanhamento de cônjuge "em missão de defesa ou representação se interesses do país ou em organização internacional"); e
- a possibilidade de nomeação *ad hoc* de juízes, para fazer face a necessidades transitórias, ainda que recrutados por concurso, no âmbito de um quadro legal pré-definido, sem esse estatuto.

Deve ainda ser compatibilizada com o princípio da inamovibilidade, em particular, com:

- a necessidade de gestão dos tribunais e as regras para a reafectação de juízes; e

– o princípio do juiz natural, o regime de afetação de processos e de acumulação de funções.

Como mecanismos de flexibilização e gestão foram expressamente previstas a reafetação de juízes e a afetação de processos, mostrando-se consagrados no art.º 94.º, da Lei Orgânica do Sistema Judiciário (LOSJ), em cujo n.º 6 se determina que "*têm como finalidade responder a necessidades de serviço, pontuais e transitórias, e devem ser fundadas em critérios gerais, definidos pelo Conselho Superior da Magistratura, respeitando sempre princípios de proporcionalidade, equilíbrio de serviço e aleatoriedade na distribuição, não podendo implicar prejuízo pessoal sério para a vida pessoal ou familiar do juiz.*"

Acrescenta-se, depois, no n.º 7 deste normativo, que o Conselho Superior da Magistratura (CSM) fixa antecipadamente "*os critérios a considerar quanto à densificação dos conceitos*" e "*publicita-os, previamente à sua execução, nas páginas eletrónicas das comarcas e do Conselho Superior da Magistratura*".

Tais medidas foram, entretanto, objeto do Regulamento dos Critérios de Reafetação de Juízes, Afetação de Processos e Acumulação de Funções[3], que no art.º 6.º só as permite a título excecional e no art.º 5.º as exige propostas e determinadas em função de critérios gerais e abstratos, nomeadamente face ao atraso na prolação da decisão, à antiguidade, à natureza, à espécie ou à complexidade dos processos.

Tanto com respeito às medidas de reafetação de juízes, afetação de processos e acumulação de funções, como no que concerne à colocação de juízes auxiliares, a que se reporta o art.º 4.º do mesmo Regulamento, está prevista a elaboração de uma exposição de motivos (n.º 2 do art.º 9.º do citado Regulamento).

A exigência do consentimento do juiz como condição para a aplicação destas medidas de gestão, prevista nos art.ºs 45.º-A, n.ºs 1 e 2, do EMJ, e 3.º, n.º 1, do Regulamento dos Critérios de Reafetação de Juízes, Afetação de Processos e Acumulação de Funções, constitui um elemento estrutural da previsão destas medidas, considerada, em particular, a garantia constitucional da inamovibilidade.

[3] Publicado no Diário da República (DR) n.º 371, 2ª Série, Parte D, de 03.05.2021.

Ora, compulsado o sobredito Regulamento, verificamos que não está especificamente delimitado o campo de aplicação de cada uma das medidas, mas apenas a sua descrição, a saber:

a) Reafetação de juízes a tribunal ou juízo diverso da mesma comarca: o exercício de funções em tribunal sediado na mesma comarca ou em juízo diverso do mesmo tribunal de comarca, com a interrupção das funções exercidas no tribunal ou juízo em que o juiz foi colocado ou para a qual foi destacado no movimento judicial;
b) Afetação de processos a juiz diverso do seu titular inicial: a atribuição de processos, para tramitação e despacho, que não decorra da distribuição inicial na unidade orgânica ou de distribuição subsequente determinada por despacho judicial proferido nos autos, quer a mesma se reporte a juízes efetivos ou auxiliares;
c) Exercício de funções em mais de um tribunal ou juízo: a afetação do juiz a tribunal ou juízo no qual não foi colocado ou para o qual não foi destacado no movimento judicial, com a manutenção do exercício de funções no tribunal ou juízo onde foi colocado ou para o qual foi destacado no movimento (art.º 2.º).

Em termos de medidas de gestão de juízes deve ainda ser convocado o Regulamento do Quadro-Complementar de Juízes aprovado pelo CSM[4], onde se determina que esta medida se destina, preferencialmente:

– a garantir a substituição de juízes em gozo de licença parental; de juízas em situação de risco clínico durante a gravidez; de juízes em situação de doença ou a quem tenha sido concedida licença para assistência a filhos com deficiência ou doença; de juízes a quem tenha sido aplicada sanção disciplinar de transferência, suspensão de exercício ou inatividade; de juízes suspensos de funções; de juízes a quem foi atribuído o regime de exclusividade (alíneas a) a f));
– o suprimento de necessidades de resposta adicional não garantidas com a afetação de juízes, designadamente com o objetivo de dimi-

[4] Aprovado pela Deliberação n.º 1729/2015 do CSM e publicado no DR, 2.ª Série, de 07.09.2015.

nuir pendências ou a dilação no agendamento de diligências e julgamentos (alínea g));
- o preenchimento de vacatura de lugar decorrente da aplicação de aposentação compulsiva, demissão, aposentação, jubilação ou falecimento (alínea h)).

Adicionalmente foi consignado no n.º 6 deste normativo que relativamente aos casos previstos na alínea g), sempre que tal se mostre possível, aquando da publicação do anúncio relativo ao movimento judicial seguinte, o CSM deve definir critérios que permitam avaliar o número e a complexidade dos processos que justifiquem a afetação de juízes do Quadro Complementar, nomeadamente fixando índices relativos ao volume processual adequado e à complexidade processual em função das especificidades de cada jurisdição.

Por último, importa ainda fazer referência ao mecanismo da substituição de juízes, previsto para os casos de falta ou impedimento dos titulares, a qual se concretiza "*por determinação do respetivo juiz presidente, de acordo com as orientações genéricas do Conselho Superior da Magistratura*" (art.º 86.º, n.º 1, da LOSJ).

Também o CSTAF aprovou o Regulamento do Quadro Complementar de Juízes da Jurisdição Administrativa e Fiscal, em cujo art.º 2.º, n.º 1, se estabelece que "*Em cada zona geográfica em que se mostram organizados os tribunais administrativos e fiscais há um Quadro Complementar de Juízes para afetação a tribunais administrativos e fiscais de primeira instância em que se verifique a falta ou o impedimento dos seus titulares, a vacatura do lugar ou o número ou a complexidade dos processos existentes o justifiquem*".[5]

Acrescenta-se no n.º 2 do mesmo normativo que o referido Quadro Complementar pode ser desdobrado em áreas de jurisdição, devendo essa circunstância ser mencionada no aviso do movimento judicial.

A afetação dos juízes no âmbito do Quadro Complementar pressupõe que a superação da situação em causa com recurso aos regimes de substituição, de afetação de processos ou de reafetação de juízes não se mostre adequada, devendo a mesma fazer-se com prevalência das necessidades

[5] Aprovado pela Deliberação n.º 678-A/2022, de 3 de junho e publicado no DR, n.º 111, 2ª Série, Parte D, de 08.06.2022.

do serviço e o mínimo prejuízo para a vida pessoal e familiar dos interessados (art.º 3.º, n.ºs 2 e 3, do Regulamento do Quadro Complementar de Juízes da Jurisdição Administrativa e Fiscal).

O provimento de lugares do Quadro Complementar destina -se preferencialmente a garantir:

a) A substituição de juízes em gozo de licença parental em qualquer das modalidades ou de licença por adoção;
b) A substituição de juízas em situação de risco clínico durante a gravidez;
c) A substituição de juízes em situação de doença a que tenha sido concedido certificado de incapacidade temporária para o trabalho, devida a doença por tempo superior a trinta dias ou licença para assistência a filhos com deficiência ou doença por idêntico período;
d) A substituição de juízes a que tenha sido aplicada sanção disciplinar de transferência, suspensão de exercício ou inatividade;
e) A substituição de magistrados suspensos de funções ao abrigo do disposto no artigo 71.º do Estatuto dos Magistrados Judiciais;
f) A substituição de juízes a quem foi atribuído o regime de exclusividade;
g) O suprimento de necessidades de resposta adicional, designadamente com o objetivo de diminuir pendências ou a dilação no agendamento de diligências e julgamentos;
h) O preenchimento de vacatura de lugar decorrente de subida a outro tribunal, da aplicação de aposentação compulsiva, demissão, aposentação, jubilação ou falecimento (art.º 14.º, n.º 4, do Regulamento do Quadro Complementar de Juízes da Jurisdição Administrativa e Fiscal).

Estabelece-se nos n.ºs 2 e 3 do art.º 14.º do Regulamento do Quadro Complementar de Juízes da Jurisdição Administrativa e Fiscal que nas afetações subsequentes até ao movimento judicial seguinte devem ser ponderadas razões de conveniência do serviço, designadamente o exercício de funções no tribunal e área de jurisdição a que se destina a afetação, assim como as informações provenientes dos serviços de inspeção, procurando assegurar a estabilidade do serviço.

Conjugando a previsão legal de todas estas medidas, concluímos que são todas de natureza excecional, podendo ser feita uma distinção matricial: há medidas que se destinam a solucionar o problema da ausência do juiz titular, cuja duração é variável, dependendo do motivo que ocasiona a ausência; e há medidas que visam a eficiência do sistema judicial visto como uma unidade, concretamente as que respeitam à redução de pendências.

Naturalmente que havendo a necessidade de optar entre substituir um titular ausente ao serviço ou diligenciar a redução da pendência de um juízo, aquela situação assume precedência, porquanto o impacto negativo duma ausência sobre a eficiência do sistema é exponencialmente mais elevado.

Sem prejuízo, tendo como assente que todos aqueles objetivos devem ser alcançados, a primeira e mais adequada solução é a previsão de lugares de auxiliar, atenta a circunstância de ser anunciada em movimento judicial ordinário e permitir, desta forma, uma maior transparência na nomeação e estabilidade no exercício de funções.

Reconhecemos, porém, que nem sempre assim pode ser, mostrando-se evidente que algumas das circunstâncias que motivam a aplicação das medidas são supervenientes ao movimento ou, por outro lado, visam satisfazer necessidades de curta duração, não se justificando a aplicação daquela medida, caso em que se coloca a questão da escolha da medida mais adequada para suprir essa necessidade.

Numa enunciação genérica dir-se-á que a medida mais adequada será, em princípio, aquela que menor perturbação causar ao funcionamento global do sistema e que, em simultâneo, melhor assegure a realização do objetivo visado.

O mecanismo da acumulação tem vindo a ser amiúde usado para colmatar necessidades pontuais, tanto de ausência de titulares, como de redução de pendências, mas tem-se colocado a questão de saber quais os critérios para selecionar os juízos que beneficiam desta medida, bem como quais os critérios para selecionar os juízes que desempenham funções em acumulação.

Trata-se de matéria com particular importância, porquanto esta específica medida tem associada uma retribuição adicional, suscitando maior interesse e, concomitantemente, maior necessidade de transparência na sua aplicação.

Dispõe, com efeito, o art.º 29.º, do EMJ, que "*Pelo exercício de funções em regime de acumulação ou de substituição que se prolongue por período superior a 30 dias seguidos ou 90 dias interpolados no mesmo ano judicial, é devida remuneração, em montante a fixar pelo Conselho Superior da Magistratura, em função do grau de concretização dos objetivos estabelecidos para cada acumulação, tendo como limites um quinto e a totalidade da remuneração devida a magistrado judicial colocado no juízo ou tribunal em causa.*

Parece, por isso, essencial uma definição prévia, geral e abstrata das circunstâncias que poderão permitir o recurso a este instrumento de gestão e uma definição prévia dos magistrados a quem poderá ser solicitada a prestação de serviço em regime de acumulação, enunciando os critérios de seleção quando essa prestação se torne necessária.

Na eventualidade de existirem vários juízes que se disponibilizem para prestar esse apoio, deveria ser criado um quadro, em cada Comarca, selecionando-se os juízes para o concreto desempenho de funções em acumulação, em cada caso, por aplicação de critérios também previamente definidos.

Assim, deveriam ter preferência os juízes de jurisdição igual àquela que vai beneficiar da medida; aqueles que possuam maior proximidade geográfica com o beneficiário da medida (se um dos juízes do quadro pertence ao tribunal onde se situa o juízo que necessita de ajuda, deverá ser esse a acumular); e aqueles cuja pendência seja menor, sob a perspetiva que terão disponibilidade acrescida de tempo para assegurar o desempenho da acumulação.

Neste âmbito, importa também garantir a situação dos juízes que estejam nomeados em lugares que se venham a extinguir ou que estejam nomeados em lugares a extinguir em simultâneo com a criação de novos lugares, designadamente quando essa extinção e criação se façam por via legal. Nestes casos, a própria lei que extinga ou crie lugares deve estabelecer normas transitórias que confiram alguma preferência aos juízes que viram o seu lugar ficar extinto, por forma a acautelar a sua situação funcional, v.g., garantindo que no movimento judicial ordinário subsequente tenham preferência na escolha nos lugares (que se apresentem vagos ou que tenham sido criados de novo). Essa mesma preferência decorre dos princípios da proporcionalidade e da segurança jurídica, bem como do interesse na salvaguarda da vida pessoal e familiar do magistrado judicial (art.º 44.º, n.º 1, do EMJ).

1.2.5. Propostas

i) Sempre que possível, as situações onde seja necessário substituir juízes ou acudir a necessidades de serviço devem ser resolvidas no movimento judicial ordinário, através da colocação de juízes auxiliares;

ii) Quando se opte pela medida de acumulação de funções, devem ser enunciados os critérios que presidiram à seleção dos juízos beneficiários dessa medida;

iii) Deve ser criado um quadro, em cada Comarca, integrado por todos os juízes que se disponibilizem para exercer funções em acumulação, os quais seriam selecionados para o concreto desempenho dessas funções, em cada caso, por aplicação de critérios previamente definidos, com preferência os juízes de jurisdição igual àquela que vai beneficiar da medida, dos que têm proximidade geográfica e dos que apresentam menor pendência.

iv) Quando sejam criados novos lugares, por via normativa, na eventualidade destes lugares serem extintos, deve ser publicada, em simultâneo com a decisão de extinção, uma norma transitória, estabelecendo as condições em que ficam os juízes nomeados para esses lugares, designadamente prevendo um regime de preferências no movimento judicial ordinário subsequente, atentos os princípios da proporcionalidade e da segurança jurídica, bem como o interesse na salvaguarda da vida pessoal e familiar do magistrado judicial (art.º 44.º, n.º 1, do EMJ).

Assim, propõe-se o aditamento de um n.º 4 ao art.º 44.º, do EMJ, com o seguinte teor:

> *"Em caso de extinção de lugares efetivos, deve ser fixado um regime transitório, designadamente prevendo um regime de preferências no movimento judicial ordinário subsequente, atentos os princípios da proporcionalidade e da segurança jurídica, bem como o interesse na salvaguarda da vida pessoal e familiar do magistrado judicial".*

1.3. Garantia de remuneração compatível com a dignidade da função e as responsabilidades do cargo

1.3.1. Enquadramento geral

A matéria da retribuição dos magistrados judiciais está regulada nos art.ºs 22.º e ss., do EMJ, constando do primeiro que:

> *"1 – O sistema retributivo dos magistrados judiciais é exclusivo, próprio e composto por uma remuneração base e pelos suplementos expressamente previstos no presente Estatuto.*
>
> *2 – A remuneração dos magistrados judiciais deve ser ajustada à dignidade das suas funções de soberania e à responsabilidade de quem as exerce, de modo a garantir as condições de independência do poder judicial.*
>
> *3 – As componentes remuneratórias elencadas no n.º 1 não podem ser reduzidas, salvo em situações excecionais e transitórias, sem prejuízo do disposto no número anterior.*
>
> *4 – O nível remuneratório dos magistrados judiciais colocados como efetivos não pode sofrer diminuições em resultado de alterações ao regime da organização judiciária que impliquem movimentação obrigatória."*

Uma remuneração *ajustada à dignidade das suas funções de soberania e à responsabilidade de quem as exerce, de modo a garantir as condições de independência do poder judicial,* será aquela que permita ao Magistrado sentir-se suficientemente compensado pelo trabalho que exerce e verdadeiramente comprometido com as suas funções, as quais são, efetivamente, de relevância vital para a comunidade.

Isso contribuirá, certamente, para garantir a fixação dos que, com elevada qualidade e probidade, exercem as suas funções, de modo a que não sintam a tentação de exercer outras funções com maior remuneração (designadamente, na área da advocacia), assim como contribuirá para preservar a integridade dos magistrados judiciais[6].

[6] O Sexto Congresso das Nações Unidas para a Prevenção do Crime e o Tratamento dos Delinquentes, realizado em Caracas, de 25.08.1980 a 05.09.1980, na sua Resolução 16

A matéria revela, consabidamente, dificuldades perante a opinião pública, dada a singela ou desinformada comparação da retribuição dos magistrados com outras profissões, omitindo-se fatores relevantes como a preparação técnica, o grau de responsabilidade e a vinculação dos magistrados a um regime de exclusividade, que é vitalício, prolongando-se inclusivamente pelo período posterior à cessação de funções por limite de idade, atento o estatuto legal da jubilação (art.º 64.º, n.º 2, do EMJ).

Todavia, as contrapartidas poderiam consistir não apenas na retribuição, mas incluir outras componentes que assegurassem um maior grau de satisfação, v.g., a possibilidade de dispor de uma viatura de serviço para as deslocações necessárias no âmbito do desempenho funcional do juiz.

Também no plano da preparação técnica dos juízes, imprescindível a um desempenho de qualidade, poderia ser facilitado, particularmente aos que se encontrem fora de grandes centros urbanos, o acesso a formação prestada por entidades diversas do Centro de Estudos Judiciários (CEJ), em particular, as Faculdades (doutoramentos, mestrados, cursos de pós-graduação ou cursos breves em determinadas temáticas), em condições mais vantajosas.

Esta proposta encontra respaldo no art.º 6.º-B, do EMJ, onde se consagra, a título de garantias de desempenho, que "*Aos magistrados judiciais devem ser proporcionadas as condições de formação, organização e gestão que lhes permitam desempenhar a sua função com a independência, imparcialidade, dignidade, qualidade e eficiência compatíveis com o adequado funcionamento da administração da justiça.*"

Poderia também ser enquadrada como um justo reconhecimento do mérito e dedicação do juiz e, desta forma, constituir um estímulo adicional à contínua melhoria da sua prestação.

apelou ao Comité para a Prevenção e Controlo da Criminalidade para que inclua nas suas prioridades a elaboração de diretrizes relativas à independência dos juízes e à seleção, à formação profissional e ao estatuto dos magistrados judiciais e do Ministério Público, pp. 19 a 20, in file:///C:/Users/MJ02066/Downloads/a-conf-87-14-e.pdf, consultado em 20.03.2022.

Temos presente, é certo, a Recomendação da Comissão de Veneza para que não sejam atribuídos aos juízes bónus ou benefícios de caráter não financeiro, assentes em fatores discricionários.[7]

Assim, o acesso a estes complementos da retribuição deve ser estabelecido através de regras pré-definidas claras, emitidas pelo CSM, assentes em critérios objetivos, para além de dever ser sempre atribuído com base em decisões fundamentadas e às quais seja dada publicidade.

1.3.2. Propostas

i) Ponderação da possibilidade da retribuição incluir outros componentes, para além do vencimento, por exemplo:

- a utilização de viatura de serviço para deslocações em trabalho, designadamente para realização de julgamentos fora do tribunal onde o juiz desempenha funções ou para realização de inspeções ao local;
- o acesso a formação prestada por entidades diversas do CEJ, em particular, as Faculdades (doutoramentos, mestrados, cursos de pós-graduação ou cursos breves em determinadas temáticas), em condições mais vantajosas.

ii) Os outros componentes da retribuição acima indicados devem ser estabelecidos por regras pré-definidas claras, emitidas pelo CSM, assentes em critérios objetivos, para além de deverem ser sempre atribuídos em decisões fundamentadas e às quais seja dada publicidade.

1.4. Independência externa e autonomia financeira do sistema judicial

1.4.1. Enquadramento geral

A dotação do sistema de justiça com os recursos necessários para o exercício da função jurisdicional constitui uma garantia da defesa con-

[7] Report on the Independence of the Judicial System. Part I: The Independence of Judges. Adotado pela Comissão de Veneza na sua 82ª Sessão Plenária, p. 11. In https://rm.coe.int/1680700a63, consultado em 20.03.2022.

tra a ingerência por parte de ouros poderes do Estado, sendo afirmada nos princípios Básicos relativos à Independência da Magistratura: "*Cada Estado Membro tem o dever de proporcionar os recursos necessários para que a magistratura possa desempenhar devidamente as suas funções.*" (ponto 7.)[8].

Está também consagrada na Carta Europeia sobre o Estatuto dos Juízes, onde se estipula que: "*O Estado tem o dever de assegurar que os juízes têm os meios necessários para realizar a sua função adequadamente, e em particular resolver os casos que lhes são apresentados num prazo razoável.*" (ponto 1.6.).

Igualmente, está consagrada na Recomendação n.º R (94) 12 do Comité de Ministros do Conselho da Europa sobre a independência, a eficácia e o papel dos juízes, cujos parágrafos 35 e 37 proclamam a necessidade de serem providenciados aos juízes os meios necessários para o adequado exercício das suas funções, com ênfase sobre os funcionários e os meios tecnológicos.

Vem ainda estabelecida no âmbito dos Padrões Mínimos de Independência Judicial nos seguintes termos: "*É um dever do Estado providenciar recursos financeiros adequados para uma administração da justiça equitativa*" (ponto 10.).[9]

Idem, no Guia Prático n.º 1 da Comissão Internacional de Juristas, subordinado ao tema "A independência e responsabilidade de juízes, advogados e promotores", onde se indica que: a autonomia financeira e a dotação do judiciário com os recursos suficientes para o adequado desempenho da sua função é essencial para a preservação da independência dos tribunais e dos juízes, devendo este princípio ser consagrado legalmente, de preferência na Constituição[10].

[8] Documento adotado pelo Sétimo Congresso das Nações Unidas para a Prevenção do Crime e o Tratamento dos Delinquentes, realizado em Milão de 26.08.1985 a 06.09.1985 e endossado pela Assembleia Geral das Nações Unidas nas suas Resoluções 40/32, de 29.11.1985, e 40/146, de 13.12.1985 (in http://gddc.ministeriopublico.pt/sites/default/files/princbasicos-magistratura.pdf), consultado em 20.03.2022.

[9] Documento adotado pela IBA (in https://www.ibanet.org/MediaHandler?id=bb019013-52b1-427c-ad25-a6409b49fe29), consultado em 23.03.2022.

[10] In https://www.icj.org/wp-content/uploads/2017/03/Universal-PG-N%C2%B01--Portugues-Publications-Practitioners-Guide-series-2017-POR.pdf, consultado em 20.03.2022.

No Compromisso Ético dos Juízes Portugueses refere-se: "*Uma nota final para salientar que é incumbência do Estado assegurar os pressupostos adequados de organização, funcionamento e exercício da função judicial, dos quais dependem, em última análise, a verdadeira independência dos juízes e dos tribunais e a existência das condições necessárias para cumprir integralmente as exigências da ética judicial.*

É suposto, portanto, para esse efeito de garantir a independência orgânica do poder judicial, que os órgãos independentes de governo dos juízes disponham de autonomia administrativa, financeira e orçamental e que tenham capacidade efectiva de participar na formação dos juízes, na definição das políticas públicas de justiça e na gestão e administração dos tribunais."[11]

Ao nível constitucional, esta garantia pode fundamentar-se no art.º 2.º, da CRP. A necessidade de assegurar que os tribunais não sejam sujeitos a ingerências por parte de outros poderes do Estado decorre do princípio da separação e interdependência de poderes, um dos pilares do Estado de Direito democrático em que se consubstancia a República Portuguesa.

Também dos art.ºs 110.º e 111.º da CRP resulta que a separação e interdependência de poderes visa assegurar que nenhum dos órgãos de soberania –Presidente da República (PR), AR, Governo e tribunais – tenha ascendência sobre os demais e desse modo afete o funcionamento equilibrado do Estado de Direito democrático.

Os recursos de que o judiciário dispõe são, por regra, providenciados pelos Poderes Executivo e Legislativo, através do orçamento de Estado.

Essa circunstância pode cercear o exercício independente da função cometida ao Judiciário, pois as escolhas efetuadas pelo Poder Executivo condicionam os resultados obtidos.

Com efeito, os equipamentos, estruturas, recursos humanos, recursos financeiros, logística, plataformas informáticas, enfim, tudo aquilo que é imprescindível para o funcionamento do sistema de justiça, é disponibilizado exclusivamente pelo Executivo.

[11] In http://www.asjp.pt/wp-content/uploads/2010/04/1-Vers%C3%A3o-em-portugu%C3%AAs-COMPROMISSO-%C3%89TICO-DOS-JU%C3%8DZES-PORTUGUESES.pdf, p. 10, consultado em 06.11.2022.

Ora, a natureza dos tribunais como órgãos de soberania implica a não ingerência dos demais órgãos de soberania sobre a justiça e constitui um pilar da proteção dos cidadãos face aos abusos de poder.

A Constituição regulou expressamente a competência do PR e da AR face aos tribunais.

Assim, o primeiro tem competência para nomear e exonerar, sob proposta do Governo, o presidente do Tribunal de Contas e o Procurador-Geral da República e nomear dois vogais do CSM (als. m) e n) do art.º 133.º, da CRP), bem como dois vogais do Conselho Superior dos Tribunais Administrativos e Fiscais (CSTAF) (art. 75.º, n.º 1, al. a), do ETAF).

A AR tem competência para eleger, segundo o sistema de representação proporcional, membros do Conselho Superior do Ministério Público (CSMP) e, por maioria de dois terços dos Deputados presentes, desde que superior à maioria absoluta dos Deputados em efetividade de funções, dez juízes do Tribunal Constitucional e sete vogais do CSM (als. g) e h) do art.º 163.º, da CRP), bem como quatro vogais do CSTAF (art.º 75.º, n.º 1, al. b), do ETAF).

No entanto, quanto ao Governo, não existe qualquer norma específica na Constituição sobre a articulação entre este e os tribunais, mas esta questão merece particular atenção, atenta a complexidade das potenciais interações entre um e outros, decorrente da aludida circunstância de provirem do Executivo todos os meios que viabilizam o funcionamento dos tribunais.

A separação e interdependência de poderes constitui um sistema de freios e contrapesos entre os vários órgãos de soberania, o que exige "ingerências" mútuas. Aliás, as competências do PR e da AR face aos órgãos superiores das Magistraturas assim o confirmam.

O que é relevante não é, pois, assegurar que inexista qualquer "ingerência", mas sim, desde logo, afastar as ingerências que coloquem em causa a função de equilíbrio dos tribunais perante os outros poderes e a sua sujeição absoluta à lei, bem como – e talvez seja esta a vertente mais relevante na procura de melhoria do sistema de justiça – garantir que as soluções de interdependência encontradas pelo legislador são as que melhor permitem alcançar esses objetivos.[12]

[12] A interdependência traduz, aliás, a ideia da existência de "*formas e procedimentos de cooperação e de controlo interorgânicos, materiais e pessoais*" (CANOTILHO, Gomes, VITAL,

Um dos maiores riscos de ingerência do Governo sobre os tribunais decorre, precisamente do controlo exercido relativamente aos meios da justiça, através das estruturas que os gerem e que se mostram integradas na administração direta do Estado, a saber, a Direção de Serviços da Administração da Justiça (DGAJ) e o Instituto de Gestão Financeira e Equipamentos da Justiça (IGFEJ).

Estas duas estruturas gerem o recrutamento e mobilidade dos funcionários judiciais, os meios tecnológicos e sistemas de informação, os recursos financeiros e os edifícios.

O CSM, o Conselho Superior dos Tribunais Administrativos e Fiscais (CSTAF) e a Procuradoria-Geral da República (PGR) não têm qualquer intervenção institucional na orgânica destes órgãos, não podem nomear quaisquer elementos da Direção, não intervêm na elaboração de planos estratégicos e de atividades, não podem determinar qualquer prioridade nos investimentos.

Para além da questão orçamental, está em causa a participação nas prioridades assumidas, tendo em conta os recursos escassos disponíveis.

Configuram-se diversos modelos de administração dos tribunais, a saber, o modelo executivo, no qual o financiamento do sistema judicial e a responsabilidade pela sua gestão eficiente compete ao Estado, concretamente ao membro do Governo titular da pasta da justiça; o modelo colaborativo, que assegura a participação do judiciário na administração dos tribunais, sem prejuízo do seu controlo pertencer ao poder executivo; e o modelo de administração autónoma, caracterizado pela administração dos tribunais ser diretamente pelo judiciário.[13]

Todos os modelos possuem vantagens e desvantagens, sendo, em particular, apontada ao modelo colaborativo a crítica de que ao sujeitar o

Moreira, *Constituição da República Portuguesa Anotada*, vol. II, 4ª ed., Coimbra: Coimbra Editora, p. 46).

Aquilo que se mostra totalmente vedado, nesta sede, é a situação limite de "esvaziamento das funções materiais específica e principalmente atribuídas a outro órgão", à luz da teoria do núcleo essencial (*ibidem*).

[13] Mikuli, Piotr, Firlus, Jakub, Fox, Natalie, *Models of Courts Administration: An Attempt at a Comparative Review*, in https://www.researchgate.net/publication/316659736_Models_of_Courts_Administration_An_Attempt_at_a_Comparative_Review, pp. 4 a 15. Consultado em 06.11.2022.

judiciário à negociação, com o poder executivo, dos recursos necessários para o desempenho da sua função, cria o risco da sua desautorização, o que poderá suceder ainda que se adote a via da criação de um organismo independente, em lugar de simplesmente envolver o judiciário na tomada de decisões por parte de departamentos integrados na administração pública[14].

Sob esta perspetiva, o modelo que se tem considerado como menos problemático e mais adequado é o autónomo.[15]

Em Portugal pretendeu adotar-se um sistema de governação plural na Comissão para a Coordenação da Gestão dos Dados Referentes ao Sistema Judicial (art.º 25.º, da Lei n.º 34/2009, de 14.07), bem como no Conselho Geral do CEJ (art.º 97.º, da Lei n.º 2/2008, de 14.01).

Este sistema, que corresponde a um modelo colaborativo, poderia ser seguido também nos demais domínios da administração judiciária, assegurando uma intervenção mais decisiva ou vinculante do judiciário na decisão sobre a afetação dos recursos necessários à sua missão.

Semelhante intervenção poderia fazer-se através dos órgãos de gestão do judiciário – CSM, CSTAF e PGR – nas decisões estratégicas da administração direta e indireta do Estado relacionadas com a justiça, em concreto no âmbito da governação do IGFEJ e da DGAJ, ou mediante a criação de um Conselho Estratégico ou de um órgão de consulta.

Esta alteração teria também um efeito muito relevante na gestão por objetivos implementada pelo Legislador com a reforma judiciária de 2014.

Efetivamente, de acordo com o art.º 90.º, da LOSJ, o CSM e a PGR estabelecem objetivos estratégicos para o sistema judiciário, em articulação com o Ministério da Justiça (MJ). Esta articulação com o MJ decorre, naturalmente, da necessidade de concatenar os objetivos com a gestão dos meios e com os poderes legislativos do Governo, que tem uma política para a justiça.

Os objetivos estratégicos poderiam, deste modo, contemplar aspetos concretos e determinados da gestão do Judiciário, estabelecendo metas a

[14] *Ibidem*, p. 7.

[15] *Idem*.

alcançar no domínio da dotação de meios, em ordem a efetuar as correspondentes provisões orçamentais.

Trata-se, sabemos bem, de uma tarefa complexa, na medida em que os encargos atinentes ao judiciário se encontram dispersos por várias rubricas orçamentais, obrigando à conjugação contabilística de múltiplos códigos de despesa[16]. Porém, competindo ao Governo a apresentação dos orçamentos anuais do Estado, a previsão a longo prazo das necessidades financeiras no campo da justiça, em articulação com os órgãos de governo das magistraturas, permitiria uma melhor gestão dos meios em função dos objetivos.

Mas existe outro aspeto que terá de ser assegurado como decorrência do princípio da separação de poderes: a não sujeição a cativações.

A título de exemplo, seguindo orientações internacionais que visam assegurar a independência das entidades reguladoras, a Lei n.º 67/2013, de 28.08 (Lei-Quadro das Entidades Reguladoras) prevê um regime financeiro especial, afastando estas entidades das cativações de verbas determinadas pelo Governo (art.º 33.º).

Esta medida não se aplica aos organismos da justiça, mas deveria assim suceder, até por evidente maioria de razão: a independência de um órgão de soberania é um valor constitucional associado ao Estado de Direito democrático de maior dignidade.

Saliente-se que, nesta sede, não está em causa pura e simplesmente defender que o Estado tem necessariamente de reforçar os meios alocados ao setor da justiça. Embora, de facto, assim se entenda, o essencial é que o judiciário intervenha nessas escolhas e na ponderação das prioridades.

[16] A complexidade da previsão e gestão orçamental fica adequadamente espelhada nos e-books do CEJ atinentes a esta matéria, a saber, o Guia de Orçamento e Contabilidade dos Tribunais, 3ª ed., Janeiro de 2017, Melo, Tiago Joanaz de, com a colaboração de Pinto, Ana Calado, e Santos, Ana Gomes dos, in https://cej.justica.gov.pt/LinkClick.aspx?fileticket=7KjGK9xDpzM%3d&portalid=30, e o Guia de Gestão de Recursos Orçamentais, Materiais e Tecnológicos, 3ª ed., Abril de 2017, Melo, Tiago Joanaz de, com a colaboração de Pinto, Ana Calado, e Santos, Ana Gomes dos, in https://cej.justica.gov.pt/LinkClick.aspx?fileticket=D0twVx40Fh4%3d&portalid=30, consultados em 17.11.2022.

1.4.2. Propostas

i) O Judiciário deverá ter uma intervenção decisiva ou vinculante na decisão sobre a afetação dos recursos necessários à sua missão, o que poderá suceder através da intervenção dos seus órgãos de gestão – CSM, CSTAF e PGR – nas decisões estratégicas da administração direta e indireta do Estado relacionadas com a justiça, em concreto no âmbito da governação do IGFEJ, DGPJ e DGAJ, seja criando um Conselho Estratégico ou um órgão de consulta;

ii) Os objetivos estratégicos deveriam ter um conteúdo distinto daquele que têm tido até aqui, deixando de constituir proclamações vagas e genéricas e passando a contemplar aspetos concretos e determinados da gestão do Judiciário, por exemplo, estabelecendo metas concretas a alcançar no domínio da dotação de meios e efetuando as correspondentes provisões orçamentais;

iii) Os organismos da justiça não devem estar sujeitos a cativações, seguindo, por exemplo, o modelo de orientações internacionais que visam assegurar a independência das entidades reguladoras, plasmado no art.° 33.°, da Lei n.° 67/2013, de 28.08.

1.5. Irresponsabilidade dos juízes pelas suas decisões

O princípio da irresponsabilidade dos juízes pelas suas decisões está consagrado no art.° 216.°, n.° 2, da CRP, e visa salvaguardar a liberdade do juiz no exercício do ato nobre do processo judicial, isto é, na tomada das suas decisões.

Determina também o art.° 5.°, do EMJ, sob a epígrafe "*Irresponsabilidade*", o seguinte:

> "*1 – Os magistrados judiciais não podem ser responsabilizados pelas suas decisões.*
>
> *2 – Só nos casos especialmente previstos na lei os magistrados judiciais podem ser sujeitos, em razão do exercício das suas funções, a responsabilidade civil, criminal ou disciplinar.*

> *3 – Fora dos casos em que a falta constitua crime, a responsabilidade civil apenas pode ser efetivada mediante ação de regresso do Estado contra o respetivo magistrado, com fundamento culpa grave.*
>
> *4 – A decisão de exercer o direito de regresso sobre os magistrados judiciais cabe ao Conselho Superior da Magistratura, a título oficioso ou por iniciativa do membro do Governo responsável da justiça."* (de igual modo, o art.º 3.º, n.º 2, do ETAF).

Assim, quando confrontada com uma decisão da qual discorde, cumpre à parte impugnar essa decisão por via de recurso para os tribunais superiores.

Se a parte considerar que a decisão é errada, porque fez uma errada valoração das provas ou aplicação do direito, só o mecanismo do recurso tem aptidão para produzir a alteração da decisão.

A responsabilidade civil que possa eventualmente existir, decorrente de atos praticados no exercício das funções de magistrado, é suscetível apenas de ser exercida contra o Estado, sem prejuízo de eventual direito de regresso, em casos de dolo ou culpa grave.[17]

Assim, a reação direta contra o magistrado só tem justificação legal quando esteja em causa a prática de um crime cometido no exercício das suas funções, não devendo ser utilizada como uma forma de protelar a decisão, por via dos incidentes de suspeição, ou de a condicionar.

A violação de normas estatutárias pode, por outro lado, gerar situações passíveis de fazerem incorrer o magistrado em responsabilidade disciplinar, nos termos previstos nos art.ºs 83.º-G, 83.º-H e 83.º-I, do EMJ.

Por último, salientamos ainda uma dimensão de responsabilidade social, a qual, nos moldes em que se mostra afirmada, se reconduz, essencialmente, ao conceito que desenvolveremos mais à frente de "*accountability*".[18]

[17] Canotilho, Gomes, Vital, Moreira, *idem*, pp. 586-587.

[18] Oliveira, Marcelo Roseno de, «A responsabilidade social da magistratura brasileira: accountability e responsividade em meio à tensão entre o dever de prestar contas e a garantia da independência judicial», *Revista Brasileira de Políticas Públicas*, vol. 6, n.º 3, dez. 2016, pp. 21-31.

1.6. Previsão de regime de incompatibilidades que salvaguarde a independência judicial

O regime das incompatibilidades dos juízes está previsto na CRP, estabelecendo-se no seu art.º 216.º que:

> *"1. Os juízes são inamovíveis, não podendo ser transferidos, suspensos, aposentados ou demitidos senão nos casos previstos na lei.*
>
> *2. Os juízes não podem ser responsabilizados pelas suas decisões, salvas as excepções consignadas na lei.*
>
> *3. Os juízes em exercício não podem desempenhar qualquer outra função pública ou privada, salvo as funções docentes ou de investigação científica de natureza jurídica, não remuneradas, nos termos da lei.*
>
> *4. Os juízes em exercício não podem ser nomeados para comissões de serviço estranhas à atividade dos tribunais sem autorização do conselho superior competente.*
>
> *5. A lei pode estabelecer outras incompatibilidades com o exercício da função de juiz."*

Encontra-se regulada no art.º 8.º-A, do EMJ, a matéria das incompatibilidades dos juízes, nos seguintes termos:

> *"1 – Os magistrados judiciais em efetividade de funções ou em situação de jubilação não podem desempenhar qualquer outra função pública ou privada de natureza profissional.*
>
> *2 – Para os efeitos do número anterior, não são consideradas de natureza profissional as funções diretivas não remuneradas em fundações ou em associações das quais os magistrados judiciais sejam associados que, pela sua natureza e objeto, não ponham em causa a observância dos respetivos deveres funcionais, devendo o exercício dessas funções ser precedido de comunicação ao Conselho Superior da Magistratura.*
>
> *3 – Não são incompatíveis com a magistratura a docência ou a investigação científica de natureza jurídica, não remuneradas, assim como as comissões de serviço ou o exercício de funções estranhas à atividade dos tribunais cuja compatibilidade com a magistratura se encontre especialmente prevista na lei.*
>
> *4 – O exercício das funções referidas no número anterior carece de autorização do Conselho Superior da Magistratura, não podendo envolver prejuízo para o serviço nos casos da docência ou investigação científica de natureza jurídica.*

5 – Carece, ainda, de autorização do Conselho Superior da Magistratura, que só é concedida se a atividade não for remunerada e não envolver prejuízo para o serviço ou para a independência, dignidade e prestígio da função judicial:

a) O exercício de funções não profissionais em quaisquer órgãos estatutários de entidades públicas ou privadas que tenham como fim específico exercer a atividade disciplinar ou dirimir litígios;

b) O exercício de funções não profissionais em quaisquer órgãos estatutários de entidades envolvidas em competições desportivas profissionais, incluindo as respetivas sociedades acionistas.

6 – Não é incompatível com a magistratura o recebimento de quantias resultantes da produção e criação literária, artística, científica e técnica, assim como das publicações derivadas."

O regime de incompatibilidades abrange os magistrados judiciais em efetividade de funções e em situação de jubilação.

As incompatibilidades constituem limitações no exercício das funções de magistrado pelos próprios juízes.

Embora necessárias, a fixação de incompatibilidades deve respeitar os princípios da adequação e da proporcionalidade.

Em termos esquemáticos, o regime das incompatibilidades dos juízes apresenta-se da seguinte forma:

<table>
<tr><th colspan="2"><u>Atividade profissional pública ou privada</u></th><th colspan="2"><u>Funções não profissionais</u></th></tr>
<tr><th><u>Regra</u></th><th><u>Exceções</u></th><th><u>Regra</u></th><th><u>Exceções</u></th></tr>
<tr><td rowspan="3">Incompatibilidade</td><td>• Docência ou investigação científica
• se de natureza jurídica
• se não remunerada
• mediante autorização do CSM (que avalia se não envolve prejuízo para o serviço)</td><td rowspan="3">Compatibilidade</td><td>• Funções diretivas não remuneradas em fundações ou em associações
• se o magistrado for associado
• se pela sua natureza e objeto não puser em causa a observância dos respetivos deveres funcionais
• mediante comunicação prévia ao CSM</td></tr>
<tr><td>• Comissões de serviço ou o exercício de funções estranhas à atividade dos tribunais
• mediante previsão legal da compatibilidade com a magistratura
• mediante autorização do CSM</td><td>• Funções não profissionais em quaisquer órgãos estatutários de entidades públicas ou privadas que tenham como fim específico exercer a atividade disciplinar ou dirimir litígios
• mediante autorização do CSM (que avalia se não é remunerada e se não envolve prejuízo para: serviço, independência, dignidade e prestígio da função judicial)</td></tr>
<tr><td>• Recebimento de quantias resultantes da produção e criação literária, artística e técnica, assim como das publicações derivadas</td><td>• Funções não profissionais em quaisquer órgãos estatutários de entidades envolvidas em competições desportivas profissionais e respetivas sociedades acionistas
• mediante autorização do CSM (que avalia se não é remunerada e se não envolve prejuízo para: serviço, independência, dignidade e prestígio da função judicial)</td></tr>
</table>

Em matéria de incompatibilidades, a garantia da igualdade de tratamento entre juízes e a salvaguarda dos princípios da proporcionalidade e independência judicial exigiriam uma maior densificação dos conceitos legais e o estabelecimento de critérios mais claros e objetivos, por forma a melhor se compreender as situações concretas no âmbito das quais os magistrados podem exercer outras funções que não as judiciais.

2. Independência interna

2.1. Ausência de relação hierárquica no seio da magistratura judicial, salvo em matéria de recursos

Nos termos do art.º 4.º, n.º 1, do EMJ, "*Os magistrados judiciais julgam apenas segundo a Constituição e a lei e não estão sujeitos a ordens ou instruções, salvo o dever de acatamento pelos tribunais inferiores das decisões por via de recurso, pelos tribunais superiores.*" (no mesmo sentido, o art.º 3.º, n.º 1, do EMJ).

Esta previsão ou regime é um corolário do princípio da irresponsabilidade dos juízes e, consequentemente, uma garantia do princípio da independência dos juízes (art.ºs 4.º, n.º 3 e 5.º, do EMJ).

Em consonância, o art.º 83.º-H, n.º 1, al. a), do EMJ, sob a epígrafe "*Infrações graves*", estipula que constituem infração grave "*os atos praticados com dolo ou negligência grosseira que revelem grave desinteresse pelo cumprimento dos deveres funcionais, nomeadamente:*

a) O não acatamento das decisões proferidas pelos tribunais superiores por via de recurso."

Inexiste uma relação hierárquica no seio da magistratura judicial.

Os Conselhos Superiores e os órgãos de gestão da magistratura não podem dar ordens ou instruções aos juízes no que concerne à função de julgar.

As decisões jurisdicionais dos juízes apenas são sindicáveis por via do sistema legal dos recursos.

Em sede de inspeções judiciais, o trabalho do juiz não pode ser sindicado quanto ao concreto mérito das suas decisões, conforme expressamente estabelecido na al. b) do art.º 2.º, do Novo Regulamento de Inspeções do CSM [19], atinente aos "*Princípios gerais*": "*Princípio da independência, nos termos do qual o serviço de inspeção não pode, em qualquer caso, interferir com*

[19] Publicado no DR, n.º. 178, 2ª Série, de 13.09.2021.

a independência dos juízes, nomeadamente pronunciando-se quanto ao mérito substancial das decisões judiciais".

No mesmo sentido se pronuncia o Regulamento das Inspeções Judiciais do Conselho Superior dos Tribunais Administrativos e Fiscais, proclamando, no n.º 3 do respetivo art. 1.º, que *"Na sua atividade e nomeadamente na realização das inspeções, inquéritos, sindicâncias ou auditorias, os serviços de inspeção não podem interferir com o poder jurisdicional dos juízes nem pronunciar-se sobre o mérito das suas decisões."*[20]

Os juízes só podem ser responsabilizados pelas suas decisões, nos termos da lei, no âmbito civil, criminal ou disciplinar.

A responsabilidade civil apenas pode ser efetivada mediante ação de regresso do Estado contra o respetivo magistrado, com fundamento em dolo ou culpa grave.

Institui-se, portanto, um sistema de auto-regulação do sistema judicial, dirigido pelos Conselhos Superiores.

Neste contexto, observa-se a necessidade de criação de códigos de conduta para regularem situações de fronteira e de conflito entre a atividade jurisdicional do juiz e a atividade dos órgãos de gestão da magistratura – aqui se incluindo a dos presidentes dos tribunais, dos Conselhos Superiores e dos seus membros e, até, a atividade dos inspetores judiciais.

Também poderá fazer sentido melhorar o regime legal das incompatibilidades para o exercício do cargo de membro dos Conselhos Superiores e/ou criar um registo ou manifesto de interesses relativamente a esses membros.

2.2. Distribuição de processos assente em critérios objetivos e transparentes, definidos por lei ou regulamentos

2.2.1. Enquadramento geral

A garantia da distribuição de processos assente em critérios objetivos e transparentes, definidos por lei ou regulamentos, vem prevista em diversos instrumentos internacionais.

[20] Deliberação n.º 1692/2013, do Conselho Superior dos Tribunais Administrativos e Fiscais, publicada no DR, n.º 173, 2ª Série, de 09.09.2013.

Assim, na Declaração de Montreal – Declaração Universal sobre a Independência da Justiça, proclama-se que: "*O judiciário deve ser o único responsável pela distribuição de processos a juízes ou secções de um tribunal composto de vários juízes, de acordo com a lei ou os regulamentos do tribunal.*"[21]

Nos princípios de Bangalore, a propósito do princípio da independência, na vertente institucional, afirma-se que as relações institucionais necessariamente existentes entre o Judiciário e o Executivo não devem interferir com a liberdade do Judiciário na distribuição de processos (ponto 26.c)).

Em sede de propostas relativas à implementação destes princípios acentua-se o facto da distribuição de processos dever ser efetuada em obediência a critérios claros e de não dever ser retirado um caso a um juiz sem que, para tal, existam razões válidas (ponto 3.).[22]

Nos Padrões Mínimos de Independência Judicial, da IBA, assinala-se, de igual modo, que a divisão de trabalho entre juízes deve ser feita de acordo com critérios pré-definidos, só suscetíveis de alteração em circunstâncias claramente definidas.

Nos Padrões Mínimos para a distribuição processual aprovados pela Rede Europeia de Conselhos da Justiça em 13.06.2014, refere-se o seguinte:

> "*1. Todos os processos devem ser atribuídos em conformidade com o art.º 6.º da Convenção Europeia dos Direitos do Homem.*
>
> *2. Tem de existir um mecanismo pré-determinado e público de distribuição processual que possa ser escrutinável pelo cidadão. Pode ser regulado por lei ou por uma determinação judicial ou administrativa.*
>
> *3. Essa metodologia de distribuição deve assegurar não só uma célere e eficiente administração da justiça como contribuir, também, para o reforço da confiança pública.*
>
> *4. Os princípios e os critérios aplicados na distribuição dos processos, a seguir enumerados, devem ser tomados em conta em todos os métodos de distribuição, incluindo nos seus procedimentos administrativos e eletrónicos, e quaisquer que sejam os respon-*

[21] Adotada na sessão plenária final da Primeira Conferência Mundial sobre a Independência da Justiça, que teve lugar em Montreal, a 10.06.1983 (in https://www.icj.org/wp-content/uploads/2016/02/Montreal-Declaration.pdf), consultada em 23.03.2022.

[22] In https://www.unodc.org/res/ji/import/international_standards/measures_implementation/measures_implementation.pdf, consultado em 23.03.2022.

sáveis institucionais por essa distribuição (juiz mais antigo, juiz presidente ou presidente do tribunal).

5. Tais princípios e critérios (aplicados na distribuição dos processos) deverão ser objetivos e incluir:

a. O direito a um julgamento equitativo;

b. A independência judicial;

c. A legalidade do procedimento;

d. A natureza e a complexidade do caso;

e. A competência, a experiência e a especialização do juiz;

f. A disponibilidade e a carga de trabalho do juiz;

g. A imparcialidade do juiz (impedimento, escusa, recusa ou suspeição);

h. A perceção pública da independência e imparcialidade da distribuição;

6. Quando se considerar a complexidade dos processos ela deverá atender a alguns dos seguintes fatores:

a. O número das partes ou dos advogados;

b. O número de testemunhas;

c. O valor do caso em apreço;

d. O número de páginas das peças processuais;

e. A extensão da matéria de facto a apreciar;

f. As questões jurídicas envolvidas;

g. O número de perícias a realizar ou a analisar;

h. A duração estimada (prevista) do julgamento;

i. O interesse público ou mediático do caso, bem como o perfil do seu impacto na logística do tribunal.

7. O mecanismo de distribuição deve ser aplicado em conformidade com os princípios e os critérios descritos em 5. e 6. As diferenças na aplicação desses princípios e critérios poderão ser justificadas pela natureza da jurisdição, pela dimensão ou nível do tribunal, ou da circunscrição judicial onde o caso será julgado.

8. A distribuição deverá ser atribuída ao presidente ou juiz mais antigo no tribunal ou secção, mas as operações materiais envolvidas podem ser delegadas noutro juiz ou funcionário devidamente autorizado a praticar atos na distribuição.

9. Os motivos ou as razões para alguma derrogação nas regras do mecanismo de distribuição deverão ser sempre registados.

10. O mecanismo de distribuição dos processos deve estar em conformidade com os princípios ou os critérios acima descritos, seja quando o juiz atua de forma singular seja quando julga os casos em coletivo.

> *11. As partes em litígio têm o direito de ser informadas acerca da distribuição do seu caso com a antecedência necessária relativamente ao início do seu julgamento, tendo em conta aquilo que for considerado razoável para a natureza e a complexidade do caso, e o tempo que cada uma das partes necessitar para exercer o seu direito de requerer a alteração da distribuição. Isso poderá ser realizado por escrito, eletronicamente ou através de uma lista do tribunal publicada para esta finalidade."* [23]

No art.º 203.º, do Código de Processo Civil (CPC) estipula-se que "*é pela distribuição que, a fim de repartir com igualdade o serviço judicial, se designa a secção, a instância e o tribunal em que o processo há de correr ou o juiz que há de exercer as funções de relator.*"

As operações de distribuição são realizadas por meios informáticos, conforme disposto no art.º 204.º, n.º 1, do CPC.

Por fim, no n.º 1 do art. 26.º do CPTA determina-se que a "*distribuição dos processos e demais documentos sujeitos a distribuição é realizada por meios eletrónicos, através do sistema informático dos tribunais administrativos e fiscais, aplicando-se, com as necessárias adaptações, o disposto no Código de Processo Civil quanto à distribuição, incluindo os procedimentos a respeitar na atribuição de um processo a um juiz*", acrescentando-se no respetivo n.º 2 que "*na distribuição há as espécies de processos definidas pelo Conselho Superior dos Tribunais Administrativos e Fiscais, sob proposta do presidente do tribunal.*"

A distribuição, quando vinculada à ideia matriz da aleatoriedade, constitui um ato da maior relevância na tramitação processual, que contribui para o reforço dos princípios da independência e da imparcialidade.

É, assim, essencial que inexistam interferências na afetação dos processos aos juízes e que essa perceção seja clara e inequívoca para os utentes do sistema da justiça e para o público em geral[24].

[23] Coelho, Nuno, *Manual de Organização e Administração Judiciária no âmbito da criminalidade organizada, corrupção, branqueamento de capitais e tráfico de estupefacientes*, pp. 146-147, in https://www.paced-paloptl.com/uploads/publicacoes_ficheiros/paced_manual_orgegestaojudiciarias_nc_vf.pdf, consultado em 23.02.2022.

[24] A relevância do tema conduziu à sua menção no Relatório de 2020 sobre o Estado de Direito, no Capítulo relativo a Portugal, que acompanha o documento Comunicação da Comissão ao Parlamento Europeu, ao Conselho, ao Comité Económico e Social Europeu e ao Comité das Regiões, elaborado pela Comissão Europeia a 30.09.2020 (in

O CSM aprovou o Regulamento n.º 269/2021, de 22.03, atinente às Situações de Alteração, Redução ou Suspensão da Distribuição de Processos, onde se define a distribuição como o "*conjunto de operações de repartição automática, semiautomática e manual, por sorteio, dos processos entrados em Juízo, nos Juízos que integrem mais do que um Magistrado Judicial*" (art.º 2.º, al. a)).[25]

É particularmente importante o conjunto de operações que se descrevem nas als. b) a e) do art.º 2.º, do Regulamento, porquanto resultarão da alteração, redução, suspensão ou redistribuição de processos modificações quanto ao (primeiro) juiz natural escolhido aleatoriamente para titular o processo.

A matriz, a este nível, encontra-se registada no art.º 4.º, do Regulamento, onde se fixa precisamente que em todas estas operações se "*pressupõe a impossibilidade de substituição por outro juiz, devendo garantir aleatoriedade no resultado e igualdade na distribuição do serviço, assegurando a salvaguarda dos princípios do juiz natural, da legalidade, da proibição de desaforamento, da independência e da imparcialidade dos tribunais.*"

Como se destaca no Parecer do CSM, relativo a este Regulamento, citando-se Gomes Canotilho e Vital Moreira, o princípio do juiz natural não é postergado se a distribuição for alterada com base em critérios pré-determinados, previstos em lei geral[26].

A tónica está, assim, na "*regulamentação da distribuição por critérios uniformes, objectivos e percepcionáveis pelos cidadãos e por estes sindicáveis*"[27].

Um aspeto sensível é o que respeita à audição dos juízes envolvidos e aos reflexos dessa audição para a adoção destas medidas.

No que tange às medidas de alteração e redução da distribuição, prevê-se que a respetiva proposta tenha origem no juiz presidente do tribunal (coletivo) ou no juiz presidente dos tribunais de comarca, ouvidos os juízes da seção ou secções e do juízo ou juízos, no primeiro caso, e que sejam

https://eur-lex.europa.eu/legal-content/PT/TXT/PDF/?uri=CELEX:52020SC0321&from=EN, p. 2), consultado em 23.03.2022.

[25] Publicado no DR, n.º 56, 2ª Série, Parte D, de 22.03.2021.

[26] In https://www.csm.org.pt/wp-content/uploads/2020/09/Div-215_2020.pdf, p. 17, consultado em 23.03.2022.

[27] *Idem*, p. 14.

ouvidos o juiz presidente do tribunal (coletivo) ou o juiz presidente dos tribunais de comarca (art.ºs 6.º, n.º 2 e 7.º, n.º 2, do Regulamento).

A suspensão ou redução podem ser requeridas pelo presidente do tribunal (coletivo), pelo juiz presidente da comarca ou pelo magistrado a quem tiver sido distribuído o processo (art.º 10.º, n.º 3, do Regulamento).

Todas estas medidas repercutem-se nos juízes que partilham a distribuição com o juiz visado, pelo que se afigura que a necessidade de audição destes outros juízes é essencial, de modo a esclarecer se poderão existir outras soluções para o problema. Estamos a falar, naturalmente, dos juízes diretamente afetados pela medida, o que significa que se a questão se colocar relativamente a um juiz que integra um tribunal coletivo, os juízes a ouvir serão, em princípio, os demais juízes que integram esse coletivo.

Dada a urgência na resolução destas questões, a audição deverá ser realizada de modo informal e em prazos curtos, por exemplo, através de correio eletrónico, fixando-se um prazo de 48 horas para a pronúncia.

Compreende-se, por outro lado, que estes outros juízes não possam vetar a adoção da medida, apesar da alteração ou redução da distribuição de um juiz acarretará um peso adicional de serviço para o outro ou os outros.

Não obstante, haverá sempre que manter, tanto quanto possível, a igualdade da distribuição, sob a ótica de que a eventual sobrecarga de um juiz se poderá traduzir no desequilíbrio da sua pendência, produtividade e qualidade.

É a esta luz que surge o n.º 4 do art.º 10.º, do Regulamento, no qual se prevê a possibilidade de, cessadas as medidas de suspensão ou redução da distribuição, se proceder à igualação da distribuição.

Foram recentemente aprovadas alterações ao art.º 204.º, do CPC, pela Lei n.º 55/2021, de 13.08, em cujo n.º 3 passou a constar que "*A distribuição é presidida por um juiz, designado pelo presidente do tribunal de comarca e secretariado por um oficial de justiça, com a assistência obrigatória do Ministério Público e, caso seja possível por parte da Ordem dos Advogados, de um advogado designado por esta ordem profissional, todos em sistema de rotatividade diária sempre que, quanto àqueles, a composição do tribunal o permita.*"

É percetível a ideia subjacente de transparência, a qual se reforça com a exigência de inclusão, em ata, de todas as situações nas quais haja necessidade de efetuar nova distribuição, por ocorrer impedimento do juiz ao qual tenha sido distribuído o processo (al. b) do n.º 4 do art.º 204.º, do CPC).

Porém, a referência singela aos meios informáticos não resolve todos os problemas que podem surgir a este propósito, pois como foi sublinhado no Parecer do CSM sobre o Projeto de Lei n.º 553/XVI/1ª (PSD), "*não ocorrendo a distribuição informática dos processos no terminal onde foi dada a ordem de execução, mas no ambiente servidor em local definido pelo IGFEJ e por este Instituto totalmente controlado, nenhuma fiscalização digna desse nome resultará da assistência por parte do Juiz, do Ministério Público e do oficial de justiça, ainda para mais com elaboração da acta a atestar o resultado final de operações informáticas que não se realizaram perante tal assistência*".[28]

Assim, para garantir de forma plena o respeito pela independência do poder judicial, nesta vertente específica do juiz natural, deveria o CSM possuir informação técnica sobre a forma de funcionamento do sistema eletrónico de gestão dos processos pelo qual são realizadas as operações de distribuição, como se sublinha também no aludido Parecer.

Em consonância com esta asserção, é proposto, a final, no mesmo Parecer, que se estabeleça no art.º 132.º, do CPC, que "*o sistema de informação de suporte à atividade dos tribunais deve ser objeto de auditoria periódica e regular, a realizar pelo Conselho Superior da Magistratura*", cuja regulamentação se propõe também.

Alternativamente, consideramos, de igual modo, admissível e até desejável que pudesse esse sistema ser gerido pelo judiciário.

2.2.2. Propostas

i) Não deve proceder-se à distribuição manual de processos, salvo em situações absolutamente excecionais e devidamente fundamentadas;

ii) O estabelecimento de categorias específicas de distribuição, por exemplo, na jurisdição criminal, em matéria de complexidades, deveria ser articulado entre todas as Comarcas, bem como, ao nível dos Tribu-

[28] In https://www.csm.org.pt/wp-content/uploads/2021/09/Parecer-Projecto-de-Lei-n.o-n.o-553-XIV-1a-PSD-02-11-2020.pdf, consultado em 23.03.2022.

nais Superiores, entre todos os Tribunais da Relação e Tribunais Centrais Administrativos, de modo que sempre que as condições das Comarcas e dos Tribunais Superiores fossem semelhantes (volume e composição das pendências), se adotassem os mesmos critérios de distribuição;

iii) No estabelecimento de categorias específica de distribuição importaria ter presente, em particular, os critérios apontados nos Padrões Mínimos para a distribuição processual aprovados pela Rede Europeia de Conselhos da Justiça em 13.06.2014;

iv) Os Conselhos Superiores deveriam, pelo menos, acompanhar as auditorias ao sistema informático de distribuição, ou, alternativamente, ser chamados a gerir este sistema.

II. Administração Judiciária

1. As competências dos Juízes Presidentes

1.1. Enquadramento geral

Em cada tribunal de comarca existe um Juiz Presidente, que é nomeado, por escolha, pelo CSM, em comissão de serviço, pelo período de três anos, sendo a nomeação precedida da audição dos juízes que exercem funções na comarca respetiva (art.ºs 92.º, n.º 2, da LOSJ, e 45.º- C, do EMJ).

São requisitos para a nomeação no cargo que os juízes: a) exerçam funções efetivas como juízes desembargadores e possuam classificação de muito bom em anterior classificação de serviço; ou b) exerçam funções efetivas como juízes de direito, possuam 15 anos de serviço nos tribunais e última classificação de serviço de muito bom (als. a) e b) do n.º 2 do art.º 92.º da LOSJ).

O exercício de funções de Juiz Presidente implica a aprovação em curso de formação específico (art.ºs 97.º e 102.º da LOSJ), o qual inclui, designadamente, as seguintes áreas de competências: a) Organização e atividade administrativa; b) Organização do sistema judicial e administração do tribunal; c) Gestão do tribunal e gestão processual; d) Simplificação e agilização processuais; e) Avaliação e planeamento; f) Gestão de recursos humanos e liderança; g) Gestão dos recursos orçamentais, materiais e tecnológicos; h) Informação e conhecimento; i) Qualidade, inovação e modernização. O curso de formação é realizado pelo CEJ com a colaboração de outras entidades formadoras, nos termos definidos por portaria do membro do Governo responsável pela área da justiça que aprova o regulamento do curso, após audição do CSM e da PGR (art.º 13.º do Decreto-Lei n.º 49/2014, de 27.03, que procedeu à regulamentação da LOSJ e estabeleceu o regime aplicável à gestão dos tribunais de primeira instância (ROFTJ)).

A escolha do Juiz Presidente realiza-se no âmbito do poder-dever de avaliação administrativa discricionária do CSM, sem sujeição "a critérios legais rígidos", que, aliás, não se encontram concretamente definidos. O princípio geral considerado é de que a nomeação *"Deve ser norteada pela prossecução do interesse público de procura dos candidatos mais ajustados à função de gestão, de entre um conjunto de candidatos"*.

O Conselho deve ponderar todos os elementos ao seu dispor e, a partir deles, formular um juízo sobre os candidatos, assente naquilo que se consideram ser as qualidades necessárias para o lugar de Juiz Presidente. Não se trata de uma avaliação da qualidade como juiz no exercício de funções jurisdicionais, mas sim de um *"juízo de prognose sobre a aptidão para o exercício de funções de gestão por um conjunto de candidatos que nunca as exerceram, assente em todos os elementos do perfil conhecido do candidato e com único e exclusivo propósito de prossecução do interesse público de assegurar a boa gestão das comarcas"*[29]. O legislador não vinculou o poder de escolha do Conselho, nem impôs a exigência de sujeição dos candidatos a um exame de perfil psicológico para avaliação de apetência para este tipo de lugar gestionário.

A deliberação do CSM de nomeação do Juiz Presidente é impugnável através de recurso para a seção de contencioso do STJ.

[29] Discurso do vice Presidente do Conselho Superior da Magistratura – "Discurso-Presidente-posse-JP-JAN/2021", in https://www.csm.org.pt/wp« content/uploads/2021/01/Discurso-Presidente-Posse-JP-JAN2021.pdf, consultado em 23.03.2022.

1.2. As competências dos Juízes Presidentes

O artigo 94.º, da LOSJ, fornece um elenco das competências do Juiz Presidente de acordo com a seguinte categorização, anunciada logo no seu n.º 1: representação e direção (n.º 2); gestão processual (n.º 4); administrativas (n.º 8); funcionais (n.º 3), e as que lhe forem delegadas pelo CSM (n.º 9).

De entre as competências de representação e direção destacam-se as seguintes: acompanhamento da elaboração dos objetivos fixados para o tribunal; planeamento e avaliação dos resultados da comarca; adoção ou proposta de medidas de desburocratização, simplificação de procedimentos, transparência ou de utilização de ferramentas tecnológicas; pronúncia sobre sindicâncias pelo CSM (als. b) a e) do n.º 2 do art.º 94.º, da LOSJ).

No domínio das competências administrativas e funcionais salientam-se as seguintes: dar posse aos juízes e ao administrador judiciário; elaborar os mapas de turnos e de férias; nomear os juízes substitutos de acordo com as orientações genéricas do CSM; assegurar a frequência equilibrada de ações de formação pelos juízes da comarca, em articulação com o CSM; elaborar os planos anuais e plurianuais de atividades; elaborar o regulamento interno dos serviços judiciais da comarca (ouvido o magistrado do Ministério Público coordenador e o administrador judiciário); participar na conceção e execução na organização e modernização do tribunal; planear as necessidades de recursos humanos no âmbito dos juízes (als. d) e) do n.º 3 e n.º 8 do art.º 94.º, da LOSJ).

Como competências de gestão processual são elencadas as seguintes: implementar métodos de trabalho e objetivos mensuráveis para cada unidade orgânica, sem prejuízo das atribuições e competências do CSM, designadamente na fixação dos indicadores do volume processual adequado; acompanhar e avaliar a atividade do tribunal, em particular a qualidade do serviço de justiça e analisando as reclamações e os resultados dos questionários de satisfação; acompanhar o movimento processual do tribunal para identificação dos tempos excessivos de pendência tendo por referência o prazo considerado razoável, informando o CSM dessas considerações e promovendo as medidas que se justifiquem; promover em coordenação com os demais juízes a aplicação de medidas de simplificação e agilização processuais , sem prejuízo das competências próprias do presidente do tribunal ou do juiz; propor ao CSM a criação e a extinção de outros graus de especialização nas unidades de processos; propor ao CSM a reafectação de juízes a outro tribunal ou juízo da mesma comarca ou a afetação de processos para tramitação e decisão a outro juiz que não o seu titular, respeitado o princípio da especialização dos juízes e tendo em vista o equilíbrio da carga processual e a eficiência dos serviços; propor ao CSM o exercício de funções de juízes em mais do que um tribunal ou juízo da mesma comarca, respeitado o princípio da especialização, ponderadas as necessidades dos serviços e o volume processual existente; e solicitar o suprimento de necessidades em termos de recursos humanos, nomeadamente através do recurso aos quadros complementares de juízes (n.º 4 do art.º 94.º, da LOSJ).

Acrescem a estas, outras competências previstas na lei, designadamente: nomear o Administrador Judiciário, ouvido o magistrado do Ministério Público coordenador, entre cinco candidatos previamente selecionados pelo Ministério da Justiça (art.º 104.º, n.º 3, da LOSJ); orientar a atividade do Administrador Judiciário (na parte que não respeita aos serviços do Ministério Público), mesmo no que concerne ao exercício das competências próprias (art.º 104.º, n.º 3, da LOSJ); presidir ao Conselho de Gestão (art.º 108.º, n.º 1, da LOSJ); presidir ao e convocar o Conselho Consultivo (art.º 109.º, n.ºs 2, al. a), e 3, da LOSJ); propor ao CSM a nomeação de juízes coordenadores (art.º 95.º, n.º 1, da LOSJ); delegar competências nos juízes coordenadores nomeados e orientar a atividade destes (art.º 95.º, n.º 2, da LOSJ); nomear o juiz que preside à distribuição (art.º 89.º, da LOSJ), podendo optar pela organização de turnos à distribuição relativamente a cada uma das unidades centrais onde ela é feita; propor ao CSM a alteração, redução ou suspensão da distribuição de processos, nos termos previsto nos art.ºs 149.º, al. n),do EMJ, e 155.º, al. h), da LOSJ; resolver as divergências resultantes da distribuição (art.º 205.º, do CPC) e tramitar processos eleitorais e presidir a assembleias de apuramento geral ou parcial, nos termos da respetiva legislação.

O Juiz Presidente tem, ainda, as competências não expressamente previstas na lei, mas englobadas ou pressupostas nas suas funções, em especial de representação e direção do tribunal e de gestão do tribunal: apresentar propostas fundamentadas de colocação de juízes, ao abrigo dos art.ºs 107.º e 108.º do ROFTJ; apresentar propostas concretas de definição do serviço a atribuir a estes juízes; celebrar protocolos de colaboração com outras entidades; representar o tribunal em eventos públicos, oficiais ou não; assumir a comunicação externa do tribunal, em articulação com o CSM, sempre que necessário, nomeadamente nos contactos com a comunicação social, e a gestão da página eletrónica do Tribunal; coordenar as operações eleitorais que demandam a intervenção do tribunal – como a receção e guarda do material eleitoral (boletins não utilizados, boletins válidos, boletins nulos ou protestados, cadernos eleitorais, atas, etc.) – com as restantes entidades nelas intervenientes (CNE, Câmaras Municipais, forças de segurança, etc.)[30].

De forma a garantir a plena articulação entre os órgãos de gestão da comarca foi instituído pela mesma lei um conselho de gestão, integrado pelo juiz presidente, que preside, o magistrado do Ministério Público coordenador e o administrador judiciário (art.º 108.º, da LOSJ), além de um conselho consultivo, composto pelo juiz presidente, pelo magistrado do Ministério Público coordenador, o administrador judiciário, um representante dos juízes da comarca, dos magistrados do Ministério Público da comarca, dos oficiais de justiça da comarca, das Ordens dos advogados e dos solicitadores e agentes de execução, dos municípios integrados nas comarcas e dos utentes dos serviços de justiça (art.º 109.º, da LOSJ).

Dos atos e regulamentos administrativos emitidos pelo presidente da comarca cabe recurso necessário, sem efeito suspensivo, para o Conselho Superior da Magistratura (art.º 98.º, da LOSJ).

Deve ainda ser mencionada uma outra figura enquadrada no modelo de gestão atual, o magistrado judicial coordenador, que pode ser nomeado nos tribunais ou juízos em que exerçam funções mais de cinco juízes, sob

[30] O perfil de juiz presidente que ressalta das competências enunciadas constitui apenas um dos modelos possíveis, tendo Adam Blisa e David Kosař («Court Presidents: The Missing Piece in the Puzzle of Judicial Governance», *German Law Journal*, vol. 19, No. 07, 15 December 2018, Judicial Self Government in Europe, p. 2073) identificado cinco tipos de juízes presidentes, em função dos poderes de que dispõem: o juiz presidente chefe; o juiz presidente líder judicial; o juiz presidente gestor; o juiz presidente diplomata judicial; o juiz presidente *primus inter pares*.

proposta do presidente do tribunal, ouvidos os juízes (art.º 95.º, n.º 1, da LOSJ).

O magistrado judicial coordenador exerce, sob orientação do presidente do tribunal, as competências que este lhe delegar, sem prejuízo do respetivo poder de avocação, devendo prestar contas do seu exercício sempre que para tal solicitado pelo presidente do tribunal (art.º 95.º, n.º 2, da LOSJ).

Ao magistrado judicial coordenador compete, habitualmente, organizar os mapas de turnos de férias, elaborar os relatórios semestrais sobre o estado dos serviços e, de uma forma geral, reportar todas as situações que possam exigir intervenção do Juiz Presidente, como sejam as situações que possam requerer a adoção de medidas de reafectação de juízes ou afetação de processos, a falta de funcionários judiciais, a necessidade de reparações nas instalações ou equipamentos.

De igual modo, na jurisdição administrativa está prevista a existência de um presidente, em cada zona geográfica correspondente à área de jurisdição de cada tribunal administrativo de círculo, nomeado pelo CSTAF, para um mandato de três anos, de entre juízes desembargadores ou juízes de direito, com determinada antiguidade, classificação e formação específica (art.ºs 39.º e 43.º, do ETAF).

Este juiz presidente possui competências de representação e direção, de gestão processual e de cariz administrativo e funcional (art.º 43.º-A, do ETAF), em moldes globalmente idênticos aos juízes presidentes dos tribunais judiciais de primeira instância.

De entre o elenco legal importa destacar a competência de gestão processual prevista no art.º 43.º-A, n.º 4, al. d), do ETAF, onde se estabelece que o juiz presidente possui competência para "*promover a aplicação de medidas de simplificação e agilização processuais, designadamente determinando os casos em que, para uniformização de jurisprudência, devem intervir no julgamento todos os juízes do tribunal, presidindo às respetivas sessões e votando as decisões em caso de empate*".

E em conformidade com o preceituado no art.º 93.º, n.º 1, do CPTA, "*quando à apreciação de um tribunal administrativo de círculo se coloque uma questão de direito nova que suscite dificuldades sérias e possa vir a ser suscitada noutros litígios, pode o respetivo presidente, por proposta do juiz da causa, adotar uma das seguintes providências:*

"a) Determinar que no julgamento intervenham todos os juízes do tribunal, sendo o quórum de dois terços e havendo lugar à aplicação do disposto no artigo anterior;

b) Submeter a sua apreciação ao Supremo Tribunal Administrativo, para que este emita pronúncia vinculativa dentro do processo sobre a questão, no prazo de três meses."

Tratando-se de competências diretamente respeitantes a processos concretos, as decisões correspondentes devem ser proferidas em tais processos, consubstanciando decisões de natureza jurisdicional e, por isso, suscetíveis de recurso jurisdicional nos termos gerais.[31]

A mesma classificação merece a competência atribuída ao juiz presidente no art.º 48.º, n.º 1, do CPTA, relativa ao andamento de processos prioritários: *"Quando sejam intentados mais de 20 processos que, embora reportados a diferentes pronúncias da mesma entidade administrativa, digam respeito à mesma relação jurídica material ou, ainda que respeitantes a diferentes relações jurídicas coexistentes em paralelo, sejam susceptíveis de ser decididos com base na aplicação das mesmas normas a idênticas situações de facto, o presidente do tribunal pode determinar, ouvidas as partes, que seja dado andamento a apenas um ou alguns deles, que neste último caso são apensados num único processo, e se suspenda a tramitação dos demais."*[32]

Ainda em sede de competências jurisdicionais do juiz presidente situa-se a disciplina instituída no art.º 119.º, n.º 2, do CPTA, norma que estabelece a competência do juiz presidente para determinar o julgamento de uma providência cautelar em conferência de três juízes, em lugar da realização do julgamento por juiz singular.[33]

Dos atos administrativos do juiz presidente dos TAF cabe recurso hierárquico necessário para o CSTAF (art.ºs 43.º-A, n.ºs 3 e 4, e 74.º, n.º 2, al. c), do ETAF).

[31] David, Sofia, «Os poderes de gestão processual do juiz presidente dos Tribunais Administrativos e Fiscais», *Julgar*, in http://julgar.pt/wp-content/uploads/2021/12/20211201-JULGAR-Os-Poderes-de-Gest%C3%A3o-Processual-do-Juiz-Presidente-Sofia-David.pdf, pp. 32 a 33. Consultado em 06.11.2022.

[32] *Ibidem*, pp. 34 a 35.

[33] *Ibidem*, pp. 35 a 36.

2. A independência interna e as competências dos Juízes Presidentes

2.1. Enquadramento geral

A independência interna, enquanto garantia de que no núcleo essencial da atividade do juiz, este não sofre qualquer condicionamento ou limitação proveniente das estruturas organizativas onde se insere, impõe ao Juiz Presidente que respeite esse espaço vital da função jurisdicional. Assim vista, a gestão administrativa da justiça nunca se confronta com a independência dos juízes.

A este propósito importa destacar duas atribuições fundamentais do Juiz Presidente que estão – ou devem estar – presentes em toda a sua atividade:

a) O Juiz Presidente, enquanto gestor intermédio, para além de se preocupar com os objetivos e os resultados, tem de fazer a ligação entre "o topo e a base" – os juízes em funções jurisdicionais e o CSM – traduzindo as expectativas apresentadas por cada um destes dois níveis.

Este papel de ligação acaba por se estender a toda a rede de contactos desenvolvida também fora do sistema judicial, aqui se incluindo o poder executivo.

Este papel está longe de ser passivo ou de mero intermediário, pressupondo antes capacidade de iniciativa e poder de negociação. O quadro intermédio, regra geral, desempenha todos os papéis da gestão do quadro dirigente no contexto da gestão da sua própria unidade. De tal modo que, para John C. Maxwell, 99% da liderança ocorre não no topo, mas a partir do meio da organização.[34]

b) O Juiz Presidente deve zelar pela independência dos tribunais e dos juízes (*maxime* a independência interna) e pelo respeito dos princípios que a garantem, em especial o da inamovibilidade e o do juiz natural.

Recorde-se que é esta a razão pela qual a presidência deve caber a um juiz – parte dele a garantia de que os mecanismos de organização e gestão do sistema não vão contender com a função jurisdicional.

[34] MAXWELL, John C. (2011). *The 360.º leader – Developing your influence from anywhere in the organization.* Tennesse: Thomas Nelson, Inc., p. 1.

Isso mesmo é afirmado pelo Conselho Consultivo dos Juízes Europeus no seu Parecer n.º 19 (2016), sobre o papel dos juízes presidentes, designadamente nos seus §§ 6, 7 e 13, entre outros.[35]

Contudo, facilmente intuímos que a liderança tem, ou pode ter, consequências ou impactos diretos no trabalho dos tribunais e dos juízes.

Como impactos positivos, apontam-se: a redução significativa das pendências registada ao longo destes sete anos de vigência da reforma judiciária; a capacidade de prevenir os problemas que se anunciam ou, pelo menos, de sinalizar e resolver os problemas atuais em fases mais precoces; entre outros.

Mas é preciso ter também consciência e estar atento aos possíveis impactos negativos, para poder combatê-los ou, pelo menos, mitigá-los:

1 – As medidas de gestão que visam regular o funcionamento interno dos tribunais, em especial as que promovem os valores da nova gestão pública, por vezes ainda são olhadas como uma ameaça à independência interna dos juízes, por comportarem um risco de ingerência na esfera do jurisdicional.

2 – A gestão por objetivos tende a reforçar relações e lógicas hierárquicas, seja ainda porque potencia uma avaliação do desempenho assente em indicadores meramente quantitativos e econométricos, a gestão orientada para resultados geralmente desperta a oposição dos indivíduos e organizações que estão sujeitos a eles.

3 – A gestão por objetivos dá também origem a efeitos perversos através do desenvolvimento de: comportamentos oportunistas, que visam apenas melhorar os coeficientes (e não o próprio trabalho) ou estratégias astutas com os indicadores, que devem ser desincentivados.

4 – As avaliações/monitorizações repetitivas podem alterar profundamente a relação do ser humano com o seu trabalho, substituindo a satisfação decorrente do cumprimento do dever e de um "trabalho bem feito" por outros sentimentos associados apenas aos resultados quantitativos.

[35] In https://rm.coe.int/opinion-no-19-on-the-role-of-court-presidents/16806dc2c4, consultado em 23.02.2022.

5 – A gestão por índices de desempenho pode mudar a própria ética do trabalho, no sentido mais profundo do termo, alienando a deontologia profissional aos indicadores.

2.2. Ato jurisdicional: decisão e condução do processo

2.2.1. Enquadramento geral

No âmbito da apelidada gestão do tribunal há que distinguir entre os atos de mera administração e os atos que se integram na esfera jurisdicional de atuação do juiz.

Os atos jurisdicionais caraterizam-se por serem atos dirigidos à resolução de uma questão jurídica, pela via da declaração do direito; praticados sob uma perspetiva estrita e exclusivamente jurídica; e por prosseguirem o interesse da realização da justiça.[36]

É pacífico, pois, que a decisão final do processo, assim como todos os atos que se inserem na sua tramitação, integram a reserva de jurisdição do juiz.

Com efeito, tanto para a apreciação do mérito da causa, como para a definição dos termos do seu andamento desde que entra em juízo, o juiz é chamado a convocar, interpretar e articular entre si as normas aplicáveis, ali essencialmente de natureza substantiva e aqui de índole adjetiva.[37]

Esta asserção consta agora, expressamente, do n.º 2 do art.º 4.º, do EMJ, onde se proclama que "*A independência dos magistrados judiciais manifesta-se na função de julgar, na direção da marcha do processo e na gestão dos processos que lhes forem aleatoriamente atribuídos.*"

Alinhado com esta definição, o art.º 7.º-A, do EMJ, ao proclamar o princípio da cooperação dos juízes com o CSM e os presidentes dos tribunais no exercício das suas atribuições legais de gestão e organização, e destes

[36] Medeiros, Rui, Fernandes, Maria João, *Constituição Portuguesa Anotada*, coord. Jorge Miranda e Rui Medeiros, tomo III, Coimbra: Coimbra Editora, 2007, p. 24.

[37] Aliás, de acordo com o princípio *jura novit curia*, expressamente consagrado no n.º 3 do art.º 5.º do CPC, "*o juiz não está sujeito às alegações das partes no tocante à indagação, interpretação e aplicação das regras de direito.*"

com os juízes no exercício das suas atribuições legais de administração da justiça (n.º 1), sublinha que "*são atribuições de gestão e organização todas as que não contendam com a concreta tramitação e decisão processual*" (n.º 2).

Porém, o ato jurisdicional não pode circunscrever-se apenas à decisão final do processo e à definição dos passos do caminho que a ela conduzem, devendo ainda abarcar aquilo que podemos designar o "espaço de liberdade de atuação jurisdicional":

> "*Compreende-se que conexionado com esta noção de ato jurisdicional se encontra a necessidade de delimitar um espaço de atuação organizativa e gestionária do próprio juiz (ou coletivo de juízes) que por estar intimamente conexionado com a sua função jurisdicional deve obedecer às mesmas garantias de liberdade jurisdicional, tudo dependendo da própria estruturação da organização do próprio tribunal e que pode variar em conformidade com as próprias condições organizativas e de gestão (de administração judiciária) dos tribunais em geral e daquele tribunal em concreto. É nesta dimensão que tem sentido falar do espaço organizativo e funcional que deveria ser concebido como o gabinete do juiz, idealmente pensado com uma estrutura variável de equipamentos e de recursos humanos sujeitos à gestão imediata e direta do juiz respetivo.*
>
> *Vamos designar esse campo complementar como "espaço de liberdade de atuação jurisdicional" ou "espaço de atuação jurisdicional de cada juiz"*."[38]

2.2.2. Gestão do tribunal e gestão do processo

Há que diferenciar entre a gestão do tribunal e a gestão do processo, afigurando-se intuitivo que no conceito de gestão do tribunal se inserem os meios necessários para a prestação jurisdicional, como as instalações onde se desenvolve a atividade judicial, bem como os equipamentos

[38] Relatório do Grupo de Reflexão constituído pelo CSM e a ASJP, subordinado ao tema «Avaliação das práticas instituídas relativamente à Gestão e Administração dos Tribunais e Independência Judicial (princípios internacionais e nacionais)», publicado sob a Divulgação N.º 215/2021, de 02.11.2021, do Conselho Superior da Magistratura, e no Boletim Informação & Debate, da Associação Sindical dos Juízes Portugueses, Dezembro 2021, IX Série, N.º 9, p. 33.

informáticos, e ainda a própria gestão dos recursos humanos, incluindo os oficiais de justiça.

No âmbito da gestão processual, enquanto gestão dos contingentes processuais pendentes em determinado tribunal, haverá depois que distinguir:

- A gestão que decorre da condução individual (jurisdicional) dos processos, que é realizada por cada um dos juízes relativamente aos processos que lhe foram distribuídos e que deve resultar sobretudo da interpretação e aplicação das normas processuais a cada um desses processos em concreto (gestão processual autónoma, interna ou endo-processual);
- A gestão processual inserida numa ideia de organização e gestão dos tribunais ou de administração judiciária (gestão processual heterónoma, porque externa à unidade de processamento dos casos judiciais, também designada exo-processual).

Haverá ainda que distinguir na gestão processual (tanto a heterónoma como a autónoma) entre uma dimensão estática (*case management*) e uma dimensão dinâmica (*caseflow management*), salientando-se que a intervenção heterónoma na gestão dos processos é mais intensa no que respeita à dinâmica dos processos e à gestão dos fluxos processuais (sobretudo em vista do tratamento mais célere dos processos e das exigências do tempo razoável do julgamento dos casos judiciais).

2.3. A gestão do tribunal e a esfera de atuação do juiz

2.3.1. Enquadramento geral

O desafio que se coloca à gestão dos tribunais é a integração das perspetivas culturais do sistema judiciário e do Juiz Presidente. Os poderes e funções do Juiz Presidente e dos juízes são diferentes entre si. As questões relacionadas com a gestão do tribunal não se resolvem através da lei, exigindo conhecimentos específicos em distintas áreas, como: financeira/orçamental, a envolver ponderação na afetação de meios limitados;

recursos humanos, particularmente relevante e visível na (des)articulação das competências do administrador com as do Juiz Presidente em matéria de colocação e afetação de funcionários, agravada pelos quadros cronicamente deficitários); segurança dos tribunais (ainda que em muitos tribunais inexistente); afetação das salas de audiência; parques de estacionamento, entre outros.

É uma evidência que as condições materiais e humanas dos Tribunais influenciam qualitativamente a atividade jurisdicional, por ser o palco onde esta é desenvolvida, preconizando-se a existência de condições de trabalho compatíveis com a dignidade inerente à função judicial. O limite é que as regras internas de gestão não tenham reflexos qualitativos negativos na atividade jurisdicional, constituindo a autonomia dos juízes uma barreira inultrapassável.

A atual organização judiciária, implementada em 2014, não resolveu de forma imediata e automática os problemas que o sistema enfrentava, afigurando-se que o nó górdio está no conflito entre os objetivos, os valores e as diferentes esferas de atuação. Conflito exponenciado pelo facto de serem poucas, se as houver, as questões judiciais que não tenham consequências administrativas; e serem igualmente poucos, se os houver, os assuntos administrativos que não afetam o trabalho do judiciário. Requer-se, desta forma, cooperação entre juízes em funções jurisdicionais e juízes em funções de gestão e o reconhecimento mútuo das competências do outro.

Aliás, o desempenho das funções dos juízes presidentes é precisamente norteado pelo princípio da cooperação (art.º 24.º, do ROFTJ), como meio de evitar os conflitos latentes entre juízes e *"gestores"*.

A prova de que os juízes são os melhores gestores do sistema de justiça terá de ser feita continuamente, o que é essencial, impondo-se a demonstração empírica do bom funcionamento do sistema da gestão administrativa dos tribunais.

É inegável a existência de alguma tensão entre os valores associados à independência interna dos juízes e os valores de eficiência e produtividade associados à gestão pública.

Por um lado, a generalização da independência interna dos juízes para as questões administrativas pode dificultar que o tribunal, como uma organização, funcione de forma eficaz e eficiente.

Em contrapartida, a primazia do Juiz Presidente do tribunal em matérias administrativas não deve excluir os juízes dessas matérias, nem deve ser transposta ou usada para influenciar decisões judiciais.

Equilibrar a independência judicial e a gestão do tribunal é, assim, um desafio organizacional específico do sistema judiciário e que tende a determinar o seu sucesso como instituição pública.

O ponto onde esta tensão se pode agudizar mais é, precisamente, o exercício das competências de gestão processual atribuídas ao Juiz Presidente, designadamente, quando promove medidas relativamente aos processos que estão pendentes por tempo considerado excessivo (art.º 94.º, n.º 4, al. c), da LOSJ) ou, mais genericamente, quando promove a aplicação de medidas de simplificação e agilização processuais (art.º 94.º, n.º 4, al. d), da LOSJ).

Neste plano devem ter-se presentes as seguintes traves mestras:

- A ausência de subordinação hierárquica ou funcional entre o Juiz Presidente e os juízes do tribunal;
- A diferença entre a avaliação do desempenho do tribunal, que cabe ao Juiz Presidente, e a avaliação do mérito dos juízes, que cabe apenas ao CSM, por intermédio dos seus serviços de inspeção;
- Os poderes de gestão atribuídos ao Juiz Presidente não são instrumentos da função jurisdicional (embora a sirvam, enquanto instrumentos da atividade gestionária que lhe serve de suporte organizacional).

Assim, a intervenção do Juiz Presidente no âmbito processual, designadamente, por força da promoção da aplicação de medidas de simplificação e agilização processuais, assume necessariamente uma dimensão exógena; ao Juiz Presidente compete sugerir – e não impor – medidas de simplificação e de agilização processual, com fundamento nos estrangulamentos que eventualmente detete na atividade do tribunal como um todo e não numa qualquer avaliação da atividade do juiz no processo, que não lhe compete.

O que se diz sobre o modo de exercício das competências do Juiz Presidente é, naturalmente, extensível por inteiro ao juiz coordenador, até porque este não possui competências próprias, atuando apenas na medida da delegação do Juiz Presidente, o qual, conforme expressamente previsto na lei, tem sempre a faculdade de avocar.

Mas o juiz coordenador está mais próximo dos juízes, desde logo porque, ao contrário do Juiz Presidente, exerce, de forma plena, as suas funções jurisdicionais, lado a lado com os seus colegas do tribunal ou juízo. Esta circunstância dá ao juiz coordenador um conhecimento profundo e direto das situações vivenciadas no tribunal ou juízo, desde os níveis de produtividade até às entropias, como a escassez de meios.[39]

Essa maior proximidade coloca habitualmente o juiz coordenador numa posição onde com facilidade pode encontrar soluções de consenso para problemas supervenientes, por exemplo, obter o acordo de colegas para, transitoriamente, realizarem uma acumulação de serviço, perante uma situação imprevista que não pode ser suprida de outro modo.

Assim, o papel do juiz coordenador, figura só prevista na lei para tribunais ou juízos de grande dimensão, onde tendencialmente seria difícil ao Juiz Presidente acompanhar da forma mais adequada todos os juízes da Comarca, terá de ser o de um mediador que faça chegar a quem tem competência decisória o pulsar do tribunal. Com igual acuidade posterga-se aqui qualquer atuação que possa beliscar a independência judicial.

2.3.2. O CCJE e os Juízes Presidentes

Na Opinião n.º 19 (2016) do CCJE sobre o Papel dos Juízes Presidentes sublinha-se, no que tange ao seu exercício gestionário, que este deve respeitar os princípios da independência e da imparcialidade dos juízes (ponto c.25).[40]

[39] Partilhamos, deste modo, a perspetiva de Maria Inês Moura («O Juiz Coordenador», *Julgar*, n.º 20, p. 158): "*a articulação com os restantes colegas juízes, necessária para que possam ser tomadas algumas decisões relevantes, ganha uma outra autoridade e aceitação junto dos mesmos, pelo facto de o Juiz coordenador ser um deles e estar por isso sujeito às mesmas regras e objectivos.*"
[40] In https://rm.coe.int/opinion-no-19-on-the-role-of-court-presidents/16806dc2c4, consultado em 23.02.2022.

É, adicionalmente, sublinhado que os juízes presidentes devem ter os poderes e os recursos necessários para uma gestão eficiente dos tribunais, tanto no plano dos funcionários, como das infraestruturas.

Quando esta gestão seja assegurada por outras entidades, por exemplo, o Ministério da Justiça, os juízes presidentes devem ser envolvidos nas respetivas decisões ou, pelo menos, ter influência significativa sobre as mesmas.

Estes poderes devem ser exercidos de modo profissional e transparente.

Nos casos em que exista um administrador do tribunal, este deve ser nomeado e prestar contas ao juiz presidente.

Sempre que os juízes presidentes pretendam introduzir alterações significativas na organização do tribunal, os juízes devem ser ouvidos.

Os juízes presidentes devem poder gerir os seus orçamentos, devendo ser assistidos por profissionais.

2.3.3. Os objetivos processuais

O juiz presidente deve acompanhar a realização dos objetivos fixados para os serviços judiciais do tribunal e realizar reuniões de planeamento e de avaliação dos resultados dos serviços judiciais da comarca (als. b) e c) do n.º 2 do art.º 94.º, da LOSJ).

O EMJ, no seu art.º 4.º, n.º 1, e a própria LOSJ, no seu art.º 91.º, n.º 4, preveem que «*os objetivos processuais da comarca não podem impor, limitar ou condicionar as decisões a proferir nos processos em concreto, quer quanto ao mérito da questão, quer quanto à opção pela forma processual entendida como mais adequada*».

O presidente da comarca responde pelos objetivos processuais fixados para a comarca e estes dependem do resultado da prestação dos juízes de direito.

O grau de cumprimento desses objetivos releva, para o presidente da comarca, na renovação da sua nomeação e, para ele e para os demais juízes, em sede de avaliação no âmbito das inspeções realizadas pelo CSM (art.ºs 91.º, n.º 6, e 93.º, da LOSJ, e als. b) e h) do n.º 3 do art.º 12.º, do Regulamento das Inspeções Judiciais).

O Regulamento das Inspeções Judiciais prevê que seja considerada na avaliação dos juízes a produtividade, designadamente a taxa de resolução e de recuperação, a sua participação na gestão da unidade de processos, a adoção de métodos de trabalho dirigidos à decisão final e à gestão do acervo processual distribuído, e a sua contribuição para o cumprimento dos objetivos processuais aprovados (als. b), c), g) e h) do n.º 3 do art.º 12.º do referido Regulamento).

A LOSJ estabelece, no n.º 4 do art.º 90.º, que os valores de referência processual se reportam a valores de produtividade calculados em abstrato por magistrado, a serem revistos com periodicidade trianual.

O exercício das competências do presidente da comarca não deve interferir direta ou indiretamente na concreta atividade jurisdicional do juiz. A salvaguarda da independência e imparcialidade dos juízes impõe a demarcação das funções administrativas/funcionais de gestão em relação à função jurisdicional, exclusiva dos juízes de direito.

Equilibrar a independência judicial e a gestão do tribunal é um desafio cujo resultado requer a cooperação entre juízes e gestores judiciais e o reconhecimento mútuo das competências uns dos outros.

Ao nível do funcionamento interno dos tribunais, a definição e a implementação de objetivos processuais para as unidades de processos e a atribuição de competência ao presidente da comarca para a definição dos métodos de trabalho, convoca princípios de eficiência na gestão do processo judicial, mas manteve inalterada a cultura judiciária da gestão do volume processual assente no critério do cumprimento dos prazos processuais.

A ténue fronteira que por vezes separa o âmbito da gestão do processo judicial e da gestão do tribunal é suscetível de contender com os princípios da inamovibilidade, da independência dos juízes e do juiz natural ou juiz legal, prevendo-se na al. d) do n.º 4 do art.º 94.º, da LOSJ, relativamente aos poderes de gestão processual do presidente da comarca, a necessidade da participação do juiz do processo na aplicação de medidas de simplificação e agilização processuais.

As regras internas de gestão, por vezes, tocam o âmbito da atividade jurisdicional, o que pode ser percecionado como o exercício de pressões que atingem o núcleo essencial de gestão do processo, necessariamente mais largo que a prolação da decisão final, como sucede com a obrigatoriedade de desmaterialização processual, com a implementação de taxas mínimas de ocupação de sala de audiências por semana e com o controlo administrativo do início e termo das diligências presididas pelo juiz.

Às funções jurisdicionais passaram a acrescer as reuniões de planeamento de objetivos e da agenda administrativa da gestão da comarca em que os juízes tenham de participar, com o inerente dispêndio de tempo na satisfação de atividades administrativas/burocráticas e a perda de autonomia na gestão da agenda profissional.

A implementação de objetivos quantitativos e qualitativos obrigatórios (*redução ou não aumento das pendências; fixação de dilação máxima da agenda; priorização de processos mais antigos ou de processos de determinada espécie; redução do número de prescrições do procedimento ou da pena*) e a sua monitorização colocam em confronto as funções e valores de dois espaços de atuação: a do órgão de gestão do tribunal e o desenvolvimento da atividade jurisdicional dos juízes de direito. O conflito pode ocorrer entre estas duas diferentes lógicas profissionais/funcionais na prática judiciária: a orientação dos presidentes de comarca para a eficácia *(celeridade, combate à morosidade e redução de pendências)*, de um lado, e, de outro, a independência interna dos juízes, a compelir à resistência a ingerências no domínio da gestão processual autónoma e ao foco da produtividade.

O foco quantitativo pode beliscar a qualidade das decisões (sentenças/despachos), através do desajuste entre a densidade necessária da fundamentação e a celeridade imposta pelo cumprimento dos prazos para satisfação ou cumprimento dos objetivos quantitativos obrigatórios. Mede-se apenas o tempo/prazo da decisão, mas não aquele que é necessário à sua prolação.

As avaliações repetitivas podem alterar profundamente a relação com o trabalho, substituindo a satisfação decorrente do cumprimento do dever de "trabalho bem feito" por um outro nível, que envolve conceitos de práticas e resultados.

O aumento do volume de trabalho, a complexidade dos processos e a insuficiência dos recursos de trabalho podem afetar o desempenho das tarefas diárias e, assim, restringir a autonomia profissional do juiz, medida pela possibilidade do juiz fazer as suas escolhas de trabalho, que se podem referir tanto à organização das tarefas a realizar, como ao ritmo do trabalho.

Quanto ao ritmo do trabalho, o tempo que o juiz afeta à realização de audiências constitui uma variante decisiva da gestão global do serviço que lhe está distribuído, não só por causa das horas despendidas com essa atividade, mas também e sobretudo porque na generalidade das jurisdições as diligências não se esgotam em si mesmas, antes se prolongam pelo tempo de trabalho em gabinete necessário à redação da correspondente decisão.

Acresce o tempo dedicado à prolação de despachos de mero expediente e de outros que constituem um estágio intermédio entre estes e as decisões finais, aos quais, por vezes, se atribui a designação de "despachos de meio fundo". São exemplo destes últimos os despachos saneadores, proferidos no âmbito do processo civil. Estes despachos requerem um estudo detalhado e preciso do processo, de molde a garantir que a sequência preordenada de atos se desenrola sem incidentes que entorpeçam ou retardem anormalmente o seu movimento.

Deste modo, a dilação máxima de agendamentos e o seu número, bem como a respetiva distribuição na agenda devem atender às especificidades da jurisdição, que em alguns casos permitem a concentração de maior número de diligências, como sucede nos juízos de família, mas noutros desaconselham essa acumulação, como sucede nos juízos centrais cíveis ou criminais.

Importa ainda considerar que em algumas jurisdições as decisões de fundo são tendencialmente mais extensas e complexas, requerendo que o juiz reserve tempo suficiente para as escrever, como sucede nos juízos centrais criminais ou cíveis.

Neste cenário, se um juiz ocupar toda a semana em julgamento, terá muito provavelmente falta de tempo para realizar o também imprescindível trabalho de gabinete, pelo que o equilíbrio entre o tempo de sala e o tempo de gabinete é absolutamente imprescindível à gestão eficiente do serviço alocado ao juiz.

Sob esta perspetiva consideramos que a fixação de objetivos relacionados com a ocupação da sala de audiência exige, de modo especial, a audição prévia do juiz.

Isto sem prejuízo de se reconhecer, naturalmente, que a realização de audiências de julgamento ou diligências, de uma forma geral, incluindo, portanto, as conferências de pais na jurisdição de família ou os debates instrutórios na jurisdição penal, entre outras, são o veículo que conduz à redução de pendências.

Aliás, nos Objetivos Estratégicos propostos pelo CSM para o triénio de 2015-2018 estabeleceu-se, com vista à concretização do objetivo "*Melhorar o tempo de resolução dos processos*", o seguinte objetivo operacional e respetivas ações:

> *"Monitorizar os adiamentos de diligências*
> *a. Promover a gestão de salas de audiências com vista ao seu efetivo aproveitamento*
> *b. Monitorizar os estrangulamentos e apurar as suas causas*
> *c. Determinar valores mínimos de agendamento (tempo semanal dedicado a diligências públicas)".*[41]

A pedra de toque do relacionamento institucional entre o juiz presidente e os juízes de direito encontra-se, no termo deste excurso, em quatro ideias fundamentais:

- inexistência de relação hierárquica entre o juiz presidente e os juízes de direito;
- independência interna enquanto garantia inultrapassável que salvaguarda da intervenção do juiz presidente a atividade jurisdicional do juiz de direito;
- delimitação da esfera jurisdicional de atuação do juiz em três vertentes, a saber, a decisão final do processo, a sua tramitação e o "espaço de atuação jurisdicional do juiz";
- princípio da cooperação como estrela do norte que guia o juiz presidente na gestão da comarca.

Assim, em todas as matérias atribuídas ao juiz presidente, este deve ouvir os juízes de direito e procurar ativamente soluções de consenso que promovam a eficiência da prestação do tribunal, mas respeitem as circunstâncias em que essa prestação é desempenhada e o espaço reservado ao juiz na condução e decisão do processo.

[41] In https://www.csm.org.pt/ficheiros/comarcas/sistemajudiciario/objectivosestrategicos_2015.pdf, p. 12, consultado em 10.11.2022.

Os objetivos processuais devem, deste modo, ser construídos em diálogo, atendendo a todas as circunstâncias relevantes.

Em ordem a potenciar os consensos, os objetivos devem ser conversados em reuniões presenciais, nas quais todos os juízes tenham a possibilidade de participar, pelo que desejavelmente deverão ser agendadas para um horário que viabilize essa participação alargada e precedidas de uma proposta do juiz presidente, divulgada com o agendamento da reunião.

Não obstante ser este o princípio norteador, pode suceder que não se mostre possível a conciliação de perspetivas entre o juiz presidente e os juízes, o que leva a perguntar qual o caminho a seguir neste caso.

Atentas as competências atribuídas ao juiz presidente, caber-lhe-á propor ao CSM, para homologação, os objetivos que se lhe afigurem mais adequados, mas neste cenário de divergência de perspetivas competirá, de modo especial, ao juiz presidente, sustentar os objetivos por si propostos.[42]

Sem prejuízo, assiste aos juízes a faculdade de renovarem a sua posição perante o CSM, previamente à decisão sobre a homologação dos objetivos, elencando as razões que entendem obstar à viabilidade destes, uma vez que as consequências da aprovação de objetivos inatingíveis poderão repercutir-se no plano inspetivo, pelo menos.

A decisão do CSM de homologação dos objetivos propostos pelo Juiz Presidente com a qual os juízes não concordem, de modo fundamentado, será suscetível de impugnação.

[42] O n.º 5 do art.º 2.º do CPA determina a aplicabilidade subsidiária, aos procedimentos administrativos especiais, das disposições do Código que visem as garantias aos particulares (Sofia David, ob. cit., p. 27).
Decorre daqui que estes procedimentos estão sujeitos aos princípios da boa administração, da igualdade, da proporcionalidade, da justiça e razoabilidade, da imparcialidade e da participação, consagrados nos art.ºs 5.º a 9.º e 12.º do CPA (*ibidem*, pp. 27 a 28).
Acresce que "*No âmbito do procedimento releva especialmente o direito de audição prévia dos interessados (art.ºs 121.º a 124.º do CPA) e o dever de fundamentação (cf. art.ºs 152.º a 154.º do CPA). No campo do dever de fundamentação damos uma nota especial ao determinado no art.º 152.º, n.º 1, al. d), do CPA, que exige uma especial fundamentação aos actos que decidam de modo diferente na prática habitualmente seguida na resolução de casos semelhantes, ou na interpretação e aplicação dos mesmos princípios e preceitos legais.*" (*ibidem*, p. 28).

2.3.4. A desmaterialização dos processos e os provimentos

Compreende-se a evolução legal no sentido da desmaterialização dos processos, que representa, por um lado, uma decorrência do progresso tecnológico e, adicionalmente, uma opção alinhada com objetivos de desenvolvimento sustentável.

No entanto, a extensão dos processos judiciais é profundamente variável, podendo oscilar entre poucas dezenas e muitos milhares de páginas, pelo que adoção de uma solução de desmaterialização universal é totalmente inadequada à boa realização da justiça.

Com efeito, num processo volumoso, a prolação de um simples despacho de mero expediente, isto é, um despacho que se limita a disciplinar a tramitação dos autos[43], pode envolver o manuseamento de múltiplos articulados e documentos, que se não estiverem impressos, terão de ser consultados através da abertura sucessiva de PDF's. Este procedimento não só é moroso, como pode tornar muito mais difícil a perceção global do conteúdo dos documentos.

Também no decurso da audiência de julgamento é muito comum que as partes e as testemunhas tenham de ser confrontadas com documentos juntos aos autos, o que se torna impossível se os mesmos não estiverem impressos num processo físico que lhes possa ser facultado para consulta, na eventualidade de inexistir um monitor de grandes dimensões na sala de audiência, o que constitui a situação mais frequente.

Sublinhe-se que a partir dos lugares reservados para as partes e as testemunhas se sentarem na sala de audiências é, por regra, absolutamente inviável que aquelas consigam ler o texto de contratos, cartas, faturas, relatórios médicos ou outros que tenham de lhes ser exibidos, se os mesmos forem abertos num pequeno ecrã de computador posicionado em cima da mesa do juiz ou do funcionário.

Uma outra questão assoma e não é de menor importância, tratando-se da circunstância de em algumas jurisdições as partes não estarem obrigadas a fazer-se acompanhar de advogado, litigando por si próprias,

[43] Em conformidade com o n.º 4 do art.º 156.º do CPC, despacho de mero expediente é "*aquele que se destina a prover ao andamento regular do processo sem interferir no conflito de interesses entre as partes*".

como sucede na jurisdição de família e menores. Nestes casos existe o risco das partes não possuírem meios económicos ou competências que lhes permitam ter um computador e manusear um processo eletrónico, colocando-se um grave problema de acesso ao direito, considerando até os relevantíssimos interesses em causa.

A questão não reside, pois, numa resistência injustificada à desmaterialização dos processos, mas antes na necessidade de ponderação das condições que têm de estar reunidas para que a desmaterialização se opere sem prejuízo para a administração da justiça e a tutela dos direitos dos cidadãos.

Consideramos, deste modo, plenamente justificada a solução de atribuir ao juiz a faculdade de decidir que peças devem constar de cada processo, por serem necessárias para alcançar o objetivo final de prolação da decisão de mérito, apenas estabelecendo como não elegíveis para impressão alguns atos que, pacificamente, não se mostram essenciais para a concretização daquele objetivo, como sucede com: requerimentos para alteração da marcação de audiência de julgamento e despachos de agendamento da audiência, bem como as respetivas notificações; e despachos de realização de diligências entre serviços, nomeadamente, órgãos de polícia criminal, conservatórias de registos, Instituto Nacional de Medicina Legal e Ciências Forenses, I. P., Direção-Geral de Reinserção e Serviços Prisionais e Direção-Geral da Segurança Social (art.º 28.º, n.º 1, als. a) e b), da Portaria n.º 280/2013, de 26.08, que regula vários aspetos da tramitação eletrónica dos processos judiciais, na redação introduzida pela Portaria n.º 170/2017, de 25.05).

A este propósito importa recuperar o debate, de âmbito mais alargado, sobre os provimentos ou ordens de serviço.

Esta matéria é abordada no art.º 157.º, n.º 2 do CPC, onde se consigna que ao juiz assiste a faculdade de emitir orientações de serviço, às quais as secretarias devem obediência.

Trata-se de uma faculdade que se inscreve no dever de gestão processual previsto no art.º 6.º do CPC.

As orientações de serviço podem ser genéricas ou para um determinado processo, assim como podem ser reduzidas a escrito ou transmitidas verbalmente, enquanto os provimentos são instruções escritas de natureza geral e abstrata, atinentes aos procedimentos a adotar relativamente à tramitação dos processos.[44]

"Em parecer elaborado pelo GAVPM foi debatida esta questão, sob a perspetiva de saber se os provimentos e ordens de serviço constituem medidas de gestão do juízo ou secção, nos termos do Art.º 33.º, n.º 1, al. e) do EMJ, ou antes medidas de gestão dos processos.

Afirma-se nesse parecer que o juiz titular do juízo tem legitimidade para emitir provimentos ou ordens de serviço, mas que deve concertá-los com o juiz presidente, quanto aos impactos que os mesmos possam ter para a atividade administrativa das unidades orgânicas, em obediência ao disposto no art. 7.º-A, n.º 1 do EMJ, do qual consta que "Os magistrados judiciais devem cooperar com o Conselho Superior da Magistratura e os presidentes dos tribunais no exercício das suas atribuições legais de gestão e organização e estes com aqueles no exercício das suas atribuições legais de administração da justiça."

Mais se sustenta nesse parecer que caso o provimento ou ordem de serviço não mereça a concordância do juiz presidente, deve prevalecer a orientação do juiz titular do juízo, porquanto este é avaliado pela gestão do seu juízo, conforme decorre do acima aludido Art.º 33.º do EMJ.

Já nas situações em que exerçam funções vários juízos no mesmo juízo, os provimentos ou ordens de serviço devem ser consensualizados entre todos.

Em Conselho Plenário realizado a 14.07.2015 o Conselho Superior da Magistratura acolheu as soluções propostas no referido parecer, tendo consignado adicionalmente a necessidade de envio dos provimentos e ordens de serviço ao Conselho Superior da Magistratura, acompanhado de parecer do juiz presidente.

No estado atual da questão pode afirmar-se que assiste aos juízes a faculdade de acordarem entre si a adoção de procedimentos uniformizados, sem submissão dessa orientação de serviço à autorização do Conselho Superior da Magistratura.

A questão assume maior dificuldade quando um juiz pretenda proferir um provimento, mas não logre o acolhimento dos demais juízes para essa proposta e as diretivas contidas no provimento se projetem no trabalho de outros juízes.

Presentemente temos uma secretaria por comarca, pelo que cada secretaria trabalha com mais do que um juiz, tornando mais frequentes as situações aludidas, nas quais o provimento deverá ser comunicado ao Conselho Superior da Magistratura. A interven-

[44] Faria, Paulo Ramos de, Loureiro, Ana Luísa, *Primeiras Notas ao Novo Código de Processo Civil – Os Artigos da Reforma*, vol. I, 2ªed., Coimbra, 2014, p. 182.

ção do Conselho visa salvaguardar os limites de atuação de cada juiz, isto é, garantir que as instruções de caráter genérico a que se reconduzem os provimentos não contendem com a gestão macro da unidade orgânica.

Quanto ao papel do juiz presidente, apenas se o provimento não incidir sobre matéria de natureza jurisdicional encontra sentido a sua audição, não assumindo o seu parecer força vinculativa. Não obstante, porque no domínio de atuação do juiz presidente se encontra o planeamento global do funcionamento da unidade orgânica, a sua audição reveste-se de particular importância, com vista a assegurar que as ordens de serviço adotadas confluem na direção do esforço conjunto plasmado, desde logo, nos objetivos processuais fixados."[45]

Em conclusão, o presidente da comarca e os Conselhos Superiores não podem:

- emitir provimentos ou ordens de serviços dirigidas especificamente aos juízes do processo, dada a inexistência de qualquer relação hierárquica ou de subordinação entre o presidente da comarca ou os Conselhos e o juiz do processo;
- emitir ordens de serviço ou provimentos de natureza jurisdicional relativamente aos processos ou à unidade orgânica, matéria da exclusiva competência do juiz do processo, sendo que este último, em relação a cada processo em particular, adotará, sem sujeição a qualquer entidade, os mecanismos de simplificação e agilização processual que garantam a justa composição do litígio, em prazo razoável (art.º 6.º, n.º 1, do CPC).

Todavia, o juiz de direito passou a ter de comunicar ao CSM, ouvido o Presidente da Comarca, as decisões que, no âmbito do exercício do seu poder de direção funcional, emane em relação à sua unidade orgânica

[45] Relatório do Grupo de Reflexão constituído pelo CSM e a ASJP, subordinado ao tema «Avaliação das práticas instituídas relativamente à Gestão e Administração dos Tribunais e Independência Judicial (princípios internacionais e nacionais)», publicado sob a Divulgação N.º 215/2021, de 02.11.2021, do Conselho Superior da Magistratura, e no Boletim Informação & Debate, da Associação Sindical dos Juízes Portugueses, Dezembro 2021, IX Série, N.º 9, p. 42.

e que possam ter efeitos no funcionamento desta, conforme a referida Deliberação do CSM aprovada no Plenário Extraordinário realizado em 14.07.2015[46].

Refira-se que no âmbito da jurisdição administrativa a questão do papel dos juízes e dos juízes presidentes nas decisões atinentes à desmaterialização dos processos foi equacionada em moldes algo distintos, na medida em que se estabeleceu no n.º 1 do art.º 25.º da Portaria n.º 380/2017, de 19.12, que regula a Tramitação Eletrónica dos Processos da Jurisdição Administrativa e Fiscal, que *"as peças, os autos e os termos processuais que, ouvidos os juízes em exercício de funções no respetivo tribunal, sejam determinados por provimento do juiz presidente, homologado pelo Conselho Superior dos Tribunais Administrativos e Fiscais."*

Sem prejuízo, consignou-se no n.º 2 do mesmo normativo que "*do suporte físico do processo podem também constar quaisquer outros atos e documentos que, sendo relevantes para a decisão material da causa, sejam indicados pelo juiz, em despacho fundamentado em cada processo, considerando-se como não sendo relevantes*" um elenco de atos semelhante àquele que se mostra previsto para os tribunais judiciais.

[46] É o seguinte o conteúdo desta Deliberação: "*1-) O Juiz Presidente de Tribunal Judicial de Comarca pode emitir provimentos ou ordens de serviço, no âmbito das suas competências, nomeadamente dirigidos à implementação administrativa de métodos de trabalho para cada unidade orgânica que não assumam relevância no âmbito do "case management" (dever de gestão processual característico do exercício das funções jurisdicionais), circunscritos ao "court management" (de cunho administrativista), ouvindo previamente os Juízes que exercem funções nas secções em que se encontram as unidades orgânicas visadas;*
2) Os restantes Juízes têm legitimidade para emitir provimentos ou ordens de serviço no exercício do seu poder de direcção funcional, devendo previamente concertá-los com o Juiz Presidente do Tribunal Judicial de Comarca, no que concerne aos impactos que dos mesmos decorrerão para a actividade administrativa das unidades orgânicas;
3) Nas secções onde exerçam funções mais do que um Juiz, os Juízes podem adoptar provimentos nos termos referidos em 2), os quais devem, sempre que possível, ser consensualizados entre todos;
4) Os provimentos referidos nos números anteriores devem ser remetidos ao Conselho Superior da Magistratura pelo Juiz Presidente do Tribunal Judicial de Comarca que emitirá parecer quanto aos provimentos emitidos ao abrigo dos pontos 2) e 3)" (in https://www.csm.org.pt/wp-content/uploads/2017/06/extracto-ponto-3.3.11-de-14.07.2015.pdf, consultado em 10.11.2022).

2.3.5. O Administrador Judiciário e os oficiais de justiça

2.3.5.1. Enquadramento geral

O administrador judiciário tem competências próprias e competências delegadas ou subdelegadas pelos órgãos próprios do Ministério da Justiça ou pelo juiz presidente da comarca (art. 106.º, n.ºs 1 e 3, da LOSJ).

As competências próprias do administrador judiciário em matéria de gestão podem, por sua vez, ser por este delegadas ou subdelegadas nos secretários de justiça, sem prejuízo de avocação (art.º 106.º, n.º 5, da LOSJ).

Incluem-se nas competências próprias do administrador judiciário: a) Dirigir os serviços da secretaria; b) Autorizar o gozo de férias dos oficiais de justiça e dos demais trabalhadores e aprovar os respetivos mapas anuais; c) Recolocar transitoriamente oficiais de justiça dentro da respetiva comarca e nos limites legalmente definidos, mediante decisão devidamente fundamentada e sempre que se mostre inviabilizado o recurso a oficiais de justiça que se encontrem no regime da disponibilidade; d) Gerir, sob orientação do juiz presidente, a utilização das salas de audiência; e) Assegurar a existência de condições de acessibilidade aos serviços do tribunal e a manutenção da qualidade e segurança dos espaços existentes; f) Regular a utilização de parques ou lugares privativos de estacionamento de veículos, quando deles disponha; g) Providenciar, em colaboração com os serviços competentes do Ministério da Justiça, pela correta gestão, utilização, manutenção e conservação dos espaços e equipamentos afetos aos serviços do tribunal; h) Providenciar, em colaboração com os serviços competentes do Ministério da Justiça, pela conservação das instalações e dos bens e equipamentos comuns, bem como tomar ou propor medidas para a sua racional utilização; i) Assegurar a distribuição do orçamento, após a respetiva aprovação; j) Executar, em colaboração com o Ministério da Justiça, o orçamento da comarca; k) Divulgar anualmente os dados estatísticos da comarca (art.º 106.º, n.º 1, da LOSJ).

No exercício das suas competências próprias e delegadas, o administrador judiciário atua sob a orientação genérica do juiz presidente do tribunal, excecionados os assuntos que respeitem exclusivamente ao funcionamento do Ministério Público, caso em que atua sob orientação genérica do magistrado do Ministério Público coordenador (art.º 104.º, n.º 2, da LOSJ).

E no exercício das competências referidas nas alíneas b), c), g) e i), o administrador judiciário ouve o presidente do tribunal e o magistrado do Ministério Público coordenador (art. 106.º, n.º 2, da LOSJ).

2.3.5.2. A gestão do quadro de oficiais de justiça

A prestação do juiz compreende a tramitação e decisão dos processos que estão atribuídos à unidade de processos, sendo o seu desempenho avaliado quer pelo cumprimento dos objetivos, quer pela adoção dos métodos de trabalho que se revelem adequados a esse fim.

Ao nível da gestão dos recursos humanos, o juiz não escolhe os funcionários com quem trabalha, sendo a relação estabelecida entre si de dependência funcional e encontrando-se a gestão dos recursos humanos atribuída ao administrador judiciário, uma vez que lhe compete a direção dos serviços da secretaria da comarca.

Pese embora esteja prevista na lei a audição do juiz presidente sobre a movimentação dos funcionários na comarca, não está aí expressamente consagrado o dever de audição dos juízes afetados pela substituição ou retirada de funcionários, sendo habitual, na prática judiciária, que essas decisões sejam tomadas e executadas sem que os juízes sejam ouvidos, ou sequer previamente avisados.

É certo que a racionalização da oferta judiciária impõe que sejam adotadas medidas de gestão que assegurem o desempenho eficiente do sistema, designadamente, a flexibilização dos recursos humanos, para fazer face à dimensão variável da procura judiciária (flutuações imprevisíveis, distribuição de processos especialmente complexos ou morosos, etc.) e próprias às vicissitudes a que aqueles recursos estão sujeitos (baixas e outras faltas, impedimentos, reduções de serviço, etc.).

Porém, uma vez que tais mudanças impactam diretamente com a atividade jurisdicional do juiz, principalmente quando respeitam a funcionários que participam nas diligências ou a escrivães de direito, que têm por função a direção dos serviços da secretaria, aquela audição mostra-se indispensável.

Com efeito, a relação estabelecida entre o juiz e o oficial de justiça que o assiste nas diligências, muitas vezes prolongada no tempo, envolve concertação e métodos de trabalho que o tempo consolida e que são relevantes para a eficiência e qualidade visadas na prestação do serviço de justiça, o mesmo ocorrendo com os escrivães de direito.

Por outro lado, quanto a esta matéria, à semelhança do que sucede com outras, como a gestão das salas de audiências, por regra, há interesses conflituantes a gerir, porquanto os recursos disponíveis são sempre escassos, existindo presentemente uma situação muito grave de falta de oficiais de justiça.[47]

Deste modo, a gestão de funcionários tem-se traduzido, nos anos mais recentes, em retirar funcionários de uma secretaria onde já se verifica um défice de recursos humanos, para os colocar noutra secretaria também deficitária, mas relativamente à qual a situação se avalia como mais crítica (é relativamente comum, por exemplo, retirar funcionários de uma secretaria de um juízo cível para os colocar num juízo de família ou num juízo criminal, argumentando com os interesses em causa nas diferentes jurisdições).

Ou seja, a gestão de oficiais de justiça tem consistido, amiúde, no agravamento do défice de funcionários de uma secretaria, para mitigar o défice de outra, sem que esta última fique estabilizada.

É este um dos aspetos nos quais se manifestam, de modo muito claro, as limitações dos poderes de gestão administrativa dos juízes presidentes, porquanto não lhes assiste a faculdade de colmatar as graves falhas de recursos humanos, recorrendo à contratação de mais funcionários. O juiz

[47] "*Tribunais à beira da rutura. Falta de oficiais de Justiça agrava-se em 2021*", noticiava a TSF a 21.03.2022, explicando que "*Os baixos salários, a sobrecarga de trabalho e os vários anos sem concursos justificam o perigo de rutura nos tribunais. Em 2019, havia quase 800 vagas para oficiais de Justiça por preencher. Só na comarca do Porto, por exemplo, no final do ano passado havia mais de 180 lugares por preencher.*" (in https://www.tsf.pt/portugal/sociedade/tribunais-a-beira-da-rutura-falta-de-oficiais-de-justica-agrava-se-em-2021-14699147.html, consultado em 17.11.2022).

presidente dispõe apenas dos funcionários que a DGAJ coloca na área da sua Comarca.[48]

A audição dos juízes deve ter lugar no âmbito da audição do juiz presidente e através deste, devendo as razões expostas pelos juízes ser ponderadas no parecer do juiz presidente.

Por outro lado, na fundamentação da decisão que venha a ser tomada pelo administrador judiciário devem ser enunciadas as razões que determinaram a medida de gestão aplicada, ponderando-se devidamente o parecer do juiz presidente.

Esta repartição de competências entre o juiz presidente e o administrador judiciário releva de uma visão de administração partilhada dos tribunais – envolvendo ainda o procurador coordenador –, a qual pressupõe, necessariamente, uma atuação concertada entre estas figuras gestionárias.

Com efeito, a gestão dos funcionários e os demais atos de gestão praticados pelo administrador judiciário devem permitir alcançar os objetivos traçados para a Comarca, sendo, por isso, essencial que as decisões do administrador judiciário se mostrem convergentes e em sintonia com a atuação do juiz presidente.

É a esta luz que se compreende que o administrador judiciário seja nomeado pelo juiz presidente do tribunal, ouvido o magistrado do Ministério Público coordenador, ainda que esta liberdade de escolha seja mitigada pela circunstância da mesma dever ser feita de entre cinco candidatos previamente selecionados pelo Ministério da Justiça (art. 104.º, n.º 3, da LOSJ).

No plano do relacionamento do juiz com os oficiais de justiça deve ainda ser feita uma menção às denominadas grelhas de monitorização quadrimestral da comarca, onde se contêm dados como o número de julgamentos realizados por cada juiz, a data mais distante agendada, o

[48] Aliás, o juiz presidente não tem, sequer, a possibilidade de se pronunciar sobre a mobilidade dos oficiais de justiça colocados na sua Comarca, pelo que se após o movimento dos oficiais de justiça, a DGAJ vier a deferir a mobilidade desses oficiais de justiça para prestarem serviço na própria DGAJ ou em qualquer outro organismo, o juiz presidente nada pode fazer para evitar a sua saída.

número de sentenças proferidas, os processos onde está atrasada a prolação de decisão, entre outros.

É, evidentemente, de todo o interesse para a melhoria contínua do serviço prestado aos cidadãos o acompanhamento do movimento processual, mas estas grelhas também podem constituir um instrumento relevante para efeitos inspetivos relativamente aos magistrados judiciais. Aliás, estas grelhas são enviadas ao juiz presidente, sendo objeto de análise por parte dos serviços da Presidência da Comarca.

Ora, o preenchimento destas grelhas é inteiramente realizado pelo escrivão de direito, que as faz chegar ao Secretário de Justiça e este ao Administrador Judiciário, sendo este o caminho percorrido pelo documento até alcançar o Juiz Presidente.

Considerando as finalidades visadas por este documento, afigura-se que o mesmo devia ser previamente verificado pelo juiz, apenas em ordem a garantir a fidedignidade da informação prestada – por exemplo, o lapso na classificação de uma sentença, que figura no sistema informático Citius como um despacho, determinará que não seja incluída essa sentença no elenco dos atos decisórios reportados na grelha. Ainda que se possa retorquir que este lapso é relativamente pouco impactante, a verdade é que o mesmo traduz a prestação de uma informação inexata e, considerada a importância axial que a estatística assume na atualidade, deve evitar-se que tal suceda.

2.3.6. As salas de audiência

Sucede amiúde nos tribunais não existirem salas de audiência suficientes para garantir a cada juiz a disponibilidade exclusiva de uma sala de audiências.

Nestes casos deve ser elaborado um mapa que regule a ocupação partilhada das salas, mediante concertação entre os juízes da Comarca, devendo garantir-se, em princípio, uma distribuição equitativa do tempo de sala, ou, se assim for entendido como mais adequado, uma distribuição desigual, assegurando-se maior tempo de sala à jurisdição que dele mais necessite. Assim, um juízo de execução terá, por definição, menor necessidade de tempo de sala do que um juízo de família.

Sem prejuízo, porque a gestão da utilização das salas de audiência constitui uma competência do administrador judiciário, sob orientação do juiz presidente, deve este ser envolvido na aludida concertação entre os juízes sobre esta matéria.

Não sendo possível obter acordo entre todos os juízes, deverá o juiz presidente sugerir a forma como essa partilha de espaço deve ser feita, apelando a critérios objetivos como aquele que enunciámos, relativo ao tempo de sala adequado para cada jurisdição.

Atendendo a que os juízes agendarão as suas diligências a contar com essa alocação de salas de audiência, só em situações excecionais e devidamente fundamentadas deverá ser possível alterar o mapa. Se, todavia, o juiz ao qual foi atribuído o tempo de sala não o utilizar (porque houve uma transação, por exemplo), naturalmente que dentro de uma lógica de máximo aproveitamento dos recursos deverá ser viabilizada a sua utilização por outro juiz.

Importa ainda aludir a uma circunstância verificada durante a pandemia, a saber, a necessidade de realização de audiências em locais que reunissem os requisitos de distanciamento previstos para a prevenção do contágio pela Covid-19, a qual se revelou mais premente em processos com elevado número de intervenientes.

Em alguns destes casos as audiências tiveram lugar fora do edifício do Tribunal e, por vezes, em lugar dele distante, até situado em concelho limítrofe.

Quando tal ocorra, deve ser facultado carro de serviço para transporte dos juízes, procurador e funcionários, bem como do próprio processo (nestes casos é habitual que os processos possuam dezenas ou centenas de volumes), desde o Tribunal até ao local onde o julgamento se realize, ou, pelo menos, deve ser garantido o pagamento de transporte, sem recurso ao reembolso, designadamente, através de adjudicação direta a serviço de transporte público de passageiros.

2.3.7. Regulamentos

É comum surgirem nas Comarcas regulamentos atinentes ao funcionamento do tribunal, quer quanto aos seus espaços comuns, como sucede com os parques de estacionamento, quer quanto à atividade nele desenvolvida.

O que é essencial, à luz de tudo o que temos vindo a dizer, é que estes Regulamentos não disciplinem esferas de atuação jurisdicional dos juízes e que, em todas as matérias nas quais isso se justifique, os juízes sejam previamente ouvidos sobre o regulamento.

Por regra, estes regulamentos são apenas objeto de divulgação interna dentro de cada Comarca, mas pode colocar-se a questão de saber se podem ou devem ser objeto de publicitação mais alargada, isto é, através de publicação em Diário da República.

O pressuposto da publicitação de regulamento no jornal oficial da República é o de que este seja suscetível de atingir posições de terceiros.

Ora, há um conjunto de disposições que só respeitam a quem ocupa o espaço do tribunal, como sucede com as regras atinentes à utilização dos parques de estacionamento restritos a magistrados e funcionários, mas outras haverá que se repercutem para fora do tribunal. Neste segundo caso poderá adquirir fundamento legal a publicitação do regulamento.[49]

A desvantagem desta publicitação formal é a perda de plasticidade, sendo certo que a maior parte das questões administrativas que se colocam dentro do tribunal têm uma importância relativamente reduzida para os utentes que se deslocam ao edifício.

2.3.8. Sindicabilidade das decisões do Juiz Presidente

Como se assinalou acima, as decisões do juiz presidente que consubstanciem atos ou regulamentos administrativos são suscetíveis de recurso para o Supremo Tribunal de Justiça, nos termos do art.º 98.º, da LOSJ.

A questão reside, assim, em identificar os atos do juiz presidente que integram aquela classificação, matéria que foi apreciada no Acórdão do STJ de 31.03.2016, a propósito do despacho proferido por um Presidente de Tribunal Judicial da Comarca, onde foram definidas as regras de subs-

[49] Foi publicado no DR, 2ª Série, Parte D, n.º 106, de 01.06.2022, o Regulamento Geral do Tribunal Judicial da Comarca do Porto (Regulamento 529/2022, de 01.06).

tituição dos juízes do Tribunal da Comarca, cujo recurso foi indeferido pelo Plenário do CSM, com fundamento na sua irrecorribilidade.[50]

Decidiu o STJ revogar a deliberação do Plenário, pelas seguintes razões:

"I – O acto administrativo (art. 120.º do CPA pré-vigente e art. 148.º do actual CPA) é definível como um acto proferido por um órgão da Administração pública, no exercício de um poder de autoridade regulado por normas de direito público, de natureza reguladora, que visa a criação, modificação ou extinção de um direito ou de um dever, ou seja, a criação, modificação ou extinção de uma determinada relação jurídica, com eficácia externa, isto é, produtor de efeitos jurídicos externos, atingindo a esfera jurídica de terceiros. O acto destina-se a regular um caso ou situação concreta através da aplicação do ordenamento jurídico.

II – Ao invés de um regulamento administrativo – que tem uma dimensão normativa, geral e abstracta –, o acto administrativo é uma decisão individual e concreta, sendo que a generalidade de um e a individualidade do outro têm a ver com os destinatários dos comandos jurídicos; por outro lado, o caracter abstracto ou concreto tem a ver com a abrangência de um e de outro, o âmbito de aplicação de cada um deles, as realidades que visam regular.

III – Existem, contudo, actos administrativos colectivos, plurais e gerais, caracterizando-se os primeiros por terem como destinatários um conjunto unificado de pessoas, os segundos por a decisão da administração ser igualmente aplicável a várias pessoas diferentes (actos plurais) e os terceiros por se aplicarem de imediato a um grupo inorgânico de pessoas, todas elas determinadas ou determináveis, razão pela qual a delimitação entre o individual e o geral não se faz a partir de um critério numérico.

IV – A designação de juízes de direito substitutos constitui uma atribuição dos juízes presidentes (art. 86.º e al. d) do n.º 3 do art. 94.º, ambos da Lei n.º 62/2013, de 26-08) que deve ser concretizada de acordo com lei e com as orientações genéricas do CSM e que se dirige a um grupo de pessoas identificadas ou identificáveis.

V – O acto decisório referido em IV deve, pelos motivos aí mencionados, ser tido como um acto administrativo e não como um regulamento, não podendo, assim, o CSM enjeitar o conhecimento da respectiva impugnação (art. 98.º da Lei n.º 62/2013) com base nessa errónea caracterização."

[50] Processo n.º 128/15.2YFLSB, in http://www.dgsi.pt. No mesmo sentido, o Acórdão do STJ de 23.06.2016, Processo n.º 129/15.0YFLSB, in http://www.dgsi.pt.

Por último, o afastamento da competência dos tribunais administrativos para a apreciação dos atos materialmente administrativos praticados pelo CSM decorre, de forma expressa, do art.º 4.º, n.º 4, al. c) do ETAF, circunscrevendo, assim, na esfera de competências do STJ, o conhecimento dos atos materialmente administrativos praticados no âmbito da governação dos tribunais judiciais.

2.3.9. Avaliação da qualidade da atividade dos juízes presidentes

Não está instituído expressamente qualquer modo de avaliação qualitativa do desempenho do juiz Presidente, o que é essencial para o bom funcionamento do sistema da gestão administrativa dos tribunais e por isso deve ser implementado.

Serviria, também, como forma de salvaguarda da independência interna.

Propõe-se, assim, a medição do grau de respeito deste princípio pelo Juiz Presidente da comarca, através de inquérito com periodicidade anual, a realizar em todas as comarcas pelo CSM.

Estaria em causa a aferição das dimensões objetiva e subjetiva da independência judicial, usando-se escalas adaptadas ao sistema judiciário nacional. Seria possível, por essa via, determinar a perceção que os juízes de direito de cada comarca têm do nível ou grau de respeito pela sua independência e desse modo identificar situações de ingerência (interferência inadmissível).

Esse conhecimento da independência percebida permitiria identificar os desvios ao respeito pelo princípio em apreço e habilitaria a adoção de medidas tendentes à sua salvaguarda na medida do que se mostrasse concretamente necessário e adequado. A informação recolhida seria passível de ser utilizada, também, como fator a atender em caso de renovação da nomeação do presidente da comarca.

2.3.10. Propostas

i) Deve ficar expressamente previsto, de modo uniforme, nos Regulamentos das Comarcas, que em todas as situações atinentes ao funcionamento do tribunal suscetíveis de contenderem com a atividade jurisdicional dos juízes, designadamente as que respeitam à afetação dos oficiais de justiça e à ocupação das salas de audiência, bem como quando esteja em discussão a aprovação de um regulamento ou de atos relativos ao desempenho dos magistrados judiciais, como a fixação dos objetivos processuais, os magistrados judiciais devem ser previamente ouvidos.

Devem ser aplicados, para o efeito, com as devidas adaptações, as normas previstas nos art.ºs 121.º e ss., do CPA, para a participação dos interessados, admitindo-se a pronúncia dos magistrados judiciais em reunião ou por escrito, conforme mais adequado ao caso.

O agendamento das reuniões pelo Juiz Presidente deve ser comunicado com indicação dos assuntos a tratar, com o grau de fundamentação ajustada à participação informada dos juízes.

A proposta de objetivos novos, por referência aos fixados no período anterior, sobre os quais os juízes sejam chamados a pronunciar-se, deve ser comunicada, com uma antecedência mínima, na notificação que designe data para a reunião.

Esta deve ser preferencialmente marcada para horário de funcionamento dos tribunais, ficando os magistrados judiciais dispensados do serviço judicial agendado, na medida do estritamente necessário para assegurar a comparência na reunião.

Na eventualidade de se tratar de serviço urgente, deverá ser assegurado ao magistrado judicial impedido de participar a possibilidade de pronúncia escrita sobre os assuntos debatidos na reunião, em prazo razoável, que não deverá ser inferior a 2 dias úteis.

ii) Quando não existirem salas de audiência suficientes para garantir a cada juiz a disponibilidade exclusiva de uma sala de audiência, deve ser elaborado um mapa que regule a ocupação partilhada das salas, mediante concertação entre os juízes da Comarca e o juiz presidente.

Só em situações excecionais e devidamente fundamentadas deverá ser possível alterar o mapa.

iii) Deve ser assegurado ao juiz que intervenha em julgamentos realizados fora do edifício do Tribunal e dele distante:

- que lhe seja facultado viatura para transporte desde o Tribunal até ao local onde o julgamento se realize e

- que lhe seja pago o transporte, sem recurso ao reembolso, designadamente, através de adjudicação direta a serviço de transporte público de passageiros.

iv) Deve ser instituída a prática de avaliação da qualidade da atividade do Juiz Presidente.

O resultado dessa avaliação deve ser incluído nos elencos dos critérios a atender na tomada de decisão sobre a renovação da nomeação em comissão de serviço do Juiz Presidente.

Tal avaliação/monotorização pode ser realizada anualmente, através de um questionário eletrónico anónimo, disponibilizado *"online"*, no Iudex. Essa pesquisa pode ser feita com a escala Likert (perguntas que usam uma escala de 7 pontos, às vezes chamada de escala de satisfação, que varia de uma atitude extrema a outra), por ser uma forma confiável de medir opiniões, perceções e comportamentos. É um modo de recolher os graus de opinião que pode fazer a diferença na recolha do *"feedback"* da atuação do Juiz Presidente da comarca na matéria em apreço, e medir o respeito pela independência interna do juiz.

Sugere-se um questionário, que consta em anexo a este Relatório.

3. Governação ágil, administração judiciária e jurisdição

3.1. Enquadramento geral

A delimitação entre a administração judiciária e a jurisdição espelha a separação entre a gestão administrativa e o ato jurisdicional, comungando, por isso, das mesmas questões de fronteira.

Assim, *"a dificuldade distintiva entre aquele que é o papel da jurisdição e aquilo que se pode designar como a administração e gestão dos tribunais (jurisdição v. gestão e administração), complexifica-se quando se sabe que existem também competências atribuídas aos juízes presidentes e mesmo aos Conselhos Superiores de Magistratura que se constituem matérias incluídas nessa noção de jurisdição ou pelo menos que se aproximam da noção de direção da marcha do processo: v.g. o acto de distribuição processual (quando presidida pelo presidente), e o incidente de aceleração processual (da competência de um Conselho Judicial). Por outro lado, nalgumas estruturas de tribunal (v.g. Tribunal Constitucional), a deliberação em plenário do tribunal pode fazer confundir aquelas que são as prerrogativas administrativas e organizativas do juiz presidente com a sua função jurisdicional específica no julgamento e na decisão desse tribunal. Resta referir, também assim, o papel insubstituível dos Conselhos Judiciários e dos juízes presidentes no delineamento das boas práticas de gestão, o que abrange as práticas de gestão dos contingentes processuais e mesmo de formalização dos actos (v.g. estilo das sentenças e seu perfil), que se inclui numa dimensão deontológica e de soft law que deve ser cada vez mais convocada."*[51]

Por outro lado, no plano da administração judiciária podem estabelecer-se três níveis de análise:

"• *Plano macro – respeitante ao sistema judicial na sua organização macro, que contém: os modelos judiciários de grande amplitude e durabilidade presentes na história da justiça e nas reformas judiciais; o ambiente que envolve a atividade do sistema judicial no seu todo; e. a dimensão institucional e política do Estado e dos Tribunais e do pensamento político e estratégico do sistema (planificação legislativa, programação e desenvolvimento das políticas públicas no domínio do judiciário)*
• *Plano meso – concernente ao plano intermédio da atividade do sistema judicial, que alberga:*
  - *Divisão sectorial da administração e gestão dos tribunais, com os seus núcleos intermédios de cariz organizativo e administrativo;*
  - *Escolha, nomeação e assunção de competências pelos diversos responsáveis sectoriais (v.g. vogais dos Conselhos, presidentes das Relações, juízes presidentes das circunscrições, etc.);*
  - *Programação sectorial e definição dos respetivos objetivos;*
  - *Acompanhamento dos índices quantitativos; e*
  - *Implementação de programas e planos de organização, administração e gestão dos tribunais nas suas várias incidências;*

[51] Relatório do Grupo de Reflexão constituído pelo CSM e a ASJP, subordinado ao tema «Avaliação das práticas instituídas relativamente à Gestão e Administração dos Tribunais e Independência Judicial (princípios internacionais e nacionais)», Divulgação N.º 215/2021, de 02.11.2021, do Conselho Superior da Magistratura, publicado no Boletim Informação & Debate, da Associação Sindical dos Juízes Portugueses, Dezembro 2021, IX Série, N.º 9, p. 33.

- *Plano micro – conexionado com o nível mais atomístico da organização do sistema judicial, com múltiplos fatores organizativos que se inserem na preparação, programação e execução da tarefa de realização do direito e que com ela se articulam:*
  - *– Enquadramento sócio-comunitário dos vários atores judiciais;*
  - *– Território e organização do espaço de exercício das funções;*
  - *– Regras de atribuição de jurisdição e de competência;*
  - *– Estruturação e especialização;*
  - *– Gestão, pendência e distribuição dos contingentes processuais; regras e práticas de cariz processual e procedimental no tratamento dos processos e na assunção das tarefas; metodologias decisionais; gestão para a decisão; etc."*[52]

A administração judiciária apresenta-se, pois, desconcentrada ou partilhada, a cargo de órgãos do executivo e do judiciário.

A atual administração judiciária está também concebida da mesma forma em que se dividem as várias jurisdições do Estado: dos tribunais comuns, dos tribunais administrativos e fiscais, do tribunal constitucional ou do Tribunal de Contas.

É da conjugação de todos estes diferentes níveis de intervenção que resulta a prestação global de justiça, sendo certo que quando se fala de qualidade no seio do sistema de justiça esta se reporta quer à administração, quer à jurisdição, dimensões complementares e convergentes.

> *"Les normes relatives à la qualité de l'administration de la justice sont très différentes des régles du procès équitable. D'abord, elles sont générales en ce qu'elles ne visent pas le traitement d'une affaire en particulier, mais la masse des contentieux et donc la gestion du contentieux de masse. Ensuite, elles concernent non pas tant le procès que le «process», c'est-à-dire non pas les procédures judiciaires proprement dites, mais plutôt les processus de «production» de la justice. Enfin, leur champ d'application est beaucoup plus large, puisqu'il s'étend à tous les paramètres qui affectent la qualité, l'efficacité et la légitimité du fonctionnement du service public de la justice".*[53]

[52] Coelho, Nuno, *Manual de Organização e Administração Judiciária no âmbito da criminalidade organizada, corrupção, branqueamento de capitais e tráfico de estupefacientes*, pp. 14 a 15, in https://www.paced-paloptl.com/uploads/publicacoes_ficheiros/paced_manual_orgegestaojudiciarias_nc_vf.pdf, consultado em 23.02.2022.

[53] Frydman, Benoît, «L'Évolution des critères et des modes de contrôle de la qualité des

3.2. As secretarias judiciais e o juiz

3.2.1. Enquadramento geral

O exercício da função judicial impõe, ainda, uma atividade de suporte prosseguida pelas secretarias judiciais. Estas asseguram o expediente, a autuação e a regular tramitação processual em conformidade com a lei de processo e da organização judiciária, na dependência funcional do magistrado judicial competente (n.º 1 do art.º 157.º, do CPC). Considerando a relevância prática desta matéria e os efeitos que lhe estão associados, a questão que se pode colocar é a de saber como pode fazer-se uma boa coordenação dos métodos de trabalho, tendo em conta a cisão[54] existente entre as unidades de processos e o gabinete do juiz[55].

O tribunal judicial incorpora uma dinâmica social resultante dos fluxos comunicacionais e processuais estabelecidos entre estas unidades de processos e o gabinete do juiz.

Não obstante as particularidades da natureza e tipo de relação estabelecida entre os funcionários da unidade de processos e o juiz de direito, é incontestável que a qualidade da relação estabelecida entre um e os outros se reflete no modo como o juiz trabalha, e este, no resultado do trabalho desenvolvido no tribunal.

A eficiência do sistema judiciário é aferida diretamente pelo desempenho dos tribunais judiciais e este é condicionado pelo modo como se desenvolvem as relações de trabalho e os métodos de trabalho adotados. De entre todos os intervenientes, é ao juiz a quem o sistema judicial atribui um papel mais ativo na gestão do caso concreto. Ao juiz é conferido um papel central na prossecução de uma gestão processual orientada para a eficácia, eficiência e qualidade do caso concreto.

décisions de justice», *Série des Working Papers du Centre Perelman de philosophie du droit n.º 2007/4*, pp. 9-10.

[54] A falta de ligação entre os funcionários e juízes, fruto da diluição da relação hierárquica dentro da estrutura do Tribunal, remonta a 1987.

[55] O juiz de direito não tem poder hierárquico sobre os funcionários que se encontram na sua dependência funcional (n.º 3 do art. 6.º, do Decreto-Lei n.º 343/99, de 26.08).

A prestação do juiz de direito é norteada pelo cumprimento dos objetivos processuais fixados, atentos os efeitos que lhe estão associados, e pelo cumprimento dos prazos processuais.

A variável determinante para que uns e outros sejam atingidos é o volume de trabalho do juiz, o qual depende, essencialmente, da pendência processual do tribunal e dos critérios de gestão processual adotados pela unidade de processos. São estes dois fatores que diretamente interferem no número de processos que diariamente é apresentado a despacho ao juiz de direito. E este volume interfere e condiciona o prazo da resposta. A cultura do excesso de trabalho instituída nos tribunais pode estar ancorada no maior comprometimento com o trabalho, mas também na penalização do incumprimento dos prazos processuais na avaliação do mérito profissional.

Por vezes, há desajuste entre a celeridade pedida na prolação da decisão e a capacidade de resposta, fruto do excesso de carga de trabalho a que os juízes de direito estão sujeitos. É-lhes pedida sempre a mesma celeridade, seja qual for o número de processos distribuídos e a complexidade deles. O elevado volume de despachos de mero expediente proferidos nos processos ocupa parte significativa da atividade diária dos juízes, confirmando a dimensão ainda burocrática do atual paradigma de gestão processual.

A dinâmica de trabalho dos juízes, as cargas excessivas de trabalho, a pressão dos prazos processuais, a responsabilidade de julgar, são alguns dos fatores de *stress* que podem comprometer a sua saúde física e psicológica. O *stress* ocupacional agrava-se quando o indivíduo tem perceção da responsabilidade e poucas possibilidades de autonomia e controle. A sobrecarga de trabalho, resultante da atribuição de muitas tarefas com prazos curtos para sua execução, e com muitas interrupções, a ambiguidade de prioridades, o nível de autoridade e de autonomia, a incerteza quanto ao futuro, o convívio com colegas insatisfeitos, são fatores associados ao *stress* ocupacional.

O aumento do volume de trabalho, a complexidade dos processos e a insuficiência dos recursos de trabalho, podem afetar o desempenho das tarefas diárias e, assim, restringir a autonomia profissional, entendida enquanto medida com que o juiz pode fazer as suas próprias escolhas de trabalho, que se podem referir tanto à organização das tarefas a realizar, como ao ritmo do trabalho.

O elevado e crescente volume de trabalho podem limitar a autonomia dos juízes sobre aspetos práticos do seu desempenho quotidiano e este, no sistema judiciário, está relacionado com a independência judicial (interna).

A pressão excessiva no trabalho pode levar a erros, diminuição na qualidade, na produtividade, na motivação e nos níveis de satisfação.

3.2.2. Propostas

i) Melhorar a articulação entre os diferentes órgãos de gestão do judiciário e melhorar a clarificação legal das competências dos diferentes órgãos que intervêm na gestão do judiciário;

ii) Melhorar a articulação entre o trabalho da Secretaria e do juiz, aumentando o poder funcional deste sobre aquela.

3.3. Gestão do volume processual – assessoria

3.3.1. Enquadramento geral

Em Conselho Plenário, realizado em 02.12.2020, o CSM aprovou a contratação de especialistas para implementar Gabinetes de Assessoria Técnica junto dos tribunais Judiciais das áreas de atuação das Comarcas das regiões Norte, Centro e Sul, bem como na área da grande Lisboa, englobando os arquipélagos da Madeira e dos Açores.

Tal deliberação surge na sequência da reforma do mapa judiciário operada pela Lei n.º 62/2013, de 26.08, regulamentada pelo Decreto-Lei n.º 49/2014, de 27.03, fixando-se no art.º 35.º daquela Lei que "*Cada comarca, ou conjunto de comarcas, pode ser dotada de gabinetes de apoio destinados a prestar assessoria e consultadoria técnica aos presidentes dos tribunais e aos magistrados judiciais e do Ministério Público, na dependência orgânica do Conselho Superior da Magistratura e da Procuradoria-Geral da República, respetivamente, nos termos a definir pelo decreto-lei.*"

Nos termos do art.º 28.º, do Decreto-Lei n.º 49/2014, de 27.03, os gabinetes de apoio aos magistrados judiciais são compostos por especialistas com formação académica de nível não inferior a licenciatura e experiência profissional adequada nas áreas de Ciências Jurídicas, Economia, Gestão, Contabilidade e Finanças e outras consideradas relevantes por deliberação do CSM.

O presidente do Tribunal, que dirige o gabinete de apoio aos magistrados judiciais, nos termos do art.º 29.º do diploma mencionado, pode vir a autorizar, de acordo com as carências/necessidades reveladas pelas comarcas, situações de deslocação temporária dos técnicos superiores para o exercício de funções noutras comarcas dentro da respetiva área geográfica.

Em conformidade com o art.º 30.º, do Decreto-Lei n.º 49/2014, de 27.03, os especialistas/técnicos superiores são designados no cargo de Assessores dos Gabinetes de Apoio aos Magistrados Judiciais.

O método de colocação previsto é para todo o tribunal e comarca (sistema *pool*).

No que respeita ao conteúdo funcional das atribuições dos assessores, o mesmo insere-se na área de atuação dos gabinetes dos Juízes do Tribunal Constitucional e do Supremo Tribunal de Justiça (STJ), como disposto nas als. d), e) e f) do n.º 1 do art.º 2.º, da Lei n.º 2/98, de 08.01, concretamente: a) Proceder à pesquisa da legislação, jurisprudência e doutrina necessárias à elaboração de pareceres, tendo em vista a preparação das decisões e das promoções nos processos; b) Elaboração de sumário das decisões, da legislação, da jurisprudência e da doutrina de maior interesse científico, com a respetiva integração em ficheiros ou em base de dados; c) Colaboração na organização e atualização da biblioteca do tribunal, bem como na atualização da informação contida na página "web" das Comarcas.

Recentemente, no Plenário de 04.10.2022, o CSM aprovou o Regulamento do Gabinete de Apoio aos Magistrados Judiciais, o qual pretende concretizar o regime decorrente do referido Decreto-Lei n.º 49/2014, de 27.03, e da Lei n.º 2/98, de 08.01.[56]

A assessoria prevista neste Regulamento respeita aos Tribunais Judiciais de Comarca, competindo ao CMS a definição do número de asses-

[56] Publicado no DR, n.º 211, 2ª Série, Parte D, de 02.11.2022, e retificado pela Declaração de Retificação n.º 35/2023, de 09.01, publicada no DR, n.º 6, 2ª Série, Parte D.

sores, após audição do Juiz Presidente, que, por sua vez, deverá ouvir os juízes (art.º 3.º, n.º 2, do Regulamento).

Os assessores, que atuam sob a direção administrativa do Juiz Presidente, desempenham as funções enunciadas no Regulamento e aquelas que lhes forem atribuídas pelo CSM (art.º 5.º, do Regulamento).

São estabelecidas três categorias de assessores: assessor de ciências jurídicas; assessor de economia, gestão, contabilidade e finanças; assessor de psicologia (art.ºs 2.º e 7.º a 9.º, do Regulamento).

Enquanto o assessor de ciências jurídicas exerce as competências já previstas na Lei n.º 2/98, os demais têm por missão auxiliar os juízes, apenas sendo descrito com pormenor o auxílio na área da psicologia.

Este conjunto de normas e, em particular, o novel Regulamento, coloca diversas questões, desde logo a ausência de qualquer referência à elaboração de projetos das decisões por parte dos assessores.

Não obstante, porque se reconhece ao CSM a faculdade de atribuir outras funções, para além das contempladas no Regulamento, fica em aberto a possibilidade deste órgão estender o âmbito de atuação dos assessores.

Por outro lado, tendo presente o art.º 9.º do Regulamento, verifica-se que a intervenção do técnico de psicologia, mesmo na jurisdição de família e menores, que constituiria uma das suas áreas preferenciais de atuação, juntamente com a área penal, será, por princípio, residual, pois sucederá apenas quando não exista acompanhamento por técnico adequado, nomeadamente das equipas multidisciplinares de assessoria técnica (al. a)).

Inclusivamente nas declarações para memória futura, o mais comum é que a criança se mostre acompanhada por técnico especializado, no âmbito do processo, o que também torna desnecessária a intervenção do psicólogo (al. b) do art.º 9.º do Regulamento).

Quanto às situações elencadas na al. d) do art.º 9.º do Regulamento, relativas à intervenção do psicólogo noutras jurisdições, não serão muito frequentes, na medida em que a dimensão da psicologia surgirá, sobretudo, em sede de avaliação de danos produzidos por sinistros, portanto, em contextos onde é obrigatória a presença do INML.

A descrição antecedente permite constatar que a posição funcional do assessor previsto no Regulamento oscila entre o apoio à decisão judicial, circunscrito à mera pesquisa de legislação, jurisprudência e doutrina, e um papel que se aproxima ou se enquadra mesmo na figura do técnico a que alude o art.º 492.ºdo CPC.[57]

Não estamos, deste modo, em presença do perfil de assessor delineado na Lei n.º 2/98, de 08.01, em cujo art.º 2.º, n.º 1, foram integradas no seu conteúdo funcional, para além das acima mencionadas, as seguintes competências: a) proferir despachos de mero expediente; b) preparar a agenda dos serviços a efetuar; c) elaborar projetos de peças processuais.

Estas competências dependem de despacho do magistrado, devendo semelhante delegação ser específica quando se trate da elaboração de projetos de peças processuais (art.º 2.º, n.º 2 da Lei n.º 2/98, de 08.01).

No Parecer do Conselho Consultivo da PGR n.º 29/2018[58] debateu-se a questão de saber se a Lei n.º 2/98, de 08.01, foi tacitamente revogada pela LOSJ, concluindo-se que a sobreposição de regulamentação é meramente parcial, porquanto esta última se reporta apenas aos tribunais de 1ª instancia, não regulando, portanto, a assessoria nos Tribunais Superiores.

Mas mesmo no que tange aos tribunais de 1ª instância entende-se no Parecer que não faria sentido que os moldes em que se presta assessoria sejam diferentes em função, apenas, do processo se encontrar em 1ª instância ou em fase de recurso.

Conclui-se, assim, que "*Ao nível das comarcas os especialistas dos gabinetes de apoio substituem os antigos assessores na elaboração de despachos de mero expediente, de projetos de peças processuais, a pesquisa de legislação jurisprudência ou*

[57] Neste sentido refere Ana Resende (*Uma assessoria que não existe? Breve enquadramento histórico-legal do instituto de assessoria dos juízes*, in https://www.csm.org.pt/wp-content/uploads/2020/01/Assessorial.pdf, p. 18, consultado em 10.11.2022): "*a lei da organização judicial vigente unificou num único gabinete os assessores jurídicos e os consultores técnicos, constituindo agora o corpo de apoio aos magistrados, por forma a dar melhor resposta a diversas questões técnicas (consultadoria) e jurídicas (assessoria), num entendimento possível de dispensar, ao nível dos tribunais superiores, face às suas competências a consultadoria, e discutindo-se até, se o regime da Lei 2/98, de 8.1, se mantém para a assessoria junto do Supremo Tribunal de Justiça e das Relações, considerando-o afastado para as comarcas, perante o estabelecimento de gabinetes de apoio com funções de assessoria e consultadoria técnica*".

[58] Publicado no DR, n.º 96, 2ª Série, de 20.05.2019.

doutrina devem agora ser realizados pelos especialistas em ciências jurídicas que integram os gabinetes de apoio."[59]

Sem prejuízo, resulta de todo o acima exposto que a orientação adotada pelo CMS relativamente aos tribunais de 1ª instância se reconduz à atribuição aos assessores do exato conteúdo funcional previsto na LOSJ.

Não está, portanto, instituída a assessoria funcional individual aos juízes.

Nota-se que se admitiu nas Linhas Estratégicas para a Reforma da Organização Judiciária de 15 de junho de 2012, a "(...) *possibilidade de afetação de funcionários da secretaria à realização de apoio especializado a algum magistrado, com consagração clara desta possibilidade no conteúdo funcional definido nos estatutos dos oficiais de justiça*".[60]

E no projeto do novo Estatuto dos Oficiais de Justiça[61] prevê-se a atribuição aos técnicos superiores de justiça de competência para assegurar a regular tramitação dos processos e a prática dos inerentes atos, de acordo com as diretivas e orientações estabelecidas pelo magistrado funcionalmente competente e pela chefia da unidade orgânica; preparar a agenda dos serviços a efetuar; realizar pesquisas de legislação, jurisprudência e doutrina necessárias à preparação das decisões e das promoções nos processos; colaborar na preparação de processos em fase de inquérito; desempenhar, no âmbito do inquérito, as competências dos órgãos de polícia criminal que lhe sejam cometidas pelo Ministério Público; colaborar na preparação de processos para julgamento; assegurar o apoio processual aos magistrados na realização de diligências; exercer as funções de agente de execução, nos termos previstos no CPC; desempenhar as demais funções conferidas por lei ou por determinação superior (art.º 6.º, n.º 1).

Foi aberta, ainda, a possibilidade de serem designados para o exercício exclusivo de funções de assessoria técnica aos magistrados (n.º 2 do art.º. 6.º).

[59] *Ibidem.*

[60] Ponto 61, p. 37, in https://dgaj.justica.gov.pt/Portals/26/5-TRIBUNAIS/Legisla%C3%A7%C3%A3o/Linhas_estrategicas_reforma_org-judiciaria_06-2012.pdf?ver=2018-10-09-141528-503, consultado em 17.11.2022.

[61] In https://oficialdejustica.blogs.sapo.pt/projeto-de-estatuto-entra-em-circuito-1022658, consultado em 17.11.2022.

Sublinhe-se que as secretarias atuam em conformidade com a lei de processo e na *dependência funcional* do magistrado competente (n.º 2 do art.º 157.º do CPC).

A assessoria pode ser considerada um recurso necessário para enfrentar as atuais exigências quantitativas e qualitativas do trabalho do juiz. Neste entendimento, a assessoria deve ser entendida como solução para a eficiente gestão do volume processual e fator de incremento de qualidade nas condições do trabalho do juiz, e a consultoria técnica um suporte à gestão da complexidade técnica da decisão judicial.

A assistência funcional é, também, um recurso de trabalho, um meio expedito para libertar o juiz de direito da gestão da componente administrativa da prestação diária do seu trabalho[62].

A demonstração de que os juízes de direito precisam de assessoria resulta das conclusões extraídas de dois estudos empíricos realizados este ano, um pelo Conselho Consultivo de Juízes Europeus, outro pelo CSM.

Num inquérito realizado pelo Conselho Consultivo de Juízes Europeus, para elaboração do parecer do CCJE n.º 22 (2019), sobre "*O papel dos funcionários judiciais e assessores jurídicos dentro dos tribunais e seu relacionamento com os juízes*"[63], indagou-se, junto dos 37 Estados-Membros, sobre:

Os tipos de modelo de organização de apoio aos juízes na sua atividade jurisdicional;

- As razões que justificavam o apoio aos juízes através de assistentes;
- As competências que os assistentes judiciais desempenhavam nos tribunais;
- A existência de dados oficiais que permitam aferir a utilidade dos assistentes judiciais, por exemplo, sobre a economia de tempo dos juízes;

[62] RIBEIRO, Idalina, *Juízes de direito: assessoria e assistência funcional*, Intervenção no XIV Encontro Anual do CSM, p. 3, in https://www.csm.org.pt/wp-content/uploads/2019/12/Idalina-Ribeiro-XIV-Enc.Anual-CSM.pdf, consultado em 13.01.2023.

[63] In https://rm.coe.int/summary-of-the-responses-to-the-questionnaire-for-the-preparation-of-o/168093f579 ou https://www.coe.int/en/web/ccje/opinion-no.-22-on-the-role-of-court-clerks-and-legal-assistants-within-the-courts-and-their-relationships-with-judges, consultado em 17.11.2022.

- As instâncias judiciais em que os juízes eram apoiados por assistentes judiciais e os sistemas ou modelos de organização dos assistentes judiciais.

Os resultados demonstraram que, em 36 dos Estados-Membros participantes no estudo, os juízes em todas as instâncias eram apoiados no exercício das suas funções por assessores de duas categorias: assistentes administrativos, com competências para tarefas administrativas do tribunal, e os assistentes judiciais, com formação em direito, que lhes prestam apoio na atividade jurisdicional.

O objetivo prosseguido com a assessoria nos países participantes no estudo foi libertar os juízes das tarefas administrativas, burocráticas, melhorar a sua produtividade e eficiência. O sistema judicial pode tornar-se mais eficiente, se os juízes não forem sobrecarregados com tarefas menos exigentes. Ao deixar a preparação, pesquisa e redação das decisões processuais para um nível menor de competência, obtêm-se ganhos de eficiência associados à redução de custos.

Os assistentes judiciais foram, também, uma solução encontrada para lidar com situações de aumento do volume de processos e atrasos graves.

Os assistentes judiciais nos países participantes do estudo desempenham as seguintes funções:

- Pesquisa, resumida sob a forma de memorando: elaboram um resumo dos factos do processo e da legislação relevante aplicável ao caso. Em alguns países apresentam, também, uma sugestão da decisão;
- Participação na elaboração de decisões: os assistentes judiciais na maioria dos Estados-Membros estão envolvidos na redação de decisões. Em alguns países essa participação é limitada à matéria de facto, noutros redigem integralmente a sentença, segundo diferentes metodologias. Antes de começar a trabalhar nas decisões, o juiz discute com o assistente judiciário e dá-lhe instruções precisas e apoio.

Um juiz deve saber beneficiar do trabalho do assistente judicial, sem lhe entregar a liderança do processo. O assistente sem autonomia trabalha apenas decisões sobre questões processuais, como a nomeação de peritos e matérias relacionadas com custas processuais, por exemplo[64].

Em muitos casos, porém, as decisões do assistente judicial requerem a aprovação do juiz.

O juiz decide o grau de autonomia dos assessores, umas vezes delegando e noutras ratificando a proposta de decisão tomada pelo assistente judicial.

– Trabalho administrativo: elaboração de atas das diligências; organização de processos, correspondência com as partes, preparação de cópias de decisões para publicação (incluindo anonimização) e recolha de dados estatísticos.

Concluiu-se, no estudo sob consideração, que os juízes dos Estados-Membros participantes precisavam de mais apoio dos assistentes judiciários em todos os tribunais, especialmente nos de primeira instância. Com apoio acrescido, a qualidade e a rapidez das decisões judiciais obteriam ganhos.

O CSM realizou um inquérito, no ano de 2019, para perceber se os juízes concordavam com a existência de um serviço de assessoria aos Juízes nos tribunais, que tipo de assessoria precisavam, quais os juízes que deviam ser apoiados por assessores, de que forma deviam ser distribuídos os assessores, que competências deviam desempenhar sob a direção do juiz e que benefícios esperavam obter se lhes fosse assegurado apoio por assessores.

As perguntas do questionário do inquérito realizado pelo Conselho Consultivo de Juízes Europeus, para preparação do parecer do CCJE n.º 22 (2019), foram adaptadas ao contexto nacional português, ajustando-as à cultura organizacional judiciária e ao quadro legal.

Foi alterada a terminologia de "*assistente*" para "*assessores*" e aglutinaram-se neste conceito as funções do assistente técnico e administrativo. Incluiu-se, também, o consultor técnico regulamentado na Lei n.º 49/2014, de 27.03.

[64] Ribeiro, Idalina, *Juízes de direito: assessoria e assistência funcional*, Intervenção no XIV Encontro Anual do CSM, p. 5, in https://www.csm.org.pt/wp-content/uploads/2019/12/Idalina-Ribeiro-XIV-Enc.Anual-CSM.pdf, consultado em 13.01.2023.

As competências atribuídas aos assessores, objeto de respostas de escolha múltipla, resultaram, também, da adaptação ao quadro legal nacional.

As variáveis demográficas consideradas foram a idade, a antiguidade na carreira e a instância onde os inquiridos exerciam funções.

Obtiveram-se 299 respostas, sendo 243 respondentes (81%) juízes da primeira instância e 56 respondentes (19%) juízes Desembargadores. Os juízes Conselheiros, não participaram no estudo.

A taxa de participação foi de 21,2%, considerada boa nas ciências sociais.

Os resultados obtidos no inquérito realizado pelo CSM evidenciam que 95% dos 299 respondentes ao inquérito consideraram necessitar de assessores para os apoiar; quase dois terços dos magistrados denunciavam precisar tanto de assessoria judicial como de consultadoria técnica, havendo 15% da amostra a referir apenas a necessidade de juristas e outros tantos a reclamar só apoio técnico; os assessores devem ser distribuídos por juiz (considerou o maior número de participantes); as três competências mais relevantes que o assessor deve desempenhar são: pesquisa da legislação, jurisprudência e doutrina necessárias à preparação das decisões e das promoções dos processos; sumariar as decisões e promoções, a legislação, a jurisprudência e a doutrina de maior interesse científico e integrá-las em ficheiros ou base de dados e elaborar peças processuais; os três principais benefícios que os participantes consideraram estar associados ao apoio no seu trabalho por assessores foram a maior celeridade das decisões, uma melhor gestão do tempo e uma maior qualidade das decisões.

Apenas 12 juízes diziam não sentir necessidade de qualquer assessoria, havendo outros quatro que discordam de um apoio deste tipo.

Estes resultados permitem concluir que, na primeira e segunda instâncias, os juízes precisam de assessoria e que há a perceção que ela será útil para melhorar o desempenho.

Considerando que o maior número de participantes são juízes de direito, compreende-se que os benefícios esperados coincidam com fatores relevantes para a avaliação do mérito profissional.

As conclusões deste inquérito estão alinhadas com as do estudo realizado pelo CCJE, com a diferença de que naquele os respondentes falaram de uma assessoria existente e, no nosso caso, de uma pressuposta.

No direito comparado a assessoria é, assim, desenvolvida sobre as duas componentes do trabalho dos juízes, a jurisdicional e a administrativa, e por duas pessoas diferentes.

Falta, por isso, a figura correspondente à do assistente administrativo.

Ao sistema de colocação dos assistentes judiciários pelo método *pool* foi associada uma diminuição de produtividade pelos participantes no primeiro estudo analisado. Naquele e no inquérito realizado pelo CSM, os juízes preferiram a assessoria individual.

A estrutura do trabalho não é igual em todas as jurisdições, v.g., juízos centrais e locais, e os fluxos de trabalho são irregulares. Esta diversidade não é considerada.

É necessário que sejam proporcionadas condições de organização e gestão que permitam aos juízes desempenhar a sua função com independência, imparcialidade, dignidade, qualidade e eficiência, como prevê o art.º 6.º-B, do novo EMJ[65].

Na jurisdição administrativa a figura da assessoria mostra-se prevista nos art. 56.º do ETAF, nos seguintes termos:

> "*4. Os tribunais da jurisdição administrativa e fiscal dispõem de serviços de apoio, regulados na lei.*
>
> *5. Os tribunais da jurisdição administrativa e fiscal dispõem de assessores que coadjuvam os magistrados judiciais.*"

Não se encontra, porém, ainda aprovada a Portaria que fixa o número de assessores, nem existe um Regulamento da assessoria.[66]

[65] *Ibidem*, p. 7.

[66] Carvalho, Ana Celeste, «A Assessoria nos Tribunais Administrativos e Fiscais», in JUSTIÇA ADMINISTRATIVA E FISCAL Qualidade e Celeridade: Impasses e Soluções INTERVENÇÕES NAS JORNADAS, Casa do Juiz, Coimbra, Março de 2022, pp. 3-14 (asjp.pt/wp-content/uploads/2023/01/EBOOK-2-Justiça-Administrativa-e-Fiscal_Intervenções-Conferência_23.12.2022.pdf, consultado em 05.01.2023).

3.3.2. Propostas

i) Propõe-se a criação da figura da assistência funcional/ assistente administrativo, cuja função seria a de contribuir para a eficiente gestão do volume processual diário. Constituiria um meio expedito para libertar o juiz da gestão da componente administrativa da prestação diária do seu trabalho, pelo que lhe seriam atribuídas as seguintes competências:

- elaborar informações de serviço completas: nos processos volumosos e mais exigentes, em que seja necessário conhecer incidentes, elaborar um relatório sob a forma de informação de serviço, com menção da página e número da referência eletrónica;
- materializar e praticar os atos inseridos na tramitação processual que se mostrem concretamente necessários, sob a direção do juiz;
- praticar os atos concretamente delegados.

Esta atividade diária e contínua podia ser desenvolvida pelo *assistente funcional*, reservando os "*especialistas dos gabinetes*"/assessores, para atividades processuais, técnicas e qualificadas.

A existência desta figura apresenta como principais vantagens:

- Potenciação da eficiência e agilização da relação do juiz com a unidade de processos;
- Libertação definitiva do juiz dos atos de mero expediente, possibilitando a aplicação do tempo e energia na realização de diligências e prolação de decisões de mérito, com incremento da qualidade das decisões;
- Fator de motivação e satisfação no trabalho para o juiz de direito, que passa a ter um recurso muito relevante na prossecução do seu trabalho diário;
- Em caso de substituição do juiz titular (licença de maternidade, paternidade ou baixa por doença), facilitação da transição e, posteriormente, da continuidade das rotinas de trabalho, diminuindo as ineficiências inerentes à substituição e podendo contar com o conhecimento de quem conhece as fases do processo.

3.4. Condições de trabalho

3.4.1. Enquadramento geral

De acordo com a Organização Mundial da Saúde (OMS), saúde mental é um estado de bem-estar no qual o indivíduo é capaz de usar as suas próprias competências, recuperar-se do *stress* rotineiro, ser produtivo e contribuir para a sua comunidade. "*Ter saúde mental também é saber lidar com as boas emoções e com aquelas desagradáveis, mas que fazem parte do cotidiano, reconhecer seus limites e buscar ajuda quando necessário*".

A profissão de juiz de direito é de grande exigência técnica e, por definição, solitária. Está lhe associada sobrecarga de trabalho, o peso emocional do julgamento e as expectativas da comunidade quanto ao comportamento e viver exemplar por parte das pessoas que a exercem. A solidão do ato de julgar é um fator de *stress* de grande impacto. Quando os processos se acumulam para julgamento surge a sensação de falta de controlo, desalento e angústia, mesmo em juízes competentes e dedicados. O *stress* ocupacional agrava-se quando se tem perceção da responsabilidade e poucas possibilidades de autonomia e controle. A sobrecarga de trabalho, resultante da atribuição de muitas tarefas com prazos curtos para sua execução, e com muitas interrupções, a ambiguidade de prioridades, o nível de autoridade e de autonomia, a incerteza quanto ao futuro, o convívio com colegas insatisfeitos são fatores associados ao *stress* ocupacional.[67]

Nos tribunais está instituída a cultura de excesso de trabalho. Faz parte da cultura judiciária o entendimento de que os julgamentos se fazem no horário da secretaria ou do atendimento ao público e os despachos saneadores e sentenças (decisões mais exigentes) à noite ou fins-de-semana. A dinâmica de trabalho dos juízes, as cargas excessivas de trabalho, a pressão dos prazos processuais, a responsabilidade de julgar são alguns dos fatores de *stress* que podem comprometer a saúde física e psicológica. Mais autonomia e menos carga de trabalho contribuem para

[67] Lipp, Marilda E. Novaes, Tanganelli, M. Sacramento, *Stress e qualidade de vida em Magistrados da Justiça do Trabalho: diferenças entre homens e mulheres*, in https://www.scielo.br/j/prc/a/9CHGKL5JLkzQb4LJZ8QsDhC/?lang=pt, consultado em 23.11.2022.

o bem-estar. Há desajuste entre a celeridade pedida na prolação da decisão e o excesso de carga de trabalho a que os juízes estão sujeitos. Ao juiz é pedida sempre a mesma celeridade, seja qual for o número de processos distribuídos e a sua complexidade.[68]

O *stress* ocupacional não é privativo da primeira instância. No estudo realizado no Tribunal da Relação do Porto foram identificados alguns fatores que influenciam o bem-estar psicológico dos juízes desembargadores. Desde logo, a falta de apoio logístico para o exercício da função, como consequência de não terem lugar para trabalhar no Tribunal, tendo todas as semanas que carregar para casa enormes volumes de processos. Perderam, ainda, o apoio logístico dos funcionários de que antes dispunham na 1ª instância, vendo acrescer ao seu trabalho jurisdicional muitas tarefas de secretariado; os projetos são escritos e impressos pelos relatores; falta de tempo e disponibilidade para discutir as questões; falta de preparação dos mais novos sobre a forma de gerir o trabalho; o espaço de trabalho é reduzido e inadequado; o tempo de utilização do espaço de trabalho comum é insuficiente; a pressão do volume de trabalho é grande e sentida por todos; o espólio da biblioteca estava muito desatualizado, sendo o apoio informático precário. Acresce a desvalorização do trabalho do juiz. Vem-se assistindo, nos últimos anos, à pública e repetida desvalorização do papel do juiz na sociedade, esboroando-se a sua reputação social à medida que a comunicação social amplifica erros judiciários, esquecendo os sucessos judiciários.[69]

Os estudos apontam para que as pessoas com elevados níveis de bem-estar psicológico desempenham as suas funções com superior nível de qualidade do que aquelas que experimentam um índice inferior de bem-estar. Para além disso, as pesquisas têm estabelecido correlações entre o bem-estar psicológico dos indivíduos e a sua saúde.

[68] Ribeiro, Idalina, *A Preparação do Processo*, intervenção no XI Encontro Anual do Conselho Superior da Magistratura, 18 e 19 de Novembro de 2016, Viseu, in https://www.csm.org.pt/wp-content/uploads/2017/03/2017-03-22-Encontro-anual-18-e-19-Novembro.pdf, pp. 32 a 53, consultado em 23.11.2022.

[69] Lobo, Ana Paula Fonseca (2015). *Gestão da mudança: carreira e perceção do conflito vida-trabalho dos juízes desembargadores: estudo no Tribunal da Relação* (Master Thesis dissertation, FEUC), in https://eg.uc.pt/handle/10316/169/browse/type=author&order=ASC&rpp=20&authority=rp07285, consultado em 17.11.2022.

"(...) Reconhecendo que o trabalho ocupa uma parte substancial do tempo que as pessoas estão acordadas, e, sendo o contexto de trabalho uma das grandes fontes de stress e de satisfação, a atenção que se prestar à saúde mental ocupacional é, também, uma oportunidade para identificar os potenciais recursos que as pessoas podem utilizar para aumentar a sua satisfação e eficácia, bem como as causas deste tipo de problemas sobre as quais haverá que agir, prevenir ou minimizar através de apropriadas intervenções programáticas em estádios iniciais de formação.

Concretizações deste tipo de abordagens, diretamente dirigidas aos juízes, são desenvolvidas, há décadas, nos EUA, de que é exemplo a publicação de questionários que permitem a autoidentificação de situações de stress ou burnout, ou o programa de resistência ao stress para juízes – New Jersey Launches New Program for Judges.

Este programa de apoio faculta assistência grátis, confidencial e profissional, aos membros do Judiciário com problemas pessoais, emocionais, comportamentais, dependência de drogas, desequilíbrio vida-família ou outro problema pessoal que afete o bem-estar e a performance dos juízes. Ali se prevê que o contacto com o programa possa ser efetuado por um colega do magistrado afetado e o apoio estende-se à sua família. Anuncia-se como um programa estruturado para minorar os efeitos negativos na saúde e bem-estar dos juízes pelo fortalecimento ou criação das características pessoais de resiliência, com base na teoria psicológica de «hardiness». (...)

O equilíbrio vida-família é um fator determinante para que os trabalhadores em geral, e os juízes em particular, possam desfrutar de bem-estar psicológico e satisfação com o trabalho e a vida em geral, em condições de potenciarem no trabalho as suas capacidades, evitando as situações de stress extremo e exaustão que causam dano às pessoas e, também, reflexamente às organizações e à sociedade"[70].

Os estudos que têm vindo a ser realizados ao longo dos últimos anos a respeito das condições de trabalho nos tribunais integram, essencialmente, duas categorias: "*estudos da psicologia ocupacional focados nos riscos psicossociais e no stresse e burnout profissionais; estudos da sociologia do direito centrados em questões como a satisfação profissional e a organização do trabalho, em que as condições de trabalho raramente são o foco central da pesquisa*"[71].

[70] Lobo, Ana Paula Fonseca, ob. cit., pp. 26 a 27.

[71] Casaleiro, Paula, Lima, Teresa Maneca, Relvas, Ana Paula, Henriques, Marina, Dias, João Paulo, «Condições de trabalho e qualidade de trabalho: reflexões para um

No âmbito destes estudos foram alcançadas cinco conclusões fundamentais:

i) O volume de trabalho é sentido como "*excessivo, crescente e emocionalmente desgastante, exigindo um ritmo de trabalho acelerado e trabalho fora de horas constante*", o que constitui um fator de *stress*.
Esta situação tem vindo a agravar-se na sequência das "*reformas judiciárias e os programas de avaliação de desempenho dos tribunais e de redução das pendências, que estabeleceram padrões de produtividade para profissionais e tribunais, com metas a serem estabelecidas com valores cada vez mais elevados, sem que os meios disponíveis, incluindo humanos, cresçam em conformidade*".
ii) O volume excessivo de trabalho, com a distensão que implica de horas de trabalho, prejudica a vida familiar, o que também constitui uma fonte de *stress*, que afeta mais as mulheres do que os homens.
iii) A verificação de "*bons níveis de satisfação com as oportunidades de desenvolvimento e formação e as perspetivas de segurança e progressão na carreira*" contrasta com a insatisfação relativamente aos rendimentos e às condições físicas dos tribunais.
iv) Os níveis de *stress* entre magistrados são iguais aos de outras profissões, como os guardas prisionais, manifestando-se através de cansaço, dores de cabeça, dores nas costas e dificuldade em dormir.
v) Sem prejuízo, há aspetos da profissão que são específicos indutores de *stress*, a saber, "*a falta de controlo sobre o número de casos e os "clientes", o isolamento social, a tomada de decisão, os casos difíceis envolvendo crianças, crimes contra crianças, crimes sexuais e crimes violentos ou as mudanças rápidas nas leis*", entre outros[72].

Esta matéria foi também objeto de interesse no Conselho da Europa, tendo a Comissão para a Eficiência da Justiça publicado, em dezembro de 2019, o documento "*Breaking up Judge's isolation*", onde se refere, além do

estudo das profissões judiciais», *International Journal on Working Conditions*, N.º 18, December 2019, p. 88.

[72] *Idem*, pp. 90 a 93.

mais, que a qualidade da justiça, bem como a sua imagem pública, dependem também da capacidade do juiz gerir o *stress* associado à profissão[73].

Sugere-se, neste âmbito, designadamente, a criação de grupos de apoio, bem como a promoção de formações, com vista a prevenção dos riscos psicossociais[74].

Mais recentemente, as Nações Unidas divulgaram o estudo "*Exploring Linkages between Judicial Well-Being and Judicial Integrity*".[75]

Apurou-se, neste estudo, que 69% dos participantes sentiam que a saúde mental e o *stress* são assuntos tabu quando se trata de juízes, e 97% expressaram a opinião de que devia ser prestada maior atenção à promoção do bem-estar dos magistrados.

No que concerne às medidas suscetíveis de adoção neste domínio, são elencadas nesse estudo as seguintes:

i) abordar o tema, de modo que se desenvolva maior consciência do problema, tarefa que incumbirá, com maior acuidade, às figuras de liderança no domínio judiciário;
ii) implementar formas de apoio, tanto ao nível dos pares, por exemplo, com o estabelecimento de redes de apoio, como de modo profissional, através de acompanhamento por psicólogos;
iii) fornecer de ferramentas que ajudem os juízes a gerir o *stress* da profissão, por exemplo, através de formações com esse escopo;
iv) estabelecer formas de gestão do serviço judicial que aliviem o *stress* da profissão e que podem incluir a previsão de períodos adicionais de descanso ou a possibilidade de trabalhar a partir de casa durante uma parte da semana;
v) implementar uma distribuição da carga de trabalho que permita uma gestão eficiente do trabalho sem excessivos sacrifícios para a saúde do magistrado;

[73] *Idem*, p. 11.

[74] É feita menção, em particular, às formações desenvolvidas no Dutch Judicial Training Center e na École Nationale (pp. 30-31).

[75] In https://www.unodc.org/ji/en/resdb/data/2022/exploring_linkages_between_judicial_well-being_and_judicial_integrity.html, consultado em 17.11.2022.

vi) dotar os tribunais de funcionários ou assessores que possam auxiliar os juízes nas suas tarefas;
vii) tornar mais eficientes os procedimentos, com recurso à tecnologia.

De uma forma geral, a afirmação de que o equilíbrio emocional dos juízes constitui um assunto tabu corresponde à realidade vivenciada no plano nacional, mostrando-se generalizada a convicção de que para se ser juiz se deve ter a capacidade de suportar estoicamente todas as vicissitudes da vida pessoal e dos processos.

Não é, todavia, exigível a um juiz, como não o seria a qualquer outra pessoa, por muito estável e equilibrada que se apresente, que suporte durante longos anos a penosidade diária de litígios emocionalmente desgastantes, a que acresce, na atualidade, a intensa exposição pública promovida pela comunicação social e redes sociais, e que o faça sofrendo sozinho e em silêncio o peso que tudo isto inevitavelmente acarreta.

Partilhar dificuldades junto dos pares pode ser uma forma de encontrar a empatia que ajuda a continuar o caminho e, em alguns casos mais complexos, que não devem ser sentidos como um fracasso, mas apenas a manifestação da nossa humanidade, pode mesmo ser necessária uma ajuda especializada.

3.4.2. Propostas

i) Promover ações de formação sobre formas de gerir o *stress* associado ao exercício da profissão, que desmistifiquem o tema e possam constituir ferramentas úteis no dia a dia, para esse efeito;
ii) Criar grupos de apoio, da iniciativa dos próprios juízes;
iii) Estabelecer um gabinete de apoio técnico especializado, que faculte um acompanhamento por psicólogos, de funcionamento permanente, confidencial, presencial ou à distância, neste último caso com alternativa de apoio por linha telefónica anónima, que poderia estar integrado no CEJ;
iv) Desenvolver um projeto sobre a qualidade de vida dos magistrados, pelo CEJ, em parcerias com especialistas da área da psico-

logia, com campanhas voltadas para a saúde física e mental dos magistrados;

v) Estabelecer formas de gestão do serviço judicial que aliviem o *stress* da profissão e que podem incluir a previsão de períodos adicionais de descanso ou a possibilidade de trabalhar a partir de casa durante uma parte da semana;

vi) Implementar uma distribuição da carga de trabalho que permita uma gestão eficiente do trabalho sem excessivos sacrifícios para a saúde do magistrado;

vii) Dotar os tribunais de funcionários ou assessores que possam auxiliar os juízes nas suas tarefas;

viii) Tornar mais eficientes os procedimentos, com recurso à tecnologia.

3.5. Género e jurisdição

3.5.1. Enquadramento geral

Nesta sede não podemos deixar de começar por mencionar, como facto marcante, a circunstância de apenas ter sido permitido o acesso à magistratura, por parte das mulheres portuguesas, em 1974, por via do Decreto-Lei n.º 251/74, de 12.06.

Desde então, um longo caminho tem sido percorrido. No ano de 1977 foi nomeada a primeira mulher juíza em Portugal, Ruth Garcês, a qual foi também a primeira juíza desembargadora, em 1993. Em 2004 foi nomeada a primeira juíza conselheira do STJ, Laura Leonardo. Em 2019 Dulce Neto foi a primeira mulher a assumir a presidência de um Supremo Tribunal, o STA.

Presentemente, a presença das mulheres na magistratura assume uma dimensão bastante expressiva, que alcança os 60,37% no total das duas jurisdições, comum e administrativa e fiscal.[76]

[76] Soares, Manuel, *Os números da feminização nos tribunais*, Público, 01.01.2020.

A Lei n.º 38/2018, de 07.08 (Autodeterminação da identidade de género e expressão de género), estabelece no art.º 2.º, n.º 2, que *"As entidades privadas cumprem a presente lei e as entidades públicas garantem o seu cumprimento e promovem, no âmbito das suas competências, as condições necessárias para o exercício efetivo do direito à autodeterminação da identidade de género e expressão de género e do direito à proteção das características sexuais de cada pessoa."*

Os princípios da não discriminação e da autodeterminação da identidade de género aplicam-se, naturalmente, ao judiciário.

A defesa da não discriminação e da identidade de género pode colocar-se em diversas vertentes no sistema judiciário.

No acesso à magistratura não se evidencia qualquer discriminação de género, desfavorável às mulheres, como resulta da análise do perfil dos auditores admitidos nos últimos anos ao CEJ.[77]

Quanto à progressão na carreira é importante ter uma atenção especial a eventuais discriminações das juízas na avaliação do seu mérito profissional e no seu recrutamento para os tribunais superiores, nomeadamente quando se tem em conta o papel familiar que a estrutura social ainda lhes atribui. Neste plano relevam, em particular, as questões associadas às inspeções judiciais em situações de gravidez, por risco clínico, doença prolongada ou licenças parentais.[78][79]

[77] Estudos disponíveis em https://cej.justica.gov.pt/Documentos/Estudos-Sociogr%C3%A1ficos/Recrutamento-e-Sele%C3%A7%C3%A3o-de-Magistrados, consultado em 17.11.2022.

[78] Sobre esta matéria pronunciou-se o Relatório do Grupo de Reflexão constituído pelo CSM e a ASJP, subordinado ao tema «Inspecções Judiciais em situação de gravidez por risco clínico, doença prolongada ou licenças parentais», publicado no Boletim Informação & Debate, da Associação Sindical dos Juízes Portugueses, Dezembro 2021, IX Série, N.º 9, pp. 72 a 73.

[79] Um aspeto que pode ser interessante é o que respeita à delimitação da reserva da vida privada no confronto com a necessidade de adoção de medidas de gestão, designadamente, quando os Juízes Presidentes solicitam aos juízes que informem, com vista à preparação do movimento judicial ordinário, sobre eventuais situações que requeiram a colocação de juízes do quadro complementar ou juízes auxiliares, entre as quais assoma a gravidez (v., colocando a questão no plano geral do direito do trabalho, Lourenço, Daniel Vieira, «O (i)lícito pré-contratual e a proteção da gestante candidata a trabalho: duas faces da mesma moeda», *Julgar*, setembro 2022, in http://julgar.pt/o-ilicito-

O tema do assédio terá de merecer uma especial atenção, dadas as relações de poder existentes nos tribunais, por exemplo, nas relações formador/auditor ou estagiário, inspetor/inspecionando ou juiz presidente/ juiz.[80]

Por outro lado, numa vertente externa e de cidadania, cumpre avaliar eventuais discriminações no acesso ao direito por parte dos cidadãos, como é salientado pela CIG: *"Ao mencionar-se o insuficiente reconhecimento de tais direitos não se tem em mente a produção legislativa reconhecedora de direitos, mas a atuação ainda deficiente dos poderes públicos (administrativo, legislativo e judiciário) no que se refere à tutela destes, bem como às condutas, preconceitos e estereótipos naturalizados pela sociedade, a partir dos quais se vislumbra a necessidade de medidas de proteção especial a estes grupos, com o objetivo de conferir-lhes efetiva igualdade e dignidade. A questão do género dos arguidos e das partes nos processos judiciais. As partes nos processos são maioritariamente homens? Como reflexo de serem os homens que têm posições de liderança nas empresas? As mulheres sentem-se protegidas? Há, todavia, uma distância ainda muito grande entre tais direitos e as experiências das mulheres que buscam os serviços que compõem o sistema de justiça. Vários estudos acadêmicos e relatórios de acompanhamento da implementação dos tratados internacionais e interamericanos de direitos humanos das mulheres têm apontado para uma diversidade de obstáculos que as mulheres ainda enfrentam para que o direito de acesso à justiça seja efetivado (ONU-MUJERES, 2011; CIDH, 2007; VARGAS, 2011). Um dos obstáculos é a utilização de estereótipos discriminatórios contra as mulheres no âmbito da administração da justiça (CEPIA, 2013)."*[81]

Esta abordagem convoca duas questões, sendo uma a dos estereótipos de género que podem influenciar o sentido da decisão e outra o da lin-

-pre-contratual-e-a-protecao-da-gestante-candidata-a-trabalho-duas-faces-da-mesma--moeda/, consultado em 17.11.2022.

[80] Sobre o tema, Proença, Ana, Martins, Joaquim, «Igualdade de Género e Assédio na Magistratura Judicial Portuguesa (Uma primeira reflexão crítica)», *Julgar*, in http://julgar.pt/igualdade-de-genero-e-assedio-na-magistratura-judicial-portuguesa-uma--primeira-reflexao-critica/, consultado em 17.11.2022.

[81] Não Discriminação em razão do género e da orientação sexual – Notas em torno da sua proteção pelo Estado a partir de uma análise das queixas recebidas pela Comissão para a Cidadania e Igualdade de Género, in file:///C:/Users/MJ02066/Downloads/VERS%C3%83O%20FINAL-20Relat%C3%B3rio%20CIJE%20CIG%20Julho%202018.pdf, consultado em 17.11.2022.

guagem marcada por estereótipos utilizada na condução da diligência ou na redação da decisão.

A propósito da primeira questão, a psicóloga Andrea Miller, num relatório apresentado em 2018 e assente numa investigação conduzida em tribunais nos EUA, concluiu que os juízes se mostram tão sujeitos a estes condicionamentos como qualquer outro cidadão, sem que, contudo, disso tenham consciência e não obstante o seu esforço no sentido da produção de decisões justas.[82]

Relativamente à segunda questão, damos nota do *Guía de Lenguaje Incluso de Género,* publicado pelo Governo do Chile, que apresenta "*esta guía como un punto de partida para que el personal de la institución cuente con herramientas que faciliten un uso inclusivo del lenguaje en las comunicaciones escritas y verbales, contribuyendo así a la eliminación de estereotipos de género, sesgos sexistas y diversas formas de discriminación que constituyen la base de la desigualdad.*

La guía tiene como objetivo facilitar la preparación de discursos oficiales, conferencias, informes y otros textos, en los que el lenguaje y las ilustraciones no refuercen estereotipos y prejuicios androcéntricos y sexistas, u otros de naturaleza racista, etnocéntrica, xenofóbica, clasista y de cualquier outra naturaleza, que promuevan discriminación, desigualdad o exclusión de personas, poblaciones o grupos.

El documento sugiere alternativas para que lo que se escriba o exponga sea más respetuoso con la diversidad y la dignidad de las personas, ofreciendo sugerencias que ayudan a visibilizar a las mujeres y lo femenino, sin tener que repetir palabras y expresiones y con ello cansar a quienes leen o escuchan."[83]

3.5.2. Propostas

i) Formações sobre igualdade de género, com enfoque também nas questões da linguagem das decisões e dos critérios de apreciação da prova e de apreciação das pretensões das partes;

[82] *Gender roles highlight gender bias in judicial decisions,* in https://www.sciencedaily.com/releases/2018/04/180403085049.htm, consultado em 17.11.2022.

[83] In https://www.cultura.gob.cl/wp-content/uploads/2017/01/guia-lenguaje-inclusivo-genero.pdf, consultado em 17.11.2022.

ii) Paridade no recrutamento dos inspetores;

iii) Nas situações de ausência ao serviço por motivos ligados à parentalidade e a doenças prolongadas, os juízes a inspecionar devessem ter sempre a possibilidade de se pronunciar sobre a data do início e o âmbito cronológico das inspeções a realizar, podendo, nomeadamente, pedir a alteração (antecipando-a ou adiando-a) dessa data ou a prorrogação do prazo e do âmbito temporal da inspeção;

iv) Criação de códigos de boa conduta para a prevenção e combate ao assédio no trabalho e formação dos juízes, dos inspetores judiciais e dos juízes presidentes, a este respeito.

3.6. Independência e *accountability*

3.6.1. Enquadramento geral

Nos termos do art.º 202.º, n.º 1, da CRP, os tribunais são os órgãos de soberania com competência para administrar a justiça em nome do povo.

Não estando a legitimidade dos magistrados sustentada numa escolha pelo povo – direta ou indireta, renovada regularmente ou não –, e sendo o acesso à magistratura um modelo de provimento burocrático, similar a outros cargos públicos, a legitimidade necessária para exercer uma função de soberania reside num conjunto de elementos que sustentam a confiança do cidadão.

Esta confiança tem de residir no sistema judicial como um todo (vertente institucional) e dos magistrados em concreto (vertente individual).

A *accountability* (responsabilização/prestação de contas) é um elemento crucial para sustentar a confiança de uma justiça independente, constituindo mesmo uma premissa da independência.[84]

No relatório do ENCJ 2019-2020 refere-se que "*um judiciário que não quer ser «responsável» perante a sociedade e que não tem atenção às necessidades*

[84] ENCJ, Report on Independence, Accountability and Quality of Judiciary 2019-2020, adotado na Assembleia Geral de 10.06.2020, in www.encj.eu, p. 12.

da sociedade não ganhará a sua confiança e colocará em risco a sua independência no curto ou longo prazo". Acrescenta-se, de qualquer modo, que responsabilidade sem independência transformará o judiciário numa extensão do poder executivo ou do poder legislativo.

Sistemas de justiça que não são responsáveis tendem a ter menores incentivos para se melhorarem do que sistemas que se abrem ao exterior e tratam as críticas com seriedade. Ao enfatizar e reforçar apenas a independência, os sistemas propendem a isolar-se da sociedade e não responderem às suas exigências justificadas.[85]

Este conceito tem sido reconduzido, pela ENCJ, à transparência sobre o funcionamento do judiciário, ao envolvimento da sociedade civil no governo da justiça e à existência de mecanismos de promoção e manutenção de padrões éticos no seio do judiciário.[86]

Exige-se, assim, que existam mecanismos de prestação de contas/informação/responsabilização que permanentemente assegurem a confiança na justiça.

A "responsabilidade" não depende apenas de uma análise formal ou objetiva. É necessário que os cidadãos não vejam o sistema judiciário como fechado e obscuro.

No entanto, é sublinhado que os magistrados normalmente reagem negativamente a medidas de responsabilização, gestão, monitorização e estatística, que percecionam como sendo suscetíveis de colocarem em causa a sua independência.

Deste modo, "Com recurso à duplicidade de perspetivas, tanto objetiva e subjetiva, com que podem ser analisadas a independência e accountability, podemos desenhar os seguintes quadros de indicadores ou referências de avaliação desses parâmetros no judiciário (juízes e tribunais):

[85] Dijk, Frans Van, VOS, Geoffrey, «A Method for Assessment of the Independence and Accountability of the Judiciary», in *International Journal for Court Administration*, Vol. 9, No. 3, December 2018.

[86] ENCJ, Report on Independence, Accountability and Quality of Judiciary 2019-2020, adotado na Assembleia Geral de 10.06.2020, in www.encj.eu, p. 4.

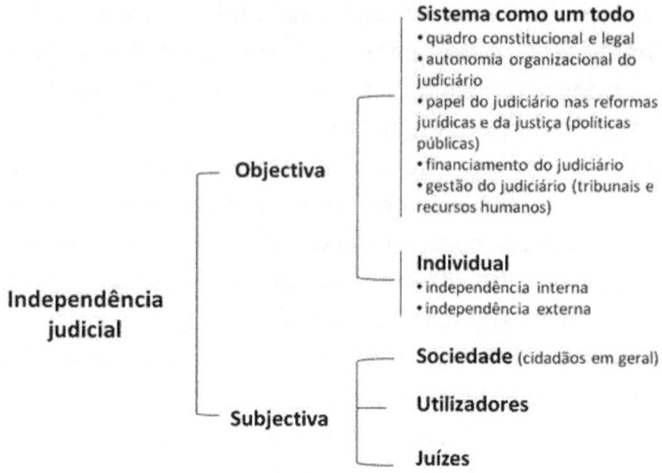

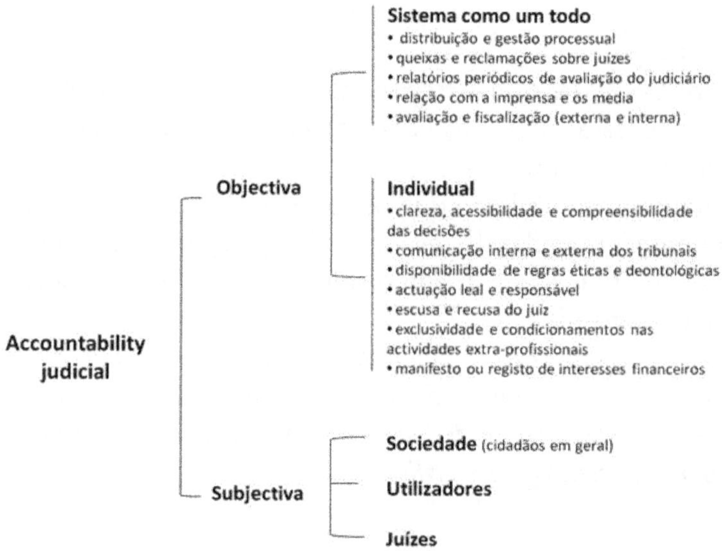

E, quanto à independência do ponto de vista individual (de cada juiz), releva-se o seguinte:

1. Independência externa

1.a. Decisões de recursos humanos sobre juízes e presidentes de tribunais (nomeação, avaliação, disciplina, promoção, movimentação, colocação, acumulação, comissões de serviço, licenças de serviço, aposentação, jubilação):

– Conformidade das regras e das práticas de nomeação e colocação de juízes e presidentes de tribunal com as diretrizes e as boas práticas internacionais;

– Articulação com as regras da predeterminação legal do juiz (juiz natural);

– Grau de responsabilidade do próprio judiciário sobre a avaliação, promoção, disciplina e formação dos juízes;

– Conformidade das regras e das práticas de avaliação e promoção dos juízes com as diretrizes e as boas práticas internacionais.

1.b. Inamovibilidade:

– Garantia formal da inamovibilidade dos juízes (suas decorrências constitucionais e legais);

– Articulação com as regras da predeterminação legal do juiz (juiz natural);

– Análise das práticas disciplinares e outras de afastamento ou transferência de juízes sem o seu consentimento.

1.c. Distribuição e gestão de processos (objetividade, transparência e predeterminação legal).

1.d. Irresponsabilidade ou imunidade no desempenho da função judicial:

– Garantias formais;

– Articulação com os mecanismos de responsabilidade disciplinar, criminal e civil (incluindo o direito de regresso).

1.e. Consagração de procedimentos de proteção para ameaças ou violação da independência judicial:

– Garantia formal de proteção dos juízes ou das instituições judiciárias face a pressões ou influências impróprias de entidades ou pessoas;

– Adequação dessas garantias de proteção da independência do juiz;

– Garantias formais ou processuais de proteção da independência judicial do juiz do processo.

1.f. Consagração de condições de desempenho e mérito (efetivação de condições de formação, de organização e de gestão aos juízes).

2. Independência interna:

– Garantia formal, constitucional e legal;

– Grau de influência do(s) Conselho(s) Judiciário(s) e da gestão dos tribunais (v.g. presidentes dos tribunais) no processamento e decisão dos casos individuais;

– Grau de obrigatoriedade ou de imperatividade das diretrizes de distribuição e gestão processuais ou mesmo da qualidade decisional (uniformidade, consistência, estrutura, celeridade e eficiência);

– Apuramento do que é o núcleo de independência e autonomia jurisdicional no processamento e decisão dos casos individuais (o "ato jurisdicional", apenas condicionado à Constituição, à lei e ao direito);
– Distinção entre gestão processual autónoma e heterónoma;
– Influência ou ascendente dos juízes presidentes, inspetores (disciplinares ou avaliadores), juízes séniores, mais bem classificados ou de tribunais superiores;
– Consagração de condições de desempenho e mérito (efetivação de condições de formação, de organização e de gestão aos juízes).
Depois, no que respeita à accountability do ponto de vista individual (de cada juiz):
1. Disponibilidade de regras éticas ou deontológicas num código.
2. Em especial, o dever de atuação leal, diligente e responsável.
3. Clareza, acessibilidade e compreensibilidade da atividade judicial:
– Dever dos juízes de esclarecer e informar com clareza o sentido dos procedimentos e das decisões tomadas;
– Formação e capacitação dos juízes na condução das audiências e procedimentos, de forma correta e compreensível;
– Explicação, em modo compreensível, dos procedimentos e das decisões.
4. Comunicação interna e externa dos tribunais.
5. Escusa e recusa de juiz (afastamento de processos):
– Afastamento voluntário (escusa);
– Sancionamento da violação do dever de afastamento;
– Processamento para a suspeição ou a recusa de juiz;
– Decisão sobre a escusa, suspeição ou recusa de juiz e seu recurso.
6. Exclusividade e condicionamentos de atividades extraprofissionais dos juízes:
– Grau de exclusividade e autorização para desempenhar outras funções ou responsabilidades remuneradas ou não remuneradas;
– Quais as funções ou atividades permitidas (v.g. ensino e investigação, políticas, advocacia, gestão de empresas, instituições, associações ou sociedades, clubes desportivos, tribunais arbitrais, comissões de disciplina, etc.);
– Registo público de funções ou atividades externas;
– Manifesto ou registo de interesses financeiros."[87]

[87] Relatório do Grupo de Reflexão constituído pelo CSM e a ASJP, subordinado ao tema «Avaliação das práticas instituídas relativamente à Gestão e Administração dos Tribunais e Independência Judicial (princípios internacionais e nacionais)», publicado sob a Divulgação N.º 215/2021, de 02.11.2021, do Conselho Superior da Magistratura, e no

3.6.2. Propostas

Esta *accountability*, precisamente pela abrangência e diversidade de interlocutores, deve ser assegurada por uma política que englobe vários mecanismos:

i) Publicidade de todas as decisões;
ii) Divulgação de decisões dos órgãos de gestão e monitorização dos resultados atingidos;
iii) Divulgação das sanções disciplinares;
iv) Divulgação das avaliações ou dos critérios que a elas presidem;
v) Criação de mecanismos específicos de apresentação de queixas e seu tratamento;
vi) Relatórios periódicos acessíveis, percetíveis e divulgados;
vii) Estabelecimento de um relacionamento institucional com a imprensa;
viii) Promoção de ações de divulgação do funcionamento do sistema de justiça – escolas, eventos, *open days;*
ix) Disponibilidade para avaliações externas.

3.7. Fundamentação e qualidade das decisões judiciais

3.7.1. Enquadramento geral

O dever de fundamentação das decisões judiciais, imposto nos art.ºs 20.º, n.º 4, 205.º, n.º 1, da CRP, 153.º, 154.º, 607.º, n.ºs 2 a 6, 608.º a 611.º, 615.º, n.º 1, do CPC, 94.º e 95.º, do Código de Processo dos Tribunais Administrativos e Fiscais (CPTA), é um corolário do direito a um processo justo e equitativo, este consagrado nos art.ºs 6.º da CEDH, e 10.º, da DUDH.

O princípio da utilização de linguagem simples e clara, presentemente afirmado no novo art.º 9.º-A, do CPC, constitui uma das dimensões do dever de fundamentação das decisões.

Boletim Informação & Debate, da Associação Sindical dos Juízes Portugueses, Dezembro 2021, IX Série, N.º 9, pp. 53 a 54.

Trata-se, de igual modo, de um princípio consensualizado ao nível da ENCJ, entendendo-se que a qualidade da justiça assenta também em decisões adequadamente fundamentadas e de forma clara.

A fundamentação cumpre uma função endoprocessual – de auto-controlo judicial, enquanto meio ou mecanismo para a racionalidade da própria decisão, e uma função extraprocessual – de compreensão e controlo exterior, pelos destinatários da decisão.

Assim:

i. visa um resultado;
ii. visa a compreensibilidade e consequente consensualização da decisão;
iii. visa a efetivação da via de recurso (reapreciação da decisão).

Estruturalmente, a fundamentação traduz-se num conteúdo decisório composto de:

Relatório – identificação das partes, do litígio e das questões que ao tribunal cumpre conhecer;

Fundamentação de facto – indicação dos factos provados e não provados e correspondente motivação.

A este propósito importa ponderar o ónus de alegação dos factos essenciais e o dever do tribunal atender aos factos instrumentais, complementares e concretizadores – art.º 5.º, do CPC; atender à distinção entre os factos como realidades da vida, que não devem encerrar asserções conclusivas e de direito; às limitações à alteração da causa de pedir e do pedido – art.ºs 264.º e 265.º, 573.º, 574.º e 590.º, n.º 6, do CPC.

Fundamentação de direito – indicação, interpretação e aplicação das normas jurídicas aplicáveis.

Dispositivo – decisão sobre os pedidos formulados na causa e sobre a responsabilidade pelas custas do processo.

3.7.2. Modelo de fundamentação legal das decisões

É pacífico que as atuais decisões são muito mais fundamentadas e que os articulados apresentados nos autos são presentemente muito mais extensos do que no passado, circunstâncias a que não é, certamente, alheia a profunda evolução tecnológica.

Será também relativamente pacífico que a fundamentação das decisões consome um tempo considerável na atividade jurisdicional, de molde a cumprir o desiderato de tornar compreensível o sentido da decisão.

Assim, questiona-se se o modelo legal de fundamentação das decisões é adequado face às funções que a fundamentação visa cumprir, concretamente, se a fundamentação fica aquém daquilo que é necessário ou se é excessiva.

Importa ainda questionar o papel dos tribunais superiores, por via das decisões proferidas em sede de recurso.

Os Tribunais Superiores, através das decisões que proferem, densificam as normas processuais e substantivas, constituindo essas decisões referências para os juízes de 1ª instância, mesmo que não se esteja em presença de jurisprudência uniformizada.

O relevo nuclear das referências jurisprudenciais na fundamentação das decisões judiciais, com larga tradição nos sistemas de *common law*, mas que tem vindo a crescer substancialmente também nos sistemas continentais, "*não está associado a uma forma de lirismo judicial narcisista. Pelo contrário, é com a preocupação pragmática de encontrar a solução mais adequada para um caso particular que os juízes multiplicam os argumentos, ponderam atentamente os prós e os contras, querendo sempre, através da sua decisão, fazer transparecer o direito na sua melhor forma*".[88]

Este procedimento argumentativo corresponde, aliás, ao comando ínsito no n.º 3 do art.º 8.º do CC, segundo o qual "*nas decisões que proferir, o julgador terá em consideração todos os casos que mereçam tratamento análogo, a fim de obter uma interpretação e aplicação uniformes do direito.*"[89]

Podemos, depois, afirmar que a extensão da decisão deve ser a necessária para cumprir o seu desiderato de torná-la compreensível, ficando

[88] ALLARD, Julie, GARAPON, Antoine, *Os Juízes na Mundialização – A Nova Revolução do Direito*, Instituto Piaget, 2006, p. 80.

[89] Neste sentido, designadamente, o Acórdão do Supremo Tribunal de Justiça de 25.10.2018 (Processo n.º 2416/16.1T8BRG.G1.S1, in http://www.dgsi.pt/), relativamente à fixação de indemnização, em sede de responsabilidade civil extracontratual, fundada em acidente de viação.

aquém da sua finalidade se não for suficiente para o completo esclarecimento das questões submetidas a juízo, ou projetando-se para além da medida certa se nela se contiverem considerações inúteis ou alheias ao objeto do processo.

Assim, a fundamentação deve estar alinhada com a decisão, ou dito de outra forma, as referências de doutrina ou jurisprudência vertidas no texto devem restringir-se àquelas que conduzem diretamente à solução do litígio, suportando a conclusão alcançada.

Quanto mais complexa ou controvertida for a questão submetida a juízo, maior a necessidade de fundamentação, podendo afirmar-se, *a contrario sensu*, que se estivermos em presença de uma questão já muito debatida e pacífica, uma fundamentação sumária será suficiente.

Sem prejuízo dessa medida certa, pode, não obstante, questionar-se se existirão soluções que permitam agilizar o trabalho do juiz, emergindo as seguintes:

- criar categorias menos dogmáticas entre factos e asserções conclusivas e de direito;
- estabelecer a possibilidade de, na sentença, apenas se remeter para os pontos em que os factos estão alegados e contraditados, sem que se exija a sua reprodução integral;
- introduzir modelos de utilização obrigatória ou facultativa.

Relativamente à atenuação da distinção estanque entre matéria de facto e matéria de direito, que prejudica o foco na decisão de mérito, a simplicidade e compreensibilidade pelo cidadão comum das decisões judiciais, a jurisprudência já estabilizou o entendimento de que, quando uma expressão com significado técnico-jurídico possua também utilização na linguagem corrente e se se tratar de uma realidade pacífica no processo, poderá essa expressão ser usada no processo como um facto, como sucede com o "arrendamento", entre outras.

A figura dos temas da prova, projetada como uma opção processual mais flexível do que o primitivo questionário e a subsequente base instrutória, constitui mais um passo no sentido do esbatimento dessa distância, ainda que relativamente ténue, pois a fundamentação de facto da sentença não pode assentar diretamente no enunciado que integra os temas da prova.

Quanto à possibilidade de proferir decisões por remissão, encontra-se já prevista na lei, mas deve, porém, ficar claro que no caso das decisões não contestadas o juiz está, efetivamente, dispensado de repetir pura e simplesmente o conteúdo da petição inicial, sendo certo que inexistindo contestação e devendo a decisão corresponder àquela que é pedida na petição, esse trabalho de repetição não serve qualquer propósito útil.

Por último, no que concerne à adoção de modelos, importa começar por fazer a destrinça entre o aspeto gráfico da decisão, a sua estrutura formal e o respetivo conteúdo.

A estrutura formal da decisão decorre das normas processuais, mas estas não regulam o seu aspeto gráfico, existindo apenas disposições a propósito da apresentação das peças processuais por via eletrónica.

Ora, aquele aspeto contende, de modo particular, com a clareza da decisão, na medida em que se esta decisão for redigida num tipo de letra de aparência rebuscada ou de tamanho demasiado pequeno, assim como se o espaçamento entre linhas for excessivamente reduzido, a sua leitura tornar-se-á difícil.

Aliás, está demonstrado que determinados tipos de letra são mais amigáveis ao nível da perceção visual, sendo habitualmente estes os mais usados – *Times New Roman* ou *Arial*, sobretudo.

Na Opinião n.º 11 (2008) do Conselho Consultivo dos Juízes Europeus sobre a qualidade das decisões judiciais preconizou-se, no respetivo ponto 33.[90], que "*Each judge may opt for a personal style and structure or make use of standardised models, if they exist. The CCJE recommends that judicial authorities compile a compendium of good practices in order to facilitate the drafting of decisions.*"

E no relatório produzido pela Comissão Europeia para a Eficiência da Justiça, em dezembro de 2019, denominado "*Breaking up judges' isolation*"[91], afirmou-se, de igual modo, ser aconselhável a disponibiliza-

[90] In https://www.courtexcellence.com/__data/assets/pdf_file/0023/4919/ccje.pdf, consultado em 16.09.2022.

[91] In https://rm.coe.int/cepej-2019-15-en-knowledge-sharing/16809939e4, p. 7, consultado em 16.09.2022.

ção aos juízes do acesso a bases de dados que contenham modelos de decisão.

As vantagens apontadas são a facilitação do trabalho do juiz, particularmente em processos de litigância de massa, e a partilha do conhecimento, considerando que os modelos de decisão são produzidos por diversos juízes.

Sem prejuízo, aponta-se neste relatório para o facto de que os modelos de decisão não podem cercear a liberdade de decisão, o que contenderia com o princípio da independência dos juízes.

Refere-se, por último, que esta base de dados deve ser permanentemente objeto de atualização, de modo a manter a sua utilidade, o que ficaria a cargo de um responsável pela mesma.

Ensaiando a análise da nossa realidade a esta luz podemos concluir que existe um primeiro nível, atinente apenas ao aspeto gráfico da decisão, que de uma forma pacífica poderá acolher propostas de harmonização, com a finalidade de tornar mais clara a leitura das decisões. Aliás, o caminho para esta harmonização está já a ser efetuado através da utilização do sistema informático de apoio aos tribunais, que possui *templates* próprios.

Mais problemática é a questão dos modelos de decisão sob a forma de minutas, na medida em que na construção da decisão se exercita a liberdade de decisão do juiz – o percurso lógico que conduz à conclusão constitui o cerne do dever de fundamentação e da atividade jurisdicional do juiz.

Quanto a estes modelos entendemos, assim, que podem ser objeto de partilha entre os juízes, no âmbito de um debate técnico que pode ser útil para o seu desempenho funcional, mas não podem ser impostos seja pelos Conselhos, seja pelos Juízes Presidentes.

Em articulação com a questão da clareza das decisões judiciais encontra-se a da clareza dos próprios articulados da causa, sendo certo que é nestes que se contém a matéria de facto e as alegações de direito que irão enformar a decisão judicial.

Entre os exemplos dados no estudo, encontram-se as bases de dados organizadas em diversos tribunais em França, na Polónia, República Checa, Alemanha, Holanda e Bélgica.

Já foi, por isso, regulado o aspeto gráfico dos articulados, no Tribunal de Justiça da União Europeia, no documento intitulado *"Instruções práticas às partes relativas aos processos apresentados no Tribunal de Justiça"*[92], de onde consta, designadamente, o seguinte:

> *"40. Antes de mais, é imperativo que, no plano formal, os articulados ou as observações das partes sejam apresentados de modo a permitir a gestão eletrónica desses atos pelo Tribunal de Justiça. Nesta perspetiva, deveriam ser respeitadas as seguintes exigências:*
>
> *– o articulado ou as observações devem ser redigidos em papel branco, sem linhas, de formato A4 e figurar apenas um dos lados (frente) e não nos dois lados (frente e verso);*
>
> *– os carateres utilizados no texto devem ser de tipo corrente (como Times New Roman, Courier ou Arial), com tamanho de letra de, pelo menos, 12 pontos, no texto, e 10 pontos, nas notas de pé de página, espaço de entrelinha 1,5 e margens, horizontais e verticais, de, pelo menos, 2,5 cm (cabeçalho, pé da página, lados esquerdo e direito da página);*
>
> *– todos os parágrafos do articulado ou das observações devem ser numerados, de modo contínuo e por ordem crescente,*
>
> *– a mesma regra é aplicável às páginas do articulado ou das observações, incluindo os seus eventuais anexos e a sua lista, que devem ser numerados, de modo contínuo e por ordem crescente, no topo direito da página;*
>
> *– as páginas do articulado ou das observações não devem exceder 1500 carateres cada uma, sem contar os espaços;*
>
> *– por fim, caso não sejam enviados ao Tribunal por via eletrónica, as páginas dos articulados ou das observações devem ser agrupadas de modo a poderem ser facilmente separadas e não através de meios de fixação permanente, como cola ou agrafes. (...)*
>
> *42. Embora os atos processuais apresentados ao Tribunal de Justiça não estejam sujeitos, quanto ao seu conteúdo, a outras exigências além das que resultam do Estatuto e do Regulamento de Processo, importa, contudo, ter presente que esses atos são a base do estudo do processo pelo Tribunal e que, regra geral, devem ser traduzidos pelo*

[92] In JOUE, 14.02.2020, https://eur-lex.europa.eu/legal-content/PT/TXT/PDF/?uri=CELEX:32014Q0131(01)&from=IT, consultado em 16.09.2022.

Tribunal ou pela instituição de que emanam. Para assegurar a boa marcha do processo e no interesse das próprias partes, os articulados ou as observações escritas devem, por conseguinte, ser redigidos numa linguagem simples e precisa, sem recorrer a termos técnicos próprios de um sistema jurídico nacional. Devem evitar-se as repetições e, se possível, preferir-se frases curtas a frases longas e complexas, completadas com frases explicativas e subordinadas."[93]

Há um último aspeto que devemos abordar e que respeita a uma ideia de suficiência da fundamentação, estipulando que se não estivermos a trabalhar uma questão de fundo, atinente ao mérito da causa, mas simplesmente a disciplinar o andamento do processo, por exemplo, o agendamento da audiência, os respetivos despachos consentem a dispensa de argumentação, por não ser necessária à finalidade visada.[94]

3.7.3. Linguagem e compreensibilidade das decisões

Por outro lado, sendo certo que as decisões judiciais devem ser acessíveis aos seus destinatários, no sentido destes as compreenderem, não podemos também obnubilar que no direito, assim como em qualquer outra área científica – a medicina ou a engenharia, por exemplo –, há uma terminologia técnica própria para cada situação, da qual se não pode abdicar, atento o imprescindível rigor das decisões judiciais.

Não se trata, pois, de uma questão semântica, mas sim substantiva, pelo que a simplificação da linguagem não pode traduzir-se no desvirtuamento dos institutos jurídicos, o que consubstanciaria até um verdadeiro erro jurídico.

[93] Carlos Pinto de Abreu («Alguns tópicos concretos para uma diferente Justiça», in *Contributos para uma (urgente) reforma da Justiça*, org. André Lamas Leite, Nova Causa – Edições Jurídicas, p. 129) sugere que as petições e requerimentos sejam obrigatoriamente elaborados "*em formato digital único, assente em metadados, a fim de ser possível o tratamento automatizado dos dados*".

[94] ENCJ, Report on Independence, Accountability and Quality of Judiciary 2019-2020, adotado na Assembleia Geral de 10.06.2020, in www.encj.eu, p. 57, consultado em 23.09.2022.

A clareza da decisão deve, pois, nestas circunstâncias, alcançar-se pela explicação do significado dos conceitos utilizados na decisão.

Mas a questão da linguagem convoca ainda o problema da sua neutralidade, isto é, a pergunta respeita a saber se é adequada ou aceitável a formulação de juízos de valor nas decisões judiciais.

Ora, mais do que adequada ou aceitável, em alguns casos a formulação de juízos de valor pode mesmo ser essencial à decisão, como sucederá quando esta assente no contexto social dos envolvidos, de que são exemplo os crimes de injúria e difamação.

Também a perceção do sentimento comunitário pode assomar como dimensão incontornável da decisão, desde logo em sede de ponderação das necessidades de prevenção geral, com vista à fixação das penas criminais.

Para além destas circunstâncias, a formulação de juízos de valor pode ainda relevar quando esteja em causa o preenchimento de conceitos indeterminados ou cláusulas gerais – o superior interesse da criança, a boa fé, entre outros.

Podemos, deste modo, concluir que a formulação de juízos de valor encontra justificação na sua pertinência e utilidade para a decisão.

Quando os juízos de valor não possuam qualquer relevância para a decisão a proferir, não devem constar da mesma.

A questão subsequente é a de saber se a utilização, pelo juiz, de fundamentação inútil para a decisão e, sobretudo, de considerandos que possam revelar convicções ou opiniões socialmente desajustadas ou ofensivas pode ser sindicada.

Ora, é absolutamente seguro que a decisão de um caso submetido a juízo constitui o ato nobre do exercício da função jurisdicional, encontrando-se, por isso, protegida de qualquer interferência, à luz do princípio da independência judicial.

Assim, por princípio, apenas a via do recurso possibilita a alteração da decisão, com fundamento em erro de julgamento.

Pode, porém, suceder que a decisão se mostre acertada, não merecendo qualquer reparo em sede de recurso, não obstante a sobredita fundamentação inútil, desadequada ou ofensiva.

Nestes casos tem vindo a ser entendido pelo CSM e pelo STJ que quando o juiz se desvia, na respetiva fundamentação, dos princípios que regem a sua conduta profissional, esse desvio pode ser apreciado à luz do direito disciplinar.

Consequentemente, se o juiz usar expressões que consubstanciem tratamento desprimoroso de um interveniente processual, em termos que traduzam a infração ao dever de correção, ainda que esta conduta seja adotada no seio de uma decisão de mérito, pode tal conduta ser sancionada com uma pena disciplinar, porquanto nessa medida o juiz está fora do conteúdo próprio da decisão – não pode considerar-se que essas expressões injuriosas integrem a justificação lógico-jurídica da decisão.[95]

Na eventualidade da fundamentação contida na decisão não atingir o limiar da infração disciplinar, sendo, não obstante, suscetível de censura no plano ético, a conduta do juiz poderá vir a ter consequências no plano da sua avaliação inspetiva.

Atenta a dificuldade da distinção entre os dois campos em alguns casos de fronteira, revelar-se-ia de toda a pertinência a implementação de um Conselho de Ética, à semelhança do que existe, designadamente, em Espanha.[96]

3.7.4. Simplificação processual

A qualidade da justiça é, também, inevitavelmente aferida em função do seu tempo, integrando-se o valor da celeridade na ideia de processo equitativo consagrado no art.º 6.º da CEDH.

[95] Citamos, a este propósito, o Acórdão do STJ de 10.12.2019 (Processo n.º 86/18.1YFLSB, in http://www.dgsi.pt/): "*A propósito da responsabilização disciplinar dos magistrados judiciais e a sua interacção com a independência do poder judicial, conscientes de que o comportamento de um juiz no relacionamento com os intervenientes processuais não se confina à decisão judicial em sentido estrito, não pode deixar de se concordar com o referido no supra citado Acórdão deste tribunal de 16-06-2015 "nem tudo o que (os juízes) possam escrever nos autos constitui necessariamente aplicação do direito. (...) Sobre o manto da função jurisdicional não podem estar incluídas posições pessoais estranhas ao objecto do processo"*."

[96] In https://www.poderjudicial.es/cgpj/es/Temas/Etica-Judicial/Comision-de-Etica-Judicial/Que-es/, consultado em 26.02.2022.

Evidentemente que a celeridade carece sempre de uma avaliação casuística, devendo ponderar-se a complexidade do litígio, decorrente das questões técnicas envolvidas, do acervo factual, do elevado número de testemunhas ou outras análogas. Não pode exigir-se que um litígio de grande envergadura seja resolvido no mesmo tempo que um litígio simples ou mais simples, sob pena da celeridade potenciar a prolação de uma decisão errada, conflituando, deste modo, com a paz social almejada pela intervenção judicial.

Neste pressuposto, a celeridade pode ser alavancada por formas processuais adequadas, isto é, simplificadas, quando esta simplificação seja compatível com os princípios gerais, em particular o direito à defesa ou ao contraditório.

Ao nível do processo civil, o dever de gestão processual, consagrado no art.º 6.º do CPC, associado ao princípio da adequação formal, previsto no art.º 547.º do CPC, permitem já uma razoável flexibilidade na tramitação processual, tendo em vista a sua maior eficiência.

Cumpre, assim, ao juiz, "*sem prejuízo do ónus de impulso especialmente imposto pela lei às partes, dirigir ativamente o processo e providenciar pelo seu andamento célere, promovendo oficiosamente as diligências necessárias ao normal prosseguimento da ação, recusando o que for impertinente ou meramente dilatório e, ouvidas as partes, adotando mecanismos de simplificação e agilização processual que garantam a justa composição do litígio em prazo razoável.*" (art.º 6.º, do CPC). [97]

[97] A jurisprudência tem vindo a burilar este princípio, citando-se dois arestos recentes proferidos a respeito deste preceito:
- Acórdão do Tribunal da Relação de Lisboa de 21.06.2022 (Processo n.º 18588/16.2 T8LSB-DT.L1-1, in http://www.dgsi.pt/):

"*1 – O princípio da gestão processual conforma a atuação do juiz que deve providenciar pelo andamento célere e regular do processo, sendo que os concretos poderes do impulso dependem do modelo programático do processo.*

2 – Trata-se de um poder dever de geometria variável, que encontra os seus limites nos direitos das partes. Esta regra tanto se aplica ao aspeto substancial como formal, havendo, claramente, limites traçados que não podem ser ultrapassados, desde logo o assegurar de um processo equitativo e os princípios previstos no n.º 2 do art. 630.º do CPC: igualdade das partes, contraditório, aquisição processual ou admissibilidade de meios de prova, bem como o princípio do dispositivo e o da autorresponsabilidade das partes.

3 – Sendo indiscutível a necessidade de tomada de opções de tramitação processual num processo de dimensões inusuais, concretamente na reclamação de créditos no processo de liquidação judicial de uma

Outro plano de grande relevância é o da preservação da lide leal, assomando aqui os institutos da litigância de má fé e da taxa sancionatória especial, cuja função social é também importante enquanto contribuem para a manutenção do prestígio da justiça e confiança dos cidadãos na regularidade dos procedimentos.

3.7.5. O apoio judiciário

Existe a perceção, por parte de quem está diariamente nos tribunais, de que em alguns casos o mecanismo do apoio judiciário permite a instauração de ações cíveis manifestamente infundadas e que se prolongam pelas vias de recurso admissíveis, mesmo quando as sucessivas decisões são totalmente desfavoráveis à parte que beneficia do apoio judiciário.

instituição bancária de grandes dimensões, tais opções não podem gerar, sem qualquer vantagem para a celeridade e eficiência, desigualdades objetivas entre os sujeitos processuais colocados na mesma posição entre si."

– Acórdão do Tribunal da Relação de Lisboa de 17.12.2015 (Processo n.º 3799/10.2TBSXL-A.L1-2, in http://www.dgsi.pt/):

"*I – A ideia que subjaz ao dever de gestão processual é a de garantir a «direcção activa e dinâmica do processo, tendo em vista, quer a rápida e justa resolução do litígio, quer a melhor organização do trabalho do tribunal».*

II – O dever em causa analisa-o o legislador em três vertentes, presentes na norma do art 6.º do CPC que a ele se refere especificamente, e que melhor resultavam explicitadas na do art 2.º do DL 108/2006 de 8/6, referente ao Regime Processual Experimental, que a antecedeu: por um lado, pela adopção da tramitação processual adequada às especificidades da causa, e do conteúdo e forma dos actos ao fim que visam atingir (al a) do referido art 2.º); por outro, pela garantia de que não são praticados actos inúteis, devendo para esse efeito ser recusado o que for impertinente ou meramente dilatório (al b) dessa norma); e, finalmente, pela adopção dos mecanismos de agilização processual previstos na lei (al c) dessa norma).

III Essas três vertentes interligam-se entre si por a todas subjazer como fim último o de se atingir a máxima eficiência processual – por isso, o dever em causa não é senão emanação do princípio da economia processual, «servido pelos princípios da adequação formal e da celeridade».

IV – Não sendo lícito realizar no processo actos inúteis para todos aqueles que nele têm algum tipo de iniciativa processual é, em última análise, ao juiz que cabe filtrar os actos úteis dos inúteis, impedindo a prática destes em nome da eficiência processual.

V – Do art 6.º/1 decorre que o acto processual tem de se mostrar eficaz, adequado e útil".

Ora, o direito de acesso ao direito, proclamado, no plano nacional, no art.º 20.º, da CRP, e no contexto europeu, nos art.ºs 6.º, da CEDH, e 47.º, da Carta Europeia dos Direitos Fundamentais, constitui uma dimensão inalienável do Estado de Direito, significando que nenhuma pessoa deve ser privada de promover um procedimento ou nele apresentar a sua defesa, apenas por não possuir meios económicos suficientes para o efeito.

Porém, considerando que todos os recursos são escassos e têm, por isso, de ser adequadamente geridos, o mau uso deste mecanismo pode prejudicar o trabalho dos tribunais, diminuindo o tempo que podia ser disponibilizado a litígios onde seja efetivamente necessária a intervenção judicial, aumentando os encargos públicos, porquanto as despesas destes litigantes são integralmente pagas pelo Estado. Pode, ainda, constituir uma forma de causar prejuízo à parte contrária, que se vê na necessidade de suportar despesas com taxas de justiça e honorários de advogado para assegurar a sua defesa.

Trata-se de um problema transversal a outros Estados Europeus e que foi já analisado pelo TEDH, tendo sido escrito a este propósito no "*Manual de legislação europeia sobre o acesso à justiça*"[98] o seguinte: "*Recusar prestar apoio judiciário com base no mérito – devido a perspetivas insuficientes de sucesso, ou devido ao caráter frívolo ou abusivo da demanda (a o feito é introduzido em juízo é apresentada apenas para provocar embaraço) – poderá também ser legítimo. A fim de evitar arbitrariedade, um sistema de apoio judiciário deve criar um mecanismo justo para selecionar os casos suscetíveis de beneficiarem do mesmo. Compete aos Estados criar sistemas que observem a CEDH. A ausência de uma decisão formal sobre o pedido de apoio judiciário pode constituir uma violação do artigo 6.º, n.º 1.*"

O atual regime de apoio judiciário prevê dois momentos distintos para se alcançar a plenitude da proteção conferida pelo mesmo, sendo o primeiro a dedução do pedido junto dos organismos da Segurança Social, acompanhado dos documentos necessários para a demonstração da situação de insuficiência económica e o segundo, após o deferimento

[98] Agência dos Direitos Fundamentais da União Europeia e Conselho da Europa, 2016, https://www.echr.coe.int/Documents/Handbook_access_justice_POR.pdf, pp. 68-69, consultado em 23.09.2022.

desta pretensão, a nomeação de um advogado por parte da Ordem dos Advogados.

Salvaguardada a possibilidade da dedução de um pedido de escusa, por regra alicerçado na falta de colaboração do beneficiário do apoio, o advogado nomeado deverá interpor a ação que corresponde à pretensão do beneficiário.

Porém, sendo o advogado um técnico especializado, terá a possibilidade de aferir se o caso que lhe é apresentado se mostra totalmente inviável, isto é, se à luz do direito vigente se trata de uma pretensão sem qualquer suporte.

A circunstância do advogado prosseguir com a ação, nestas circunstâncias, pode inclusivamente fazê-lo incorrer em litigância de má fé.

Afigura-se, desde modo, que deveria ser possível ao advogado nomeado, perante uma pretensão manifestamente infundada, expor a questão à Ordem dos Advogados, em requerimento fundamentado, que poderia recusar o patrocínio ou entender que devia ser instaurada a competente ação.

Em caso de recusa de patrocínio, o beneficiário poderia impugnar a decisão perante o tribunal competente, nos mesmos moldes em que lhe assiste a faculdade de impugnar a decisão da Segurança Social de indeferimento do pedido de apoio judiciário.

3.7.6. Propostas

i) Prever na lei que as audiências podem realizar-se por meios à distância, para além de circunstâncias conjunturais determinantes de regimes de exceção.

A este propósito propõem-se as seguintes alterações:

- eliminação do n.º 6 do art.º 502.º, do CPC;
- alteração do n.º 1 do art.º 520.º, do CPC: "*Quando ocorra dificuldade de comparência de quem deva depor na audiência, pode o juiz determinar, com o acordo das partes, que sejam prestados, através da utilização de telefone ou outro meio de comunicação direta do tribunal com o depoente, designadamente meios de comunicação virtuais, quaisquer esclarecimentos indispensá-*

veis à boa decisão da causa, desde que a natureza dos factos a averiguar ou esclarecer se mostre compatível com a diligência".

ii) Prever na lei que quando estejam em causa apenas as alegações finais das partes, a audiência pode ser realizada à distância:
A este propósito propõe-se a seguinte alteração:

- alteração do art.º 604.º, do CPC, introduzindo um novo n.º 9: "*As alegações orais podem ser prestadas por meios de comunicação à distância*".

iii) Estabelecer maior diálogo entre o legislador processual civil e processual administrativo, por forma a ponderar-se a introdução, com as devidas adaptações, num e noutro ramo, das soluções de simplificação e agilização processual que se mostraram positivas na sua aplicação prática, v.g., aquilatando a adoção, no processo civil, do mecanismo do art.º 48.º, do CPTA, de seleção de processos de andamento prioritário, do disposto no art.º 90.º, n.º 4, do CPTA, relativo à instrução deferida, ou do regime consagrado no art.º 99.º, do CPTA, atinente aos procedimentos de massa.

iv) Simplificação das formas processuais:

- quando se frustre a citação do réu na morada indicada pelo autor, considerar como morada do réu, para efeitos da sua citação, aquela que consta da base de dados dos serviços de identificação civil;
- nas ações sob forma de processo comum, que não sejam contestadas, quando deva ser proferida decisão de procedência, poderá a mesma traduzir-se na mera adesão aos fundamentos de facto e de direito enunciados na petição inicial, precedida apenas da identificação das partes e do objeto do litígio;
- nas ações de valor não superior à alçada do tribunal de 1.ª instância, deve ser prevista a desnecessidade da documentação integral da sentença em ata, à semelhança da solução adotada no processo penal, sob forma sumária (art.º 389.º-A, do Código de Processo Penal (CPP)).

Assim, passaria a constar do art.º 4.º, do Decreto-Lei n.º 269/98, de 01.09:

"(...) 7. A sentença pode ser proferida oralmente, se a manifesta simplicidade da decisão o consentir, devendo conter:

a) a indicação dos factos provados e não provados, com indicação e exame crítico das provas;

b) a exposição concisa dos motivos de facto e de direito que fundamentam a decisão;

c) o dispositivo.

8. O dispositivo é sempre ditado para a ata.

9. A sentença é documentada nos termos previstos no art.º 155.º do CPC, mas apenas é transcrito para a ata o respetivo dispositivo."

v) A taxa sancionatória excecional, prevista no art.º 531.º, do CPC, é fixada entre 2 e 15 UC (art.º 10.º, do Regulamento de Custas Processuais (RCP)), o que constitui uma sanção muito distinta daquela que corresponde à multa aplicável no âmbito do incidente de litigância de má fé, situada entre 2 e 100 Unidades de Conta – UC (art.º 27.º, n.º 3, do RCP).

Atenta a proximidade das duas figuras, que impede, inclusivamente, a condenação em simultâneo pelos dois institutos (art.º 27.º, n.º 5, do RCP), deveria ser aumentado o limite máximo da taxa sancionatória excecional, fixando-o em 50 UC, isto é, metade do limite máximo aplicável à multa no âmbito do incidente de litigância de má fé.

vi) Em sede de apoio judiciário, propõe-se a seguinte alteração ao art.º 30.º da LAJ:

"1 – (...)

2 – Na sequência da notificação da sua nomeação, poderá o Patrono Oficioso, no prazo de que dispõe para a propositura da ação, expor, de modo fundamentado, perante o Conselho Distrital competente, que a pretensão formulada pelo beneficiário é manifestamente infundada, recusando a propositura da ação.

3 – O Conselho Distrital decide, de modo fundamentado, comunicando ao beneficiário a recusa de patrocínio para a ação pretendida ou, no caso contrário, concedendo escusa ao Patrono nomeado e procedendo à sua substituição.

4 – O beneficiário pode impugnar a decisão de recusa de patrocínio para o tribunal competente, aplicando-se as normas relativas à impugnação deduzida contra a decisão de indeferimento do pedido de apoio judiciário pela Segurança Social."

3.8. Publicidade das audiências e divulgação anonimizada das decisões judiciais

3.8.1. Publicidade das audiências

A publicidade das audiências é um princípio inscrito em todos os ramos adjetivos – art.ºs. 606.º, n.º 1, do CPC, 321.º, n.º 1, do CPP, 91.º, n.º 2, do CPTA, possuindo alicerce constitucional no art.º 206.º, da CRP.

Trata-se de uma garantia também inscrita na ideia de processo equitativo, consagrada no art.º 6.º, da CEDH: "*A publicidade protege as partes contra uma justiça secreta, escapando ao controlo público; ela constitui um dos meios para preservar a confiança nos tribunais, pela transparência que confere à administração da justiça, ajudando a realizar o objectivo inscrito no n.º 1 do art. 6.º: o processo equitativo*".[99]

Não obstante, este princípio comporta desvios, admitindo-se que em determinadas circunstâncias a publicidade das audiências seja restringida. Neste sentido, v.g.:

- art.º 606.º, n.º 1, do CPC: para salvaguarda da dignidade das pessoas e da moral pública, ou para garantir o seu normal funcionamento;
- art.º 87.º, n.º 2, do CPP: para evitar grave dano à dignidade das pessoas, à moral pública ou ao normal decurso do ato, sendo que em caso de processo por crime de tráfico de órgãos humanos, tráfico de pessoas, ou contra a liberdade e autodeterminação sexual, os atos processuais decorrem, em regra, com exclusão da publicidade (art.º 87.º, n.º 3, do CPP);
- art.º 6.º, da CEDH: o acesso à sala de audiências pode ser proibido à imprensa ou ao público, durante a totalidade ou parte do processo, quando a bem da moralidade, da ordem pública ou da segurança nacional, numa sociedade democrática, quando os interesses de menores ou a proteção da vida privada das partes no processo o exigirem, ou na medida julgada estritamente necessária pelo tribunal, quando, em circunstâncias especiais, a publicidade pudesse ser prejudicial para os interesses da justiça.

[99] Barreto, Ireneu Cabral, *A Convenção dos Direitos do Homem Anotada*, 3ª ed., Coimbra Editora: Coimbra, p. 142.

Um aspeto contemplado no art. 6.º, do CEDH, que aparenta não possuir correspondência direta na legislação nacional, é o que respeita aos "*casos em que a publicidade da audiência ofenderia manifestamente os interesses de uma das duas partes e de um terceiro, ou quando se deduza que a exclusão da publicidade assegurará que as testemunhas farão depoimentos mais sinceros e completos ou contribuiria para a própria segurança dos intervenientes no processo.*"[100]

Uma outra dimensão particularmente importante na atualidade, por virtude dos inúmeros processos que cada vez mais suscitam a curiosidade do público, motivando a deslocação de grande número de jornalistas para acompanharem as audiências, é a da concatenação entre este princípio e as limitações logísticas conjunturais.

Com efeito, as salas de audiência da generalidade dos tribunais não foram construídas estimando uma afluência exagerada de pessoas, para além dos intervenientes processuais, e por isso em alguns casos pode ser impossível acomodar todos os que pretendem assistir – familiares ou amigos dos intervenientes processuais, público anónimo, jornalistas.

Nestes casos, as decisões que venham a ser tomadas sobre a gestão das presenças na sala de audiências devem ser criteriosas, sublinhando-se que a aplicação prática deste princípio deve ser sempre subordinada aos princípios da adequação e proporcionalidade, pelo que o ideal seria permitir que um número equivalente de pessoas de todas as categorias pudesse assistir à audiência.[101]

Perante uma questão desta natureza que se colocou recentemente, a solução alternativa encontrada foi a de permitir que em circuito interno de televisão, as pessoas que não pudessem assistir à audiência na respetiva sala, o fizessem em sala adjacente, salvaguardando-se assim a possibilidade de acompanhamento em tempo real, que é o fator fundamental para a comunicação social.

A referência à comunicação social suscita ainda a questão da tomada de som ou imagem de uma audiência, para divulgação através dos meios de comunicação social, estando certamente presente na memória de

[100] Barreto, Ireneu Cabral, *Direito ao exame da causa publicamente*, in https://gddc.ministeriopublico.pt/sites/default/files/cons-europa-conv-dh-irineu-cbarreto.pdf, p. 6, consultado em 23.09.2022.
[101] *Ibidem.*

todos um famoso julgamento que decorreu há alguns anos nos Estados Unidos e foi seguido pelo público, como se de uma série de televisão se tratasse.

Joga-se aqui o equilíbrio entre a necessária transparência na realização da justiça e a tutela dos direitos dos visados, bem como o sentimento geral de confiança nos tribunais.

Com efeito, desde logo a consciência de quem participa numa audiência de que está a ser filmado pode influenciar o seu comportamento, inquinando, desta forma, a própria prova, para além de que o burburinho gerado nos meios de comunicação social e redes sociais à volta do processo é apto a perturbar a paz que deve presidir a uma audiência.[102]

Por outro lado, uma decisão final produzida num processo resulta, por regra, da conjugação de diversos meios de prova, incluindo documentos ou perícias que, apesar de poderem ser mencionados em audiência, não são habitualmente lidos na íntegra.

Acresce que a aferição da credibilidade de um depoimento faz-se de acordo com critérios que têm vindo a ser burilados pela psicologia do testemunho e muitas vezes não coincidem com a *vox populi*.[103]

Por último, a sucessiva repetição e comentário do sucedido em audiência, viabilizada pela disponibilidade dos registos audiovisuais, pode acabar por deturpar a perceção geral da prova por parte do público.

No termo deste caminho podemos, pois, vir a encontrar um fosso entre a opinião pública ou publicada e a decisão final do processo, concluindo-se que esta divulgação massiva da produção de prova não cumpriu, afinal, qualquer propósito útil para o cidadão.[104]

Pode, finalmente, colocar-se a questão da publicidade das audiências nos tribunais superiores, a respeito da qual se tem entendido que esta só se impõe quando se revele necessária para cumprir as finalidades visadas nessa fase processual, pelo que se se tratar de um recurso onde apenas

[102] Silva, Lucinda Dias da, «Publicidade e Segredo em Processo Civil – Que Fronteiras?», Revista da Ordem dos Advogados, Ano 80, Vol. III/IV, p. 644.

[103] Sousa, Luís Filipe Pires de, «Julgamento presencial versus julgamento com telepresença», *Julgar*, n.º 44, pp. 13 a 31.

[104] Barreto, Ireneu Cabral, *Direito ao exame da causa publicamente...*, p. 7, alude, a este propósito, ao Caso Sunday Times.

se conheça de direito, nada obsta a que o processo decorra inteiramente por escrito.[105]

Mas inclusivamente nos casos em que o tribunal de recurso conheça de facto, pode entender-se ser dispensável a audiência pública, se a matéria em apreço puder ser adequadamente resolvida através de alegações escritas.[106]

3.8.2. Publicidade das decisões

A publicidade das decisões tem uma dimensão muito importante no processo penal, onde é obrigatória a sua leitura em audiência.

Nas demais jurisdições já assim não sucede, mas de todo o modo estabeleceu-se no art.º 30.º, n.º 2, do CPTA, que os acórdãos do Supremo Tribunal Administrativo (STA) e dos Tribunais Centrais Administrativos, bem como os acórdãos e sentenças dos tribunais administrativos de círculo, são objeto de publicação obrigatória por via informática, em base de dados de jurisprudência.

Trata-se de uma norma emblemática, na medida em que se prevê, ao lado da publicação das decisões dos tribunais superiores, também a publicação das decisões de tribunais de 1ª instância.

Do mesmo modo sucede com os acórdãos do STJ e dos Tribunais da Relação, ainda que o CPC e o CPP não possuam norma semelhante.

Já no que tange às decisões dos tribunais de 1ª instância, nas páginas eletrónicas das atuais Comarcas já se procede a essa divulgação, embora não de forma sistematizada, ao contrário do que sucede com as demais decisões judiciais publicadas.

Ainda assim, tem vindo a ser objeto de debate a questão da definição dos termos em que deve ocorrer essa divulgação, isto é, se toda a jurisprudência deve ser divulgada, ou se pelo contrário deve ser feita uma seleção,

[105] *Ibidem*, p. 5.

[106] *Ibidem*. O Autor alude ao Caso Ekbatani, onde se entendeu, no tribunal de recurso, ser essencial ouvir presencialmente o queixoso, porquanto foi esse o meio de prova que determinou a condenação e se questionou a sua credibilidade.

como sucede hoje, pese embora possam discutir-se os critérios determinantes da publicação.

Existem diretrizes de matriz europeia, corporizadas na Recomendação n.º R (95) 11, de 11.09.1995, do Comité de Ministros do Conselho da Europa, sobre a seleção, processamento, apresentação e arquivo das decisões judiciais em sistemas de recuperação de informação.

Essencialmente, propõe-se nesta Recomendação a publicação de toda a jurisprudência produzida, mas para a eventualidade de não ser viável essa solução, propõe-se que a seleção da jurisprudência a publicar seja feita de acordo com os seguintes critérios: hierárquico, geográfico, por ramos de direito e pelo conteúdo da decisão, desde que garantida a objetividade e a representatividade da base de dados.

A orientação de fundo vai no sentido da prevalência de um critério negativo de seleção da jurisprudência, nos termos do qual devem ser publicadas todas as decisões, salvo aquelas que integrem uma determinada categoria.[107]

Posteriormente, surgiu a figura do *European Case Law Identifier (ECLI)*, nas "*Conclusões do Conselho em que se convida à introdução do European Case Law Identifier (ECLI) e de um conjunto mínimo de metadata uniformes sobre jurisprudência*" (2011/C 127/01)[108], estabelecendo-se aqui que "*deverá ser utilizado para a identificação de decisões judiciais um identificador normalizado que seja reconhecível, legível e compreensível tanto por humanos como por computadores, e que seja compatível com as normas tecnológicas*".

O ECLI consiste num identificador uniforme que tem o mesmo formato reconhecível para todos os Estados-Membros e tribunais da União Europeia, constituído pelos cinco elementos obrigatórios seguintes:

- A abreviatura 'ECLI': que individualiza o identificador como um identificador europeu da jurisprudência;
- O código do país;
- O código do órgão jurisdicional que proferiu a decisão;
- O ano em que a decisão foi proferida;

[107] Castelo, Higina, «O Direito de conhecer a jurisprudência», in *RMP*, 163: Julho: Setembro 2020, p. 111.
[108] Publicadas no JOUE n.º 127, de 29.04.2011.

- Um numeral ordinal que não pode exceder 25 carateres alfanuméricos, em formato a decidir por cada Estado-Membro. São autorizados pontos finais, mas não pode ser inserido mais nenhum sinal de pontuação.

Para facilitar a localização das decisões, cada documento deve possuir um conjunto de metadados, nos termos previsos no ponto 2. das aludidas Conclusões do Conselho de 2011, descritos de acordo com as normas definidas pela "Iniciativa *Dublin Core Metadata*".[109]

Portugal concluiu a introdução do Identificador Europeu da Jurisprudência (ECLI) em novembro de 2018, encontrando-se disponibilizada neste sistema a jurisprudência do STJ e dos cinco Tribunais da Relação.[110]

Foi, entretanto, anunciado pelo CSM que na sua deliberação plenária de 23.03.2021 aprovou os critérios de publicação e de anonimização das decisões judiciais de todos os níveis de jurisdição nacionais, no âmbito dos tribunais comuns, tendo optado pelo critério de seleção negativa, "*com a consequente publicação tendencialmente universal das decisões judiciais*".[111]

[109] In https://e-justice.europa.eu/175/PT/european_case_law_identifier_ecli, consultado em 23.09.2022.

[110] In https://e-justice.europa.eu/175/PT/european_case_law_identifier_ecli?PORTUGAL&member=1, consultado em 23.09.2022.

[111] CSM em Revista, dezembro 2021, n.º 1, in https://www.csm.org.pt/wp-content/uploads/2022/01/2021-CSM-em-Revista_r.pdf, p. 28, consultado em 17.11.2022.
No "*Parecer sobre os critérios de selecção, tratamento, apresentação e arquivo dedecisões judiciais na base de dados de tratamento de informação legal (ECLI)*", elaborado pelo GAVPM, a 22.05.2020, concluiu-se que:
"*Em face das considerações tecidas no ponto anterior sugere-se:*
a) Quanto aos critérios de selecção da jurisprudência a publicar, a adopção de critérios de selecção negativa para as decisões de todas as Instâncias, com a consequente publicação tendencialmente universal de tais decisões. Pode ser excluída a publicação de decisões, nos seguintes casos:
1) Se os motivos em que se baseiam as decisões forem declarados de acordo com uma cláusula de fórmula-tipo ou fórmula. Esta formulação padrão pode ser reconhecida por módulos, tais como módulos de processamento de texto.
2) Se disserem respeito a questões de prova que estão em conformidade com a jurisprudência já existente sobre a matéria. Os exemplos de decisões cuja publicação pode ser afastada reconduzem-se, entre outros, às decisões previstas no art.º 277.º do Código de Processo Civil, de habilitações de her-

Não pode deixar ainda de fazer-se aqui uma menção a um facto próprio dos tempos que vivemos hoje e que respeita à possibilidade de que a publicação de toda a jurisprudência produzida possa permitir a cons-

deiros ou de cessionário, quando nenhuma questão de direito atípica se suscite, bem como as decisões proferidas em acções nas quais não foi apresentada contestação ou oposição.

*

b) Quanto aos critérios de tratamento da jurisprudência a publicar, e considerando as recomendações internacionais sobre esta matéria, já indicadas, devem ser objecto de definição os critérios de anonimização, que devem ser publicados, por razões de transparência e de inteligibilidade. Deve ser realizada a enumeração dos dados pessoais que sejam anonimizados, por razões de consistência e certeza jurídica. A enumeração deve, contudo, deixar espaço para anonimização adicional de outros dados, que normalmente por si só não permitem a identificação pessoal, mas em certos casos podem contribuir para a mesma. No que respeita aos métodos de anonimização, deve ser evitada a eliminação ou substituição total por pontos ou outros caracteres os dados pessoais, pois este método de anonimização dificulta a compreensão do texto. Quando sejam utilizadas iniciais, as mesmas devem ser utilizadas de modo aleatório, uma vez que o uso de iniciais com correspondência com o nome dos intervenientes processuais aumenta o risco de identificação de tais intervenientes. A anonimização deve ter sempre presente o necessário equilíbrio entre os interesses privados e públicos, o que significa que, para casos especiais, deve sempre existir a possibilidade de desvio das regras de anonimização estabelecidas, o que implica a assunção da decisão de não publicação de uma decisão sempre que se conclua que a aplicação das regras definidas de anonimização será insuficiente. Em contrário, também deve ser permitida a publicação integral de decisão sem anonimização de quaisquer dados, se se justificar esta última opção. Em matéria de anonimização das decisões judiciais e tendo presente que é fácil incorrer em erros de anonimização, mas que os mesmos podem ter graves consequências, os sujeitos constantes dos dados devem ter a opção de solicitar correcções, ou seja, do ponto de vista informático, devem ter uma opção de fácil utilização, para solicitar tais correcções. Em caso de indeferimento do pedido de correcção, o utilizar deve ter meios de reacção contra o indeferimento, devendo ser dos mesmos informado com a decisão de indeferimento. Deve ser fixado o concreto método de anonimização, tendo sido sugeridos dois, na análise indicada no ponto 2. b) deste Parecer. Deve ser ponderado o recurso a ferramentas de inteligência artificial para anonimizar as decisões judiciais a publicar.

*

c) Quanto aos critérios de apresentação da jurisprudência a publicar, os documentos que corporizam as decisões devem ser apresentados de forma a garantir uma extracção segura e rápida do seu teor para integração na base de dados. É aconselhável classificar, de algum modo, as decisões. Assim, de forma manual ou automática, as decisões devem ser marcadas, sugerindo-se que tal marcação seja realizada por áreas temáticas de direito substantivo e processual e, dentro destas, pelos institutos jurídicos sobre os quais versam as decisões. A marcação deverá ainda ser realizada, de forma complementar face tituição de uma base de dados apta a fazer uma previsão algorítmica da probabilidade de sentido de uma decisão futura, atendendo a variantes como a pessoa do Relator.[112]

3.8.3. Propostas

i) Deve ser publicada toda a jurisprudência produzida, tanto nos tribunais de 1ª instância, como nos tribunais superiores;

à marcação descrita no parágrafo anterior, para os Acórdãos Uniformizadores de Jurisprudência, atenta a sua relevância jurídica. Por último, devem ser objecto de marcação autónoma as decisões proferidas em processos que tenham despertado especial interesse nos meios de comunicação social. A marcação proposta deve ser visível a partir do repositório principal. As decisões que se apresentem com relevância específica para a comunidade internacional devem ser traduzidas integral ou parcialmente. Todos os metadados devem ser pesquisáveis, sem necessidade de o utilizador ter conhecimento da estrutura dos dados, permitindo um aprofundamento da pesquisa com base nos resultados da página. As decisões publicadas devem poder ser reutilizadas de acordo com as licenças "creative commons" BY ou 0, as quais foram aprovadas em Outubro de 2014 pela Open Knowledge Foundation, como conformes com a "Open Definition" para conteúdo e dados (licenças públicas que permitem a distribuição gratuita de uma obra protegida por direitos de autor). Para fins de reutilização, as decisões devem ser disponibilizadas no melhor formato legível de texto em computador, dadas as capacidades do processo de elaboração. Os formatos JSON ou RDF/XML são os preferíveis; os PDF's devem ser evitados, principalmente se resultarem de processo de digitalização. Todos os metadados disponíveis devem ser fornecidos em formato bem estruturado, na medida do possível de acordo com standard aberto. Para fins de reutilização, deve ser fornecido um serviço web preferencialmente como REST.

*

d) Quanto aos critérios de arquivo da jurisprudência a publicar, os critérios de arquivo das decisões devem ser o mais claros e simples possíveis, e as decisões arquivadas devem ser guardadas em suportes de "media", os quais devem permanecer acessíveis aos utilizadores que, de forma expressa, manifestem vontade de consultar tais decisões. Os serviços de informação legal computadorizada devem facilitar a retirada restrita a decisões dadas após uma certa data. Para este efeito deverá ser considerado o regime legal constante da Portaria 368/2013 de 24 de Dezembro, rectificada pela Declaração de Rectificação n.º 7/2014 de 7 de Fevereiro." (in https://www.csm.org.pt/wp-content/uploads/2022/06/22052020-Criterios-de-seleccao-anonimizacao-e-publicacao-de-Jurisprudencia-ECLI.pdf, pp. 21 a 24, consultado em 17.11.2022).

[112] In https://www.artificiallawyer.com/2019/06/04/france-bans-judge-analytics-5-years-in-prison-for-rule-breakers/, apud Caldeira, Marco, Pela publicidade das decisões judiciais, in https://observatorio.almedina.net/index.php/2021/02/09/pela-publicidade-das-decisoes-judiciais/, consultado em 17.11.2022.

ii) Considerado o volume de decisões produzidas nos tribunais de 1ª instância e nos tribunais Superiores, deverá existir uma particular preocupação com os critérios de busca das decisões na base de dados, de modo que seja possível localizar, com facilidade, o objeto visado com a pesquisa.

3.9. Prestação de informações aos cidadãos, através dos meios de comunicação social, relativamente a casos judiciais pendentes

3.9.1. Enquadramento geral

Os meios de comunicação social – imprensa, rádio e televisão – são imprescindíveis meios de crítica política e social, de difusão de ideias democráticas e de defesa dos direitos fundamentais contra o arbítrio do Estado, donde a consagração constitucional da liberdade de expressão e informação (art.º 37.º, da CRP) e da liberdade de imprensa e meios de comunicação social (art.º 38.º, da CRP).

Associados a estes meios institucionalizados, somos hoje também confrontados com outros meios de circulação da informação, as redes sociais, cujo impacto comunicacional é, em muitos momentos, bastante impressivo, por força da sua constante atualização.

É evidente uma exigência social de transparência, inerente à democracia e ao Estado de Direito, a qual se mostra exacerbada pela globalização do acesso à informação facultada, precisamente, pela *Internet.*

A necessidade de transparência e de direta comunicação foi sentida também por outros poderes do Estado e concretizada na criação de páginas oficiais na *Internet* e até mesmo na utilização de redes sociais (por exemplo, a página de *Facebook* da PSP, muito dirigida ao cidadão).

A transparência na Justiça garante a legitimação do exercício da função de julgar, atentas as regras de nomeação dos Juízes, que administram a Justiça em nome do povo (art.º 202.º, n.º 1, da CRP). Constitui, ainda, uma garantia contra a arbitrariedade do Estado e, por outro lado, constitui um modo da justiça se afirmar (pelo convencimento da comunidade de que foi feita justiça e de que a segurança é mantida, restabelecendo a paz social, apaziguando tensões sociais).

A par desta exigência de transparência existe também uma certa atração popular pelos casos com tratamento judicial, em particular na área criminal, incentivada muitas vezes pelo próprio Estado como expediente de prevenção geral (de que são expressão os pelourinhos), e aproveitada economicamente (noticiários, séries televisivas, programas dedicados à investigação criminal, entre outros).

3.9.2. Riscos da comunicação através dos órgãos de comunicação social

- Risco de manipulação dos órgãos de comunicação social pelo poder político (mais intensa, naturalmente, em Estados onde a democracia não se mostra consolidada) ou pelos interesses económicos (consideração do lucro como um dos fatores condicionantes da escolha sobre o que publicar);
- Risco de influência da tomada de decisão política: a cobertura pela comunicação social de processos judiciais em curso mais mediáticos pode condicionar a atuação política, designadamente ao nível legislativo, sem o necessário tempo de preparação e ponderação;
- Risco de imperfeita assimilação do direito à informação e do direito à liberdade de expressão, dada a facilidade com que qualquer cidadão pode fazer publicar conteúdos *online*, por vezes até anonimamente;
- Riscos do desencontro na linguagem: existe um importante fosso entre a linguagem técnica utilizada nos tribunais e a linguagem utilizada pelos meios de comunicação social, de mais fácil compreensão pela generalidade da população;
- Riscos do desencontro no tempo: os fatores económicos que condicionam os meios de comunicação social tornam urgente a publicação (numa quase simultaneidade entre o acontecimento e a sua difusão), com prejuízo, por vezes, do rigor, objetividade e confirmação dos factos; a justiça, por seu turno, exige serenidade, ponderação, recolha e análise cuidadosa e rigorosa da prova, sua apreciação e valoração para a decisão. Os meios de comunicação deslocaram o foco de atenção do momento da sentença para um momento anterior, o momento da acusação ou o da própria denúncia;

- Riscos do desencontro de objetivos: a justiça visa a conciliação e a pacificação social e exige provas concretas, enquanto a notícia vive do confronto e da indignação, misturando factos constitutivos de crimes com comportamentos socialmente recrimináveis, e basta-se com a probabilidade indiciária de factos de que tenha conhecimento;
- Riscos de comprometimento da realização da justiça: interferência na investigação (violações de segredo de justiça) e/ou condicionamento da decisão do julgador, prejudicando a sua imparcialidade e independência;
- Riscos de violação de direitos dos sujeitos processuais, incluindo as próprias vítimas dos crimes, como a honra e reputação, a segurança, o bem-estar, a presunção de inocência, a reserva da vida privada ou o direito à ressocialização;
- Risco de criação de uma imagem distorcida da realidade criminal (causadora de medos infundados e de sentimentos de insegurança excessivos) e do funcionamento da justiça (raramente constituem notícia os aspetos positivos de funcionamento da justiça, dando-se quase sempre destaque aos "insucessos");
- Risco de diluição da distinção entre a realidade e a ficção: a notícia é por vezes transmitida pelos meios de comunicação social com laivos de emoções, convicções e preconceitos, descurando o apelo à racionalidade, criando a convicção no espectador de que também ele está no domínio dos dados que lhe permitem fundamentar o seu próprio juízo sobre a justiça do caso concreto e, consequentemente, avaliar como o Tribunal cumpriu a sua função;
- Risco de se considerar que o silêncio dos juízes constitui uma assunção de responsabilidade: o art.º 7.º-B, do EMJ, impõe deveres de sigilo e de reserva:

> *"1 – Os magistrados judiciais não podem revelar informações ou documentos a que tenham tido acesso no exercício das suas funções que, nos termos da lei, se encontrem cobertos por segredo.*
>
> *2 – Os magistrados judiciais não podem fazer declarações ou comentários públicos sobre quaisquer processos judiciais, salvo quando autorizados pelo Conselho Superior da Magistratura, para defesa da honra ou para a realização de outro interesse legítimo.*

> *3 – Não são abrangidas pelo dever de reserva as declarações e informações que, em matéria não coberta por segredo de justiça ou por sigilo profissional, visem a realização de direitos ou interesses legítimos, nomeadamente o acesso à informação e a realização de trabalhos técnico-científicos, académicos ou de formação.*
>
> *4 – Sem prejuízo das regras estabelecidas na lei de processo, a prestação de informações referidas no número anterior deve ser assegurada pelo Conselho Superior da Magistratura, pelos juízes presidentes dos tribunais ou por outros magistrados judiciais a quem este Conselho, sob proposta do juiz presidente respetivo, defira essa competência."*

As funções do CSM nesta matéria podem ficar condicionadas pelo poder disciplinar, o que pode também inibir os juízes de recorrer a este órgão para contestar informações descontextualizadas, ou mesmo falsas, veiculadas pelos meios de comunicação social.

Sendo indesejável e impossível obstar à cobertura pelos meios de comunicação social de casos judiciais pendentes, cabe aos Magistrados contribuir ativamente para minorar estes apontados riscos, sob pena de a falta de uma comunicação eficiente por parte dos tribunais conduzir ao seu desprestígio, ao enfraquecimento da autoridade das suas decisões e à deslegitimação.

Este não é um problema recente e encontramos propostas de abordagem do mesmo em documentos como o "Protocol for Responding to Unfair Criticism of Judges", da American Board of Trial Advocates[113], e o "Protocol for Responding to Unfair Criticism of Judges", da Australian Bar Association[114].

A especificidade destes Protocolos é a sua origem, uma vez que provêm de associações de advogados de contencioso, com a justificação da necessidade de manter a confiança dos cidadãos no judiciário, condição essencial ao correto desempenho das suas funções, para além do dever deontológico dos advogados de defesa dos juízes de críticas injustas.

[113] In https://cal-abota.org/pdf/UnfairCriticismofJudges.pdf, consultado em 05.01.2023.

[114] In https://austbar.asn.au/uploads/pdfs/Protocol-for-Responding-to-Unfair-Criticism-of-Judges.pdf, consultado em 05.01.2023. Com muito interesse para a análise desta temática, v. Albergaria, Pedro Soares de, «Liberdade de expressão e processo judicial (À luz da jurisprudência do TEDH)», in *Julgar*, n.º 47, pp. 187-232.

Assim, descrevem-se as situações nas quais deve haver uma intervenção pública corretiva ou esclarecedora das notícias divulgadas pela comunicação social e estabelece-se como essa intervenção deve ser feita, quer no tempo, quer quanto ao modo e conteúdo da resposta.

Em termos de situações típicas que motivam a reação, elencam-se as seguintes:

> *"1. When the criticism is serious and will most likely have more than a passing or minimal negative effect in the community;*
>
> *2. When the criticism displays a lack of understanding of the legal system or the role of the judge and is based at least partially on such misunderstanding;*
>
> *3. When the criticism is materially inaccurate; the inaccuracy should be a substantial part of the criticism so that the response does not appear to be "nitpicking."*

Quanto ao teor da resposta a providenciar, indica-se o seguinte:

> *"We may frequently disagree with the decisions and actions of public officials, including judges.*
>
> *We must remember that judges have no control over which cases come before them, but they must decide each and all of those cases. Judges must follow the law as established by higher courts. One side loses in every lawsuit.*
>
> *Because of their position, judges are not able to defend themselves and it is ordinarily not appropriate for them to personally answer charges made against them or their decisions.*
>
> *Avoid taking a position on the merits of the controversy, since to do so will probably eliminate any educational benefit that the balance of the points might have for those who agree with the criticism."*

3.9.3. Propostas

i) Criação de uma página de internet de comunicação direta entre o CSM/CSTAF e os cidadãos, onde sejam publicitadas notícias de processos mais mediáticos (cfr., a título de exemplo, https://www.pgdlisboa.pt/novidades);
ii) Utilização e diversificação das redes sociais de uma forma mais direcionada para o cidadão, com a prestação de informações essen-

ciais e explicadas de forma acessível sobre o funcionamento dos tribunais e a tramitação dos processos;

iii) Criação de um gabinete no CSM/CSTAF de apoio aos magistrados que pretendam prestar declarações e informações para defesa da honra, ao abrigo do disposto no art.º 7.º-B, n.º 2, do EMJ.

3.10. Mecanismos de transparência da atividade dos tribunais

A justificação – e até necessidade – da divulgação da atividade dos tribunais assenta na ideia de *accountability*, prestação de contas, informação, aos cidadãos e às instituições políticas, por parte dos órgãos judiciários.

Por seu turno, a referida *accountability* tem por base a responsabilidade e a responsabilização que se requer e imputa àqueles órgãos e agentes, associada a um princípio de transparência de atuação.

Assim, a divulgação das avaliações internacionais sobre o funcionamento do sistema judicial nacional reforça todas essas ideias, credibilizando-as, por via da independência que decorre da própria natureza do avaliador, internacional e externo.

Independentemente dos resultados da avaliação feita – bons ou maus – essa mesma avaliação e a sua divulgação tende sempre a ser positiva, pois na circunstância da avaliação ser boa, a correspondente divulgação irá necessariamente credibilizar e legitimar o sistema judicial e na circunstância de ser uma má avaliação, tenderá a contribuir para a alteração do sistema, chamando atenção para a situação e forçando-a a melhorar. Sem embargo, neste último caso, a divulgação de uma má avaliação internacional também poderá contribuir para a descredibilização e deslegitimação do sistema judicial nacional, designadamente, ao nível da comunidade ou da opinião pública.

As indicadas avaliações tenderão, também, a incluir diagnósticos dos sistemas de justiça e tenderão a incluir diagnósticos comparativos, ou a indicação de parâmetros médios de atuação. Logo, a divulgação destas avaliações aumenta a informação que fica ao dispor dos governos e dos demais órgãos decisórios e, consequentemente, pode contribuir para a tomada de decisões futuras em termos de melhoria do sistema de justiça.

Como corolário, a divulgação destas avaliações acaba por contribuir para a própria regulação do sistema de justiça, pois funciona como um instrumento informal, mas que tem uma legitimidade supranacional, que força a melhoria ou as correções das insuficiências, das iniquidades ou das patologias que tenham sido constatadas.

Esta força será tanto maior quanto maior for o reconhecimento e a credibilidade do avaliador. Ou seja, se a avaliação for feita por um avaliador que tem uma forte credibilidade em termos internacionais, então, a divulgação dessa avaliação tenderá a ter uma maior atenção por banda dos governos nacionais e dos restantes órgãos de decisão do judiciário.

3.11. Ética e disciplina judiciárias

A CRP não assentou a legitimidade dos juízes em mecanismos de escolha direta ou indireta pelos cidadãos, como sucede com os outros órgãos de soberania. A sua legitimidade decorre da sua sujeição à Constituição e à Lei, associada a mecanismos de seleção e gestão dos juízes que lhes asseguram as condições necessárias e adequadas para exercer as suas funções sem sujeição, embora com interdependência, relativamente aos demais poderes soberanos.

A confiança dos cidadãos no sistema de justiça não é demonstrada por nenhum mecanismo formal e oficial de medição, sendo sujeita a avaliações informais, nacionais e internacionais, estudos diversos, opiniões públicas e/ou publicadas, sondagens, etc.

Mas, embora difusa, a sua presença no discurso e na lei torna a "confiança na justiça" um elemento muito importante para a legitimidade do sistema, com reflexos diretos no exercício das funções de cada magistrado. A falta de confiança na justiça dificulta o trabalho dos juízes e o reconhecimento das suas sentenças como justas, prejudicando a sua eficácia como promotores da paz social.[115]

[115] Escreve Paul Ricoeur (*O Justo ou a Essência do Justo*, Instituto Piaget, p. 167): "*(...) coloca-se a questão da finalidade última do acto de julgar. Retomando a análise do acto de julgar a partir da importante operação que consistiu no Estado retirar aos indivíduos o exercício directo da justiça,*

O sistema legal vigente impõe deveres aos magistrados cujo incumprimentos os poderá fazer incorrer em responsabilidade em responsabilidade civil, penal ou disciplinar.

A questão que se coloca é se, perante um extenso e detalhado quadro legal, em especial, o disciplinar, remanesce espaço e se revela útil ou necessário estabelecer ainda um código de conduta.

Está em causa saber se existem comportamentos que, sem integrarem qualquer ilícito, mesmo disciplinar, são suscetíveis de prejudicar a confiança na justiça por parte dos cidadãos.

A experiência permite responder afirmativamente a esta questão, aqui se integrando a expressão de opiniões nas redes sociais, a propósito de casos judiciais ou que podem vir a constituir casos judiciais, porquanto esses comportamentos são suscetíveis de afetar a imagem pública global da justiça.

Do mesmo modo, tem vindo amiúde a ser abordada na comunicação social a questão das comissões de serviço exercidas por juízes, matéria relativamente à qual se impõe um particular rigor analítico, porquanto é muito grande o número de situações abarcadas por aquela figura, expressamente prevista no Estatuto dos Magistrados Judiciais (art.ºs 61.º a 63.º).

Com efeito, incluem-se aqui a assessoria técnico-jurídica prestada a Juízes Conselheiros no Supremo Tribunal de Justiça, no Supremo Tribunal Administrativo e no Tribunal Constitucional, o exercício de funções docentes ou de direção no Centro de Estudos Judiciários, a assessoria técnico-jurídica prestada a membros do Governo, designadamente na área da justiça, o exercício de funções governativas ou de direção em organismos sob tutela governamental (Direção-Geral da Administração da Justiça, por exemplo), bem como em organismos públicos situados fora da esfera governativa (Provedoria de Justiça, por exemplo), entre outros.

Como ressalta deste breve excurso, as dinâmicas envolventes destas funções são todas diferentes, sublinhando-se em alguns casos o total distanciamento da governação política, e assomando noutros a circunstância da proximidade com a governação política implicar tão somente o desenvolvimento de atividade de natureza técnica na área do direito,

e, antes de mais, da justiça-vingança, parece que o horizonte do acto de julgar é finalmente mais do que a segurança, a paz social.”

como sucede com a redação das leis ou propostas de leis em matérias da competência do Governo, nomeadamente no âmbito dos vários ramos de direito substantivo ou processual e da organização judiciária. A relevância da intervenção de juízes nestes domínios decorre do seu conhecimento direto do funcionamento interno do sistema de justiça, condição importante para que as reformas enfrentem os efetivos problemas existentes no setor e sejam ajustadas aos objetivos visados.

Estas diferentes dinâmicas das múltiplas modalidades de comissões de serviço convocam, pois, abordagens distintas no plano da ética profissional.

O reconhecimento do impacto público das diversas situações, associado à importância que os juízes devem dar à promoção da confiança dos cidadãos na justiça, em nome de quem a administram, justifica a consagração de um quadro de referência ético, no sentido de orientar os seus comportamentos, quando estes se possam refletir negativamente na imagem global da justiça.

Nesta linha de entendimento foi aprovado, em 2008, no seio da Associação Sindical dos Juízes Portugueses, o Compromisso Ético dos Juízes Portugueses, onde se consignou precisamente que:

> *"A formulação e apresentação dos princípios que integram o Compromisso Ético pretendem, especialmente:*
>
> - *Promover a independência, a imparcialidade, a integridade e a competência no exercício profissional e a vinculação aos valores da Justiça e dos Direitos Humanos, que qualquer cidadão legitimamente espera dos tribunais e de cada um dos juízes a quem é atribuída a protecção dos seus direitos;*
> - *Aumentar o grau de confiança pública no sistema de justiça, através da informação sobre os exigentes parâmetros de conduta que norteiam a actividade dos juízes;*
> - *Ajudar os juízes a encontrar respostas às questões de ética e da deontologia profissional, conferindo-lhes autonomia na respectiva decisão e reforçando a sua independência na relação com os outros poderes e a qualidade e responsabilidade na relação com os cidadãos."*[116]

[116] In http://www.asjp.pt/wp-content/uploads/2010/04/1-Vers%C3%A3o-em-portugu

Este código de ética deveria ainda prever um órgão de consulta, sem carácter vinculativo, precisamente por estarem apenas em causa orientações de conduta não disciplinares, para orientação dos próprios magistrados, criando-se, assim, uma "jurisprudência" de orientações éticas.

Esta separação entre disciplina e ética é referida no Código Ético da *Fiscalia* Espanhola como o primeiro princípio considerado essencial pelo grupo de trabalho que o sujeitou, depois, à aprovação por todos os magistrados. Este Código foi, portanto, concebido como um "Compromisso", tendo sido afastadas todas as propostas que tivessem menos de 70% de aprovação. Dele não pode resultar nenhum ilícito nem, em consequência, qualquer sanção.

A elaboração do código deverá ser participada, devendo abarcar elementos externos à Magistratura (como ocorreu em Espanha, na *Fiscalia*).[117]

%C3%AAs-COMPROMISSO-%C3%89TICO-DOS-JU%C3%8DZES-PORTUGUESES.pdf, pp. 5 a 6, acesso em 06.11.2022.

[117] Araújo, Rui Manuel Ataíde de, «O (projeto do) Código de Conduta dos Magistrados Judiciais», *Julgar*, fevereiro de 2021.

A aprovação de um código ético tem sido defendida por várias entidades, como o Grupo de Estados contra a Corrupção (GRECO), ou o TEDH – v. Sunday Times c. Reino Unido (n.º 1), de 26.04.1979 (§69); Piersack c. Bélgica, de 01.10.1982 (§30), Lingens c. Áustria, de 08.06.1986, Vogt c. Alemanha, de 26.09.1995 (§53), Reinhardt and Slimane-Kaïd c. França, de 31.03.1998, Daktaras c. Lituânia, de 10.10.2000, Lilly France c. França, de 14.10. 2003 (§25), Gujac. Moldova, de 12.02.2008 (§52) e Menchinskaya c. Rússia, de 15.01.2009 (§35).

De mencionar ainda o Estatuto Universal do Juiz, elaborado na reunião Mundial, em Taipé, em 1999; os Princípios de Bangalore de Conduta Judicial, adotados no seio do Gabinete das Nações Unidas sobre Drogas e Crime pelo Grupo sobre a Integridade Judicial, em 2007; a Carta Europeia sobre o Estatuto dos Juízes, adotada em 1998 no seio do Conselho da Europa; os Elementos de um Estatuto Europeu da Magistratura, redigidos pelos Magistrados Europeus para a Democracia e Liberdade (Medel), em Palermo, 1993; o Código Modelo Ibero-Americano de Ética Judicial, de 2006; o Código Ético dos Magistrados da Associação Nacional de Magistrados de Itália, 1995; e o Compromisso Ético dos Juízes Portugueses, acolhido no 8.º Congresso da Associação Sindical de Juízes Portugueses, em 2009.

A Lei n.º 52/2019, de 31.07, que veio aprovar "*o regime jurídico do exercício de funções por titulares de cargos políticos e altos cargos públicos*", determinou que "*Os Conselhos Superiores da Magistratura, dos Tribunais Administrativos e Fiscais e do Ministério Público estabelecem, com*

3.12. Um quadro deontológico para o exercício de funções diferenciadas no seio do judiciário – membros dos Conselhos Superiores e Juízes Presidentes

Uma das questões que se pode colocar, no plano da ética e deontologia, é a que respeita à definição de um conjunto de princípios ou regras atinentes às funções de governação no seio do judiciário, em concreto os membros dos Conselhos Superiores e os Juízes Presidentes.

Relembra-se que as regras estatutárias dos juízes se encontram pensadas para o exercício da função jurisdicional, e não para as emergentes funções conexas com a governação do judiciário, nomeadamente para as funções de juiz presidente e membro dos conselhos superiores.

A propósito dos deveres dos juízes com funções de gestão foi publicada pela Associação de Juízes da Eslovénia um conjunto de princípios, entre os quais:

> *"15. A judge with managerial responsibilities should treat all his colleagues and the court staff with respect and dignity and should not give the impression that he gives priority to any one of them. He should endeavour to be informed of everything that is going on in the workplace and* should not tolerate any conspiring, gossiping or slander among the employees.
>
> *16. His actions and decisions should be transparent. He should not succumb to any pressure and or attempts to influence him as regards the appointment, transfer or promotion of his subordinates. In assigning cases, he should comply with the Rules of Court and ensure the fair and equal distribution of work among all judges.*
>
> *17. He should be aware that an optimistic and creative working environment in a particular department or court cannot be established solely by issuing reprimands or cautions or by holding talks, but that praising, seeking out and highlighting the positive characteristics and achievements of individual persons who set an example for others to follow is also required.*

independência e autonomia, e no respeito pelos seus estatutos, os códigos de conduta aplicáveis, respetivamente, aos magistrados judiciais e do Ministério Público, a publicar no Diário da República e nos respetivos sítios na Internet, para desenvolvimento, entre outras, das matérias relativas a ofertas institucionais e hospitalidade" (art.º 19.º, n.ºs 1 e 3).

18. He should endeavour to maintain correct relations with all other judicial bodies and authorities and with other public authorities."[118]

Afigura-se que orientações com o conteúdo das expostas são relevantes para o estímulo do desenvolvimento de competências de relacionamento interpessoal, as quais são absolutamente imprescindíveis para o desempenho de funções de liderança, ocupando um lugar tão importante quanto as competências técnicas.

Avulta ainda, no caso particular da liderança em sede de judiciário, a necessária conciliação do exercício gestionário com os princípios estruturantes do Estado de Direito, destacadamente a independência judicial, o que reforça a visão da liderança judiciária como um território de consensos e de motivação.

No Compromisso Ético dos Juízes e da Juízas do espaço da Comunidade dos Países de Língua Portuguesa, a propósito do tema da Governação e Organização da Justiça, consta expressamente que *"Quando juízes ou juízas exercem cargos de administração e gestão dos tribunais, nomeadamente como membros de conselhos de justiça ou como presidentes de tribunais, vinculam-se a garantir a efetividade de todos os princípios e valores aqui salientados, promovendo o exercício independente e imparcial da função jurisdicional em todos os domínios."*[119]

III. Conclusões

O princípio da independência dos tribunais e dos juízes tem vindo a ser consolidado enquanto pilar do Estado de Direito e garantia de proteção dos direitos dos cidadãos.

[118] ETHICS AND INTEGRITY COMMISSION, Code of Judicial Ethics Commentary, Ljubljana, April 2016, Amended and updated version of January 2017, in Kodeks_sodniske_etike_komentar_ang_sept_2017.pdf, pp. 49-50.

[119] In https://www.paced-paloptl.com/uploads/publicacoes_ficheiros/241118_compromissoeticosjuizeslp.pdf, p. 5, consultado em 06.11.2022.
Aprovado no Fórum de Juízes/as sobre Integridade Judicial, realizado na cidade de Porto Alegre, Brasil, em novembro de 2018.

De entre as múltiplas possíveis vertentes de análise, concentrámos a nossa atenção nas interferências do novo modelo de organização judiciária e, em particular, da figura do juiz presidente, com o princípio da independência interna.

Uma ideia essencial a reter, no termo deste nosso percurso, é a de que a atividade jurisdicional do juiz encerra uma tripla dimensão, a saber, a decisão do processo, a direção da sua tramitação e o denominado "espaço de atuação jurisdicional do juiz".

Este último reporta-se ao conjunto de condicionantes da atividade jurisdicional do juiz, reconduzindo-se à disponibilidade de recursos logísticos e humanos sem os quais não é possível um desempenho eficiente da função de julgar.

Entendemos que o atual modelo organizativo não pode limitar, sob forma alguma, a liberdade do juiz quanto à decisão de cada processo concreto, assim como quanto à sua tramitação, aspetos nucleares salvaguardados pelo princípio da independência interna.

Quanto ao espaço de atuação jurisdicional do juiz, na medida em que este admite confluências com os demais juízes que partilham os mesmos recursos e atendendo a que a gestão dos aspetos envolvidos, no plano administrativo, compete ao juiz presidente, haverá que procurar consensos que permitam fazer a ponte entre as necessidades do serviço e as disponibilidades desses recursos, sempre escassas.

A fixação de objetivos processuais, a emissão de provimentos, a atribuição dos tempos de utilização das salas de audiência, a movimentação de oficiais de justiça, são tudo aspetos partilhados entre a gestão administrativa do juiz presidente e a gestão processual do juiz.

A este respeito propomos o estabelecimento de procedimentos que se encaixam no registo de *soft law*, na medida em que a densificação das normas terá de ser feita ao ritmo da sua vivência diária.

Mas a eficiência do desempenho dos tribunais não depende apenas dos recursos logísticos e humanos, assentando também na regulação da sua atividade jurisdicional, onde importa prever ferramentas que permitam simplificar procedimentos.

Nesta sede estamos já perante a necessidade de intervenções legislativas, a propor perante os órgãos constitucionalmente competentes para a sua aprovação.

Por último, deve ser sublinhada a inseparabilidade entre a independência judicial e a *accountability*, isto é, a necessária prestação de contas do judiciário, imperativo de uma justiça transparente, que aceita e compreende o escrutínio social como uma condição de legitimação da função soberana que exerce.

Capítulo 7
Conclusões e propostas

Equipa de coordenação
NUNO COELHO
JOSÉ MOURAZ LOPES
ANA DE AZEREDO COELHO
JOSÉ JOAQUIM OLIVEIRA MARTINS
ANTÓNIO JOÃO LATAS
SÓNIA MOURA

I. Desenho, estrutura e discussão

A agenda para a reforma da justiça de pendor sistémico que foi adotada em todo este relatório, com as características de programação e calendarização que lhe está inerente, terá de confluir numa conjugação estratégica e coordenada de medidas que necessariamente assumirão um peso ou uma prioridade condizente com o grau da sua necessidade, pertinência e oportunidade. O impacto das medidas e a sua graduação, sujeitas a um balanço necessário de custos e benefícios, não deixa também de ser uma condição necessária para a implementação adequada da reforma e a sustentabilidade das suas propostas.

Do conjunto das propostas aqui lançadas muitas exigirão alterações legislativas, com maior ou menor impacto na atuação dos tribunais e das demais instituições convocadas a esta agenda da reforma, sendo que algumas das propostas dizem respeito a processos legislativos em curso ou que necessitam de ser aprimorados.

Algumas dessas propostas, também assim, visam o reforço e clarificação do estatuto constitucional em determinados aspetos fulcrais do Estado de Direito, merecendo uma especial atenção do poder legislativo na eventualidade de ser aberto um processo de revisão constitucional.

Do mesmo modo, inúmeras das conclusões e propostas aqui em destaque dizem respeito a noções distintivas ou a padrões de reforma que apenas pretendem introduzir conhecimento, informação relevante ou pensamento estratégico nas políticas públicas desta área da justiça, influenciando da melhor forma os responsáveis concretos pelas decisões de reforma nos seus diversos planos.

Assinale-se, como bastamente refletido no texto dos antecedentes capítulos da fundamentação, que as propostas mais relevantes ou essenciais assentam numa visão de continuidade ou de longo prazo para a qual o calendário de uma legislatura não pode dar resposta. Necessitam, tais medidas, de consensos políticos e pactos de regime que se presumem naturais numa matéria constitucional que se encontra no âmago da democracia e na consonância devida entre a separação e a interdependência dos poderes.

São evidentes as exigências do tempo de convergência de crises que vivemos, a reivindicar especiais cautelas com a garantia do Estado de Direito e a necessidade do seu reforço e blindagem frente à erosão internacional a que infelizmente estamos a assistir. Também se torna evidente a necessidade de introduzir no sistema judicial adicionais mecanismos de agilidade, adaptabilidade e flexibilidade, os quais, sem perda das indispensáveis garantias procedimentais e instrumentais ínsitas à administração da justiça, permitam afirmar uma resposta jurisdicional mais célere, eficaz e eficiente. Essa qualidade da prestação jurisdicional, para a qual se ambiciona a excelência da sua função no contraponto com as suas essenciais finalidades política e constitucionais, em muito fica a depender da sua conexão com a revolução digital, informacional e organizacional a que estamos atualmente a assistir.

Nos treze tópicos que elegemos, à frente enunciados, e que classificamos segundo várias categorias, vai inerente a sua indispensável equação no curto, médio e longo prazo. Tais tópicos são fruto do desenvolvimento dos cinco grupos temáticos que estruturaram o trabalho deste *Think Tank* "Agenda da Reforma da Justiça".

Apesar de se partir de uma noção de reforma de pendor sistémico, existem uma diversidade de reformas incrementais que é necessário levar a cabo, bem como algumas propostas pontuais que ganham sentido quando inseridas na planificação mais global.

A grande maioria das propostas não exige despesa adicional, mas algumas dessas medidas impõem-na. Todos parecem querer que os tribunais ultrapassem a crise. Contudo, ambicionar esse resultado implica também disponibilizar os meios para o atingir: organização dos recursos onde existem, para permitir um acréscimo de eficiência, mas também de recursos adicionais onde estes escasseiam.

Face a esta contingência que é comum a todas as áreas das políticas públicas, sobressai a necessidade de uma ponderada programação a várias dimensões de calendarização, a convocar a ideia de uma lei de programação para a justiça que possa comportar uma verdadeira reforma estrutural da justiça, assente que seja num compromisso alargado do ponto de vista político, também a nível financeiro. Faz aqui todo o sentido uma maior articulação com os mecanismos de financiamento europeus e a elaboração de planos financeiros que assentem numa clara estratégia de sustentabilidade e de transição digital.

As propostas aqui lançadas, como atrás indicado, são o resultado da atividade de cinco grupos temáticos de reflexão aberta e alargada, tanto do ponto de vista temporal como na expressiva pluralidade das opiniões e da informação recolhidas.

Essa atividade de reflexão encontra-se devidamente expressa na fundamentação dos diversos relatórios temáticos que compõem os capítulos 2 a 6 deste relatório integral, aos quais foram adicionados um capítulo inicial de índole justificativa (capítulo 1) e uma introdução (Introdução), fundamentação essa que, no seu todo, reflete devidamente o trabalho da coordenação, dos diversos relatores e consultores, dos palestrantes e debatedores em seminários, dos entrevistados, muitos deles atores institucionais, e das opiniões manifestadas nos vários inquéritos realizados. Note-se que estamos a falar de um universo de várias centenas de pessoas envolvidas no projeto, de uma forma direta ou indireta, e que para ele contribuíram a níveis diversos.

Tais propostas só poderiam assentar, desse modo, no desbravar das diversas opções consensualizadas, após um caminho de discussão e de obtenção de enunciados convergentes que nem sempre é fácil de conseguir, pelo contrário.

Por isso mesmo, as propostas e conclusões à frente indicadas são o resultado desse esforço realizado por todas as equipas temáticas, mas foram assumidas, na sua síntese, pela equipa de coordenação temática, não vinculando nem pretendendo refletir a opinião das individualidades que integraram cada uma dessas equipas temáticas.

Verdade é que esse caminho percorrido não deixa de conferir, no entanto, um acrescido valor e legitimidade a estas conclusões e propostas, desde logo no que respeita à sua racionalidade técnica, social e institucional. Esta síntese conclusiva demonstra, do mesmo modo, a concretização dos objetivos primeiramente propostos ao *Think Tank* e, prova, além disso, mais do que tudo, que é possível programar e executar, de uma forma mais sustentada e sustentável, a ambicionada reforma da justiça.

As conclusões e as propostas são apresentadas nas seguintes categorias:

1. Agenda da reforma da justiça
2. Constituição Judiciária. Estado de Direito e direitos fundamentais
3. Governação da justiça e Conselhos Judiciais
4. Transparência e *accountability*
5. Cooperação e direito internacional
6. Justiça, economia e regulação
7. Justiça arbitral, mediação e conciliação
8. Justiça digital e inteligência artificial
9. Reformas processuais
10. Gestão dos tribunais, independência e jurisdição
11. Recrutamento e formação dos juízes
12. Carreira judicial e acesso aos tribunais superiores
13. Avaliação dos juízes, ética e disciplina

II. Conclusões e propostas

1. Agenda da reforma da justiça

1.1. A reforma da justiça tem de se afirmar por uma atitude responsabilizante e por um efetivo diálogo intergeracional, sem perda de atualidade e de uma resposta ágil e de adaptação à realidade em franca mutação, mas sempre de acordo com os pilares essenciais da democracia, designadamente do Estado de Direito, da garantia das liberdades e dos direitos fundamentais, da inclusão e da igualdade de todas pessoas, além da preservação e salvaguarda das demais espécies vivas e do ambiente.

1.2. As políticas públicas de reforma da justiça, tendentes a consolidar o Estado de Direito, têm de se concretizar não só numa lógica de articulação programática e institucional entre as várias instituições nacionais envolvidas, mas também na dimensão de integração e cooperação à escala da comunidade dos diversos países e nos demais domínios internacionais implicados (v.g. Nações Unidas, Conselho da Europa, União Europeia, Comunidades dos Países de Língua Portuguesa).

1.3. Os mecanismos de boa governação e acompanhamento dos indicadores de Estado de Direito (*rule of law index*) que venham a ser divulgados internacionalmente devem ser levados em devida conta para a ponderação das políticas públicas de justiça.

1.4. No desenvolvimento da agenda da reforma da justiça deverão ser convocadas e participar todas as vertentes da atuação política e constitucional, dando efetividade à cooperação interinstitucional dos órgãos políticos e constitucionais envolvidos (legislativo, executivo e judicial) com o alinhamento de uma lei de programação para a justiça.

1.5. Devem seguir-se critérios rigorosos de exigência e de saber no estabelecimento das regras e nas práticas de escolha e de nomeação dos cargos dirigentes e dos responsáveis pelas várias áreas e instituições de relevo para a justiça, promovendo-se o prestígio, credibilização e capacidade de atuação e afirmação da justiça e dos tribunais no seu todo.

1.6. As reformas constitucionais, estatutárias, organizativas e processuais da justiça devem seguir os mais rigorosos parâmetros de cariz político, legístico, financeiro e de gestão das políticas públicas, devidamente conjugados com a necessária programação das medidas a tomar, e, bem assim, com o acompanhamento e a avaliação das medidas já concretizadas.

1.7. As estatísticas e os dados empíricos, devidamente trabalhados, são elementos essenciais para a definição, monitorização e avaliação das medidas de reforma da justiça em Portugal, e devem, como tal, ser assim assumidos.

2. Constituição Judiciária. Estado de Direito e direitos fundamentais

2.1. Recomenda-se ao legislador nacional a necessidade de transposição expressa do direito da União Europeia em matéria de direitos fundamentais.

2.2. Recomenda-se a necessidade de ratificação, pela ordem jurídica portuguesa, do Protocolo n.º 16 à Convenção Europeia dos Direitos Humanos.

2.3. Recomenda-se a consagração constitucional das diversas dimensões da independência judicial, nomeadamente da independência dos juízes refletida no seu estatuto e na sua atividade jurisdicional.

2.4. E, do mesmo modo, a estipulação constitucional do estatuto dos juízes com a forma de "lei orgânica" (adicionando-o ao catálogo do n.º 2 do Art.º 166.º da Constituição da República Portuguesa), ou, pelo menos, com a consagração de maioria reforçada para a sua aprovação ou alteração, nos termos do n.º 6 do Art.º 168.º da Constituição da República Portuguesa.

2.5. Estabelecer constitucionalmente que a escolha dos presidentes dos Tribunais Superiores seja realizada, em todos eles, por eleição dos seus membros juízes.

2.6. Ponderar a participação intervenção de todos os órgãos de soberania no processo de nomeação dos juízes do Tribunal Constitucional, quer por via da indicação ou, eventualmente, nomeação de alguns juízes, nomeadamente pelo Presidente da República e pelos próprios CSM e CSTAF.

2.7. Os Conselhos Judiciais, isto é, o CSM e o CSTAF, devem ter idêntica consagração constitucional.

2.8. Admitir a possibilidade de recurso para os Supremos Tribunais quando estejam em causa direitos humanos, segundo um catálogo a fixar e com apreciação prévia pelos Supremos Tribunais da admissibilidade pelos critérios de relevância jurídica e social.

2.9. Assegurar, na lei constitucional, a existência e a tutela jurídica efetiva de direitos digitais, como verdadeiros direitos fundamentais das sociedades digitais, como sucede com os direitos previstos na Carta Portuguesa de Direitos Humanos na Era Digital (Lei n.º 27/2021, de 17 de maio).

2.10. Assegurar que os direitos fundamentais estabelecidos na Constituição sejam integralmente respeitados e tidos em conta na administração digital da justiça.

2.11. Assegurar o respeito pelos princípios essenciais relativos ao sistema judicial, nomeadamente no que se refere à sua estrutura e organização, no processo de transição digital da justiça.

2.12. Garantir o efetivo acesso de todos aos meios digitais necessários para fazer valer os seus direitos nos tribunais, como dimensão do acesso ao direito e aos tribunais, evitando que a exclusão digital tenha também repercussões a nível judicial.

3. Governação da Justiça e Conselhos Judiciais

Enquadramento normativo

3.1. É necessário melhorar a articulação entre os diferentes órgãos de governação do judiciário e melhorar a clarificação legal das suas competências.

3.2. Os Conselhos Judiciais devem ser dotados de leis orgânicas adequadas às suas funções alterando a do CSM, inteiramente desajustada, e publicando a do CSTAF, até agora inexistente.

3.3. Do mesmo modo, os Conselhos Judiciais devem ter estruturas de apoio e suporte adequadas às suas aatuais competências de gestão do sistema de justiça, muito mais vastas do que as cometidas na sua instituição.

3.4. Importa regulamentar a lei de autonomia administrativa dos tribunais de segunda instância, aguardada há mais de duas décadas e deve ser regulamentada a competência e funcionamento do plenário das Relações.

3.5. Deve ser revisto o Estatuto dos Oficiais de Justiça no sentido da sua maior vinculação funcional aos tribunais, maior flexibilização da organização, possibilidade de redefinição funcional e efetiva valorização das carreiras.

Membros

3.6. Os mandatos dos membros dos Conselhos devem ser suficientemente longos, a fim de possibilitar um exercício eficiente, sem possibilidade de renovação e em regime de exclusividade.

3.7. A eleição dos membros juízes deve prever a apresentação de candidaturas autónomas dos juízes de primeira instância e de segunda instância, privilegiando a ligação aos eleitores e a sua efetiva representatividade.

3.8. O regime de incompatibilidades e impedimentos dos membros dos Conselhos Judiciais deve ser claro e exigente, cumprindo densificar a equiparação aos juízes dos membros não juízes, em vigor desde 2020, e clarificar as incompatibilidades e impedimentos dos membros juízes.

Funcionamento

3.9. Os Conselhos Judiciais devem distinguir o planeamento estratégico e o exercício das competências relativas aos juízes, matérias reservadas ao Conselho Plenário e às secções do Conselho Permanente, da execução operacional.

3.10. A execução operacional deve ser cometida aos vice-presidentes, nomeadamente no que respeita à gestão dos tribunais, ao acompanhamento e à resposta às solicitações dos cidadãos e à informação geral sobre o judiciário, nas suas decisões e organização, com reclamação para os Conselhos Plenário ou Permanente.

Qualidade

3.11. Os Conselhos Judiciais devem fazer-se coadjuvar por especialistas na avaliação da qualidade da resposta dos tribunais, nomeadamente mediante a instituição de comissões *ad-hoc*, com carácter temporário e objeto previamente delimitado, modelo de autonomia definido e código de conduta aplicável.

3.12. Estas comissões instituídas *ad*-hoc, com carácter consultivo e pericial, devem garantir a participação de especialistas com perfis variados, incluindo juízes e pessoas especializadas nas matérias em causa, e ter como missão a análise de aspetos relevantes do funcionamento dos tribunais, delimitados pelos mesmos Conselhos.

3.13. Os Conselhos Judiciais devem fazer uma avaliação periódica dos sistemas de inspeção e disciplinar, suscitando pareceres de comissões técnicas, constituídas *ad hoc* pelos Conselhos, compostas por juízes e não juízes, com diversidade de habilitações e intervenção de personalidades de reconhecida independência e mérito nas respetivas áreas.

3.14. Do mesmo modo, devem ser criados nos Conselhos Judiciais observatórios-que funcionem como sismógrafos da violação de direitos humanos em áreas como a de família e crianças, asilo, execução de penas ou administrativa e fiscal.

3.15. No seio dos Conselhos Judiciais devem ser criados instrumentos autónomos de avaliação da qualidade do sistema judicial através de procedimentos abertos e participados de definição de critérios e parâmetros de aferição de natureza tanto qualitativa como quantitativa. O concurso de entidades e personalidades externas na análise do funcionamento dos Tribunais deve ser implementado com utilização do formato de comissões *ad-hoc* já proposto.

3.16. A avaliação deve ser feita de modo segmentado e especializado, por exemplo, por comarca, por jurisdição – de família e menores, criminal, da concorrência e regulação, comercial, do trabalho e administrativa e fiscal – ou por instâncias – tribunais de primeira instância, de segunda instância e Supremos Tribunais, com apresentação de um relatório final aos Conselhos.

Dados da Justiça e sistemas informáticos

3.17. A responsabilidade pelo tratamento dos dados da justiça deve ser atribuída com efetividade aos Conselhos Judiciais, mediante organismo específico no âmbito do sistema judicial, nos termos definidos pelo direito da União Europeia, totalmente independente, constituído exclusivamente por magistrados, a designar equitativamente pelo Conselho Superior da Magistratura, pelo Conselho Superior dos Tribunais Administrativos e Fiscais e pela Procuradoria-Geral da República.

3.18. Os Conselhos Judiciais devem determinar os dados cuja recolha nas estatísticas da Justiça entendam relevantes e promover a sua análise contextualizada, possibilitando a tomada de decisões mais condizentes com a realidade e a prestação de contas.

3.19. Os Conselhos devem intervir na área das estatísticas da justiça, nomeadamente na definição de critérios e na obtenção e cruzamento com dados de contexto.

3.20. A gestão do sistema informático de apoio à tramitação dos processos judiciais deve ser atribuída aos Conselhos, definindo as metas temporais a cumprir na transferência e os meios a atribuir para que ela se efetive.

Governação mista

3.21. O modelo de governação mista do judiciário, partilhada entre os Conselhos, os Tribunais e o Ministério da Justiça, impõe a instituição de boas práticas, protocolos, processos de partilha, de planeamento e recursos, de decisão e de coordenação, tudo isto numa cooperação interinstitucional dos órgãos políticos e constitucionais envolvidos (legislativo, executivo e judicial) e com o alinhamento de uma lei de programação para a justiça.

Orçamento

3.22. A proposta de orçamento dos tribunais deve ser elaborada em regime de *concordata*, entre o Ministério da Justiça e os Conselhos, com indicação das opções estratégicas de planeamento, dos objetivos e da ligação de uns e outros com os recursos, conforme programação plurianual da justiça (lei da programação da justiça), devendo distinguir-se os recursos afetos aos tribunais dos demais itens do orçamento do Ministério da Justiça.

3.23. O judiciário deverá ter uma intervenção decisiva ou vinculante na decisão sobre a afetação dos recursos necessários à sua missão, o que poderá suceder através da intervenção dos seus órgãos de gestão – CSM, CSTAF e PGR – nas decisões estratégicas da administração direta e indireta do Estado relacionadas com a justiça, em concreto no âmbito da governação do IGFEJ, DGPJ e DGAJ, seja criando um Conselho Estratégico ou um órgão de consulta.

3.24. A natureza constitucional dos Conselhos e a sua autonomia administrativa e financeira devem ser levadas a sério, estabelecendo a não sujeição a cativações, seguindo, por exemplo, o modelo de orientações internacionais que visam assegurar a independência das entidades reguladoras, ou a competência exclusiva dos seus órgãos máximos para as aplicar e dispensando autorização governamental para a contratação dentro do respetivo orçamento.

Objetivos

3.25. A definição de objetivos estratégicos para os tribunais, a consensualizar entre os Conselhos Judiciais, a PGR e o Ministério da Justiça, como deliberado pelo CSM em 2015, deve abranger:

(i) a gestão macro do sistema de justiça e de afetação de recursos (tanto a consideração dos recursos afetos quanto dos indispensáveis e do faseamento da sua obtenção);
(ii) as áreas de responsabilidade do Ministério da Justiça e seus serviços e institutos; e
(iii) a atividade global dos tribunais judiciais e não apenas a atividade jurisdicional ou processual.

3.26. Os objetivos estratégicos devem contemplar aspetos concretos e determinados da gestão do Judiciário, por exemplo, estabelecendo metas concretas a alcançar no domínio da dotação de meios e efetuando as correspondentes provisões orçamentais.

Recursos humanos

3.27. Os Conselhos Judiciais devem assumir as responsabilidades que têm na seleção e formação dos juízes e promover um novo modelo que selecione os mais aptos, afaste um academismo deslocado e se centre nas necessidades de capacitação mais do que na replicação do ensino universitário.

3.28. Os mesmos Conselhos Judiciais devem planear as necessidades de juízes e promover a sua adequação de quadros, seja nos tribunais de primeira instância, nas jurisdições que deles carecem, seja nos Tribunais da Relação e nos Tribunais Centrais Administrativos, de acordo com as necessidades que resultem dos dados de complexidade e movimento processual.

3.29. A colocação de recursos humanos deve ser articulada entre os mesmos Conselhos Judiciais, Procuradoria-Geral da República e Ministério da Justiça, nas respetivas áreas de competência, de modo a obstar a situações em que existem uns e faltam os outros.

3.30. O bem-estar e a saúde dos juízes deve constituir preocupação central dos Conselhos Judiciais, inscrevendo o tema em agenda e instituindo procedimentos de análise de risco com atenção à especificidade de cada jurisdição.

4. Transparência e prestação de contas (*accountability*)

Geral

4.1. A independência judicial e a *accountability* da atividade dos Tribunais e dos juízes são imperativos de uma justiça transparente, que aceita e compreende o escrutínio social como uma das condições de legitimação da função soberana que exerce.

4.2. A comunicação com os cidadãos deve ser tida como missão essencial dos Tribunais e dos Conselhos Judiciais, assumindo uma atitude proactiva, com o critério de informar com verdade, em linguagem acessível ao cidadão, admitindo os erros e explicando os condicionamentos, visando construir a literacia jurídica e judiciária sem a qual a democracia enfraquece.

4.3. Adoção pelo Conselho Superior dos Tribunais Administrativos e Fiscais de uma regulamentação idêntica ao Conselho Superior da Magistratura sobre obrigações declarativas de interesses e de património dos juízes, com iguais garantias no que respeita à verificação, acesso anonimato e periodicidade.

4.4. Devem ser aperfeiçoados outros mecanismos de transparência e *accountability*, estabelecendo-se esquemas de avaliação externa do sistema judicial em matérias específicas que não contendam com a independência e a autonomia dos tribunais e o estatuto dos juízes.

Publicação das decisões dos Tribunais

4.5. Deve ser dada prioridade à prossecução do princípio da universalidade da publicação das decisões judiciais, nas suas diversas instâncias, sem prejuízo do sigilo a considerar nos processos em que o mesmo seja estabelecido.

4.6. O Conselho Superior da Magistratura deve retomar o *European Case Law Identifier* (ECLI), inoperacional desde Novembro de 2021, devendo estender-se esse sistema à ordem dos Tribunais Administrativos e Fiscais.

4.7. Considerado o volume de decisões produzidas nos tribunais de 1.ª instância e nos tribunais superiores, deverá existir uma particular preocupação com os critérios de busca das decisões na base de dados, de modo que seja possível localizar, com facilidade, o objeto visado com a pesquisa.

Publicidade da gestão do sistema judicial

4.8. Os Conselhos Judiciais devem prestar informação pública sobre a sua atividade e assumir a prática da disponibilização dos elementos mais relevantes das reuniões dos seus órgãos, designadamente em conferências de imprensa.

4.9. A publicitação dos relatórios dos Conselhos Judiciais e dos Tribunais deve tornar-se lugar de amplo debate na sociedade, nomeadamente com discussão pública em cada tribunal e na comunidade em que está integrado, pelo que a apresentação do relatório dos Conselhos na Assembleia da República poderia seguir modelo idêntico ao que o Regimento da Assembleia da República prevê para o relatório do Provedor de Justiça.

4.10. Tais relatórios (dos Conselhos Judiciais e dos Tribunais) devem ser instrumentos destinados a amplo debate no espaço público, ser acessíveis, no meio de divulgação e na linguagem, e obedecer a critérios uniformizados de publicitação

4.11. As decisões disciplinares dos Conselhos Judiciais devem ser publicadas de forma anonimizada, habilitando a sociedade a conhecer a atividade disciplinar que atribuiu em exclusividade aos Conselhos, assim como o sentido das respetivas decisões.

4.12. A atividade inspetiva desses mesmos Conselhos na vertente dos tribunais, nomeadamente quanto às condições de trabalho; os critérios da atividade inspetiva de avaliação do mérito dos juízes devem ser objeto de divulgação pública clara, acessível e estruturada.

4.13. As Relações devem instituir a prática de apresentação de relatórios anuais a exemplo do que já sucede com os Tribunais Centrais Administrativos e obedecer à mesma publicidade prevista para os Conselhos Judiciais e os tribunais de primeira instância.

Relação com a comunicação social

4.14. Deve ser promovido o sistema de "juízes de imprensa" em cada tribunal, garantindo o conhecimento interno apropriado e a especialização técnica na comunicação, preferencial, mas não exclusivamente, através da formação dos juízes presidentes para o desempenho dessa função.

4.15. A síntese das decisões com impacto no espaço público deve ser publicada, sempre que necessário, com respeito pelo tempo da comunicação social.

4.16. Deve ser previsto gabinete de imprensa na orgânica do CSTAF, tal como acontece com o CSM, e deve ser revisto e divulgado o plano de comunicação de ambos os Conselhos Judiciais, tanto junto dos juízes como junto da comunicação social.

Comunicação com os cidadãos

4.17. Os mecanismos de apresentação de queixas devem ser revistos, desde logo com a colocação de um separador dedicado nos sítios dos Conselhos Judiciais, disponibilizando informação específica sobre o âmbito de intervenção dos Conselhos, as limitações dessa intervenção e as razões que as justificam.

4.18. Os procedimentos de apresentação e tratamento das denúncias devem ser regulamentados, nomeadamente quanto à restrição do seu âmbito a suspeitas de atos corruptivos, às condições de admissibilidade de denúncias com proteção de identidade, à possibilidade de arquivamento liminar de denúncias que visem exercer pressão ou retorsão pelo normal exercício das funções jurisdicionais ou sem conteúdo factual suscetível de investigação e à natureza sigilosa dos procedimentos, bem como à disponibilização de informação pública sobre a existência desses canais de reporte e procedimentos aplicáveis.

4.19. Devem ser instituídos procedimentos de tratamento das queixas, garantindo no respetivo procedimento o estatuto do denunciante nos termos previstos na Diretiva EU 2019/1937 e na Convenção das Nações Unidas sobre Corrupção, e divulgados os seus resultados.

4.20. Os Conselhos Judiciais devem promover mecanismos de auscultação regular de pessoas, de empresas e de associações representativas de diversos sectores, por exemplo, de operadores económicos, como forma de avaliar da resposta dos tribunais e das expectativas da comunidade.

4.21. Deve ser criada uma página de internet de comunicação direta entre cada um dos Conselhos Judiciais e os cidadãos, onde para além da resposta institucional a dúvidas e questões pertinentes sejam publicitadas notícias de processos mais mediáticos (cfr., a título de exemplo, https://www.pgdlisboa.pt/novidades).

4.22. Os Conselhos Judiciais devem promover a utilização das redes sociais como forma de comunicação direcionada para o cidadão, com a prestação de informações essenciais e explicadas de forma acessível sobre o funcionamento dos tribunais e a tramitação dos processos.

4.23. Os Conselhos Judiciais e os Tribunais devem promover ações de divulgação do funcionamento do sistema de justiça tanto junto do público em geral como direcionados a públicos específicos (v.g. escolas, eventos, *open days*).

5. Cooperação e Direito internacional

5.1. Devem ser reforçados os canais de cooperação internacional de todas as instituições da área da justiça, à escala da comunidade dos diversos países e nos demais domínios internacionais implicados (v.g. Nações Unidas, Conselho da Europa, União Europeia, Comunidades dos Países de Língua Portuguesa).

5.2. Deve ser adotado um mecanismo de boa governação e acompanhamento dos indicadores de Estado de Direito (*rule of law index*), específico para os países que integram a Comunidade dos Países de Língua Portuguesa, baseado numa comissão de peritos nacionais e internacionais nesta área, em linha com os projetos de consolidação do Estado de Direito desenhados para esse conjunto de países.

5.3. Os canais de troca internacional de informação e de experiências devem ser robustecidos, designadamente no campo da formação jurídica e judiciária e também da cooperação legal internacional.

5.4. Importa criar uma lei específica ou conjuntos de leis setoriais que institua(m), de um modo simples e inequívoco, os procedimentos necessários à efetivação do direito internacional na ordem jurídica interna, adaptando-o ao direito interno, estabelecendo prazos, competências e meios procedimentais adequados para o efeito.

5.5. É necessário assegurar a atualização do direito penal (e contraordenacional), adaptando-se continuamente às alterações sociais e digitais, muito mais rápidas do que anteriormente, com o surgimento de novos tipos legais e a modificação de outros já existentes.

5.6. Deve ser garantida a alocação de meios humanos suficientes à tramitação de processos do Tribunal Europeu dos Direitos Humanos em que Portugal é Estado demandado.

5.7. A cooperação rápida e eficaz entre Estados e entidades de vários países deve ser assegurada, em especial a nível da cessação da atividade criminal, da recolha e produção da prova e da execução de decisões.

5.8. Devem ser estabelecidas formas de comunicação entre os vários sistemas informáticos (públicos e privados) que permitam uma rápida, simples e eficaz transmissão de dados, comunicações e pedidos entre as várias entidades, reduzindo também o recurso ao papel e permitindo uma maior comunicabilidade e interoperacionalidade entre esses sistemas, o mesmo devendo suceder a nível internacional, em especial a nível da produção de prova transnacional, na transmissão de pedidos e processos e na cooperação judiciária internacional.

5.9. É importante que o sistema judicial mantenha e desenvolva a cooperação também com entidades privadas, que são essenciais para a obtenção de prova digital, como sucede a nível do *blockchain*, bem como para a própria apreensão de ativos virtuais.

5.10. Devem ser introduzidos mecanismos legais de limitação da encriptação de comunicações e de dados de forma a permitir o acesso excecional aos mesmos por parte das entidades legalmente autorizadas para o efeito.

6. Justiça, economia e regulação

Justiça e economia

6.1. Deve ser reforçado o acompanhamento dos dados estatísticos, da recolha de outros tipos de dados e do seu tratamento conjunto, da construção de metodologias e indicadores, em matérias referentes aos processos entrados, pendentes e apreciados pelos tribunais, às partes envolvidas, ao fluxo de processos e aos atos praticados, ao tempo que é envolvido em cada um dos atos e na integralidade dos processos, aos tipos de litigância e de litigantes encontrados, às tarefas e à produtividade dos magistrados e dos funcionários judiciais, à qualidade das tarefas e das decisões produzidas, pois os mesmos são elementos vitais para apurar das opções de reorganização, sistematização e avaliação da programação e execução das políticas de reforma da justiça mas também e sobretudo para a planificação e a organização das própria atividade dos tribunais, nos seus vários planos de operacionalidade.

6.2. Os decisores das políticas públicas da justiça devem utilizar de modo efetivo o acervo de metodologias e de instrumentos que têm vindo a ser produzidos na sequência da atividade de várias instituições de investigação, análise e administração judiciária, à escala global, que beneficiam, facilitam e estruturam a ponderação das respostas mais apropriadas à regulação da procura e da oferta judiciárias e também à boa organização, administração e gestão da atividade dos tribunais segundo os parâmetros de eficiência, qualidade e até de excelência comummente aceites.

6.3. Deverá ser ponderada a introdução da análise custos/benefícios relativamente ao recurso às vias jurisdicionais para a composição de um litígio, a resolução de uma causa ou a aplicação de um qualquer tipo de sancionamento, e, também, a adoção da racionalidade económica ao próprio processo ou ao contencioso judicial segundo parâmetros de desempenho e eficácia, com plena garantia do *direito ao juiz*.

Regulação

6.4. Existem múltiplas necessidades normativas digitais que devem ser supridas pelo legislador, que deve procurar criar regras para os novos domínios digitais carecidos de regulação, como sucede, por exemplo, a nível contratual, da responsabilidade civil, da personalidade jurídica digital, e de novas figuras com relevância jurídica, como as *criptocoins*, o *blockchain*, os *smartcontracts*, o *metaverso*, etc..

6.5. A inteligência artificial deve ser regulada na sua utilização, em especial em domínios em que o seu uso se pode revelar mais danoso ou prejudicial, maxime devido à natureza dos dados pessoais em que assenta ou às finalidades prosseguidas com a sua utilização, como sucede a nível judicial.

6.6. Deve existir uma reflexão profunda sobre a forma como está a ser utilizada (e irá ser usada futuramente) a inteligência artificial e os limites e regras que devem ser aplicáveis à mesma.

7. Justiça arbitral, mediação e conciliação

7.1. Deve ser aperfeiçoado o sistema de justiça arbitral, designadamente por forma a:

a. estabelecer requisitos legais objetivos e inequívocos que garantam os necessários padrões de imparcialidade e independência dos árbitros em todos os sistemas de arbitragem;

b. garantir a publicidade das decisões dos tribunais arbitrais, incluindo as decisões do Tribunal Arbitral do Desporto;
c. rever as taxas de arbitragem do Tribunal Arbitral do Desporto;
d. articular os sistemas recursivos da arbitragem com o recurso de constitucionalidade;
e. ponderar a anonimização todas as decisões arbitrais administrativas; e
f. concretizar a definição de Arbitragem internacional.

7.2. Deve regular-se e incentivar a autorregulação *online* e até a existência de algum tipo de resolução alternativa de litígios ou de arbitragem voluntária *online*.

7.3. É também necessário que exista sempre, nos litígios *online*, a possibilidade de recurso à via judicial, de forma rápida e eficaz, possivelmente de forma exclusivamente *online* (ODR) e muito simplificada.

7.4. O quadro legal e organizacional judicial existente entre nós deve ser alterado para permitir uma resolução célere e efetiva dos litígios *online*, incluindo a nível da cooperação judiciária internacional para a execução eficaz e rápida das respetivas decisões.

7.5. O Estado, os seus diversos organismos e serviços e as empresas públicas devem promover a composição dos litígios que os opõem aos particulares, nomeadamente de acordo com decisões judiciais constantes proferidas no mesmo sentido, antes da sua entrada no sistema judicial.

8. Justiça digital e inteligência artificial

8.1. A Justiça Digital deve ser assumida, pelo legislador da reforma da justiça, como um desafio ao próprio sistema judicial, mas também como uma possibilidade para melhorar e tornar mais eficaz o seu funcionamento.

8.2. Essa reforma deverá ponderar, do mesmo modo, as alterações derivadas da revolução digital e sentidas no seio das profissões jurídicas e no seu modo de trabalhar, compondo as adequadas soluções legislativas e organizacionais.

8.3. O sistema informático de apoio à gestão e tramitação dos processos judiciais deve ser classificado como sistema crítico da República, com o inerente protocolo de regras de segurança e de registo e acesso ao código-fonte.

8.4. Deve ser assegurada a transferência do controlo e da gestão dos sistemas de informação do Ministério da Justiça para os Conselhos Judiciais, de forma a garantir a autonomia e independência do sistema judicial.

8.5. A gestão, tutela e controlo, desses sistemas, a nível de *hardware* e *software*, deve ser atribuída a esses Conselhos e devem ser definidas as metas temporais a cumprir na transferência e os meios a atribuir para que ela se efetive.

8.6. Na fase de transição das transferências deve ser: (i) instituída a participação dos Conselhos Judiciais na gestão do sistema, nomeadamente pela designação de representante que poderá ser comum e que tome parte nas decisões do conselho de administração do IGFEJ que afetem os tribunais; e (ii) disponibilizados aos Conselhos os meios técnicos que lhes permitam cumprir com a sua responsabilidade de fiscalizar o sistema.

8.7. Essa transferência deverá ser realizada de forma a adequar melhor esses sistemas às finalidades a que se destinam, permitindo, do mesmo modo, o seu desenvolvimento com a intervenção direta de quem trabalha quotidianamente com os mesmos.

8.8. Dotar os quadros dos tribunais de pessoal de carreira informática específica com requisitos de habilitação próprios e estatuto remuneratório adequado.

8.9. Os dados contidos nos processos judiciais são, em regra, pessoalíssimos, sendo muito importante que se assegure cabalmente a proteção desses dados, para o que é imprescindível que os Conselhos Judiciais assumam todas as suas responsabilidades nestas matérias.

8.10. O sistema judicial deve ponderar o recurso às chamadas *legaltech* e *legal design*, que têm potencialidades para alterar profundamente o modo como o direito é aplicado e o funcionamento do sistema judicial.

8.11. Deve ser ponderada a aplicação da inteligência artificial a nível do *case management* e da gestão dos próprios tribunais e, num estádio posterior, da RPA (*robotic process automation*) e da *hyperautomation*.

8.12. Devem ser asseguradas as condições legais e técnicas para a atividade remota dos tribunais, designadamente através das videoconferências que devem ser realizadas com qualidade, homogeneidade e fidedignidade.

8.13. Deve refletir-se (e depois procurar regular) sobre o teletrabalho no âmbito judicial, em particular sobre a necessidade de assegurar (e de que forma) algum tipo de permanência física dos magistrados nos tribunais *ou* se as suas funções poderão ser substancialmente realizadas à distância.

8.14. É necessário assegurar, por meio de modificações legislativas, que a possibilidade de realização de julgamentos virtuais não se aplica da mesma forma a todos os tipos de processos e julgamentos, devendo antes depender, por exemplo, da natureza e dos interesses inerentes ao processo, da vontade das partes e do próprio entendimento do juiz que presidirá à audiência final.

8.15. Na justiça criminal, os julgamentos dos crimes mais graves devem ser realizados, em regra, presencialmente e na própria zona onde os mesmos terão sido praticados, para não se perder, desde logo, a função simbólica da sua realização nesse local e a própria regra da audiência pública, garantida a nível do direito internacional e constitucional.

8.16. Em qualquer intervenção legislativa relativa à aplicação da IA no sistema judicial, deve sempre atender-se à Carta Europeia de Ética sobre o Uso da Inteligência Artificial em Sistemas Judiciais e seu ambiente adotada pela CEPEJ (Comissão Europeia para a Eficácia da Justiça) na sua 31.ª reunião plenária (Estrasburgo, 3 e 4 de dezembro de 2018), bem como a outros textos e recomendações emanados de diversas outras entidades internacionais, como a ONU ou a OCDE.

9. Reformas processuais

9.1. Regular expressamente a suspensão do processo para suscitar uma questão prejudicial ao Tribunal da Justiça da União Europeia (TJUE) nas várias leis e códigos de processo, aplicáveis em todas as jurisdições.

9.2. Prever, como finalidade eventual da audiência prévia, nos processos que a admitam, a discussão da causa no plano do direito da União Europeia e/ou a oportunidade de reenvio prejudicial.

9.3. Sistematizar listas temáticas, por jurisdição (civil, laboral, penal, fiscal, etc.), de pedidos de reenvio prejudicial e respetivas decisões pelo TJUE.

9.4. Consagração de meios processuais mais simples e claros para implementação das medidas cautelares previstas no Art.º 39.º do Regulamento do Tribunal Europeu dos Direitos Humanos.

9.5. Garantir a atualidade do sistema processual em geral, permitindo a transição digital da atividade processual dos tribunais, nomeadamente com:

a. a alteração das normas legais relativas à prova, de forma a englobar a prova digital e as suas concretas especificidades, ponderando também a introdução de novas tecnologias para o efeito, como o *e-discovery* e o *e-filing*;
b. a criação de normas específicas relativas à obtenção, validade, fidedignidade e valor probatório da prova digital (que é facilitada, em muitos casos, pela existência da tecnologia de *blockchain*);
c. a ponderação sobre a forma de realização das diligências judiciais e a produção da prova de forma remota e em ambiente digital, garantindo que as mesmas não afetam a valoração probatória a efetuar pelo julgador, a igualdade de armas e a realização da justiça em cada caso concreto;
d. a utilização da inteligência artificial (IA), numa primeira etapa, como uma espécie de assistente judicial eletrónico, para, por exemplo, preparar e auxiliar o juiz na redação das decisões finais, reconhecer o tipo de argumentação utilizado pelas partes (*argument mining*), ou para analisar dados complexos (*data mining*);
e. a reflexão sobre a utilização judicial dessa IA, nomeadamente a forma como mesma é processualmente utilizada e tem influência na tomada de decisão final, de forma a que as partes se apercebam dessa utilização e possam colocar a mesma em causa, nomeadamente em sede de recurso dessa decisão;

f. a garantia que a IA não permite aplicações perniciosas no sistema judicial, nomeadamente utilizando os dados existentes de forma prejudicial para o mesmo, devendo evitar-se que os dados relativos aos magistrados possam ser reutilizados para avaliar, analisar, comparar ou prever as suas práticas profissionais; e
g. o impedimento de se criarem algoritmos específicos para a decisão de casos judiciais sem interferência humana do julgador, ou que façam predições sobre o comportamento futuro de infratores (por maioria de razão nos processos criminais), podendo, com muita cautela, iniciar-se essa aplicação da IA em processos mais simples de natureza cível, sujeitas depois, eventualmente, a reclamação para um juiz "físico".

9.6. Concretizar alterações ao regime de acesso à justiça constitucional, designadamente:

a. ponderar a supressão do recurso de constitucionalidade e trânsito para o modelo "europeu" de suspensão da instância, cumulando-o (ou não) com a figura do recurso de amparo ou da queixa constitucional;
b. objetivar e flexibilizar o recurso de partes para o Tribunal Constitucional;
c. alterar o Art.º 70.º, n.º 1, al. i) da Lei do Tribunal Constitucional no sentido de esclarecer se ele se aplica ao direito da União Europeia e em que medida;
d. reconfigurar o controlo misto ou atribuir efeitos *erga omnes* às decisões do Tribunal Constitucional em sede de recurso;
e. acomodar a Lei do Tribunal Constitucional ao regime da responsabilidade civil do Estado; e
f. ponderar o alargamento da legitimidade processual ativa em fiscalização abstrata preventiva, considerando, nomeadamente, as propostas que, a esse propósito, foram apresentadas aquando da revisão constitucional de 1997.

9.7. No âmbito da jurisdição financeira (jurisdição do Tribunal de Contas):

a. clarificar a natureza jurisdicional da fiscalização prévia a que se aplica, subsidiariamente, com as devidas adaptações, o regime do Código de Processo Civil; e
b. concretizar alterações ao regime processual da responsabilidade financeira designadamente:
   i. adotar um modelo unitário de responsabilidade financeira;
   ii. institucionalizar a possibilidade de responsabilidade financeira das pessoas coletivas que sejam beneficiárias a qualquer título de dinheiros ou outros valores públicos;
   iii. concretizar o princípio da igualdade, de modo que todos os que no exercício das funções no âmbito de qualquer entidade sujeita à jurisdição financeira pratiquem por ação ou omissão uma infração financeira, sejam responsáveis;
   iv. restringir as consequências da responsabilidade em função de um princípio da diferenciação;
   v. estabelecer clara e especificadamente a dimensão da culpa no âmbito da responsabilidade financeira e das suas causas de exclusão, nomeadamente para quem atuar em conformidade com pareceres prévios obrigatórios; e
   vi. estabelecer o princípio da reposição ou reparação com base no dano ou prejuízo patrimonial, quando o responsável atue com dolo ou culpa.

9.8. Em sede de apoio judiciário, propõe-se a seguinte alteração ao Art.º 30.º da Lei do Apoio Judiciário:

> "1 – (...)
>
> 2 – Na sequência da notificação da sua nomeação, poderá o Patrono Oficioso, no prazo de que dispõe para a propositura da ação, expor, de modo fundamentado, perante o Conselho Distrital competente, que a pretensão formulada pelo beneficiário é manifestamente infundada, recusando a propositura da ação.
>
> 3 – O Conselho Distrital decide, de modo fundamentado, comunicando ao beneficiário a recusa de patrocínio para a ação pretendida ou, no caso contrário, concedendo escusa ao Patrono nomeado e procedendo à sua substituição.

4 – O beneficiário pode impugnar a decisão de recusa de patrocínio para o tribunal competente, aplicando-se as normas relativas à impugnação deduzida contra a decisão de indeferimento do pedido de apoio judiciário pela Segurança Social."

9.9. No domínio da legislação processual civil propõem-se as seguintes alterações:

a. estabelecer um maior diálogo entre o legislador processual civil e processual administrativo, por forma a ponderar-se a introdução, com as devidas adaptações, num e noutro ramo, das soluções de simplificação e agilização processual que se mostraram positivas na sua aplicação prática, como acontecerá com a adoção, no processo civil, do mecanismo dos Art.ºs 48.º, 90.º, n.º 4, e 99.º, todos do Código do Processo nos Tribunais Administrativos, no que respeita à seleção de processos de andamento prioritário, à instrução deferida ou do regime atinente aos procedimentos de massa;
b. adoção de outros mecanismos de simplificação processual, como os seguintes:
   i. quando se frustre a citação do réu na morada indicada pelo autor, considerar como morada do réu, para efeitos da sua citação, aquela que consta da base de dados dos serviços de identificação civil;
   ii. nas ações sob forma de processo comum, que não sejam contestadas, quando deva ser proferida decisão de procedência, poderá a mesma traduzir-se na mera adesão aos fundamentos de facto e de direito enunciados na petição inicial, precedida apenas da identificação das partes e do objeto do litígio; e
   iii. nas ações de valor não superior à alçada do tribunal de 1.ª instância, deve ser prevista a desnecessidade da documentação integral da sentença em ata, à semelhança da solução adotada no processo penal, sob forma sumária (assim, no Art.º 389.º-A, do Código de Processo Penal.
c. aumento do limite da taxa sancionatória excecional prevista no Art.º 531.º do Código do Processo Civil (CPC), fixando-o em 50

UC, isto é, metade do limite máximo aplicável à multa no âmbito do incidente de litigância de má fé;

d. eliminação do n.º 6 do Art.º 502.º do CPC que prevê uma limitação ultrapassada à utilização dos meios de comunicação à distância na produção de prova testemunhal;
e. alteração do n.º 1 do Art.º 520.º do CPC nos seguintes moldes: "Quando ocorra dificuldade de comparência de quem deva depor na audiência, pode o juiz determinar, com o acordo das partes, que sejam prestados, através da utilização de telefone ou outro meio de comunicação direta do tribunal com o depoente, designadamente meios de comunicação virtuais, quaisquer esclarecimentos indispensáveis à boa decisão da causa, desde que a natureza dos factos a averiguar ou esclarecer se mostre compatível com a diligência"; e
f. prever na lei que quando estejam em causa apenas as alegações finais das partes, a audiência pode ser realizada à distância, propondo-se a seguinte alteração ao Art.º 604.º do CPC, introduzindo um novo n.º 9 com a seguinte redação: "As alegações orais podem ser prestadas por meios de comunicação à distância".

9.10. Promover alterações na dimensão processual da justiça administrativa e fiscal, designadamente as já propostas noutras instâncias, a saber:

a. clarificar a competência material dos juízos de competência especializada administrativa dos tribunais administrativos de círculo;
b. criar um regime processual simplificado aplicável a processos, administrativos ou tributários, de valor que não exceda os € 5.000,00;
c. uniformizar os prazos legais para a prática de atos pelo Ministério Público em processo tributário;
d. eliminar a ação administrativa em sede de contencioso tributário e consagrar a impugnação judicial como forma processual comum a todos os atos em matéria tributária não abrangidos por outras formas processuais;
e. simplificar a fase instrutória, introduzindo a possibilidade de apresentação pelas partes de um projeto instrutório conjunto;
f. limitar o número de testemunhas a inquirir nos processos cujo valor não exceda a alçada do tribunal tributária de 1.ª instância;

g. introduzir a possibilidade de produção de alegações orais finda a produção de prova testemunhal;
h. introduzir normas com vista à efetiva simplificação da elaboração da sentença, traduzindo a remissão, a sumariedade e a essencialidade como suas características em casos concretos;
i. ampliar os casos de apensação de processos e de processos com andamento prioritário;
j. alterar o Regime Geral das Infrações Tributárias, por forma ao mesmo contemplar a regulação dos casos de decisão por mero despacho e introduzindo mecanismos de simplificação da tomada de decisão;
k. clarificar os critérios relativos à competência dos juízos especializados;
l. adotar uma norma idêntica à que se encontra prevista no Art.º 595.º, n.º 3, do Código de Processo Civil, em substituição da primeira parte da norma contida no Art.º 88.º, n.º 2, do Código do Processo dos Tribunais Administrativos;
m. uniformizar os prazos de decisão nos processos urgentes; e
n. consagrar no CPTA e no CPPT normas próprias relativas quer aos princípios gerais, quer a aspetos mais particulares, de forma a ser residual a aplicação de normas processuais a título subsidiário.

9.11. Concretizar alterações no sistema processual penal, designada mente:

a. regular expressamente a suspensão do processo penal para suscitação de uma questão prejudicial ao TJUE, alterando o Art.º 7.º do Código de Processo Penal;
b. repensar o regime de recursos para o Supremo Tribunal da Justiça, nomeadamente com a dinamização dos recursos para fixação de jurisprudência;
c. criar condições para uma garantia efetiva do direito da defesa, inclusivamente para aqueles que não possuam meios económicos; e
d. garantindo que a intervenção pública das mais altas figuras da advocacia e das magistraturas observe sempre os respetivos deveres estatutários de reserva.

10. Gestão dos tribunais, independência e jurisdição

Gestão dos Tribunais

10.1. Necessidade de maior definição da independência interna do juiz em face da gestão dos tribunais e da gestão dos contingentes processuais que àquela é inerente, sendo recomendável o estabelecimento de boas práticas que salvaguardem o espaço de atuação jurisdicional do juiz, nele se compreendendo a decisão jurisdicional, o andamento e a tramitação do processo e, ainda, um espaço de liberdade de atuação organizativa e gestionária do próprio juiz (ou coletivo de juízes no caso de um tribunal coletivo) – espaço alargado de atuação jurisdicional – que de acordo com as condições e as possibilidades do tribunal em concreto e na proporção da sua qualidade, complexidade e hierarquia funcional, deve atribuir ao mesmo juiz uma estrutura variável de equipamentos, recursos logísticos e sobretudo recursos humanos sujeitos à sua gestão imediata e direta (v.g. gabinete do juiz).

10.2. Nessa consideração, os tribunais, judiciais e administrativos e fiscais, devem ver reforçada a sua estrutura de recursos humanos, materiais, tecnológicos e organizacionais, de forma a integrar a constituição deste gabinete do juiz.

10.3. Deverá institucionalizar-se a coordenação entre os vários presidentes dos tribunais de segunda instância (Relações e Tribunais Centrais Administrativos), nomeadamente com reuniões periódicas a concretizarem-se nos respetivos Conselhos Judiciais (CSM ou CSTAF), em matérias de interesse comum, nomeadamente de organização e gestão dos tribunais, de conflitos de competência ou de boas práticas de gestão processual.

10.4. Devem ser atribuídos poderes efetivos de gestão administrativa aos juízes presidentes dos tribunais de primeira instância, descentralizando algumas das matérias que cabem atualmente aos Conselhos Judiciais e ao Ministério da Justiça.

10.5. Devem ser estabelecidas boas práticas, no sentido de melhor compatibilizar os espaços de atuação jurisdicional dos vários juízes que integram um tribunal, na medida em que este admite confluências com os demais juízes que partilham os mesmos equipamentos e recursos e atendendo a que a gestão dos aspetos nele envolvidos, no plano administrativo, compete ao juiz presidente, privilegiando a procura dos necessários consensos e busca equitativa de soluções.

10.6. Deve ficar expressamente prevista a prévia audição dos juízes, de modo uniforme, nos Regulamentos das Comarcas, em todas as situações atinentes ao funcionamento do tribunal suscetíveis de contenderem com o seu estatuto e a sua função jurisdicional, nomeadamente com a aprovação de regulamentos, de atos relativos ao desempenho, fixação de objetivos processuais, afetação dos oficiais de justiça ou utilização das salas de audiência.

10.7. Nesse sentido, deverão ser aplicadas, para o efeito, com as devidas adaptações, as normas previstas nos Art.ºs 121.º e ss., do Código de Procedimento Administrativo, para a participação dos interessados, admitindo-se a pronúncia dos magistrados judiciais em reunião ou por escrito, conforme mais adequado ao caso.

10.8. Do mesmo modo, o agendamento das reuniões pelo Juiz Presidente deve ser comunicado com indicação dos assuntos a tratar, com o grau de fundamentação ajustada à participação informada dos juízes.

10.9. A proposta de uma nova fixação de objetivos, por referência aos fixados no período anterior, sobre as quais os juízes se devam pronunciar, deve constar e ser comunicada com uma antecedência mínima na notificação que designe data para a reunião de fixação sua realização.

10.10. Quando não existirem salas de audiência suficientes para garantir a cada juiz a disponibilidade exclusiva de uma sala de audiência, a gestão deve ser feita através de funcionalidade digital segundo critérios consensualizados entre os juízes.

10.11. Deve ser assegurado ao juiz que intervenha em julgamentos realizados fora do edifício do tribunal e dele distante:

- que lhe seja facultado carro de serviço para transporte desde o tribunal até ao local onde o julgamento se realize, ou
- que lhe seja pago o transporte, sem recurso ao reembolso, designadamente, através de adjudicação direta a serviço de transporte público de passageiros.

10.12. Sempre que possível, as situações onde seja necessário substituir juízes ou acudir a necessidades de serviço devem ser resolvidas no movimento judicial ordinário, através da colocação de juízes auxiliares.

10.13. Quando se opte pela medida de acumulação de funções, devem ser enunciados os critérios que presidiram à seleção dos juízos beneficiários dessa medida.

10.14. Deve ser criado um quadro, em cada circunscrição jurisdicional (v.g. comarca), integrado por todos os juízes que se disponibilizem para exercer funções em acumulação, os quais seriam selecionados para o concreto desempenho dessas funções, em cada caso, por aplicação de critérios previamente definidos, com preferência para os juízes de jurisdição igual àquela que vai beneficiar da medida, dos que têm proximidade geográfica e dos que apresentam menor pendência.

10.15. Quando sejam criados novos lugares, por via normativa, na eventualidade destes lugares serem extintos, deve ser publicada, em simultâneo com a decisão de extinção, uma norma transitória, estabelecendo as condições em que ficam os juízes nomeados para esses lugares, designadamente prevendo um regime de preferências no movimento judicial ordinário subsequente, atentos os princípios da proporcionalidade e da segurança jurídica, bem como o interesse na salvaguarda da vida pessoal e familiar do magistrado judicial (Art.º 44.º, n.º 1, do Estatuto dos Magistrados Judiciais).

10.16. Deve ser instituída a prática de avaliação da qualidade da atividade do Juiz Presidente, designadamente no respeito pela independência interna dos juízes do respetivo tribunal, sendo que o resultado dessa avaliação deve ser incluído nos elencos dos critérios a atender na tomada de decisão sobre a renovação da nomeação em comissão de serviço do Juiz Presidente.

10.17. Tal avaliação/monotorização pode ser realizada anualmente, através de um questionário eletrónico anónimo, disponibilizado *on line*, com recurso, por exemplo, à escala *Likert*.

10.18. As secretarias judiciais deverão ser organizadas de modo flexível, permitindo a instituição de secções de processos de apoio transversal especializado a diversas unidades orgânicas, a gestão por agregação das tarefas, a possibilidade de modificação estrutural e a inclusão de sistemas de avaliação e recompensas assentes nos objetivos e finalidades alcançados.

Gestão Processual

10.19. A distribuição processual deve ser realizada com recurso aos meios informáticos e deve evitar-se o recurso à distribuição manual de processos, salvo em situações absolutamente excecionais e devidamente fundamentadas.

10.20. O estabelecimento de categorias específicas de distribuição, por exemplo, na jurisdição criminal, em matéria de complexidades, deve ser articulado entre todos os tribunais, bem como, ao nível dos Tribunais Superiores, entre todos os Tribunais da Relação e Tribunais Centrais Administrativos, de modo que sempre que as condições das Comarcas e dos Tribunais Superiores forem semelhantes (volume e composição das pendências), se adotem os mesmos critérios de distribuição.

10.21. No estabelecimento de categorias específicas de distribuição importaria ter presente, em particular, os critérios apontados nos Padrões Mínimos para a distribuição processual aprovados pela Rede Europeia de Conselhos da Justiça em 13.06.2014.

10.22. Os Conselhos Judiciais devem gerir o sistema informático de distribuição dos processos judiciais e publicar relatórios anuais sobre o seu funcionamento.

10.23. O trabalho dos juízes deve ser apoiado em sistemas de informação adequados e em gabinetes de apoio e sistemas de assessoria, colocando termo ao atual sistema de trabalho.

10.24. Deve ser regulamentada com urgência a previsão legal de assessoria em segunda instância e criar e instalar gabinetes de apoio ao juiz nas diversas instâncias.

10.25. Deve ser revisto o sistema de assessoria aos Juízes Conselheiros, equiparando-o ao do Tribunal Constitucional, prever assessoria especializada em determinados domínios do direito e instalar a assessoria nos Tribunais de Relação, prevendo a formação adequada dos assessores.

10.26. A par disso, devem ser difundidas assessorias ou técnicos especialistas nos gabinetes dos juízes de primeira instância, sobretudo em atividades processuais de cariz mais técnico e qualificado.

10.27. Por outro lado, de forma a constituir o indispensável espaço de liberdade de atuação organizativa e gestionária do juiz, propõe-se a figura de uma assistência funcional ou administrativa própria do juiz, cuja função seria a de contribuir para a eficiente gestão do volume processual diário.

10.28. Tal assistência constituiria um meio expedito para libertar o juiz da gestão da componente administrativa da prestação diária do seu trabalho, pelo que lhe seriam atribuídas as seguintes competências:

- elaborar informações de serviço completas: nos processos volumosos e mais exigentes, em que seja necessário conhecer incidentes, elaborar um relatório sob a forma de informação de serviço, com menção da página e número da referência eletrónica;
- materializar e praticar os atos inseridos na tramitação processual que se mostrem concretamente necessários, sob a direção do juiz; e
- praticar os atos concretamente delegados.

11. Recrutamento e formação dos juízes

Recrutamento

11.1. O sistema de seleção dos juízes deverá ser qualificado, não descurando a avaliação de fatores de personalidade, de capacidade de resolução de problemas, de resiliência em situações de tensão ou de exposição pública, para além das características de empatia pessoal e de liderança.

11.2. Este sistema de seleção deve sublinhar, do mesmo modo, a avaliação de competências, com parametrização daquelas indispensáveis ao exercício da função e utilizar observadores múltiplos de realização de tarefas (num desenho típico de *assessment center*), mediante sistemas de avaliação dirigidos às características valorizadas na função.

11.3. É necessário o estudo e aprovação de um novo modelo de provas escritas e orais que se adequem melhor aos conhecimentos adquiridos pelos candidatos a magistrados e à sua graduação equitativa.

11.4. A remuneração dos auditores de justiça tem de ser cativante e não pode constituir um fator de afastamento de candidatos de valor, devendo ser fixada numa percentagem não inferior a 75% do índice 100 ou ponderada a atribuição de parte dela em termos fiscais idênticos ao subsídio de compensação, tendo nomeadamente em conta as dificuldades de suportar o alojamento em Lisboa.

11.5. O acesso às magistraturas deve ser realizado numa via comum, pondo-se termo ao modelo legislativo atual que prevê a via académica e a via profissional, criando as condições indispensáveis à avaliação da qualidade e das capacidades dos candidatos e não deixando de valorizar o mérito e as competências profissionais destes últimos.

11.6. Os Conselhos Judiciais deverão participar ativamente, junto do CEJ, na definição do perfil do candidato a juiz, no estabelecimento dos planos individuais de formação, na definição estratégica dos critérios de nomeação de formadores, na condução de um processo de avaliação dos formadores e na promoção de sistemas modernos de seleção.

11.7. Os mecanismos de verificação da idoneidade dos juízes em regime de estágio, pelos Conselhos Judiciais, quando tal se demonstre justificado, devem incluir a obrigatoriedade de audição do interessado em causa, prévia à decisão de prorrogação do período de estágio ou à eventual decisão de não nomeação, e a realização de inspeção ao serviço prestado no período de estágio, em termos adequados à sua finalidade específica, de acordo com Regulamento a aprovar.

Formação inicial

11.8. A formação inicial deve permitir maior articulação e interação entre a formação no CEJ e nos tribunais, nomeadamente através de maior descentralização e participação efetiva de formadores no 2.º ciclo.

11.9. Após cada um dos ciclos do período de formação inicial (1.º ciclo na sede do CEJ e 2.º ciclo nos tribunais) o CEJ deve proceder a avaliação qualitativa do desempenho dos auditores de justiça– apto/não apto –, procedendo à ordenação dos auditores considerados aptos apenas no final do «curso de formação teórico-prática», com base em trabalho e/ou prova final escrito, seguido de eventual discussão oral perante júri.

11.10. A avaliação psicológica singular deverá ser substituída pela avaliação colegial e o respetivo resultado escrutinado pelo júri, com possibilidades de este, em caso de dúvida, poder oficiosamente determinar a realização de nova avaliação por colégio de psicólogos de diferente instituição, sem prejuízo do direito de reclamação do próprio candidato.

11.11. O sorteio da prova temática deverá ser antecipado para momento coincidente com a realização das provas escritas, com diminuição das respetivas áreas temáticas.

Formação contínua

11.12. Devem ser realizadas ações de formação sobre questões que acompanhem a evolução da sociedade, nomeadamente igualdade de género e em matérias específicas à jurisdição que envolvam igualmente novas exigências ao seu exercício como as questões da linguagem das decisões, critérios de apreciação da prova e de apreciação das pretensões das partes.

Formação digital

11.13. O Centro de Estudos Judiciários deve adaptar-se, na sua estrutura, à formação na área digital por forma a poder ser o polo agregador de uma formação multidisciplinar que exige a colaboração de outras entidades nacionais e internacionais, reforçando esta componente de cooperação internacional.

11.14. A formação digital deve incidir tanto na utilização própria das tecnologias de informação, como, especificamente, na obtenção dos conhecimentos indispensáveis para o exercício da função jurisdicional em novos litígios que exigem amplos conhecimentos nestas matérias; esta formação deve ter, ainda, uma forte componente prática, centrada na aplicação concreta dos conhecimentos ministrados.

11.15. Aos juízes devem ser disponibilizadas vias seguras e de fácil acesso para retirarem dúvidas e resolverem problemas nestas áreas e devem ser proporcionados os meios adequados, desde logo, os equipamentos necessários para o efeito, por exemplo nas áreas da cibercriminalidade com o grau de especialização necessário ao exercício da jurisdição.

11.16. Devem estabelecer-se, também assim, programas de formação específicos que incidam sobre a prova digital, quer do ponto de vista normativo quer da sua aplicação prática.

Estrutura do CEJ e papel dos Conselhos Judiciais

11.17. Os Conselhos Judiciais devem assumir com efetividade o seu papel, nesta matéria, contribuindo, na estrutura do Centro de Estudos Judiciários (CEJ), para a definição dos conteúdos da formação dos magistrados em colaboração com as demais entidades com competências formativas.

11.18. Assim, estes Conselhos devem assumir as responsabilidades que têm na seleção e formação dos juízes e promover um novo modelo que selecione os mais aptos, afaste um academismo deslocado e se centre nas necessidades de capacitação mais do que na replicação do ensino universitário.

11.19. Na definição dos programas de formação inicial e contínua, pelo CEJ, os Conselhos devem antecipar as necessidades futuras de formação dos juízes, integrando na formação a aprendizagem da natureza dos instrumentos de gestão de informação disponíveis, de inteligência artificial, de metodologia jurídica e procurar o concurso de metodologias instrumentais para o direito, como o são as ciências do comportamento, a análise económica do Direito, o uso e análise de dados, tudo visando a especificidade do jurídico.

11.20. A estrutura do Centro de Estudos Judiciários (CEJ) deve ser redefinida de forma a integrar na sua direção um diretor-adjunto oriundo da jurisdição administrativa e fiscal.

12. Carreira judicial e acesso aos Tribunais Superiores

Procedimento dos concursos de acesso aos Tribunais Superiores

12.1. Deve ser cumprida a recomendação do Grupo de Estados Contra a Corrupção (GRECO) quanto à composição dos júris de acesso aos tribunais superiores por uma maioria de juízes.

12.2. A graduação de candidatos no concurso de acesso aos Supremos Tribunais deve ter por base parecer de uma Comissão Técnica Permanente constituída por individualidades independentes escolhidas para um período determinado por uma maioria de juízes dos respetivos Conselhos Judiciais eleitos pelos seus pares, substituindo assim os júris *ad hoc* atualmente constituídos para o efeito, assim se satisfazendo a Recomendação VII do GRECO, relativa à Prevenção da Corrupção em relação aos juízes.

12.3. Os critérios de acesso aos Supremos Tribunais devem ser objeto de nova ponderação e redefinição, tendo em vista assegurar que o acesso seja orientado pela centralidade do exercício das funções jurisdicionais específicas.

12.4. A assunção de cargo e função de membro de júris *ad hoc* ou de comissão permanente com competência para avaliações curriculares nos procedimentos administrativos relativos aos concursos de acesso às categorias de juízes desembargadores e conselheiros das ordens dos tribunais judiciais e dos tribunais administrativos e fiscais deve ser considerada incompatível com o exercício da advocacia.

12.5. A designação de membros de júris *ad hoc* ou de comissão permanente para os concursos curriculares de acesso às categorias de juízes desembargadores e conselheiros de tribunais superiores não deve incumbir a associações públicas ou privadas representativas de profissionais forenses.

12.6. É essencial adotar medidas que combatam o envelhecimento da magistratura judicial e que assegurem um período mínimo de permanência dos juízes conselheiros em funções no Supremo Tribunal de Justiça (STJ) após a nomeação, a fim de possibilitar a necessária estabilização da jurisprudência.

12.7. O sistema de validade temporal do concurso para os Supremos Tribunais deve ser substituído pelo vigente em segunda instância – prévia fixação das vagas a concurso –, potenciando a capacidade de resposta e maior adequação do procedimento concursal às necessidades dos tribunais.

12.8. O regime de concorrentes necessários no concurso dos Desembargadores para o STJ deve ser abolido e deve ser alargada a base de recrutamento, estabelecendo como requisito uma antiguidade mínima nos tribunais da Relação, em congruência com o regime de acesso ao Supremo Tribunal Administrativo (STA).

12.9. O acesso ao concurso para os Tribunais de Relação deve ser possibilitado aos juízes de primeira instância com uma determinada antiguidade, colocados em tribunais de instância central ou equiparados e com classificação de mérito.

Estatuto

12.10. Deve ser ponderada a possibilidade de serem atribuídos aos juízes, no campo dos seus direitos e prerrogativas, os seguintes benefícios:

- utilização de viatura de serviço para deslocações em trabalho, designadamente para realização de julgamentos fora do tribunal onde o juiz desempenha funções ou para realização de inspeções ao local; e
- acesso a formação prestada por entidades diversas do CEJ, em particular, as Faculdades (doutoramentos, mestrados, cursos de pós-graduação ou cursos breves em determinadas temáticas), em condições mais vantajosas.

12.11. Tais benefícios devem ser estabelecidos por regras pré-definidas claras e objetivas, nomeadamente por Regulamento a determinar pelos Conselhos Judiciais.

Condições e ambiente de trabalho

12.12. É necessário criar as condições e o ambiente de trabalho adequados às funções dos juízes e ao tempo atual, criando estruturas de apoio e coadjuvação, quer ao nível jurídico quer ao nível administrativo e gestionário, devidamente complementadas com os indispensáveis sistemas de gestão da informação.

12.13. A assessoria deve ser assumida como um recurso indispensável para enfrentar as atuais exigências quantitativas e qualitativas do trabalho do juiz, nomeadamente para a eficiente gestão do volume processual e a consultoria técnica um suporte à gestão da complexidade técnica da decisão judicial.

12.14. Por outro lado, a assistência funcional é um recurso de trabalho essencial, um meio expedito para libertar o juiz de direito da gestão da componente administrativa da prestação diária do seu trabalho.

12.15. Os juízes em todas as instâncias carecem de ser apoiados no exercício das suas funções por assessores de duas categorias: assistentes administrativos, com competências para tarefas administrativas do tribunal, e os assistentes judiciais, com formação em direito, que lhes prestam apoio na atividade jurisdicional, nos moldes expostos nas propostas 10.25. a 10.30..

12.16. As secretarias judiciais devem ser assumidas enquanto fator essencial no apoio à tarefa jurisdicional, devendo os funcionários estar funcionalmente dependentes do juiz titular dos processos.

12.17. As secretarias judiciais devem ser estruturadas num contexto organizativo que permita uma multifacetada gestão e agregação das tarefas, uma fácil modificação estrutural de adequação às circunstâncias, com a organização do trabalho assente nas competências de cada um ao invés de moldada por definições rígidas de categorias, acompanhada de tecnologia adequada e que inclua sistemas de avaliação e recompensas assentes nos objetivos e finalidades definidos.

Saúde profissional

12.18. Os Conselhos Judiciais devem estabelecer Planos de Prevenção de Riscos Psico-sociais, definindo e medindo indicadores de clima social e saúde no trabalho, favorecendo a prevenção na área da saúde profissional e apoiando os juízes, com especial incidência na análise de risco.

12.19. Os aspetos de risco específico de cada jurisdição devem merecer particular cuidado (v.g. níveis de *stress* resultantes da necessidade de tomada de decisões cautelares rápidas e, por natureza, com pouca informação, da exposição a situações de violência, nomeadamente sexual e sobre crianças, que aconselham a um acompanhamento específico como aliás é prática em muitos países e relativamente a muitas profissões).

12.20. A alteração cultural na sociedade face aos tribunais e aos juízes e o peso das atividades de gestão ou do contexto organizacional, devem ser assumidos como fatores da maior relevância na consideração desses planos.

12.21. Deve ser desenvolvido um projeto sobre a qualidade de vida dos juízes, em parcerias com especialistas da área da psicologia, com campanhas voltadas para a saúde física e mental dos magistrados.

13. Avaliação dos juízes, ética e disciplina

Avaliação, ética e disciplina (em geral)

13.1. Os Conselhos Judiciais (CSM e CSTAF) devem fazer uma avaliação periódica dos sistemas de inspeção (classificativa e disciplinar), suscitando pareceres de comissões técnicas, constituídas *ad hoc* pelos mesmos Conselhos, compostas por juízes e não juízes, com diversidade de habilitações e intervenção de personalidades de reconhecida independência e mérito nas respetivas áreas, sendo a atividade destas comissões inteiramente alheia à inspeção aos juízes e pautada por critérios de estrita anonimização dos dados de identificação.

13.2. Torna-se essencial desenvolver regras e princípios éticos e deontológicos direcionados para o exercício, pelos juízes, de cargos de governação e administração e gestão dos tribunais, designadamente de membros de Conselhos Judiciais, inspetores judiciais, juízes presidentes e juízes coordenadores, que se devem vincular a essas regras e princípios, promovendo o exercício independente e imparcial da função jurisdicional em todos os domínios.

13.3. Tal estatuto ético e deontológico deverá ser alargado, com as devidas adaptações, aos membros não juízes dos Conselhos Judiciais no âmbito do exercício dessas funções.

13.4. Nas situações de ausência ao serviço por motivos ligados à parentalidade e a doenças prolongadas, os juízes a inspecionar devessem ter sempre a possibilidade de se pronunciar sobre a data do início e o âmbito cronológico das inspeções a realizar, podendo, nomeadamente, pedir a alteração (antecipando-a ou adiando-a) dessa data ou a prorrogação do prazo e do âmbito temporal da inspeção.

Mérito

13.5. A avaliação classificativa dos juízes deve permitir diferenciar, em lugar de uniformizar.

13.6. As inspeções periódicas devem ser substituídas, após o período inicial do exercício de funções, por inspeções específicas nos momentos de acesso às instâncias centrais, aos tribunais de competência territorial alargada ou aos tribunais superiores.

Disciplina

13.7. O sistema disciplinar dos Conselhos Judiciais deve reforçar a efetividade do direito à prova procedimental em sede de recurso jurisdicional da decisão disciplinar, por erro nos pressupostos de facto, e a articulação com eventuais processos de natureza criminal e respetivos prazos de prescrição.

13.8. Assim, deve ser aperfeiçoado o controlo jurisdicional das decisões do CSM de forma a assegurar, em efetividade, os direitos e garantias dos juízes da magistratura judicial, o que passa, desde logo, pela qualificação da Seção de Contencioso do STJ.

13.9. As decisões disciplinares dos Conselhos devem ser publicadas de forma anonimizada, habilitando a sociedade a conhecer a atividade disciplinar que atribuiu em exclusividade aos Conselhos, assim como o sentido das respetivas decisões.

Ética

13.10. A elaboração do Código de Conduta dos Juízes, que se distingue naturalmente de outros mecanismos de transparência e de prevenção da corrupção, como a declaração de interesses e a manifestação de património, deve decorrer de um alargado programa de consulta, de análise comparada e de consensualização, revisitando o Compromisso Ético dos Juízes Portugueses de 2009.

13.11. No desenvolvimento da elaboração e aprovação desse Código recomenda-se a instituição de uma Comissão de Ética Judicial composta por membros exclusivamente eleitos por juízes, funcionando sem qualquer interferência dos Conselhos e exclusivamente a pedido dos próprios juízes que a solicitem, proibindo a sua invocação, nomeadamente em processos disciplinares, exceto por iniciativa do próprio visado.

13.12. As recomendações dessa Comissão de Ética Judicial devem ser publicadas após anonimização, contribuindo para criar uma ética profissional comum a todos os juízes.

13.13. O mesmo Código de Conduta dos Juízes deverá conter recomendações no domínio da prevenção e combate ao assédio no trabalho, na formação e na avaliação dos juízes e juízas.

13.14. Assim como a previsão do dever ético dos juízes reportarem aos órgãos próprios os contactos ou atos de terceiros percecionados como tentativas ilegítimas de influência no exercício da função jurisdicional.

13.15. Os critérios para autorização do exercício de funções fora da magistratura devem ser estabelecidos, concretizados e divulgados com base na valia social e pública que possa ter esse exercício e afastando a perceção de arbitrariedade da decisão ou contaminação por interesses alheios à judicatura.

13.16. Devem estabelecer-se critérios mais rigorosos para a autorização de comissões de serviço não judiciais, tornando mais exigentes os critérios de autorização pelos Conselhos Judiciais através do estabelecimento de uma adequada distinção entre funções, no Governo ou noutros órgãos dependentes do executivo, de nomeação e confiança política, cujo exercício é subordinado a um programa político-partidário, e funções técnicas de aconselhamento, em que não se verifica aquela dependência.

13.17. Nessa medida, deve estabelecer-se a regra de que o reinício de exercício de funções jurisdicionais na magistratura, após cessação do exercício de funções de confiança política, está condicionado a um período de nojo, não inferior a três anos.

13.18. Tal período de nojo deve ser estabelecido apenas para o exercício efetivo de funções jurisdicionais, ou seja, como juiz em funções num tribunal, podendo o juiz, nesse período, ser colocado no exercício de funções não jurisdicionais.

13.19. A mesma ponderação poderá ser extensível ao exercício, pelo juiz, em cargos não judiciais que impliquem o estabelecimento de relações de confiança ou dependência de interesses de natureza económica, empresarial, desportiva ou outra, incompatíveis com a perceção pública de independência e imparcialidade da justiça.

13.20. O legislador deve ponderar o estabelecimento de impedimento legal ao exercício de funções por juiz, em comissão de serviço, em qualquer instituição ou entidade que não se encontre sujeita a escrutínio público e dever de transparência.

ANEXOS

- Anexo do Capítulo 3 (Grupo 2)

NOTA

Na preparação do relatório constante do Capítulo 3 quisemos privilegiar o diálogo com juízes e não juízes.

O tempo disponível levou-nos a optar por realizar:

- ***Entrevistas****, escritas ou orais, a personalidades do sistema de justiça ou que sobre ele intervêm no espaço público; optámos por não divulgar nominalmente o teor dessas entrevistas possibilitando maior liberdade da expressão; não era nossa pretensão obter uma amostra significativa ou representativa do que quer que fosse, mas tentámos percorrer áreas de diferente sensibilidade política, ideológica ou judiciária. Visámos possibilitar a interpelação da nossa reflexão a partir do exterior informado. A Todos agradecemos a enorme valia das suas respostas e a gentileza e disponibilidade.*
- ***Inquéritos por questionário*** *a juízes de primeira e segunda instância de ambas as jurisdições, juízes presidentes de primeira instância e intervenientes diversos no sistema de justiça, nos termos que constam em anexo; também neste caso não pretendíamos retirar conclusões que pudessem ser extrapoladas como representativas do universo dos respondente, visando apenas possibilitar a sua expressão e o diálogo da nossa reflexão com as opiniões de Todos os que se disponibilizaram a responder, a quem muito agradecemos.*
- ***Debates*** *com diversas personalidades que acolheram a sugestão de nos proporcionarem a partilha das suas reflexões e experiências; agradecemos, pela ordem de realização dos debates, a Celsa Pico Lorenzo, Álvaro Santos Pereira, Anabela Russo, Conceição Gomes, Jorge Martin, Paulo Rangel, Luciana Ortiz, Pedro Miguel Freitas, José Santos Cabral e Nuno Garoupa.*

Nos diversos grupos de trabalho foi indispensável a participação dos nossos Consultores. A cada um agradecemos a disponibilidade, a profundidade da reflexão, o apoio nas diversas áreas de conhecimento que tão bem representam. Uma palavra de apreço para a Paula Abreu no apoio à elaboração dos questionários e no empenho na orientação e tratamento das respostas e à Leonor Bénard da Costa o trabalho cuidadoso nesse tratamento, para a Margarida Mano pela forma paciente como nos ajudou nas questões da avaliação da qualidade do sistema judicial, para o Miguel Poiares Maduro pelos detalhes que sugeriu em matéria de governação e para o Álvaro Santos Pereira pela intervenção nas questões relacionadas com o impacto do funcionamento do tribunais na economia.

Fica também o nosso agradecimento muito fraterno aos magistrados e membros da administração da justiça estrangeiros, em particular o Bernardino Delgado, de Cabo Verde, a Celsa Pico Lorenzo, de Espanha, a Tereza Uille e a Flávia Pessoa, do Brasil, o Simon Picken e a Amy Shaw, do Reino Unido, o Roland de Moor, o Martin Vaessen e a Liedeweijde Voetelink, da Holanda, por terem partilhado connosco boas práticas e dificuldades sentidas na resolução de idênticos problemas.

No que possa ter de bom, o trabalho final beneficia do saber de Todos. As opiniões e os erros são apenas nossos. Naturalmente, as opções e posições tomadas só vinculam os Relatores.

Gráfico fl. 27

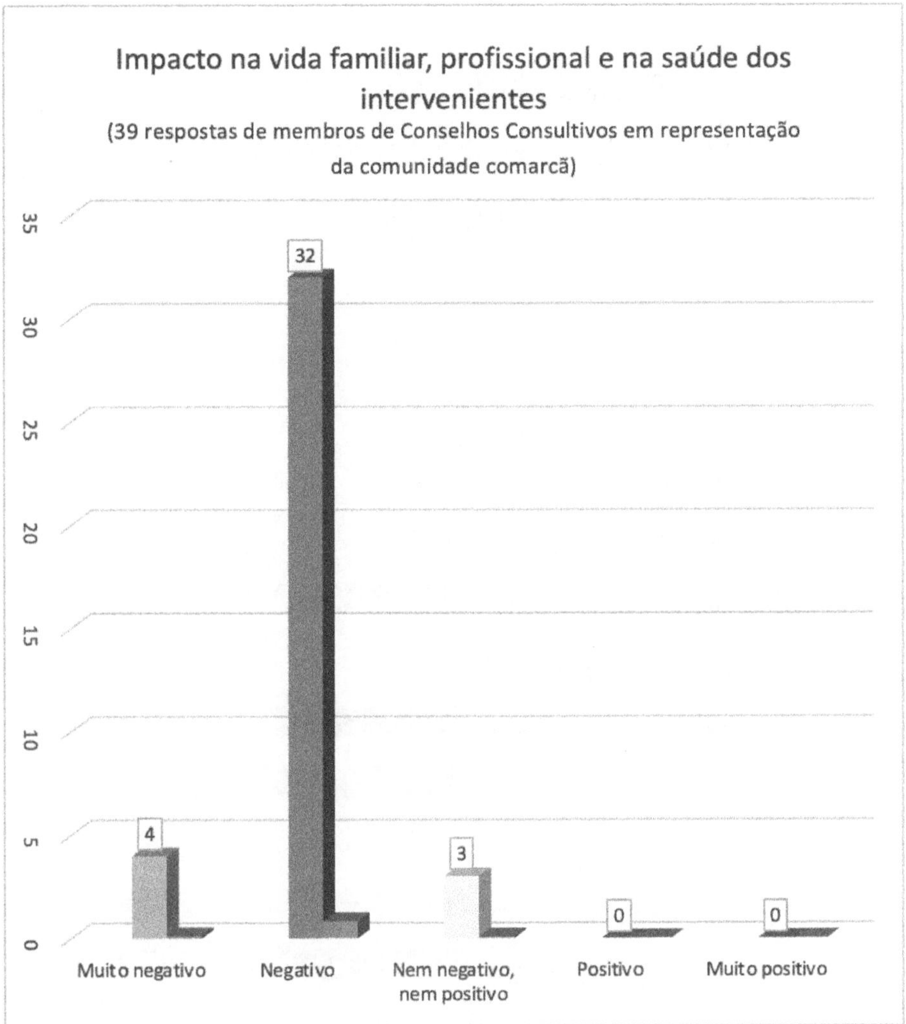

Fonte: inquéritos aos representantes da sociedade civil nos órgãos de gestão dos Tribunais de primeira instância feitos por este grupo de trabalho.

Gráfico fl. 28

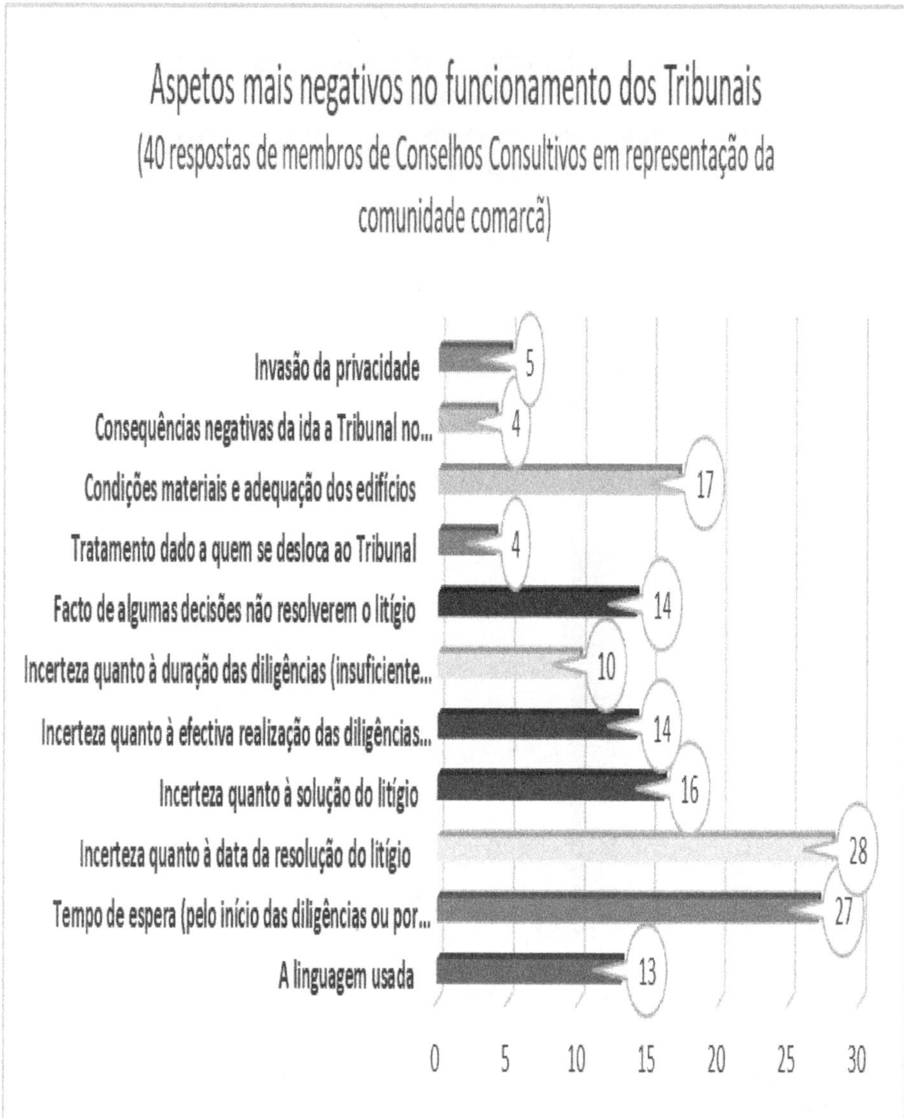

Fonte: inquéritos aos representantes da sociedade civil nos órgãos de gestão dos Tribunais de primeira instância feitos por este grupo de trabalho.

Gráfico fl. 35

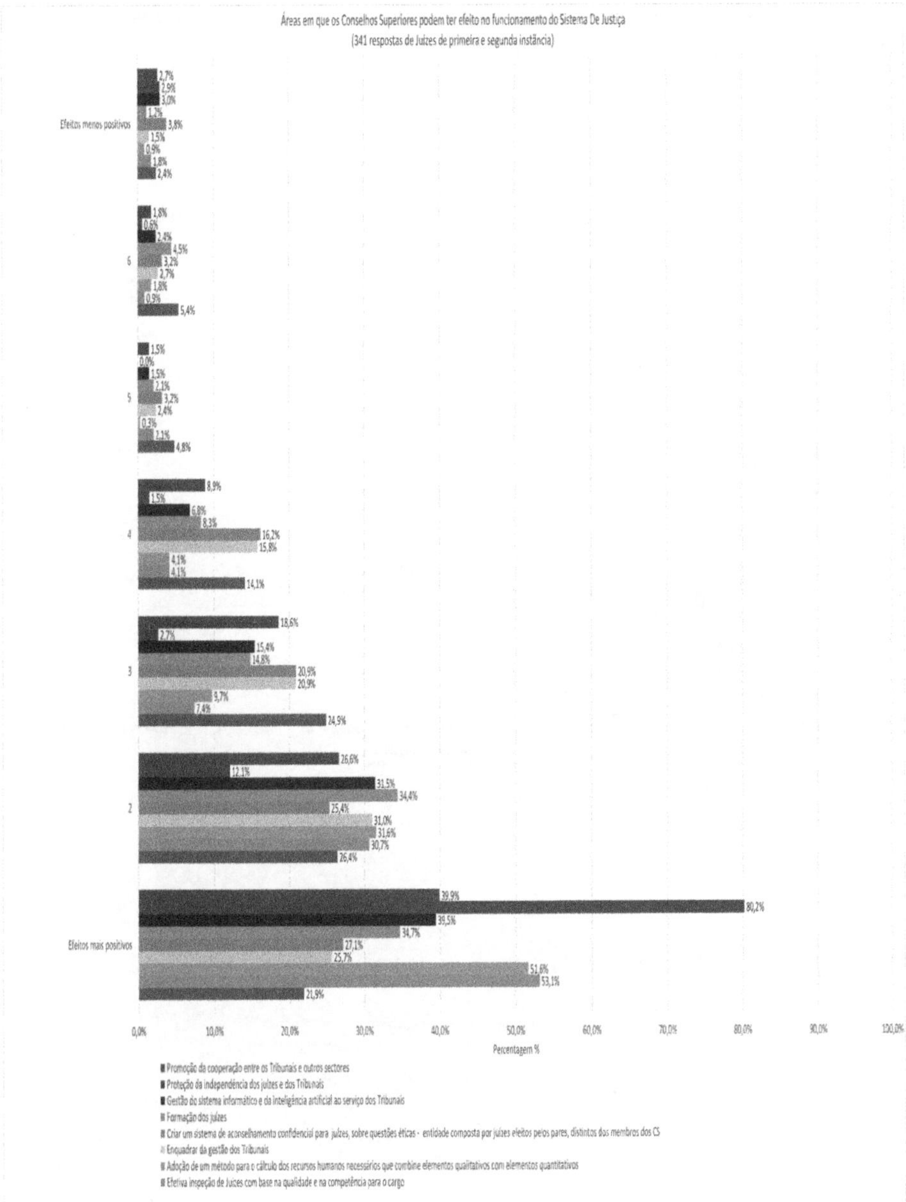

Fonte: inquéritos aos juízes portugueses de primeira e segunda instância feitos por este grupo de trabalho.

Gráfico fl. 57

Orçamento dos tribunais por habitante e PIB per capita e localização geográfica dos tribunais por 100 000 habitantes em 2018

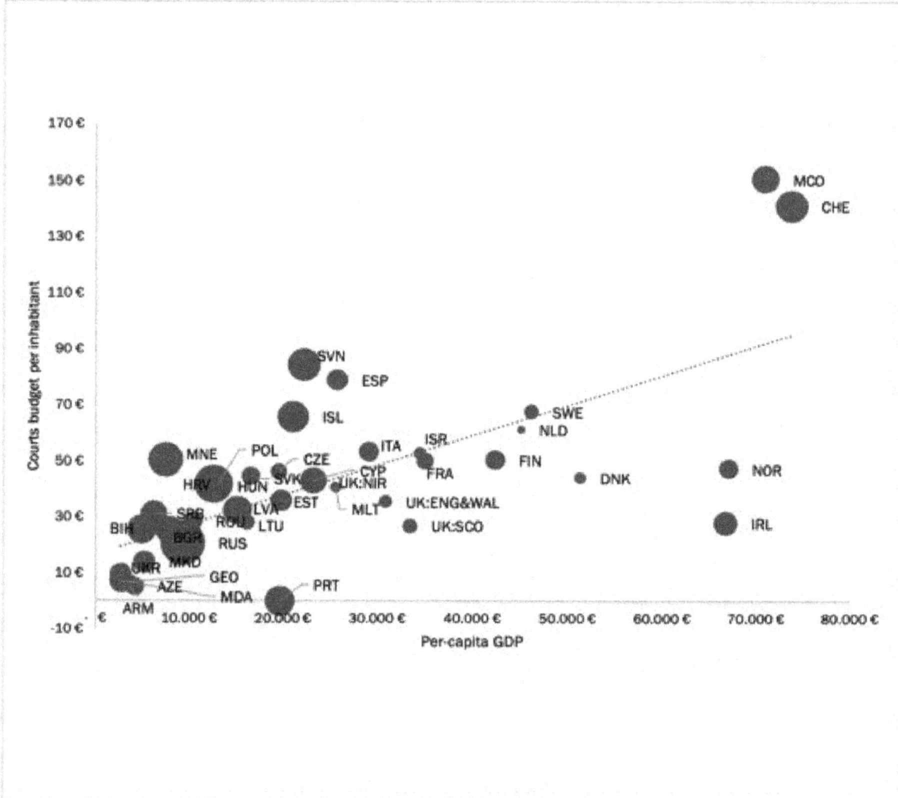

Fonte: Relatório de avaliação de 2020 da CPEJ (dados de 2018)

Gráfico fl. 58

Orçamento do sistema judicial que inclui o orçamento dos Tribunais, dos serviços do Ministério Público e do apoio judiciário, por habitante e por PIB per capita em 2018

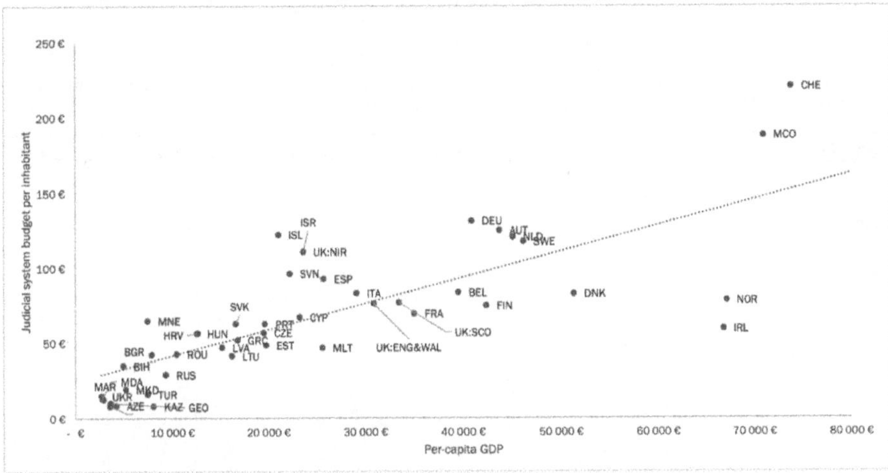

Fonte: Relatório de avaliação de 2020 da CPEJ (dados de 2018)

Gráficos fls. 60

3.2.2. Resources

Sufficient resources, including the necessary investments in physical and technical infrastructure, and well qualified, trained and adequately paid staff of all kinds, are necessary for the justice system to work properly. Without adequate facilities, tools or staff with the required qualifications, skills and access to continuous training, the quality of proceedings and decisions is undermined.

– Financial resources –

The figures below show the actual government expenditure on the operation of the justice system (excluding prisons), both per inhabitant (Figure 34) and as a proportion of gross domestic product (GDP) (Figure 35).

Figure 34 General government total expenditure on law courts in EUR per inhabitant, 2012, 2018 – 2020 (*) (source: Eurostat)

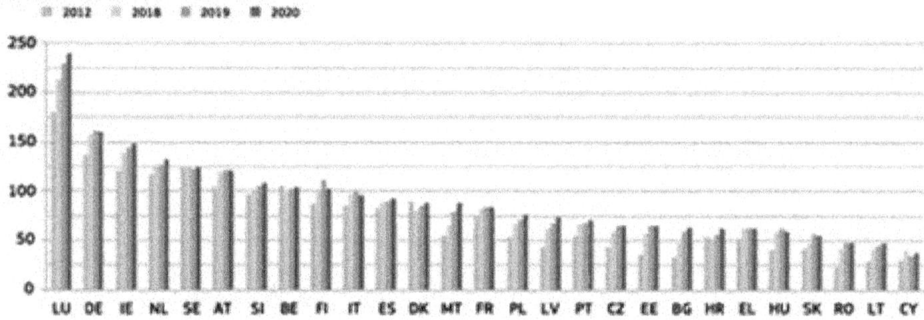

– Human resources –

Adequate human resources are essential for the quality of a justice system. Diversity among judges, including gender balance, adds complementary knowledge, skills and experience and reflects the reality of society.

Figure 36 Number of judges, 2012, 2018 – 2020 (*) (per 100 000 inhabitants) (source: Council of Europe's European Commission for the Efficiency of Justice (CEPEJ) study)

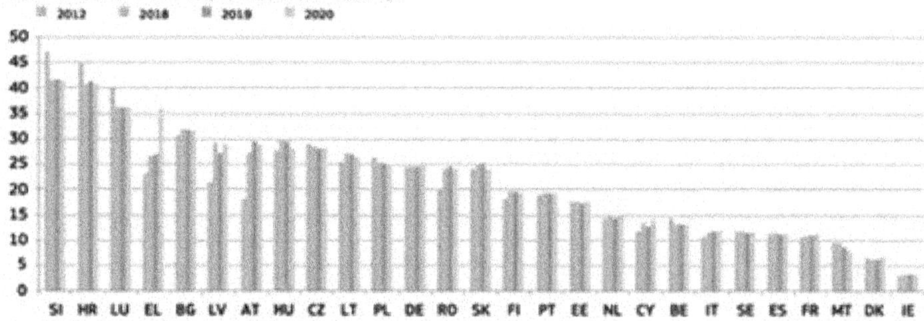

(*) This category consists of judges working full-time, in accordance with the CEPEJ methodology. It does not include the Rechtspfleger/court clerks that exist in some Member States. ***AT:*** *data on administrative justice have been part of the data since 2016.* ***EL:*** *since 2016, data on the number of professional judges include all the ranks for criminal and civil justice as well as administrative judges.* ***IT:*** *Regional audit commissions, local tax commissions and military courts are not taken into consideration. Administrative justice has been taken into account since 2018.*

Fonte: The 2022 Eu Justice Scoreboard, página 28 e 29.

Gráfico fl. 61 (ponto 344)

Dificuldades sentidas pelos juízes portugueses no exercício da profissão

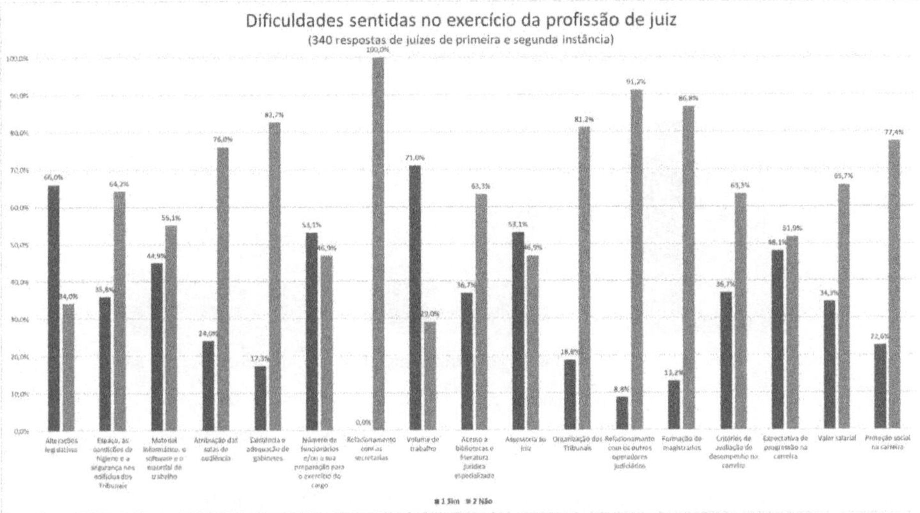

Fonte: inquéritos aos juízes portugueses de primeira e segunda instância feitos por este grupo de trabalho.

Gráfico fl. 61 (ponto 345)

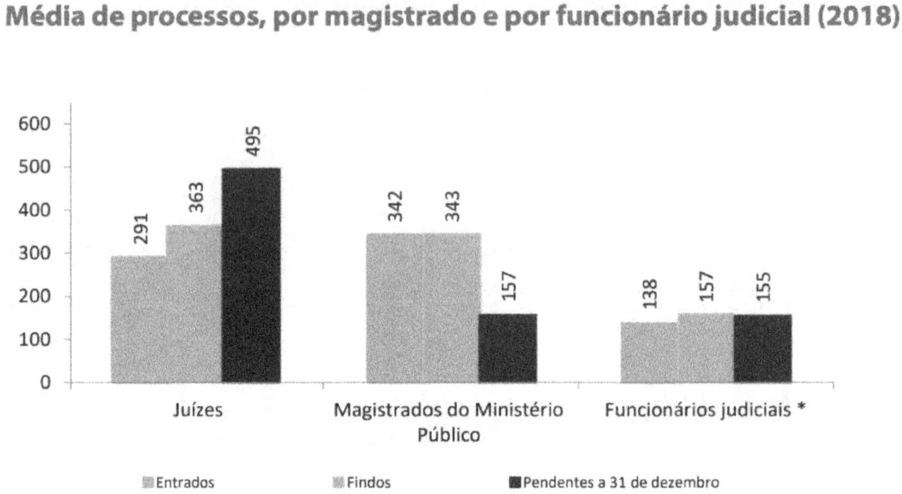

Fonte: Números da Justiça, dezembro de 2019, Direcção Geral da Política de Justiça

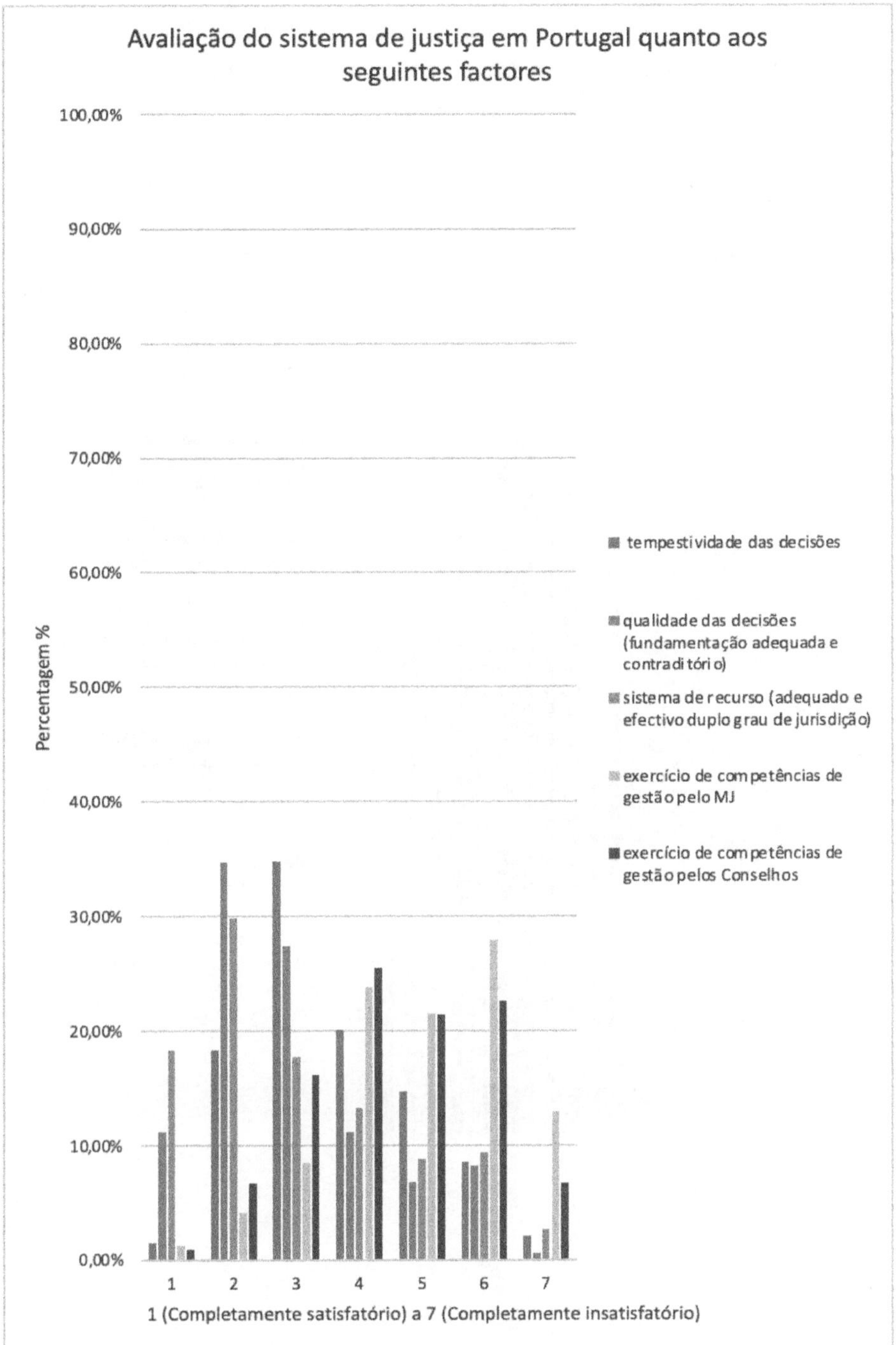
Avaliação do sistema de justiça em Portugal quanto aos seguintes factores
100,00%
90,00%
80,00%
70,00%
60,00%
50,00%
40,00%
30,00%
20,00%
10,00%
0,00%
Percentagem %
1
2
3
4
5
6
7
1 (Completamente satisfatório) a 7 (Completamente insatisfatório)
tempestividade das decisões
qualidade das decisões (fundamentação adequada e contraditório)
sistema de recurso (adequado e efectivo duplo grau de jurisdição)
exercício de competências de gestão pelo MJ
exercício de competências de gestão pelos Conselhos

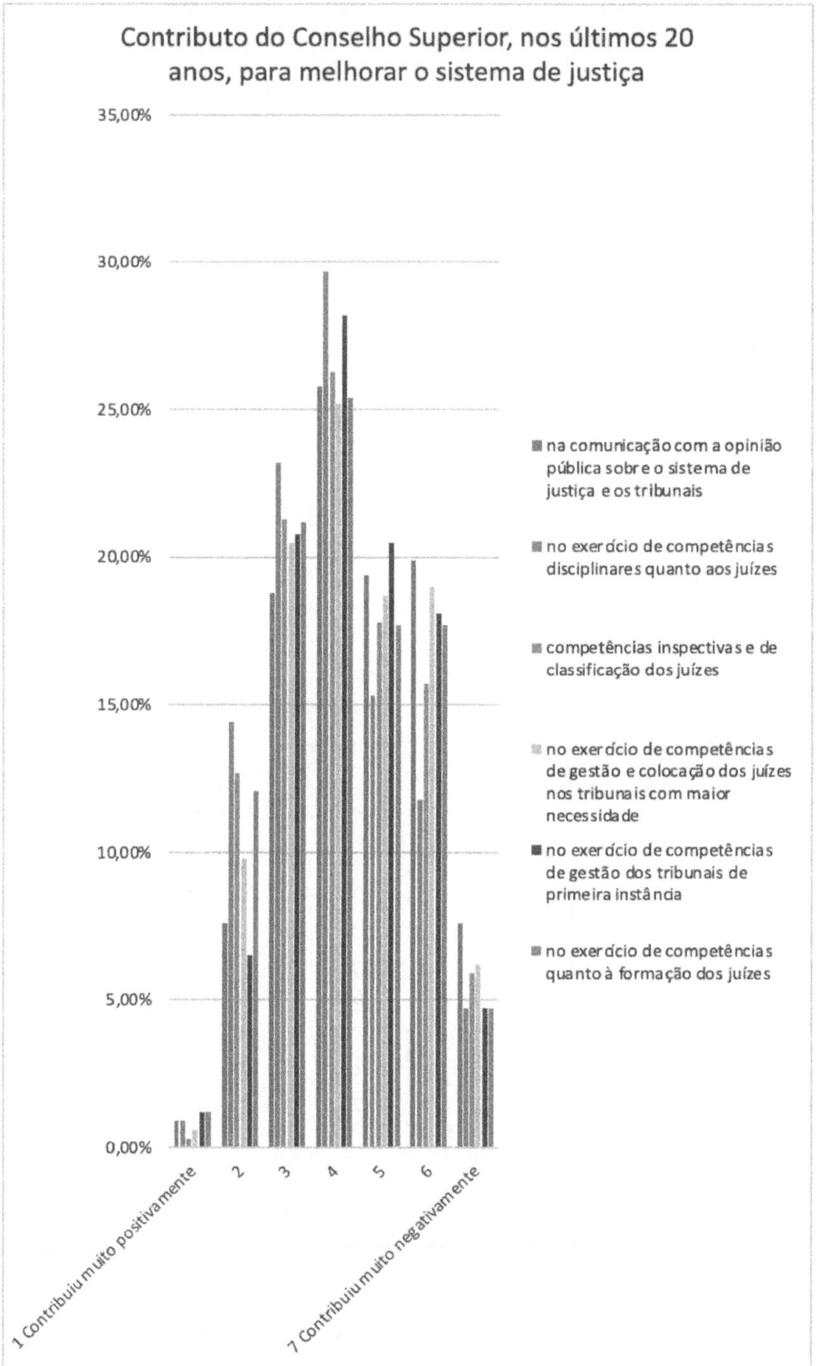
Contributo do Conselho Superior, nos últimos 20 anos, para melhorar o sistema de justiça
35,00%
30,00%
25,00%
20,00%
15,00%
10,00%
5,00%
0,00%
1 Contribuiu muito positivamente
2
3
4
5
6
7 Contribuiu muito negativamente
na comunicação com a opinião pública sobre o sistema de justiça e os tribunais
no exercício de competências disciplinares quanto aos juízes
competências inspectivas e de classificação dos juízes
no exercício de competências de gestão e colocação dos juízes nos tribunais com maior necessidade
no exercício de competências de gestão dos tribunais de primeira instância
no exercício de competências quanto à formação dos juízes

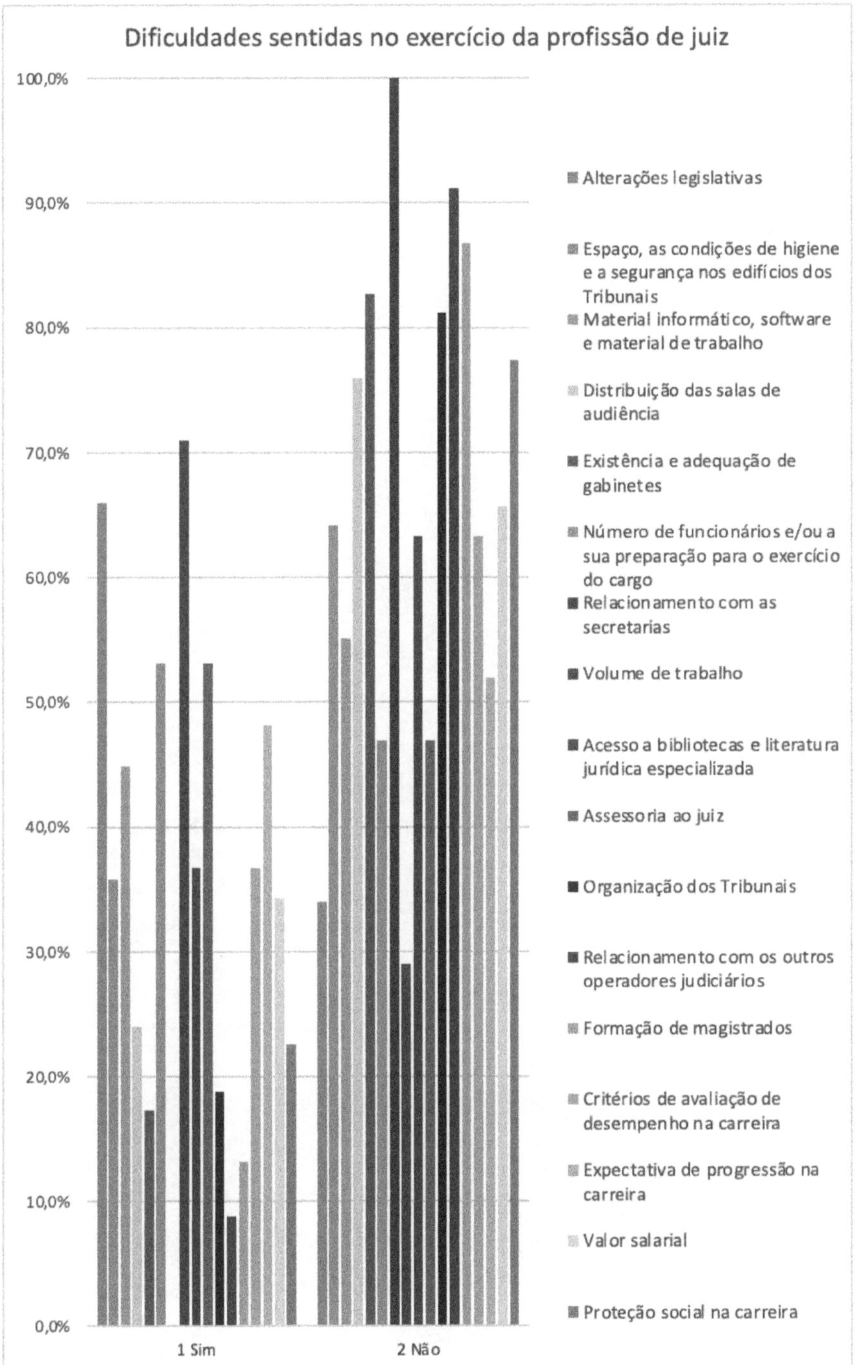
Dificuldades sentidas no exercício da profissão de juiz
100,0%
90,0%
80,0%
70,0%
60,0%
50,0%
40,0%
30,0%
20,0%
10,0%
0,0%
1 Sim
2 Não
Alterações legislativas
Espaço, as condições de higiene e a segurança nos edifícios dos Tribunais
Material informático, software e material de trabalho
Distribuição das salas de audiência
Existência e adequação de gabinetes
Número de funcionários e/ou a sua preparação para o exercício do cargo
Relacionamento com as secretarias
Volume de trabalho
Acesso a bibliotecas e literatura jurídica especializada
Assessoria ao juiz
Organização dos Tribunais
Relacionamento com os outros operadores judiciários
Formação de magistrados
Critérios de avaliação de desempenho na carreira
Expectativa de progressão na carreira
Valor salarial
Proteção social na carreira

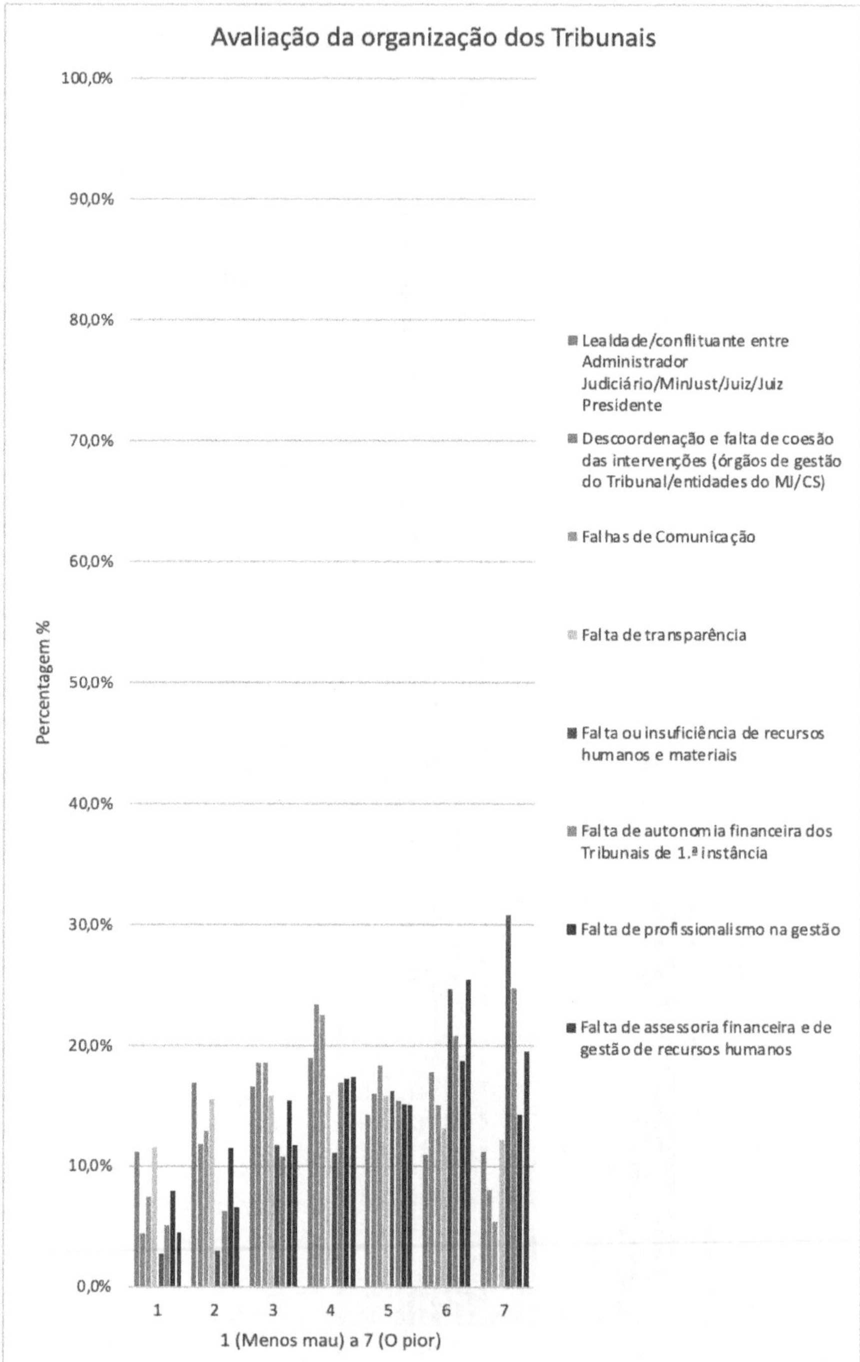
Avaliação da organização dos Tribunais
100,0%
90,0%
80,0%
70,0%
60,0%
50,0%
40,0%
30,0%
20,0%
10,0%
0,0%
Percentagem %
1
2
3
4
5
6
7
1 (Menos mau) a 7 (O pior)
Lealdade/conflituante entre Administrador Judiciário/MinJust/Juiz/Juiz Presidente
Descoordenação e falta de coesão das intervenções (órgãos de gestão do Tribunal/entidades do MJ/CS)
Falhas de Comunicação
Falta de transparência
Falta ou insuficiência de recursos humanos e materiais
Falta de autonomia financeira dos Tribunais de 1.ª instância
Falta de profissionalismo na gestão
Falta de assessoria financeira e de gestão de recursos humanos

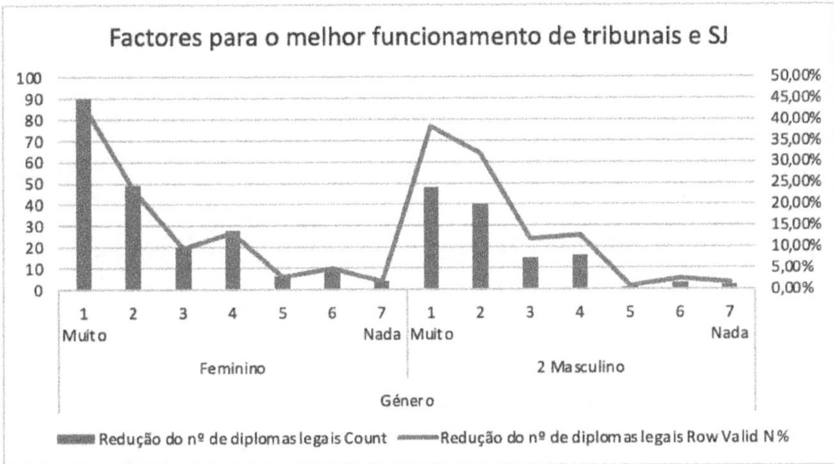
Factores para o melhor funcionamento de tribunais e SJ
100
90
80
70
60
50
40
30
20
10
0
50,00%
45,00%
40,00%
35,00%
30,00%
25,00%
20,00%
15,00%
10,00%
5,00%
0,00%
1 Muito
2
3
4
5
6
7 Nada
1 Muito
2
3
4
5
6
7 Nada
Feminino
2 Masculino
Género
Redução do nº de diplomas legais Count
Redução do nº de diplomas legais Row Valid N %

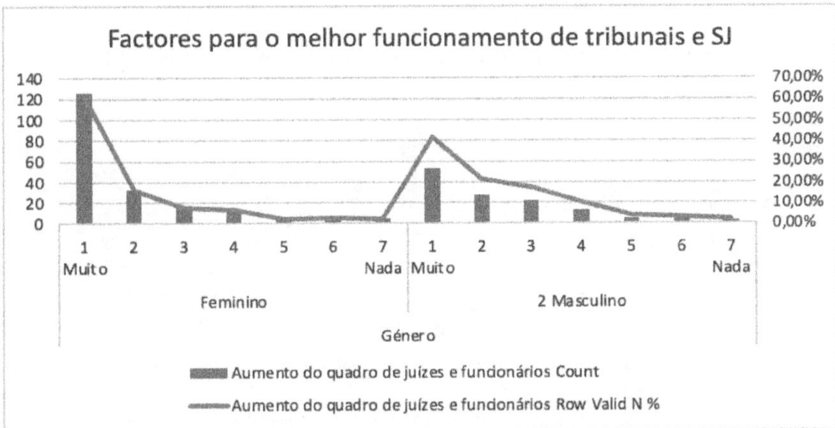
Factores para o melhor funcionamento de tribunais e SJ
140
120
100
80
60
40
20
0
70,00%
60,00%
50,00%
40,00%
30,00%
20,00%
10,00%
0,00%
1 Muito
2
3
4
5
6
7 Nada
1 Muito
2
3
4
5
6
7 Nada
Feminino
2 Masculino
Género
Aumento do quadro de juízes e funcionários Count
Aumento do quadro de juízes e funcionários Row Valid N %

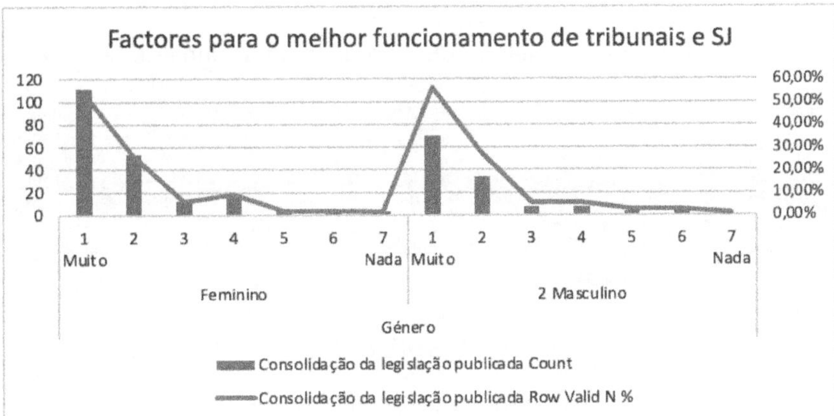
Factores para o melhor funcionamento de tribunais e SJ
120
100
80
60
40
20
0
60,00%
50,00%
40,00%
30,00%
20,00%
10,00%
0,00%
1 Muito
2
3
4
5
6
7 Nada
1 Muito
2
3
4
5
6
7 Nada
Feminino
2 Masculino
Género
Consolidação da legislação publicada Count
Consolidação da legislação publicada Row Valid N %

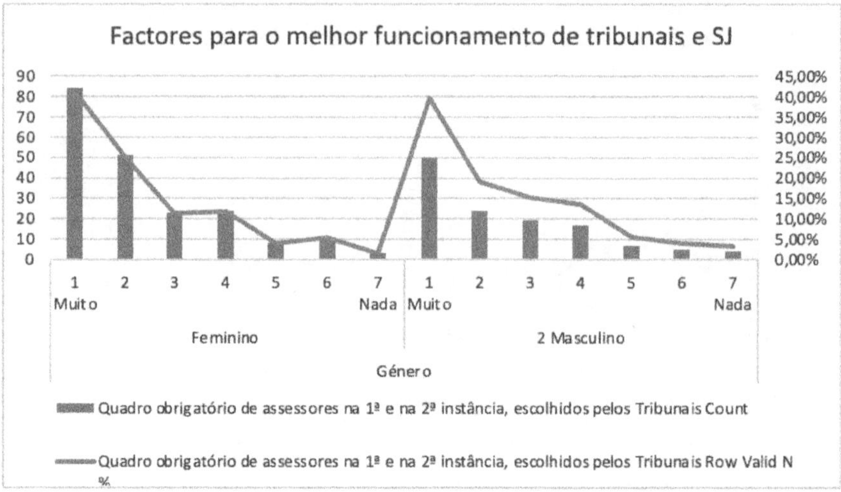
Factores para o melhor funcionamento de tribunais e SJ
90
80
70
60
50
40
30
20
10
0
45,00%
40,00%
35,00%
30,00%
25,00%
20,00%
15,00%
10,00%
5,00%
0,00%
1 Muito
2
3
4
5
6
7 Nada
1 Muito
2
3
4
5
6
7 Nada
Feminino
2 Masculino
Género
Quadro obrigatório de assessores na 1ª e na 2ª instância, escolhidos pelos Tribunais Count
Quadro obrigatório de assessores na 1ª e na 2ª instância, escolhidos pelos Tribunais Row Valid N %

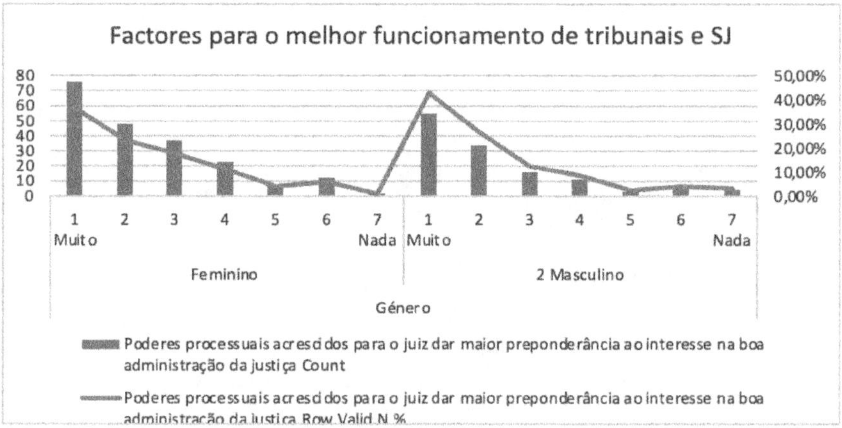
Factores para o melhor funcionamento de tribunais e SJ
80
70
60
50
40
30
20
10
0
50,00%
40,00%
30,00%
20,00%
10,00%
0,00%
1 Muito
2
3
4
5
6
7 Nada
1 Muito
2
3
4
5
6
7 Nada
Feminino
2 Masculino
Género
Poderes processuais acrescidos para o juiz dar maior preponderância ao interesse na boa administração da justiça Count
Poderes processuais acrescidos para o juiz dar maior preponderância ao interesse na boa administração da justiça Row Valid N %

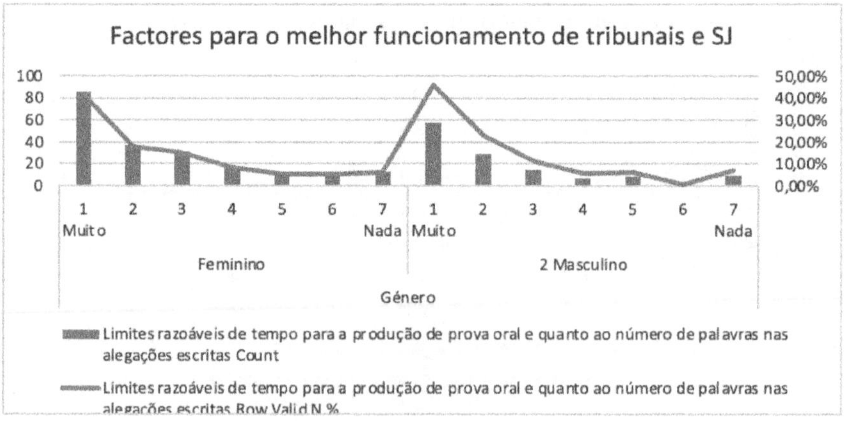
Factores para o melhor funcionamento de tribunais e SJ
100
80
60
40
20
0
50,00%
40,00%
30,00%
20,00%
10,00%
0,00%
1 Muito
2
3
4
5
6
7 Nada
1 Muito
2
3
4
5
6
7 Nada
Feminino
2 Masculino
Género
Limites razoáveis de tempo para a produção de prova oral e quanto ao número de palavras nas alegações escritas Count
Limites razoáveis de tempo para a produção de prova oral e quanto ao número de palavras nas alegações escritas Row Valid N %

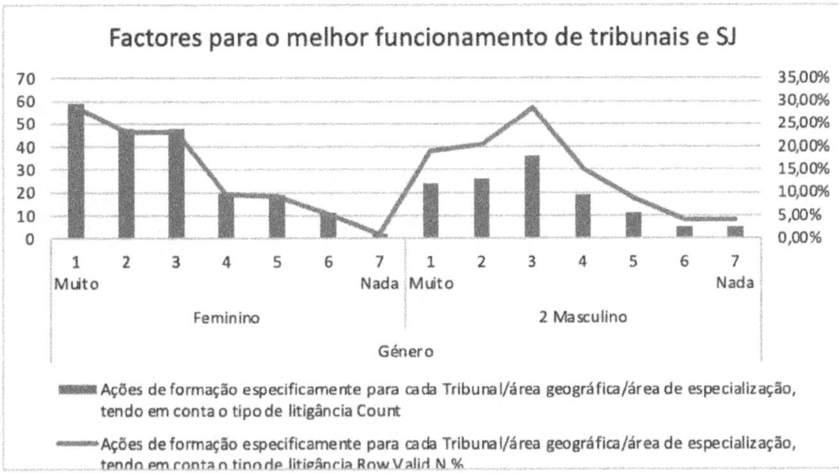
Factores para o melhor funcionamento de tribunais e SJ
70
60
50
40
30
20
10
0
35,00%
30,00%
25,00%
20,00%
15,00%
10,00%
5,00%
0,00%
1 Muito
2
3
4
5
6
7 Nada
1 Muito
2
3
4
5
6
7 Nada
Feminino
2 Masculino
Género
Ações de formação especificamente para cada Tribunal/área geográfica/área de especialização, tendo em conta o tipo de litigância Count
Ações de formação especificamente para cada Tribunal/área geográfica/área de especialização, tendo em conta o tipo de litigância Row Valid N %

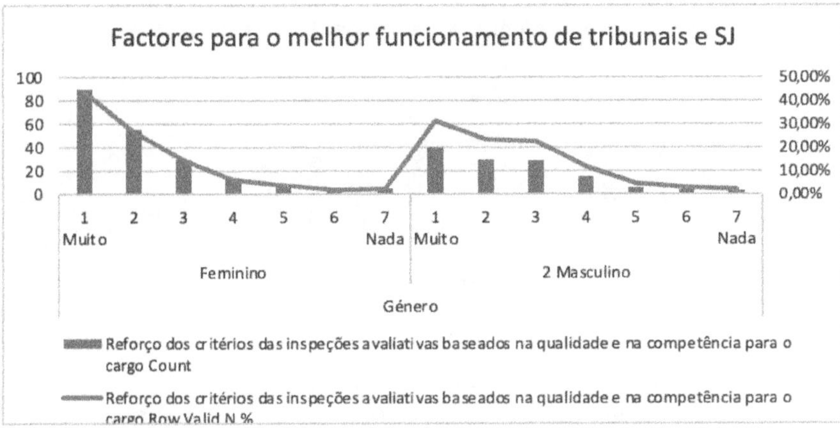
Factores para o melhor funcionamento de tribunais e SJ
100
80
60
40
20
0
50,00%
40,00%
30,00%
20,00%
10,00%
0,00%
1 Muito
2
3
4
5
6
7 Nada
1 Muito
2
3
4
5
6
7 Nada
Feminino
2 Masculino
Género
Reforço dos critérios das inspeções avaliativas baseados na qualidade e na competência para o cargo Count
Reforço dos critérios das inspeções avaliativas baseados na qualidade e na competência para o cargo Row Valid N %

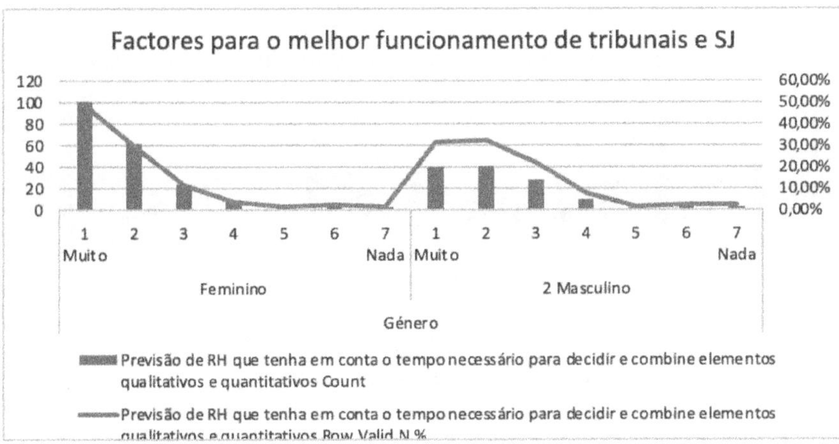
Factores para o melhor funcionamento de tribunais e SJ
120
100
80
60
40
20
0
60,00%
50,00%
40,00%
30,00%
20,00%
10,00%
0,00%
1 Muito
2
3
4
5
6
7 Nada
1 Muito
2
3
4
5
6
7 Nada
Feminino
2 Masculino
Género
Previsão de RH que tenha em conta o tempo necessário para decidir e combine elementos qualitativos e quantitativos Count
Previsão de RH que tenha em conta o tempo necessário para decidir e combine elementos qualitativos e quantitativos Row Valid N %

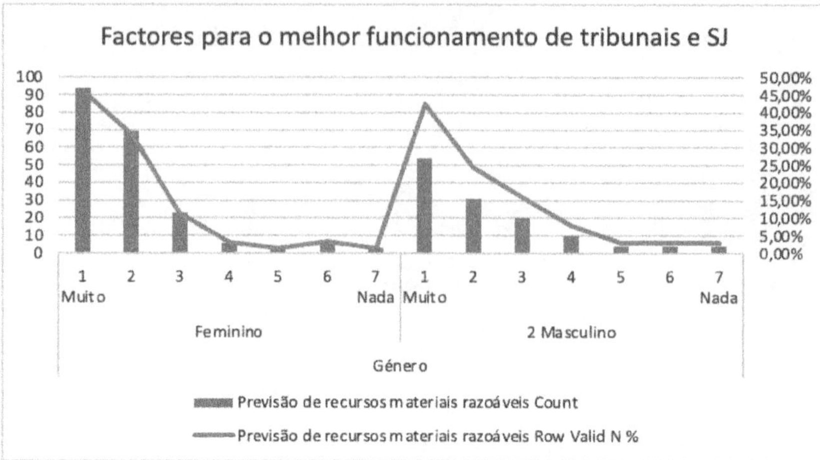
Factores para o melhor funcionamento de tribunais e SJ
Feminino
2 Masculino
Género
Muito
Nada
Previsão de recursos materiais razoáveis Count
Previsão de recursos materiais razoáveis Row Valid N %

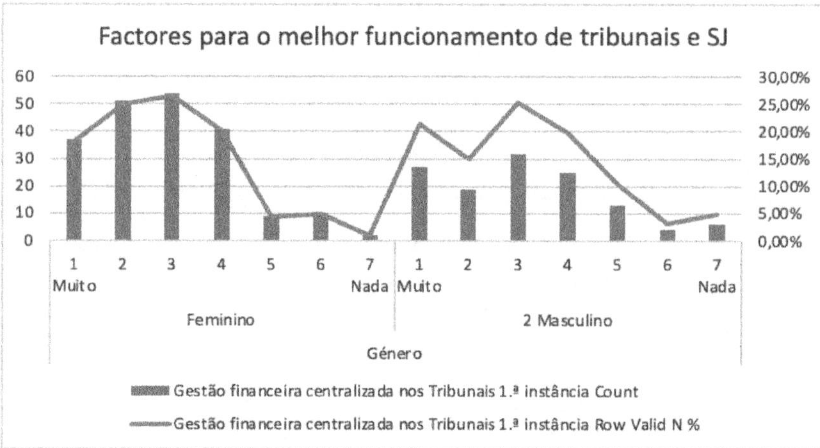
Factores para o melhor funcionamento de tribunais e SJ
Feminino
2 Masculino
Género
Muito
Nada
Gestão financeira centralizada nos Tribunais 1.ª instância Count
Gestão financeira centralizada nos Tribunais 1.ª instância Row Valid N %

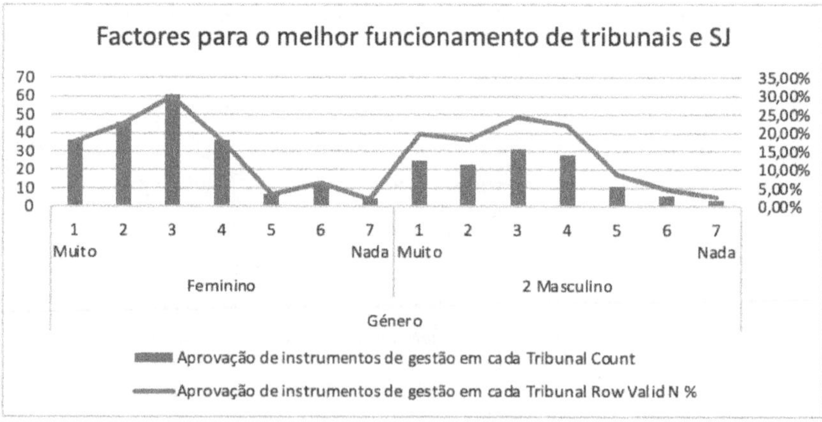
Factores para o melhor funcionamento de tribunais e SJ
Feminino
2 Masculino
Género
Muito
Nada
Aprovação de instrumentos de gestão em cada Tribunal Count
Aprovação de instrumentos de gestão em cada Tribunal Row Valid N %

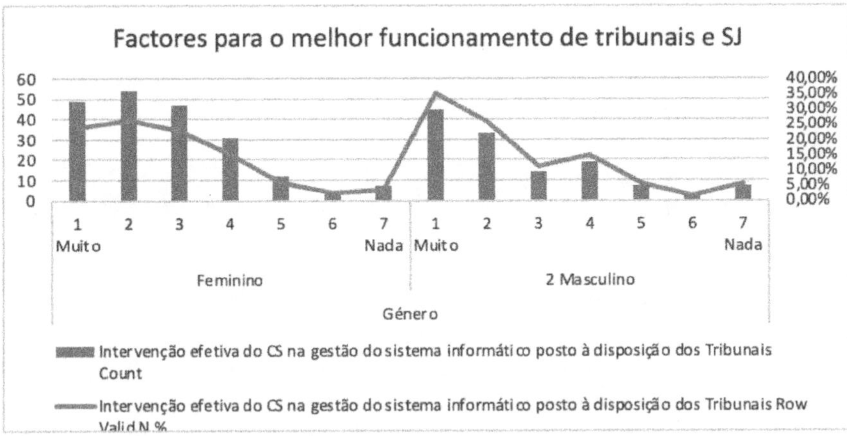
Factores para o melhor funcionamento de tribunais e SJ
60
50
40
30
20
10
0
40,00%
35,00%
30,00%
25,00%
20,00%
15,00%
10,00%
5,00%
0,00%
1 Muito
2
3
4
5
6
7 Nada
1 Muito
2
3
4
5
6
7 Nada
Feminino
2 Masculino
Género
Intervenção efetiva do CS na gestão do sistema informático posto à disposição dos Tribunais Count
Intervenção efetiva do CS na gestão do sistema informático posto à disposição dos Tribunais Row Valid N %

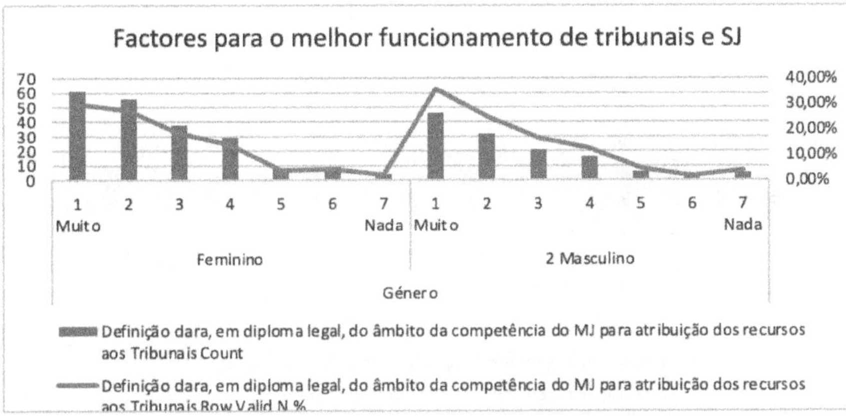
Factores para o melhor funcionamento de tribunais e SJ
70
60
50
40
30
20
10
0
40,00%
30,00%
20,00%
10,00%
0,00%
1 Muito
2
3
4
5
6
7 Nada
1 Muito
2
3
4
5
6
7 Nada
Feminino
2 Masculino
Género
Definição clara, em diploma legal, do âmbito da competência do MJ para atribuição dos recursos aos Tribunais Count
Definição clara, em diploma legal, do âmbito da competência do MJ para atribuição dos recursos aos Tribunais Row Valid N %

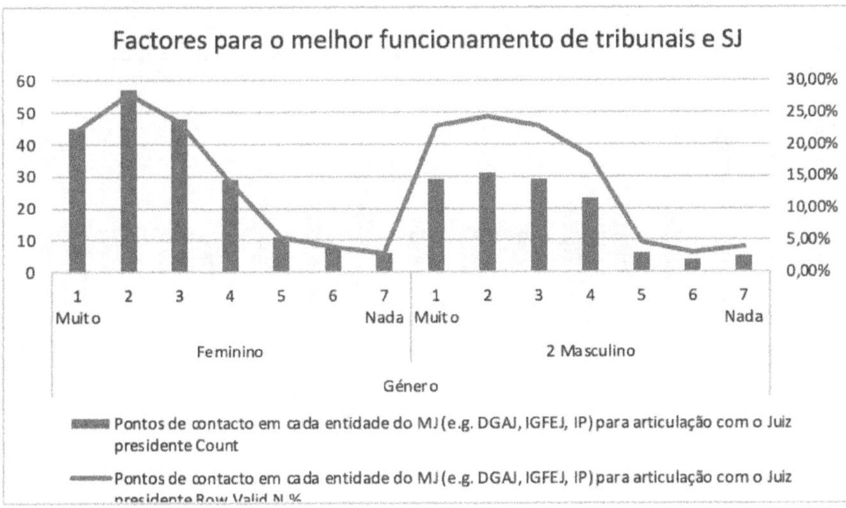
Factores para o melhor funcionamento de tribunais e SJ
60
50
40
30
20
10
0
30,00%
25,00%
20,00%
15,00%
10,00%
5,00%
0,00%
1 Muito
2
3
4
5
6
7 Nada
1 Muito
2
3
4
5
6
7 Nada
Feminino
2 Masculino
Género
Pontos de contacto em cada entidade do MJ (e.g. DGAJ, IGFEJ, IP) para articulação com o Juiz presidente Count
Pontos de contacto em cada entidade do MJ (e.g. DGAJ, IGFEJ, IP) para articulação com o Juiz presidente Row Valid N %

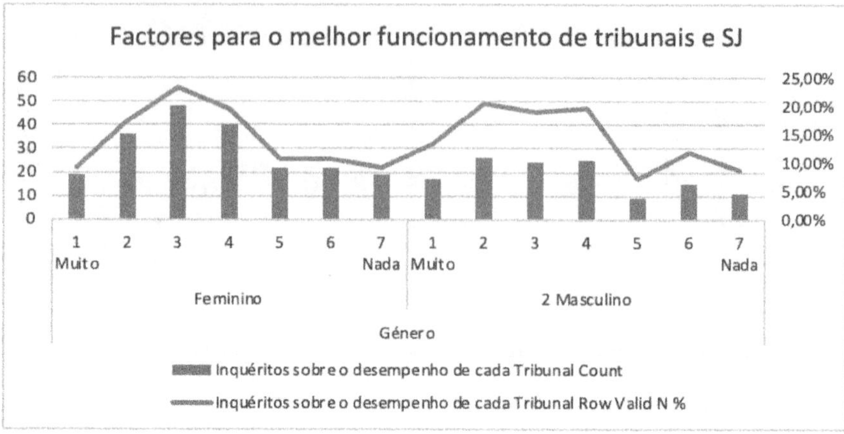
Factores para o melhor funcionamento de tribunais e SJ
60
50
40
30
20
10
0
25,00%
20,00%
15,00%
10,00%
5,00%
0,00%
1 Muito
2
3
4
5
6
7 Nada
1 Muito
2
3
4
5
6
7 Nada
Feminino
2 Masculino
Género
Inquéritos sobre o desempenho de cada Tribunal Count
Inquéritos sobre o desempenho de cada Tribunal Row Valid N %

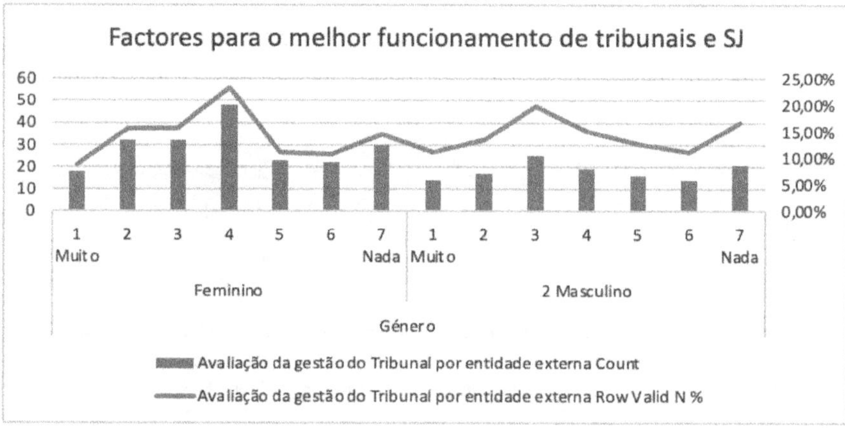
Factores para o melhor funcionamento de tribunais e SJ
60
50
40
30
20
10
0
25,00%
20,00%
15,00%
10,00%
5,00%
0,00%
1 Muito
2
3
4
5
6
7 Nada
1 Muito
2
3
4
5
6
7 Nada
Feminino
2 Masculino
Género
Avaliação da gestão do Tribunal por entidade externa Count
Avaliação da gestão do Tribunal por entidade externa Row Valid N %

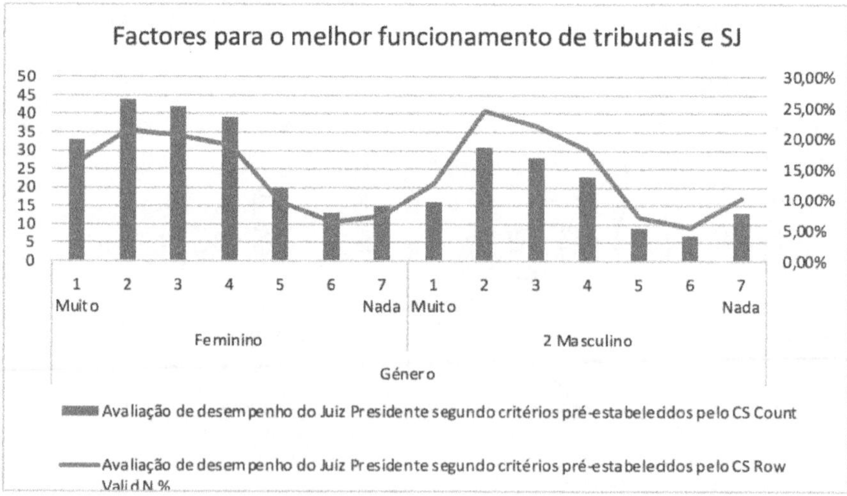
Factores para o melhor funcionamento de tribunais e SJ
50
45
40
35
30
25
20
15
10
5
0
30,00%
25,00%
20,00%
15,00%
10,00%
5,00%
0,00%
1 Muito
2
3
4
5
6
7 Nada
1 Muito
2
3
4
5
6
7 Nada
Feminino
2 Masculino
Género
Avaliação de desempenho do Juiz Presidente segundo critérios pré-estabelecidos pelo CS Count
Avaliação de desempenho do Juiz Presidente segundo critérios pré-estabelecidos pelo CS Row Valid N %

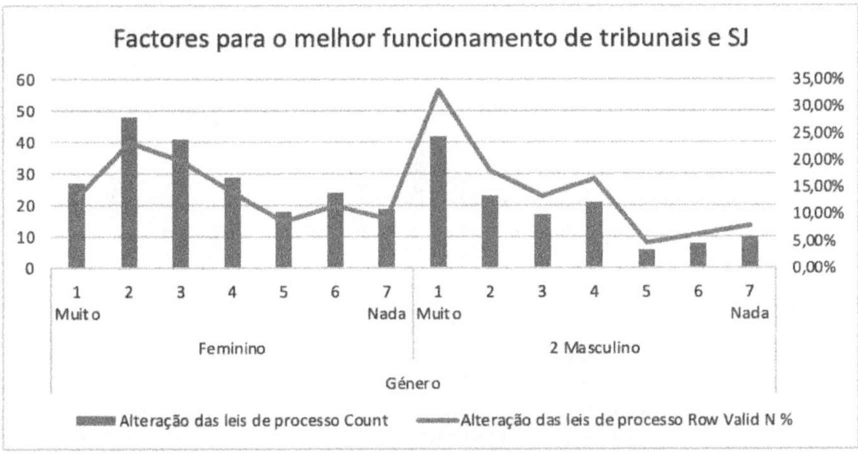
Factores para o melhor funcionamento de tribunais e SJ
60
50
40
30
20
10
0
35,00%
30,00%
25,00%
20,00%
15,00%
10,00%
5,00%
0,00%
1 Muito
2
3
4
5
6
7 Nada
Feminino
2 Masculino
Género
Alteração das leis de processo Count
Alteração das leis de processo Row Valid N %

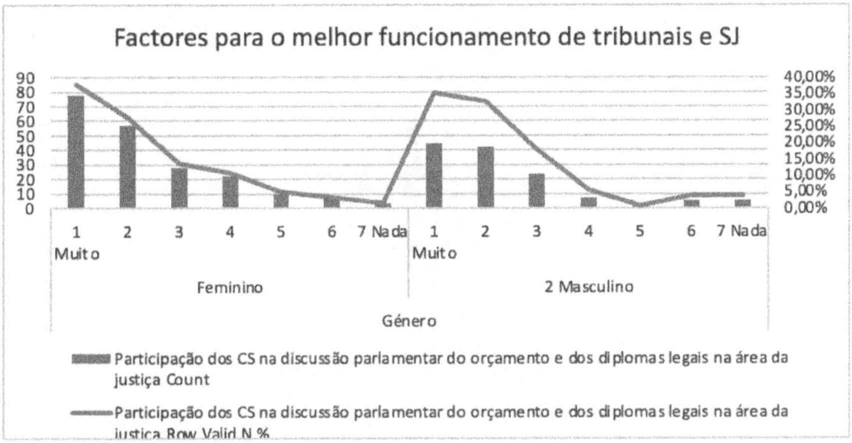
Factores para o melhor funcionamento de tribunais e SJ
90
80
70
60
50
40
30
20
10
0
40,00%
35,00%
30,00%
25,00%
20,00%
15,00%
10,00%
5,00%
0,00%
1 Muito
2
3
4
5
6
7 Nada
Feminino
2 Masculino
Género
Participação dos CS na discussão parlamentar do orçamento e dos diplomas legais na área da justiça Count
Participação dos CS na discussão parlamentar do orçamento e dos diplomas legais na área da justiça Row Valid N %

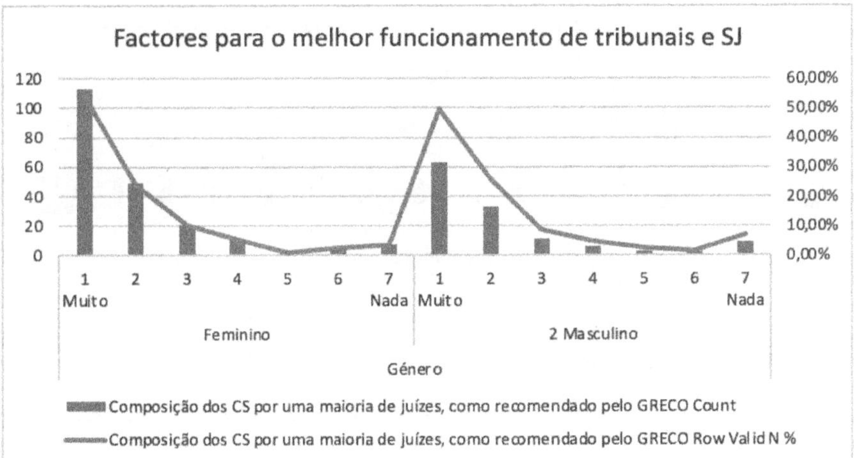
Factores para o melhor funcionamento de tribunais e SJ
120
100
80
60
40
20
0
60,00%
50,00%
40,00%
30,00%
20,00%
10,00%
0,00%
1 Muito
2
3
4
5
6
7 Nada
Feminino
2 Masculino
Género
Composição dos CS por uma maioria de juízes, como recomendado pelo GRECO Count
Composição dos CS por uma maioria de juízes, como recomendado pelo GRECO Row Valid N %

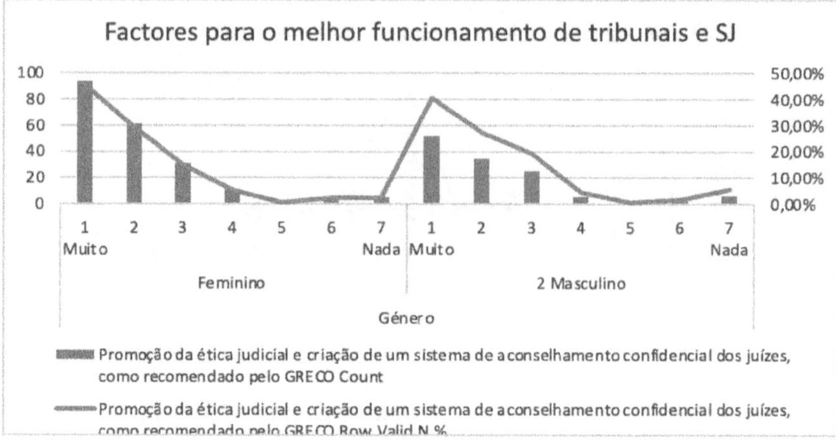
Factores para o melhor funcionamento de tribunais e SJ
100
80
60
40
20
0
50,00%
40,00%
30,00%
20,00%
10,00%
0,00%
1 Muito
2
3
4
5
6
7 Nada
1 Muito
2
3
4
5
6
7 Nada
Feminino
2 Masculino
Género
Promoção da ética judicial e criação de um sistema de aconselhamento confidencial dos juízes, como recomendado pelo GRECO Count
Promoção da ética judicial e criação de um sistema de aconselhamento confidencial dos juízes,

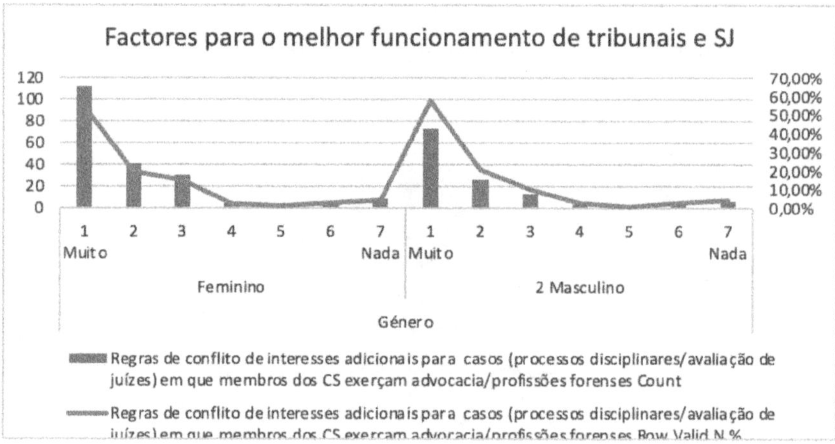
Factores para o melhor funcionamento de tribunais e SJ
120
100
80
60
40
20
0
70,00%
60,00%
50,00%
40,00%
30,00%
20,00%
10,00%
0,00%
1 Muito
2
3
4
5
6
7 Nada
1 Muito
2
3
4
5
6
7 Nada
Feminino
2 Masculino
Género
Regras de conflito de interesses adicionais para casos (processos disciplinares/avaliação de juízes) em que membros dos CS exerçam advocacia/profissões forenses Count
Regras de conflito de interesses adicionais para casos (processos disciplinares/avaliação de

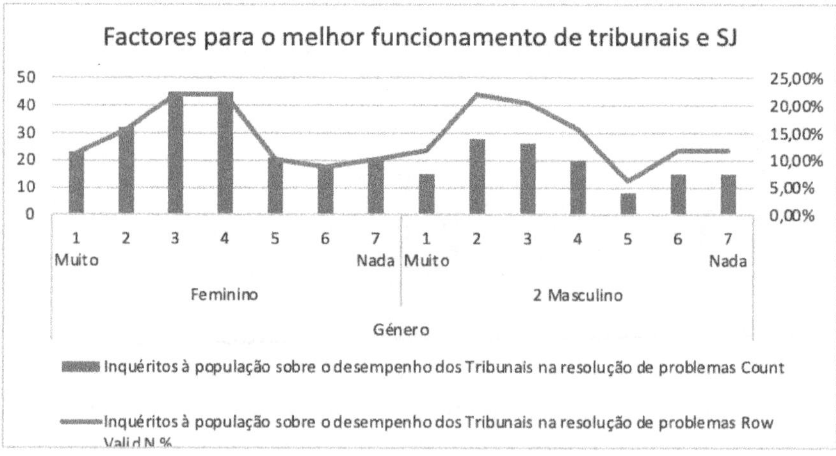
Factores para o melhor funcionamento de tribunais e SJ
50
40
30
20
10
0
25,00%
20,00%
15,00%
10,00%
5,00%
0,00%
1 Muito
2
3
4
5
6
7 Nada
1 Muito
2
3
4
5
6
7 Nada
Feminino
2 Masculino
Género
Inquéritos à população sobre o desempenho dos Tribunais na resolução de problemas Count
Inquéritos à população sobre o desempenho dos Tribunais na resolução de problemas Row

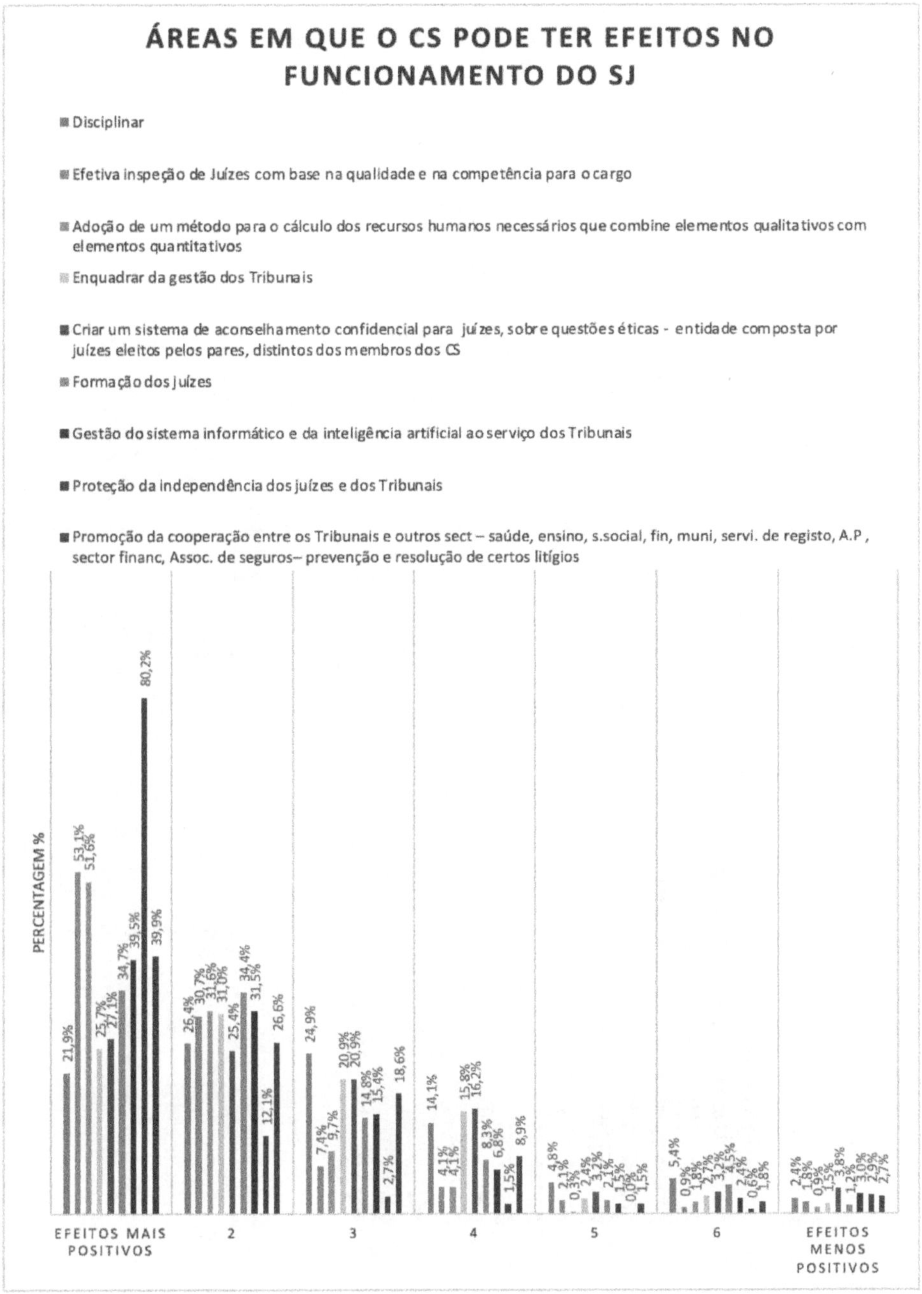
ÁREAS EM QUE O CS PODE TER EFEITOS NO FUNCIONAMENTO DO SJ
Disciplinar
Efetiva inspeção de Juízes com base na qualidade e na competência para o cargo
Adoção de um método para o cálculo dos recursos humanos necessários que combine elementos qualitativos com elementos quantitativos
Enquadrar da gestão dos Tribunais
Criar um sistema de aconselhamento confidencial para juízes, sobre questões éticas - entidade composta por juízes eleitos pelos pares, distintos dos membros dos CS
Formação dos Juízes
Gestão do sistema informático e da inteligência artificial ao serviço dos Tribunais
Proteção da independência dos juízes e dos Tribunais
Promoção da cooperação entre os Tribunais e outros sect – saúde, ensino, s.social, fin, muni, servi. de registo, A.P, sector financ, Assoc. de seguros– prevenção e resolução de certos litígios
PERCENTAGEM %
21,9%
53,1%
51,6%
25,7%
27,1%
34,7%
39,5%
80,2%
39,9%
26,4%
30,7%
31,6%
31,0%
25,4%
34,4%
31,5%
12,1%
26,6%
24,9%
7,4%
9,7%
20,9%
20,9%
14,8%
15,4%
2,7%
18,6%
14,1%
4,1%
4,1%
15,8%
16,2%
8,3%
6,8%
1,5%
8,9%
4,8%
2,1%
0,3%
2,4%
3,2%
2,1%
1,5%
0,0%
1,5%
5,4%
0,9%
1,8%
2,7%
3,2%
4,5%
2,4%
0,6%
1,8%
2,4%
1,8%
0,9%
1,5%
3,8%
1,2%
3,0%
2,9%
2,7%
EFEITOS MAIS POSITIVOS
2
3
4
5
6
EFEITOS MENOS POSITIVOS

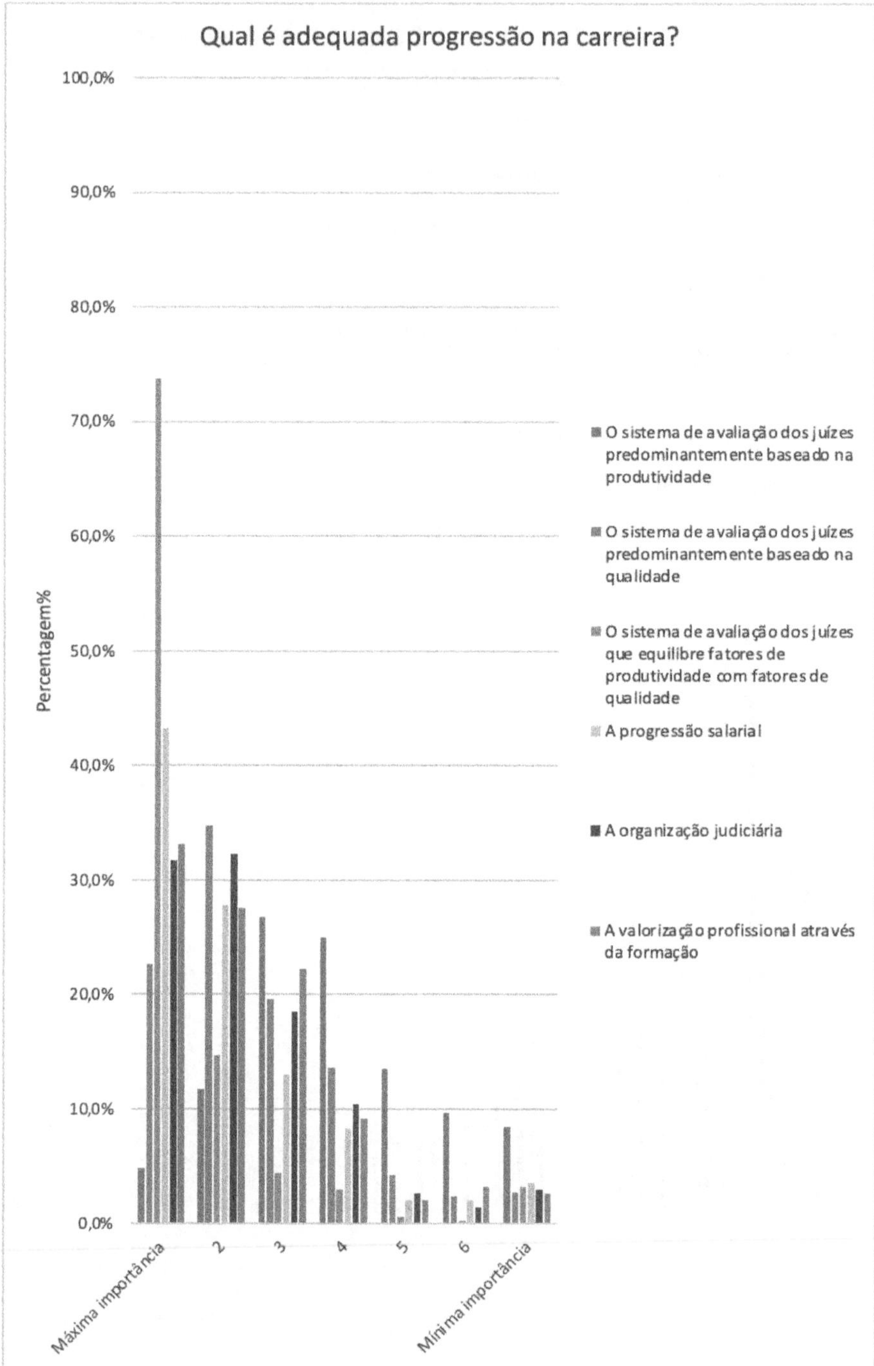
Qual é adequada progressão na carreira?
100,0%
90,0%
80,0%
70,0%
60,0%
50,0%
40,0%
30,0%
20,0%
10,0%
0,0%
Percentagem%
Máxima importância
2
3
4
5
6
Mínima importância
O sistema de avaliação dos juízes predominantemente baseado na produtividade
O sistema de avaliação dos juízes predominantemente baseado na qualidade
O sistema de avaliação dos juízes que equilibre fatores de produtividade com fatores de qualidade
A progressão salarial
A organização judiciária
A valorização profissional através da formação

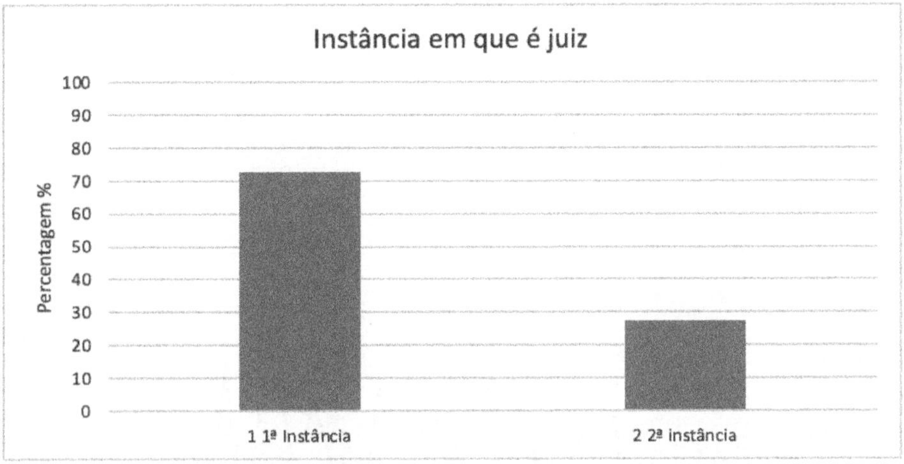
Instância em que é juiz
Percentagem %
100
90
80
70
60
50
40
30
20
10
0
1 1ª Instância
2 2ª instância

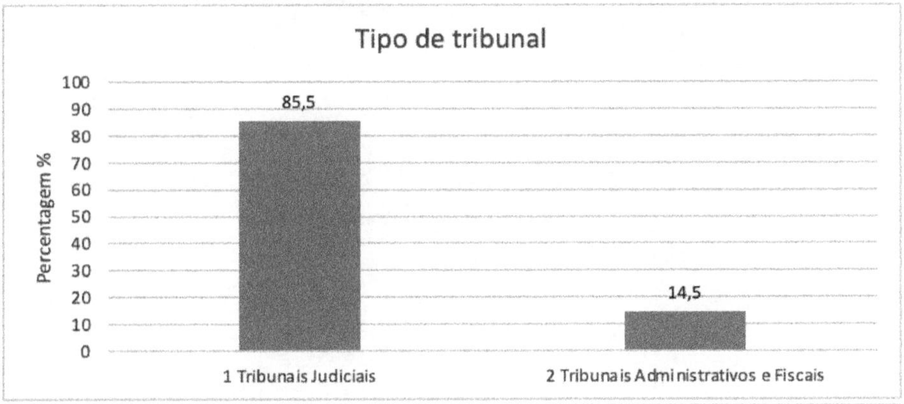
Tipo de tribunal
Percentagem %
100
90
80
70
60
50
40
30
20
10
0
85,5
14,5
1 Tribunais Judiciais
2 Tribunais Administrativos e Fiscais

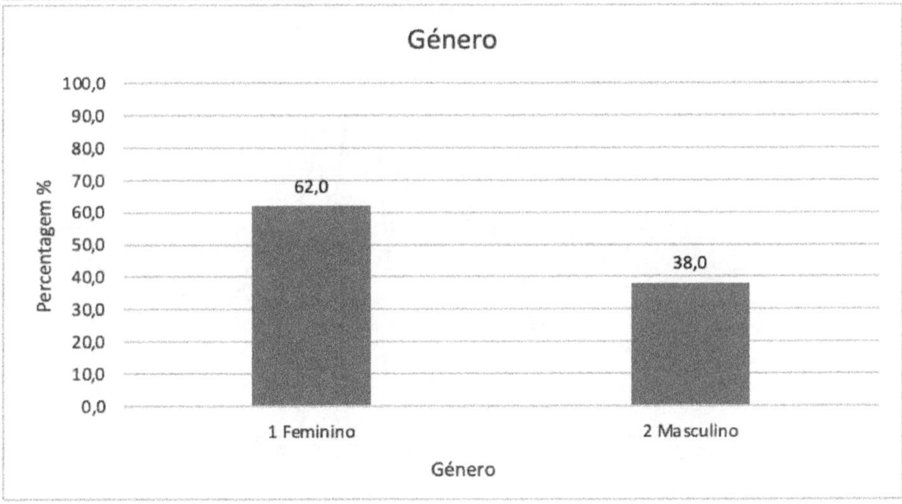
Género
Percentagem %
100,0
90,0
80,0
70,0
60,0
50,0
40,0
30,0
20,0
10,0
0,0
62,0
38,0
1 Feminino
2 Masculino
Género

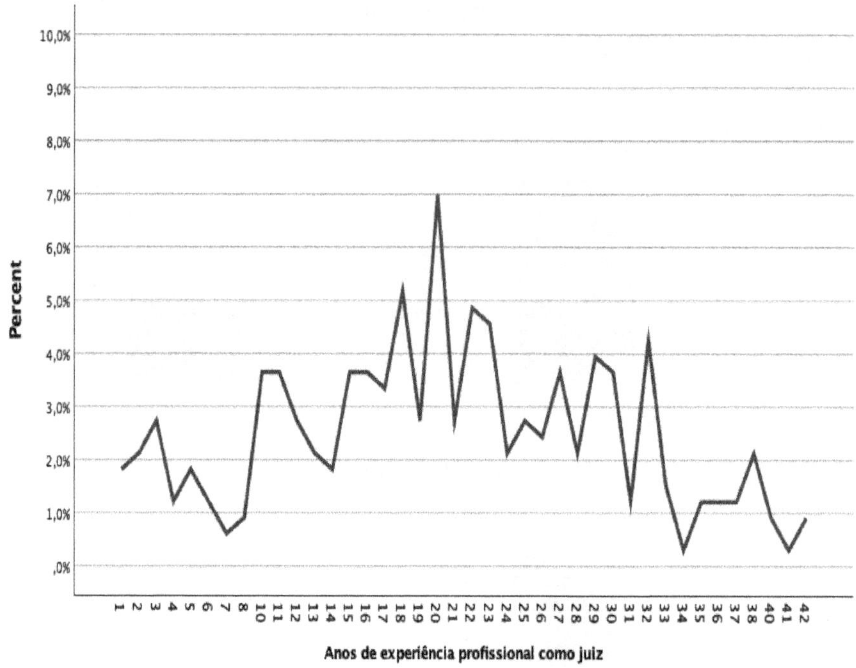
Percent
10,0%
9,0%
8,0%
7,0%
6,0%
5,0%
4,0%
3,0%
2,0%
1,0%
,0%
1 2 3 4 5 6 7 8 10 11 12 13 14 15 16 17 18 19 20 21 22 23 24 25 26 27 28 29 30 31 32 33 34 35 36 37 38 40 41 42
Anos de experiência profissional como juiz

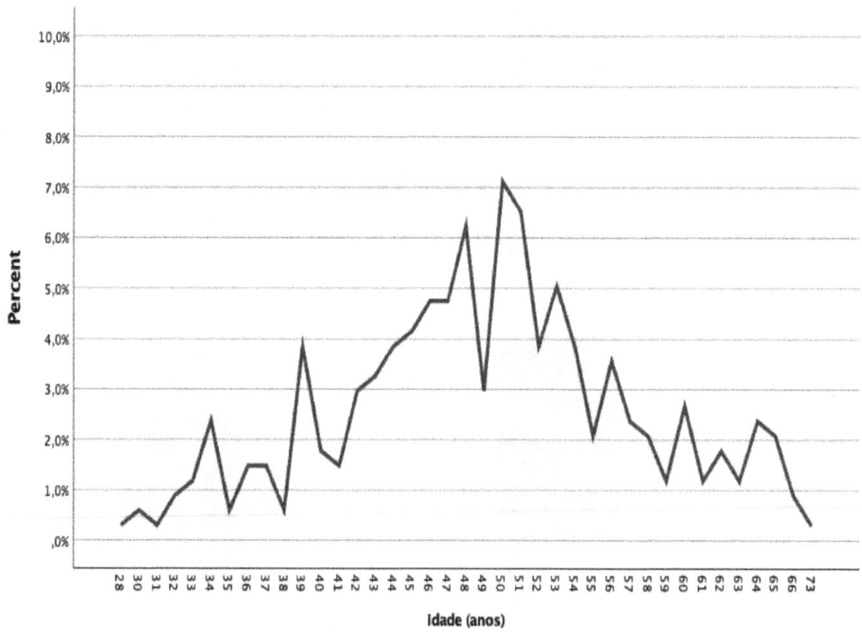
Percent
10,0%
9,0%
8,0%
7,0%
6,0%
5,0%
4,0%
3,0%
2,0%
1,0%
,0%
28 30 31 32 33 34 35 36 37 38 39 40 41 42 43 44 45 46 47 48 49 50 51 52 53 54 55 56 57 58 59 60 61 62 63 64 65 66 73
Idade (anos)

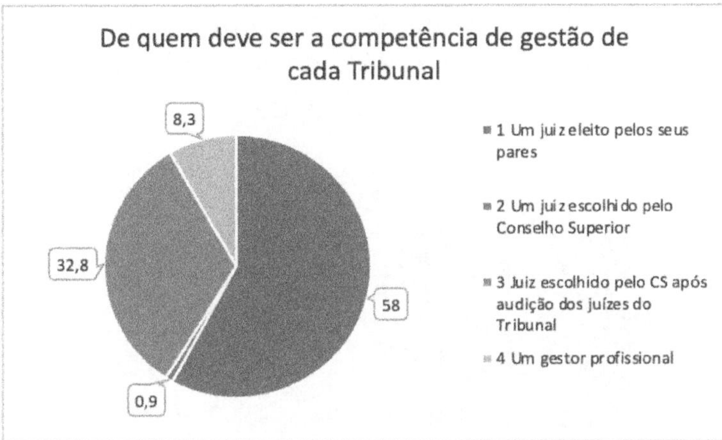
De quem deve ser a competência de gestão de cada Tribunal
8,3
32,8
58
0,9
1 Um juiz eleito pelos seus pares
2 Um juiz escolhido pelo Conselho Superior
3 Juiz escolhido pelo CS após audição dos juízes do Tribunal
4 Um gestor profissional

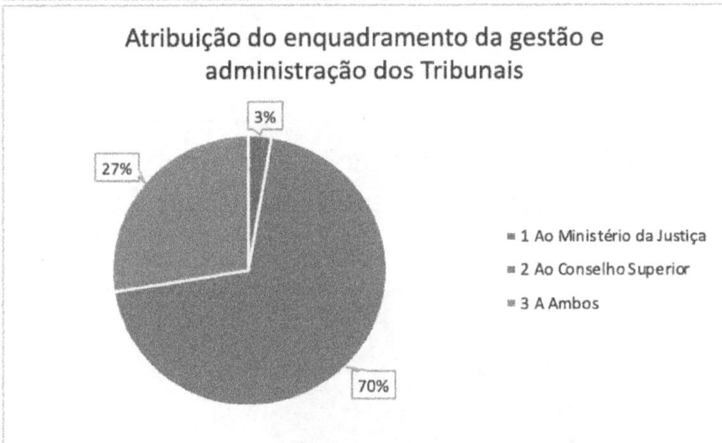
Atribuição do enquadramento da gestão e administração dos Tribunais
3%
27%
70%
1 Ao Ministério da Justiça
2 Ao Conselho Superior
3 A Ambos

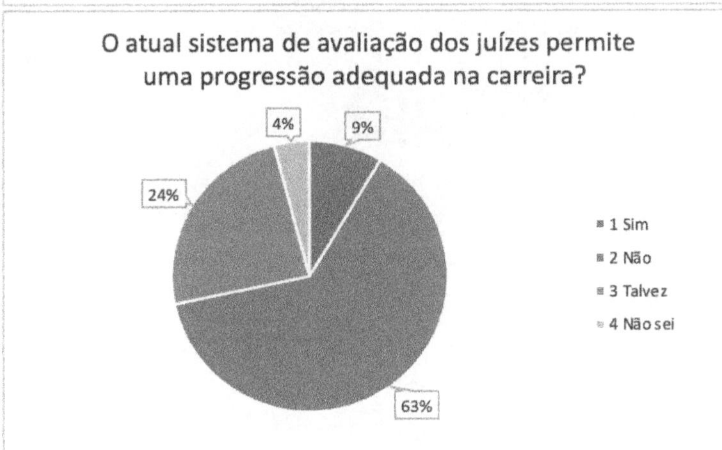
O atual sistema de avaliação dos juízes permite uma progressão adequada na carreira?
4%
9%
24%
63%
1 Sim
2 Não
3 Talvez
4 Não sei

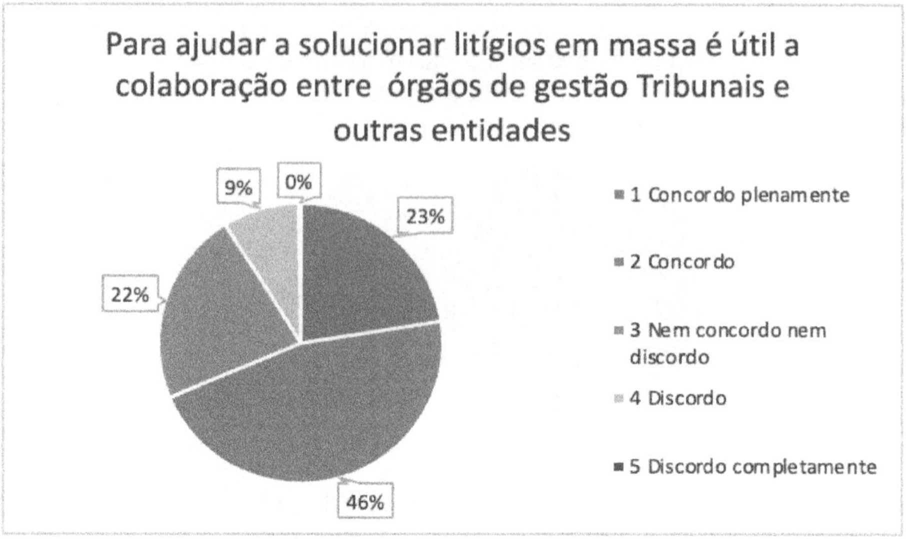
Para ajudar a solucionar litígios em massa é útil a colaboração entre órgãos de gestão Tribunais e outras entidades
9%
0%
23%
22%
46%
1 Concordo plenamente
2 Concordo
3 Nem concordo nem discordo
4 Discordo
5 Discordo completamente

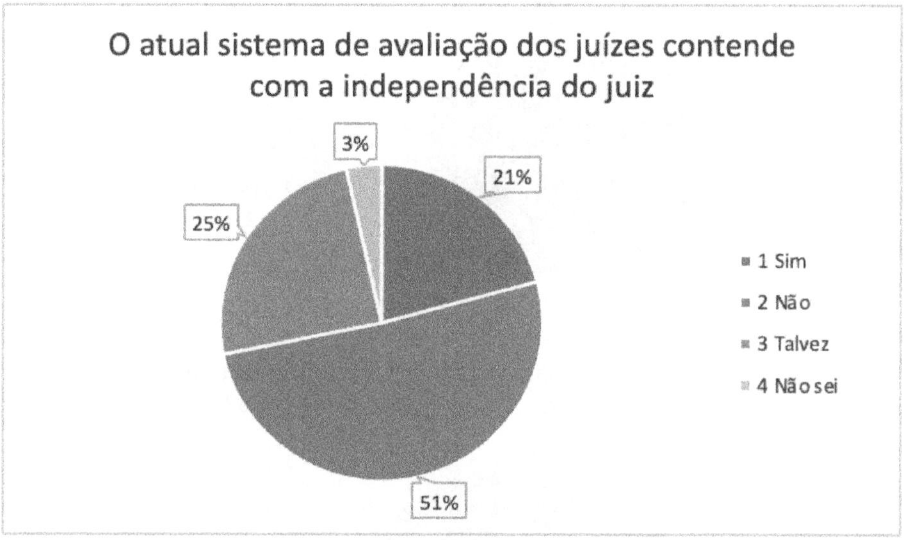
O atual sistema de avaliação dos juízes contende com a independência do juiz
3%
21%
25%
51%
1 Sim
2 Não
3 Talvez
4 Não sei

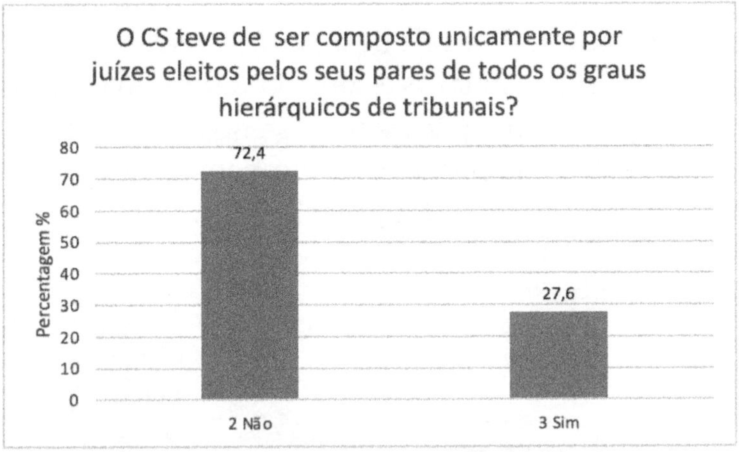
O CS teve de ser composto unicamente por juízes eleitos pelos seus pares de todos os graus hierárquicos de tribunais?
Percentagem %
80
70
60
50
40
30
20
10
0
72,4
27,6
2 Não
3 Sim

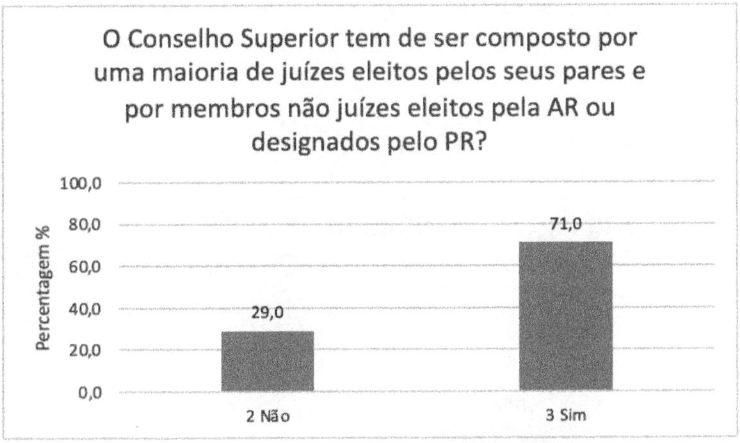
O Conselho Superior tem de ser composto por uma maioria de juízes eleitos pelos seus pares e por membros não juízes eleitos pela AR ou designados pelo PR?
Percentagem %
100,0
80,0
60,0
40,0
20,0
0,0
29,0
71,0
2 Não
3 Sim

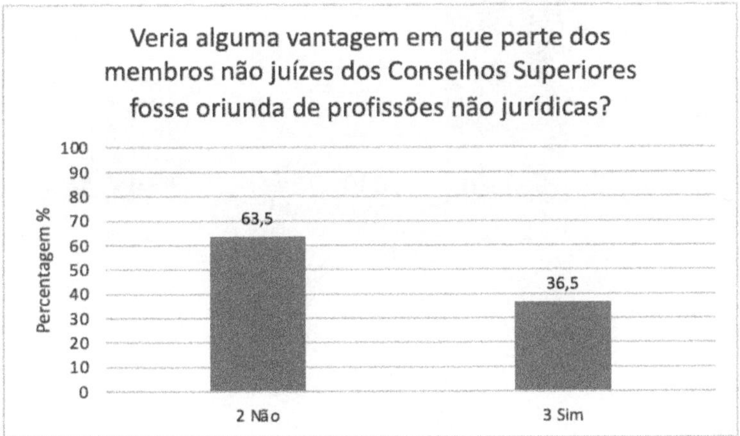
Veria alguma vantagem em que parte dos membros não juízes dos Conselhos Superiores fosse oriunda de profissões não jurídicas?
Percentagem %
100
90
80
70
60
50
40
30
20
10
0
63,5
36,5
2 Não
3 Sim

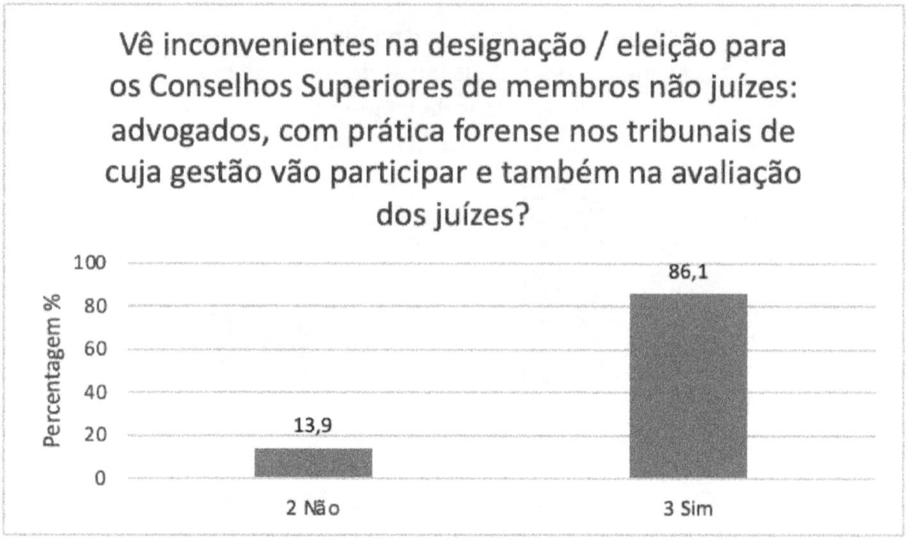
Vê inconvenientes na designação / eleição para os Conselhos Superiores de membros não juízes: advogados, com prática forense nos tribunais de cuja gestão vão participar e também na avaliação dos juízes?
Percentagem %
100
80
60
40
20
0
13,9
86,1
2 Não
3 Sim

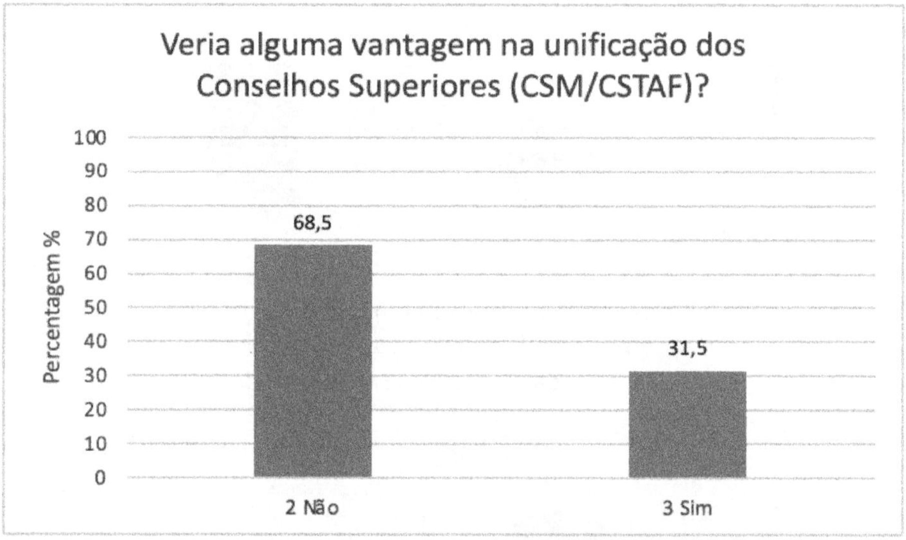
Veria alguma vantagem na unificação dos Conselhos Superiores (CSM/CSTAF)?
Percentagem %
100
90
80
70
60
50
40
30
20
10
0
68,5
31,5
2 Não
3 Sim

- Anexo do Capítulo 6 (Grupo 5)

Questionário aos juízes de direito sobre independência judicial interna[1]

Usando uma escala ordinal de Likert, com uma pontuação atribuída de 1 a 7, medindo o grau de concordância ou discordância do inquirido com as afirmações seguintes:

I

1 – Nos últimos dois anos, a minha independência como juiz foi respeitada pelo presidente da comarca.

1. Discordo Totalmente (...); 4 – Não concordo nem discordo (...) 7 – Concordo Totalmente

2 – Durante os últimos dois anos o presidente da comarca não exerceu pressão inapropriada para que eu decidisse casos particulares num determinado prazo.

1. Discordo Totalmente (...); 4 – Não concordo nem discordo (...) 7 – Concordo Totalmente

3 – Durante os últimos dois anos o presidente da comarca não exerceu pressão para que eu decidisse casos particulares num determinado sentido.

1. Discordo Totalmente (...); 4 – Não concordo nem discordo (...) 7 – Concordo Totalmente

II

4 – Nos últimos dois anos ocorreram alterações nas minhas condições de trabalho que influenciaram a minha independência.

Indique por categoria: *

[1] Escala validada num estudo piloto realizado em investigação académica sobre "Nova Gestão dos Tribunais: Liderança Intermédia – Impacto no Desempenho, adaptada do inquérito "ENCJ Report on Independence, Accountability and Quality of the Judiciary 2017-2018 Adopted General Assembly Lisbon", na qual se estuda, entre o mais, a relação entre o grau de respeito do presidente da comarca pela independência judicial interna com as variáveis: *satisfação no trabalho, desenvoltura profissional* e *equilíbrio vida trabalho* dos juízes de direito (Coelho, Arnaldo, Ribeiro, Idalina – FEUC, Projeto de tese de doutoramento -2019).

– O volume processual aumentou significativamente
1. Discordo Totalmente (...); 4 – Não concordo nem discordo (...) 7 – Concordo Totalmente

– Os recursos materiais e humanos não acompanharam as necessidades
1. Discordo Totalmente (...); 4 – Não concordo nem discordo (...) 7 – Concordo Totalmente

– As minhas funções foram alteradas de forma indesejada.
1. Discordo Totalmente (...); 4 – Não concordo nem discordo (...) 7 – Concordo Totalmente

III

5- Numa escala de 0 – 10 (onde 0 significa "nada independente " e 10 significa "o máximo grau de independência), indique como quantifica a sua independência

IV

6 – Desde que sou juiz a minha independência tem:
1 – Melhorado muito (...); 4 – Nem melhorado nem piorado (...) 7 – Deteriorou-se muito

Inquérito eletrónico
Link: https://forms.gle/dydeo2YNYWTRTSqFA

ÍNDICE

LISTA DE ABREVIATURAS E ACRÓNIMOS 5

APRESENTAÇÃO 9

INTRODUÇÃO 11

I. Think Tank 11

II. Resumo justificativo 12

III. Estrutura do trabalho 16

IV. Execução 20

CAPÍTULO 1 – A AGENDA DA REFORMA DA JUSTIÇA. CONTEXTO, CONDICIONALISMO E JUSTIFICAÇÃO 25

I. Diálogo intergeracional, ética e democracia 25

1. Assunção ética para com a história, o presente e o futuro 25

2. Reforma da justiça e diálogo intergeracional 27

3. Sustentabilidade social, económica, cultural e ambiental 31

4. A globalização, a internacionalização e o direito 33

5. A economia e a justiça 34

6. O direito e a função dos tribunais. A jurisdição na estrutura da regulação e da realização jurídicas 35

7. Valorização do Estado de Direito em democracia 36

7.1. Estado de Direito e democracia 36

7.2. Direitos humanos e fundamentais 38

7.3. Estado liberal e direitos sociais e económicos 39

7.4. O Estado de Direito procedimental 40

7.5. A igualdade de tratamento na pluralidade de identidades 42

7.6. Novas considerações sociais, técnicas e ambientais 43

II. Sociedade do risco e da emergência 44
1. Implicações pandémicas, conflitos bélicos, crises económicas e sociedade do risco e da emergência 44
2. A dimensão política das crises e o Estado de Direito 45
3. A dimensão económica e social das crises 45
4. Disrupção tecnológica e tecnologia 46
5. O espaço público e a comunicação 47
6. Crises, direitos fundamentais e Estado de Direito. A exceção e a emergência 48
7. Impacto das crises convergentes na governação política e na justiça 49
III. Justiça, Estado de Direito e futuro. A agenda da reforma da justiça 50
1. Adaptabilidade, pragmatismo institucional e sustentabilidade 50
2. Atores da reforma e cultura judiciária 54
3. Sistema de justiça, consolidação do Estado de Direito e sua garantia 54
4. As reformas constitucionais, organizativas e processuais da justiça. Política, legística e administração 56
5. Padrões de qualidade, de eficiência e de excelência 60
6. Governação da justiça, administração judiciária e jurisdição 61
7. As cinco dimensões eleitas (para uma agenda de reforma da justiça) 62

CAPÍTULO 2 – TRIBUNAIS E CONSTITUIÇÃO. ORDEM PLURAL DE JURISDIÇÕES E ORGANIZAÇÃO DO SISTEMA JUDICIÁRIO 65
I. Densificação do Estado de Direito no quadro multinível de normas e princípios 65
1. Diálogo entre jurisdições e sistemas de justiça 65
1.1. O Direito da União Europeia 66
1.2. A Convenção Europeia dos Direitos Humanos 71
1.3. Outras fontes de direito internacional 74
2. A "Constituição judiciária" 76
II. Análise e discussão sobre questões historicamente menos consensuais, a nível da pluralidade de jurisdições e sua estrutura 81
1. Unidade ou pluralidade de ordens de jurisdição 81
2. Organização/especialização dos tribunais de primeira instância 88
3. A inserção dos Tribunais arbitrais nos modelos de jurisdição 92
4. Estrutura e sentido dos modelos de formação 98
III. A garantia do acesso amplo à justiça pelos cidadãos e a sua refração na legitimação democrática do sistema judicial e na confiança na justiça 101

1. O acesso à justiça 101
2. O acesso à justiça constitucional 103
2.1. O modelo português entre os modelos alternativos 104
2.2. Diagnóstico 107
2.3. Propostas de reforma 110
2.3.1. Reformas sistémicas 110
2.3.2. Reformas incrementais 110
2.3.3. Reformas pontuais 112
3. As garantias processuais nas jurisdições financeira e administrativa e fiscal 116
3.1. Na jurisdição financeira 116
3.2. Na jurisdição administrativa e fiscal 119
4. A justiça criminal e a confiança no sistema 123
4.1. Estrutura e funções dos sujeitos processuais (juiz, Ministério Público e advogados) 124
IV. Conclusões 128

CAPÍTULO 3 – GOVERNAÇÃO DA JUSTIÇA E CONSELHOS JUDICIAIS (CONSELHO SUPERIOR DA MAGISTRATURA E CONSELHO SUPERIOR DOS TRIBUNAIS ADMINISTRATIVOS E FISCAIS) 133
I. Introdução 135
II. Estado de Direito 137
1. Organização dos poderes do Estado 137
2. Poder judicial 138
3. Imparcialidade e independência 139
4. Modelos de governação 140
III. Modelo de Conselhos Superiores 142
1. Modelo Europeu 142
1.1. Razões da opção: no pós-IIGM, no renascimento das democracias da Península Ibérica e no alargamento da União Europeia a Leste 142
1.2. Adoção do modelo de Conselhos Superiores como *soft law* da União: o standard de governo judicial na União Europeia 143
2. Modelo Português: instituição 144
2.1. Concretização histórica 144
2.2. Competências: evolução 146
3. Modelo Português: funcionamento 149
3.1. Funcionamento interno 149

3.2. Eleição dos Membros Juízes 150
3.3. Leis Orgânicas 151
3.4. Governação pelos Conselhos: análise, redundâncias, lacunas e sentido de evolução 151
3.5. Membros dos Conselhos 152
3.5.1. Membros indicados pela AR 153
3.5.2. Incompatibilidades e impedimentos 153
3.5.3. Membros Juízes: por inerência e eleitos pelos seus pares 155
3.5.4. Mandato: duração e renovação 157
3.5.5. Conflitos de interesses 157
3.5.6. Membros não juristas 158
4. Modelo Português: organização da pluralidade de jurisdições 158
4.1. Sistema plural de governo 158
4.2. Jurisdição comum e jurisdição administrativa e fiscal 160
4.3. Coordenação: mudança de cultura judiciária 162
5. Modelo Português: (Des)Conformidade com o standard europeu 162
5.1. Maioria de juízes eleitos pelos seus pares 162
5.2. Equilíbrio de legitimidades 163
5.3. Os casos sensíveis: disciplina, classificação, promoção 165
IV. Direitos humanos 166
1. Liberdades e direitos sociais 166
2. Globalização. Crises (financeira, migratória...). Paz 166
3. Direitos fundamentais e acesso aos Supremos Tribunais 167
4. Desafio aos Conselhos Judiciais: dados relevantes e coordenação 168
5. Tutela jurisdicional efectiva 169
5.1. Desafio aos Tribunais 169
5.2. Observatórios de direitos humanos 170
V. Portugal – administração do sistema judicial 171
1. Governação mista 171
2. Diálogo e cooperação institucional 172
VI. Tribunais e sociedade 175
1. Confiança da população. Percepções 175
2. Empresas e economia 177
3. Pendências processuais, morosidade e investimento 178
VII. Actuação institucional dos Conselhos 180
1. Selecção, recrutamento e formação dos juízes 181
1.1. Selecção e recrutamento 181

1.2. Formação 183
2. Gestão das carreiras dos juízes 184
2.1. Colocação dos juízes: gestão de recursos 184
2.2. Acesso aos tribunais superiores 185
2.2.1. Supremo Tribunal de Justiça 185
2.2.2. Tribunais de Relação 187
2.3. Exercício de funções fora da judicatura 187
3. Avaliação, disciplina e ética dos juízes 188
3.1. Avaliação 188
3.1.1. Inspecção classificativa 188
3.1.2. Periodicidade 189
3.1.3. Percepções e critérios 190
3.1.4. Avaliação pelos pares 191
3.2. A classificação e a progressão na carreira 192
3.3. Avaliação do serviço de justiça prestado 193
3.4. Função disciplinar 194
3.4.1. Garantia da independência 194
3.4.2. Processo equitativo 195
3.4.3. Accountability e comunicação 196
3.5. Ética 197
3.5.1. Ética e disciplina 197
3.5.2. Códigos de conduta 197
3.5.3. Comissões de ética 198
4. Gestão dos Tribunais 200
4.1. Contexto e modelo organizativo 200
4.1.1. Gestão do tribunal e gestão dos processos 200
4.1.2. Administração e gestão 201
4.1.3. Adequação das leis de organização e reforço de recursos 203
4.2. Primeira instância 204
4.2.1. Competências de gestão dos Conselhos e juízes presidentes 204
4.2.2. Procedimento de selecção, nomeação e formação dos juízes presidentes 205
4.2.3. Procedimento para a nomeação 206
4.2.4. Avaliação e recondução 208
4.2.5. Descentralização de competências 208
4.2.6. Orçamento próprio 209
4.3. Segunda instância 210

4.3.1. Autonomia administrativa: ausência de regulamentação 210
4.3.2. Autonomia administrativa: proposta dos Tribunais 211
4.4. Gestão processual 212
4.4.1. Competências dos Conselhos 212
4.4.2. Independência do juiz, gestão processual e complementaridade de competências 214
5. Apoio à decisão 218
5.1. Gabinete do juiz 218
5.2. Gabinetes de apoio ao tribunal e assessoria 219
5.3. Secretarias judiciais 220
5.4. Sistema informático e pessoal de apoio 222
5.4.1. Tramitação electrónica dos processos 222
5.4.2. Formação e carreira específica 223
6. Fixação de objectivos 223
6.1. Procedimento 223
6.2. Âmbito: a globalidade do sistema de justiça 224
6.3. Tribunais administrativos e fiscais 225
6.4. Estatísticas 226
6.5. Monitorização 228
6.6. Tribunais de segunda instância 229
6.7. Análise de resultados e constrangimentos 229
7. Avaliação da qualidade da resposta 231
7.1. Avaliação do sistema de justiça 231
7.2. Indicadores de gestão 232
7.3. Percepção externa 233
7.4. Publicação das decisões 234
8. Comunicação 235
8.1. Dever de reserva 235
8.2. Informação sobre os tribunais 235
8.3. Informação sobre a actividade dos Conselhos 236
9. Dados do sistema de justiça e gestão das plataformas informáticas 237
9.1. Posição conjunta do CSM, CSTAF e PGR 237
9.2. Qualificação do sistema informático como sistema crítico da República 239
10. Orçamento 239
10.1. Investimento: comparação entre países europeus 239
10.2. Diferenciação do investimento nos tribunais 244
10.3. Escassez de recursos e pendências 246

10.4. Critérios de decisão de afectação de recursos 248
10.5. Dificuldades no exercício da função jurisdicional: volume de trabalho 250
10.6. Burocracia e formalismo 252
10.7. Partilha de decisão: regime de concordata na proposta de Orçamento 253
11. Saúde, doença e medicina no trabalho 254
VIII. Conclusões 256

CAPÍTULO 4 – JUSTIÇA DIGITAL E INTELIGÊNCIA ARTIFICIAL NOS TRIBUNAIS 265
I. Justiça Digital 265
1.1. A Justiça e a Revolução Digital: desafios e oportunidades 265
1.1.1. A Revolução Digital: uma introdução 267
1.1.2. A digitalização e transformação digital das sociedades 269
1.1.3. Os ordenamentos jurídicos e o mundo digital: necessidades normativas 271
1.1.4. A digitalização/datificação, também pandémica, dos sistemas judiciais 274
1.2. A Justiça Digital – Benefícios e dificuldades 276
1.2.1. Telematização e hibridização da justiça 278
1.2.2. Justiça online? 281
1.2.3. Direito probatório digital 283
1.3. A Justiça Digital enquanto Justiça 284
1.3.1. Princípios essenciais judiciais e Justiça Digital 284
1.3.2. Direitos fundamentais dos sujeitos processuais na era digital 285
1.3.3. A Justiça Digital e o Digital 286
1.3.4. Redes de dados na justiça: tutela e segurança 287
1.3.5. Proteção de dados judiciais 288
1.3.6. Cooperação, compatibilização e interoperacionalidade dos vários sistemas judiciais digitais nacionais e internacionais 289
1.4. A cibercriminalidade 290
1.4.1. Investigação da cibercriminalidade 291
1.4.2. Cifragem de dados 292
1.4.3. Neocriminalização e/ou alteração/atualização dos tipos penais 292
1.4.4. Prova e julgamento digitais nos processos criminais 293
1.5. Revolução digital e formação profissional 293
1.5.1. Necessidades de formação inicial e contínua 294
1.5.2. Os Conselhos Superiores e a formação digital dos magistrados 295

II. Inteligência Artificial 296
II.1 Justiça e Inteligência Artificial: implicações e aplicações 296
II.1.1 Inteligência Artificial: uma introdução 297
II.1.2 Implicações nas sociedades 298
II.1.3 Alterações legislativas (atuais e futuras) ligadas à Inteligência Artificial 299
II.1.4 Aplicações nos sistemas judiciais 301
II.1.5 Inteligência Artificial na justiça – o Juiz Digital? 303
II.1.6 Inteligência Artificial na investigação criminal e na decisão de processos criminais 309
III. Conclusões – Em busca de um Estado de Direito Digital 310

CAPÍTULO 5 – ESTATUTO DOS JUÍZES, QUALIDADE DO SISTEMA DE JUSTIÇA E ÉTICA JUDICIAL. RECRUTAMENTO E CAPACITAÇÃO JUDICIÁRIA 319
I. Estatuto dos juízes, qualidade do sistema de justiça e ética judicial 319
1. A dimensão estatutária da carreira dos magistrados judiciais 319
1.1. Acesso ao STJ – propostas 319
1.1.1. Quadro atual – magistratura judicial e acesso aos tribunais superiores 320
1.1.2. Apreciação 326
1.1.3. Conclusões 330
1.2. Incompatibilidade de advogado para participar na graduação dos candidatos ao STJ ou aos tribunais da Relação 331
1.2.1 Quadro atual 331
1.2.2. Apreciação 333
1.2.2.1. Imparcialidade e função pública de avaliação e graduação de juízes com vista ao acesso a tribunais superiores 333
1.2.2.2. A designação por uma corporação profissional dos membros de júris de avaliação e graduação de candidatos a juízes de tribunais supremos 335
1.2.2.3. A problemática da cumulação do exercício da advocacia com a função pública de avaliação e graduação de candidatos a cargos e categorias de carreiras judiciais 336
1.2.3. Conclusões 339
1.3. O controlo jurisdicional das decisões do CSM e outras entidades administrativas deve passar a ser feito pelos TAF (Contencioso do STA) 339
1.3.1. Quadro atual 339
1.3.2. Apreciação 340

1.3.3. Conclusões 345
1.4. Comissões de serviço 345
1.4.1. Quadro atual 345
1.4.2. Apreciação 349
1.4.3. Conclusões 355
2. Novas funções de gestão dos tribunais: eficiência, independência e ética 356
2.1. A *accountability* do sistema judicial perante os cidadãos 356
2.1.1. Quadro atual 356
2.1.2. Apreciação 360
2.1.3. Conclusões 365
2.2. Presidência das comarcas: nomeação e capacitação 365
2.2.1. Quadro atual 365
2.2.2. Apreciação 369
2.2.3. Conclusões 371
2.3. Presidência das Relações e sua relevância institucional 372
2.3.1. Quadro atual 372
2.3.2 Apreciação 375
2.2.3. Conclusões 376
II. Recrutamento e capacitação judiciária 377
1. Recrutamento e seleção de candidatos 377
1.1 As vias de ingresso na formação inicial 377
1.1.1. Quadro atual 378
1.1.2. Apreciação 381
1.1.2.3. Conclusões 384
1.2. Modelo das provas de acesso ao CEJ 385
1.2.1. Quadro atual 385
1.2.2. Apreciação 388
1.2.3. Conclusões 392
2. Estrutura e conteúdo da formação: aspetos metodológicos e programáticos 393
2.1. Estrutura da formação inicial 393
2.1.1. Quadro atual 393
2.1.2. Apreciação 395
2.1.2.1. O problema 395
2.1.2.2. As soluções 396
2.1.3 Conclusões 398
2.2. Avaliação dos auditores de justiça 399

2.2.1. Quadro atual 399
2.2.2. Apreciação 402
2.2.2.1. Pressupostos do curso «de formação teórico-prática» 402
2.2.2.2. Reflexão crítica sobre o sistema vigente de avaliação contínua do curso de formação teórico-prática» e propostas de reforma 405
2.2.3. Conclusões 408

CAPÍTULO 6 – INDEPENDÊNCIA JUDICIAL E ADMINISTRAÇÃO JUDICIÁRIA (ADMINISTRAÇÃO E GESTÃO DOS TRIBUNAIS) 411
I. O princípio da Independência Judicial 411
1. Linhas de força 411
1.1. A independência judicial como princípio estruturante do Estado de Direito 411
1.2. Nomeação e promoção dos juízes fundada em critérios objetivos e efetuada por órgão distinto e não integrado no poder executivo, caráter vitalício da nomeação e inamovibilidade dos juízes 413
1.2.1. Regime estatutário dos juízes 413
1.2.2. Natureza jurídico-constitucional 414
1.2.3. Finalidades das garantias 415
1.2.4. Articulação destas garantias com as demais, que salvaguardam a independência dos juízes e dos tribunais 415
1.2.5. Propostas 423
1.3. Garantia de remuneração compatível com a dignidade da função e as responsabilidades do cargo 424
1.3.1. Enquadramento geral 424
1.3.2. Propostas 426
1.4. Independência externa e autonomia financeira do sistema judicial 426
1.4.1. Enquadramento geral 426
1.4.2. Propostas 433
1.5. Irresponsabilidade dos juízes pelas suas decisões 433
1.6. Previsão de regime de incompatibilidades que salvaguarde a independência judicial 435
2. Independência interna 438
2.1. Ausência de relação hierárquica no seio da magistratura judicial, salvo em matéria de recursos 438
2.2. Distribuição de processos assente em critérios objetivos e transparentes, definidos por lei ou regulamentos 439

2.2.1. Enquadramento geral 439
2.2.2. Propostas 445
II. Administração Judiciária 446
1. As competências dos Juízes Presidentes 446
1.1. Enquadramento geral 446
1.2. As competências dos Juízes Presidentes 448
2. A independência interna e as competências dos Juízes Presidentes 453
2.1. Enquadramento geral 453
2.2. Ato jurisdicional: decisão e condução do processo 455
2.2.1. Enquadramento geral 455
2.2.2. Gestão do tribunal e gestão do processo 456
2.3. A gestão do tribunal e a esfera de atuação do juiz 457
2.3.1. Enquadramento geral 457
2.3.2. O CCJE e os Juízes Presidentes 460
2.3.3. Os objetivos processuais 461
2.3.4. A desmaterialização dos processos e os provimentos 467
2.3.5. O Administrador Judiciário e os oficiais de justiça 472
2.3.5.1. Enquadramento geral 472
2.3.5.2. A gestão do quadro de oficiais de justiça 473
2.3.6. As salas de audiência 476
2.3.7. Regulamentos 477
2.3.8. Sindicabilidade das decisões do Juiz Presidente 478
2.3.9. Avaliação da qualidade da atividade dos juízes presidentes 480
2.3.10. Propostas 480
3. Governação ágil, administração judiciária e jurisdição 482
3.1. Enquadramento geral 482
3.2. As secretarias judiciais e o juiz 485
3.2.1. Enquadramento geral 485
3.2.2. Propostas 487
3.3. Gestão do volume processual – assessoria 487
3.3.1. Enquadramento geral 487
3.3.2. Propostas 497
3.4. Condições de trabalho 498
3.4.1. Enquadramento geral 498
3.4.2. Propostas 503
3.5. Género e jurisdição 504
3.5.1. Enquadramento geral 504

3.5.2. Propostas 507
3.6. Independência e *accountability* *508*
3.6.1. Enquadramento geral 508
3.6.2. Propostas 513
3.7. Fundamentação e qualidade das decisões judiciais 513
3.7.1. Enquadramento geral 513
3.7.2. Modelo de fundamentação legal das decisões 514
3.7.3. Linguagem e compreensibilidade das decisões 520
3.7.4. Simplificação processual 522
3.7.5. O apoio judiciário 524
3.7.6. Propostas 526
3.8. Publicidade das audiências e divulgação anonimizada das decisões judiciais 529
3.8.1. Publicidade das audiências 529
3.8.2. Publicidade das decisões 532
3.8.3. Propostas 536
3.9. Prestação de informações aos cidadãos, através dos meios de comunicação social, relativamente a casos judiciais pendentes 537
3.9.1. Enquadramento geral 537
3.9.2. Riscos da comunicação através dos órgãos de comunicação social 538
3.9.3. Propostas 541
3.10. Mecanismos de transparência da atividade dos tribunais 542
3.11. Ética e disciplina judiciárias 543
3.12. Um quadro deontológico para o exercício de funções diferenciadas no seio do judiciário – membros dos Conselhos Superiores e Juízes Presidentes 547
III. Conclusões 548

CAPÍTULO 7 – CONCLUSÕES E PROPOSTAS 551
I. Desenho, estrutura e discussão 551
II. Conclusões e propostas 555
1. Agenda da reforma da justiça 555
2. Constituição Judiciária. Estado de Direito e direitos fundamentais 556
3. Governação da Justiça e Conselhos Judiciais 557
4. Transparência e prestação de contas (*accountability*) 562
5. Cooperação e Direito internacional 566
6. Justiça, economia e regulação 567

7. Justiça arbitral, mediação e conciliação 568
8. Justiça digital e inteligência artificial 569
9. Reformas processuais 571
10. Gestão dos tribunais, independência e jurisdição 578
11. Recrutamento e formação dos juízes 582
12. Carreira judicial e acesso aos Tribunais Superiores 585
13. Avaliação dos juízes, ética e disciplina 589

ANEXOS 593